栖心圖書館聚珍輯刊

（第二輯）

上

可祥 主編

上海古籍出版社

圖書在版編目(CIP)數據

棲心圖書館聚珍輯刊. 第二輯/可祥主編.--上海：上海古籍出版社，2023.6

ISBN 978-7-5732-0704-3

Ⅰ. ①棲… Ⅱ. ①可… Ⅲ. ①佛教-文獻-匯編-中國 Ⅳ. ①B948

中國國家版本館CIP數據核字(2023)第085849號

棲心圖書館聚珍輯刊(第二輯)

(全三册)

可 祥 主編

上海古籍出版社出版發行

(上海市閔行區號景路159弄1-5號A座5F 郵政編碼201101)

(1) 網址：www.guji.com.cn

(2) E-mail：guji1@guji.com.cn

(3) 易文網網址：www.ewen.co

上海麗佳製版印刷有限公司印刷

開本 889×1194 1/16 印張 80.75 插頁 15 字數 10,000

2023年6月第1版 2023年6月第1次印刷

印數：1—1,700

ISBN 978-7-5732-0704-3

B·1325 定價：980.00元

如有質量問題，請與承印公司聯繫

《栖心圖書館聚珍輯刊》編纂委員會

可祥，一九九〇年出家。中國人民大學哲學院宗教學碩士。《報恩》季刊、栖心圖書館創辦人，主編《天台佛學研究》（五輯）、《千載傳燈》、《月西法師研究》、《栖心圖書館聚珍輯刊》（二輯）、《栖心伽藍史料集》等。現任寧波七塔禪寺住持、寧波茶文化促進會副會長、寧波中華文化促進會副主席、浙東佛教文化研究院院長、寧波市佛教協會名譽會長、浙江省佛教協會副會長、中國佛教協會理事等職。

研究方向爲天台佛教思想、宋代天台佛教史等，在《世界宗教研究》、《世界宗教文化》、《中國宗教》、《寧波大學學報》（人文科學版）、《中國佛學》、《法音》等刊物發表論文多篇。

栖心圖書館聚珍輯刊（第二輯）序

清季以來，佛教日益式微。爲挽救佛教之頹勢，民國初期佛教界有識之士經過深刻反省，立志革新佛教，發起「佛教復興運動」，各種佛教會、居士林、佛學院、慈善機構等紛紛成立，作爲重要宣傳媒介的佛學報刊如雨後春筍般涌現。「復興運動」的核心是佛教的教理、教制、教産三大改革，雖然道路崎嶇、險阻重重，但是復興的方向和路徑是完全正確的。民國佛教在演進過程中留下了信息豐富、數量龐大的報刊、講演録、會議録等文字記録，爲學界研究民國佛教提供了豐富的史料。

對於民國佛教的研究，始於民國時期。以僧人爲主的研究團體依託當時出版的各類佛教期刊和報紙，取得了豐碩的研究成果。如書新的《開國時期的佛教與佛教徒》、東初的《民國肇興與佛教新生》《中國佛教之重建》《民國以來海外之留學僧》、法舫的《一九三〇年中國佛教的現狀》、塵空的《民國佛教年紀》、樂觀的《佛教在抗戰期間的表現》《三十年來中國佛教的回顧》、太虛的《三十年來之中國佛教》等。這些論文收録於二十世紀七十年代末期中國臺灣佛教學者張曼濤主編的《現代佛教學術叢刊》第八十六册《中國佛教史專集之七·民國佛教篇》中，因其史料價值較高，被研究者廣爲徵引。

中國臺灣佛教學術界基於民國佛教報刊等史料，展開民國佛教研究，始於二十世紀七十年代。自此以後，研究成果

迭出，代表性著作有印順的《太虛大師年譜》《太虛大師全集》、大醒的《大醒法師遺著》、于凌波的《民國佛教高僧傳》、李少兵的《民國時期的佛學與社會思潮》、侯坤宏的《太虛時代：多維視角下的民國佛教（一九一二—一九四九）》等。代表性論文則有侯坤宏的《蔣維喬居士在北京——與佛教相關的活動（一九一七—一九二二）》、梅靜軒的《民國以來的漢藏佛教關係（一九一二—一九四九）——以漢藏教理院爲中心的探討》《民國早期顯密佛教衝突的探討》等。

中國大陸佛教學術界研究民國佛教，起於二十世紀八十年代，以民國佛教報刊等史料爲重要研究材料，研究成果豐碩，如游有維的《上海近代佛教簡史》、林子青的《弘一法師年譜》、沈去疾的《印光法師年譜》、明暘的《圓瑛法師年譜》、方祖猷的《諦閑法師年譜》、麻天祥的《晚清佛學與近代社會思潮》、陳永革的《佛教弘化的現代轉型：民國浙江佛教研究（一九一二—一九四九）》等。迨至二十一世紀初，又相繼出版了黄夏年主編的《民國佛教期刊文獻集成（正編）》《民國佛教期刊文獻集成·補編》《民國佛教期刊文獻集成·三編》《稀見民國佛教文獻彙編（報紙）》和于瑞華主編的《民國密宗期刊文獻集成》等叢書。這些文獻集成陸續出版後，實現了史料「由散到聚」的轉變，給學術研究帶來了極大便利，進一步豐富、深化了民國佛教的研究工作。此後涌現的代表性著作有唐忠毛的《中國佛教近代轉型的社會之維：民國上海居士佛教組織與慈善研究》、韓敏的《民國佛教戒律研究》、吴華的《民國成都佛教研究》、單俠的《民國時期佛教革新研究（一九一九—一九四九）》、明成滿的《民國時期佛教慈善公益研究》等。代表性論文則有李明的《民國時期僧教育研究》、李繼武的《論民國佛教界與中國宗教立法》、龔雋的《太虛的世界佛教運動與文明論述：以二十世紀二十年代爲中心》、任傳印的《論民國白話佛教文學的意義創構——以民國佛教期刊爲中心》、曾昭式的《民國佛教期刊中因明研究的范圍與特徵》、明成滿的《民國佛教的臨終關懷團體研究》《民國佛教徒對日本佛教徒的抗日宣傳研究》《民國佛教徒的抗日救國思想研究》和范文麗的《法舫與近代中國「世界佛教」運動》等。

以往研究表明，基礎史料的多寡決定學術體系的厚度、深度與廣度。研究民國佛教發軔於民國，至今方興未艾，與

史料的層出不窮密切相關。陳寅恪先生説：「一時代之學術，必有其新材料與新問題。取用此材料，以研求問題，則爲此時代學術之新潮流。」(《陳垣敦煌劫餘録・序》) 前賢爲民國佛教史料搜集彙編做了大量工作，並依據新見史料，鉤玄索隱，析毫剖釐，取得了豐碩的研究成果，令人感佩！

然而，由於中國地域遼闊，各地檔案館、圖書館至今仍存有不少鮮爲人知的民國佛教史料，有待繼續挖掘、搜集、整理。一九九六年，筆者在寧波市檔案館查找七塔禪寺相關史料時，發現了《鄞縣佛教會會刊》(以下簡稱《會刊》)(第一、二期)、《中國佛教會浙江省鄞縣支會會議録》(以下簡稱《會議録》)(四册)、《寧波佛教孤兒院報告册》(以下簡稱《報告册》)(第十四期)三種史料，意識到甚爲珍貴，值得編輯刊行，以供學術研究參考。當時雖囿於內因和外緣的局限而未能實現，但將其付梓流通的願望卻未曾泯没。

二〇一七年，栖心圖書館成立伊始，便成立了浙東佛教文獻收藏中心，一方面傾力收集散落於宇內的佛教文獻，一方面甄選稀見的佛教史料集結出版，嘉惠學林。二〇二〇年十一月，栖心圖書館順利出版了《栖心圖書館聚珍輯刊》(第一輯)，受到學術界、文化界的廣泛好評。在此基礎上，栖心圖書館又輯録了寧波市檔案館珍藏的上述三種史料，作爲《栖心圖書館聚珍輯刊》(第二輯)出版，夙願得償，甚感欣慰！

《會刊》(第一期)記載了鄞縣佛教會之沿革，收録了政府法令、訓令(包括會務指導)、指令、法規及教會各類公文、教務活動、財務報告、會員名録等檔。《會刊》(第二期)收録了政令等公文及鄞縣佛教會所屬的慈善學校、施診所的簡則、診務報告等。兩期分别出版於民國二十三年(一九三四)六月和二十五年(一九三六)九月。《會刊》內容豐富翔實，反映了民國時期地方佛教的組織形式及活動等方面的真實情況，是研究民國佛教的珍貴史料。

《會議録》共四册，記載了民國三十五年(一九四六)九月一日至十二月三日、民國三十七年(一九四八)五月三日至五月二十三日中國佛教會浙江省鄞縣支會的組織運作方式與縣內寺庵法務活動、財産糾紛、人事變動、規範管理和

僧伽教育等方面的内容。從中可看出，鄞縣支會的組織機構建全，議事民主，監督有力，對維護區域佛教發展能起到一定作用。民國時期鄞縣地域遼闊，覆蓋了今寧波市鄞州區全域、海曙區全域，及江北區的城區部分，縣内佛教寺庵之盛，爲浙東之最。《會議録》爲行書手寫本，有較高的書法和史料價值，是研究民國佛教地方組織議事規則、寺庵情况的一手資料。

《報告册》（第十四期）出版於民國二十年（一九三一）十二月，記載了寧波佛教孤兒院的沿革、教育信條、行政原則、組織大綱和現行章則等内容。寧波佛教孤兒院由寄禪、岐昌和陳屺創辦於民國七年（一九一八），以僧立普益學校舊址爲院舍。陳屺、岐昌、圓瑛、禪定、智圓、安心頭陀等高賢、名僧先後擔任該院院長。該院專收生活無依的孤兒，施以教養，傳授文化知識，培養勞動技能，是當時地方佛教最具影響力的慈善機構之一。這一期《報告册》是研究民國佛教從事社會救濟與佛化教育等公益慈善事業不可或缺的珍稀史料。

在收録《會刊》《會議録》《報告册》三種史料外，《栖心圖書館聚珍輯刊》（第二輯）尚收録了《諦聞塵影集》《諦聞法師講録》和《悲壯集》三種史料。

諦聞法師於民國二十四年（一九三五）至二十六年（一九三七）任寧波七塔報恩佛學院主講兼教務主任，所著《諦聞塵影集》由報恩佛學院於其離任當年出版。《諦聞塵影集》屬於雜文類著作，除多篇論述佛教教育、佛教革新等内容的文章外，其他多爲讀經論心得、人物傳略、序跋題贊、隨筆感言、信函手札、募化緣起以及佛學論述等内容，其中關乎七塔報恩佛學院、七塔禪寺的文章近二十篇。《諦聞法師講録》乃諦聞法師於民國二十七年（一九三八）在湖南洪江佛教居士林所作講演的集録，主要内容爲佛法開示、佛教宗派介紹等，充分展現了諦聞法師高超的佛學水準和思辨能力。

《悲壯集》是《栖心圖書館聚珍輯刊》（第二輯）中惟一一份非民國佛教史料，將其編録於本輯中，是基於以下兩方面考慮：一、作者顯宗法師經歷了清末、民國和新中國三個時期，能留存此集，頗爲珍貴難得；二、顯宗法師爲建國後

第二任七塔禪寺住持，因受特殊歷史條件的限制，其前任圓成，繼任果成、嘉善均無史料記載其生平行狀。《悲壯集》收録了顯宗法師所作的《壬子歲朝述懷偈並注》及詩作多篇，是研究七塔禪寺寺史及現當代浙東佛教史的重要史料。

習近平總書記指出，一個國家、一個民族的强盛，總是以文化興盛爲支撑的，中華民族偉大復興，需要以中華文化發展繁榮爲條件。文獻典籍是文化之根，是包括佛教在内的中華優秀傳統文化的載體，是文化傳承發展的基礎。整理文獻典籍是嘉惠當代、澤被後人的一項基礎性工作。栖心圖書館一方面積極推進數字化資源建設和優質圖書採集工作，另一方面致力於系統收集、整理海内外稀見佛教歷史文獻，這既是深入挖掘佛教歷史文化資源、揭示佛教歷史文化底藴的基本要求，也是展示佛教歷史文化魅力、擴大佛教文化影響的重要舉措。包括浙東佛教在内的中國佛教歷史文獻具有重要的學術價值和現實意義，值得深入挖掘和傳播。

在整理編輯本書的過程中，筆者得到許多單位與人士的鼎力襄助。寧波市檔案館管理利用處林愛女士，對我們查閲掃描《會刊》《會議録》《報告册》三種史料給予了諸多幫助。七塔禪寺執事衣鉢普明法師不辭千里赴雲南查找《諦聞塵影集》《諦聞法師講録》，其志崇業勤的精神令人感動，兩册史料的獲得，離不開寧波圖書館出具介紹信、麗江市圖書館助力查找史料珍藏地和麗江市古城區圖書館古籍部無私提供史料電子圖片的助緣成就。上海古籍出版社編輯查明昊先生在本書的提要審校、史料分册、史料考證等方面做了大量工作。在此一併表示謝忱。

本書付梓之際，聊贅數言，以弁其首。

可祥識於栖心圖書館

二〇二三年五月八日

目録

上册

鄞縣佛教會會刊（第一期）

《鄞縣佛教會會刊》（第一期）（以下簡稱《會刊》），民國二十三年（一九三四）六月出版。寧波市檔案館有藏。

《會刊》由陳寶麟題簽、（鄞縣佛教會）常務委員會審定、寶静法師總纂、鄞縣佛教會發行、（寧波）商業合記印刷所印刷。

《會刊》包括目録、序言、插圖、法令、訓令、指令、法規、呈文、公函、代電、通告、報告（甲、會務；乙、會計）和會員名録。

《會刊》四周無邊欄，書長二七點一釐米、寬一九點五釐米，機制紙，鉛印本。

本次影印，據寧波市檔案館藏本。原件第五十九頁羼入「寧波市鎮明區紅起居民委員會」收據兩面。因其與《會刊》了無關涉，此次影印，予以删去。

民國廿三年

鄞縣佛教會會刊

陳寶麟題

陳寶麟印

總理遺教

（一）宗教在造成民族的力量中也很雄大

（二）仁之種類有救世救人救國三者其性質則皆爲博愛何謂救世卽宗教家之仁如佛教……以犧牲爲主義救濟衆生當佛教初來中國時闢佛者頗多而佈教教徒仍能始終堅持以宣傳其主義占有強大勢力……此所謂捨身以救世宗教家之仁也

（三）佛學足以補科學之偏

鄞縣佛教會會刊第一期目錄

目次

指令

003

目次

法規

呈文

004

公函

代電

通告

007

目次

報告

甲、會務

會員名錄

目次

序言

人民如一盤散沙國勢所以不振我國國民皆然而以佛教徒爲尤甚鄞縣古稱佛地歷唐宋明清代有高僧宏揚佛化洎至清末敬安和尚始有甯波僧教育會之組織爲佛教徒團體之濫觴其後遞嬗遞降或分或合若存若亡歷十餘載乃設甯波市鄞縣佛教會籌備處規模雖具基礎未固幸賴同人慘淡經營勇猛精進三閱寒暑乃得呈准當道正式成立鄞縣佛教會嗚呼團體固若是其難哉兩載以來其間艱難困苦所以爲僧衆謀幸福者至周且備惟四衆有不悉底蘊疑謗因之而起殊非佛教徒團體之福也同人等擬將辦理經過情形彙集有關係之法令呈函而以收支報告殿焉編輯會刊公開宣示俾比丘比丘尼優婆塞優婆夷咸曉然於本會團結之不易而辦事之毫無成見也今既脫稿囑序於余余備位執委未能有所建樹敢貢一得之愚爲全體告使我佛教徒之團體不至如一盤散沙豈特我佛之光亦國勢之所由振哉是爲序

民國二十三年六月一日天童寺住持圓瑛謹識

鄞縣佛教團體之沿革

鄞縣之有佛教團體創始於清宣統二年由天童寄禪長老召集各叢林寺庵住持發起組織甯波僧教育分會隸屬於浙江僧教育總會假觀宗寺開成立大會公推寄禪長老與陳君屺懷二公爲會長設會所於白衣寺兼辦僧民兩小學校其建築會所校舍以及經常各費均由諸山長老墊付或樂輸頗爲踴躍其中尤以安山寺爲獨多當時會務之進行學校之發展頗極一時之盛迨民國反正政治改革僧寺咸覺到不安全狀態乃由江浙兩省各大叢林發起復組織中華佛教總會假上海留雲寺開成立大會所到全國僧衆不下

數千人公推寄禪長老爲正會長清海和尚副之設會所於上海靜安寺其辦事處則設於北京法源寺推道階法師主其事各省設支部各縣設分部鄞縣則將寗波僧敎育分會改爲中華佛敎總會寗波分部公推岐昌和尚與馮君汲蒙二公掌理部務旋以寗波係商埠名稱難資統率若以舊甯屬而言則定南又未列入因改稱爲中華佛敎總會鄞慈鎭奉象五縣分部而會務之進展仍不懈如初至民國四年因袁世凱反政將佛敎會備案章程暫行停止以致各省縣佛敎會務無從進行而鄞之五縣分部亦因此而無形停頓然所辦之學校仍繼續不斷至民國五年公議改僧民兩小學校爲寗波佛敎孤兒院將原有之經費校舍校具什物等件悉數撥作孤兒院之用不足之數另組董事會向各方籌募以資擴充民國六年政府頒佈管理寺廟條例於寺庵僧衆多有不利而佛敎團體亦因茲沉寂至民國八年鄞縣諸山長老以各寺庵多被搔擾非有團結難資抵禦乃依照管理寺廟條例組織寗波佛敎敎務會議遇事必須集衆公議以資集思廣益復以奉頒之管理寺廟條例諸多抵觸乃推舉代表聯合全國僧衆向中央政府請願修正至民國十二年以敎務會議似屬臨時性質非謀徹底辦法不可嗣經一再籌商另組寗波佛教聯合會擬具章程呈准當地政府備案至民國十六年革命軍蒞甬又改稱爲寗波佛敎徒協會旋因時局多故農工紛擾民不堪命我佛教徒爲謀自衛計集合全縣僧衆就延慶寺開會組織佛化同志會當場推舉執監委員以諦閑圓瑛二法師爲領袖民國十八年復改組爲寗波市佛敎會及鄞縣佛敎會嗣因中央政府頒發人民團體組織方案乃依照宗敎與文化二團體辦法改市縣佛敎會合稱爲鄞縣佛敎會籌備經年始於二十年呈奉中國國民黨浙江省鄞縣執行委員會發給許可證於延慶寺籌備處召集全體會員開第一次成立大會至二十一年以會所狹少會務難期發展緣謀於政府將前都神殿舊址收回改爲佛敎會會所至二十二年春始行遷入內部之設備除大禮堂佛堂及委員辦公室職員辦公室寢室廚房等外并設有民衆補習夜校一所中西施醫各一所以及宏法通俗講演社民衆閱報室佛學圖書館佛敎閱經室各一處再就西鄉青墊設永明初級小學一所并擬於西門高塘墩仁壽庵籌辦覺民初級小學一所規模雖已粗具惟以經費支絀擴充爲難殊以爲憾深冀我佛弟子各抱犧牲精神眞誠團結則會務發展前途寗有涯涘耶

本會常委智圓講錄

鄞縣佛教會第二屆會員大會全體攝影
民國二十三年三月三日

法令轉載

監督寺廟條例 十八年十二月十日行政院令發

第一條 凡有僧道住持之宗教上建築物不論用何名稱均爲寺廟

第二條 寺廟及其財產法物除法律別有規定外依本條例監督之

前項法物謂於宗教上歷史上美術上有關係之佛像神像禮器樂器法器經典雕刻繪畫及其他向由寺廟保存之一切古物

第三條 寺廟屬於左列各款之一者不適用本條例之規定

一 由政府機關管理者

二 由地方公共團體管理者

三 由私人建立並管理者

第四條 荒廢之寺廟由地方自治團體管理之

第五條 寺廟財產及法物應向該管地方官署呈請登記

第六條 寺廟財產及法物爲寺廟所有由住持管理之

寺廟有管理權之僧道不論用何名稱認爲住持但非中華民國人民不得爲住持

第七條 住持於宣揚教義修持戒律及其他正當開支外不得動用寺廟財產之收入

第八條　寺廟之不動產及法物非經所屬教會之決議並呈請該管官署許可不得處分或變更

第九條　寺廟收支款項及所興辦事業住持應於每半年終報告該管官署並公告之

第十條　寺廟應按其財產情形興辦公益或慈善事業

第十一條　違反本條例第五條第六條或第十條之規定者該管官署得革除其住持之職違反第七條或第八條之規定者得逐出寺廟或送法院究辦

第十二條　本條例於西藏西康蒙古青海之寺廟不適用之

第十三條　本條例自公佈日施行

民國十八年一月公布之寺廟管理條例於本條例施行日廢止

訓令

爲據第三區轉據柳莊鎭鎭長請收回仁壽庵一案仰遵照交還由　二十一年四月八日

令鄞縣佛教會

鄞縣縣政府訓令　字第二七五號

案據第三區長陳蘭呈據柳莊鎭鎭長袁霞芩面稱高塘墩仁壽庵向係袁氏祖上創設茶緣出資建庵故俗名茶亭庵明末迄今歷有年所前清光緒三十年因遊僧棍徒來庵滋擾經鄞縣正堂周出示永禁在案此次刦案發生後住持正本不願續住竟報請佛教會派人接充於事於理兩有未合該庵旣係吾家設茶緣而建庵權固有屬不甘放棄況際此訓政時期迷信神權已背潮流擬將該庵收回改作公共事業請予轉呈縣府轉令佛教會遵照交還等語准查該庵旣爲袁姓出資建築今因該尼不願續住充作公共事業之用似甚允當佛教會越俎代謀殊有未合准報前由理合檢同原示一件備文轉呈仰祈鑒核迅賜轉飭佛教會遵照交還以維私產而資興辦公共事業並乞指令示遵實爲公便等情並附呈原示一件到府據查該庵爲袁氏私人建立旣有前清縣示可憑依監督寺廟條例第三條之規定該會當然不能派人接充據呈前情除指令外合行照抄縣示令仰該會卽便遵照尅日交還具報此令

計照抄縣示一道

縣長陳寶麟

爲據第四區公所呈爲江橋庵產權糾紛一案仰查明復奪由 廿一年四月二十二日

鄞縣縣政府訓令祕字第　　號

令鄞縣佛教會

案據第四區區長卓葆亭呈稱爲呈請事案據區民張忠俊張朝英等聲稱竊敝族第二世祖明五公在世時生平樂善好施出資建造靈濟庵（俗稱江橋庵）另有市屋三間一庫現租與合興源和源豐等租金歸庵內收花施茶費之用向由敝族委派一僧管理辦理掃除供奉茶亭等事宜現在住僧道梅平日飲酒吃葷集衆賭博汚名四溢盡人皆知族人聞悉之下時加訓斥姑待其悔過自新三月二十日下午十時許有婦人舒鄔氏路過小江橋該僧一見傾心施以勾引手段誘其歸庵求歡幸路人發覺經告三區署警察拘獲到案查該僧既不守清規爲佛門之敗類若不驅逐出境不足以儆效尤關於三區署判以罰金了案殊嫌太輕應請貴區公所轉函三區署嚴重辦理勒令該僧辦理移交並驅逐出境至於該庵繼任住持應歸敝族物色財產部份由敝族組織保管委員會保管之并請貴公所隨時予以監督實爲德便等情到所當經派員查明該僧道梅却有不檢行爲若不澈底究辦不足以維風化卽經轉函就地公安分局嚴重究辦去後正在辦理間旋據鄞縣佛教會函開江橋庵（卽靈濟庵）住持守慧前因事赴滬已將該庵由僧道梅暫行看管現在該僧道梅又復他往所有庵產及一切法物自未便任其廢弛茲經敝會第六次常會議決由本會派可嘉師前往該庵暫行看管除逕函第六分局接洽外爲特函請貴公所查照爲荷等由查該庵建于元延祜二年雖名爲靈濟庵然不供奉佛像庵內祇供關帝神像與

該張姓第二世祖明五公神位確係家菴性質與其他菴寺不同該菴自遭兵燹後改建爲市房五間一厙以前後樓房三全間撥與廣濟會收花以作浮橋舖設雨苫之費其餘市屋二間一厙仍歸菴僧收管以備冬夏施捨涼茶薑湯之費雙方立有合同允據存照各在案現佛教會援用監督寺廟條例派員接收惟查前項條例第三項之規定由私人建立並管理者不適用是項條件又查同條例第四條荒廢寺廟由地方自治團體管理之等語該庵原住持守慧早已赴申改業派支僧道梅繼任不料道梅不守清規經張族子孫檢舉聲請本區公所轉函公安分局勒令驅逐出境後該菴既非十方公菴尤無繼任僧人依照中央法令應作爲荒廢論由地方自治團體管理無待佛教會之越俎代謀也乃該會竟不顧法理擅放可嘉師僧人暫行管理如此舉動均所非宜爲此呈報本案辦理經過情形並抄附該菴前住僧與張族合同允據暨前清同治四年告示各一份備文呈請鈞府仰祈鑒核迅予訓令糾正該佛教會行動並乞轉飭該會打銷前議速將可嘉僧撤回以重產權而免糾紛實爲公便等情並附呈張族合同允據一份及前清同治四年告示一份據此除指令外合行抄發原附件令仰該會迅卽查明具復以憑核辦此令

計抄發合同議據一份告示一份

縣長陳寶麟

二十一年五月三十一日

爲據四區公所呈請收回關帝殿舊址一案仰轉飭該住持提出證據候核奪由

鄞縣縣政府訓令祕字第三八七號

令鄞縣佛教會

案據第四區區長卓葆亭呈稱爲呈請事案准縣立東勝街小學校長汪誠信函稱逕啓者敝校貼鄰有已燬於火之關帝殿舊址爲敝校作體育場用已歷有年所今永豐寺住持忽揚言欲將關帝殿舊址起造廟宇並欲堵塞敝校後門查監督寺廟條例第四條荒廢之寺廟由地方自治團體管理之爲此函請公所依法收歸撥作敝校施用以利地方教育而免僧人之非法侵佔等情到所經提第十一次區務會議討論僉謂該關帝殿爲地方所建造燬於火災已有多年查現今法令重造廟宇法所不許應根據監督寺廟條例第四條之規定其地產應作爲荒廢論當經決議(一)由本區公所收回保管(二)呈請縣政府備案等語記錄在卷爲此錄案備文呈請鈞府俯賜核准施行實爲公便等情據查該關帝廟前經永豐寺住持於十九年四月間聲請登記並給發證書在案惟證明文件僅憑保證書一紙殊欠充足據呈前情合行令仰該會遵照卽便轉飭該住持另提有力證據轉呈來縣以憑核奪此令

縣長陳寶麟

爲據寶幢里呈報該里定香庵地藏殿住尼藏垢納污情形仰查明具報由

二十一年八月二日

鄞縣縣政府訓令　字第四七三號

令鄞縣佛教會

案據寶幢里里長吳菱甫呈稱呈爲荒庵野廟納垢藏污妨害地方風紀仰祈鈞長鑒覆予以如何處分指令祇遵事竊職會所屬省香地方僻處山林一隅散居住民不下十戶而庵殿有二(一)定香庵仰寬女尼住持(二)地藏殿老嫗朱郭氏焚修均係毘連募貲建造平時則持募化爲生每有不端之事聲聞

鄉里而定香庵為尤甚該女尼前招一僧人常住或有詢其來歷則稱係請來料理賬目抄寫經典因此每有行脚僧往來其中祇以地處荒僻事無佐證未便武斷詎料上月間深夜時有近庵農民報告保衛團稱該菴內人聲嘈雜恐係盜刦迨馳往查詢係兩僧與女尼同爭止宿冲突捽毀一切陳設所致因其攸關風化卽報送第五公安分局究辦事後該女尼情知醜聲播於遠近難以再住已隱匿無踪此庵則空無一人致惹匪僧垂涎數日前忽來二僧一名成德一名法喜同住地藏殿以頂受定香庵為由實係勾引婦女之淫僧而該殿老嫗朱郭氏又為六婆之一狠狽為奸本月十四夜有農民經過其地聞有婦女調笑之聲疑為盜匪窩藏卽報告保衛團經往查詢詎係兩僧嬲一幼婦「朱郭氏之外孫女」以其裸體究屬如何情形自然未便臆斷因其目無法紀已一併獲送第五公安分局究辦在案伏查是項庵殿旣非叢林又非養靜修行之所草率建築純為一藏垢納污之場且野廟荒庵易為盜匪藏身處所固非職屬一方他處亦有所聞若不根本處分將來貽患何堪設想為此據情呈請鈞府以地方風紀治安為重如何處分仰祈鈞長鑒核予以指令祇遵等情據查該里長所稱定香庵女尼及地藏殿老嫗淫穢情形旣據報送第五公安分局有案其不守清規已甚明顯自應予以撤換惟該庵等是否私有抑係公有本府無案可稽除指令外合行令仰該會卽便查明遵辦具報此令

縣長陳寶麟

為本縣文獻委員會現已組織就緒仰將設施狀況列表說明及新舊檔案抄寄一份以資彙編由 二十一年十一月五日

鄞縣縣政府訓令教字第八八七號　　令鄞縣佛教會

案查

部頒市縣文獻委員會組織大綱第七條內開「本市縣政府與其附屬機關及市縣各級黨部與人民團體應隨時將設施狀況列表說明送交文獻委員會彙編存考遇必要時並須將擋卷抄送但黨政機關認爲應守祕密者不在此例」云云查本縣文獻委員會已經組織就緒仰該會卽將該項狀況表隨時繕送本府新舊擋案亦應請抄寄一份以便轉交而資彙編除分別函令外仰卽遵照辦理爲要此令

縣長陳寶麟

爲奉令轉飭規定橫列忠孝仁愛信義和平八字一律藍底白字自行製成懸掛仰遵照由　二十一年八月二十五日

鄞縣縣政府訓令字第五八八號　　令鄞縣佛教會

案奉

浙江省民政廳訓令巡字第七五八號內開查爲政之道固須尊重法令勤求治理亦當提倡道德自勉勉人藉以範示身心陶鎔品格化桀驁於無形匡政令於不逮造端雖微影響實大

總理以吾華民族之生存有賴道德之維繫特提忠孝仁愛信義和平八德昭示來茲意旨深邃百世不

易曾奉
中央迭令規定應製爲匾額懸掛各機關正中明顯之處喚起民衆相感爲善並經本廳轉飭遵辦在案自應尅速辦理各機關在職人員尤須身體力行以資表率乃本廳長此次巡視所及如縣政府公安局區公所等此項八德匾尚有未經遵製懸掛或雖已製並不懸掛正中明顯處所亦有因質料脆薄已現裂痕或僅用紙張繕寫懸掛者殊非尊崇
遺敎恪遵功令之道合亟令仰該縣長迅卽遵照尅日選料遵製敬謹懸掛並督飭所屬一體遵照辦理不得視爲具文仍將辦理情形具報備查此令等因奉此查此案前奉
浙江省民政廳政字第六二三號訓令規定該項匾額祇須橫列忠孝仁愛信義和平八字一律藍底白字自行製成懸掛以資啓迪在案玆奉前因自應遵辦除呈報暨分令外合行令仰遵照此令

縣長陳寶麟

爲據東勝小學校長汪誠信呈請繼續租賃永豐寺爲校舍仰轉令該住持遵照由

鄞縣縣政府訓令敎字第九九〇號　　二十一年八月九日

令鄞縣佛敎會

案據縣立東勝街初小校長汪誠信呈稱以該小學校舍係由前甯波市政府敎育科向永豐禪寺住持妙安接洽租賃玆接該住持委託黃榮昌律師來函聲稱欲將房屋收回自用除函復該律師轉告該住持直接向敎育局交涉外理合備文呈請仰祈速與交涉以免下學期開學發生問題等情前來據此查

該小學校舍係前甯波市政府接洽租賃由該小學校長代表訂立租約歷年以來按期照付租金並無拖欠況學校事業關係公衆未便任意遷延校舍影響兒童就學佛門以普濟爲懷該住持妙安自應竭忱襄助以利進展據呈前情除指令該校長准予令行佛教會轉商照舊租賃外合行令仰該會轉商該永豐禪寺住持妙安照舊租賃共維學務此令

縣　長陳寶麟

教育局長葉謙諒

二十一年十二月三日

爲據第十區區長呈報調查鄉長越權代選阜峯庵住持經過情形由

鄞縣縣政府訓令祕字第七五四號

令鄞縣佛教會

爲令知事案據第十區區長嚴聖萱呈稱爲呈復事案奉鈞府第六九六號訓令內開案據鄞縣佛教會呈稱呈爲呈請事竊查鄞東鄮溪區大嶺岙地方有阜峯庵(卽阜豐庵)向係七塔寺覺圓和尙住持由覺圓移交法弟溥常由溥常移交法姪如惠均係法派流傳相安無事現因如惠兼住城內觀音寺雙方兼顧力有未逮來會一再聲明退職曾派員前往調查所請尙屬實情應予照准嗣經屬會第十四次常會議決遴選妥僧接充一時未得相當人才仍由曾住庵唸佛婆暫行看管並函知玉泉鄉鄉長周榮才查照在案後選得僧榮池卽覺圓和尙法徒爲阜峯庵住持於十月二十九日派員護送進院詎玉泉鄉鄉長周榮才出而阻止於事前擅將暫管之唸佛婆迫令離寺似此舉動全無法理不知其意何居若欲

侵佔寺產有違法令欲代選住持有越教權二者俱屬非法屬會現遵中國佛教會議案實行整頓教規對於住持交替尤覺愼重教產主權未便放棄爲此具文呈請仰祈鈞長俯賜察核依法令行該玉泉鄉公所嚴切糾正一面懇將屬會新選之僧榮池准予充任阜峯庵住持以符法令而衛教權實爲德便等情據此除指令外合行令仰該區長查明情形辦理具報勿延此令等因奉此區長遵於十一月十八日前往玉泉鄉調查是日佛教會所派之榮池和尚未在阜峯庵祇遇到該鄉公選之教源和尚據該鄉鄉長周榮才面稱謂榮池係大嵩橋眞武宮住持來此不過掛名兼管實未能常住阜峯庵教源乃職鄉公民所推選若予更易恐失公望且榮池既不克常住則庵內一切無暇整頓揆情度理應以教源爲阜峯菴住持等語據此竊查寺廟保管條例鄉鎭對於寺廟等僅可從旁監督而無代選住持之權奉令前因除通知該鄉長打消前議並須准予榮池兼管阜峯庵外理合呈復鈞府鑒核實爲公便等情據查此案前據該會呈請經即轉知第十區公所查復在案茲據前情除指令外合行令仰該會知照此令

縣長陳寶麟

鄞縣縣政府訓令第五六七號 二十一年十二月十二日

令鄞縣佛教會

案奉

浙江省民政廳第四一二二一號訓令內開案奉

省政府祕字第一〇四八七號訓令開案准

內政部禮字第二九二號咨開案查監督寺廟條例第十條規定寺廟應按其財產情形興辦公益或慈善事業等語本部為督促實施起見曾擬具寺廟興辦公益慈善事業實施辦法十條呈奉行政院准予備案在案除以部令公布並分行外相應檢同寺廟興辦公益慈善事業實施辦法咨請查照並希轉飭所屬一體遵辦等由並附送實施辦法兩份准此合行檢發原辦法一份令仰該廳知照並轉飭各市縣政府一體遵照等因計檢發寺廟興辦公益慈善事業實施辦法一份奉此除分令外合行轉抄原附件令仰該縣長即便遵照此令等因並抄發寺廟興辦公益慈善事業實施辦法一份下縣奉此經由本府製定調查表一種除分令外合行抄同辦法及調查表各一紙令仰該縣遵照限文到一月內填報毋稍遺漏並將辦法轉發各寺廟飭即依照第七條規定推選代表一人連同該會代表姓名一併具報以憑組織委員會召集會議此令

縣長陳寶麟

鄞縣縣政府訓令第五六號 二十二年二月八日

令鄞縣佛教會

案准

中國國民黨浙江省鄞縣執行委員會函開慨自東北變生舉國同憤本縣各機關團體學校報社等先後發起募捐接濟抗日軍需義聲所播一呼百應惟以前項捐款是否悉能掃數匯解有無隱匿挪移情事及其收支情形如何亟應督促尅日公告並造册送由本會轉送同級監察委員會議通過在卷除登

報通告外相應函請貴政府查照轉飭遵照辦理並希見復爲荷等由准此除分行外合令仰遵照辦理並將收支清册呈送來府以憑核轉此令

縣長陳寶麟

鄞縣縣政府訓令第六二一號 二十二年三月十一日

令佛教經懺捐征收分處主任湯翼生

案准

浙江省籌募救國義捐會鄞縣分會函開查東北變生後方民衆同仇敵愾迫於義憤紛紛輸將撥助餉糈無分貧富同具熱腸今事隔經年三省在暴日刼持下竟成僞組織國聯威權不振難獲公正解決而義軍喋血抗敵艱苦萬狀充分接濟刻不容緩顧目輸財已成强弩之末强迫認捐國人義莫容辭爰經本會第七次執行委員會議決議募捐辦法四項(一)各機關團體學校人員征收月捐至少二角以上各主管人員按月征收彙解本會(二)樂戶捐花筵捐遊藝捐筵席捐經懺捐奢侈品貰器捐紙業迷信捐各照原捐額加征一成(三)函請甯波商會轉函各同業公會轉勸各商號分認月捐(四)公安局判罰類似賭博案件時每起應勒捐一元至十九元以上四案自二十二年一月起實行由本會分函各關係機關團體查照辦理等語紀錄在卷相應錄案函達並附奉收據一本卽希查照辦理彙解以便轉解接濟等由准此查議決案所列經懺捐項下加征一成救國義捐茲定於三月一日起征由該員征收報解除分別布告分令並函請籌募救國義捐會印送收據俟送到再行發給外合行令仰該員卽便遵照

自本月起按月隨正收繳來府以便彙解事救國義捐該員務須遵令征繳毋稍違誤切切此令

縣　長陳寶麟
財政局長陳俊述

鄞縣縣政府訓令保字第二三七號 二十二年三月四日

令鄞縣佛教會

爲令遵事查田雅鄉保衛團佔用尼菴一案前據該會轉呈前來據經令飭第十區團查復在案茲據復稱遵卽派副區團長梁莊前往詳查去後旋據報稱遵經前往田雅鄉調查當據鄉長郭德芬聲言小靈峯兩廊前本爲田鄭村與二雅村之辦公處緣田鄭與二雅兩村並無公共處所亦無適中地點故卽於去年冬防期內之保衛團暫住該寺頭門四大金剛之側角僅容二張床位況當時已商同該寺主持寶蓮等同意至於原有爲辦公之兩廊該寶蓮等旣不肯借用亦無侵佔之情事詢諸尼寶蓮等聲言保衛團所住之處當時亦得本人等同意不成問題因鄉長郭德芬等又欲佔用兩廊故此呈請制止等語再查該寺之兩廊從前確係田鄭二雅兩村之辦公處尚有痕跡地點亦甚適中該寺尼等恐兩廊復爲借用故假保衛團之名義爲先發制人之計請爲轉呈等語前來理合將副區團長梁莊調查所得情形備文呈復仰祈鑒核實爲公便等情除以呈悉查田雅鄉保衛團駐紮小靈峯寺頭門旣經住持同意自可准行其餘各處未徵住持同意以前不得擅自佔用以示限制而免紛擾仰轉遵照此令等語指令外合行令仰該會卽轉小靈峯寺住持知照此令

縣長兼總團長陳寶麟

鄞縣縣政府訓令祕字第一三六號 二十二年三月二十日

令鄞縣佛教會

爲令知事案奉

民政廳第六三〇五號指令本府據鄞縣佛教會呈爲仁壽庵爭管一案除向浙江高等法院聲請中止訴訟外請依據前令迅賜執行以明系統等情轉呈核示由內開呈悉此案雖已據該佛教會聲請中止訴訟應仍俟

浙江高等法院裁示後再行呈候核辦仰卽遵照此令等因奉此合行令仰該會知照此令

縣長陳寶麟

鄞縣縣政府訓令第四六六號 二十二年九月十四日

令鄞縣佛教會

案據第三區區長陳蘭呈稱

竊查職區柳莊鎭仁壽庵於去年四月間經鎭長袁霞蓀請予轉呈改充公共事業之用據經轉呈並奉

鈞府指令第二九一號以候飭佛教會尅日交還仍將接管情形具報等因遵以該庵地居偏僻卽派保衛團丁五名駐紮並呈報在案上年七月復奉鈞府訓令以據仁壽庵優婆夷金蓮呈訴袁霞蓀冒稱家庵非法收回請求澈查眞相飭卽轉具答辯等因遵卽轉知並由袁霞蓀檢送證件備具答辯請予轉呈

即予照轉並奉鈞府指令祕字第九六八號以茲爲免糾紛兼籌並顧起見仁壽庵仍予存在住持改由佛教會推舉徵求袁氏同意接充所有該庵虧欠責成佛教會認眞清理設法償還並將該庵房屋劃出一部份粎辦小學應需經臨各費飭即督同柳莊鎭長副會同佛教會妥爲籌撥報核等因遵即轉函柳莊鎭鎭長知照在案迄今年餘尙未遵辦而仁壽庵房屋亦於去年九月一日以職區保衛團減少名額由副區團長顏定雲移交於基幹隊第一分隊長童志鵬所有借用器具亦經造具清册雙方蓋章存執各在案茲查基幹隊奉令集中該庵住有童陳兩隊長眷屬近因連日風雨牆垣坍塌長此以往不加修葺恐損失益鉅愈難措置爲特備文呈請仰祈鈞長鑒核迅予轉飭佛教會即日派員徵求袁氏同意推舉住持負責接管並將該庵房屋劃出一部份粎辦小學以符功令

等情據此查此案前經決定辦法令飭該會遵照辦理嗣據該尼金蓮不服本縣處分提起訴願復准鄞縣地方法院函爲優婆夷金蓮聲請假扣押一案經裁定本件聲請人與袁霞苓訟爭仁壽庵內現存之動產准予假扣押惟查該庵現住有縣基幹隊請令行遵照辦理見復過府經轉飭遵照辦理去後嗣據第三區區團長報稱縣基幹隊第一分隊移駐該庵已由副區團長顏定雲移交於第一分隊長童志鵬接收保管造具清册雙方蓋章存區至另星物件均堆置樓上眼同封存等情並經轉函查照各存案茲據前情合行令仰該會遵照派員向區接洽在判決未確定以前暫行接收保管並將遵辦情形具報備查此令

縣長陳寶麟

鄞縣政府訓令祕字第二一八九號 二十二年六月七日

令鄞縣佛教會

案奉

民政廳江字第一五六號訓令開案奉

省政府祕字第三七五二號訓令開案准

內政部禮字第九八號咨開案准江蘇省政府民字第四十號咨據江都縣縣長馬鎮邦呈稱案准中國國民黨江都縣執行委員會公函開案據黨員郭省傳呈請轉函縣府解釋法令示遵事竊查法令頒行應自共同遵令而法理深邃研究不厭求詳失之毫厘間或謬以千里疑點解釋奉行方有準繩查國府公布監督寺廟條例第八條寺廟之不動產及法物非經所屬教會之決議並呈請該管官署許可不得處分或變更依照條文是寺廟所有之產物如處分或變更必先呈奉官署許可而後遵行自爲明顯假使先行變更或處分而後備案是否合法此請解釋者一又同法第九條寺廟收支款項及所興辦事業住持應於每半年終報告該管官署並公告之依照條文是寺廟收支等事如未按期報告是否卽認爲準確又未經公告之收支是否由所屬之教會審核卽認爲有効均屬疑問此請解釋者二綜上所述欲求明瞭法文起見理合呈請鈞會轉函縣府迅予解釋訓令祗遵實爲公便等情據此相應函達卽希查照爲荷等由准此案關解釋法令縣長未敢擅奪理合錄案轉請鈞府鑒賜核辦指令祗遵等情據此除指令外相應咨請查核見復等由准此當經審核決定解決辦法（一）寺廟之不動產及法物凡未經所屬教會之決議並呈請該管官署許可而先行變更或處分者無論其事後已否補行呈准備案均應認爲違（二）寺廟收支款項及所興辦事業凡未按期報告及公告者應令其補行報告並公告除咨復並

分令外相應咨請查照並轉飭所屬一體知照等由准此合行令仰該廳卽便知照並轉飭所屬一體知照等因奉此除分令外合行令仰該縣長卽便知照並轉飭所屬一體知照等因奉此除分令外合行令仰該佛教會卽便知照并轉飭所屬一體知照此令

縣長陳寶麟

鄞縣縣政府訓令保字第八六七號 二十二年九月二十三日

令鄞縣佛教會

案據縣臨時基幹隊長洪鐘呈稱竊據隊副兼第一分隊長童志鵬報稱爲第一分隊所駐高塘墩仁壽庵房屋年久失守經本月十八日暴雨狂風致四週牆垣均遭坍壓破大水缸青果缸各一只殿屋三間門窗全毀餘均損失不貲岌岌可危礙難再駐等情前來查該庵孤立曠野江河暴漲竟成汪洋風水相激以致坍塌係屬實情理合備文轉呈鈞長核訓示祇遵等情據查仁壽庵產前以優婆夷金蓮與袁霞苓發生糾葛經令飭該會在判決未確定以前派員暫行接收保管在案茲據前情除指令在該會未接收以前應仍派人暫行負責保管外合行令仰該會遵照前令各令趕速派員前往接收保管以重庵產仍將遵辦情形具報備查此令

縣長兼總團長陳寶麟

爲補呈修正章程已奉省令准予備案仰知照由 二十一年十一月十四日

中國國民黨浙江省鄞縣執行委員會訓令訓字第八八號

令鄞縣佛教會

爲令知事案奉

浙江省執行委員會訓字第五九六一號指令本會爲補呈該會章程仰祈鑒核備案由內開呈件均悉准予備查件存此令等因奉查此案前據該會補呈修正章程前來即經轉呈核示准予備案在案茲奉前因合行令仰知照此令

常務委員林建中

浙江省佛教會令第一號 二十二年二月二十五日

令鄞縣佛教會

爲令知事案查本會前呈請民政廳將核議各寺院森林處置辦法請示祇遵去後茲奉民政廳批第四三八號內開呈悉據擬寺院森林處置辦法係屬保護山林修建寺宇兼籌並顧起見用意尙無不合惟查寺廟興辦公益慈善事業實施辦法前奉省政府頒發經轉令飭遵在案原辦法中所稱砍伐寺山林木應先報告當地佛教會一節應改爲須先報告當地寺廟財產興辦公益慈善事業委員會確切查照估計需用材料數目再行按數取用仰卽遵照此批等因奉此除通令外爲此令仰該會通告各寺院住持一體知照切切此令

常務委員惠宗
却非
朗鏡
鍾康侯
郁愼廉

爲各寺廟住持不得將所有財產標賣備抵以明產權一案已奉令轉行知照由

浙江省佛教會訓令第六〇七號

二十一年三月十日

令鄞縣佛教會

爲訓令事案奉

民政廳第八九四號訓令開案查前奉

省政府訓令以據該會呈請轉函高等法院寺廟住持虧欠款項不得將寺產標賣抵償一案飭卽查核辦理具報等因當以查原呈所稱寺廟住持對於寺廟財產僅負管理之責若住持有虧欠款項情事不得將所管理之寺廟財產標賣備抵以明產權等情核與監督寺廟條例尚無不合自應准予照辦等語

函請

浙江高等法院轉飭各級法院暨兼理司法各縣縣長一體查照辦理并布告周知并呈復

省政府察核在案茲奉指令內開呈悉卽由該廳轉行該佛教會知照等因奉此合行令仰該會卽便知

照此令等因奉此查此案業由本會通函知照在案茲奉前因合再令仰該會知照此令

常務委員却　非
惠　宗
朗　鏡
鍾康侯
郁愼廉

爲各寺庵如有正當動作出外募緣應先報由佛教會審查相符結予證書方可往各處募緣由 二十一年五月二十一日

浙江省佛教會訓令第六一八號

令鄞縣佛教會

爲令行事案據樂清縣佛教會呈稱佛有化緣之舉原具無上福田惟不肖之徒每利用樂善好施者視爲取財捷徑就樂清所聞若輩出則沿街敲魚處則投宿飯店無所不爲職會擬訂取締辦法凡海內名山大刹果有正當動作必需化緣須由該寺出具理由書聲明委派何人隨帶度牒相片經該管佛教會認可備函證明如未成立縣佛教會地方請由該管政府證明職會審查後當發給證書准予在樂募化倘手續未完擅來歛錢得由崗警拘案驅逐出境以杜弊端而晰眞僞呈請通令辦理等情前來查比丘乞食募緣本無不可如果假借種種名義歛錢揮霍自應予以取締以重教規樂清縣佛教會所擬取締

辦法事屬可行惟查未成立縣佛教會地方請由就地政府證明一節恐多窒礙難行自應請由附近叢林代爲證明以期便利除分令外爲此令仰該會遵照並通知各寺庵一體知照嗣後該縣境內各寺庵如有正當動作必需派人出外募緣應先報由該會審查相符給予證明書方可往各處募緣以杜流弊而重教規切切此令

常務委員惠 宗
却 非
朗 鏡
鍾康候
郁愼廉

爲據呈送會章及名册已轉奉中國佛教會令准備案仰知照由（二十一年三月十九日）

浙江省佛教會令第六〇八號

令鄞縣佛教會

爲令知事案據該會呈送會章及會員名册履歷等件請備查一案當經本會轉呈中國佛教會備查一面令行該會知照在案兹奉

中國佛教會第九一一號指令開呈及章程會員名册履歷均悉所有組織均與規章相符應准備案仰卽知照并轉令鄞縣佛教會知照可也此令等因奉此合行令仰該會知照此令

常務委員 却非
惠宗
朗鏡
鍾康候
郁慎廉

為據呈請核示會員資格一案現奉中央執委會批開佛教會之組織係限於佛教教徒非限於僧衆仰知照由二十一年四月二十九日

浙江省佛教會令第六一七號

令鄞縣佛教會

為令知事案奉

中國佛教會第九五號訓令開案查前據該會呈稱以鄞縣黨部限制佛教會應由僧衆組織一案請轉呈核示等情業經據情轉呈

中央黨部並指令該會知照在案現奉

中央執行委員會民衆運動指導委員會第一七二號批答開呈悉佛教會之組織係限於佛教教徒並非限於僧衆業經函行浙江省黨部轉飭鄞縣黨部遵照辦理矣仰即知照此批等因奉此合行令知仰轉飭鄞縣佛教會知照此令等因奉此合亟令仰該會知照此令

常務委員惠　宗
却　非
朗　鏡
鍾康候
郁愼廉

爲奉令轉知因寺產而致與其他學校或寺僧及地方團體發生爭執係屬普通訴訟事件應屬法院受理仰轉知由二十一年六月十三日

浙江省佛教會令第六一九號

令鄞縣佛教會

爲令知事查現奉
教育廳第七九二號訓令各市縣政府內開案奉
省政府訓令祕字第四七八一號內開案奉
行政院訓令第一〇五〇號內開案查前據教育部呈請轉咨解釋學校提充寺產發生爭執訴願管轄疑義一案到院當經轉咨解釋並指令知照在案茲准立法院第七〇三號咨復內開業經本院統一解釋法令會議議決訴願乃人民對於中央或地方官署之違法或不當處分致損害之權利或利益者方得提起學校無處分寺產權若因寺產而致與其他學校或寺僧及地方團體發生爭執係屬普通訴訟

事件應屬法院受理請查照飭知等由准此除分行外合亟抄發原呈令仰知照並轉飭所屬一體知照等因附抄發教育部原呈一件下府奉此合行抄發原呈令仰該廳卽便知照並飭所屬一體知照此令等因奉此合行抄發原呈令仰該市縣政府卽便轉飭知照此令等因查此案關係寺廟財產合亟照錄原文仰各該縣佛教會一體知照並仰通各寺庵知照爲要此令

常務委員惠 宗
却 非
朗 鏡
鍾康候
郁愼廉

爲奉中國佛教會轉令各地寺廟如因寺產糾紛案件須先呈請縣佛教會核辦由

二十一年十月十四日

浙江省佛教會令第六二五號

令鄞縣佛教會

爲令知事案奉

中國佛教會訓令第一〇五號開爲令遵事查各地寺廟如因寺產糾葛案件理應先行呈請縣佛教會辦理以便就近查明事實眞相或轉呈上級佛教會核辦方合正當手續乃近來各地寺廟關於此類案

件往往逕行呈請本會辦理不獨違背程序且其中事實是否眞確本會遠在滬濱無從推測爲此令仰該會轉飭各市縣佛教會通知各寺廟住持一體遵照嗣後如有寺產發生糾葛自應先呈縣佛教會辦理或轉呈上級佛教會核辦其有未設縣佛教會地方並應通告各該寺廟僧衆知照速即共同聯合籌備組織是爲至要此令等因奉此除分行外合行令仰該會知照迅即通知各寺廟住持一體知照嗣後如有被人佔奪寺產情事應先呈縣佛教會查明實情轉呈核辦以昭鄭重爲要此令

常務委員惠　宗
　　　　　却　非
　　　　　朗　鏡
　　　　　鍾康侯
　　　　　郁愼廉

指令

為呈復仁壽庵確係僧產一案應候查明再行核辦由二十一年四月三十日

鄞縣縣政府指令　字第三六四號

令鄞縣佛教會

呈一件呈復仁壽庵確係僧產祈依法維持由

呈件均悉查此案業經該庵住持尼金蓮呈訴到府應俟查明再行核辦件存此令

縣長陳寶麟

為廣仁庵住持常學抗不交卸並唆使僧善成等無端阻撓應候轉諭限期交卸幷准發給布告由二十一年五月十九日

鄞縣縣政府指令祕字第四一一號

令鄞縣佛教會

呈一件為廣仁庵前住持常學抗不交卸並唆使同住僧善成等無端阻撓請法辦由

呈悉查該前住持常學抗不交卸並敢唆使同住僧善成等無端阻撓殊屬不合應候本府轉諭限期交卸並准給發布告仰併遵照此令

計附發布告一紙

縣長陳寶麟

爲呈請駁斥四區公所之呈請收回永豐寺關帝殿舊址一案應將歷年粮串及契據等補呈督核由 二十一年六月八日

鄞縣縣政府指令祕字第四八六號

令鄞縣佛教會

呈一件呈請駁斥第四區公所之呈請收回永豐寺關帝殿舊址一案祈依法保障由

呈悉應將歷年粮串及契據等件補呈督核仰轉遵照此令

縣長陳寶麟

爲據呈復定香庵地藏殿經過情形仰候令飭第五分局查明復候核辦由

二十一年八月二十七日

鄞縣縣政府指令祕字第七八四號

令鄞縣佛教會

呈一件呈復調查定香庵地藏殿經過情形由

呈悉查原呈有報送第五公安分局有案究竟有無不守清規情事仰候令飭該管公安分局查明原案情形復候核辦此令

縣長陳寶麟

爲據稱仁壽庵爭管一案應候民政廳決定再行飭遵由二十一年九月三日

鄞縣縣政府指令字第七九四號

令鄞縣佛教會

呈一件呈爲仁壽庵爭管一案遵照決定辦法據實呈復由

呈悉查此案前據尼金蓮提起訴願到府據經檢卷轉呈民政廳核示在案據稱各節應候民政廳決定後再行飭遵仰即知照此令

縣長陳寶麟

爲地藏殿接收交代一案應准由化成會同勘明妥爲接收并限常學於十日內趕將一切粮串簿據交代清楚否則勒保嚴追仰轉遵照由二十一年九月六日

鄞縣縣政府指令祕字第八〇五號

令鄞縣佛教會

呈一件爲地藏殿前住持常學私行抵押庵產一案究應如何辦理之處請核示由

呈悉查地藏殿接收交代一案應准由化成會同勘明妥爲接收具報一面仍限前住持常學於十日內趕將一切粮串簿據交代清楚如再藉違定予勒保嚴追仰轉遵照此令

縣長陳寶麟

爲據呈僧靜願募資建築龍華寺所奉佛像合於神祠存廢標準准予備案所請布告一節應毋庸議仰轉遵照由　二十一年九月二十一日

鄞縣縣政府指令祕字第八五二號

令鄞縣佛教會

呈一件呈爲僧靜願募資在江北岸劉家邊建築龍華寺祈鑒核給示保護由

呈悉查僧靜願募資建築龍華寺於江北岸劉家邊地方如所奉佛像合於神祠存廢標準自可准予備案所請布告一節殊非必要應予毋庸置議仰轉遵照此令

縣長陳寶麟

爲據報宋吞庵改名爲金靈峯寺應准備案并給示由　二十一年十月二十二日

鄞縣縣政府指令字第九八四號

令鄞縣佛教會

呈一件爲宋吞庵改名金靈峯寺轉請備案給示由

呈悉應准備案布告隨發此令

計發布告一紙

縣長陳寶麟

爲據送永豐寺粮串執照未能爲關帝殿產權之證明應卽發還仍仰轉飭檢送有力證件候核由二十一年十一月二日

鄞縣縣政府指令　字第一〇一二二號

令鄞縣佛教會

呈一件遵令呈送永豐寺歷年粮串祈鑒核由

呈件均悉查核粮串執照究竟該關帝殿是否永豐庵所有無從證明應予發還仍仰轉飭檢送其他有力證件送縣候核此令

計發還粮串執照共八紙

縣長陳寶麟

爲皋峯庵住持糾紛一案候飭區查明辦理由二十一年十一月十日

鄞縣縣政府指令字第一〇四二二號

令鄞縣佛教會

呈一件爲玉泉鄉公所迫令皋峯庵佛婆離寺代選住持有越教權請嚴行糾正並准推僧榮池接住由

呈悉仰候轉飭該區公所查明辦理具報此令

縣長陳寶麟

爲據稱玉泉鄉鄉長周榮才非法推選游僧接充阜峯庵住持一案仰候該區呈復後再行核辦由 二十一年十一月二十一日

鄞縣縣政府指令祕字第一一〇六號

令鄞縣佛教會

呈一件爲玉泉鄉鄉長周榮才非法推選游僧戒定接充阜峯庵住持一案請嚴飭糾正由

呈悉查此案前據該會呈請經卽轉飭第十區公所查明辦理在案仰候該區呈復後再行核奪此令

縣長陳寶麟

爲據呈茅山寺僧請禁止砍伐松竹准予給示保護由 二十一年十一月二十六日

鄞縣縣政府指令安字第二五九六號

令鄞縣佛教會

呈一件爲據茅山寺僧以該寺山地松竹被人私自砍伐轉請給示禁止由

呈悉准予給示保護布告隨發仰卽查收轉給張貼此令

計發布告一道

縣長陳寶麟

爲呈請轉呈核示會員資格一案仰候轉呈中央黨部示遵由二十一年三月十日

浙江省佛教會指令第二〇五號

鄞縣佛教會呈請轉呈核示會員資格一案由

呈悉查信仰自由載在黨綱宗教團體會員之資格無論出家在家當然以信仰宗教者爲限茲據呈稱前情候呈請

中國佛教會轉呈

中央黨部核示遵行可也仰卽知照此令

常務委員却　非

惠　宗

朗　鏡

鍾康侯

郁愼廉

爲據呈寺廟財產興辦公益慈善事業一案已據情轉呈中國佛教會核辦由二十一年十二月二十三日

浙江省佛教會指令第二三七號

鄞縣佛教會呈爲寺廟財產興辦公益慈善事業意見請轉請核議由

已據情轉呈

中國佛教會核辦矣此令

常務委員惠　宗

　　　　却　非

　　　　則　鏡

　　　　鍾康候

　　　　郁愼廉

法規

浙江省鄞縣佛敎會章程

第一章　總綱

第一條　本會由鄞縣佛敎徒組織之定名爲浙江省鄞縣佛敎會

第二條　本會以增進中國文化發揚民族精神努力整頓敎規宏宣佛化促進社會之進步爲宗旨

第三條　本會以鄞縣爲區域設會所於鄞縣第一區靈橋路

第二章　會員

第四條　凡年滿二十歲以上之佛敎徒不分性別能遵守會章服從議案者皆得爲本會會員但須履行下列入會手續(一)會員二人以上之介紹(二)塡寫入會志願書審查合格後提交執行委員會之認可(三)領取會員證

第五條　有左列情事之一者不得爲會員並不得爲各寺庵住持

一、有違反三民主義之言論或行爲者

二、褫奪公權尚未恢復者

三、受刑事處分尚未撤銷者

四、違反淸規及嗜好賭博者

五、有神經病及廢疾者

第六條　會員之權利如左

一、選舉權及被選舉權

二、有發言提議及表決權

三、本會章所載各項事務之利益

四、本會會員有充任各寺庵住持之權利至非出家二衆之會員不得爲寺庵住持

五、有請求本會代爲伸雪及救濟之權

七條　會員之義務如左

一、遵守本會章程及議決案

二、担任本會指派職務

三、繳納會費及事業費

四、應本會之諮詢及調查

第八條　凡會員如有不遵守本會章程破壞本會言行及不履行第七條之義務者輕則予以警告重則除名

第九條　前條警告部分經監察委員會議處提交執行委員會執行除名部分經監察委員會議處提交會員代表大會核准

第三章　組織與職員之職權

第十條　本會由代表大會就會員中選舉執行委員十三人組織執行委員會執行大會決議各案及一切會務對大會負其責任

選舉候補執行委員五人得列席執行委員會議有發言權而無表決權遇執行委員缺席時應依法遞補有臨時表決權

惟遞補人數不得超過出席執行委員三分之一

第十一條　本會執行委員會推選常務委員五人由常務委員互推主席一人組織常務委員會執行大會及執行委員會之決議各案並處理日常事務對執行委員會負其責任

第十二條　本會由代表大會就會員中選舉監察委員五人由監察委員互推主席一人組織監察委員會其職務如左

一、偵察會員之行動及其言論

二、審核同級執行委員會經費收支

三、考核同級執行委員會會務及辦事員之勤惰

四、辦理會員處分及檢舉事項

五、審查本會及會員被告發案件

選舉候補監察委員二人準用第十條第二項之規定

第十三條　本會執行委員監察委員任期一年連選得連任

第十四條　本會視事務之繁簡得酌設幹事若干人由常務委員會決議提交執行委員會通過任用之

第十五條　本會爲謀辦事便利起見得就各區適中地址設立通訊處六所（城區一所鄉區五所）其辦事細則另訂之

第十六條　本會代表大會代表選舉法由執行委員會擬訂呈報指導監督機關核准施行

第四章　會務

第十七條　本會辦理各項會務列舉如左

一、舉辦民衆教育

二、舉辦民生事業

三、興辦慈善公益
四、興辦僧衆教育
五、舉辦布教事宜
六、關於會員與會員及非會員間之爭議會員請求之調解事項
七、關於黨政機關委辦事項
八、關於會員間之合作及互助事項
九、關於整理教規住持交替事項
以上各項會務應分股辦理其各股辦事細則另訂之

第五章　會議

第十八條　本會會員代表大會每年舉行一次由執行委員會定期召集之執行委員會每二月舉行一次由常務委員會定期召集之監察委員會每二月舉行一次常務委員會每十天舉行一次由各主席定期召集之遇必要時均得召集臨時會

第十九條　各種會議均以過半數委員之出席方得開會過半數之同意方得決議

第六章　經費

第二十條　本會經費以左列各項充之
一、會員入會費每人一元
二、會員常年費每人每年二元
三、事業費本會舉辦各項事業需用經費須視各寺庵常年收益豐嗇爲標準經執行委員會議決後由各寺庵分別認

定徵收之

四、特別捐本會舉辦特種事業時經執行委員會之決議呈報主管官署核准收集之

第七章　附則

等廿一條　本會辦事細則及會議規則另訂之

第廿二條　本會章程如有未盡事宜由會員代表大會修正之

第廿三條　本章程經會員代表大會議決呈請當地黨政機關核准施行

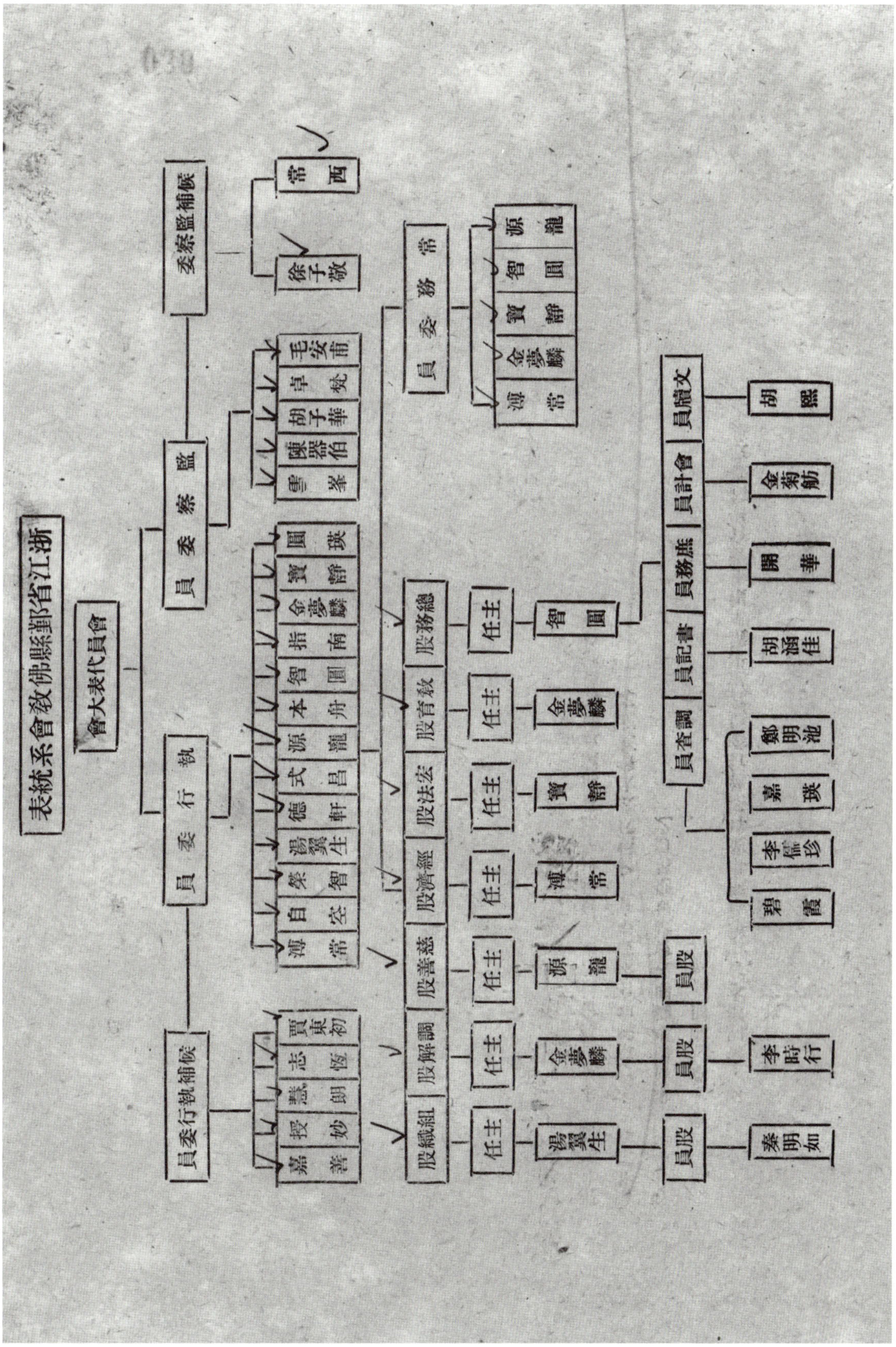
浙江省鄞縣佛教會系統表
會員代表大會
執行委員
監察委員
候補執行委員
候補監察委員
常務委員
組織股
調解股
慈善股
經濟股
宏法股
教育股
總務股
主任
股員
書記員
庶務員
會計員
文牘員
調查員
溥常
湯翼生
智圓
指南
金夢麟
寶靜
圓瑛
徐子敬
胡子華
陳器伯
毛安甫
秦明如
李時行
胡涵佳
金菊舫
胡熙

浙江省鄞縣佛教會各區幹事表

區別	幹事名號	寺庵名	通訊處	備考
漁源區				
高嘉區	可然師	洪福寺	泗港	
同善區	根如師	楊樹庵	五港	
鹽梅區	雪琳師	塘頭寺	梅墟	
	文岸師	雲來寺	鄭公橋	
鳴鳳區	雪來師	祇園寺	葛家歧	
大盛區	步康師	鏡中寺	韓嶺市西山下	
	開琳師	天福寺	塘頭街鄒溪金鐘山	
	益山師	珠山寺	大嵩	
鄮溪區	荷西師	壽國寺	省岙	
	夢軒師	慶雲寺	汪洋橋	
西成區	妙禪師	寶明庵	下林	
	識空師	景德寺	高橋	
	明性師	廣善寺	集士港	
	邑星師	法會寺	跳頭	
桃源區	自浩師	方廣寺	鳳岙市	
	瑞巖師	資福寺	横街頭	
章遠區	英才師	天王寺	洞橋頭	
鄞江區	自光師	小靈峯	大路嶺	
豐和區	慧章師	普濟寺	黃昏晨橋	
	明性師	廣月庵	江頭庵	
	定能師	金峨寺	横溪金峨山	
塘界區	秀明師	報恩寺	銅盆浦	
永和區	自空師	茅山寺	陡門橋	
	崇康師	瑞峯寺	虎嘯周	
同道區	清禪師	永素庵	布金市朱郎中橋	
	現月師	普濟庵	吳襲航船轉	
首南區	源音師	歸源庵	周宿渡	

職員誓詞

衆生無邊誓願度
煩惱無盡誓願斷
法門無量誓願學
佛道無上誓願成

呈文

為八十八師等招兵委員佔用寺庵請轉飭遷讓由 二十二年三月五日

呈為八十八師暨五十九師招兵委員佔用寺庵仰祈
鑒核俯准令飭遷讓以保寺庵事竊查本城都神殿舊址自奉
浙江省民政廳令飭發還後該住持僧修淸以無力辦理社會事業自願將該殿全部管理權移轉與屬會接管業經呈請鄞縣政府核
示經奉令准并給示在案惟查該殿內有八十八師及五十九師招兵委員多人盤居其間一再商請遷讓詎竟置之不理上月二十日
復據萬壽寺住持僧顯揚書同前情請求設法援助等情到會查各師招兵處早經奉令撤銷該招兵委員當無存在之必要自不能以
招兵名義佔住各寺致與佛事僧人兩有妨礙為此備文併案呈請
鈞部俯賜鑒核准予令飭該兩處招兵委員等即日遷讓以保寺產實為公便謹呈
寧波防守司令部

主席委員智圓
常務委員本舟
寶靜
指南

金夢麟

鄞江區彰聖寺住持與外來遊僧悟禪爭奪寺產因雙方涉訟致變賣寺產屬會令委自光暫行保管請備案并懇出示曉諭由二十年八月十一日

呈爲呈請事案據鄞江區幹事員自光聲稱區屬鶴溪村玄壇地地方彰聖寺住持僧瑞泉報稱本年五月間突來無賴遊僧名悟禪自稱係來山避暑察其行動似有精神病是以不容居住不料該遊僧卽入樓上僧房自由坐臥并搬運石塊將僧房出入門戶卽用石塊堵塞每屆飯時下樓自由膳食僧偶與理論彼卽暗藏石塊手持柴斧與僧爲難僧以孤掌難鳴不敢與抗請求報告佛教會設法援助等語嗣經自光馳往該彰聖寺調查該遊僧初則匿不見面繼而下樓答辯其舉動委有精神病僅以石塊柴斧自隨自光見狀大駭祇得退歸究應如何辦理爲此聲請　鈞會核辦等情前來據此查是案經該幹事員自光報告後一再派員馳往實地偵查并向該遊僧施以勸導一面囑該住持當體念我佛慈悲給予川資若干令其出寺不料雙方均不聽從實無調解餘地現悉該住持已向法院狀訴屬會認爲兩方均有不合茲爲防患未然起見深恐該住持等因訟案而致蕩毀寺產業於本日令委小靈峯住持現充屬會幹事員自光前往該寺暫行管理無論何人不准藉此訟案而私自變賣動產與不動產除分令知照外爲此具文伏乞鈞府鑒核俯准備案并懇令飭該管村里委員會及鄞江橋公安分局一體協力保護以全教產而杜意外不勝頂德待命之至謹呈

鄞縣縣政府縣長陳

爲續請撥用都神殿原址剏辦平民資生工廠請求核准由二十年二月二十二日

呈為續請撥用部神殿址攺辦平民資生工藝廠籌集基金擬具簡章仰祈

核准以裕民生事竊振興實業爲社會之基礎增進工藝乃人民之福音屬會本互助之精神盡慈善之天職前經開會決議籌集基金定名曰鄞縣僧立平民資生工藝廠因乏相當廠址擬撥用都神殿基先後據情並附簡章請求前寧波市政府核准於二十年一月十八日奉楊前市長指令第七二號內開呈及簡章均悉該會創辦工廠以利平民事屬可行仰即詳細規畫確定基金呈候核奪以憑酌撥相當地址可也簡章暫存此令等因奉此屬會遵即依照公司條例籌足資本總額十分之四計洋四千元已劃入甬江慶蘇生莊存儲并重訂規劃書請求核准伏查都神殿原址當時係充作臨時菜市場之用現濠河正式菜市場業已建築工竣對於臨時場所無歸無用與其坐視荒蕪爲燕雀棲息之地孰若興辦事業爲社會生產之所此請求撥用者一也工廠地址首貴適中蓋交通便利則原料運輸成本較廉出品得以暢銷且地居鬧市則參觀自衆工藝競爭精神奮興而物品改良激進靡已國計民生兩有裨益此請求撥用者二也屬會考慮至再廠基既感困難公益期在必辦謹將擬設平民工廠撥用都神殿址緣由理合附具簡章續請

鈞府俯賜核准俾得尅日舉辦早覩厥成以裕民生實爲公便謹呈

鄞縣縣長陳公鑒

計附呈簡章一份

爲鳴鳳區西來庵庵址殿宇勢將傾圮募捐重新建築請求轉詳縣政府給示保護并令飭五鄉碶分局隨時協助保護俾得安心從事由 二十年八月二十六日

呈爲呈請事案據會員鳴鳳區西來庵住尼性順（在前徐地方）書稱因庵屋年久失修勢將傾圮擬將殿宇重新建造茲以舊殿範圍狹小且低此次重建擬照原有式樣升高數寸大都都以就緒擇定本日圓木九月十九日上樑不意該前徐地方有徐姓小三房人徐永順徐良元徐阿烏徐祥林等四人從中作梗誣言風水攸關百般恫嚇不准將殿宇升高否則立即拖倒揆其用意明係欺尼女流藉

此訛詐無疑懇予派員調停並設法援助等語前來據此查西來庵爲鄞東古刹載在縣志此次該尼性順以殿宇傾圮募捐重新苦心毅力殊堪嘉尚屬會據報後節經派員前往調查以原有殿宇低矮乘此改建時間提高數寸理所當然當經商同前徐村村長徐章才君對建築方面提高若干亦無異議詎附近小三房人擅加干涉且藉口風水攸關與現在破除迷信前途大有障礙加以意存敲詐更爲法律所不許屬會以該庵興工在卽除面請前徐村村長徐章才設法勸令徐永順等不准再行非法干預外誠恐該徐永順等橫蠻如故阻礙建築爲此瀝情致使該尼灰心殿宇永無重新之日迫不得已具文呈請

鈞府鑒察迅賜令行五鄉碶公安分局隨時保護幷求給示曉諭俾該尼得以安心從事功德無量謹呈

鄞縣縣政府

爲本會成立大會執監委員名單呈請備案由 二十一年二月四日

呈爲呈報事竊屬會奉

命依照修正人民團體組織方案第三節人民團體組織程序以文化團體意義組織宗教團體之規定依法組織節經呈明

中國國民黨浙江省鄞縣縣黨部執行委員會暨

鄞縣政府備案逐級呈請

上級黨政機關備案奉頒許可證書在案奉經遵照籌備就緒於本年一月二十三日開正式成立大會到會員代表一百三十八人當場通過章程並以票選法選出圓瑛等十三人爲執行委員竹溪等五人爲候補諦閑等五人爲監察委員毛安甫等二人爲候補同時宣誓就職由執察委員會互推智圓寶靜本舟金夢麟指南五人爲常務委員指定智圓爲常委主席諦閑爲監委主席除開具章程二份常委履歷二份呈送

浙江省佛教會暨分函同級佛教會外理合繕具章程二份及常委履歷二份備文送請
鑒核准予備案施行謹呈
中國國民黨浙江省鄞縣執行委員會
鄞縣縣政府

爲奉令飭查整理僧伽委員會一案據調查情形呈復鑒核由 二十一年三月十七日

呈爲遵令查明據實呈復仰祈
鑒核事案奉
鈞府第一九一號訓令內開案奉
浙江省民政教育廳會銜第六六八號訓令內開案據浙江江蘇兩省無業僧伽代表僧昌道安蓮等呈請令飭鄞縣觀宗寺諦閑繼續辦理江浙佛教聯合會整理僧伽委員會事務以維宗教而安人心等情並呈送抄件一紙據此查該會曾否正式成立現在因何停辦該僧等所請是否可行除批示外合行檢發原副呈抄發原抄件令仰該廳等卽便會同查明核辦具報等因計發副呈一件抄件一份奉此查原呈所稱江浙佛教聯合會整理僧伽委員會組織原案如何本廳等均無案可稽究竟該會係於何時成立有否呈請立案現在因何停辦除會同呈復外合行轉抄原附件令仰該縣長迅卽查明具復以憑核辦具報此令等因計抄發副呈一件原抄件一份下縣查江浙佛教聯合會整理僧伽委員會係於何時成立因何停辦暨如何組織已否立案本府均無案可稽奉令前因合行抄發原附件令仰該會卽便查明限文到五日內聲復以憑報核此令等因計抄發副呈一件原抄件一份下會奉此遵卽派員前往觀宗寺調查去後據該寺僧諦閑聲稱江浙佛教聯合會整理僧伽委員會在中國佛教會未組以前組織成立該會所卽在上海中國佛教會總辦事處

內現因年老力衰難以兼顧所有該委員會會務已移交由中國佛教會合併辦理現在正在着手進行等語到會查該委員會究竟於何時成立現在何故停辦屬會亦無案可稽奉令前因理合將調查情形備文呈復仰祈

鑒核實爲公便謹呈

鄞縣縣政府

主席委員智圓
常務委員本舟
寶靜
指南
金夢麟

爲廣仁庵住持常學私行變更寺產抄呈帳略等呈請核辦由二十一年三月二十八日

呈爲廣仁庵（卽地藏殿）住持常學私行變更寺產違反監督寺廟條例抄送帳單幷整理敎規辦法仰祈核辦事案據廣仁庵住持常學呈稱呈爲請求鈞會提案決議通過准予變通處分沙田以救急需幷請轉呈鄞縣政府核准事竊僧於民國十五年十月間接廣仁庵住持蓋自前老和尙爛雲蓮峯戒全師當家經手歷年已積債萬餘金之譜所以敝庵入不敷出時有輾轉不靈之虞今庚爲沙田登記繳價事急需二千餘元其沙田坐落在扒沙巷地方分計四則萬不能拋棄優先利權擬將近江塗三畝四分一則出讓惟查寺廟財產保管條例規定有不得已情狀者得呈請鈞會提案決議轉呈縣府核准以資救濟等語爲此請求鈞會體恤下情迅予提案決議幷請轉呈縣府核准等情據此正核辦間復據該住持常學呈稱敝庵自前和尙爛雲故後欠人借款不過一

千元蓮峯和尚住持又欠人六百四十元霰全師住持又欠人九百五十元又爛雲和尚身後喪費三千元又暫厝坟基糾葛損失費及功德費欠一千四百元又歸天後各店未了端午節帳又霰全師當家期內中秋節帳均由常學於十月間接手時解清計洋二千九百三十五元六角回思常學接手住持債務已達九千數百元之鉅再加利負經濟之困難情形已達極點雖敝庵稍有收花但入不敷出是以欲發展佛事起見建造貝叶樓擴大佛場又虧欠建築費四千餘元致共欠人一萬四千餘元之多俱係歷年經過實在狀況及現沙田繳價急需洋二千餘元勢成燃眉若不設法救濟誠恐全部庵產難以保留爲此迫不得已會經呈請變通處分决議通過并請准予轉呈縣府備案各在案茲附歷年帳略并新帳略各一紙乞鑒核施行等情到會當經屬會一再派員調查開會討論僉以該住持常學所欠各項借款僅憑片面報告并無何項正當簿據呈會核奪且查該住持自接住後始終未將虧欠債務情形具報來會遽將庵產私行抵押淨盡猶尚不足尤敢來會請求救濟是該住持常學顯有違反監督寺廟條例第八條之規定應依同條例第十一條及浙江省整理佛敎敎規辦法第二條第三項之規定呈請

鈞府迅予提案嚴懲以保庵產而杜效尤并請將單開各債權人傳案追還違法所立抵押契約俾得收回產權一面由屬會將該庵債務精密清查是否出於正當用途再予設法處理庶使債務眞確產權無損是否有當理合抄同債權人姓名住址債款數目及浙江省整理敎規辦法各一份一併備文呈送

鈞府仰祈

鑒核施行并乞指令祇遵謹呈

鄞縣縣政府

計呈送帳略一紙整理敎規辦法一份

鄞縣佛敎會主席委員智　圓

爲奉令據實呈復仁壽庵確係僧產仰祈依法維持以保產權由二十一年四月二十六日

呈爲據實呈復仰祈依法維持以保庵產事案奉

鈞府第二七五號訓令內開案據第三區長陳鬬呈據柳莊鎮鎮長袁霞荅面稱高塘墩仁壽庵向係袁氏祖上創設茶緣出資建庵故俗名茶亭庵明末迄今歷有年所前清光緒三十年因遊僧棍徒來庵滋擾經鄞縣正堂周出示永禁在案此次刦案發生後住持正本不願續住竟報請佛教會派人接充於事於理兩有未合該庵既係吾家設茶緣而建庵權固有屬不甘放棄況際此訓政時期迷信神權已背潮流擬將該庵收回改作公共事業請予轉呈縣府轉令佛教會遵照交還等語准查該庵既爲袁姓出資建築今因該尼不願續住充作公共事業之用似甚允當佛教會越組代謀殊有未合准報前由理合檢同原示一件備文轉呈仰祈鑒核迅賜轉飭佛教會遵照交還以維私產而資興辦公益事業並乞指令示遵實爲公便等情並附呈原示一件到府據查該庵爲袁氏私人建立既有前清縣示可憑依監督寺廟條例第三條之規定該會當然不能派人接充據呈前情除指令外合行照抄縣示令仰該會卽便遵照尅日交還具報此令等因計照抄縣示一紙奉此遵經職會以事關庵產不得不詳加研審切予證實正查核間復據該庵住持尼金蓮書稱爲冒稱家庵非法收回朦蔽縣府貽誤處分叩請依法援助轉呈縣府迅令返還以維法令而昭公道事查現在西郊江塘墩仁壽庵袁霞荅能否有收回之權當以該庵是否袁氏出資新建爲先決問題舊有仁壽庵在西門越城（卽月城）內道光二十一年僧雪峯重建則仁壽庵非袁氏家庵有鄞縣縣誌可考卽光緒三十年鄞縣正堂周告示禁止遊僧棍徒到庵滋擾亦祇能認定袁氏士紳爲保護該庵安寧之美意不能認定該庵完全爲袁氏一種所有產權該庵且於民國甲寅年（卽三年）陰歷正月前住持比丘尼圓通（係袁仰之阿嬸出家住庵）立據出推於金蓮由金蓮出洋三百二十元有推據收款據可證袁氏對於越城仁壽庵早已無管理權且西門越城仁壽菴又於民國十六年奉前市政府命令爲築路遷讓拆除由市府津貼金蓮拆讓費六百元並由金蓮向前市府工務局領有江塘

墩建築仁壽庵許可證均有案可稽則越城內仁壽庵早不存在極屬明確况在江塘墩新建仁壽庵庵基係唐阿三所助購置物件及新建大小房屋十四間需費三千餘元袁氏並不出分文均係金蓮一手經營所有蓄積爲造庵用罄外尚欠債洋八百餘元以金蓮千辛萬苦另建斯庵衆目共覩事實昭彰袁霞荅絕對無收回處分之可能乃袁霞荅利用盜刼佛門不幸時機冒稱家庵以前清光緒三十年袁氏呈請禁止滋擾越城仁壽庵之告示爲朦混侵奪江塘墩金蓮新建仁壽庵之物證妄請第三區區公所轉請縣府准予收回充作公用縣府一時被朦遽予照准致年邁老尼修養失所不合情理違反法令何能甘服爲此哀請貴會大發慈悲速賜依法援助轉請縣府收回成命恢復原狀以示體恤而昭公道再金蓮徒弟眞本雖不願同住尚有妙香徒弟繼續合併聲明等情抄附圓通推據收據各一紙到會據此伏查該尼金蓮所稱各節尚屬實在審核所提出之各種證據實爲本案之鐵證是該庵確係僧產已無疑義又查該庵建立幷管理者均是僧尼業有縣誌及推接據足資證明實與監督寺廟條例第三條不符該袁氏意圖侵佔該庵產權以鎮長權威串同區長顛倒是非朦蔽長官應請主持公道維護庵產以鎮人心而昭公允奉令前因理合將審查該庵詳細情形抄呈推據收據各一紙一併備文據實呈復仰祈

鈞府鑒核准予依法維持恢復原狀以保庵產幷乞

指令祇遵實爲公便謹呈

鄞縣縣政府

計呈送推收據各一紙

爲遵令派僧暫代廣仁庵住持情形呈復鑒核由 二十一年四月二十六日

呈爲遵令呈復仰祈

鑒核備案事案奉

鈞府第三二七號指令內開呈件均悉查廣仁庵住持常學經管數年虧欠至一萬餘元之鉅傳案訊問多方推諉吊取簿據僅有地藏殿造樓簿一本其餘欠賬一覽表所列各項無可稽核殊屬含混平日對於公產公款任意浪費漫無限制顯然可見除將常學暫予交保外應將該住持斥革繳呈付欠賬款表及造樓簿發交該會遵照法令逐項審查簽註呈核一面另行派僧暫代住持以重庵產仰併遵照件姑存此令等因計發付欠賬款表一份造樓簿一本仍繳奉此遵經提交第七次常務委員會議决當以該庵住持常學既經斥革自不能一日無主持之人經由本會選派幹事僧勘明前往該庵暫代住持職務幷登報聲明紀錄在卷奉令前因除將該僧常學所欠賬款表俟詳細偵查再行呈核外理合將派僧暫代住持情形備文呈報仰祈

鑒核備案實爲公便謹呈

鄞縣縣政府

爲遵令查明靈濟庵產權據實呈復由（二十一年五月二日）

呈爲遵令查明靈濟庵產權據實呈復仰祈

睿察准予依法糾正事本年四月二十二日奉

鈞府令開案據第四區區長卓葆亭呈稱爲呈請事案據區民張忠俊張朝英等聲稱竊敝族第二世祖明五公在世時生平樂善好施出資建造靈濟庵（俗稱江橋庵）另有市屋三間一厙現租與合興源和源豐等其租金歸庵內收花施茶費之用向由敝族委派一僧管理辦理掃除供奉茶亭等事宜現在住僧道梅平日飲酒吃葷集衆賭博污名四溢盡人皆知族人聞悉之下時加訓斥姑待其悔過自新三月二十日下午十時許有婦人舒鄔氏路過小江橋該僧一見傾心施以勾引手段誘其歸庵求歡幸路人發覺經報告三區署

警察拘獲到案查該僧既不守清規爲佛門之敗類若不驅逐出境不足以儆效尤關於三區署判以罰金了案殊嫌太輕應請貴區公所轉函三區署嚴重辦理勒令該僧辦理移交並驅逐出境至於該庵繼任住持應歸敝族物色財產部份由敝族組織保管委員會保管之幷請貴公所隨時予以監督實爲德便等情到所當經派員查明該僧道梅確有不檢行爲若不澈底究辦不足以維風化卽經轉函就地公安分局嚴重究辦去後正在辦理間旋據鄞縣佛教會函開查江橋庵(卽靈濟庵)住持守慧前因事赴滬巳將該庵由僧道梅暫行看管現在該僧道梅又復他往所有庵產及一切法物自未便任其廢弛茲經敝會第六次常會議決由本會派可嘉師前往該庵暫行看管除逕函第六分局接洽外爲特函請貴公所查照爲荷等由查該菴建於元延祐二年雖名爲靈濟菴然不供奉佛像菴內祇供關帝神像與該張姓第二世祖明五公神位確係家菴性質與其他寺菴不同該菴自遭兵燹後改建爲市房五間一厙以前後樓房三全間撥與廣濟會收花以作浮橋鋪設雨苫之費其餘市屋二間一厙仍歸菴僧收管以備冬夏施捨涼茶薑湯之費雙方立有合同允據存照各在案現佛教會援用監督寺廟條例派員接收惟查前項條例第三項之規定由私人建立並管理者不適用是項條件又查同條例第四條荒廢寺廟由地方自治團體管理之等語該菴原住持守慧早巳赴申改業派支僧道梅繼任不料道梅不守清規經張族子孫檢舉聲請本區公所轉函公安分局勒令驅逐出境後該菴既非十方公菴尤無繼任僧人依照中央法令應作爲荒廢論由地方自治團體管理無待佛敎會之越俎代謀也乃該會竟不顧法理擅放可嘉師僧人暫行管理如此舉動均所非宜爲此呈報本案辦理經過情形並抄附該菴前住僧與張族合同允議暨前清同治四年告示各一份備文呈請鈞府仰祈察核迅予訓令糾正該佛敎會行動幷乞轉飭該會打銷前議速將可嘉僧撤回以重產權而免糾紛實爲公便等情並附呈張族合同允議據一份及前清同治四年告示一份據此除指令外合行抄發原附件令仰該會迅卽查明具復以憑核辦此令等因附發合同議據一份告示一份下會奉此遵經將該菴前後詳細情形分別澈查謹將調查所得敢爲我
鈞長縷晰陳陳查靈濟菴(卽江橋菴)建於元代載在志乘此時有張明五者在菴左設亭濟施茶湯寒暑無間人皆德之及其歿也居

呈文

人會同住僧建設張明五牌位供奉靈濟菴廂屋題曰元義士張明五公之位以誌紀念厥後張氏子孫歲時來菴祀饗住僧爲義士故竭誠招待此張氏子孫誤認靈濟菴爲張氏家菴之所由來也嗣後靈濟菴數被於火屢建屢燬張氏子孫初未資助分文復查張氏與該菴於清代爲張明五神位事產權糾紛涉訟數十年有乾隆十九年十一月念五日鄞縣正堂宋據舉人張正英呈批示爾祖當日創造原因公益起見幷未踞爲張姓之祠厥後屢燬屢建是今日之廟非昔日之亭矣匾懸十方僧人換易均無不可不必固執妄思獨佔爲祠」又查乾隆二十七年閏五月初一日寗波府知府瑪據張正英呈批示已捨之業一切菴產利息均歸常住爾等不得過問致滋訟端」又查同年十月十三日知府瑪據張正英呈批爾等指稱遠祖捨出菴基將住僧募修未竟之工情願捐修完畢固屬善舉若必欲視該庵爲己業則大謬矣今該僧紹源幷無惡跡混呈攻逐益見爾等居心難問名列斯文須知清心自愛勿學市井卑汚自玷品行」又查乾隆三十五年五月十六日鄞縣知縣商詳府憲梁批始建亭者張姓後改菴者衆姓定例父祖施捨田產子孫不許藉稱擅越生事其捐銀建亭建菴更無論已靈濟一庵張姓衆姓均不得過問應歸僧人永遠管業承納倘張姓復敢藉稱祖業出而爭執按例嚴行詳究毋可寬縱仍取各依結送查此繳卷幷發源祠存」又查嘉慶十八年八月念六日鄞縣知縣時據張恭麟呈批查閱粘抄爾祖張明五木主設立殿側久經奉憲斷定自應照舊安置該僧等何得復思更移致啓訟端候即飭押將木主修整遵照供奉以杜爭執至該庵房屋屢燬屢建已與爾等無干無庸再向顧問出而呈控也」又查同年九月十二日閩浙總督汪據張恭麟呈批撥數百年以前之案與寺僧爭控地基於既燬復建之後殊屬混瀆不准」基上情形是產權屬於靈濟庵已成鐵案固非張氏所得而干涉已屬明甚最後民國紀元前一年七月間及壬子癸丑三年疊遭回祿均係住僧會同濟生會出資重建現尙負債二千餘元均由住僧性定向商號借貸而來現在尙可稽查則同治年間之屋早歸烏有嗣後建築張氏幷無資助分文烏可謂爲張氏之家庵也至光緒二十八年之合同議據一節當時之有無固難懸揣卽有其事所有產權明明屬諸靈濟庵張氏子孫不過居擅越地位從事援助且合同內有云歸住僧出公事訟費洋三百元幷每年出洋三十元作明五公春秋祀事之用云云是旣云家庵則所有公事訟費及明五公春秋祀事費

用當然有張氏子孫自行負担何得責令住僧聽償簡言之則所云合同是張氏詐欺取財之鐵證應當嚴究若以同治四年之告示爲據亦恐當時縣主及地方士紳始終不知有前之種種批示故也綜上各節足資證明該庵建立幷管理者均屬於十方僧人與監督寺廟條例第三條顯有不符又查該菴住持守慧因事赴申暫託僧道梅代管嗣以道梅出走由屬會派僧可嘉暫代玆守慧事畢回菴照常任事幷於四月十日登甯波商報廣告聲明在前是該菴住持職務始終未嘗間斷何得詔爲荒廢寺廟總之該張姓既無理取鬧於前而區長又非法武斷於後若不懇請依法嚴予糾正則當此靑天白日之時失足染指紛至踏來菴產僧人橫遭壓迫揆諸情理均屬難堪奉令前因理合將該菴數百年經過情形據實査明備文呈復仰祈

鈞長鑒核准予依法糾正以彰公道幷乞

指令祇遵謹呈

鄞縣縣政府

爲廣仁庵前住持抗不交卸幷唆使同住僧善成無端阻繞請法辦由二十一年五月六日

呈爲呈請事本年四月三十日奉

鈞府指令第三六五號呈一件呈報遵令派僧暫代廣仁庵住持情形祈鑒核備案由內開呈悉應准備案此令形因奉此遵經令知僧勛明尅日前往暫行接管幷飭遵照令開各節妥善辦理等情去後旋據該僧勛明復稱前住持常學抗不交卸等情同時該菴同住善成善多芹芳等一再來會聲稱堅以懶雲老和尚派下接續爲詞不允其他僧衆來庵干涉屬會爲甯息起見當將此次派僧勛明前來管理原係暫時性質一俟整理完畢再行量才推任以繼懶雲香火等語委曲理喩終於不解默察善成等狀況顯然由常學唆使而來殊屬無理已極且善成頭腦昏亂甚於常學尤其目不識丁於整理僧伽前途諸有未合案關奉令交辦事宜萬難任令常學等有意頑

抗致礙進行擬請
鈞府迅將常學傳案發押一面勒令交卸其同住僧善成等無端阻撓并懇一併驅逐出菴俾便澈底整理以維教規而重菴產是否有
當爲此具文呈請仰祈
鈞府鑒核令遵并懇給示佈告周知至深公感謹呈
鄞縣縣政府

爲呈請轉飭一分局派警會同接收地藏殿由 二十一年五月二十一日

呈爲呈請事案奉
鈞府第四一一號指令內開呈悉查該前住持常學抗不交卸并敢唆使同住僧善成等無端阻撓殊屬不合應候本府轉諭限期交卸
并准給發布告仰併遵照此令等因計附發布告一紙奉此伏查此案於四月三十日奉
鈞府令准後職會正擬令知暫代住持僧勛明前往接收詎該常學竟敢唆使同住僧善成等一再來會藉詞阻撓屬會誠恐發生他故
以致未即前往接收茲奉前因爲避免意外起見用特備文呈請
鈞府轉函寗波公安局轉飭該管分局派警會同暫代住持勛明前往接收以免意外仰祈
鑒核俯准施行指令祇遵實爲公便謹呈
鄞縣縣政府

為呈請駁斥四區公所之呈請收回永豐寺關帝殿舊址一案仰祈依法保障以維寺產由二十一年五月二十一日

呈為呈請駁斥第四區公所之呈請收回永豐寺關帝殿舊址一案仰祈
鈞府鑒核迅予依法保障而維寺產事竊查五月三日寧波商報新聞欄內載有永豐寺和尚利用火燒場基重建廟宇一則由第四區公所召開第十一次會務會議議案第二項據東勝街小學校長報稱各節及區公所議決依照監督寺廟條例第四條之規定認為荒廢寺廟由區公所收回并呈請縣政府備案等語職會以案關寺產不得不慎重將事當經一再詳細審查正辦理間復據永豐寺住持妙安呈同前情并聲稱查被燬關帝殿舊址屬於永豐寺所有向由住持管理並依寺廟登記法向政府登記有案現擬設法建築以期恢復舊觀並非荒廢寺廟不能由區公所收回曾經委託黃律師代表登報鄭重聲明並函達該區公所查照迄今日久並無異議本可無事惟查該區公所議決案內有呈請縣政府備案一語誠恐縣政府有被矇蔽用特函懇轉請縣政府駁斥該區公所之呈請俾維寺產而杜侵占等情據此伏查該關帝殿係為永豐寺之一部分其產權本屬於永豐寺向由該住持妙安歷年管理納稅執有糧串為證其房屋雖已被燬而其所有權并未喪失且依寺廟登記法向
鈞府登記有案固非荒廢寺廟可比該四區公所議以依照監督寺廟條例第四條之規定殊有未合又再司法院統一解釋法令會議議決奉祠關公神像之建築物亦屬宗教上之建築物其中苟又有僧道住持則不論其為庵為廟依監督寺廟條例第一條規定自應認為寺廟其廟之屋宇及田地產業雖由住持管理自應認為寺廟之財產云云足證該關帝殿既附屬於永豐寺之一部份即無論其為廟宇為地基其產權當然屬於永豐寺固不待言該四區公所議請收歸公有尤屬非法據稱前情理合將詳細審查情形備文呈請
鈞府鑒核仰祈

迅賜駁斥四區公所之呈請准予依法保障而維寺產以免糾紛幷乞指令祗遵謹呈
鄞縣縣政府

爲地藏殿前住持常學避匿不見請飭原保人將常學送案勒令移交由

二十一年六月十一日

呈爲呈請事案奉
鈞府第四五二號指令呈一件爲呈請轉函甯波公安局轉飭該管分局派警會同接收地藏殿由內開呈悉應准轉函甯波公安局派警協同接收仰卽知照此令等因奉此遵於本月二日派僧勛明前往該殿暫代住持詎該常學避不見面迄已經旬所有移交手續無從辦理查該常學一再抗不交卸幷唆使同住僧善成等出而藉詞阻撓此次又復避匿不見殊屬有意違抗似此日復一日非但各項帳略清理無期而該殿產業亦無法整理爲此迫不得已備文呈請
鈞府迅予令飭原保人卽日將該常學送案勒令辦理移交俾便從事整理實爲公便謹呈
鄞縣縣政府

爲地藏殿前住持常學私行抵押庵產一案究應如何辦理之處請核辦由

二十一年八月二十七日

呈爲呈請事竊查地藏殿前住持常學私行抵押庵產一案業蒙
鈞府將該住持斥革責令移交旋以該住持避不見人復又傳飭保人將該住持送案各在案本月二十二日據暫代住持勛明書稱竊

助明於本年六月三日奉鈞會委派前往廣仁庵（即地藏殿）暫行代理住持責令清理該庵債務詎進菴後該菴前住持常學始終不將住持職務移交致債務亦無從清理延擱至今已將三週月矣本月十五日復經鈞會常務委員會議決先命常學將住持職務及該菴一切文契器具等交出後責令助明與該子孫派代表化成師二人負責清査債務無從着手而菴內每日膳食供給化成師又完全不負擔助明職責所在既礙進行尤難諉卸究應如何辦理請盼速施行等情據此查此案前准鍾康候居士電稱地藏殿事請照前議辦法由同派中人接管債款先償三千擬每月籌贖一千元另有人保證未交產據由化成師暫行保管請速照辦免多糾紛等由准此當經提交第十二次常會議決由子孫派推舉化成師爲代表會同代理住持助明師先行清查債務責令常學將所有契據及歷年糧串并沙田登記證書各種簿據一併交出歸化成師保管由化成師出具保管收據交付助明師以清專債并將前項移交各件呈會核奪一方由子孫派推舉正式住持同時由正式住持先行籌款若干將一部分產業贖回一方由本會呈報縣府備案惟常學既經縣府斥革永不得在地藏殿居住紀錄在卷惟查前住持常學既抗不交卸於前復又唆使同派藉詞阻撓於後始終不願移交以致債務無從清查庵產無法整理而其子孫派代表僧化成又完全不肯負責似此藐視法令殊屬非是據稱前情究應如何辦理之處職會未敢擅專理合備文呈請鈞府鑒核迅賜指令祇遵實爲公便謹呈

鄞縣縣政府

爲堇江區定光寺住持定西現已物故另推海霞師前往接住請備案由

二十一年九月六日

呈爲堇江區定光寺住持僧定西因病身亡另推僧海霞前往接住仰祈

鑒核備案事竊查堇江區定光寺住持一職前由屬會推舉僧定西充任業經呈報鈞府并奉諭令照准在案現在該住持定西已於上

月間因病身亡該寺產業自不可無人管理茲經屬會第十三次常會議決所有定光寺住持職務公推觀音寺僧海霞前往接住紀錄在卷理合備文呈報

鈞府鑒核備案并乞指令祇遵謹呈

鄞縣縣政府

爲據僧靜願書稱在江北劉家邊地方倡建龍華寺請轉請立案并給示保護由

二十一年九月六日

呈爲呈請事案據龍華寺住持靜願書稱衲鑒於江北一隅向無寺刹緇流行脚者既苦無歇擔掛錫之所而就地善信亦以遠道禮拜之跋涉爲苦故於新馬路劉家邊倡建一寺名曰龍華幸承本埠及海上諸大善士慨予贊助業已集資開工貴會爲領袖緇流發揚大敎自必表同情於此舉而願速觀其成惟恐就地有無知之徒橫生阻撓故特專函貴會務請轉呈縣府立案并出示保護以利進行等情據此查所稱各節尙屬實在該僧苦志精修發願宏大興建寺宇接濟緇流自應准予所稱據稱前情理合備文呈請

鈞府核准立案并乞給示佈告以資保護而利進行實爲德便謹呈

鄞縣縣政府

爲據金靈峯住持僧自光呈請將宋岙庵改名爲金靈峯寺轉請備案給示由

二十一年十月十四日

呈爲呈請事案據董江區金靈峯住持僧自光書稱鄞縣董江區三十七都二圖地方有古刹曰宋岙庵始創國宋梵刹重興殿宇崔巍

至大清順雍乾嘉雖來前住無護持之而道咸同光乏住盡廢念宇宙稠謝琉璃殿破金相霏敗一切如洗並無恆產至空虛破殿三間無人管理後至宣統元年間有優婆塞薛延泉同優婆夷如林等進住管理增補裝修等項今住二十四載有奇因年老無力特將本庵委付僧自光接充爲本庵住持光初進此庵見者流涕發願重新昨於民國二十一年四月八日建築大雄寶殿五間及兩首廊屋四間樓上樓下各殿新塑佛像添置產業法物器用等又云取銷宋吞庵名目改曰金靈峯寺懇請鈞會代爲轉請鄞縣政府備案給示俾便刻立碑記以垂永遠等情據此查所稱各節尙屬實在該住持矢志靜修重修殿宇俾數百之古剎得以煥然一新其志願宏大所請將宋吞庵改名金靈峯寺一節自應照准據稱前情理合備文呈請

鈞府鑒核備案并乞給示保護俾得勒石流名以垂久遠實爲德便謹呈

鄞縣縣政府

爲鄞東鄧溪區阜峯庵住持如惠辭職該地玉泉鄉鄉長周榮才貿然另舉僧人接充殊有不合請令飭嚴行糾正并准推僧榮池接充由 二十一年十月三十一日

呈爲呈請事竊查鄞東鄧溪區大嶺吞地方有阜峯庵（卽阜豐庵）向係七塔寺覺圓和尙住持由覺圓移交法弟溥常和尙由溥常移交法姪如惠均係法派流傳相安無事現因如惠兼住城區觀音寺雙方兼顧力有未逮一再來會聲明退職屬會爲保護庵產計當經派員前往調查所請尙屬實情應予照准嗣經屬會第十四次常會議決遴選妥僧接充一時未得相當人才仍由會住該庵唸佛婆暫行看管並函致玉泉鄉鄉長周榮才查照在案後選得僧榮池卽覺圓法徒爲阜峯庵住持經於本月二十九日派員護送進院詎玉泉鄉鄉長周榮才出而阻止并於事前擅將暫管之念佛婆迫令離庵似此舉動全無法理不知其意何居若欲侵佔寺產有違法令若欲代選住持有越教權二者俱屬非法屬會現遵中國佛教會議案實行整頓教規對於住持交替尤覺愼重教產主權未便放棄爲此具

文呈請仰祈
鈞長鑒核依法令行該鄉長嚴切糾正一面懇將屬會新選之僧榮池准予充任阜峯庵住持以護法令而衛教權實爲德便謹呈
鄞縣縣政府

爲玉泉鄉鄉長周榮才非法推選游僧戒定接充阜峯庵住持請轉飭糾正并令行公安分局將該僧驅逐由 二十一年十一月八日

呈爲呈請事案查鄞溪區阜峯庵（即阜豐庵）因住持糾紛一案前以該地玉泉鄉鄉長周榮才貿然另舉僧人接充有違法令業於本月一日呈請
鈞長令行該鄉長嚴切糾正并蒙
鈞長電令該管分局先行制止各在案現在事隔數日未奉令遵茲據調查所得該鄉長周榮才已另舉游僧戒定於本月四日入庵接住是該鄉長非但越俎代謀竟敢弁髦縣令實屬目無法紀伏查世界各國宗教財產管理人員無不由宗教團體推選相當人才負責管理斷無有由教外人士越權過問之事吾國寺廟從前界限混雜選舉住持除十方叢林及法統相傳外或由教徒自行推選或由檀施選舉或由住僧移交或由地方人民把持干涉辦法紊亂糾紛叢生此皆由於法規未備之故自監督寺廟條例頒布後而各寺庵之選舉住持自應遵照條例辦理且查該條例第三條已將寺廟界限明白規定而選舉寺廟住持亦已奉
內政部禮字第一號布告并分別咨令各省遵照在案原布告內聲明其所屬之教會於不違反該寺廟歷來管理權傳授習例之範圍內得征集當地各僧道意見遴選住持管理云云是阜峯庵住持當然由屬會遴選應毋庸該鄉長之越俎代謀也又查最高法院解釋亦係顧全寺廟住持傳授法統之習例故有不違反傳授習例之語若以其他人亦得選舉寺廟住持何得詔之傳授此又足證阜峯庵

庵持自應由法統相傳斷非游僧可以接充也屬會以事關遴選住持不得不愼重將事經一再開會討論僉以宗教寺廟遴選住持按照世界教會之通例及　內政部布告　最高法院解釋監督寺廟條例所有選擧住持均須由宗教團體推選相當人才負責管理該鄉長周榮才非法選舉游僧前往接住其濫行職權已屬顯然揆諸法理均有未合似此情形則將來要挾佔產之事勢必變本加厲教徒何以安居產權無法維護爲再具文呈請

鈞長鑒核嚴令該鄉長依法糾正幷一面令飭該管公安分局將游僧戒定驅逐俾得此次被選僧榮池前往接住藉維教權而保庵產實爲德便謹呈

鄞縣縣政府

爲據茅山寺監院僧自空書稱以該寺山地六十餘畝所有松林被人私自砍伐請轉呈出示禁止由 二十一年十一月九日

呈爲呈請事案據鄞南茅山寺監院僧自空書稱查敝寺向有山地六十餘畝古木幽深藉以屏蔽古刹加之近年我佛教徒提倡僧農遍植松竹以資點綴山景乃我僧人正在竭力墾植孰料近有不肖之徒時有私行砍伐迨至僧等覺察又以山深林密已屬不可究詰往者已矣來日方長若再因循寬縱恐將來森林難保荒廢堪虞茲爲防微杜漸計爲此函達貴會懇祈據情轉呈鄞縣政府准予出示保護俾便勒石永禁砍伐以保森林而維寺產等情據此查所稱各節尙屬實在屬會以事關保護寺產自應准予所請據稱前情理合備文呈請

鈞府鑒核准予給示禁止藉保森林而維寺產實爲德便謹呈

鄞縣縣政府

爲奉令撤換定香庵地藏殿住尼并推選髮尼福德接管請備案并給示曉諭以釋羣疑由二十年十一月二十八日

呈爲遵令呈報仰祈
鑒核備案并給示曉諭以釋羣疑事案奉
鈞府第六七三號訓令略開以定香庵住尼良寬不守清規一案據第五公安分局查明原案情形該尼良寬不守清規事屬實在地藏殿老嫗張郭氏雖無佐證但人言藉藉自非無因合行令仰一併撤換以肅清規一面妥覓住持前往接替勿任藉違仍仰將遵辦情形具報備查此令等因奉此遵經提交屬會第十次常會議決遵照縣府訓令將該庵尼良寬撤換并推選髮尼福德前往接住所有前住債務概由福德與尼良寬自行接洽清理至於地藏殿老嫗張郭氏行止荒謬不符住持資格自應合併撤換其住持職務由福德兼任紀錄在卷奉令前因理合將遵辦情形備文呈報仰祈
鑒核備案並請給發佈告以釋羣疑實爲公便謹呈
鄞縣縣政府

爲田雅鄉保衛團擅自佔用尼庵仰祈轉飭遷讓由二十二年一月十一日

呈爲田雅鄉保衛團擅自佔用尼庵仰祈
鑒核迅賜准予令飭遷讓以保產權而免窒礙事案據小靈峯寺住持尼寶蓮等書稱本月三日忽有田雅鄉鄉長郭德芬派來保衛團數名將寺內韋馱殿佔用事前既未商得敝寺同意事後雖經敝寺婉言拒絕又復不可理喻且男女混雜諸多不便對於佛事亦大受

影響況該鄉本有許多祠宇儘可供給保衛團辦事處所何以竟欲佔用敝寺爲此迫不得已請求設法援助等情到會當經屬會派員前往該處勘實調查幷面商該鄉長郭德芬請其將保衛團遷往他處詎該鄉長完全拒絕且出言狡滑實屬不可理喻復請核辦前來據此伏查保障寺產業經監督寺廟條例明確規定幷奉
國民政府第四〇〇號訓令無論任何機關團體個人如有侵奪佔用佛寺僧產者概依法律辦理令仰遵照近復奉
司法院解釋法令凡有住持居住之寺廟不得由地方官署撥歸任何團體使用卽地方任何團體亦不得擅行佔用拆毀（見二十一年十二月六日新聞報）各在案該保衛團事前既未商得該住持同意事後又復故意拒絕擅自佔用尼寺殊屬有違法令且男女混雜諸多未便該鄉既有祠宇可以屯駐自可不必佔用該寺致與佛事女僧兩有妨礙據稱前情理合備文呈請鈞府鑒核迅賜令飭該保衛團卽日遷讓以保庵權而免窒礙實爲公便謹呈
鄞縣縣政府

爲呈復天童寺失火一案除由會嚴予申斥及責令籌款修復外幷通告各寺庵籌備消防器具由二十二年七日二月

呈爲呈復事案奉
鈞府第三七號訓令略開以天童寺失火一案業據第十區區長查復係由桐油煎熬過度油性爆發引燃所致該住持所稱天火各節顯係飾詞附會淆惑觀聽殊有未合應卽責令籌款修復至其他寺院亦多名勝古蹟所在嗣後對於消防設備務須格外注意凡住僧在二十人以上者應視房屋人數之多寡量爲置備消防器具全寺僧衆幷應不時爲救火之習練其傍山林之寺院幷應於建築物之四週留出四十尺以上之防火綫以期有備無患除指令幷批示外合行令仰該會遵照擬具辦法呈核施行此令等因奉此伏查該住

持圓瑛所稱天火爲災各節語涉悖謬殊屬非是除由屬會嚴予申斥及責令籌款修復并通告各寺庵積極籌備消防器具以期防患
未然外奉令前因理合備文呈復仰祈
鈞府俯賜鑒核實爲公便謹呈
鄞縣縣政府

爲據東岱庵住持僧修清將都神殿管理權移轉管理附送舊契請轉呈備案并給示曉諭由 二十二年二月七日

呈爲呈請事案據東岱庵住持僧修清書稱竊僧修清於本年一月三十一日奉
鄞縣政府通知書第二六號內開奉
民政廳第八五〇號指令本府呈復令查都神殿廢止詳細情形祈鑒核由內開呈件均悉查此案業經本廳審查決定茲將決定書送
達證書暨原卷一併隨文令發仰卽分別查收送達證書呈繳備查此令等因并發決定書二本送達證書一紙縣卷四宗分書一本下
縣奉此除縣卷決定書抽存外合行檢同決定書暨原送分書飭仰該住僧知照特此通知并附發決定書一本分書一本等因奉此查
都神殿地址前以前寗波市政府先後借撥獅橋里委員會作爲辦公處所及建設臨時小菜場之用僧不服前寗波市政府之處分所
爲一再呈請
鈞會情願將該都神殿地址移轉與佛教會興辦平民工廠并狀訴鄞縣地方法院暨向
浙江省政府請願依照監督寺廟條例確定產權各在案現蒙
鄞縣陳縣長呈奉　民政廳令開決定歸僧修清管理數年苦心一旦解決誠感政府莫大功德也惟是修清一介貧僧既蒙　政府恩

厚自應如何建設社會事業以圖上報於萬一無如棉力薄弱心與願違今爲謀社會事業發展起見願將該殿全部管理權移轉與
鈞會接收管理作爲會所及興辦公益慈善教育等事業以昭大公而免誤會幷懇轉呈
鄞縣政府立案給示曉諭永垂不朽頂德靡涯所有都神殿舊契三紙幷照抄此次民政廳頒發決定書一份一併送呈仰祈
察收保存爲荷再
鈞會日後如有遷移他處仍由修清自行管理合併聲明等情幷附呈舊契三紙決定書抄本一份到會據此查該都神殿本屬寺產現在既蒙
民政廳決定由修清管理則產權已明確規定惟僧修清志願宏大爲謀社會事業發展起見而限於棉力薄弱自願將該殿全部管理權移轉於屬會作爲會所及興辦公益慈善教育等事業準諸法理尙無不合但屬會以興辦公益慈善事業極爲繁多茲特擇其重要者先行擬辦覺民初級小學及佛敎圖書館佛教宏法通俗講演所等現正積極籌備一俟籌備完竣另案呈報外據稱前情理合備文呈請
鈞府鑒核備案幷請給示曉諭俾資勒石以垂不朽實爲公便謹呈
鄞縣縣政府

爲將舊有都神殿大門地址改建市房以每年租金充作辦理小學經費祈核准由

二十二年四月二十日

呈爲呈請事竊都神殿舊址前以該住持僧修清因無力管理自願將全部管理權移轉與屬會充作會所幷興辦公益慈善教育事業業經呈請

呈　文　六七

044

鈞府核准幷給示曉諭各在案所有前項事業屬會現在正擬積極籌備惟以經費浩大籌措維艱當經提交第二十四次常會議決關於覺民小學開辦費由本會担負其經常費以舊有都神殿大門地址改建市房將每年租金充作該小學經常費之一部份其餘不足之數仍由本會担負紀錄在卷除將該小學籌備經過情形另文呈請教育局備案外理合錄案備文呈請

鈞府鑒核恩准幷請令飭建設科派員丈量俾便興工實爲公便謹呈

鄞縣縣政府

爲國防道路測量隊由育王寺內山門直穿而過與古蹟森林兩有妨害仰祈改用路線以保古刹由

呈爲呈請事案據育王寺住持源龍書稱略謂此次國防道路之建築其路線一由育王嶺至瓔珞河一由明堂岙與鎭海線相接其由明堂岙之路線有數利由育王嶺之路線則與古蹟森林均有妨礙且該路高下偏頗於國防道路亦不相宜而實幢至瓔珞河又已築成輕便道若再建築國防路線難免妨礙營業幷臚舉種種利弊請求呈請轉請鎭海縣政府由明堂岙路線相接俾國防人民兩有裨益而古蹟森林藉以保存等情據此查建築國防道路事固重要而於民運事業似不能不兼全幷顧且保存古蹟名勝及森林業奉內政部一再通令有案該育王寺爲千百年之古刹其所有古蹟及森林自應予以保存似不忍以國防道路之建築而遽毁於一旦且該路線既可由明堂岙與鎭海線相接似可不必再取道於育王嶺以作該路之通線也據稱前情理合備文呈請

鈞府俯賜鑒核幷乞函請鎭海縣政府同意藉以保存古蹟森林實爲公便謹呈

鄞縣縣政府

爲設立覺民初級小學組織校董會祈鑒核備案由 二十二年五月十九日

呈爲設立初級小學組織校董會呈送簡章及校董會同志各一份仰祈

鑒核備案事竊屬會前以會員僧修淸自願將都神殿舊址移作屬會會址及興辦公益慈善敎育等事業經呈請

鈞府經蒙核准在案現在關於前項教育事業擬設立覺民初級小學一所其校舍卽以屬會之前展空房改建光線充足空氣流通當堪適用且查該處人烟稠密學齡兒童衆多本小學擬不收學費俾一般失學兒童得有求學機會緣遵照定章組織校董會校董五人卽以屬會常務委員充任之所有常年經費除將新建市房租金撥充外不足之數仍由屬會完全負責預計常年經費約在一千二百元其開辦各費均由屬會負担業經第二十六次常會議決通過除俟設備就緒另文呈報外理合繕具簡章及校董會用表各一份一倂備文呈請

鈞府核准備案以資進行實爲公便謹呈

鄞縣縣政府

爲高嘉區農會強借尼庵仰祈令飭另覔相當地點由 二十二年五月二十二日

呈爲高嘉區農會强借尼庵以作辦公處所仰祈

鑒核准予令飭另覔相當地點以維庵產而安女僧事案據鄞南沐封橋接待庵尼實筏報稱頃接高嘉區農會指令內開爲令遵事案查本會第七次會員大會議決本會辦公處移在樹橋頭接待庵會場仍在石池廟以利農運等語紀錄在卷查該庵頭門左首廂房向無取用仰該庵住持剋日遷讓以便進行會務而利農政毋違此令尼奉令之下無任駭異查小庵房屋狹小幷無餘房所有頭門左首

廟房亦係自住幷供給齋主來庵舉行佛事者住宿之用若一旦借與他人則與小庵佛事受重大影響况小庵又無恆產女僧數人專賴佛事度日且男女混雜尤屬不便爲此懇請鈞會設法救濟等情據此查保護寺產早經立法院監督寺廟條例已有明文之規定幷

奉

國民政府第四〇〇號訓令無論任何機關不得佔用（見二十年八月一日政府公報）各在案該尼所稱各節均屬實情該農會於事前既未商得該尼同意自不能强制借用據稱前情理合備文呈請

鈞府鑒核俯准令飭農會另覓相當地址藉維庵產而安女僧實爲公便謹呈

鄞縣縣政府

爲據天甯寺代表僧授妙書稱該寺年久失修擬將寺產變價以作修理費用祈鑒核備案由

二十二年六月六日

呈爲呈請事案據天甯寺各房代表僧授妙呈稱竊本寺各處房屋年久失修諸多朽壞設不急事修理傾圮堪虞但需費浩大一時難措妥經召集各房領袖公同議決將本寺所有坐落奉化三石地方基地一方計額一畝餘又田念一則計額十五畝二分五厘山一片計額二畝擬售與奉化趙壬房趙永順各戶爲業合計洋一千元以作修理本寺之用查是項遠業出息既屬有限管理又感困難擬出售他人得價而資修理誠一舉而兩得其便爲特呈請

鈞會核准迅予轉呈

鄞縣政府備案等情據此當經提交屬會第二十七次常會議决查該代表所稱各節事屬正當核與監督寺廟條例第八條之規定尙無不合自應准予所請紀錄在卷據呈前情理合備文呈請

鈞府鑒核俯准備案并乞

指令祗遵實爲公便謹呈

鄞縣縣政府

爲將育王寺借作各高中學生軍事訓練班住所一案瀝陳困難情形仰祈俯准另擇他處由二十二年六月二十一日

呈爲呈請事案據育王寺住持源巃書稱頃奉

鄞縣政府令將敝寺借作本埠各高中學生軍事訓練班住所并供給膳食等因奉此際玆國難臨頭軍事訓練爲當務之急凡我僧衆有應盡力互助且　政府命令亦應祗遵惟查敝寺僧衆衆多所有房屋僅敷供給自用且敝寺已定古歷閏五月一日起請圓瑛法師來寺講演彌陀疏鈔全文屆時各寺僧衆及男女居士定多就寺聽講而房屋更屬不敷應用若人衆太多尤不免發生誤會實與敝寺修持及地方治安均有重大關係基此種種困難惟有請求鈞會轉呈縣府俯念僧艱准予另擇就近相當地址俾維秩序而保治安等情據此查該住持所稱各節當屬實情據書前情理合備文呈請

鈞府鑒核准予另擇他處并乞令遵實爲公便謹呈

鄞縣縣政府

爲據蓮華寺住持嘉善等書稱太平庵住持夢度未圓寂以前遺言將該庵交與法徒明高接管祈鑒核備案由二十二年八月三日

呈爲呈請事案據蓮華寺住持嘉善寶光寺住持雨蓮資福寺住持瑞岩報稱查鄞西櫟社太平橋太平庵住持夢度接住該庵迄今十餘年之久對於該庵庵務盡心維持詎意操勞過度精神虧損身染勞疾自料在世不久邀請同道嘉善雨蓮瑞岩等一再磋商擬將該庵事務囑託嘉善等代爲暫管至今年七月十六日未圓寂以前遺言身死之後願將該庵交與法徒明高接管住持他人不得阻礙茲者嘉善等特將受託情形具文呈報鈞會鑒核幷請轉呈鄞縣縣政府備案以資遵守等情前來旋據僧明高稱同前情據此查該庵住持普度既已圓寂所有住持一職未便虛懸且該住持在未圓寂以前已將庵務囑付其法徒明高接管於法幷無不合似應准予備案

據稱前情理合備文呈請

鈞府鑒核俯准備案實爲公便謹呈

鄞縣縣政府

爲據楊樹庵住持根如書稱擬將該庵改名瑞慶寺祈鑒核備案由二十二年十月十七日

呈爲呈請事案據同善區楊樹庵住持根如書稱竊根如繼承祖庭住持楊樹庵以來迄今數載原有殿宇僧寮悉漸頹敗根如自接住以後藎其衣鉢餘資苦苦經營力加修葺舊宇頓覺一新復思原有菴名係屬土名殊多不雅根如擬將原有庵名改爲瑞慶寺事關庵名變更爲此具書呈請鈞會備案以昭鄭重等情據此查該住持所稱各節尙屬實在情形據稱前情理合備文呈請

鈞府鑒核俯准備案實爲公便謹呈

鄞縣縣政府

爲僧明高接管太平庵以後被僧英德等時來纒擾請出示保護由二十二年十月三日

呈爲呈復事案奉
鈞府訓令祕字第四九七號內開案據僧明高呈爲接管太平庵住持曾經核准有案近被英德等時來纏擾請求出示保護等情據此
合行抄發原呈令仰該會遵照查明詳細情形據實呈復以憑核奪此令計抄發原呈一件等因奉此遵卽派員前往詳查旋據復稱太
平庵前住持普度法師於未死前已將該庵住持管理權囑咐法徒明高繼承所有賬簿及法物等件均交僧明高接管幷有嘉善雨蓮
瑞岩三法師到場證明其時僧英德前因犯清規被普度覺察驅逐久已離庵斷絕關係僧英德前曾親筆立有字據永不復入太平庵
屬實頃僧英德於普度西歸後矇蔽地方小數人來庵糾紛圖佔僧明高因不勝煩擾呈請官廳出示保護確係實情等語報請鑒核到
會查該庵前住普度出有四百元頂價且十方請書中載明任普度雍徒付法普度既於西歸前合法囑咐僧明高繼承住持及管理幷
有嘉善等三法師證明是僧明高早已所得該庵住持管理權該僧英德既犯清規被逐又未經過屬會入會手續當然無住持資格實
屬無理混爭應請
鈞府准予出示布告以清界限而免糾紛奉令前因理合將調查情形備文呈復仰祈
鑒核施行實爲公便謹呈
鄞縣縣政府

爲遵令派員保管仁壽庵祈鑒核由二十二年十月八日

呈爲遵令派員保管仁壽菴仰祈
鑒核令行第三區公所定期派員前往接洽以資管理事案奉
鈞府訓令第四六六號略開以據第三區呈請轉飭接管仁壽菴一案令飭遵照辦理幷將遵辦情形具報備查此令等因奉此正核議

間復奉

府　訓令第八六七號內開案據縣臨時基幹隊長洪鍾轉據第一分隊長童志鵬報稱以所駐之仁壽菴經此次暴雨狂風牆垣坍倒難再駐轉請核示合行令仰該會遵照前令各令遑速派員前往接收保管以重菴產仍將遵辦情形具報備查此令等因奉經提交屬會第三十四次常會議決僉以保管菴產事屬重要公推幹事員僧英才（現充天王寺住持）前往暫行保管幷請縣府令行第三區公所定期派員前往接洽紀錄在卷奉令前因理合錄案備文呈報仰祈指令祗遵實爲公便謹呈

鄞縣縣政府

爲據福聚庵住持道悅書稱該庵突被颶風吹毀無力修理擬將小屋四間出典以作修理費用祈鑒核俯准由 二十二年十月十七日

呈爲呈請事案據福聚菴住持道悅書稱近來市面凋疲經濟極緊敝常住佛事因以益形減縮在此情形之下詎禍不單行於九月十八夜突有颶風臨境菴宇吹毀多處估計修理價值非五百餘元不可倘若稍緩修理危險立生則將來損失竟不可以數計也但敝常住經濟異常困難又無恆產若欲籌集如此鉅款殊非易易不得已擬將小屋四間坐落菴前向由常住管業者出典與人所得典價以作修理菴宇費用日後若得經濟餘裕卽仍取回爲此書請

鈞會鑒核准予變通辦理幷請轉呈縣府備案等情到會據此當經屬會第三十五次常會議決該庵旣無恆產所有經懺收入祗能彌補日常用度若驟增修理巨資似屬困難倘不予修理勢必殃及全庵該住持所稱各節事屬實情自應准予所請紀錄在卷據稱前情理合備文呈請

鈞府鑒核施行幷乞指令祗遵實爲公便謹呈

鄞縣縣政府

請制止甯波市政府拆除都神殿房屋由十九年八月七日

呈爲私人所有產權案向司法起訴抄呈契據懇乞令飭甯波市政府取消拆除處分俾得依法解决以保民權而維法系事案據屬會會員都神殿住持修清聲稱伊師祖志緣於前清道光年間先後價買民地三則均有契據爲憑嗣卽獨力創立都神殿宇並遞遺管理已閱六世是項產權由修清繼承取得賡續管業亦已十餘年矣去年地方人士破除迷信搗毀偶像都神亦在其列修清以神龕雖燬產權無損原無其他問題不謂獅橋里委員會成立擬借該處辦公修清認爲侵權行爲一再交涉時逾半載久假不歸已依據大理院解釋例(統字一四四號一六四四號)向鄞縣地方法院提起確認所有權之訴外本應靜候裁判詎日昨甯波市政府驟行飭工拆除牆垣任意處分手續既嫌未合伏讀十八年二月十九日民政廳令飭姚縣政府解釋應廢神祠財產案內呈悉此項會社有由私人集合組織者有爲地方公共而屬於寺廟者其由私人組織者係屬私法團其財產卽爲該私法團所有不能一律認爲公有併無寺廟無關(下略)之明令本案產權既爲修清所有在監督寺廟條例第三條第三項業有明文規定按照上述法律法令又顯相抵觸屬會爲維護會員權利起見據請前情謹敢抄契呈請仰乞

鈞府鑒核對於甯波市政府不當處分迅賜明令制止以保產權無任迫切待命之至謹呈

浙江省政府　公鑒

附呈契稿三紙

請取消拆除都神殿宇由十九年八月七日

048

呈爲抄呈契稿據情轉呈仰祈

鑒核暫停拆除事竊職會頃據都神殿住持修清面稱都神殿沿馬路一帶房屋本日由市政府工務局飭匠拆除惶急萬狀請爲設法援助並抄錄亡清道光年間受買民地文契稿三紙委係僧置僧有各等情前來查都神殿偶像久已搗毀都神殿址原係僧置上曾請求職會呈請

鈞府准予發還又本年三月職會擬創設工廠一所懇將該都神廢殿址撥歸職會改建工廠之用惟是均未蒙批示未敢冒昧從事比聞工務局業已興工拆除該僧惶急萬狀亦屬實在且察閱契約確係亡清道光元二三年間由僧志緣陸續出資向民間買進過戶納糧並在

鈞府登記有案伏查十八年二月十九日　民政廳令餘姚縣政府解釋應廢神祠財產案內有此項會社有由私人自行集合組織者爲地方公共而屬於寺廟者其由私人組織者係屬私法團其財產卽爲該私法團所有不能一律認爲公有併與寺廟無關（下略）本案都神偶像雖以迷信搗毀而都神殿址確爲該僧所有所請暫停拆除之處實爲爭議產權職會爲保護會員權利起見據稱前情理合將契據三紙具文呈請仰祈

鈞長察核俯准暫停拆除以保產權不勝公感之至謹呈

寗波市政府

附契稿三紙

爲呈請指用都神殿原址作爲創辦平民工廠仰祈照准由二十年一月六日

呈爲創設平民工廠指用都神殿原址附呈簡章仰祈核准備案事竊屬會鑒於振興實業乃建設之基礎亦創辦工廠爲平民之福

呈爰本匹夫有責之義開會決議竭盡棉薄認足資本洋一萬元擬辦僧立平民貧生工藝廠一所因思廠基適中則交通便利實爲工業發達之主因屬會籌劃至再查有都神殿原址甚爲合宜且僧有僧用名義亦甚正當除商由前住持僧修清表示樂從願與永租外於去年二月間先後呈由

鈞府批示嘉許當時因擬借爲獅橋里辦公處所嗣後又指定爲臨時小菜場以致屬會所籌備就緒之工廠尚未實現伏聲村里辦公需要範圍較爲狹小就近不乏相當處所且因小菜場之設置事實上早已無形遷移至小菜場原係臨時性質現正式場所建築行將告成是該殿原址不日即可清開以之充作屬會所擬辦之工廠尤爲名實相副夫地方多一工廠則實業多一保障實於國計民生兩有裨益爲此合再將指用都神殿房屋充作廠址緣由附具簡章仰乞

鈞府迅賜核准備案實爲公便再工廠建造圖及營業計劃書容後呈案備核合併聲明謹呈

寗波市政府市長楊　公鑒

計附僧立平民貧生工廠簡章一份

爲奉令呈復轉商租賃永豐寺爲東勝小學校舍情形由二十一年八月十九日

呈爲奉令轉商租賃永豐寺爲校舍情形仰祈

鑒核事案奉

鈞局第五九〇號訓令內開案據縣立東勝街初小校長汪誠信呈稱以該小學校舍係由前寗波市政府教育科向永豐禪寺住持妙安接洽租賃茲接該住持委託黃榮昌律師來函聲稱欲將房屋收回自用除函復該律師轉告該住持直接向教育局交涉外理合備文呈請仰祈速與交涉以免下學期開學發生問題等情前來據此查該小學校舍係前寗波市政府接洽租賃由該小學校長代表訂

立租約歷年以來按期照付租金並無拖欠況學校事業關係公衆未便任意遷延校舍影響兒童就學佛門以普濟爲懷該住持妙安自應竭忱襄助以利進展據呈前情除指令該校長准予令行佛教會轉商照舊租賃外合行令仰該會轉商該永豐禪寺住持妙安照舊租賃共維學務此令等因奉此遵卽函商永豐寺住持妙安繼續租賃去後嗣據該住持復稱頃奉大函轉達鄞縣政府教育局訓令教字第五九〇號命令聆悉查此案因東勝小學校長欠租並收回自用而退租前經委託黃榮昌律師登報聲明旋經黃律師迭函催告迄今未見該校長有相當合理之解答旋向法院聲請調解又不成立現已依法提起民事訴訟與教育局毫無直接關係縱有誤會亦應靜候法律解決實無磋商餘地奉函前因相應據情函復請煩轉報等由准此查該住持所稱須靜候法律解決再行磋商屬會似亦未便强制執行奉令前因理合備文呈復仰祈

鑒核示遵實爲公便謹呈

鄞縣教育局

爲續請發還都神殿原址愿助佛教會辦理工廠之用由二十年二月二十六日

爲奉令指示主管官廳依法繼續提起訴願事竊修清因前寗波市政府違法處分都神殿僧有財產絕對不服依照法定程序向

鈞廳提起訴願蒙批第一〇九七號內開呈及照片均悉查本省杭州寗波兩市依照新市組織法直隸屬於

省政府仰逕呈

省政府核辦可也照片發還此批附件併發等因修清遵卽具呈向浙江省政府提起訴願茲於二十年二月二十一日奉

浙江省政府批字第三九四號批內開呈悉查訴願法第二條第一款規定不服縣市政府之處分者向　省政府主管廳提起訴願等語該僧既係不服前寗波市政府處分仰逕向

民政廳訴願核辦可也此批等因奉此理合將僧修清前呈寗波市政府違法處分都神殿及應請發還各情形縷晰陳之竊官吏處理事務與人民行使權利均以法律爲前提法律所保障固非官吏所能任意變更修清前已於朱民政廳長前將修清所有權限明白陳說斷無任令寗波市政府處分之理由一也伏查監督寺廟條例第八條寺廟之不動產或法物非經所屬教會決議並呈請該管官廳許可不得處分或變更是寺廟之不動產固非官吏所擅自變更者之理由二也綜上二端比時修清以都神偶像既被搗毀神殿幸而無恙產權原在本可相安無事適本縣佛教會有創辦平民工廠之決議因乏相當地點商准修清愿以殿基相助當時呈明寗波市政府市長羅䝉批嘉許厥後呈請市長楊不知因何始終置之不批而就近獅橋里委員會乘隙侵佔於先臨時菜市場又復據而應用於後據聞均係寗波市政府因緣利用罔顧民權現在市政府既已奉令取銷一切職權均遺併於鄞縣政府且查獅橋里委員會久已遷移他處臨時菜市場業已正式成立神殿已成荒廢現象爲此謹依據訴願法第二條第一項後段之規定程序提起訴願請求鈞廳鑒察迅予即日令行鄞縣政府將都神殿廢基發還修清愿助鄞縣佛教會作爲平民工廠廠址一舉兩得誠爲公便並懇查照前呈批令祇遵謹呈

浙江省政府民政廳廳長

具續呈人僧修清年三十一歲　現在鄞縣東岱院

爲呈請撥用都神殿舊址䌷設平民工廠仰乞核准俾得早日開辦由 二十年七月廿三日

呈爲撥用都神殿舊址䌷設平民工廠因時因地兩得其宜謹切陳詞仰祈鑒核事竊權利取得基於法律行爲亦振興實業乃爲民生要圖吾鄞都神殿所自前清道光年間住持僧志緣先後價買民地三則（原契抄附訴願正本）嗣即獨力捐資建立逐漸擴充並居住管理子孫傳繼遞遺至今已閱六世現住持修清基上述系統取得產權繼承管業亦十有餘年歷史悠久證據確鑿前年地方人士破

除迷信搗毀偶像都神亦遭波及神像雖燬產權因無損也不謂前市政府憑藉權力任意處置據作臨時小菜場之用修清認為處分
違法依法向
鈞廳提起訴願靜候核辦在卷現正式菜市場建築告竣臨時場所已歸無用此本案先後經過之實在情形也屬會為宗教團體關於
慈善事業素具熱忱於此民力凋敝生計艱窘之秋深知根本救濟厥惟振興實業爰經常會決議創設僧立資生平民工廠一所認定
基金萬元先由發起人墊資洋四千元存入本縣彝生錢莊然購地建築則需款浩繁而公共場所又無從指撥且工廠發展端賴原料
運輸之便利出品翻賣之敏捷於交通有密切關係都神殿址具上述種種優點修清為屬會會員一向熱心公益願將該殿所有產權
竭誠捐助以為廠基惟案在訴願係屬中權利尚未確定在修清既不能斷然處分在屬會尤未便貿然受贈節經疊次呈請前市政府
暨鄞縣政府雖蒙批令嘉許迄未切實表示致公共事業荏苒兩載未克見諸實行殊堪惋惜伏聲工廠有裨民生為建設時代當務之
急是項殿址產權誰屬有修清既有完備契據以之捐作廠基具見婆心即退步言之以地方之財產興辦地方之事業循名核實固甚
允當即邦人士恐回復迷信之懷疑態度亦堪冰釋屬會有鑒於此理合將撥用都神殿址籌設平民工廠緣由仰乞
鈞廳俯賜核准令行鄞縣政府查照辦理俾得剋日籌備早覩厥成則佛教幸甚社會幸甚無任合十頂禮之至謹呈
浙江省政府民政廳長張　鈞鑒

為續請令飭發還都神殿由二十一年五月二十二日

書為遵批續敍理由仰祈
鑒核准予令飭發還以全庵產事竊僧修清於本年五月二日奉
鈞廳第五三七號批為鄞縣都神殿住持僧修清呈為不服前寧波市政府處分財產提起訴願一案請速賜裁決以免拖累由內開呈

悉查此案前據鄞縣縣長檢同本案呈卷呈復來廳業經令飭復查在案仰候復到後再行核辦此批等由奉此除法律部分證據問題業經詳明原訴願書外謹將產權所有根據事實聲敍理由再行呈請如下查都神殿係在東岱庵之後殿東嶽宮係東岱庵之前面故都神殿卽係東岱庵之一部分例如寺廟建有天王殿關帝殿等實有連帶關係（并有分書可證）該殿所有偶像均於民國十七年冬由寗波市鄞縣黨部實行搗毀修清當時未知奉何命令不敢與較嗣後奉到

國民政府頒發神祠存廢標準及前市府出有禁止搗毀神像布告此爲民國十八年春間事是都神殿偶像雖毀產權無損仍由修清住居管理尙屬相安迨後獅橋里委員會覬覦該庵設計呈准市政府撥借辦公處所經修清認爲有侵權行爲向鄞縣檢察處提起訴訟經審理結果當庭和解成立（十九年和字五三）其和解書內容有「都神殿在修清與寗波市政府行政部分爭執未得最後解決以前獅橋里委員會如欲實行在內辦公廳向僧修清通知」云云該委員會以所謀不遂故辦公處早已另覓他處又前市政府以建築小菜場尙未成立卽將該殿改作臨時小菜場使修清雖住居該殿不能行使管理職權現在正式小菜場已成立而臨時小菜場雖已取銷又被一般遊民雜住其間使修清仍難行使職權爲此續陳近狀仰祈

鈞廳准予令飭發還以全庵產庵有實深感德之至謹呈

浙江省民政廳

東岱庵住持僧修清

爲呈繳僧諦堂判決正本仰祈鑒核俯准收回由 二十一年十一月二十四日

呈爲呈送判決正本仰祈

鑒核俯准收回事本月十九日准浦口鄉鄉公所送來

呈　文

鈞院判决正本一件請代轉交僧諦堂等語伏查該僧諦堂自與袁正房票款糾葛一案傳訊後當卽用書面向屬會辭職幷未與其會面該僧不別而行接奉判决之下經由屬會派人四處查詢迄無着落切思當事人住址不明無從送達況判决書之收受確有一定之法定期間倘有延誤誰人負責自應備文呈繳以免延誤惟此案業經敝會一再調查幷經浦口鄉鄉公所召集就地紳耆詳查眞相該報恩庵前住持尼靜心退職時確未提及有是項借款情事亦未有帳略報告人證俱在不難查考本案訟爭之款想係該尼靜心私人之債務當然不能累及該庵伏聲監督寺廟條例第六條所載寺廟財產及法物爲寺廟所有由住持管理之等語可知寺廟之住持係負管理之責對於住持自己所負之債務寺廟之本身依法絕對不負何等責任其理甚明爲此備文連同原判决正本一件呈繳仰祈

鈞院鑒核俯准收回依法辦理俾免延誤而符法制實爲公便謹呈

鄞縣地方法院

計呈原判决正本一件

爲呈送會員名册及簡章等請准備案由 二十一年五月二十五日

呈爲呈送簡章及會員名册職員履歷表仰祈

鑒核准予備案事竊職會於本年一月二十三日正式成立業經造具簡章及會員名册職員履歷表等呈請

鈞會備案旋奉令開呈及附件均悉業經本會第八六次委員會决議一、查會員及當選職員中非眞正僧徒應一律剔除以符省令二、前項書册應予發還記錄在卷合行錄案連同附件令仰該會遵照毋違此令等因附發還章程名册履歷單各二份下會奉此遵經職會以案關會務不得不愼重將事當經提交第三次常務委員會議决呈請

浙江省佛教會轉呈

中國佛教會轉請
中央執行委員會詳予解釋在案本月一日奉
浙江省佛教會第六一七號令開案奉
中國佛教會第九五號訓令開案查前據該會呈稱以鄞縣黨部限制佛教會應由僧衆組織一案請轉呈核示等情業經據情轉呈
中央黨部并指令該會知照在案現奉
中央執行委員會民衆運動指導委員會第一七二號批咨開呈悉佛教會之組織係限於佛教教徒并非限於僧衆業經函行浙江省黨部轉飭鄞縣黨部遵照辦理矣仰即知照此批等因奉此合行令知仰轉飭鄞縣佛教會知照此令等因奉此合函令仰該會知照此令等因奉此竊查佛教徒本有七種名稱謂比丘比丘尼沙彌沙彌尼（均係出家四種）優婆塞優婆夷（即係在家二種）式叉摩那（即係將出家而未出家之學戒女也）此七種教徒在佛教中并無利害衝突法條上亦無限制明文茲奉前因理合檢同前送簡章及會員名册委員履歷表各二份一併備文呈請
鈞會鑒核准予備案并乞令遵謹呈
中國國民黨浙江省鄞縣執行委員會

計呈送章程名册履歷表各二份

爲遵令修正章程祈鑒核存轉由 二十一年十月十四日

呈爲遵令修正章程仰祈
鑒核存轉事案奉

鈞會第七十五號訓令內開案奉

浙江省執行委員會指令本會呈送該會章程名冊履歷單等件祈鑒核備案由略開呈件均悉查核該章程第一條應改爲本會由鄞縣佛教徒組織之定名爲浙江省鄞縣佛教會第二條謹遵總理遺教四字及第四五條內代表二字亦均删去第六章會員入會費常年費均應明白規定數額仰即轉飭遵照改正餘無不合准予備案除函浙江省政府轉飭該縣政府知照外合行頒發浙字第五二六八號備案指令一件轉發收執並轉飭將章程修正向主管官署請求立案此令附指令一件等因奉此合將奉頒備案指令發抑該會收執並仰遵照令指各節逐一修正分報備查爲要此令計發備案指令一件下會奉此伏查此項章程第四五條及第六章早經修改完竣并呈報有案茲奉前因除將一二兩條按照令開各節詳細修正外理合抄同章程二份一併備文呈送

鈞會仰祈

鑒核存轉實爲公便謹呈

鄞縣執行委員會

計呈送章程二份

爲呈送慰勞前方將士捐款洋三十元祈核收彙轉由（二十二年十一月二十八日）

呈爲呈送事案奉

鈞會密令第一三號內開爲密令飭遵事剿匪軍事正在進展我前方將士効命前驅艱苦奮鬥亟宜多予精神或物質之安慰而對於匪區災民顛沛流離自亦應加以救濟庶足鼓勵士氣安輯流亡除分行外合亟令仰該會於文到日迅即拍發獎慰電文并廣征慰勞物品或款項送會轉送爲要此令等因奉此伏查剿匪軍事正在進展全賴前方將士効命前驅凡我僧衆同屬國民之一份子自應解

囊相助以資慰勞惟以本年來各處水患頻仍災情奇重各種捐款幾至無法應付茲特由屬會勉力籌措洋三十元明知杯水車薪無濟於用亦不過聊盡僧人之天職而已奉令前因除拍電慰勞外理合備文連同款洋三十元一併送請

鈞會查收彙轉并請掣發收據實爲公便謹呈

中國國民黨浙江省鄞縣執行委員會

計呈送款洋三十元

爲第一區黨部佔用僧房祈轉飭遷讓由 二十二年一月五日

呈爲第一區黨部佔用僧房仰祈

鑒核迅賜令飭遷讓以保寺產事案據塘界區會善寺住持惠風書稱該寺後扆東首樓下房子三間於民國十八年由縣立高小學校校長葉謙諒借作第一區黨部辦公處所以一年爲限至民國十九年葉君往奉化爲教育局長僧向其取回據答稱房子之事請向後任面說現在該房子亦未開會亦未辦公徒將文書物件常鎖房內有高小學校校長袁道立之女傭常住其間而東首一間又爲公安分局事務員之家眷作爲住所迄已數年無法收回敝寺房屋狹小對於舉行佛事多受影響且借用之時言明暫行借用斷不能長此不還請求設法援助等情到會據此當經派員前往該地切實調查去後茲據查復與該住持所稱各節亦復相同伏查保障寺產業經

立法院監督寺廟條例明確規定并奉

國民政府第四〇〇號訓令無論任何機關團體或個人如有侵奪佔用佛寺僧產者概依法律辦理令仰遵照各在案該一區黨部雖向該寺商借作辦公處所言明暫時自不能長此不還更不能轉借他人以作住所致與該寺佛事多有妨礙據稱前情理合備文呈請

鈞會鑒核准予迅賜令飭該一區黨部即日轉令遷讓以保寺產而爲公便謹呈

中國國民黨浙江省鄞縣執行委員會

爲崇法寺僧最乘積欠捐款蓄意侵吞并敢向法院請求調解仰祈拘案押追依法嚴辦由二十一年九月十四日

呈爲崇法寺住持僧最乘積欠捐款蓄意侵吞仰祈
迅賜拘案勒令繳納并請依法嚴辦事竊查祖關山崇法寺住持僧最乘抗繳捐款一案前經呈請鄞縣財政局轉請
鈞局飭追旋以該最乘延不照繳復經職處於八月十二日呈請
鈞局傳案押追各在案伏查此項捐款按月報解縣財政教育兩局不容稍事延緩并奉頒有征收章程自應按月征收以副報解實難任其久延該僧最乘積欠捐款至二年之久雖經屢次催收始終不肯繳納其爲藐視法令抗繳捐款侵吞入己之行爲尤屬顯然最近又敢向法院聲請調解業於九月十二日當庭訊明以該僧聲請認爲毫無理由諭令撤銷原案照解捐款各在案第思事關稅收如該僧最乘者初則意圖侵吞繼則公然抗命橫行不法駭人聽聞若不從嚴究追將來一效百尤捐務前途殊堪危懼迫不得已開具賬略并檢同征收經懺捐章程備文呈請
鈞局鑒核迅賜將該僧最乘立卽拘案押追并懇依照章程嚴予處罰以儆刁頑而杜效尤實爲公便謹呈
甯波公安局局長兪

計呈送欠款數目單一紙

鄞縣經懺捐征收處主任湯翼生

為招兵委員佔用各寺庵祈派警勒令遷讓由 二十二年三月八日

呈為呈請事竊查本城都神殿舊址自奉
浙江省民政廳令飭發還後該住持僧修清以現充東嶽庵住持職務無力兼管自願將該殿全部管理權移轉與屬會接管業經呈請
鄞縣政府核示經奉令准并給示曉諭在案惟查該殿內有八十八師及五十九師招兵委員多人盤居其間屬會現擬將該殿興辦各種社會事業正待修理屋宇積極進行迭經一再商請遷讓詎該委員等竟置之不理上月二十日復據萬壽寺住持僧顯揚書同前情請求設法援助等情到會查各師招兵處早經奉令撤銷該招兵委員當無存在之必要自不能以招兵名義佔住各寺庵致與佛事僧人兩有妨礙為此備文併案呈請
鈞局俯賜鑒核准予令飭該管分局派警前往勒令遷讓以保寺庵而維公益實為德便謹呈
寧波公安局

為各寺庵被人滋擾請令飭各分局隨時保護由 二十二年三月五日

呈為呈請事案據鄞東同善區黃龍江長壽庵住持僧月定報稱古歷正月十六日有人自持名片名劉卓然者小名曹寶來庵索詐洋十元斯時僧因無法抵制祇得任其所為惟恐以後復有此種情事發生為此懇請鈞會設法保護等情前來據此查各寺庵被人滋擾一案早經鄞縣政府給示保護有案祇以日久玩生視為敍文近據鄉區各寺庵時有同樣情事發生前後紛紛來會報告者已有多起固不獨長壽庵一處為然若不予以保護則非特於佛事受莫大之影響而各寺菴僧侶亦必受其蹂躪矣據稱前情理合備文呈請
鈞局俯賜鑒核准予令飭各分局不時予以保護以鎮人心而安僧侶實為公便謹呈

054

鄞縣公安局

爲近日城鄉各處有不肖之徒假借名義印發傳單藉端斂錢請嚴加取締由

二十二年五月十一日

呈爲呈請事案據屬會調查員報稱近日城鄉各處有不肖之徒假冒佛教會名義私印傳單按戶分發到處招謠藉端斂錢復以種種欺詐手段誘騙婦女并附送傳單一紙送請核辦前來據此查此項傳單均屬設詞虛搆藉以恐嚇婦孺不但宣傳迷信且與屬會名譽大有妨礙其招搖欺詐實屬非法若不嚴加取締誠恐將來一效百尤非特婦孺等受其誘騙即屬會名譽亦將爲之掃地矣據報前情除登報鄭重聲明外理合抄同傳單一紙備文呈送

鈞局仰祈

鑒核准予令飭各分局此後如有前情事發生務即嚴加取締以儆不法而維風紀實爲公便謹呈

寧波公安局

鄞縣公安局

爲韓嶺市廣濟庵鄞縣縣長飭公安局限日遷移改作民衆教育館電請設法援助並懇轉呈民政廳暨全國佛教會迅予阻止以保教產由

二十年十一月二十二日

呈爲庵產存亡關係至重籲懇

鈞會迅賜轉呈

民政廳依法電飭鄞縣縣長停止處分以符公令而保敎產事案查鄞東韓嶺市廣濟庵上年爲鄞縣縣長陳寶麟公然反對監督寺廟條例私擅接受該韓嶺前後里村里委員會鄭雲亭金俊卿及就近地保蔡五昌之請求貿然許可將該廣濟庵庵址爲民衆敎育館復縱令蔡五昌等搗毁佛像拆除庵額並飭警威脅該住尼福順出庵等情節經呈請鈞會設法援助各在案嗣以案懸未決由該住尼依法狀訴鄞縣地方法院檢察處後奉判依照刑法提起公訴復經地方法院判處該蔡五昌等罰金了事詎該蔡五昌等意猶未足必欲將該廣濟庵住尼驅逐出庵卽將庵基改作館址始已一再聳恿陳縣長強制執行經該住尼不服聲請訴願未蒙批示復奔走滬上請求寧波旅滬同鄉會會長虞治卿氏函致鄞縣陳縣長設法保全仍未得縣長諒解日昨復由陳縣長特諭該廣濟庵依照原約並飭公安局勒令遷移具見陳縣長藐視公令一意孤行我佛敎徒若竟接受是項命令無異自行廢止監督寺廟條例及最近中央法令是而可忍孰不可忍除由眞常等全體僧徒逕電浙江民政廳請求令行制止非法處分外案關庵產存亡迫不得已爲此聯名備文籲叩

鈞會鑒察迅予轉呈

浙江民政廳　全國佛敎會協力援助務達取消廣濟庵免作民衆敎育館不勝頂德待命之至謹呈

浙江省佛敎會公鑒

爲遵令呈送各種事業統計表請鑒核由 二十一年二月二十五日

呈爲遵令呈送事業統計表仰祈

鑒核備案事案奉

鈞會函開案奉

中國佛敎會總辦事處函開查社團之設在集合民衆力量興辦各項建設事業爲宗旨吾佛敎徒近數年來亦應時勢之必要組設各

級教團其宗旨不外乎利己利人惟是全國教徒所辦事業應有相當之統計庶於整齊劃一之中俾有其趨一的之意現在全國各級佛教會所辦社會事業及教務事業尚未據完全報告致本會無從統計用特專函布達卽希貴會將各縣會寺廟所辦各種事業名稱種類經費現狀彙塡表格迅速送會以便統計而資考核幸勿稽延是所厚望焉此致等因到會合行照錄原表函請貴會查照務希於文到五日內照式塡明表格寄送本會以便彙核轉送事關統計會務幸勿延誤爲要等因奉此經職會開具表式函請各寺庵遵辦去後茲據各寺庵前後塡送前來理合造成表册備文呈送仰祈

鑒核存轉實爲公便謹呈

浙江省佛教會

計呈送統計表一本

爲奉電迅卽召集各寺僧妥議收容救護辦法經第二次常會決議因甬地尚無設立收容所之必要請鑒核由二十一年二月二十五日

呈爲呈復事本月十一日奉

鈞會支電內開暴日橫行戰事日亟現在各界民衆已紛起組織救護收容我佛教徒尤應悲憐救國救民負傷之士兵及被難之人民迅卽召集各寺僧妥議收容救護之辦法並須籌集大宗食物及銀錢以資需用仍將辦理情形隨時具報爲要等因同日復准國民救國會議浙江省鄞縣促進會公函略開本會第一次執監聯席會議議決案內開救濟上海被難同胞函各人民團體分別勸募各自保管俟有成數報告本會再行妥擬辦法集中滙濟等語紀錄在卷相應函達卽希照辦見復等由到會查救災卹鄰刻不容緩我佛教徒自應踴躍輸將當經提交第二次常會議決甬地情形尚無難民到埠對於收容所之設立自可從緩如將來遇必要時再行組

織至於募款一節由慈善股負責公推信用素孚之募捐員八人城區推式昌榮智兩和尚東區推本舟和尚勛明法師南區推指南自空二法師西區推智圓和尚嘉善法師負責募集之紀錄在卷奉電前因理合將辦理情形備文呈復仰祈

睿核實爲公便謹呈

浙江省佛教會

爲呈請轉呈解釋佛教會員資格由 二十一年三月三日

呈爲瀝陳佛教會員資格懇予轉呈

中國佛教會轉請

中央黨部詳加解釋以資遵循事竊思佛教會之組織原本合作之精神以提倡佛學整飭教規振興社會教育實業與人民團體互相補助爲宗旨惟查人民團體組織方案之規定應先明定團體名稱會員資格方爲合法是則屬會會員之資格自應預先明定固不可忽略也伏查釋迦文佛當涅槃時諸大弟子白佛言佛在世時應奉佛爲師佛涅槃後應以何爲師佛答言應以戒爲師等語足證教徒以受得戒後方爲取得眞正佛教徒之資格又查戒律具載佛弟子本有七衆之分一比丘二比丘尼三沙彌四沙彌尼五優婆塞六優婆夷七式叉摩那此七衆弟子皆稱爲我佛教徒其中除沙彌沙彌尼兩衆內或有一部份年未及笄者故不能加入團體外其餘五衆既已受佛皈戒自應認爲眞正佛教徒固早已取得佛教徒之資格以之組織佛教團體似無不合是否有當屬會未敢擅專理合備文

呈請

鈞會鑒核幷祈轉呈

中國佛教會轉請

中央黨部詳加解釋明白規定以資遵循而免誤會實爲公便謹呈
浙江省佛教會

呈文

爲據永豐寺住持妙安書稱東勝小學強租該寺爲校舍鄞縣政府又復引用土地征收法收爲公用仰祈轉呈省府轉飭教育廳令行縣府依照監督寺廟條例辦理由二十二年五月十九日

呈爲呈請事案據永豐寺住持妙安報稱查宗教上之寺廟財產爲現行法律所保護無論任何機關不得任意處分茲者敝寺所有左旁向南樓屋三間一扆本爲寺內連貫應用不能劃分祇以年前東勝街初小學校一時因無相當校址立約向敝寺暫爲租賃並無一定期限嗣因該屋急待收回自用預先迭次向該校催告遷讓旋又訴經鄞縣地方法院於去年十一月二十一日判決確定限於三個月內遷讓在案是教育當局儘可熟籌變更校址辦法另行覓租乃近聞鄞縣政府偏據初小校長一面之詞將敝寺應用之房屋引用土地征收法呈請教育廳轉呈省政府收爲公用等語不勝駭異查土地征收法須有土地征收之必要時始得援用而敝寺係房屋並非土地且地居偏僻不適宜於初小學校之用更查近地空屋甚多何必征收敝寺之房屋是該縣係假借教育之名義而侵佔寺廟之房屋按諸土地征收法所謂必要及土地之條件不合又敝寺亦萬難承認用特懇請轉呈
省政府令行教育廳飭縣另覓其他相當地址遷讓以維寺產而崇宗教等情據此查該寺因租屋糾葛一案業經該住持訴請鄞縣地方法院幷經判令限期遷讓在案而
鄞縣政府偏據片面之詞藉教育名義援用土地征收法將寺產收爲公用按諸法理均有未合伏思保障寺庵財產房屋有立法院監督寺廟條例規定辦法前年八月間奉

中國佛教會轉奉

國民政府第四〇〇號訓令直轄各機關無論軍警及任何機關團體個人等如有侵奪佔用佛寺僧產者概依法律辦理令仰遵照（見二十一年八月一日政府公報）嗣又奉

鈞會轉奉

教育廳第七九二號訓令各市縣政府其保障佛寺僧產均有深切之表示可知政府之應保護寺產者已彰彰甚明本案既經

鄞縣地方法院依法判決限令遷讓而該校長延不執行其有意佔用可想而知

鄞縣政府又復引用土地征收法將該寺產收爲公用核與監督寺廟條例之規定顯有抵觸是蔑國民政府之訓令於不顧若果如此則將來寺廟財產勢必悉數被人藉端而收爲公用我僧衆將無立錐餘地矣據稱前情理合備文檢同附件送呈

鈞會鑒核迅賜准予轉呈省政府令行教育廳飭縣遵照監督寺廟條例辦理以保寺產而維法紀實爲公便謹呈

浙江省佛教會

爲奉電以轉奉內政部公布寺廟產業興辦公益慈善事業一案擬具意見呈請鑒核轉請復議由二十一年十一月十二日

呈爲奉頒寺廟產業興辦公益慈善事業辦法羣情恐慌驚疑萬狀屬會以事關寺產謹擬意見仰祈

鑒核轉請復議以鎮人心而維僧產事案奉

鈞會來電內開頃悉

內政部公布寺廟產業興辦公益慈善事業辦法十條內第七條由該管官署代表一人地方自治團體代表三人教會代表一人僧道

代表二人組織寺廟興辦公益慈善事業委員會等語是項辦法雖爲興辦公益慈善事業然外界參加難免從此發生糾紛且佛教會與僧人代表人數尙少於官署及地方自治團體代表人數凡遇決議事項教徒方面人數較少事關全局爲此照錄原辦法電仰該會詳細考慮計附發辦法一份下會奉此伏查寺廟財產是寺廟所有應由住持管理早經監督寺廟條例明確規定而其管理權當然屬於佛教徒無疑凡我教徒同屬國民之一份子對於興辦公益慈善事業自應一致效力以爲社會建設之助祇以教徒智識淺陋每遇有公益慈善事宜類皆裹足不前其應由政府及地方自治團體督促領導事屬可能乃世風不古人心險詐近年來地方土劣每藉辦理地方自治爲名覬覦寺產設計侵佔以致僧產僧人同遭蹂躪若依照公布條例不問其爲是否地方公正人士均得許其參加則來日糾紛何堪設想且查現在之各寺廟財產多已遵照

內政部頒布登記條例分別登記按佛教寺院與其他宗教大略相同其財產屬於寺廟所有其性質屬於財團法人不但非他人機關所能過問卽團體個人亦絕無支配處分之權此爲中外法治國家對於民衆團體財產之通例非獨佛教寺院爲然至於應興辦慈善公益事宜亦己載明會章是則奉頒辦法第六條所載組織委員會似應由佛教徒自行組織而官廳及地方自治團體祇可居監督地位否則產權主體混雜叢挫地方土劣乘機攘奪辦法既未盡善糾紛必至叢生此關於組織委員會部份之應請復議也又查東西各國教會林立所有財產及其收益絕未聞有由其他團體混雜爭管之事按寺廟情形不一有產多僧少亦有產少僧多其住僧較多之寺院每年雖有多數收入而開支尙屬不敷其住僧較少者每年收益雖少亦有裕餘蓋以寺廟爲教徒公有之所住僧多寡從其慣例與俗令私產爲一家人之贍養者不同今奉頒辦法第三條所載寺廟財產總收入依其標準分等繳納揆諸事實窒礙殊多似應按照各寺廟每年不動產之收入除宣揚教義與修殿宇及正當開支外所有盈餘由所屬教會督促寺廟住持按成提充地方公益慈善等業庶收支得以平允財產不致浪費此關於出資部份之應請復議也事關教徒產權關係極爲重要爲此擬具意見呈請

鈞會鑒核轉請復議以鎭人心而維僧產實爲公便謹呈

浙江省佛教會

爲呈報啓用圖記日期由二十一年七月二十六日

呈爲呈報啓用圖記日期仰祈
鑒核備業事上月十九日奉
中國佛教會轉發
行政院制定社會團體圖記刊製章程下會奉此遵經職會依法自行刊製木質圖記文曰「鄞縣佛教會圖記」定於八月一日啓用除
將舊會章裁角作廢外理合將啓用日期備文呈報仰祈
鈞會／府／局鑒核備案實爲公便謹呈
鄞縣政府
鄞縣執行委員會
省佛教會
寧波公安局

爲據接峯庵住尼慧定書稱地方人士意欲變更甯橫汽車路路線仰祈飭科依照原定路線建築以保古刹由二十二年三月十四日

呈文

呈爲呈請事案據東錢湖觀音莊接峯庵住持尼慧定書稱尼幼入空門靜修戒道向住接峯庵唸佛持齋確守規矩近以建築鄞横汽車路其原定路線係在庵之東首與敝庵屋宇分毫無涉詎時未逾月地方人士意欲保存坟墓頓更前議將路線改過尼庵尼等均係孤苦無告之女僧無力無勢祇有任其拆建惟敝庵乃數百年之古刹自不能一旦拆毀且尼等數十年艱苦經營付諸流水非特尼一人之蟻命難以保存即全庵女僧亦失安身之所矣爲此瀝情泣叩請求予以援助轉請依照原定路線以保庵址等情據此當經屬會派員前往該地詳細調查去後旋據復稱核與該尼所稱各節亦復無異據稱前情理合備文呈請

鈞府鑒核准予令飭建設科依照原定路線建築以保古刹而維蟻命實爲德便謹呈

鄞縣縣政府

公函

為函知該會第一次執監聯席會議准大會交議擴大義勇軍案由 二十一年二月六日

國民救國會議浙江省鄞縣促進會公函第四號

逕啓者案查敝會第一次執監聯席會議准大會交議擴大義勇軍案議決(甲)函鄞縣反日救國會軍事訓練委員會擴大組織加緊訓練並剋日下動員令(乙)函鄞縣佛教會轉飭各寺僧加入訓練並電全國佛教會轉令各分會同樣辦理紀錄在卷除分函外相應

函請

貴會查照辦理見復是荷此致

鄞縣佛教會

主席委員陳器伯
常務委員陳伯昂
袁端甫
駱漱清
楊元臣
包貞可
周曹裔

爲第一次執委會議決規定經費本會定爲甲等應納會費六元望立卽交付由

二十一年二月十九日

逕啓者案查本會組織大綱規定經費由各團體分擔等語業經第一次執監委員聯席會議及第二次執行委員會討論決議分爲甲乙丙三等甲等六元乙等四元丙等二元并酌定各團體等級紀錄在卷茲查

貴佛教會列爲甲等應納會費洋六元値此倭奴橫行時局緊迫促進救國工作繁忙經費爲辦公之母務懇見信立卽付與以應急需

再此項會費祇收一次區區之數萬乞鑒原是爲至禱此致

鄞縣佛教會

國民救國會議浙江省鄞縣促進會

爲奉令各寺住持不得將所有財產標賣備抵以明產權函請查照由

二十一年二月二十八日

逕啓者案查本會前呈請

省政府轉函高等法院凡寺廟住持虧欠款項不得將寺產標賣抵償一案茲悉已奉

省政府祕字第一七〇九號訓令

民政廳核辦現已由廳呈復以原呈所稱寺廟住持對於寺廟財產僅負有管理之責若住持有虧欠款項情事不得將所管理之寺廟

財產標賣備抵以明產權等情核與監督寺廟條例尙無不合自應予以照辦等語並已函請

浙江高等法院轉飭各級法院兼理司法各縣長一體查照辦理並布告週知等因爲此函請
貴會查照爲要此致
鄞縣佛敎會

浙江省佛敎會啓

爲該會經費不敷請於應納會費外補助特捐由

二十一年三月四日

逕啓者日寇擾滬震動全國欲圖挽回危局惟有喚起國民一致救國本會爲促進國民救國起見組織國民救國會議浙江省鄞縣促進會成立以來工作繁忙爲各界所共見惟經費一項按照大綱規定各團體會費收入有限不得不仰賴於特別捐助之處素稔
貴會諸公熱心救國樂於輸將爲特函請於規定應納會費外概允補助特捐以致促進救國之進行如蒙
金諾多多益善并希迅賜
見復是爲至禱此致
鄞縣佛敎會
諸委員先生惠鑒

國民救國會議浙江省鄞縣促進會啓

爲國難當頭民衆受苦該會爲賡續祈禱慈悲濟渡起見努力宣傳救國救民請通函各寺院誠心祈禱由

二十一年三月三日

温嶺縣僧界救國祈禱會公函第五號

逕啓者現在日寇到處暴横侵佔我國領土平民生命財產慘受荼毒我們佛教徒同是國民份子愛國之心豈容後人惟我佛慈悲濟苦因國難當頭民衆受苦聞之莫不悲傷敝會爲賡續祈禱慈悲濟度起見努力宣傳救國救民仰祈

貴會通函各寺院誠心祈禱努力宣傳救國救民不勝感激之至實紉公誼此致

鄞縣佛教會

温嶺縣僧界救國祈禱會幹事會常務主席本　中

爲籌集經費組織董事會請求興辦小學由二十一年三月七日

具書人僧道修永明庵住持

爲籌集經費組織董事會請求興辦小學事竊查

鈞會會員大會議決案有興辦城區及東南西三區小學各一所之議案現在當已積極進行惟敝鄉區域遼闊住戶衆多雖有區立小學之設立奈兒童之求學者因貧苦居多以致無力就學僧道修等有鑒於此爲特根據

鈞會會員大會議案籌集經費組織董事會請求

鈞會興辦小學一所所有常年經費由道修負擔復由檀越翁傳法資助田十三畝三分（約一千元每年息洋一百元）其餘不敷經費概由道修完全負責爲此具文請求

鈞會即日興辦實爲公便謹呈

鄞縣佛教會

爲汪挺生持蠻強取寺物請求剴切開導設法阻止由 二十一年三月十一日

永明庵住持僧道修

報告人永豐寺住持妙安爲汪挺生持蠻强取寺物阻止鎖管漸形侵略事原寺東首有餘屋三間租與東勝學校暫作校址向來安相無事本月十一日該校有汪挺生大作威福縱使工人將寺內木料板皮任意强取僧以木板係屬寺物不忍聽其疏棄見此形勢卽飭木司製鎖將其與校相通之便門關鎖以資保管寺物詎該汪挺生持蠻作威妄加阻止足見伊實蓄意長期自便强取寺物漸入侵略若不予以明白開導後患何堪設想用是報告

貴會懇予剴切開導使該汪挺生知其悔改自守範圍日後勿得再行强取寺物僧人關鎖便門不許妄加阻止庶仍相安如舊日之好

感實爲公便特此報告

鄞縣佛教會公鑒

報告人永豐寺住持妙安

爲教育局有取締永明小學消息聯名呈請始終主持由 二十一年四月五日

爲呈請事竊敝處附近學童約計一百六十餘人之譜雖設有區立小學一所但祇能容納學額至四十人且敝地居民均係務農地方清苦往區立小學就學須出學雜等資一般父兄艱於負擔致失學兒童日見其多今年三月間有永明小學之設施校舍新建光線空氣均屬充足辦理尙稱完善學費書雜等費一律免收使一般失學子弟均有就學機會地方實蒙其福茲聞鄞縣教育局有取締該小學消息得悉之下不勝奇異查小學係

公函

貴會所創辦新建校舍購置校具經營締造煞費苦心方於上月間開學上課學生濟濟已達四十餘名之多似此造福地方前途正未可量倘一旦停辦則令有求學之機會者仍令失學不第教育事業形同兒戲即此等四十餘名之學生亦將何以安頓乎除呈籲請教育當局外茲特聯名具文呈請倘祈

貴會始終主持勿爲威武所屈致爲不幸功虧一簣實升如等所馨香禱祝者也謹呈

鄞縣佛教會

具呈人王升如　翁傳鎬　翁彩興

吳徐潮　周阿根　陳春甫

王芝惠　張富貴　翁連生

翁傳法　徐忠佩　王孝霖

徐金水　孫聖欽　陳葆元

郭振惠　翁家土　李友大

吳阿來　陳慶生　陳成良

翁德林　陳阿士　翁士堯

張有水　翁慶揚　李限根

翁家樑　徐金堯　呂天友

俞信華　翁漁耕　王紹生

王阿盧　翁阿可　屠夏甫

水祥敏　翁久耕　王阿德
翁家靈　陳阿毛　王鳳龍
翁瑞卿　王愛甫　吳丕棠
翁阿槐　鄭銀章　王芝生
翁阿生　吳忠烈　翁土水
翁文全

二十一年四月十三日

爲准中國佛教會函請轉知各縣佛教會通知各寺院助資購置防毒面具由

逕啓者頃准

中國佛教會總辦事處函開案准　實業部中央工業試驗所密函內開逕啓者敝所鑒於日寇肆虐搆禍滬濱毀用施放國際禁用之毒氣以殘殺我方應戰之將士乃集中化學專家共同研究製造防毒面具之方法幾經實驗成效大著其防毒功能與德國出品相埒而售價又甚低廉每具不過六元左右倘大批訂製尚可酌減現各行政機關曁民衆團體捐款定購用爲慰勞前方將士者日漸加多惟矮奴詐欺成性野心未厭方藉上海和議之機私圖增援來日禍患至堪危慮需要此項防毒面具甚多自非少數人之力量所能勝任而濟於事必須仰仗各界賢能登高號召勸勉醵助共策進行則不獨敝所之幸抑亦國防之利也除分函外相應函達請煩查照並希示復實爲公感再敝所爲通訊迅速起見業已向電報局掛號中文爲六一〇七(試)西文爲 Cntr a tinb vreab 有線無線通用並聞等由准此查自中日戰端既開曾以捐募金錢物品送往前線慰勞戰地將士一事登報統飭全國佛教徒進行在案惟捐送物品當

以受者需要而適用之物爲限今戰局未平將來如何變化尚難逆料則軍中防毒面具一物自是萬不可少實業部中央工業試驗所

備此良好出品務望

號召貴轄各縣佛教團體寺院互相勸勉醵金訂製輸送前方以助軍防國家人民俱有深幸並希函復辦理情形爲盼此致等因爲此

函達

貴會查照希即轉致各寺院一體查照辦理所有籌集購置防毒面具之款項或解由本會轉解或逕送上海赫德路十九號

中國佛教會總辦事處查收均可並希接洽爲要此致

鄞縣佛教會

浙江省佛教會啓

爲近由戴院長發起修建洛陽白馬寺請隨喜施助由 二十一年五月二十日

敬啓者近由

戴院長發起修建洛陽白馬寺於吾佛教實有莫大之光榮第修建工程約需十萬戴院長已籌輸萬金其餘之款盼望全國叢林各地

教會暨比丘居士衆善信人量力施助俾恢復吾國首創之伽藍茲將

戴院長寄來通啓送上一份敬希

台覽并望隨喜施助如有籌集款項請即寄送上海赫德路十九號中國佛教會總辦事處代收或寄本會轉解爲盼專此奉布敬頌

道祺

浙江省佛教會啓

爲該庵被袁霞苓冒稱家庵非法收回請求依法援助由二十一年四月二十三日

爲冒稱家庵非法收回矇蔽縣府貽誤處分叩請依法援助轉呈縣府迅令返還以維法令而昭公道事查現在西郊江塘墩仁壽庵袁霞苓能否有收回之權當以該庵是否袁氏出資新建爲先决問題舊有仁壽庵在西門越城（即月城）內道光二十一年毁於夷擾咸豐二年僧雪峯重建則仁壽庵非袁氏家庵有鄞縣縣誌可考即光緒三十年鄞縣正堂周告示禁止遊僧棍徒到庵滋擾亦祇能認定袁氏士紳爲保護該庵安甯之美意不能認定該庵完全爲袁氏一種所有產權且該庵於民國甲寅年（即三年）陰歷正月前住持比丘尼圓通（係袁仰之阿嬸出家住庵）立據出推於金蓮由金蓮出洋三百二十元有推據收款據可證袁氏對於越城仁壽庵早已無管理權且西門越城仁壽庵又於民國十六年奉前市政府命令爲築路遷讓拆除由市府津貼金蓮拆讓費六百元並由金蓮向前市府工務局領有江塘墩建築仁壽庵許可證均有案可稽則越城內仁壽庵早不存在極屬明確况在江塘墩新建仁壽庵庵基係唐阿三所助購置物件及新建大小房屋十四間需費三千餘元袁氏並不出分文均係金蓮一手經營所有蓄積爲造庵用罄外尚欠債洋八百餘元以金蓮千辛萬苦另建斯庵衆目共覩事實昭彰袁霞苓絕對無收回處分之可能乃袁霞苓利用盜刼佛門不幸時機冒稱家庵以前淸光緒三十年袁氏呈請禁止滋擾越城仁壽庵之告示爲矇混侵奪江塘墩金蓮新建仁壽庵之物證妄請第三區區公所轉請縣府准予收回充作公用縣府一時被矇遽予照准致年邁老尼修養失所不合情理違反法令何能甘服爲此哀請貴會大發慈悲速賜依法援助轉請縣府收回成命恢復原狀以示體恤而昭公道再金蓮徒弟眞本雖不願同住尙有妙香徒弟繼續合併聲明謹

書

佛教會台鑒

具書金　蓮

抄附圓通推據收據各一件

公　函　一〇五

爲該寺關帝殿舊址被四區公所議請縣府備案收歸公有請求轉呈縣府駁斥由

二十一年五月二十四日

逕啓者前閱本月三日寧波商報新聞欄內載有永豐寺和尚利用火燒場基重建廟宇一則由鄞縣第四區公所召開第十一次會務會議議案第二項據東勝街小學校長報稱各節及區公所議決依照監督寺廟條例第四條之規定認爲荒廢寺廟由區公所收回並呈請縣政府備案等語查被燬關帝殿舊址屬於永豐寺所有向由住持管理並依寺廟登記法向政府登記有案現擬設法建築以期恢復舊觀並非荒廢寺廟不能由區公所收回曾經委託黃律師代表登報鄭重聲明並函達該區公所查照迄今日久並無異議本可無事惟查該區公所議決案內有呈請縣政府備案一語誠恐縣政府有被矇蔽用特函懇轉請縣政府駁斥該區公所之呈請俾維寺產而杜侵佔也此致

鄞縣佛教會

永豐寺住持妙安謹啓

爲據接待庵住尼寶筏報稱高嘉區農會擬借該庵爲會場請另覓相當地點由

二十二年六月三日

逕啓者案據接待庵住尼寶筏報稱頃接高嘉區農會指令內開爲令遵事案查本會第七次會員大會議決本會辦公處移在樹橋頭接待庵會場仍在石衖廟以利農運等語紀錄在卷查該庵頭門左首廂房向無取用仰該庵住持剋日遷讓以便進行會務而利農政毋違此令尼奉令之下無任駭異查小庵房屋狹小并無餘房所有頭門左首廂房亦係自住并供給齋主來庵與行佛事者住宿之用

若一旦借與他人則與小庵佛事受重大影響況小庵又無恆產女僧數人專賴佛事度日且男女混雜尤屬不便爲此懇請鈞會設法救濟前來復據該區幹事員報同前情據此查保護寺產早經
立法院監督寺廟條例已有明文之規定幷奉
國民政府第四〇〇號訓令無論任何機關不得佔用（見二十年八月一日政府公報）各在案查該尼所稱各節均屬實情
貴會擬欲借用該庵爲辦公處所事雖正當然事前既未商得該庵住持同意似不能嚴令執行且與該庵生計大有影響而男女混雜尤非所宜據稱前情相應函請查照卽希另覓相當地點藉維庵產而安女僧至紉公誼幷盼
見復爲荷此致
高嘉區農會

主席委員智　圓
常務委員本　舟
寶　靜
指　南
金夢麟

爲准函以續假接待庵爲暫時辦公地點仍希查照前函辦理由 二十二年六月十日

逕復者接准
大函以續假接待庵爲暫時辦公地點請爲轉飭該庵住持通融辦理暫借空屋一間藉資辦公等由准此查此案前據該住持報告來

會卽經敝會將礙難借用詳細情形函請
貴會查照在案茲准前由相應函復仍希查照前函辦理另覓相當地點藉維庵產而安女僧至紉公誼此致
高嘉區農會

爲築路工人佔用隱學寺請轉飭遷讓由 二十二年七月五日

逕啓者案據鳴鳳區葛家歧隱學寺住持則揚報稱該區汽車築路工人於一月前私行佔住敝寺彼時爲數尚少僧故忍而不言詎至今日竟陸續增加有增無已約有八九十人之多惟敝寺地方狹小宿食無方一經工人住入而佛事頓然斷絕卽寺內僧衆亦無安身之處値此炎暑時期不但有害衞生而清淨佛地變爲臭惡場所且查本地有柴基廟屋宇寬敞可容住百數十人該工人舍此而不住竟欲佔住敝寺不知是何用意倘再不令遷出則全寺僧衆生計斷絕爲此迫不得已請求設法援助等情前來據此查近來鄉區各寺庵被築路工人任意佔用者比比皆是固不獨隱學寺一處爲然惟該處既有柴基廟可以寄住自不得任意佔用該寺致與佛事僧人兩有妨害據稱前情相應函請
貴科准予轉飭該工人另覓相當地點以安僧侶而免滋擾爲荷此致
鄞縣政府建設科

爲准函以築路工人住在隱學寺請遷住柴基廟應俟查明核奪希查照由 二十二年七月十五日

逕覆者准

貴會函爲築路工人住在隱學寺寺房狹小諸多不便請轉飭遷居柴基廟等由准查該段築路工人遷住柴基廟是否便利此外有無別處可資居住尙須查明再行核奪相應先行函覆卽希

查照爲荷此致

鄞縣佛敎會

鄞縣縣政府建設科啓

爲添築三聖殿翻造佛殿修葺浩大乏資維持擬出外募捐請發給執照由

二十一年六月三十日

佛教會鈞鑒謹稟者僧住鄞東鄉大咸區大嵩城內鳳凰山眞武宮僧是於民國五年間重建以來地園偏促今欣添築三聖殿名爲寶光寺雖有重興之志並無點石之方磚瓦蓋就尙未完全翻造佛殿天王殿等修葺浩大懸末成功乏資不能維持僧出於無奈祇得外出叩募猶恐十方善士防僧僞募等事難募助金爲此具函請求煩勞備函轉達鄞縣縣政府核准一面請求縣政府發給執照僧可外募祈請卽速勿延耑此函求並請

鈞安

三聖殿住持僧榮池頓首

爲衆善庵被王林生等強欲借作區公所辦事處請設法援助由 二十一年七月八日

鄞縣佛教會主席先生大鑒逕啓者玆爲敝區珠寶庫橋地方衆善尼庵岌岌可危將被人佔該處原是「僻偏」之地狹側小菴祇有數椽佛殿所住尼僧多是年邁募化度生藉此終年平素頗守佛門清規十方人士咸所讚許近者無業流氓王庭壽戴村夫頭銜行敲詐

手段不遂其慾唆使半公不正之王林生王金綬兩人强欲借該菴房屋三間作區公所辦事室說有縣政府命令指定查區公所原有辦事之處何必要此佛地與清守尼僧隔雜相寓設使縣政府有命令撥想決不指定此地否則虛言僞造覬覦寺產爲實該菴歷有年所向乃破舊瓦椽不全此皆有目共知今春該菴住持尼僧因不能居住恐有危及生命之虞故竭力籌劃粗修不料虧欠至五百餘元此輩不明眞相似道彼富有私蓄由此起意惟無隙可尋隨由假公爲名濟私爲實十方中除此輩數人外餘均憐惜彼等尼僧公認十方所有之寺菴豈可任一二者强權擅主也茫茫天涯令彼何地安身凡有人心天良莫不涕零無如世間道德被强權晤沒呼籲無門今特函呈請求

貴會垂念是菴之微懇卽協力援助宏開慈途事所逼切望勿袖手爲荷專此上達謹請

道安

鄞西同道區第六區十方人馮恍波　馮中時

鮑祥瑞　馮鳴卿

馮棣生　馮中均

馮志炳　馮和芬

爲據衆善庵尼諦法聲稱該庵被王廷佑等强欲借作區公所辦事處等情函請轉飭該王廷佑等不得再有前項行爲由

二十一年七月八日

逕啓者案據會員衆善庵住尼諦法書稱該庵搬建百有餘年世爲佛門私產禍緣有隣村王廷佑王令生王阿水等以組設第六區後

倉鄉鄉公所名義向該庵借用房屋節經住尼婉言商懇以男女雜處諸感未便等語請予諒解終未遂所欲一味橫蠻聲稱來會請爲援助敝會當以監督寺廟條例及最近部令規定無論軍警機關及任何民衆團體不准侵佔寺廟否則卽以法律裁制之曾於上月二十六日函請後倉鄉鄉公所請爲原諒另覓相當地點以免糾紛各在案乃時逾十日幷無見復敝會爲保護教產起見曾推代表湯翼生君向縣政府詢問是否由政府所指定向衆善庵撥借當奉
縣長答復幷無其事正核辦間復據
貴區士紳馮恍波等聯名函稱該王廷佑戴村夫頭銜行敲詐手段又云區公所原有辦事之處何必要此佛地與淨修尼僧腐雜相寓
囑爲主張公道協力援助各等情前來敝會夙稔
貴指導員公正廉明爲特具函奉達請煩
查照令飭王廷佑等不得再有上項行爲否則敝會職責所在惟有請求法律保障而已幷盼
示復無任公感此致
第六區區公所巡迴指導員兼代理區長陳士英先生大鑒

爲衆善庵被王廷佑強借一案業已函請巡迴指導員陳士英先生令飭該王廷佑等不再有前項行爲由

二十一年七月八日

恍波先生大鑒接准
大函祇聆一是此事經由敝會推湯翼生先生向縣府詢問奉
縣長面諭幷無此項命令業已具函

公　函

巡迴指導員陳士英先生請其轉飭王廷佑等以後不得再有前項行爲知注特聞順頌
台綏并希轉告
諸位先生爲荷

爲據大悲庵住持尼寶雲報稱貴村長擬借該庵辦學堂之處請覓他處由

二十一年七月二十日

逕啓者案據大悲庵住持尼寶雲來會報告略謂貴村長汪延清先生日前到庵聲稱擬借敝庵後進樓房辦理學堂之用寶雲當以庵址狹小且均是女僧同居不便請求設法援助等情前來據此查該庵房屋狹小且係女僧一旦辦理學校勢必男女混雜雙方均感不便委係實在又查保障僧產業經監督寺廟條例及最近部令規定無論軍警機關及任何民衆團體不得侵佔居住或毀壞早經縣府
通令有案據稱前情敝會職責所在不得不據情函達
貴村長查照卽希
鑒諒另覓相當地點以免糾紛至深公感此致
汪延清先生

爲聲明仁壽庵產權糾紛一案已依法提起訴願并向司法機關請求恢復原狀由

二十一年七月十三日

逕復者頃接

大函及附件均已誦悉查西門外高塘墩新建之仁壽庵係金蓮獨資所造不容他人恃勢侵奪亦不能聽縣政府違法處分徐依法提起訴願以求救濟外並向司法機關訴請恢復原狀矣此復

鄞縣佛教會

優婆夷金蓮

為觀月庵被六河鄉鄉長擬借為辦理自治積穀倉一案已通知該鄉長迅即停止侵佔并另覓相當地點由二十一年八月二日

逕復者案准

貴會函稱案據同善鄉觀月庵住持大喜書稱大喜繼任本庵業已有餘年於中修理大殿山門建造樓屋等等用去不下萬金除將自己衣鉢餘資用罄外尚虧欠債務數千餘元正在設法彌補之際詎料於本月二十八日有鄞東第十區六河鄉鄉長鍾慶棟等在鄉公所開會擬將本庵房屋一大部分作為開辦學堂及鄉自治積穀倉等之用請求設法制止以安僧侶而保產權等情前來據此查保障僧產業經監督寺廟條例及最近部令規定無論任何機關團體個人均不得侵奪佔用以妨害財產自由之權利早經通令有案據稱前情敝會以職責所在且為保護寺廟起見不得不據情函達貴公所查照即希諒詧迅予轉令六河鄉長另覓相當地點藉維寺廟而免糾紛至深公感抄送中國佛教會布告一紙請詧閱并乞見復等由准此除通告該鄉長迅即停止侵佔並另覓相當地點辦公外相應函復

貴會查照附件存此致

鄞縣佛教會

公函

爲奉函轉商繼續租賃該寺爲校舍現已向法院起訴應候法律解決由

鄞縣第十區區長嚴丵萱

二十一年八月十二日

敬復者頃奉

大函轉送

鄞縣政府教育局訓令教字第五九〇號命令聆悉查此案因東勝小學校長欠租並收回自用而退租前經委託黃榮昌律師登報聲明旋經黃律師迭函催告迄今未見該校長有相當合理之解答旋向法院聲請調解又不成立現已依法提起民事訴訟與教育局毫無直接關係縱有誤會亦應靜候法律解決實無磋商餘地奉函前因相應據情函復請煩轉報實爲公誼此致

鄞縣佛教會

永豐寺住持妙安

爲在江北劉家邊地方倡建龍華寺請轉呈縣府立案幷出示保護由

佛教會諸公大鑒衲鑒於江北一隅向無寺刹緇流行脚者既苦無歇擔掛錫之所而就地善信亦以遠道禮拜之跋涉爲苦故於新馬路劉家邊倡建一寺名曰龍華幸承本埠及海上諸大善士慨予贊助業已集資開工

貴會爲領袖緇流發揚大教自必表同情於此舉而願速觀其成惟恐就地有無知之徒橫生阻撓故特專函

貴會務請轉呈縣府立案幷出示保護以利進行無任感紉

龍華寺住持靜願謹啓

爲函復長青鄉鶴頂菴庵址糾紛一案現已調解妥協請查照由 二十一年九月十六日

逕復者案准

貴會第二五四號公函內開逕啓者案據長青鄉鶴頂庵住持僧性道函稱該庵自民國十八年初辦村里自治時由長青鄉鄉長唐烈錦借該庵大殿及西廊僧房等爲暫作臨時辦公處所平日仍歸庵用今年鄉區改組有另派坐辦之議惟庵小如丸倘有佛事無處立足曾經挽紳向村長懇求還屋據云須責令庵僧擔負裝修洋一百五十元方始遷讓僧無奈祇得允還裝費洋一百二十元本村各紳均已許可詎該村長忽又派人來庵常駐請設法援助等情前來據此查保障僧產業經監督寺廟條例及最近部令規定無論任何機關團體個人均不得侵奪佔用以妨害財產自由之權利早經通令有案據稱前情敝會職責所在且爲保護寺產起見不得不據情函達貴區公所查照即希迅予轉令長青鄉鄉長遵照前議辦理另覓相當地點藉維庵產而免糾紛至深公感并乞見復爲荷等由准即派員馳往長青鄉鶴頂庵向住持僧性道查問據稱此事曾有過糾紛我允還裝費洋一百二十元也未拿出現在業經調解妥協一切不成問題長青鄉民衆也有同樣之說准函前由相應函復即請

查照爲荷此復

鄞縣佛教會

區長毛獨時

爲該寺山地七十餘畝所有松竹被人私自砍伐請轉呈縣府出示保護由

公函　一一五

069

二十一年十一月四日

逕啓者竊查敝寺向有山地六十餘畝古木幽深藉以屏蔽古刹加之近年我佛教徒提倡僧農遍植松竹以資點綴山景乃我僧人正在竭力墾植孰料近有不肖之徒時有私行砍伐迨至僧等覺察又以山深林密已屬不可究詰往者已矣來日方長若再因循寬縱恐將來森林難保荒廢堪慮茲爲防微杜漸計爲此函達

貴會懇祈據情轉呈

鄞縣政府准予出示保護俾便勒石永禁砍伐以保森林而維寺產實爲德便謹上

鄞縣佛教會常務委員會

鄞南茅山寺監院自空謹啓

爲近有人冒充本會名義向各寺菴私收會務經費請即拘送就地公安局法辦由

二十一年十一月二十五日

逕啓者查成立縣佛教會之地方各寺庵所繳會務經費向由各縣佛教會分別收取本會從無向各寺庵直接征收前因杭縣安吉等縣有人冒充本會名義私刻收據向各寺庵騙取捐款業經拘送官廳究辦在案茲據吳興縣佛教會呈稱有遊僧癩痢阿榮冒充本會名義私收捐款殊屬詐欺取財除通函外爲此函請

貴會查照嗣後如有人冒充本會名義私收款項請即拘送就地公安局轉送法院依法究辦以儆不法爲盼此致

鄞縣佛教會

浙江省佛教會啓

爲阜峯菴掛名住持如惠既已辭退而住尼阿才又不辭而別經本會第十五次常會議決遴選相當僧人接住請查照由二十一年十月十四日

逕啓者接准

大函以選舉阜峯庵住持一案因事不能出席請由貴會主持一切敝鄉自當同意等由准經敝會於本月三日開會遴選仍推選榮池爲該庵住持爲特錄案函達

貴公所查照惟榮池近日因事不能來庵特派代表國澄來庵代爲接收暫管幷由敝會派李調查員送同前來卽希

接洽爲荷此致

玉泉鄉鄉長周榮才先生

爲奉縣政府令發該寺呈送之粮串執照不能爲關帝殿之證明仰檢送有力證據以憑轉報由二十一年十一月三日

逕啓者案查

貴常住前以關帝殿基地糾紛一案呈送粮串執照等請轉呈鄞縣政府到會當經本會將該項粮串執照等呈送去後茲奉縣府第一〇一二號指令內開呈件均悉查核粮串執照究竟該關帝殿是否永豐庵所有無從證明應予發還仍仰轉飭檢送其他有力證件送縣候核此令計發還粮串執照共八紙等因奉此相應將粮串執照發還卽希

查照辦理爲荷此致

妙安法師

附還粮串執照八紙

爲僧修清訴請發還都神殿一案已奉裁決照准希轉知由

二十二年一月十一日

逕啓者查鄞縣都神殿住持修清向
民政廳訴願請發還前被收甯波市政府沒收房屋一案茲已奉裁決准予發還卽希貴會轉飭知照爲荷此致
鄞縣佛教會

浙江省佛教會總務股啓

爲芝加哥博覽會定於本年六月一日舉行徵求精本佛經佛像送往陳列由

二十二年一月十七日

逕啓者查美國芝加哥百年進步博覽會定於本年六月一日與行實業部爲奉國民政府命令參加該會起見特籌備委員會徵求物品陳列查該博覽會設有宗教館專門陳列宗教物品相應函達
查照如
尊處存有精本佛經佛像願意送往該博覽會陳列者希於一月三十一日以前送到本會以便轉送陳列俟賽會完畢再行領回此致

中國佛教會啓

爲八十八師招兵處駐紮該寺請轉呈上級令行遷讓由 二十二年二月二十日

鄞縣佛教會常務委員鈞鑒敝寺從上年七月間設有八十八師招兵處一所後人類不齊佛事稀少現狀實難維持敝寺產業全無仗經懺佛事支持若聽其終久駐紮招募非惟各項捐費無從應付勢必朝不保暮無法養生八十八師招兵處未曾結束而五十九師又來一寺設兩處招兵種種妨害筆難盡述以致燒香拜懺者漸漸減少後患不堪設想查八十八師招兵辦事處聞已撤銷早載報章諒蒙洞悉究竟五十九師之招兵是否正當尚難推定

執事主持佛教對於寺產被他人妨害應請依法保護敝寺被已取銷之招兵辦事處任意霸管屢犯法戒用特據情具函請求准予轉呈上級本部機關依法令其遷移實爲德便耑肅敬頌

公綏

萬壽寺住持僧顯揚謹上

爲准函規定各法團代表爲本會當然委員經已推定特檢同攤捐經費銀二十元函復查照由 二十二年二月二十一日

逕復者案准

貴會公函略開以組織大綱第五條甲項第七款規定各法團代表爲本會當然委員請派代表參加共策進行幷附攤捐經費數目表希將應捐款項在五日內送交本會以應開支各等由准經敝會公推常務委員僧智圓爲代表准函前由相應檢同攤捐經費銀二十元倂案函復卽希

公　函

督收見復爲荷此致

寧波民間防空委員會

爲奉命飭將仁壽庵移交接管希派員點收由 二十二年十月二十九日

案奉

縣政府訓令第五三六號飭將仁壽菴移交貴會接管等因遵於本區第十五次區務會議提付討論經議決准由佛教會暫行接管等語紀錄在卷相應抄同其幹隊隊長童志鵬保管仁壽菴器具清單暨借用器具清單二紙函達

查照至希派員點收接管並於清單上蓋章函復以清手續爲荷此致

鄞縣佛教會

計送器具清單二紙

鄞縣第三區區公所啓

爲函送黃河水災募捐五本希廣爲勸募由 二十二年九月十七日

逕啓者案准上海各慈善團體籌募黃河水災急賑聯合會函開此次黃河決口魯豫陝冀皖蘇各省同時遭厄淹沒村莊漂失人畜損害之鉅不可數計本會同人等爰於九月一日聯席會議決議發起組織上海各慈善團體籌募黃河水災急賑聯合會先後議定宣言簡章即日成立積極籌募施放急賑在案茲檢奉捐册三百本送請督收敬希廣爲勸募等由過會准此除由本會積極勸募並分函外

特檢送捐册五本務希

貴會本援溺之義抱活人之忱鼎力提倡設法勸募當知此次本會加入慈善團體公負救災之責實大乘救世所應爲之事業乃承各團體公推爲收款機關並由本會遴派弘傘明道慕西三法師爲放賑員深望各運同體大悲賑款不落人後集有成數尅日見惠以便彙解本會同人敬代數百萬災民泥首以謝專此奉懇並候

德音此致

鄞縣佛教會

中國佛教會啓

爲永豐寺被東勝小學呈縣征收一案在該小學未覓定校舍以前暫予通融照舊租用如果欠付租金儘可依法訴追由 二十二年十月十日

爲通知事案准

貴會呈爲永豐寺被小學呈縣征收請設法維持並據該永豐寺住持電請轉呈制止一案當經據情呈請

省政府暨民政教育廳核辦去後茲奉

民政教育廳教字第二一〇七號會同訓令開案奉

省政府指令祕字第一二九六二號令本廳等會呈爲據鄞縣政府呈復征收永豐寺寺產爲小學校舍案情形仰祈核示由內開呈件均悉應准如擬辦理仰即轉飭該佛教會轉行知照可也等因奉此查此案前據鄞縣政府呈復當以查該縣縣立東勝街初級小學租賃永豐寺房屋歷有年所茲因該寺僧主張限期遷讓該校迫不得已呈請依法征收雖寺廟房屋爲寺廟之不動產依法征收如未經所屬教會之決議與監督寺廟條例第八條之規定不無抵觸未便照行惟該小學所租校舍僅三間樓房一幢佔該寺房屋全部之一

極微小部分該寺僧妙安堅持收回主張亦屬不顧教育似應令飭該佛教會轉知該僧在該東勝初小未覓定校舍以前仍予照舊租用俟校舍覓定後再行遷移以期雙方兼顧等語呈復在案奉令前因除令該縣政府知照外合行令仰該會卽便轉行知照此令等因奉此爲此通知貴會查照希卽轉飭該永豐寺住持知照在東勝小學未覓定校舍以前暫予通融照舊租用如果該校任意欠付租金儘可依法訴追以維產權可也特此通知

鄞縣佛教會

浙江省佛教會改組籌備會啓

爲函知募捐辦法四項希查照辦理彙數解會由

二十一年十二月二十九日

逕啓者查東北變生後方民衆同仇敵愾迫於義憤紛紛輸將撥助餉糈無分貧富同具熱腸今事隔經年三省在暴日刼持下竟成僞組織國聯威權不振難獲公正解決而義軍喋血抗敵艱苦萬狀充分接濟刻不容緩顧自輸財已成强弩之末强迫認捐國人義莫容辭爰經本會第七次執行委員會議決議募捐辦法四項(一)各機關團體學校人員征收月捐至少兩角以上由各主管人員按月征收彙解本會(二)樂戶捐花筵捐遊藝捐筵席捐經懺捐奢侈品貰器捐紙業迷信捐各照原額加徵一成(三)函請寧波商會轉函各同業公會轉勸各商號分認月捐(四)公安局判罰類似賭博案件時每起應勸捐一元至十五元以上四案自二十二年一月起實行由本會分函各機關團體查照辦理等紀錄在卷相應錄案函達並附奉收據一本卽希

貴會查照辦理彙數解會以便彙轉而資接濟至紉公誼此致

鄞縣佛教會

浙江省籌募救國義捐會鄞縣分會

主席陳寶麟

常務王文翰
鄭宗賢
金臻庠
袁端甫

爲寺廟財產興辦公益慈善事業一案經各寺庵集議情形請查照轉報由

逕啓者頃奉
函開奉
浙江省佛教會代電以奉
內政部公布寺廟財產興辦公益慈善事業辦法十條內第七條由該管官署代表一人地方自治團體代表三人教會代表一人僧道代表二人組織委員會又第三條所載寺廟財產總收入依其標準分等繳納各等語既與奉頒監督寺廟條例顯相矛盾且對於解釋財團法人之性質及處理民衆團體財產之通例多未明瞭核諸事實既窒礙而難行按諸法理亦不足以服人心而免物議敝會業經集議討論僉謂此項委員應由佛教會自動組織繳納籌辦數目當以不動產之收入爲標準披誦
省佛教會所議要旨自可依照施行此敝會所屬各寺庵集議三大略情形也辱承
大示相應函請
查照會銜轉報爲荷此致
鄞縣佛教會

定海縣佛教會普陀總辦事處啓

公　函

一二三

073

爲寺廟財產興辦公益慈善事業一案經詳細考慮據理力爭希一致進行以維全局由

二十一年十二月二日

逕啓者案奉
浙江省佛教會代電以奉
內政部公布寺廟財產興辦公益慈善事業辦法十條內第七條由該管官署代表一人地方自治團體代表三人教會代表一人僧道代表二人組織委員會等語是項辦法雖爲興辦公益慈善事業然外界參加難免從此發生糾紛事關全局仰即詳細考慮等因奉此旋准溫嶺縣佛教會函同前由敝會以事關教徒產權關係極爲重要當經一再開會討論僉以寺廟財產是寺廟所有應由住持管理早經監督寺廟條例明確規定且查現在之各寺廟財產多已遵照
內政部頒布寺廟登記條例分別登記查佛教寺院與其他宗教大略相同其財產屬於寺廟所有其性質屬於財團法人不但非他人他機關所能過問即團體個人亦絕無支配處分之權此爲中外法治國家對於民衆團體財產之通例非獨佛教寺院爲然至於應舉辦慈善公益事宜亦已載明會章是則奉頒辦法第六條所載組織委員會似應由佛教徒自動組織而官廳及地方自治團體祇可居監督地位否則產權主體混雜叢挫地方土劣乘機攘奪辦法既未完善糾紛必至叢生此關於組織委員會部分之應請復議也又查東西各國教會林立所有財產及其收益絕未聞有由其他團體混雜爭管之事按寺廟情形不一有產多僧少亦有產少僧多其住僧較少者每年收入雖少亦有裕餘蓋以寺廟爲教徒公有之所住僧多寡從其慣例與俗人之私產爲一家人之贍養者不同今奉頒辦法第三條所載寺廟財產總收入依其標準分等繳納核諸事實窒礙殊多似應按照各寺廟每年不動產之收入除宣揚教義與修殿宇及一切正當開支外所有盈餘由所屬教會督促寺廟住持按成提充地方公益慈善事業庶收支得以平允財產不致浪費此關於

出資部分之應請復議也事關寺產凡我教徒萬不能自甘暴棄奉電前因除呈復轉請復議外爲特函請

貴會召集諸山長老詳細考慮據理力爭挽狂瀾於既倒俾教權得以保守僧產不致侵害是否有當尙希一致進行以維全局至深感紉此致

各縣佛教會

爲築路工人借用接峯菴希轉飭另覔相當地點由

逕啓者案據鳴鳳區隱學嶺接峯庵住尼惠定來會報稱現有甯橫築路工人包頭張永齡等擬欲借用尼庵爲寄住之所經尼婉言勸導不肯聽從惟小庵均屬女僧何能借其寄住且與佛事亦必受重大影響爲此不得已請求設法援助等情前來據此查該庵女僧衆多自不能任該工人等寄住况男女混雜尤屬不便據稱前情相應函請

貴科轉飭該工頭張永齡等另覔相當地點以免滋擾而安女尼爲荷此致

鄞縣政府建設科

本會通告

三皈依法佛教徒人人均應遵守

一，皈依佛竟甯捨身命終不皈依自在天魔等皈依如來至真等正覺

二，皈依法竟寧捨身命終不皈依外道典籍皈依如來所說三藏十二部一切經典

三，皈依僧竟甯捨身命終不皈依外道邪衆皈依清淨福田僧

佛說八敬法凡尼僧須要切實奉行

一，不得慢罵比丘

二，不得舉比丘過比丘得說尼僧失

三，應從大僧中受具足戒

四，犯僧殘半月在二部僧中行摩那埵

五，應半月於大僧中求教授人

六，不應在無比丘處過夏安居

七，夏訖當詣大僧中求自恣

八，百歲尼僧應禮初夏比丘足

代電

爲迅卽召集各寺僧妥議收容救護辦法幷須籌集大宗食物及銀錢以資需用由

特急　　二十一年二月四日

鄞縣佛教會鑒暴日横行戰事日亟現在各界民衆已紛起組織救護收容我佛教徒尤應悲憐救國救民負傷之兵士及被難之人民迅卽召集各寺僧妥議收容救護之辦法並須籌集大宗食物及銀錢以資需用仍將辦理情形隨時具報爲要

浙江省佛教會支印

爲東北風雲日趨緊急仰卽修建藥師佛七法會以祈禱和平由

鄞縣佛教會鑒查近來東北風雲日趨緊急全國諸大護法名流爲祈禱和平挽回刼運起見特擇定本月十四日恭請護國宣化廣慧大師班禪額爾德尼在寶華山慧居寺修建護國濟民宏法利生藥師佛七法會以期永息兵戈銷弭衆難徐圖建設共慶昇平爲此電達查照務希迅卽轉告各寺院同發大心修建藥師佛七法會七日乃至四十九日則願力旣同功德自集國難民苦定荷佛慈加被而解脱也

中國佛教會眞印

爲轉奉內政部公布寺廟產業興辦公益慈善事業辦法仰詳細攷慮由

鄞縣佛教會鑒頃悉

內政部公布寺廟產業興辦公益慈善事業辦法十條內第七條由該管官署代表一人地方自治團體代表三人教會代表一人僧道代表二人組織寺廟興辦公益慈善事業委員會等語是項辦法雖爲興辦公益慈善事業然外界參加難免從此發生糾紛且佛教會與僧人代表人數尙少於官署及地方自治團體代表人數凡遇決議事項敎徒方面人數較少事關全局爲此照錄原辦法電仰該會詳細考慮爲盼

浙江省佛教會柬印

爲奉省會轉奉內政部公布寺廟財產興辦公益事業一案其組織委員會時佛教徒應居多數由

二十一年十月十日

佛教團體及諸山長老公鑒頃奉　省佛教會代電內開頃悉　內政部公布寺廟產業興辦公益慈善事業辦法十條內第七條由該管官署代表一人地方自治團體代表三人教會代表一人僧道代表二人組織寺廟興辦公益慈善事業委員會等語是項辦法雖爲興辦公益慈善事業然外界參加難免從此發生糾紛且佛教會爲僧人代表人數尙少於官署及地方自治團體代表人數凡遇決議事項教徒方面人數較少事關全局爲此照錄原辦法電仰該會詳細考慮爲盼等因奉此查寺廟財產是寺廟所有由住持管理之經監督寺廟條例之規定其所有權屬於佛教徒無疑按佛教徒本慈悲爲宗旨興辦公益慈善事業亦是分內之事因教徒智識太劣裹足不前由政府及地方團體人員督促領導非爲不可但組織委員會時佛教徒應居多數不然與從前管理寺廟條例無異若不設法請求復決吾佛教徒權利大有攸關除呈請　省佛教會設法外爲此錄文函達　佛教團體及諸山一致考慮爲荷

樂淸縣佛教會叩蒸

為奉令轉知寺廟財產興辦公益慈善事業一案業經推員請願准將原辦法暫緩施行由二十二年三月二十六日

通告

為通告事案查寺廟財產興辦公益慈善事業一案前奉鄞縣政府一再令仰遵照實施辦法推派代表組織委員會本會以奉頒辦法窒礙難行當經聲敍理由縷陳事實呈復縣府并分別呈請省佛教會暨

中國佛教會轉請復議各在案茲奉

中國佛教會第一一五號訓令內開案查前奉

內政部頒布寺廟興辦公益慈善事業實施辦法本會以諸多窒礙業經呈請修正幷推興圓瑛明道兩法師德浩和尚王一亭葉玉甫聞蘭亭諸居士共六人赴京請願修正各在案茲奉

內政部禮字第二二一號批示內開據呈均悉查該項實施辦法既迭據該佛教會等瀝陳窒礙難行情形准予酌加修改業經本部呈准

行政院將原辦法暫緩施行俟修改完妥後再行呈核公布在案該會條陳各節准予留備參考此批等因奉此合行令仰該會知照迅即通令各寺院一體知照此令等因奉此合亟通告各寺廟一體知照特此通告

主席委員智圓

常務委員本舟

通告

通告

寶靜
指南
金夢麟

為奉令轉知加緊自衛工作規定各項辦法仰切實遵照由二十二年四月二十日

為通告事案奉
鄞縣執行委員會通令第九號內開案奉
省執行委員會民字第一九五號通令開案奉
中央執行委員會民衆運動指導委員會第三〇四一號通告內開為通告事日本帝國主義之暴行有加無已中華民族之覺悟存亡所繫當此熱河告急吾民族更當如何奮發一德一心以爭最後之一着中央已迭有指示茲為加緊自衛工作起見特再規定四事希切實注意是為至要一、依據中央頒布之民衆團體處理暫行四項辦法及修正中央民衆運動指導委員會指導民衆運動方案並參照中央最近頒發之國難期間各級黨部臨時工作綱要從速斟酌所在地域之性質分別人民團體之種類嚴密其組織充實其力量發揮其効能一致努力使民族力量得以充分表現二、將所指導下人民團體之組織與現狀及活動情形於三月十五日以前分別詳細據實報告備核三、此項通告到後應立即分別派員作指導人民團體之實際工作四、本會為考核上項工作成績起見於一定期間內當派員分赴各地視察等因奉此所示一、二、三、三項自應遵照辦理除分令外合行令仰該會遵照此令等因奉此除分別遵照辦理外關於指導方面提經本會第六三次委員會議决議一、各種人民團體指導員推派如下㈠農人團體推鄭委員宗賢㈡工人團體推斯委員旺㈢商人團體推林委員建中㈣漁民團體派陳箕黎同志㈤自由職業團體推左委員洵㈥青年團體推

徐委員遊塵㈦婦女團體派邱孔畏同志㈧文化團體推陳委員伯昂㈨慈善團體推王委員寧濤㈩救國團體推沈委員友梅二、略除分行外合亟令仰該會知照爲要此令等因奉此合亟通告各寺庵一體知照特此通告

爲奉令轉知日人設毒華急進藥品研究社於運華銷售之紗布棉織品內配置各種毒藥害我民族仰切實注意由 二十二年六月八日

爲通告事案奉

鄞縣執行委員會第一一八號訓令內開爲飭遵事案准黄岩縣執行委員會文電內開日前武漢各報載有僑日同胞在横濱醉翁亭飯店拾得一英文函其内容稱日本某醫校設毒華急進藥品研究社於運華銷售之紗布棉織品及日用品內配置各種毒藥以傳佈疫疾毒害我民族原函譯文如下咸爾來森我的愛友現在寄居在此地（大阪）偵得一點最確切的事情敬獻先生之前請你格外注意日本侵略支那無日不積極努力在過去的一九三一年十月間日本某醫校成立一毒華急進藥品研究社其目的在用科學方法將一切毒品配置在人類必須用品以內其中毒素有令人終身絶嗣的衣料所藏之毒又有令人患烈拉的如化妝或使用物等均有此種毒菌加入其害支那人用心毒辣自可概見然吾輩旅居華境亦不可不加審慎也除由我遞電政府喚起人民注意特此奉告等語徹縣第十次全縣代表大會爲喚起民衆注意預防計特提出「報載仇貨暗放毒劑禍我民族應普遍宣傳喚醒民衆」一案當經決議通電各縣黨部轉飭所屬各級黨部一致宣傳等語紀錄在卷除分電外特此電達希即飭屬一致宣傳臨電不勝企盼之至等由准此合亟令行該會督屬廣爲宣傳勿延爲要此令等因奉此合亟通告各寺庵一體知照幷廣爲宣傳爲要特此通告

爲盂蘭盆會須就寺院或齋主家宅內不得在露天舉行仰遵照由 二十二年十月十七日

爲通告事案奉
浙江省佛教會通告內開本會前奉
民政廳令行謂僧人舉行盂蘭盆會應一律取締等因當以盂蘭盆會係根據佛教經典凡人民延請僧人在寺廟內或其家宅內舉行
擬請免予干涉以維信仰自由等語呈復去後茲奉
民政廳第二三四九號批示內開呈悉應准如擬辦法此批等因爲此通告遵照幷轉飭各寺院一體遵照嗣後舉行盂蘭盆會務須依
照本會呈准辦法就寺院或齋主家宅內不得在露天舉行免延干涉等因奉此合亟通告各寺院嗣後舉行盂蘭盆會務須一體遵照
省佛教會呈准辦法辦理以免干涉是爲至要特此通告

爲寺廟財產及法物爲寺廟所有由住持管理其不動產非經所屬教會之決議幷呈請該管官署之許可不得處分或變更由

二十二年十月十七日

爲通告事本年十月八日奉
中國佛教會訓令第一二六號內開爲訓令事查監督寺廟條例第五條載寺廟財產及法物爲寺廟所有由住持管理之第八條載寺
廟之不動產及法物非經所屬教會之決議並呈請該管官署之許可不得處分或變更又本年三月二十三日
內政部咨行各省市政府爲解釋寺廟之不動產及法物凡未經所屬教會之決議並呈請該管官署許可而先行變更或處分者無論
其事後已否補行呈准備案均應認爲違法等因是
政府保護寺產之法令釐訂至爲周密其所以防弊而袪害者實無微不至乃近查各地寺院廟觀住持對於寺廟財產處分或變更時
遵照中央法令辦理者固不乏人而不經所屬教會決議並呈請該管官署許可獨自擅專者亦比比皆是不僅損害寺廟之財產抑

且大悖中央保護寺產之法令自令以往各寺院庵觀住持如有正當理由應處分或變更寺產時必須遵照中央法令辦理經由所屬教會之決議並呈請該管官署許可方爲合法否則卽爲違法其處分或變更寺產之行爲應卽認爲無効以保寺產倘有未設縣佛教會地方應呈請省佛教會決議如省佛教會亦未組織成立者應呈經本會決議以資變通辦理除通令外合行令仰該會遵照迅卽通令各縣佛教會轉飭各寺院庵觀住持一體遵照辦理毋違切切此令旋於同月十四日復奉

省佛教會令同前因奉查此案業於去年三月間奉

省佛教會令飭轉知下會卽經通告在案茲奉前因合再通告各寺院庵觀住持一體遵照毋違特此通告

爲比丘僧尼及男女居士不得隨便皈依外道及參與其他團體由 二十二年十月十七日

爲通告事案奉

中國佛教會訓令第一二五號內開查佛法之盛衰繫乎衆生之機感僧伽之隆汚端賴戒律之扶持世逢五濁法際末流正道日衰邪見增長夫已信仰佛法備具佛弟子條件者則不能任聽出主入奴崇奉外道如近來各地每有利用衆生畏果之薄弱心理搬託新奇謬詡大道三教執爲同源仙佛融爲一冶其專辦慈善事業成就有漏功德者心存濟世固亦未可厚非惟乘僅及夫人天道不出乎吐納而乃貢高我慢大妄語成是眞如來所謂可憐憫者一般無宗旨無信仰之人被其誑惑猶尙可諒而我佛敎四衆弟子亦復皈順外道崇奉邪魔與最初步所受三皈正義顯有未合爲此令仰該會遵照迅卽通令各縣佛教會轉告各寺廟比丘僧尼及男女居士一體遵照嗣後不得隨便皈依外道及參與其他團體其願與辦慈善事業者得依佛制爲之或組織合法之團體亦無不可遂者須勤求懺悔以肅僧伽而正趨向切切此令等因奉此合行通告各寺廟庵觀比丘僧尼一體遵照愼勿故違特此通告

通告

爲奉令陸門橋大覺寺重塑佛像事關宗教儀式無論任何機關不得干預通令各寺等知照由二十年七月二十四日

爲通告事案奉
浙江省佛教會訓令第五〇一號內開爲訓令事本會爲前閱報載奉化陸門橋大覺寺重塑佛像一案奉
中央常務委員批事關於宗教儀式不應加以干預等語是否實在經呈請
民政廳查案核示茲奉第一〇〇四號批示呈悉查此案現奉
內政部訓令經轉飭奉化縣縣長知照在案仰即知照此批等因奉此查寺廟供奉佛菩薩像如從前已被毀壞者自可即行修復惟查
佛殿內除佛菩薩羅漢等像外不應供奉別種神像以示區別而免誤會爲此令仰該會迅即通告各寺庵一體知照此令等因奉此合
行錄令通告仰各住持一體知照特此通告

常務委員圓瑛
智圓
源寵
寶靜
金夢麟

爲奉省令各寺廟住持不得將所有財產標賣備抵以明產權除登報通告外仰各寺庵等一體遵照由二十一年三月十七日

爲通告事案奉
浙江省佛教會訓令第六〇七號內開案奉
民政廳第八九四號令開案查前奉
省政府訓令以據該會呈請轉函高等法院寺廟住持虧欠款項不得將寺產標賣抵償一案飭卽查核辦理具報等因當以查原呈所稱寺廟住持對於寺廟財產僅負管理之責若住持有虧欠款項情事不得將所管理之寺廟財產標賣備抵以明產權等情核與監督寺廟條例尙無不合自應准予照辦等語函請
浙江高等法院轉飭各級法院暨兼理司法各縣縣長一體查照辦理幷布告周知幷呈復
省政府察核在案茲奉指令內開呈悉卽由該廳轉行該佛教會知照等因奉此合行令仰該會卽便知照此令等因奉此查此案業由
本會通函知照在案茲奉前因合再令仰該會知照此令等因奉此查此案業於本月二日准省佛教會通函知照在案茲奉前因除登報通告外合亟通告周知仰各寺庵一體遵照特此通告

二十一年六月五日

爲奉令各寺庵如有正當動作出外募緣應先報由佛教會審查相符方可舉行由

爲通告事案奉
浙江省佛教會訓令第六一八號內開爲令行事案據樂清縣佛教會呈稱佛有化緣之舉原具無上福田惟不肖之徒每利用樂善好施者視爲取財捷徑就樂清所聞若輩出則沿街敲魚處則投宿飯店無所不爲職會擬訂取締辦法凡海內名山大刹果有正當動作必須化緣須由該寺出具理由書聲明委派何人隨帶度牒相片經該管佛教會認可備函證明如未成立縣佛教會地方請由該管政

府證明職會審查後當發給證書准予在樂募化倘手續未完擅來斂錢得由崗警拘案驅逐出境以杜弊端而斷眞僞呈請通令辦理等情前來查比丘乞食募緣本無不可如果假借種種名義斂錢揮霍自應予以取締以重教規樂清縣佛教會所擬取締辦法事屬可行惟查未成立縣佛教會地方請由就地政府證明一節恐多窒礙難行自應請由附近叢林代爲證明以期便利除分令外爲此令仰該會遵照並通知各寺庵一體知照嗣後該縣境內各寺庵如有正當動作必需派人出外募緣應先報由該會審查相符給予證明書方可往各處募緣以杜流弊而重教規此令等因奉此查僧侶募緣本無不可惟恐有不肖之徒假借名義藉端斂錢於教規前途關係非淺奉令前因仰各寺庵一體遵照特此通告

爲奉令轉知因寺產而致與其他學校或寺僧及地方團體發生爭執係屬普通訴訟事件應屬法院受理仰卽遵照由二十一年七月七日

爲通告事案奉

浙江省佛教會第六一九號令開爲令知事查現奉

教育廳第七九二號訓令各市縣政府內開案奉

省政府訓令祕字第四七八一號內開案奉

行政院訓令第一〇五〇號內開案查前據教育部呈請轉咨解釋學校提充寺產發生爭執訴願管轄疑義一案到院當經轉咨解釋並指令知照在案茲准立法院第七〇三號咨復內開業經本院統一解釋法令會議議決訴願乃人民對於中央或地方官署之違法或不當處分致損害其權利或利益者方得提起學校無處分寺產之權若因寺產而致與其他學校或寺僧及地方團體發生爭執係屬普通訴訟事件應屬法院受理請查照飭知等由准此除分行外合亟抄發原呈令仰知照並轉飭所屬一體知照等因附抄發教育

部原呈一件下府奉此合行抄發原呈令仰該廳即便知照並轉飭所屬一體知照此令等因奉此合行抄發原呈令仰該縣市政府即便轉飭知照此令等因查此案關係寺廟財產合亟照錄原文令仰各該縣佛教會一體知照並仰通告各寺庵知照爲要此令等因奉此合亟通告各寺庵一體知照特此通告

爲奉省佛教會轉令各寺庵如因寺產糾紛案件須先呈請縣佛教會核辦由

二十一年十一月九日

爲通告事案奉
省佛教會第六二五號訓令內開案奉
中國佛教會訓令第一〇五號開爲令遵事查各地寺廟如因寺產糾葛案件理應先行呈請縣佛教會辦理以便就近查明事實眞相或轉呈上級佛教會核辦方合正當手續乃近來各地寺廟關於此類案件往往逕行呈請本會辦理不獨違背程序且其中事實是否眞確本會遠在滬瀆無從推測爲此令仰該會轉飭各市縣佛教會通知各寺廟住持一體遵照嗣後如有寺產發生糾葛自應先呈縣佛教會辦理或轉呈上級佛教會核辦其有未設縣佛教會地方並應通告各該寺廟僧衆知照速即共同聯合籌備組織是爲至要此令等因奉此除分行外合行令仰該會知照迅即通知各寺廟住持一體知照嗣後如有被人佔奪寺產情事應先呈由縣佛教會查明實情轉呈核辦以昭鄭重爲要此令等因奉此合亟通告各寺庵嗣後如有寺產糾葛情事發生應先呈請本會辦理或由本會轉呈省佛教會核辦以免越級而符手續是爲至要特此通告

主席委員智圓

爲寺廟財產興辦公益慈善事業一案已依據法例呈請修正凡應行整飭內部及各項建設等事必須切實負責進行由 二十一年十月十一日

爲通告事查自鼎革以來全國教徒因昧於潮流內鮮宏揚大法昌明佛教之精神外無建設社會應順機宜之事業是以遭人指摘層出不窮凡毀壞聖像譏謗三寶侵佔寺產逼逐僧尼等事震盪全國充耳而聞三武之厄幾見於今試思前頒寺廟管理條例以及廟產興學等事有一實行則教門前途何堪設想所幸全國同人羣起警覺組織教團力謀補救挽既倒之狂瀾籌善後之改進所惜建設雖多尙鮮實施近今顯著風潮縱覺稍泯鄉僻寺庵尙遭摧殘本會迭次通告全國教徒急應明白現時潮流內則嚴整教規培養僧才外盡民衆天責匡助社會迭據各省縣佛教會報告諸山大德洞識時務踴躍從事者固多而未諳法令吝嗇自利者亦比比皆是平時對於會務之進行不惟視若無關坐而不問甚有暗圖摧毀以快私衷此皆由於智識未充罔顧大局所致邇者忽奉內政部公布寺廟產業興辦公益慈善事業辦法十條按寺廟財產收入分等繳納捐款由該管官署代表及地方自治團體代表會同教徒代表組織委員會辦理在興辦公益慈善事業本爲濟世利人之舉凡我教徒同爲國民自應一致効力以爲社會建設之助但地方土劣年來覬覦寺產層見疊出逮於近今猶未平息若公佈條例許其參加來日糾紛將無已時本會已依據法例呈請修正能否挽救尙未可知如果實行則前途不堪設想所望同人一致奮起共謀補救以維垂危之教產惟舉辦公益慈善等事本屬全國教徒一致主張載在各級佛教會會章並已訂入監督寺廟條例且有違反條例予以斥革究辦之處分如再不積極進行勢必更滋藉口益難挽救各寺廟以後如仍復不顧公益浪費寺款則顯屬違背法令藐視公意雖欲効以前之因循苟安而不可得矣事實嚴重已達極端我全國同人尤宜澈底警覺速謀團結舉凡應行整飭內部及各項建設等事必須切實負責努力進行庶足以禦外侮幸勿因循自誤大局是所厚望特此通告

中國佛教會常務委員圓瑛等

中國佛教會

爲各寺庵須切實遵照自動出資獨辦或合力舉辦各項公益慈善事業以符部令由 二十一年十一月二日

爲通告事查新近內政部頒布寺廟產業興辦公益慈善事業辦法本會以窒礙難行業經呈請修正並通告各寺廟澈底覺悟速謀團結對於整飭內部及各項建設等事必須切實負責努力進行各在案嗣復推王居士入都與院部長幾經磋商始允先由本會轉令各地寺廟自動出資興辦各項公益慈善事業利益社會如其辦有成効自可不生問題若仍因循苟安自暴自棄則此項辦法定當實現屆時雖欲力圖補救以覩後効亦所不許等因事實嚴重達於極點從違之際所關甚大合行通告各該寺廟切實遵照自動出資獨辦或合力舉辦各項公益慈善事業以符部令督促之意而尊我佛慈悲喜捨之旨幸勿觀望自誤後悔莫及附發表式一紙所有該地已辦及現擬籌備各項公益慈善事業及產業狀況應一併限文到十日內迅即照表填列呈報以備彙轉至以爲要特此通告

仁山 智圓 黃慶瀾
中國佛教會常務委員圓瑛 明道 聞蘭亭
常惺 王震 趙雲韶

爲擬組織救國僧軍團除將議案登入會報外相應通告由 二十一年一月二十八日

爲通告事近有佛教徒建議本會擬組織救國僧軍團等一案經本會常務會核僉以我佛教徒應以慈悲平等心組織救護隊遇有軍事奮往馳救以拯瘡痍并得用少林派拳術練習體育云云一致議決除將議案登入會報外相應通告仰一體知照

通告

通告

常務委員圓瑛
王一亭

爲籌設超薦黃河水災被淹死亡法會加誦佛號及經咒由

二十二年九月二十日

爲通告事案准上海各慈善團體籌募黃河水災急賑聯合會函開茲准虞山興福寺應慈老法師上海崇法寺炬峯和尚等函陳超薦此次黃河水災亡魂辦法計（一）由佛教會通電全國各寺廟暨各佛教機關自即日起設法超薦被淹斃者設立牌位加誦佛號或經咒仗此迴向功德安其神識並請全國佛教徒發心迴向（二）速籌建超度死難大會正式道場擬請於佛教總會淨業社及居士林各地方同時舉辦等由過會准此當經本會提交第七次常務會議議決照第一項辦法通告各省市縣分會及叢林寺院佛教各團體各自舉行道場在案除函復外爲特通告各分會各叢林寺院各佛教團體知照於文到之日起籌設超薦黃河水災被淹死亡法會加誦佛號及經咒并發心迴向俾被淹者得仗三寶慈力速生淨土蓮邦功德無量特此通告

中國佛教會常務委員 圓英
德浩
仁山
明道
遠塵
王震
聞蘭亭

爲據呈都神殿撥作會所及興辦公益慈善教育事業之用事尚正當應准備案并布告周知由二十二年三月四日

✓黃慶瀾
✓關　炯

爲布告事案據鄞縣佛教會主席委員智圓常務委員本舟實靜指南金夢麟等呈稱呈爲呈請事案據東岱庵住持僧修清書稱竊修清於本年一月三十一日奉鄞縣政府通知書第二六號內開奉

民政廳第八五〇號指令本府呈復令查都神殿廢址詳細情形祈鑒核由內開呈件均悉查此案業經本廳審查決定茲將決定書送達證書暨原卷一併隨文令發仰卽分別查收送達并將送達證書呈繳備查此令等因并發決定書二本送達證書一紙縣卷四宗分書一本下縣奉此除縣卷決定書抽存外合行檢同決定暨原送分書飭仰該住持僧知照特此通知并附發決定書一本分書一本等因奉此查都神殿地址前以前甯波市政府先後借撥獅橋里委員會辦公處所及建設臨時小菜場之用僧不服前甯波市政府之處分所爲一再呈請鈞會情願將該都神殿地址移轉與佛教會興辦平民工廠并狀訴鄞縣地方法院暨向

浙江省民政廳請願將該都神殿地址依照監督寺廟條例確定產權各在案現蒙鄞縣陳縣長呈奉民政廳令開決定舊修清管理數年苦心一旦解決誠感政府莫大功德也惟是修清一介貧僧既蒙政府恩厚自應如何建設社會事業以圖上報於萬一無如棉力薄弱心與願違今爲謀社會事業發展起見願將該殿全部管理權移轉與鈞會接收管理作爲會所及興辦公益慈善教育等事業以昭大公而免誤會并懇轉呈鄞縣政府立案給示曉諭永垂不朽頂德靡涯所有都神殿舊契三張并抄本決定書一分一併送呈仰祈察收保存再鈞會日後如有遷移他處仍由修清自行管理合併聲明等情并附送舊契三張決定書抄本一份到會據此查該都神殿本

屬寺產現在旣奉

民政廳決定由僧修濤管理則產權已明確規定惟修濤志願宏大爲謀社會事業發展起見而限於棉力薄弱自願將該殿全部管理權移轉與屬會作爲會所及興辦公益慈善教育等事業準諸法理尙無不合但屬會以興辦公益慈善事業極爲繁多茲特擇其重要者先行擬辦覺民初級小學及佛學圖書館佛教宏法通俗講演所等現正積極籌備一俟籌備完竣另案呈報外據稱前情理合備文

呈請

鈞府察核備案并請給示曉諭俾資勒石以垂不朽實爲公便等情據此查都神殿擬充辦理小學及佛學圖書館佛教宏法通俗講演所之用事尙正當應卽准予備案除指令外合行布告周知仰各知照此佈

縣長陳寶麟

爲縣區筵席捐現由佛教會經懺捐征收處認辦仰各知照由 二十一年七月

爲布告事案查本縣第三次教育委員會議決征收鄉區筵席捐以充教育經費一案前經本府呈請

浙江省財政教育兩廳提奉

省政府委員會第四八三次會議議決照准並照錄征收章程布告人民一體知照一面招商認辦各在案茲查征收筵席捐章程第一條第四項凡本縣鄉區各寺廟庵觀應征筵席捐款現由佛教經懺捐征收處認辦合行布告仰鄉區各寺廟庵觀等一體知照特此布告

縣　長陳寶麟

教育局長葉謙諒

財政局長陳俊述

報告

關於舉辦各種慈善事業

(一)宏法演講社　本會爲宏揚佛法起見舉辦宏法演講社業於二十二年四月十六日正式成立會敦請太虛大法師寶靜大法師來社演講各種大乘經論

(二)民衆補習夜校　本會爲謀教育普及起見舉辦民衆補習夜校俾貧民得有求學機會業於二十二年十一月二十六日正式成立聘請教員二人於每夜六時起授課二小時現在學生計七十餘名

(三)中西醫施診所　本會爲救濟貧病起見舉辦中西醫施診所各一處敦請中西醫生各一人於每日上午九時起至下午二時止施診中醫部分於二十二年十二月二十日開診西醫部分於二十三年三月一日開診

(四)佛學圖書館　本會爲便利民衆研究佛學起見舉辦佛學圖書館搜羅各種經典以便民衆觀覽業於二十三年三月間正式成立

關於各寺庵因庵產糾紛經過情形

(一)仁壽庵庵產糾紛案　本案因該庵於二十一年　月間遭刦後住持眞本不願管理書請本會派員接管嗣因該地士紳袁君霞蓀以私庵名義呈請鄞縣政府收歸公有由本會出而訟爭詎該前住持尼金蓮不明事理訴請地方法院仍由其繼續接住經判

決照准本會提起上訴將原判撤銷由本會派員接管現在此案上訴期間已過本會擬請地方法院執行藉保庵產

（二）永豐寺租屋糾紛案　本案因該寺有東首餘屋前由東勝小學校長汪挺生出立租契向該寺租作校址之用嗣以該寺住持妙安擬將該屋收回改建佛殿一再商請遷移該校長汪挺生置之不理該住持聲請救濟到會由本會呈請鄞縣政府令行縣教育局轉飭遷讓未奉令准該住持不得已訴請鄞縣地方法院經判決准予收回

（三）地藏殿因接住糾紛案　本案因該殿前住持常學虧欠甚鉅將寺產抵押殆盡經本會查明呈請鄞縣政府將住持撤銷奉准後由本會召集該殿法派開會推選結果公推法派僧化成接充所有前住常學抵押產業責成僧化成分期贖還

鄞縣佛教會民國二十年十二月底收支總揭

一該暫記　洋一千一百十二元七角五分八厘
一該暫記　角子一百二十六角
一該商報　洋一百〇五元六角三分六厘
一該極樂寺　洋五十元
一該借貸　洋一百九十四元五角
一該餘記　洋三千六百四十六元八角六分七厘
共該　洋五千一百〇九元七角六分一厘
共該　角子一百二十六角
一存暫記（資生）　洋四千元
一存廣濟庵　洋一百七十六元九角一分三厘
一存押櫃（火表）　洋二十一元
一存票欠　洋八百八十五元六角
一存信孚　洋二百〇八元一角二分九厘

一存蘇生　洋九百三十六元〇六分三厘
一存鼎康　洋八十一元八角一分一厘
一存儲存（縣政府保證金）　洋一千元
一存現款　洋二百四十元
一存現款　角子六十七角
一存現款　銅元三千一百八十文
共存　洋七千五百四十九元五角一分六厘
共存　角子六十七角
共存　銅元三千一百八十文
存該兩抵外實在存洋二千四百卌九元七角五分五厘
該角子五十九角
存銅元三千一百八十文

本會民國二十一年全年收支報告

報告　會計

報告　會計

舊管項下

舊存　洋二千四百三十九元七角五分五厘

　　　銅元三千一百八十文

舊該　角子五十九角

新收項下

一收辦公費（經懺捐征收處來）洋三千七百三十九元九角四分六厘

一收莊息　洋二十八元七角八分七厘

一收城區事業捐　洋六百三十五元

一收縣區事業捐　洋四千三百九十一元六角九分

一收入會費　洋一百六十八元

一收證書費　洋十元

一收兌入　角子一百四十一角

共收　洋八千九百七十三元四角二分三厘

共收　角子一百四十一角

開支項下

一支薪金　洋二千四百三十元〇九角六分

一支輿馬費及津貼洋一千二百元

一支中國浙省佛教會　洋一千五百元（常年捐）

一支永明小學　洋九十七元〇四分六厘

一支特別捐　洋三百元（助蒙藏救濟會）

一支慈善捐　洋五十五元

一支交涉費　洋十六元六角一分六厘

一支酬勞費　洋三十元〇六角九分

一支幹事費　洋六百五十一元四角〇五厘

一支膳食　洋三百七十二元九角六分四厘

一支車力　洋九十四元六角二分五厘

一支雜項　洋一百七十六元七角二分八厘

一支川資　洋二百六十八元〇八分三厘

一支郵票印花　洋二十九元七角六分六厘

一支柴米油　洋五百〇八元五角二分九厘

一支置器　洋九十元〇六角七分四厘

一支宣傳及印刷　洋一百九十四元七角

一支開會費　洋四百二十二元〇四分八厘

一支交際　洋二百〇四元三角三分四厘

一支電話燈　洋一百〇三元五角六分七厘
一支文具　洋一百四十五元六角九分七厘
一支報費及廣告　洋八十二元一角
一支現升　洋二百四十三元六角五分六厘
一支発出　洋十一元八角七分五厘
一支発出　銅元一千文
共支　九千二百三十一元〇六分三厘
共支　銅元一千文

收支兩抵
實支　角子一百四十一角
實虧　洋二百五十七元六角四分
　　　銅元一千文

收支總額
一收上年結存　洋二千四百三十九元七角五分五厘
　　　　　　　銅元三千一百八十文
一收本年實支　角子一百四十一角
一支上年結該　角子五十九角
一支本年實虧　洋二百五十七元六角四分
　　　　　　　銅元一千文
收支兩抵實存　洋二千一百八十二元一角一分五厘

實存　角子八十二角
　　　銅元二千一百八十文

存該項下
一該募捐　洋四百九十七元四角八分六厘
一該公益金　洋六十一元六角七分八厘
一該極樂寺　洋五十元
一該薪俸　洋三十元〇一角四分九厘
一該餘記　洋六千八百三十一元二角六分五厘
共該　洋七千四百七十元〇五角七分八厘
一存借貸　洋五元五角
一存儲存　洋一千元（縣政府保證金）
一存彝生　洋二百七十三元九角四分
一存恆祥　洋五元三角七分五厘
一存商報股本　洋一百元
一存鼎康　洋八十一元八角一分一厘
一存暫記　洋六百〇五元八角五分四厘
一存暫記（資生）　洋五千五百元
一存票欠　洋一千〇二十五元三角

報　告　會計

報告 會計

一存辦學費　洋八百元
一存廣濟庵　洋一百七十六元九角一分三厘
一存押櫃（火表）　洋二十一元
一存現款　洋五十七元
角子八十二角
銅元二千一百八十文

本會民國二十二年全年收支報告

舊管項下

舊存　洋二千一百八十二元一角一分五厘
角子八十二角
銅元二千一百八十文

新收項下

一收入會費　洋五十四元
一收證書費　洋二十二元
一收城區事業捐　洋一千〇四十二元五角
一收縣區事業捐　洋五千〇三十六元〇六分
一收莊息　洋二十五元二角二分五厘
一收辦公費（經懺捐征收處來）　洋四千五百五十五元二角六分二厘

共存　洋九千六百五十二元六角九分三厘
共存　角子八十二角
銅元二千一百八十文
存該兩抵外實存洋二千一百八十二元一角一分五厘
角子八十二角
銅元二千一百八十文

一收房租　洋六百八十元（市屋採租）
一收辦學費　洋二百元（守慧師來）
一收兌入　角子四十角
共收　洋一萬一千六百十五元〇四分七厘
共收　角子四十角

開支項下

一支膳食　洋三百九十四元一角二分一厘
一支現升　洋一百十六元九角七分三厘
一支車力　洋八十六元二角三分九厘
一支雜項　洋一百三十四元二角二分四厘

一支川資　洋二百六十五元四角六分三厘
一支郵票印花　洋十九元八角六分
一支柴米油　洋六百二十元〇〇五分一厘
一支交際　洋二百九十七元〇三分五厘
一支置器　洋七百十九元一角六分
一支宣傳及印刷　洋一百八十六元八角五分四厘
一支文具　洋一百八十七元一角八分
一支電燈電話　洋三百五十一元三角五分
一支廣告報費　洋一百十元〇四角六分二釐
一支酬勞費　洋二十六元〇〇一釐
一支交涉費　洋八十一元三角五分
一支幹事費　洋五百八十二元八角六分
一支中國浙省佛教會　洋七百元（常年捐）
一支開會費　洋六百七十八元八角二分四釐
一支輿馬費及津貼　洋一千二百元
一支薪金　洋二千六百五十二元二角
一支公益慈善捐　洋八十六元三角六分三釐

一支永明小學　洋四百三十六元四角六分八釐
一支接管用費（舊都神殿）各項共計　洋一千六百五十三元
一支會所修理　洋二千八百九十九元七角三分三釐
一支市屋建築　洋一千八百五十元〇二角八分四釐
一支覺民夜校　洋三十六元八角〇六釐
一支兌出　洋二元九角〇七釐
一支兌出　銅元一千四百十文
共支　洋一萬六千三百七十五元七角六分八釐
共支　銅元一千四百十文

收支兩抵
實丈　角子四十角
實虧　洋四千七百六十元〇七角二分一釐
實虧　銅元一千四百十文

收支總額
收上年結存　洋二千一百八十二元一角一分五釐
收上年結存　角子八十二角　銅元二千一百八十文
收本年結丈　角子四十角

報告 會計

支本年結虧　洋四千七百六十元〇七角二分一釐
支本年結虧　銅元一千四百十文
收支兩抵實在　虧洋二千五百七十八元六角〇六釐
支角子一百二十二角
支銅元七百七十文

存該項下

一該募捐　洋四百六十七元四角八分六釐
一該借貸　洋一百三十一元
一該蘇生　洋八百九十元〇三角六分九釐
一該暫記　洋一百四十一元一角〇三釐
一該極樂寺　洋五十元
一該公益金　洋十五元九角五分八釐
一該功德　洋二百十四元
一該餘記　洋九千七百〇九元〇一分四釐
共該　洋一萬一千六百十八元九角三分
一存儲存（縣政府保證金）　洋一千元

一存鼎康　洋八十一元八角一分一釐
一存商報股本　洋一百元
一存暫記（資生）　洋四千五百元
一存票欠　洋一千三百八十八元六角
一存廣濟庵　洋一百七十六元九角一分三釐
一存押櫃（火表）　洋二十五元
一存專辦永明小學基金　洋一千元
一存藏經樓捐　洋六百五十五元
一存現款　洋一百十三元
一存現款　角子一百二十二角
一存現款　銅元七百七十文
共存九千〇四十元〇三角二分四釐
共存角子一百二十二角
共存銅元七百七十文
存該兩抵實在　該洋二千五百七十八元六角〇六釐
存角子一百二十二角
銅元七百七十文

鄞縣佛教會會員名錄（以入會先後爲次序）

圓瑛 本舟 智圓 源巄 式昌 指南 寶靜 金夢麟 湯翼生 毛安甫
賈東初 德軒 慧朗 雪峯 陳器伯 明校 胡子華 嘉善 雪峯 志恆
宗愚 自空 榮智 法明 崇康 崇慶 安芳 安法 如茂 道常
如康 源音 明三 戒恚 妙禪 如海 源海 榮齋 法善 修願
開琳 益山 根如 眞賚 慧章 戒香 雪來 華池 顯月 步康
可咸 善能 則揚 月定 勛明 雪定 雪琳 夢軒 清禪 自悟
妙禪 常空 施定 性根 秀明 義明 靜願 哲明 寶歸 月浦
樂天 善度 心耀 清奇 竹圃 大智 萬鍾 文達 妙安 性鶴
深恩 識空 明性 安悟 授妙 見如 正見 覺海 可然 文秀
智遠 寬明 寬慧 昌星 僧晉 願意 覺岸 現月 瑞岩 菩提
月明 達增 榮池 一明 明性 開覺 自光 式葵 荷西 泉聲
果然 寶池 文清 㦎定 月潭 守靜 允智 雪池 西清 本悟
了嗔 靜杲 妙清 全良 宗光 長法 鉅鏞 文岸 玉峯 體雲
永康 元林 班雲 普周 光靜 天喜 養性 興道 信傳 海水
見惠 如心 安清 善定 志妙 光玉 寶緣 法雲 有如 靈注
妙修 阿香 敎悟 普斗 昌華 性覺 顯宏 覺堂 覺峯 宗德

會員錄

曇晟 顯明 修峯 國澄 慈航 忍禪 東輪 靜慧 惠定 象法
永發 信順 聖松 靜修 安生 象洪 寶法 善修 寶蓮 世根
善道 蓮松 永才 月泉 富德 成智 見雲 福德 安壽 了塵
勤修 方咸 安慶 誠信 善良 文才 經義 蓮德 顯藏 敎華
諦初 清雲 春法 永甯 道林 廣乘 道靜 遠妙 善德 蓮妙
悅根 月照 道慶 善樑 萬定 守慧 光泉 應和 根財 靈璿
玉岩 明高 深意 常西 溥常 參禪 全德 竹林 立祥 鏡空
普堃 逸山 性宗 慧峯 廣亮 圓湛 本禪 清淨 深悟 佛燈
恆道 道力 月恆 錦堂 海霞 覩雲 萬香 宗清 華覺 道修
廣泉 允慧 湘華 欽隆 聖道 海度 德明 英才 道悅 修清
化成 顯勤 則祥 安心 寶德 英蓮 善慶 文松 聖士 可雲
諡悟 寶雲 式昌 清蓮 卓梵 碧林 明峯 修定 心慧 孔福生
曹松岳 鄒學來 尹樹德 陳林仁 李富根 俞慎官 徐三益 李連根 邊文錦 陳耀積
謝謁彩 李增來 繆安官 陳亦明 任阿南 周惠釗 周康甯 胡金生 朱阿品 朱珊美
姜永發 胡秀清 朱仰山 林仁義 范滋甫 朱杏村 李乾金 張阿三 裘正甫 邵仁紀
朱萊芳 范仁法 王嘉圭 丁春來 祝阿昌 黃全木 邱阿雲 金財源 卓生裕 姚厚發
俞利運 石金發 史祖安 徐子敬

入會會員如有漏列者請來會聲明以便下期刊入

佛曆二千九百六十一年
中華民國二十三年六月出版

非賣品

審定 常務委員會
總纂 寶靜法師
編輯 胡熙
發行者 鄞縣佛教會
甯波靈橋路
電話一八四四
印刷者 商業合記印刷所
甯波城內崔
衙前七四號

088

鄞縣佛教會會刊（第二期）

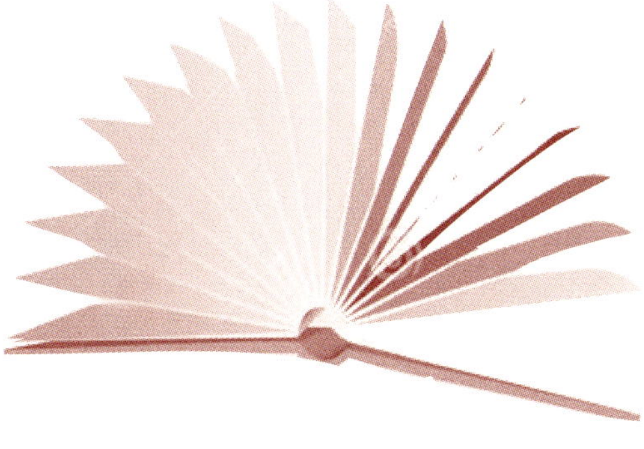

《鄞縣佛教會會刊》（以下簡稱《會刊》）（第二期），民國二十五年（一九三六）九月出版。浙江圖書館、寧波市檔案館有藏。

寧波市檔案館藏本封面、版權頁及正文第二十五頁至第二十九頁、第五十三至第五十四頁均缺失，故封面題簽、出版審定、發行和印刷單位均不可見。據《緒論》，可推知本輯編輯者爲心佛。

《會刊》包括目録、攝影、緒論、法令轉載、訓令（會務指導）、指令、法規、呈文、公函、聘書和報告。其中報告包括永明小學報告、覺民小學創辦之緣起及概況、佛教孤兒院概況報告、鄞縣佛教會施診所國醫部施診簡則、鄞縣佛教會施診所國醫部施診所診務報告等内容。

《會刊》内頁四周無邊欄，書長二七點一釐米、寬一九點五釐米，機制紙，鉛印本。

本次影印，據寧波市檔案館藏本。

鄞縣佛教會會刊第二期目錄

民國二十三年一月一日起至二十四年十二月三十一日止

083

指　令

090

公函

電

告

次

六

來會佛堂

鄞縣佛教會大門

鄞縣佛教會大禮堂

093

中國佛教會鄞縣分會第一次

代表大會全體代表攝影
民國二十五年三月

鄞縣佛教會私立覺民小学新
760

落成暨成立一週紀念攝影
寧波
佛教孤兒院

中國佛教會鄞縣分會覺民民

校第六期畢業攝影廿五年六月

中國佛教會理事長

圓瑛大法師法像

本會理事長智圓老和尚法像

緒論

近數年來刊物之發達大有雨後春筍蓬浡而生之概綜核其實類皆政治落伍之輩假文章以吐氣及年少好事之徒藉言論以進身復有一搬唯物論者借刊物以廣宣傳而爲搗亂工具求其安寧社會感化風俗救恤人心者乃百不一覯焉本刊宗我佛大雄大力大慈大悲之旨闡爲自覺覺他自利利他之文所取材料專屬佛敎範圍絕無外道邪說夾雜於其間蓋我佛之入東土也始於漢明由西印度攝摩騰竺法蘭二師應詔賫佛經像而至是乃見於正史有稱來自秦漢以前者實別史之誤耳惟當時吾國之信仰佛敎除帝室而外甚爲寥寥此爲佛敎之萌芽時期也自茲以後至於魏晉偉人輩出或來自西域專事繹經或創立講壇專事說法或橫雪山以入天竺取回佛典以著佛國記或率門徒數千以傳大乘敎由是則高妙深微之義漸入中國此爲佛敎之勃興時期也從此歷陳涉隋以逮三唐諸宗並起菩提達摩以見性成佛倡立禪宗智者大師以五時入敎倡立天台宗南山道宣大師倡立律宗玄奘法師倡立慈恩宗杜順大師倡立華嚴宗盧山大師倡立淨土宗自此萬馬齊奔百流洶湧其時志高行潔學淵識拔之士皆相率而入於佛敎之一途在吾國歷史中實可放萬丈光芒此爲佛敎之極盛時期也厥後遞嬗遞降若顯若晦以迄於今一則自稱爲思相革命動輒以佛敎爲消極排斥甚烈打倒迷信之聲浪震於寰宇一則主張寺產興學乃組織團體布發宣言向吾佛敎進攻其餘各省市縣之僧衆受其讖

評糟塌以及欺凌剝削未得自由平等者時有所聞不可憚述此爲佛教之衰落時期也憶吾儕僧伽處此水深火熱風雨飄搖四面楚歌之際而猶優焉游焉馴焉習焉靜而不能動睡而不能覺散而不能聚長此以往佛教前途寧有倖歟故本刊之作含有法令訓令指令法規呈文公函代電等等無非爲宏揚佛法整頓教規保護寺產起見卽亦我佛大雄大力自覺自利之意焉又如本會所創之閱經室閱報所覺民小學民衆夜校永明小學佛教孤兒院中醫施診所西醫施診所等等是爲本會之慈善公益事業卽亦我佛大慈大悲覺他利他之謂焉心佛少入燕市留學北大自辛亥反正時卽已兼營會黨事務如同盟會國民黨以及五族聯會國民公會共和統一等會鮮不濫竽其間身任要職於畢業後二十年中軍行十餘省宦遊數百縣足跡所至對於黨會及民衆團體無一不悉心攷察得其大概其規模之宏遠成績之優良基礎之鞏固以及主幹人員之奮鬥努力要以本佛會爲首屈一指冥心以思佛教前途雖可隱憂徵之本會之概況及精神之表現差亦足以自慰耳爰爲之敍民國二十五年秋九月編輯人心佛謹識

法令轉載

行政院核准內政部備案佛敎寺廟興辦慈善公益事業規則

第一條　本規則依照監督寺廟條例並中國佛敎會會章第十二條規定擬訂之

第二條　各寺廟應斟酌地方之需要興辦慈善公益事業其範圍如左

（一）關於民衆敎育事項（二）關於濟貧救災事項（三）關於育幼養老事項（四）關於衛生醫藥事項（五）關於其他慈善公益事項

第三條　前條各項事業興辦時應酌量各寺廟經濟情形得由一寺獨立興辦或由數寺院合力舉辦或由當地佛敎會督促該地全體寺廟共同舉辦之

第四條　由當地佛敎會督促該地全體寺廟共同舉辦之慈善公益事業應設立委員會負責計劃並辦理之

前次委員會由當地佛敎會推選代表三人各寺廟推選代表四人組織之其組織方法另訂之

第五條　寺廟興辦慈善公益事業其出資應案各該寺廟每年總收入數目依左列各項爲標準

（一）一百元未滿者百分之一（二）一百元以上三百元未滿者百分之二（三）三百元以上

五百元未滿者百分之三（四）五百元以上一千元未滿者百分之四（五）一千元以上百分之五（一千元以上概征百分之五因收入鉅大之寺廟其僧侶必衆開支必繁如叢林收入雖或逾萬元但住僧常數百人自給且時虞不足故不能再用累進之法）

第六條　寺廟興辦慈善公益事業應受主管官署之監督並當地佛教會之指導

第七條　寺廟興辦慈善公益事業時應報告主管官署及當地佛教會備案並由當地佛教會轉呈中國佛教會備查

第八條　寺廟興辦慈善公益事業應將辦理狀況及收支情形於每年年終除呈報主管官署轉呈內政部備案外並須報告當地佛教會遞轉中國佛教會評定成績分別懲獎呈報內政部備查

第九條　寺廟興辦慈善公益事業其成績優良或出資超過第五條所列標準者由當地佛教會呈請中國佛教會獎勵之其成績過劣或出資不及第五條所列標準者由當地佛教會責令改進或令其補足

第十條　寺廟住持不遵第五條規定由當地佛教會請求主管官署協助令其出資如再違抗得照監督寺廟條例第十一條規定辦理之

第十一條　本規則呈請內政部核准施行如有未盡事宜得由中國佛教會呈准內政部隨時修改之

第十二條　本規則施行細則另定之

（中華民國二十四年一月十四日奉　行政院核准　內政部准予備案通行各省市政府）

訓令

為令仰主持籌修天封塔事宜辦理具報由 二十三年七月二十日

鄞縣縣政府訓令建字第六六七五號

令鄞縣佛教會

查本城天封塔年久失修磚石剝落塔身已現傾斜之勢危險堪虞事關本縣名勝自應竭力維護以資保存古蹟所有該塔整理事宜業經本縣名勝管理委員會第一次會議議決推寶靜和尚向天封寺住持醒悟和尚接洽辦理等語紀錄在卷惟工程浩大非羣策羣力不克以觀厥成除照案執行外合併令仰該會遵照所有籌修天封塔事宜即由該會主持仍與寶靜和尚等接洽妥辦並將辦理情形剋速具報備核此令

縣長陳寶麟

為派員查明佛首寺僧和清係屬兼管辦理不合應予撤免并會同改推具報由 二十三年八月九日

鄞縣縣政府訓令祕字第五一三號

令鄞縣佛教會

案查下水鄉河口地方之佛首寺俗稱廣度庵住持自僧和清兼管以後辦理諸多不合據下水鄉長等呈控到縣經令該會查報迄未據復改由本府派員查明僧和清係千華庵住持兼管佛首寺後並不加以整理且有砍運佛首寺內古木搬去香搭懺桌晝桌情事殊屬不合應將兼管住持一職撤免所有繼任住持卽由該會會同下水綠洋二鄉鄉長及地方人士愼選接替一面責令僧和清將移運物件照數退回原寺以重公產除分行外合行令仰該會卽便遵照辦理具報此令

縣長陳寶麟

爲奉令轉知凡宗教團體設立學校應遵照修正私立學校規程辦理由

二十三年十月十一日

鄞縣縣政府訓令教字第七二三三號

令鄞縣佛教會

案奉浙江省教育廳教字第一一一五號訓令開案奉　教育部訓令教字第一〇七〇二號內開案查宗教團體興辦教育事業辦法前經本部制定於十八年四月布告並通令飭遵在案嗣據浙江省教育廳呈請解釋該辦法第二項內機關二字之意義經以所謂機關二字之意義係指教堂寺觀或各教信徒因佈道講經而設立之會社講習所旨在傳習教義者而言等語指令遵照近查各宗教團體仍有自

立名目設置機關表面雖沿不用學校名稱實際仍是學校組織殊屬不合茲再明白規定凡宗敎團體設立學校應遵照修正私立學校規程辦理如或設置機關傳習敎義概不得沿用學校名稱并不得倣照學校規制編製課程招收學齡兒童及未滿十八歲之青年授以中小學應有之科目以杜假借而免混淆除分令外合行令仰遵照辦理並轉飭遵照此令等因奉此除分行外合行令仰該縣政府遵照此令等因奉此除分行外合行令仰該會遵照此令

縣長陳寶麟

敎育局長葉謙諒

爲令知採用宣傳佛化各書仰遵照由

二十三年十月廿二日

中國佛敎會訓令第一六〇號

令鄞縣佛敎會

查本會爲感化獄囚起見業經呈請　司法行政部通令各級法院准予佛敎團體至各監獄宣傳佛敎當蒙核准通令各級法院准予照辦並函知各在案關於宣傳材料現經本會第九次常務委員會議議決「以採用敎海淺說學佛淺說安士全書人生指津初機淨業指南因果輪迴錄勸世白話文感應篇彙編及直講等書爲最良善本應分令各省市佛敎會轉飭各縣會一律採用」等語紀錄在卷除分令

外合行令仰該會遵照切切此令

常務委員　圓瑛　大悲　明道
可端　遠塵　王震
聞蘭亭　黃慶瀾　關炯

為令飭轉令各寺廟住持依照監督寺廟條例第入第九第十各條規定切實遵辦由

二十三年十一月二日

鄞縣縣政府訓令秘字第七四七號

令鄞縣佛教會

查監督寺廟條例第入條規定寺廟之不動產及法物非經所屬教會之決議並呈請該管官署許可不得處分或變更第九條寺廟收支款項及所興辦事業住持應於每半年報告該管官署並公告之第十條寺廟應按其財產情形興辦公益或慈善事業等語近查各寺廟既未將財產收入興辦公益及慈善事業即或偶有亦未將興辦事業依法公布並報縣備案所有財產收入往往未經本府許可擅自變用殊有未合合行令仰該會即便轉飭遵照辦理毋得故違致干究追切切此令

縣長陳寶麟

爲各地佛教會對於任何寺院宣揚教典自宜促進維護不應有所阻礙由

二十三年十一月八日

浙江省佛教會訓令第十三號

令鄞縣佛教會

案查前奉

國民政府公布監督寺廟條例第七條載住持應宣揚教義修持戒律誠以宏揚正法普利羣衆爲佛教徒應有之責任各地佛教會對於任何寺院宣揚教典自宜促進維護不應有所阻礙至於講經期間需用經費凡由緇素自願廣締善緣輸資樂助者與借端勒索迥不相同亦未便橫施干涉除分令知照外合行令仰該會遵照倘有無端阻擾妨礙宏法等事發生本會爲維護大教起見當請官廳嚴加取締以重法紀毋違此令

常務委員智圓　惠宗

弘傘　范古農

鍾利建

爲令仰籌組修建天封塔委員會並妥擬委員名額呈候核定由

二十三年十二月十九日

鄞縣縣政府訓令建字第八四九五號

令鄞縣佛教會

案查籌修天封塔前經令飭該會遵照辦理在案茲以工程浩大應另組修建委員會負責辦理以專職責除飭科估價外合行令仰該會即便會同天封寺住持醒悟籌備組織並妥擬委員名額呈候核定切切此令

縣長陳寶麟

爲奉令轉知各寺庵選舉住持辦法解釋令仰知照由

廿四年二月十九日

浙江省佛教會訓令第十五號

令鄞縣佛教會

案查本會前以各地方寺庵選舉住持辦法不一糾紛叢生特呈請中國佛教會轉呈內政部再予明確解釋去後茲奉訓令「轉奉內政部禮字第七五六號批示內開『呈悉查該寺廟住持若係被革除自可

依照司法院第八一七號第十九項之解釋辦理至該項解釋所謂『該寺廟歷來傳授習例』係指該寺廟本身歷來住持繼承之習例而言該項習例應否改良係另一問題須視該項習例是否與現行法令抵觸爲斷至該寺從未採用之辦法自不能謂爲該寺習例仰卽轉飭遵照此批等因奉此合行令仰該會知照此令等因奉此除通令知照外合行令仰該會知照此令

常務委員智圓　弘傘　惠宗

鍾利建　范古農

爲奉令轉知書寫黨國旗之先後次序仰遵照由 廿四年二月廿七日

鄞縣執行委員會訓令宣字第六二號

令鄞縣佛教會

案奉浙江省執行委員會宣字第七三五七號訓令內開案查本會前據常山縣黨務整理委員呈以黨旂與國旂稱呼或書寫之先後次序未有明文規定竟應稱「黨國旂」或「國黨旂」請求核示等情前來本會未敢擅自決定當經轉呈中央核示去後茲奉中央執行委員會指令處字第一七九四號內開『呈悉查黨旂與國旂當連接稱呼而省讀中間一旂字時自以稱『黨國旂』爲妥若不省讀中間一旗字則稱『黨旗國旗』或『國旗黨旗』均無不可其書寫之先後次序亦同除通飭各級黨部知照外仰卽轉

飭所屬一體知照爲要』等因奉此除指令并分行外合行令仰一體知照爲要此令等因奉此除分行外合行令仰知照並飭屬知照爲要此令

常務委員吳則民

爲奉令轉知人民團體會員大會或代表大會均須黨政機關派員出席指導由

廿四年六月廿二日

鄞縣縣政府訓令建字第一〇六六六號

令鄞縣佛教會

案奉省政府訓令祕字第四七七九號內開「案准浙江省執行委員會公函開「案奉中央執行委員會民衆運動指導委員會第一〇〇九八號公函內開准呈爲據杭州市執委會呈請解釋人民團體會員大會或代表大會并不舉行選舉是否必須黨政機關派員指導監督等情轉請核示等由到會查人民團體會員大會或代表大會無論選舉職員與否均須黨政機關派員出席指導監督相應函復查照等因奉此查此案前據杭州市執行委員會呈請解釋到會即經轉呈中央核示在案茲奉前因除令飭該杭州市執行委員會遵照外相應函達貴政府查照並希轉飭各縣政府知照等由准此除函復並分令

外合行令仰該縣長卽便知照此令」等因奉此除分令外合行令仰該會知照此令

縣長陳寶麟

爲白雲寺住持如茂擅砍古木令仰查明價款用途聲復候核

由 廿四年七月五日

令鄞縣佛教會

案查本府前據陳楊鄉第一保保長陸世槐等呈爲該鄉白雲寺住持如茂將該寺寺後合抱古木擅自砍伐至百餘株之多摧殘森林妨害水利請予查究等情據經派員查明去後玆據聲復略稱該住持在寺後山下砍伐古木五十餘株事屬實在至於水利勝景則尚無妨礙惟該僧砍伐古木時並未遵照本縣砍伐樹木辦法辦理亦未預向地方說明其變賣之款作何用途雖詢據該僧謂係償還積欠究竟積欠之款是否因公或係私人虧欠該僧不能置答再查該僧平日雖尚無其他劣迹而性嗜賭博難免有虧欠情事等情據此查該僧擅砍古木用途又不甚明瞭顯有未合合行令仰該會卽便審查該寺賬目並將該項古木變售價款查明用途據實聲復候核所有該僧嗜賭不檢之處並仰糾懲以肅清規此令

縣長陳寶麟

爲市縣佛教會應遵會章改稱中國佛教會某某縣分會其應用圖記由本會刊發啓用由

廿四年十月廿二日

中國佛教會訓令第二〇七號

令鄞縣分會

案查本會呈奉

中央核准修正會章暨各分會組織通則業經令發該會遵照在案兹經本會第六次常務理事會决議「全國各市縣佛教會應先照本會章程第九條一律改稱爲中國佛教會某某縣（或某某市）分會所有原任之執監委員即改稱爲理事監事並即召集理事會互推一人爲理事長以昭劃一而免紛歧至該會應用圖記依照各分會組織通則第十五條規定應由本會刊發啓用該分會改組完備應即繕具正式領狀呈請領發」爲此令仰分會迅即遵令辦理勿稍延誤爲要此令

理事長圓瑛

常務理事大悲　王震

明道　聞蘭亭

弘傘　關炯

可端　黄慶瀾

遠塵　屈文六

指令

為築路工人又復還入隱學寺一案仰候令飭甯橫路工程處轉飭讓還由 二十三年四月六日

鄞縣政府指令達字第五四四二號

令鄞縣佛教會

呈一件為隱學寺被築路工人佔用一案已奉令轉飭還讓而後班工人又復隨蹤還進請給示禁止由

呈悉候飭甯橫路工程處轉飭還讓可也此令

為據呈普光育等三戶空糧一案在未經查明以前應仍責成該寺按數繳納由 二十三年七月十二日

鄞縣縣政府指令 財字第二五六號

令鄞縣佛教會

指 令

指令

一四

呈一件爲據普光寺住持安輝書稱該寺有入都三圖普光育等三戶均無實産請求轉請免予納粮由

呈悉查本縣向係粮不跟土是以粮地無從對照究竟呈敍各節是否屬實應即歸入清丈案內核辦在未清丈以前仍應照舊完納所請暫難照准仰轉行知照此令

縣長陳寶麟

爲據呈長壽寺時有不肖之徒聚賭准予給示嚴禁布告隨令附發仰轉給張貼由

廿三年七月三十日

鄞縣縣政府指令　安字第三七七號

令鄞縣佛教會

呈一件爲鄞東横浪港地方長壽寺時有不肖之徒聚衆賭博請出示布告嚴禁由

呈悉已據情飭由縣公安局轉令該管第六分局隨時派警查察並准出示嚴禁茲隨令附發布告一道仰即查收轉給張貼此令計附發布告一道

縣長陳寶麟

爲據呈第四區公所佔用彌陀庵基地一案仰候查明核奪由

鄞縣縣政府指令　秘字第八三八號　廿三年八月一日

令鄞縣佛教會

呈一件爲據彌陀庵宏法書稱第四區公所佔用基地改建公園請令飭制止由

呈悉仰候轉令查明核奪此令

縣長陳寶麟

爲築路工人佔用隱學寺一案在該工人住宿期內如有損壞寺屋當責令該包商負責由　廿三年八月二十日

鄞縣縣政府指令　建字第七〇八六號

令鄞縣佛教會

呈一件爲築路工人佔用隱學寶林二寺請轉飭遷讓由

呈悉查住隱學寺工人一個月後即可令其遷出在該項工人住宿期內如有損壞寺屋情事當責令該包商負責至新橋寶林寺工人早已遷去矣仰即知照此令

縣長陳寶麟

指　令　一五

指令

爲據呈查明佛首寺住持糾紛一案所選繼任住持應查明前令辦理至前任喪葬費用仰會同下水綠洋兩鄉查明報核由

廿三年九月三日

鄞縣縣政府指令　秘字第一〇五三號

呈一件爲查明佛首寺住持糾紛一案情形祈鑒核由

呈件均悉查佛首寺住持據蔡漢章來縣面稱並非師徒繼承和清所稱各節並非事實而本府撤免以後尤敢砍賣寺旁竹園殊屬不合應由該會查明倘非正當行爲應即責成照數賠償據擬調解一二兩次尚屬可行惟所選繼任住持仍應查照前令徵求下水綠洋兩鄉鄉長同意以杜糾紛至和清爲前任式燈喪葬費用情詞各異應由該會會同下水綠洋兩鄉鄉長詳細審查明確報縣核奪並仰轉飭和清遵照辦理尅日離寺是爲至要件存此令

縣長陳寶麟

爲龍谷鄉定光寺所有田地山林有人縱放牛羊及砍伐林木竹筍轉請出示嚴禁由

念三年九月十九日

鄞縣縣政治指令　教字第四八一號

令鄞縣佛教會

呈一件爲龍谷鄉定光寺所有田地山林有人縱放牛羊及砍伐林木竹筍轉請出示嚴禁由

據呈已悉應准給示嚴禁布告隨令繕發仰即查收轉給張貼此令計發布告一道

縣長陳寶麟

爲據呈送整理教規辦法准予備案由

廿三年十月二十一日

鄞縣執委會指令　民字第一三九號

令鄞縣佛教會

呈一件爲呈送整理教規辦法祈備案由

呈件均悉准予備案件存此令

常務委員吳則民

爲據呈報載育王寺被刼一案仰候令飭鎮海縣查明澈究由

二十四年六月四日

浙江保安第二分處指令　督字第一八六號

令鄞縣佛教會

指　令　　一八

呈一件爲報載育王寺被刼係屬虛構事實仰祈嚴令查究以維治安由

呈暨附件均悉候令飭鎭海縣查明澈究具覆附件存發此令

分處長趙次勝
副處長蕭冀勉

爲據轉請取銷經懺捐未便照准由　廿四年六月廿五日

令鄞縣佛教會

呈一件爲據天童下院等書請轉呈取銷經懺捐祈鑒核施行由

鄞縣縣政府指令　財字第三四一號

呈悉查本縣經懺捐前奉省令須先籌定抵補辦法報請核準再行取銷本應遵照辦理惟籌備辦法不征諸農民卽取諸工商現在本縣各種捐稅均係農民工商繳納値茲農村衰落商業蕭條若再另辦新稅民力實有不逮玆查是項經懺捐照章係由事主繳納該寺庵無非間接代征並無負担之可言且是款早經抵充二十二年借款還本付息基金之用須至二十六年十二月底止方可如數還淸債信攸關萬難短缺應候屆時察酌情形另籌抵補再行取銷仰卽妥爲剴切勸導曉以大義責以際此時艱理應共濟勉爲措繳藉維債信所請應毋庸議此令

縣長陳寶麟

爲據呈天封寺時有軍人借住一節檢發布告仰轉發由　廿四年九月十八日

鄞縣縣政府指令　建字第二九四號

令鄞縣佛教會

呈一件爲天封寺時有軍人及自稱招兵委員者借作駐所請給示嚴禁由

呈件均悉查此案前據天封寺住持醒悟呈請本縣名勝管理委員會即經轉呈核辦嗣奉寧波防守司令部副字第七六四八號指令以軍政部須給布告至今仍屬有效不必轉請等因亦經轉飭該寺住持知照各在案茲又奉浙江省鄞縣區保安司令部指令法字第七號內開呈據天封寺住持醒悟呈爲現有自稱招兵委員人等入寺指定駐所請求轉呈重申嚴禁以保古跡由呈暨抄件均悉候再佈告禁止隨令附發布告一道抄件存此令等因並附發佈告一道下縣奉此合行檢發原布告令仰該會查收轉發件存查此令附發布告一紙

縣長陳寶麟

二十四年九月廿三日

爲據呈外來游僧時在各寺廟結隊滋擾准予布告取締由

鄞縣縣政府指令　公字第八七九號

令鄞縣佛教會

指令

指令

呈一件爲外來游僧時在各寺廟結隊滋擾請會銜布告從嚴取締由

呈悉查外來遊僧時在各寺廟聚衆滋擾或有其他不法行爲確與治安秩序大有妨礙據呈前情除鄉區准由本府給示禁止並通令所屬各分局隨時飭警取締外關於城區方面旣據分呈應候寧波公安局核辦茲印發布告二十道仰分別轉給張貼至請會銜布告之處可無庸議併仰知照此令附發布告二十道

縣長陳寶麟

爲據呈各寺庵藉名修廟挪款化用一案仰再擬具詳細辦法呈候核查由

廿四年九月廿五日

鄞縣縣政府指令　民字第六七四號

令鄞縣教佛會

呈一件爲各寺庵住持藉名修廟挪款化用接住人不負償還之責請備案由

呈悉查寺廟收支款項及所與辦事項住持應於每半年終報告該管官署並公告之爲監督寺廟條例第九條所明白規定住僧斷不能藉與修殿宇名義私人挪用據擬辦法自屬可行惟移交接收及濫如

何切實整理之處仰再擬具詳細辦法呈候核奪此令

縣長陳寶麟

爲牟心庵石金發被徐阿根等挾嫌誣控一案業經令飭該管分局免予置議准予備查由　廿四年十一月廿四日

鄞縣縣政府指令　公字第一四九五號

令鄞縣佛教會

呈一件爲大河沿牟心庵被徐阿根挾嫌誣控意圖陷害請予保護並察核備案由

呈悉查本府前據大河沿村民徐阿根等暨善衞鄉鄉長鍾慶棟先後以牟心庵石金發母子邪教惑人藉端斂錢請嚴予取締等情前來經令飭該管分局查明辦理具報旋據復稱所控並非事實業經指令免予置議各在案茲據前情除准予備查外合行令仰知照此令

縣長陳寶麟

總理遺教

（一）宗教在造成民族的力量中也很雄大。

（二）仁之種類有救世救人救國三者其性質皆爲博愛何謂救世即宗教家之仁如佛教……以犧牲爲主義救濟衆生當佛教初來中國時闢佛者頗多而佈教徒仍能始終堅持以宣傳其主義占有強大勢力……此所謂捨身以救世宗教家之仁也

（三）佛學足以補科學之偏

法規

中國佛教會鄞縣分會章程

第一章 總綱

第一條 本會依照中國佛教會呈奉中央民衆運動指導委員會核准備案之章程第九條及組織通則第二條之規定組織之

第二條 本會隸屬於中國佛教會定名曰中國佛教會鄞縣分會

第三條 本會以鄞縣爲區域設會所於鄞縣第一區靈橋路幷爲辦事便利起見得就各區適中地點設立通訊處六所（城區一所鄉區五所）

第二章 會員

第四條 本會會員分普通特別基本三種除全縣佛教寺庵住持須加入爲本會會員外凡優婆塞優婆夷及皈依三寶護法有力其年在二十歲以上能遵守會章服從議案者不分性別皆得入會

前項會員均須履行下列手續（一）會員二人以上之介紹（二）塡具志願書經常務會議審查合格後提請理事會之認可（三）領取會員證同時卽爲中國佛教會會員其志願書會員證均由總會（卽中國佛教會簡稱以下同）發給以歸一律

第五條 有左列情事之一者不得爲會員幷不得爲各寺庵住持

一、非中國國籍者
二、違反三民主義有顯著之言論及行動者
三、違反教旨或破壞本教有顯著之言論及行動者
四、曾受刑事處分尚未期滿或褫奪公權尚未恢復者
五、患有神經病者
六、染有不良嗜好或破壞法規者
七、未成年者

第六條　會員之權利如左
一、有選舉權及被選舉權
二、有發言提案及表决權
三、本會章所載各項事務之利益
四、本會出家二衆會員有介紹充任各寺庵住持之權
五、有請求本會代爲伸雪及救濟之權

第七條　會員之義務如左
一、遵守本會章程及議決案
二、担任本會指派職務
三、繳納會費及事業費

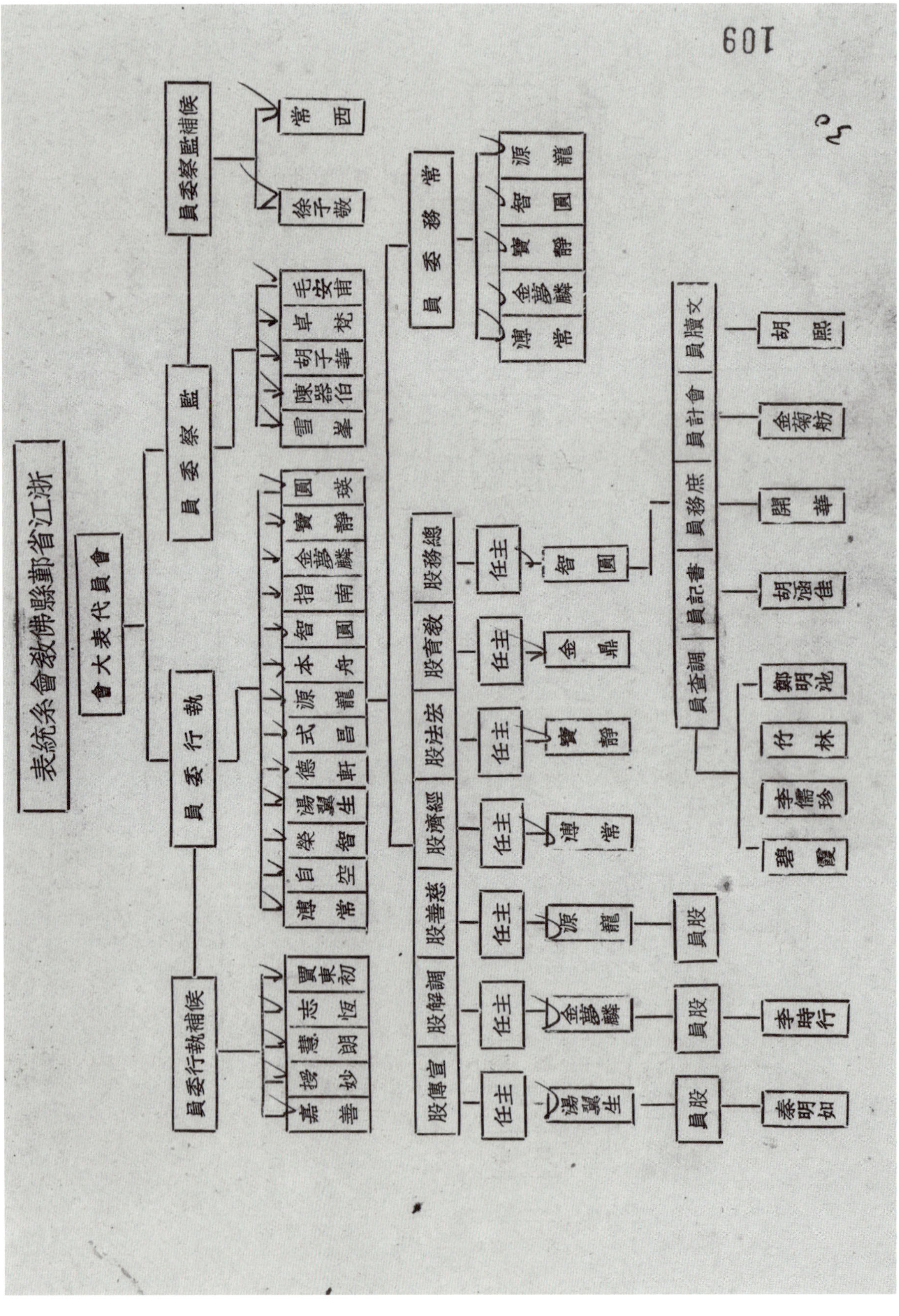
浙江省鄞縣佛教會系統表
會員代表大會
執行委員
監察委員
候補監察委員
候補執行委員
常務委員
總務股
教育股
宏法股
經濟股
慈善股
調解股
宣傳股
主任
股員
文牘員
會計員
庶務員
書記員
調查員
109

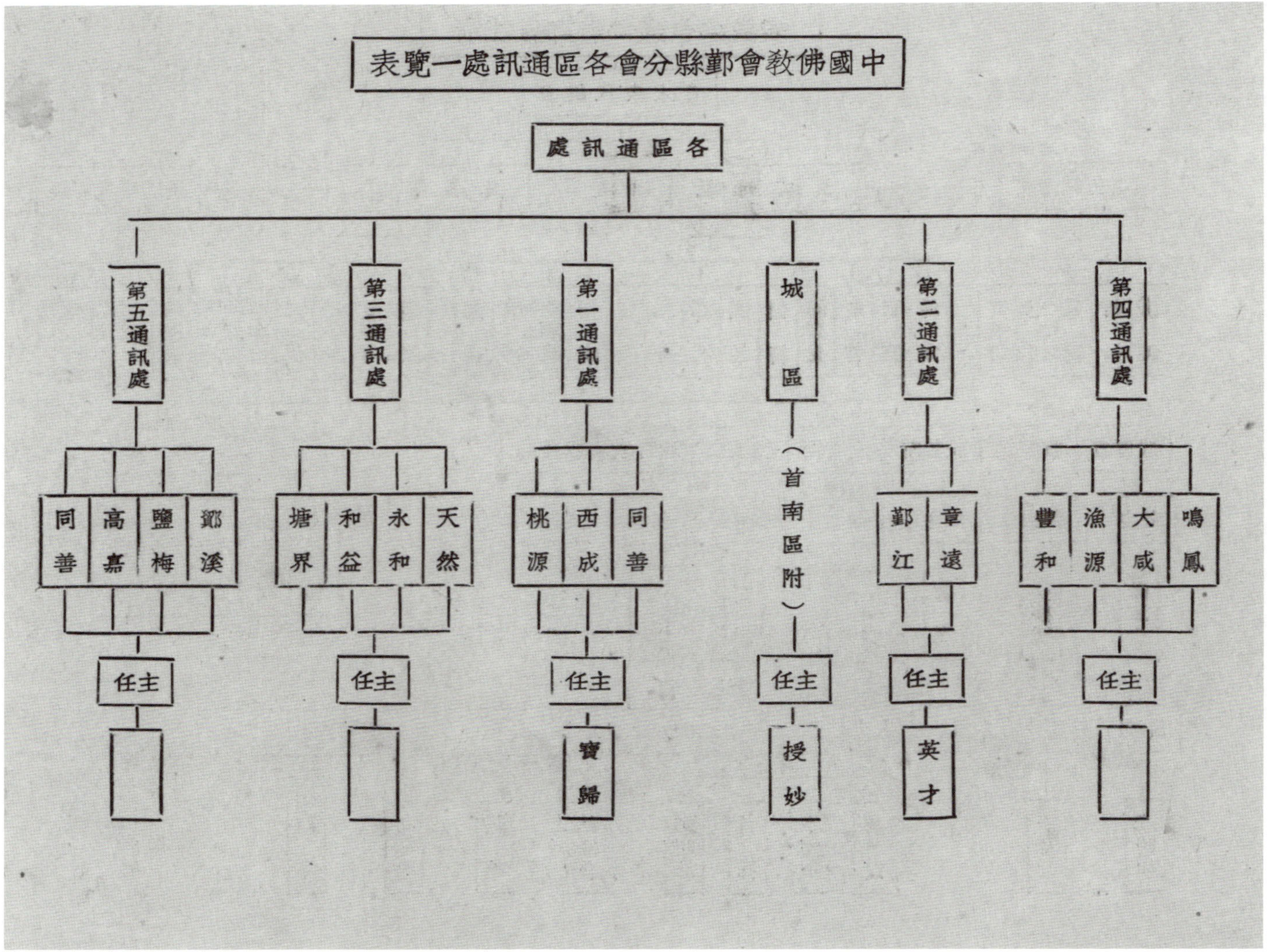
中國佛教會鄞縣分會各區通訊處一覽表
各區通訊處
第五通訊處
同善
高嘉
鹽梅
鄞溪
主任
第三通訊處
塘界
和益
永和
天然
主任
第一通訊處
桃源
西成
同善
主任
寶歸
城區
（附區南首）
主任
授妙
第二通訊處
鄞江
章遠
主任
英才
第四通訊處
豐和
漁源
大咸
鳴鳳
主任

呈文

爲寧横汽路築路工人佔用寺庵仰祈令飭遷讓由 二十三年二月九日

呈爲寗横路築路工人佔用寺庵仰祈

俯准轉飭遷讓以安僧衆事案據隱學寺住持則揚書稱竊敝寺於本年春間駐有開劈隱學嶺之工人數約百名所有寺内備供齋家住宿房間以及禮拜經懺壇場悉被佔住尤其此項工人大都野蠻成性屢將寺内窗牖板壁毁作燃料環寺林木任意採砍如向勸阻反受遭塌不僅寺産毁損殆盡即平素來寺設壇拜懺之齋家亦無不受其影響迄今終年敝寺所受損失誠非鮮淺加之敝寺定例於每年廢歷二月初五日爲恭啓水陸道場之期端賴是項收人以作兩項經常捐款及維持住僧生活現居道場之期甚迫所有曾經是批工人毁損之房間及禮堂如非大加整理斷難適用且該路工程浩大竣工之期未可預計長此佔住則後患不堪設想矣竊思鈞會爲保障寺廟最高機關以謀僧衆利益爲宗旨兹不得已特將理由備文呈請鈞會俯予轉呈縣府迅令是項工人即日悉數遷駐就近之空廟（如近隱學嶺之柴基廟等空廟甚多）俾得先事修理待期應用以利經懺而維寺産等情據此查該住持所稱各節均屬實情該工人等既有空廟可以居住自不應佔用該寺致與經懺寺産兩有妨害據稱前情理合備文呈請鈞府鑒核俯准轉飭該工人等即日遷讓以安僧衆實爲公便謹呈

鄞縣縣政府

爲隱學寺被工人佔用一案已奉令轉飭遷讓而後班工人又復隨蹤遷進轉請給

示禁止由 二十三年三月二十四日

呈為呈請事案查隱學寺被甯橫路工人佔用一案呈蒙鈞府轉飭遷讓令仰知照下會遵即轉知去後茲據該住持則揚電稱前佔住敝寺之工人業奉縣政府准予令飭遷讓查是項工人因包期已滿而換班工人又復隨蹤遷進竊思敝寺被該工人毀損各處須費巨資修理長期整頓且原定水陸道場日期已經延滯正須趕辦進行倘再受其擾擾則敝寺之危即在頃刻且該路工程浩大工人必須陸續換班有增無減勢必再生事端現住各空廟內之工人覬覦敝寺時來強借設當場拒阻若輩定必恃勢橫暴則敝寺之受痛苦非可言喻而各種經懺勢必無法舉行即應繳之捐款亦無從解付若非請求轉請縣府給示禁止則敝寺呼救乏術實與生命財產均有極大關係為此電乞轉呈縣府布告曉諭以杜事端而維僧命等情據此查該寺被築路工人佔用業已數月損失殊屬不貲若再任其換班遷入纏擾不休則非特於經懺不能舉行即莊嚴佛地亦將坍倒無遺矣據稱前情理合備文呈請鈞府鑒核俯准給示禁止以維寺產而安僧衆實為公便謹呈

鄞縣縣政府

為呈報長生庵遵令遷葬古墳情形祈鑒核備案由 二十三年四月二十二日

呈為呈報事案查長生庵為建築庵房遷移古墳一案前據該庵住持尼妙香呈請到會當經據情轉呈業蒙令准轉飭遵照在案茲據該住持書稱奉貴會函開茲奉縣府令開呈及報紙均悉既經登報限期遷葬如逾限不遷准由該庵代為妥行遷葬具報備查至請求給示一節應毋庸議仰即遵照辦理報紙存此令等因奉此合亟照錄原令函達查照并將遷葬情形及日期呈報來會以憑轉報為要等因奉函之下即日將該墳雇工遷葬於深溪山橋邊庵跟南面已地之內理合將遷葬情形呈報轉呈備案以符批令而杜後患等情據此理合備文據情轉呈鈞府鑒核備案實為公便謹呈

鄞縣縣政府

爲長壽寺住持月定書稱該寺每值夏秋之際有就地不肖之徒至寺內聚賭轉飭給示禁止由

二十三年七月十一日

呈爲呈請事案據鄞東橫浪港長壽寺住持月定書稱月定於民國二年爲長壽寺住持以來迄今十有餘載對於寺內一切事務無不竭力整頓奈近年來人心不古每值夏秋之際時有就地不肖之徒常至寺內聚衆賭博稍與理論輒反聲辱駡長此以往則後患何堪設想爲此瀝陳下情請求轉呈縣府給示禁止以維地方而安僧衆等情到會據此查聚衆賭博原屬有干例禁況佛寺爲僧衆靜修之所更不得任人聚衆賭博若非出示嚴禁實與本寺治安關係非淺據稱前情理合備文呈請鈞府俯准給示禁止以維地方而安僧衆實爲公便謹呈

鄞縣縣政府

爲據彌陀庵宏法書稱有基地一方被卓葆亭佔建區公園轉請令飭制止由

二十三年七月二十五日

呈爲呈請事案據彌陀庵代表宏法書稱竊本庵有一土坐落江東後田洋基地一方計面積六畝九分五厘七毫東至於漕及張章二姓墳地南至官路西至本庵及徽州會館暨通記牆北至河磡四址分明不特執有歷年糧串執照並於民國二十三年一月向鄞縣政府登記給有證書可憑本菴自唐迄今管業己久相安無異不料今有卓葆亭者假借名義欲將本菴旁東面園基地一方佔建區公園現己進行塡地工作屢經阻止始終恃勢壓人置之不理實屬有意侵害本菴主權會呈鄞縣地方法院調解有案乃該卓葆亭見前計不售復異想天開矇報官產處誣此地爲官產聲請承買詎本菴係數百年之寺產證據確鑿豈容若輩矇上圖佔除分呈官產處外理

合聲請鈞會察核迅予轉呈會飭該第四區不許佔築公園等情據此查各寺菴產業契據類皆因年久遺失固不獨彌陀菴一處爲然況該菴既有歷年糧串執照可證且向

鄞縣政府
鈞處登記執有證書并經鄞縣地方法院調解有案似不能遽認爲官產而貿然建築公園據稱前情除分呈

鄞縣縣政府
整理官產處外理合備文呈請鈞府處迅賜令飭制止以保寺產而免糾紛實爲公便謹呈

鄞縣縣政府
整理官產處

爲地藏殿住持正學變賣寺產不守清規仰祈撤銷住持以保寺產由 廿三年八月十六日

呈爲呈請事案據章遠區鮑家磡地藏殿前住持元章之皈依弟子吳信德書稱爲不遵遺囑不守清規請求撤銷住持以維庵產事竊鄞屬第二區地藏殿由先師僧元章住持垂五十年中以慘淡經營置山買田殷耕富收栽樹成林重建殿宇修葺廊舍向日古刹遺蹟今得重新瞻拜皆吾先師積數十年之艱辛培植方得今日之有地藏殿也至當時先師臨病之際邀集奉化中塔學賢老和尚道月慧參道昌等法師到殿遂寫遺囑一式兩紙一交正學一交德手收執詎正學刁狡成性恐後日德在殿監視礙於行動伊乘德未在殿之時竟將遺囑竊去以絶障礙俾可自由越軌行動孰知天網恢恢在立遺囑時有律師嚴彭齡先生所書之遺稿尚在德監視住持責有攸歸該正學自思遺囑被竊行動無礙胆敢日夜在外非　嫖卽賭狂浪不堪肆行無忌非　尼非俗婦女住殿不絶　現伊已病白濁矣致將成林之樹木絡繹出售約得樹價洋千元有奇此種鉅款收入既不添瓦又不換椽任聽佛殿崩坍置若無覩長此以往則敝殿不堪設想矣爲此請求貴會准予轉請縣府飭警逐出再擇賢能繼任以維殿產而保古剎等情據此當經屬會派員前往該殿按照所請各

節詳細查明均屬實在正核擬間復見本埠八月九日民國日報新聞欄內載有色卽是空空卽是色新聞一則其內容尤屬穢褻屬會以事關僧衆名譽未便遽然取信復派員前往切實調查旋據該員查復來會所稱各節核與報載情形亦復相同當經第十四次常會議決查寺廟之不動產及法物爲寺廟所有非經得屬敎會之決議幷呈請該管官署之許可不得任意處分早經監督寺廟條例規定該僧正學胆敢將殿中墳山林木私行變賣藐視法紀殊屬不法幷敢勾誘婦女經公安分局處罰有案其不守淸規無可諱言自應據情轉呈縣府撤銷住持紀錄在卷據書前情理合檢同民國日報一紙一併備文呈請鈞府鑒核迅賜撤銷該正學住持職務俾便遴選妥僧前往接管以肅僧規而保寺產實爲公便謹呈

鄞縣縣政府

爲據普光寺住持安輝書稱該寺有八都三圖普光育等三戶均無實產請求轉請免于完粮由 廿三年六月二十日

呈爲呈請事案據五鄉碶普光寺住持安輝書稱敝寺原有田一戶坐落五都一圖每年照常完粮另有普光育普光寺普光院三戶坐落八都三圖前住持雖亦照常完粮而並無此項實產安輝接住後自前年起因查以上三戶均無實產之權利自不能有完納空糧之義務今有余元華者來寺催繳虛納又有五鄉碶公安局派員催收爲此請求轉呈縣府取消以上虛粮之戶以輕負担等情據此理合備文據情轉呈是否有當仰祈鈞府鑒核令遵實爲公便謹呈

鄞縣縣政府

爲築路工人佔用隱學寶林二寺請轉飭遷讓由 廿三年八月七日

呈爲呈請事案據鳴鳳區隱學寺住持則揚書稱上月六日有甯橫路承辦商新成記之帳房來寺稱有十餘名工人欲來借住約在一

月後竣工遷出等語則揚顧及當場無力阻拒恐致衝突再三要涉限於三日後進住該帳房堅執不允則揚只得將寺內淨土堂正房五間及廂房等借與暫住該帳房亦謂足用不意次晨（七月七日）由該小包胡桂林帶同工人四十餘名一進寺內遂將原有板壁任意拆毀並將淨土堂前房屋三間及僧衆之經房概行佔住絕無商量之餘地後經則揚報告駐韓嶺之寗橫路工程處該處乃置之不理則揚莫何只得暫時忍耐詎料經該班工人佔住後連日復有十餘人或二三十人成隊而來並欲將韋馱殿及內壇並客師臥房等處概行佔據茲又有同協公司工人十餘人現住隱學嶺後祠堂內亦竟覬覦敝寺倣尤遷進強住惟敝寺自去歲經該路工人佔住所有損失尚未恢復原狀今又受此騷擾不但寺產及經懺備受損害卽僧衆性命無法聊生長此以往則敝寺之危險將不堪設想矣再三思維惟有伏乞鈞會迅予設法援助而已又據鄞溪區新橋寶林寺住持機遠函稱敝寺所欠經懺捐迄今未由照繳究其原因時有築路工人佔住敝寺致礙佛事不能進行收入分文無着故也現值中元盂蘭各齋主所定佛事急待舉行務請貴會轉請縣府令飭該工人等卽日遷出并乞給示禁止以維經懺等捐各等情據此查各鄉區寺庵被築路工人強行佔用者時有所聞以致佛事無法舉行經懺捐備受打擊若非嚴令禁止則寺產損失及捐務進行兩有妨害據稱前情理合備文呈請鈞府鑒核俯准嚴令制止并給示曉諭實為公便謹呈

鄞縣縣政府

為奉令查明佛首寺因住持糾紛案經過情形據實呈復由 廿三年八月廿二日

呈為呈復事案奉

鈞府第三九八號訓令內開案准寗波旅滬同鄉會函開頃接鄞縣下水鄉鄉長蔡漢章鄉副史榮升綠洋鄉鄉長俞增德鄉副史久培及公民史俊華等（節略）以該鄉下水河口地方有佛首寺俗稱廣度庵向為十方公庵因更動住持致與佛教會發生爭執函請主持

公道等情到會査該鄉長副等對該寺更動住持並未侵及寺產況該寺係十方庵性質佛敎會方面似不應固執成見輕啓爭端據略前情相應函請貴縣長迅予處理諭令佛敎會顧全地方感情庶令僧俗相安免除無謂爭執地方幸甚並祈賜覆爲荷等由並附抄節略過縣准此査下水鄉河口地方之佛首寺究竟是否十方公有舊有住持是否地方公推因何與該會發生爭執准函前由合行抄同節略令仰該會即便査明聲復以憑核辦此令等因計抄發節略一份奉此屬會本擬派員前往調査適因是時各鄉區以組織通訊處事宜所有各調査員均分赴各鄉區以致稽遲査復旋奉鈞府第五一三號訓令內開案査下水鄉河口地方之佛首寺俗稱廣度庵住持自僧和淸兼管以後辦理諸多不合據下水鄉長等呈控到縣經令該會査報迄未據復改由本府派員査明僧和淸係千華庵住持兼管佛首寺後並不加以整頓且有砍運佛首寺內古木搬去香塔懺桌書桌情事殊屬不合應將兼管住持一職撤免所有繼任住持仰該會會同下水綠洋二鄉鄉長及地方人士愼選接替一面責令僧和淸將移運物件照數退回原寺以重公產除分行外合行令仰該會即便遵照辦理具報此令等因奉經派員前赴該庵按照令開各節詳細査復去後嗣據該員復稱（一）査佛首寺（即廣度庵）始創何時無從稽考但寺基存在範圍頗大自淸光緒庚子年由僧禮海繼其師父寶光之志中興該寺建築大殿後宸及兩廂屋共十餘間幷改廣度庵爲佛首寺有山門匾額大鐘鐵磬及助田碑記可以證明是該寺確係僧寺僧產向由僧人輪糧管業並非十方公有又考十方二字範圍極廣並非一人一鄉可稱十方即多人多鄉亦不能稱爲十方法律並無明文規定若以捐助而論譬如寗波建一寺廟則上海南京皆有人捐助者或中外人士亦有捐助者其應否稱爲十方未有定義如果可稱十方則該佛首寺當前住持禮海建築時曾向各鄉村及寗波城中均有捐募者實不能作爲下水綠洋二鄉之所謂十方公有也（二）査該寺住持自僧禮海傳位與中和中和傳位與裴元裴元傳位與式燈式燈傳位與和淸況僧和淸係式燈之法徒其拜式燈爲師時辦齋請客有僧俗各界如蔡漢章史生華等均在座至式燈故後所用喪費洋二百五十餘元概由和淸借貸償還且多數由蔡漢章經手有簿據可證可知僧和淸爲佛首寺住持實係以師授徒該寺歷來住持遞代相傳有祖堂牌位足資證明並非地方公推顯而易見（三）査僧和淸砍運古木一節尤

非事實係因古木枯朽被風吹折若不砍斫必致腐爛而僧和清以之鋸板爲寺中鋪地板及裝修房屋之用揆諸情理並無不合致撤用之香塔幟桌等亦係暫時借用並非以佛首寺之什物而爲千華庵之永久享有況兩庵同屬一主借用物件亦屬常情若因此而撤免其住持似覺處分過嚴恐難甘服并附呈碑記報請核轉屬會正擬備文據實呈復間復據該住持僧和清書稱爲地方人士蔡漢章等覬覦寺產侵奪管理權朦請政府無故撤換法定住持籲請援助以維公理事查佛首寺爲和清師祖禮海於光緒年間向遠方募資建築有匾額鐘磬鐫載年分遺蹟可考按司法院廿一年院字第七二四號解釋例末段規定「寺廟財產係由住持募捐而來者均爲寺產」自不在監督寺廟條例第三條第二款之列蔡漢章等毫無根據稱係地方公有此虛搆者一寺中財產向由住持管理歷禮海中和裴元式燈以至和清師終徒傳代相繼承祖堂牌位歷歷可證查監督寺廟條例第六條「寺廟財產法物由住持管理之」又屬明文規定豈容空言由地方人士管理耶幾千百年之主權豈可一語侵奪耶此虛搆者二和清拜師式燈辦齋請客僧俗均有在座歿後喪葬費用復由和清理償簿據賬載付還欠戶俱可落底其地方人士爲之成殮之說更屬無稽此虛搆者三和清於廿年七月間師故用繼任佛首寺住持廿一年間兼管千華庵爲不可掩之事實蔡漢章等砌詞彼時佛首寺住持未定暫由千華庵住持兼管云云爲地方管理作張本之狡計此虛搆者四寺前枯木爲裝葺本寺地板板壁之用香塔幟桌乃千華庵暫時借用況屬正當行爲又非變賣化卽何得執此求疵不問內容情節如何輕加砍伐古木搬去物件等語貿然抨擊此虛搆者五上項事實業經鈞會派員調查明確在卷乃縣府不待鈞會查復逕偏信蔡漢章等方面虛搆之辭令准撤換住持移管理權於地方和清何能折服所有上項各情由除向縣府訴願辯正卽求收回成命至僧有與地方公有之爭執懇請法庭確認外爲特籲請鈞會援助主持公理排除侵害以保寺產而維管理僧寺幸甚和清幸甚各等情到會據此當經提交第三次執監聯席會議決該寺確係僧產並非十方公有僧和清以師徒相傳接住管理並無不合且查司法院院字第八一七號第十九項解釋例於不違反該寺廟歷來住持傳授習例之範圍內征集當地各僧道意見遴選住持毋庸征求當地人士同意是遴選住持其職權當然屬於所屬教會已有明文規定地方人士自不得越俎代謀茲爲免除糾

方爭執起見秉公議決紀錄在卷奉令前因理合抄同碑記一併備文送請鈞府鑒核令遵實爲公便謹呈

鄞縣縣政府

計呈送碑記一紙

葉門徐氏普安故葉公文光妻也公自葉山徙居下水娶徐三十載無子公卒徐矢志栢舟茹素修行日詣菴禮佛時菴無住僧因往返不便遂移安家居菴歷有年所今邁病七旬欲立子以繼夫祀周邀不得集耆老公議願將自置本圖土名後嶺田一畝七分贈菴立神主二座于菴之先覺堂待徐百年後凡二人每年春秋祭祀暨生諱忌日羹飯統歸該庵承佃其田只許庵僧輸粮佈種以奉香火不得廢賣恐後無憑爰立碑以垂永遠云大衆共聞三保宗長史義倫王積玉蔡自耐陳智勇蔡祀經記助田一畝三分忻自豐助山一塊庵內老地前後一畝五分史先生三瑛序同治三年歲甲子姑洗月穀立

爲尼金蓮不守清規劣跡多端近復容留劣尼良寬及其羽黨盤踞該庵阻撓學務公然侮辱仰祈一併驅逐以整教規由　二十三年九月十日

呈爲整飭教規以儆僧邪而維風化仰祈鑒核施行事竊查西門外高塘墩仁壽庵退住髮尼金蓮前以妄爭庵產纏訟連年嗣經高等法院判令將該庵撥一二間以爲金蓮養老之所屬會以金蓮當時修建該庵不無微勞且念其年老無知故不復再與計較詎該金蓮不知悔遵竟將該庵全部佔爲己有所有二十二年及二十三兩年上期租金均被抖收自用屬會遵照判令一再派員前往管理均被百端謾罵無處容身以致迄今無法保管屬會現正遵照鈞府迭次令飭於該庵內組設學校方在籌備進行孰意該尼金蓮蓄意破壞復敢糾集已經犯案驅逐之定香庵劣尼良寬及羽黨多人盤踞庵內有恃無恐一味頑抗違背教規實爲佛門敗類本月六日屬會常務委員智圓公畢返寺道經河利市橋該尼金蓮串同劣尼良寬及其羽黨匿居道旁攔車謾駡公然侮辱其怙惡不悛已屬顯然伏查

該尼金蓮於民國二十一年陰歷正月間邀同僧尼多人在庵聚賭第二分局處罰有案又於二十二年十二月間在庵内烹調魚肉多種贈送與人其破壞清規玷辱佛門莫此爲甚凡此種種人証俱在劣跡多端無可諱言若不立予驅逐非惟破壞佛門教規亦且貽害地方治安將來一倡百和佛教前途何堪設想屬會爲整飭教規起見特集臨時執監聯席會議決僉以該尼金蓮不守清規近復阻撓學務容留劣尼公然侮辱本會常務委員種種非法不遑枚舉應請縣府轉函甯波公安局將該尼金蓮尼良寬及其羽黨一併驅逐出境以除害馬藉肅教規幷請通令各公安分局凡屬本會職員隨時予以保護免再發生同樣事端紀錄在卷爲此備文呈請鈞府鑒核施行實爲公便謹呈

鄞縣縣政府

爲將雲龍庵庵後山地撥助開林小學經費祈核備案由 二十三年十二月三十日

呈爲呈請事案准三塘鄉士紳陳土來函稱該鄉雲龍庵在民國十七年時因無正式住持管理業經敝鄉遵照監督寺廟條例之規定依法保管幷由土來出資將該庵組設開林小學所有就地平民子弟均得免費入學興辦以來瞬已七載惟查該庵後有山地一片早已荒廢地方人士因見求學子弟日益增加而該小學經費漸臻困難擬將該山地撥助開林小學常年經費以維久遠幷念土來出資興辦地方公益事業在該山爲土來建築生壙以留紀念爲此函請貴會查明核准幷轉呈縣府備案等由准此當經屬會派員前往該處詳細查明均屬實在經提交第十六次常會議決查庵產主權自應依照監督寺廟條例辦理該雲龍庵既無正式住持管理由該鄉依法保管幷由陳君土來出資獨建開林小學爲地方公益慈善事業不無微勞現擬在該山建作生壙藉作紀念幷請將該山撥助該小學常年經費揆諸情理似無不合除函復准予所請外理合抄同該山地名四址一併備文送請鈞府鑒核備案實爲公便謹呈

鄞縣縣政府

爲呈請准予酌免各寺庵戶口捐二十四年三月廿七日

呈爲呈請事案據湖西長壽庵尼永福薛蘿庵尼寶德甘溪潭關帝殿僧蓮源鄞東楊樹橋瑞慶寺僧根聚等前後來會報稱城鄉各寺廟因連年水旱兵災農村破產以致佛事全無生計行將斷絶加以事業經筵等捐凡我僧衆備受經濟打擊近復有戶口捐之征收似此各項捐款日益加增實屬無法負担迫不得已請求貴會轉請政府俯念僧衆困苦准予豁免等情前來查該僧尼等所稱各節確係實在據請前情理合備文呈請鈞府俯念各寺庵困苦情形酌予減少以輕負担實爲德便謹呈

鄞縣縣政府

爲續請將雲龍庵庵後山地撥助開林小學經費祈備案由二十四年六月九日

呈爲續請事案查三塘鄉雲龍庵庵後山地撥助開林小學經費一案前准該鄉士紳陳土來函請到會卽經屬會派員查明提交第十六次常會議決應依照監督寺廟條例辦理擬將該山撥助該小學常年經費等議幷開明地名四至據情轉呈鈞府備案各在案旋奉鈞府指令第一四號內開呈件均悉查該三塘鄉雲龍庵既已由地方自治團體管理應候令行三塘鄉鄉公所查明再行核辦仰卽知照此令等因奉此查該雲龍庵在民國十七年時因無正式住持由該鄉士紳陳土來依法保管幷由其出資獨建開林小學興辦地方公益事業因該小學經費不敷請以該庵庵後地撥助小學常年經費揆諸法理均無不合奉令前因理合備文續請鈞府鑒核俯准備案實爲公便謹呈

鄞縣縣政府

爲呈請按照經懺捐全數自廿四年度起減繳一成祈鑒核施行由二十四年六月二十九日

呈　　文　　四一

呈文

呈為呈請事竊查鄞縣經懺捐由佛教會承辦歷有年所近以災歉頻仍農村破產商業凋敝各寺庵經懺佛事亦因此一落千丈此種困難情形曾經各寺庵住持會議多次並呈由佛教會轉呈鈞府鑒核俯念僧衆痛苦准予取銷在案旋奉佛教會通知轉奉鈞府指令第三四一號內開呈悉查本縣經懺捐前奉省令須先籌定抵補辦法報請核准再行取銷本應遵照辦理惟籌備補辦法不徵諸農民即取諸工商以現在本縣各種捐稅計均係由農工商繳納值茲農村衰落商業蕭條若再另辦新稅民力實有未逮茲查是項經懺捐照章係由事主繳納該寺庵無非間接代征並無負担可言且是款早經抵充廿二年借款還本付息基金之用須至二十六年十二月底止方可如數還清債信攸關萬難短缺應俟屆時察酌情形另籌抵補再行取銷仰即妥為剴切勸導曉以大義責以際此時艱理應共濟勉力措繳藉維債信所請應毋庸議此令等因經由佛教會於本月二十七日召集各寺庵住持從詳討論并推派代表十一人向鈞府請願蒙由金秘書徐局長接談允以二十四年度起減征一成二十五年減征二成二十六年減征三成代表等當將斯意轉告大衆并將政府辦理教育建設經費及抵補困難情形一再剴切勸導無如各寺庵堅執不從一致否認僉以農村破產商業凋零佛事全無經捐出於何處互相責難非至達到取銷目的不已最低限度必須征減半數之決議代表等無法勸導復於本月二十八日召開代表會議詳加討論查各寺庵近年因農工商經濟破產佛事全無此項經捐實在無處可出對於本身生計已屬非常困難自應遵照省令力謀取銷何得再令納捐以增負担但政府辦理教育建設事宜亦屬地方公益凡屬僧衆自應稍盡天職協助政府况此項捐款早經抵充二十二年借款付息基金之用政府之債信攸關尤應力予顧全代表等再四思維為雙方兼顧起見經議決請求政府自二十四年度起依照全數總額二萬另九百另四元減繳二成（計四千壹百八十元另八角）念五念六二年度仍照二十四年度辦理至二十六年十二月末日止完全免繳倘蒙見准由代表等再行召開住持大會切實勸導或可通過如此辦理則各寺庵之負担較輕而政府之債信亦可維持等議紀錄在卷為此備文呈請鈞府鑒核俯念僧衆困難情形准予施行并乞指令祇遵實為公便謹呈

鄞縣縣政府

爲呈請取締外來不法遊僧會銜給示曉諭由 二十四年八月三十日

呈爲呈請事竊屬會第三屆委員代表大會准第二屆第五次執行委員會提議查近來農村破產經濟衰落凡我僧界不無影響所以外來僧衆日見其多除正當行脚參方之外往往有一種不法遊僧既不投向叢林掛單又不前往寺廟請求棲止乃日則躑躅街頭夜則潛匿小棧衣服襤褸形同乞丐玷辱佛門於斯爲極且每遇各處寺廟舉行佛事則成羣結隊相率偕往強索食宿不遂不休聚衆賭博動輒滋事此種事實屢見不鮮苟不嚴加取締殊與安甯秩序法令清規均有妨害急應設法取締經議決照原則通過交執行委員會執行茲經第一次執監聯席會議從詳討論查近日外來遊僧愈見其多日則躑躅街頭夜則逗留小棧時而爲僧時而爲俗作奸犯科時有所聞若非切實取締實不足以整教規經議決呈請鄞縣政府及甯波公安局會銜佈告嚴加禁止紀錄在卷除分呈外理合備文呈請

鈞局府鑒核俯准會銜給示嚴禁實爲公便謹呈

鄞縣縣政府

甯波公安局

爲近來各寺庵住持往往以興修殿宇名義挪移款項任意化用接住人自不能代負償還之責祈備案由 二十四年九月十四日

呈爲呈請事竊屬會第三屆會員代表大會准第二屆第五次執行委員會提議近查各寺庵住持往往不自量力貪圖虛榮以興修殿宇名義向各方挪移款項任意化用以致虧負壘壘無法償還初則屢約不付終則席捲潛逃以致香火冷落寺廟荒廢此種現象時所見聞若不設法整頓將來寺廟財產恐非佛門所有當經議決通過交執行委員辦理茲經第一次執行委員會議決辦法通告各寺廟

住持及其債權人以後各寺廟住持交替時除正當賬目應由接任人負責償還外其他如有私人往來及巧立名目等賬發生接任人概不負代爲償還之責紀錄在卷除登報預爲通告外理合備文呈請鈞府鑒核俯准備案實爲公便謹呈

鄞縣縣政府

爲據延壽王寺僧永定稱綠洋小學協助員俞維妙強令認捐請轉呈制止

廿四年九月十七日

呈爲呈請事案據延壽王寺住持僧永定書稱爲請求轉呈縣府准予免除綠洋小學捐款事竊於民國二十一年敝鄉綠洋小學成立向僧募捐僧因思事係屬地方公益當認每年捐洋八元認繳以來業已三年詎近年來田禾歉收農村破產佛事全無自身食用尚且不敷實無餘力撥助該小學經費故本年度勢必無法繼續認繳曾於去年終向該小學聲明不料該小學協助員俞維妙堅令捐助近復變本加厲僞造事實向縣府擅詞誣控必欲陷僧於獄而後甘心僧細思助款辦學雖屬公益而願否捐輸事出自由況僧已認繳本縣經懺捐充作教育經費自不能再行認捐且僧寺貧苦異常盡人皆知該協助員不依公理竟以強迫手段壓制僧人殊屬目無法紀茲不得已爲特請求轉呈縣府令飭制止并乞體卹僧艱准予免除該小學捐款等情據此查該寺貧苦情形確屬實在際茲農村破產佛事全無該寺自顧已屬爲難似不能再行強令認捐據書前情理合備文據情轉呈仰祈

鈞府俯念該僧困難情形准予令飭制止并乞免除該小學捐款以輕負担實爲公便謹呈

鄞縣縣政府

爲奉國佛會以各市縣佛教會應依照修正會章及組織通則一律改組一案茲擬具改組程序呈請備案由

二十四年十月二十五日

呈爲呈請事案奉中國佛教會訓令第一九九號内開案查本會會章前奉中央民運指導委員會訓示指示修正辦法遵卽推員起草逐條修正並提交本年七月十八日第七届全國佛教徒代表大會通過復依據會章訂定會員入會規則選舉代表規則各分會組織通則三種提交七月二十日第七届第一次理監事聯席會議通過並於九月十二日呈奉中央民運指導委員會第一〇九七九號令准備案各在案所有各省佛教會自應依照會章及各分會組織通則第二十七條規定卽日辦理結束其各市縣佛教會亦應依章一律改組除分函各省市縣黨政機關查照並分令通告一體知照外合行檢發章則四份令仰該會遵照辦理並將辦理情形具報備核切切此令附發修正會章會員入會規則選舉代表規則各分會組織通則各一份下會奉此經提交第二次執監聯席會議議決遵照國會修正會章及組織通則改組之紀錄在卷其改組程序（一）籌備改組事宜由原有執行委員辦理之（二）推舉起草委員修改會章（三）俟會章修改完竣後提交下次執行委員會通過再行呈請黨政機關暨中國佛教會核准（四）俟會章核准後辦理會員登記幷征求新會員（以一個月爲期）（五）俟登記完竣造具會員名册呈請黨政機關暨中國佛教會備案（六）分赴各區通訊處推選代表定期開會員代表大會以上所擬改組程序是否有當理合備文呈請

鈞府會鑒核施行指令祇遵實爲公便謹呈

鄞縣執行委員會

鄞縣縣政府

呈　文　　四五

本會通告

三皈依法佛教徒人人均應遵守

一、皈依佛竟甯捨身命終不皈依自在天魔等皈依如來至眞等正覺

二、皈依法竟甯捨身命終不皈依外道典籍皈依如來所說三藏十二部一切經典

三、皈依僧竟甯捨身命終不皈依外道邪衆皈依清淨福田僧

佛說八敬法凡尼僧須要切實奉行

一、不得慢罵比丘

二、不得舉比丘過比丘得說尼僧失

三、應從大僧中受具足戒

四、犯僧殘半月在二部僧中行摩那埵

五、應半月於大僧中求教授人

六、不應在無比丘處過夏安居

七、夏訖當詣大僧中求自恣

八、百歲尼僧應禮初夏比丘足

公函

為奉國佛會函以宣傳佛教感化獄囚一案已奉令照准請遴選教師隨時馳往各監宣講函請指定日期由 廿三年四月十四日

逕啓者案准

中國佛教會函開查本會前為感化獄囚起見特呈請司法行政部通令各級法院准予照辦在案為此函達希即遴選教師隨時馳往各監宣講佛法以資感化同時復准省佛教會函請將選定講師姓名報會備查各等由准此當經敝會第四次常會議決公推觀宗寺宏法法師七塔寺報恩法師前往第二監獄宣講并函請監獄署酌定日期等議紀錄在卷為此錄案函達即希查照見復為荷此致

浙江省第二監獄署

主席委員 寶靜

常務委員 智圓

源龍

溥常

金夢麟

為該寺時有軍人及自稱招兵委員者借作駐所函請轉呈軍政機關會銜嚴禁由

廿四年八月十四日

謹啓者竊醒悟自上年五月間接住天封寺後臨深履薄隕越時虞回憶先師在日常以天王殿屋宇年久失修爲慮諄諄誥誡至死靡他復經

貴會督促於今春鳩工庀材從事改建預計經費一萬餘金不期工程未半而時有軍人及自稱招兵委員者來寺堅欲指定房舍以作駐所雖經醒悟婉言懇商而來者始去復而又來長此糾纏實於建築進行及保存古蹟二者同受妨害伏思天封寺始建於唐代爲四明名勝之一曾於上年聯合七塔觀宗延慶等寺具呈軍政部荷蒙給示保護有案本年又以重修天封塔組設委員會現在改建尚未完工而種種設施遂因此未克進行總之敝寺無論改建已否工竣及將來工竣圓滿之後亦永遠不得有駐兵之事爲此歷情上陳請求貴會俯准轉呈軍政機關查照軍政部令成案會銜嚴禁以保古蹟而安僧家衆不勝感荷此上

鄞縣佛教會

天封寺住持醒悟謹上

爲證明妙音精舍確屬正式佛教機關附送章請希備查由

廿四年九月廿四日

逕啓者案准妙音精舍導師釋根慧函稱佛法一味修證多門應機攝化僧人天職竊根慧教習天台禪學臨濟學修法華三昧歷有年歲因欲自利利他願以法華三昧懺法公諸同好適有傳妙法林雁友徐文俊俞福泰諸居士組織妙音精舍於慈谿敦請根慧爲該舍導師此教授法華三昧於四衆弟子兼附設蓮社以便年老者之修持并籌設佛學研究部以教育青年信徒惟創辦伊使就地人士未明眞相多誤爲類似同善社無爲教之流亞以致謠諑繁興偵探密佈使學者不能安心求法教者無暇得以授課用特披誠上達務希

貴會派員調查確實後一秉至公出爲證明妙音精舍實屬正式佛教機關並無外道性質以息謠風而護正法并附簡章一份過會准此查釋根慧前在觀宗延慶等寺充任主要職僧確係正當僧人此次妙音精舍聘爲導師教授法華三昧尤屬佛教正式宗旨且其所訂簡章及附設蓮社以及種種設施均以宏揚佛法爲己責并非同善社無爲教之流亞准函前由相應抄送簡章一份備函證明即希

查照爲荷此致
慈谿縣政府
常務委員長 智 圓
常務委員 源 龍
寶 靜
金夢麟
溥 常
廿四年十月四日

爲函請轉知妙音精舍依法向本府聲請登記由

案准貴會第十四號公函內開「案准妙音精舍導師釋根慧函稱『佛法一味修正多門應機攝化僧人天職根慧敎習天台禪學臨濟學修法華三昧歷有年歲因欲自利利他願以法華三昧懺法公諸同好適有傳妙法林雁友徐文俊俞福泰諸居士組織妙音精舍於慈谿敦請根慧爲該舍導師以敎授法華三昧於四衆弟子兼附設蓮社以便老者之修持并籌設佛學研究部以敎育青年信徒惟創辦伊始就地人士未明眞相多誤爲類似同善社無爲敎之流亞以致謠諑繁興偵探密佈使學者不能安心求法敎者無暇得以授課用特據誠上達務希貴會派員調查確實後一秉至公出爲證明妙音精舍實屬正式佛敎機關并無外道性質以息謠風而護正法』等由准此查釋根慧前在觀宗延慶等寺充任主要職僧確係正常僧人此次妙音精舍聘爲導師敎授法華三昧尤屬佛敎正式宗旨且其所訂簡章附設蓮社以及種種設施均以宏揚佛法爲己責并非同善社無爲敎之流亞准函前由相應抄同簡章一份備函證明即希查照爲荷」等由計函送簡章一份准此查該妙音精舍旣經
貴會證明爲正式佛敎機關自屬可信惟查寺廟登記條例凡爲僧道住持或居住之一切公建募建或私家獨建之壇廟寺院庵觀其

在縣境內者應向縣政府聲請登記等規定精舍既爲寺院之別名自應依照前項條例辦理准函前由相應函復查照卽希轉知該妙音精舍迅卽來府聲請登記以符手續而重法令爲荷此致

鄞縣佛教會

慈谿縣長戴時熙

爲永利庵被鹽警隊強行駐紮請轉飭另覓相當地點由　二十四年十月廿五日

逕啓者案據江東永利庵住持照空函稱茲有鹽警隊朱君於本月十七日來庵欲將敝庵駐紮分隊經僧婉言要求朱君堅意不允惟敝庵屋宇狹小平日自用已屬不敷一遇佛事而齋家已無棲息之所若果再被鹽警隊駐紮則敝庵佛事固直受其影響而僧衆生計亦必因之斷絕茲不得已特請求設法救濟等情據此查該庵屋宇狹小事屬實情而全庵僧衆端賴佛事收入以資維持若一旦被鹽警隊駐紮則佛事全無生計斷絕事勢所必至據書前情相應函請貴區長俯念該庵困難情形准予令飭該隊另覓相當地點以保佛法而維生計至深公感此致

稅警隊寧波總區

爲據三北護龍鄉永福庵住持華修函稱該庵被五區佔駐後備隊請設法援助等由函請令行遷讓由　二十三年六月五日

逕啓者案准

貴縣三北護龍鄉永福庵住持華修函稱本年廢歷正月間第五區區長鄭鳳毛君來庵強借爲駐扎後備隊之所衲不得已暫允借駐九星期現在爲期已滿理應遷讓不料新區長會君又復強佔敝庵爲長駐之所衲聞之不勝駭異查敝庵僧衆全仗佛事以資度日若果任其長駐則佛門香火勢必斷絕卽全庵僧衆亦將坐以待斃敝縣佛教會尚未舉辦以致呼籲無門用特請求貴會大發慈悲不分

畛域設法救濟轉函慈谿縣政府令飭該後備隊遷往鄰近之道士宮因該處素來駐扎兵隊既能鎮定地方又可安定敝庵僧衆等由准此查保護寺產業經監督寺廟條例明文之規定並奉國民政府第四〇〇號訓令任何機關不得佔用寺庵（見二十年八月一日政府公報）各在案該第五區借用該庵幷未得住持同意似不能強制執行核與明文規定多有未合且該區鄰近道士宮又爲駐扎兵士之所自不必強駐該庵敝會以區域關係原未便越俎代謀奈該僧一再來會哀求請　貴政府俯恤僧艱准予令飭該後備隊遷讓俾保寺產而安僧衆至深公感此致

慈谿縣縣政府

主席委員　寶靜

常務委員　智圓

金夢麟

源　龍

淳　常

爲函復接住地藏殿經過情形希查照由　二十四年一月四日

逕啓者案准

貴會函開逕啓者查地藏殿住持正學變賣寺產不守清規一案業由本會呈奉鄞縣政府令准撤職經推選座下爲繼任住持幷呈交各在案茲奉縣府第一四〇〇號指令內開呈悉查地藏殿住持既經該會推選僧學賢繼任應准轉令第二分局勒令正學尅日移報惟正學變賣廟產據查報樹木一項計有一千餘元前住持僧元章故後遺有現款六七千元幷有田二十五畝山三四座究竟款在何處現有田畝山場是否相符應由繼任住持切實盤查報核仰併遵照此令等因奉此相應錄令函達查照希卽將令開各節切實查明

報告來會以憑轉報爲荷等由准此賢學於二十三年十二月十七日前往接收並荷
貴會遴委鄭明池君幷第二分局詳細盤查對於該僧所有不動產文契戶管書被前住持正學攜藏脫避以致無從追交至各項動產在其未變賣者業已檢登簿籍賢學已照管被其搬移匿藏者亦均詳載粘單以憑核追再至樹價洋一千餘元幷僧元章故後遺款一時遽難澈查俟查有着落再行報核茲將上述接收管理情形相應函復查照轉報爲荷此致
鄞縣佛教會

地藏殿住持賢學謹啓

爲下水綠洋兩鄉擬將千華庵爲積穀倉請轉呈縣府制止由　二四年十二月二十五日

敬肅者爲鄉長利用行政處分妨害宗教信仰卽請轉呈縣府制止事竊查監督寺廟條例所重者寺廟之財產法物法律所保障者宗教之信仰自由且寺廟財產非經所屬教會之決議不得逕行處分充作公用迭經司法院十九年院字第三三七號法令及念一年院字第八一七號法令解釋公佈在案具見法律保障寺廟財產之重國家維護宗教信仰之深斷不能由人籍端處分任意妨害者也茲有下水綠洋二鄉鄉長利用行政名義指定小庵屋宇爲地方積穀倉查小庵地處偏僻距二鄉遠近懸殊誠不若位居二鄉中心點之靈佑廟爲適宜且小庵屋宇湫隘平日稍有佛事卽擁擠不堪一旦分作積穀倉則禮佛者更將裹足不前必致小庵香火寂滅信仰喪失而後已於公既未見其利而於小庵則實蒙其害矣夫積穀備荒原屬要政但既有較爲適宜地方之公廟何必定欲斷絕僧人生計妨害宗教信仰揆與國家法律維護宗教寺廟之至意大相背馳爲此請求
鈞會作正義之主持爲宗教之護法轉請縣府令飭下水綠洋二鄉鄉長改指適中公廟爲積穀倉不勝盼切待命之至謹上
鄞縣佛教會

千華庵住持僧聖士謹具

聘書

總隊長幷附會章及規則等仰分別聘任由 民國廿四年十月十五日

舉所有本會第一次本會徵求會員現經決議「自十月一日起至十月底止爲籌備期間自十一

間」除將擬定求徵會員規則等件發交各市縣佛教分會一律組織徵求會員委員會依照規則

「本會徵求會員委員會設立總隊若干隊每隊各設總隊長一人隊長若干人除總隊長由本

請本會聘任之」茲聘請

會務卽請積極進行並希將應聘各隊長遴選列表送由本會分別聘任是爲至盼此致

理事長 圓瑛

常務理事 大悲 王震

明道 聞蘭亭

弘傘 關炯

可端 黃慶瀾

遠塵 屈映光

五五

123

況報告

次　(二)常務會議　廿六次

次　(四)幹事會議　二　次

二起

2.太平庵

4.永恩庵

6.永慶庵

8.福善寺

10地藏殿

12化成寺

財產被佔案共十二起

學寺　2.福津寺

3.仙岩寺　4.天封寺
5.永福庵　6.永利庵
7.彌陀庵　8.寶林寺
9.雲龍庵　10萬緣庵
11接待庵　12太平庵

民國二十四年會務概況

（甲）關於各種會議

（一）執監聯席會議七次　（二）常務會議三十九次

（三）臨時會議三次　（四）幹事會議　二次

（乙）關於各寺庵住持交替案共十一起

1.天福寺　2.佛首寺
3.紫竹庵　4.翠山寺
5.慈雲寺　6.永福寺
7.廣德庵　8.寶積寺
9.迴龍庵　10瑞慶寺
11天寧寺

報　告

（丙）關於各寺庵財產被佔案共八起

1. 延慶寺　2. 隱學寺
3. 茶亭庵　4. 無相庵
5. 七塔寺　6. 天封寺
7. 永利庵　8. 千華庵

本會民國二十三年全年收支報告

新收項下

一收城區事業捐　洋九百十四元

一收縣區事業捐　洋四千七百三十五元一角四分

一收入會費　洋六十二元

一收證書費　洋三十元

一收莊息　洋一元九角五分四厘

一收辦公費（經懺捐征收處來）　洋五千五百〇七元六角四分五厘

一收房金　洋四百四十一元六角七分

一收兌入　洋四元九角〇九厘

一收兌入　銅元四百三十文

共收　一萬一千六百九十七元三角一分八厘

共收　銅元四百三十文

開支項下

一支省國會常年費　洋一千一百元

一支慈善捐　洋六百元〇〇三角三分

一支公益捐　洋五十元

一支膳食　洋四百十五元九角九分

一支現升　洋一百四十四元六角一分四厘

一支車力　洋七十五元七角二分七厘

一支雜項　洋一百九十八元七角八分七厘

一支川資　洋二百七十一元七角七分六厘

一支郵票印花　洋念元〇九角六分

一支柴米油　洋五百七十六元二角五分

一支交際　洋二百十七元八角一分九厘

一支置器　洋一百八十八元三角八分三釐

一支宣傳印刷　洋三百八十九元六角二分

一支文具　洋一百三十八元六角八分三釐

一支電燈話　洋二百八十八元二角四分

一支報費　洋六十一元四角六分

一支酬勞各公安局追捐公費　洋四十元〇八角四分

一支幹事費　洋三百六十元〇一角九分

一支開會費　洋三百六十五元七角二分三釐

一支輿馬費　洋一千三百六十元

報告 會計

一支經懺捐征收處薪給　洋二千四百〇一元
一支本會薪給　洋六百三十五元
一支裝修費　洋三百六十元〇七角七分六釐
一支永明小學　洋五百念九元
一支覺民夜校　洋二百十八元四角六分
一支追款公費　洋念四元二角六分
一支國醫施診所　洋四百五十二元八角二分
一支西醫施診所　洋一千三百五十元（開辦費在內）
一支佛學圖書館　洋四百九十三元三角六分七釐
一支覺民小學　洋二百三十一元七角四分
一支法律顧問　洋六十元
一支兌出　角寸七十二角
共支洋一萬三千六百念一元八角一分五釐
共支角子七十二角

收支兩抵
實丈　銅元四百三十文
實虧　洋一千九百念四元四角九分七釐
實虧　角子七十二角

收支總額
一收上年結存　角子一百念二角
一收上年結存　銅元七百七十文
一收本年結丈　銅元四百三十文
一支上年結虧　洋二千五百七十八元六角〇六釐
一支本年結虧　洋一千九百念四元四角九分七釐
一支本年結虧　角子七十二角
丈　角子五十角
收支兩抵實在虧　洋四千五百〇三元一角〇三釐
丈　銅元一千二百文

存該項下
一該募捐　洋二百八十五元六角七分五釐
一該暫記　洋六百念元〇八角〇三釐
一該極樂寺　洋五十元
一該公益金　洋五元八角九分八釐
一該功德　洋三百九十一元九角四分
一該俸淸　洋五十六元五角
一該餘記　洋九千七百〇九元〇一分四釐

一該盈記　洋一千四百八十五元一角九分六釐
共該洋一萬二千六百〇五元〇二分六釐
一存儲存（縣府保證金）　洋一千元
一存泰生　洋三百九十三元二角一分
一存票欠　洋一千五百念二元八角
一存廣濟庵　洋一百七十六元九角一分三釐
一存押櫃電燈火表洋念五元
一存專辦永明小學基金　洋一千元
一存藏經樓捐墊款洋四百元
一存資生工廠　洋二千八百念九元六角
一存仁壽庵　洋四百九十二元四角
一存證章　洋二百十五元
一存現款　洋四十七元
一存現款　角子五十角　銅元一千二百文
共存　洋八千一百〇一元九角二分三厘
共存　角子五十角
共存　銅元一千二百文

報告　會計

存該兩抵實在該洋四千五百〇三元一角〇三厘
存角子五十角
銅元一千二百文

本會民國二十四年全年收支報告

新收項下
一收城區事業捐洋八百七十八元五角
一收縣區事業捐洋五千四百三十四元二角
一收入會費（舊鄞會會員）洋四十元
一收證書費　洋十八元
一收辦公費（經懺捐征收處來）　洋五千九百十四元四角六分
一收房金　洋四百三十元〇八角四分
一收會員費（國會會員）　洋二百四十元
一收莊息　洋念二元六角七分
一收兌入　洋五角四分八釐
共收一萬二千九百八十三元二角一分八釐

開支項下
一支國省會公費　洋八百元

報告　會計

一支慈善捐　洋四十六元
一支公益捐　洋三十元
一支永明小學　洋四百念八元
一支覺民小學　洋一千〇念二元二角四分
一支覺民夜校　洋二百四十二元
一支國醫施診所　洋三百九十六元五角四分
一支西醫施診所　洋一千一百元
一支津貼　洋三百元（佛教孤兒院及東岱庵）
一支建築覺民校舍　洋一千九百九十五元七角九分
一支佛學圖書館　洋八元〇五分
一支膳食　洋四百十三元三角五分八釐
一支現升　洋一百念四元六角六分
一支車力　洋三十八元二角五分
一支雜項　洋一百六十元〇五角一分四釐
一支川資　洋一百念七元六角五分
一支郵印　洋十六元九角四分
一支柴米油　洋六百念五元四角一分

一支交際　洋九十八元一角四分
一支置器　洋六十元〇九角八分
一支印刷　洋一百念二元八角六分
一支宣傳　洋一百念一元四角七分
一支文具　洋八十六元二角四分
一支電燈話　洋一百八十九元七角五分
一支報費　洋八十八元三角一分
一支酬勞各公安局　洋四十三元三角五分（追款公費）
一支幹事費　洋六百〇九元六角
一支開會費　洋二百三十六元七角二分
一支輿馬費　洋九百六十元
一支經懺捐徵收處薪給　洋二千五百九十九元八角四分
一支本會薪給　洋六百七十九元
一支修理　洋三十八元三角二分
一支追款公費　洋九元五角
一支法律顧問　洋四十元
一支征收費　洋二百十八元一角二分

一支兌出　角子八角
　　　　　銅元九百文
共支　洋一萬四千〇七十七元六角〇二釐
共支　角子八角
　　　銅元九百文
收支兩抵
實虧　洋一千〇九十四元三角八分四釐
實虧　角子八角
實虧　銅元九百文
收支總額
一收上年結存　角子五十角
　　　　　　　銅元一千二百文
一支上年結虧　洋四千五百〇三元一角〇三釐
一支本年結虧　洋一千〇九十四元三角八分四釐
一支本年結虧　角子八角
　　　　　　　銅元九百文
　　　　　　丈角子四十二角
收支兩抵實在虧洋五千五百九十七元四角八分七釐
　　　　　　丈銅元三百文
存該項下

報　告　會計

一該募捐　洋二百八十五元六角七分五釐
一該極樂寺　洋五十元
一該公益金　洋五元八角九分八釐
一該功德　洋三百八十九元
一該餘記　洋九千七百〇九元〇一分四釐
一該盈記　洋三千九百九十四元六角六分
共該洋　一萬四千四百卅四元二角四分七釐
一存儲存（縣府保證金）　洋一千元
一存三寶經房　洋八百念元〇九角八分
一存交通銀行　洋七百四十元
一存暫記　洋四百念八元九角二分分七厘
一存票欠　洋一千五百七十四元九角
一存廣濟庵　洋一百七十六元九角一分三釐
一存專辦永明小學基金　洋一千元
一存押櫃電燈火表洋念五元
一存藏經樓捐墊款洋四百元
一存畜生工廠　洋二千一百八十四元七角

一存仁壽庵　洋九十二元七角

一存證章　洋一百六十四元〇四分

一存地藏殿　洋七十三元七角五分

一存俸清　洋五十三元八角五分

一存現款　洋一百〇一元

一存現款　角子四十二角

一存現款　銅元三百文

共存　洋八千八百三十六元七角六分

共存　角子四十二角　銅元三百文

存該兩抵實在　該洋五千五百九十七元四角八分七釐

存角子四十二角　銅元三百文

本會閱經室規則

本室備具佛教各種經典善書登載目錄任人翻閱以廣宣傳

（一）凡閱經諸君須先向管理人報名登記并聲明欲閱何種經典以便管理人取閱閱畢仍交管理人收藏以免紊亂

（二）閱經時間每日上午九時起至十一時半止下午一時起至四時止

（三）諸君閱經時間須靜坐默閱不得接耳交談以示敬意

（四）閱經諸君不得將經典攜帶出外或扯剪損壞否則照值賠償

（五）閱經室內不得隨意涕吐致妨衛生

（六）閱經室內不得任意嘻笑以致妨害他人自由

（七）閱經室內器具不得任意搬動損壞

（八）非至閱經時間不得在閱經室內隨意坐臥閑談

本會佛學圖書館經典目錄

影印宋磧沙藏經全藏
大方廣佛華嚴經
華嚴懸談
華嚴普賢行願品血書
普賢行願品疏抄
普賢行願品輯要疏
原人論
賢首五教儀
五教儀增註

華嚴綱要淺說
十法界略解
法華類
大乘妙法蓮華經
法華演義
法華指掌
法華會義
法華通義
法華讖儀
法華楞嚴題玄同
論法華
妙法蓮華經普門品講義
摩訶止觀
童蒙止觀
教觀綱宗
四教儀
四教儀集註
天台四教儀集註彙補輔宏記
智者大師別傳
妙玄節要
十不二門指要詳解
三千有門頌解
台宗廿五方便淺述
天台九祖大師傳
大佛頂首楞嚴經
大佛頂首楞嚴經正脈
大佛頂首楞嚴經指掌
大佛頂首楞嚴經易知錄
大佛頂首楞嚴經貫珠
大佛頂首楞嚴經評議
大佛頂首楞嚴經序指味疏
楞嚴經觀世音菩薩圓通章
大方廣圓覺了義經
大方廣圓覺了義經講義

大方廣圓覺了義經親聞記
維摩詰所說經
維摩詰所說經講義
梵網經
梵網經合註
梵網經戒本疏
梵網經菩薩戒集證
金光明最勝王經
金剛般若波羅密經
金剛般若波羅密經句解
金剛般若波羅密經解義
金剛般若波羅密經註解
金剛般若波羅密經新疏
金剛般若波羅密經白話譯
道行般若波羅密經
仁王護國般若波羅密經
金剛破空論

般若融心論
般若波羅密多心經註解
般若波羅密多心經添足解
般若波羅密多心經淺釋
般若波羅密多心經淺說
般若波羅密多心經箋註
般若波羅密多心經集說
般若波羅密多心經簡註
般若波羅密多心經白話講
大方便報恩經
佛遺教經箋註
佛遺教經節要
蘭盆折衷疏
淨名經集解關中疏
十二因緣經
無量壽經
緣起聖道經

阿彌陀經直解
佛說稻桿經
阿彌陀經要解
大乘舍黎娑担摩經
阿彌陀經白話解
阿彌陀經圓中抄
阿彌陀經便蒙抄
阿彌陀經講演錄
彌陀疏抄擷
淨土三經
淨土五經
無量義經文句
大願地藏菩薩本行集經
地藏菩薩本行集經演孝疏
瓔珞經十善經
十善業道經
德護長者經

地藏菩薩聖德大觀
地藏菩薩靈感錄
大勢至念佛圓道章抄
念佛三昧寶王論講義
中峯國師三時繫念儀式
大乘起信論
成唯識論
唯識三十論
中論
破邪論
析疑論
護法論
肇論及寶藏論
一乘決疑論
大乘起信論講義
相宗八要明昱解
八識規矩頌講義

八識規矩頌詳細發明
隼宿語錄
省菴語錄
龍池山幻有語錄
國清百錄
禪宗追心非量頌
高峯語錄
潙山警策文釋義
佛經辯寃錄
角虎集
永嘉集註
永嘉禪師證道歌
斯敏及斷疑休語錄
萬法歸心錄
紫柏語錄
深妙禪法
坐禪三昧法

佛祖心鐙貫註
始終心要解略抄
禪淨雙勛
經中經又經徵義
佛教感應編
遊心安樂道
蓮宗正傳
淨土聖賢錄
釋門眞孝錄
淨業開蒙
經律異相
四分律戒相表
水懺申義疏
廿一度母念誦觀想法
空行母卓哇讓木傳
持世陀羅尼經
汝幾你馬傳

報告　圖書館目錄

釋教三字經
阿伽陀藥
佛舍利考
觀無量壽佛經觀圖
釋迦應跡事蹟圖
觀世音菩莎普門示現圖
石拓五百羅漢像
法界安立圖
瑜伽施食儀軌觀法圖
瑜伽施食儀軌註解
牧牛圖
智印居士攝引圖
大悲法師禪餘記畫圖
陰隲果報圖
八德須知每德廿四圖
康熙字典
佛學小辭典

崇佛略記
歷代求法翻經錄
宋高僧傳
明高僧傳
續高僧傳
歷史感應統紀
觀世音菩莎本跡感應頌
普陀山新志
清涼山志
觀音經咒靈感彙編
新編觀音靈感錄
觀音靈異記
星相一掌經
淨土生無生論
四分律
觀經善導疏
沙彌律

觀經疏抄演義
毘尼日用
重訂西方公據
西方淨土詩
念佛百問
初機淨土指南
念佛鏡
印光法師文抄
淨土切要
印光法師嘉言錄
西方確指
安士全書
淨業日誦
省庵勸發菩提心文
初機淨土
蓮宗諸祖法語集要
修行淨業集

世界迦音
指歸淨土
廣長舌
龍舒淨土文
僧妙空大師傳
念佛警策
大顛別傳
西生法雨
儵游浪語摘要
佛學救刼編
學佛淺說
觀音救世經
最後一着
觀音救刼經
初機先導
佛學法彙
託爾斯泰與佛經之比較

圖書館目錄

覺民小學創辦之緣起及概況

朱毓輝撰

近年來普及教育之聲浪日益增高熱心辦學者大有風起雲湧之概然皆就近城廂貪繁榮享便利使鄉區貧苦兒童仍不能獲得教育均等之機會殊失政府提倡教育之宏旨鄞縣佛教會常務主席智圓上人因鑒及斯乃毅然決然於民國二十三年夏召開第三次執監聯席會議組設校董會議推定寶靜智圓溥常金夢麟諸公及毓輝爲籌備人選於是乃有覺民小學之發軔焉

當創辦之始爲一單級初小借西郊高塘墩仁壽庵（今西方寺舊址）爲校址委任毓輝長校另聘駱乘雲爲助理其時學生僅只八人耳越年學生乃激增至百二十人遂分編爲二複式班以原有校舍狹窄不敷分配由毓輝一再呈請佛教會就庵左隙地建築新舍耗時五月乃成於念四年度第二學期開始之日舉行新校舍落成典禮暨成立一週紀念式計到鄞縣縣長陳寶麟科長葉謙諒暨校董智圓金夢麟陳如馨寶靜諸公來賓陳慧慶陳富源石鍾英及全體教職員學生等三百餘人濟濟一堂頗極一時之盛抑亦鄞縣佛教會服務社會教育較爲明顯之第一幕也毓輝爲顧全兒童學業計同時又添設高級班分高中低三學級教育改聘駱震爲教務主任兼高級級任駱一賢爲訓育主任兼中級級任楊幼芬爲低級級任駱杏文爲科任一切施教狀況悉遵部頒標準學校亦由是略具雛形曾奉鄞縣政府教字第七十三號訓令嘉獎在案十月中旬駱震駱杏文先後因病辭去乃更聘吳廷琭俞尙熊二君繼任

焉本校經費除由佛教會及明心蔣廠三寶經房按月津貼外其他補助絕少因之種種設備未能充分夙夕徘徊殊慊於心幸吾同人本百年樹人之旨循先後緩急之圖以行其事任何困苦均甘之若飴邇來學生數量日見增多大有蒸蒸日上之勢雖云教學上未有如何特殊之成績有以促成然亦端賴吾同人一致努力獲得之效果也但此區區何敢自滿仍希社會諸君子時加指導以匡不逮曷勝盼幸爰將本校組織系統訓教設施狀況及校務進行計劃收拾一麟半爪分誌於后

教育方針

（一）培養人生圓滿和健全人格的基礎

（二）適應人生實際生活增進社會實際效力

（三）造就具爲紀律習慣及樂爲黨國服務的公民

（四）完成人生優美高尙的生活

鄞縣覺民小學行政組織系統表

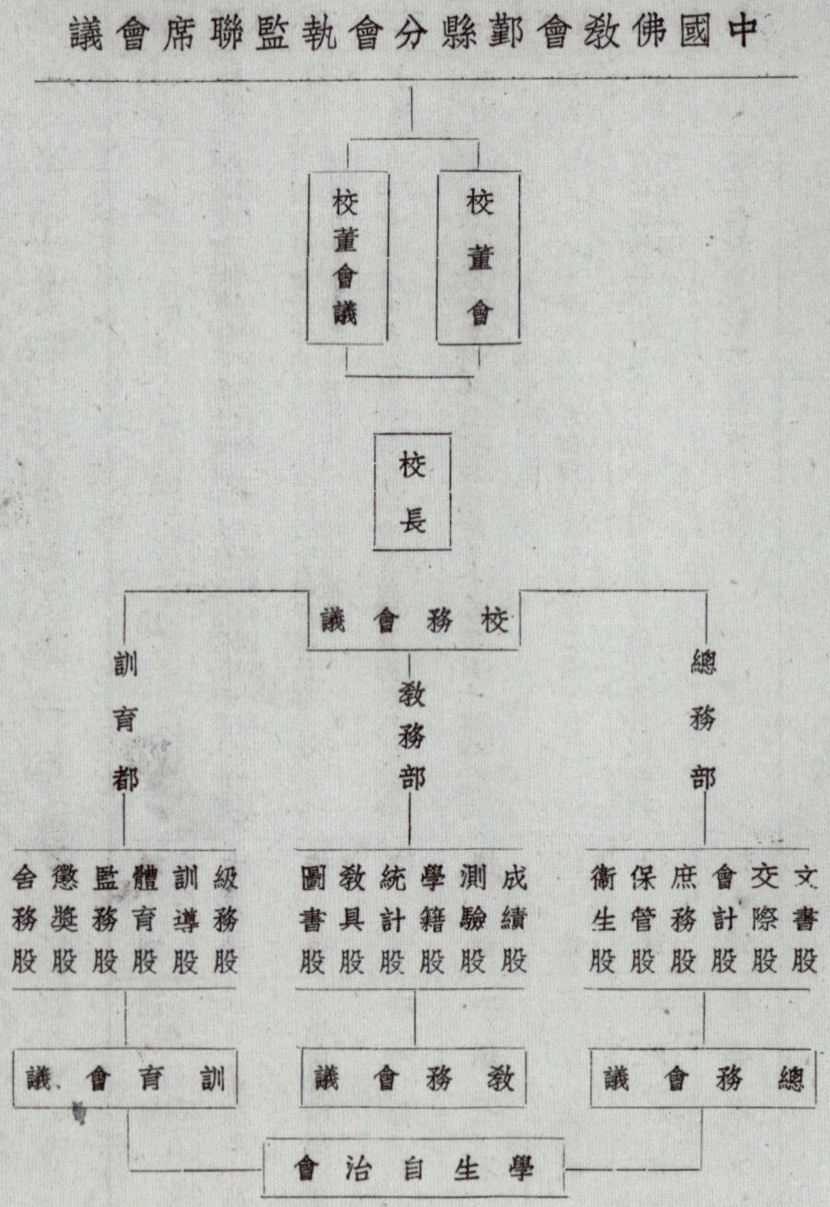

鄞縣私立覺民小學校董一覽表

姓名	性別	年齡	籍貫	資格及履歷	職別	通訊處
金夢麟	男	五〇	鄞縣	甯波府師範學校畢業上海神州大學政治經濟科學士前署鄞縣縣長現任鄞縣佛教會常務委員鄞縣國粹小學校校長	主席校董	本埠江東國粹小學
智圓	男	六二	湖南	中國佛教會執行委員浙江省佛教會執行委員鄞縣佛教會常務委員暨施祥寺住持明心花蓆廠廠長	校董	本埠尚書街明心蓆廠
寶靜	男	三五	上虞	中國佛教會執行委員鄞縣佛教會常務委員鄞縣觀宗義務小學校長	校董	本埠觀宗寺
溥常	男	六七	湖南	浙江省佛教會執行委員鄞縣佛教會常務委員七塔寺住持報恩佛學院院長	校董	本埠七塔寺
毛安甫	男	四九	鄞縣	甯波民強中學校長現任鄞縣佛教會監察委員	校董	鄞縣佛教會
陳如馨	男	四八	鄞縣	現任鄞縣城河委員會主席委員甯波商會執行委員鄞縣救濟院院長	校董	鄞縣救濟院
授妙	男	六三	台州	現任佛教會監察委員西方寺主持	校董	本埠西方寺

歷任教職員一覽表

姓名	性別	年齡	籍貫	在校任職	資格及經歷	到校年月	離校年月	通訊處
朱毓輝	男	二八	諸暨	校長兼總務	國立北京大學肄業省立第五中學講科畢業曾任甯波民強中學裴迪中學教員並小學校長六年以上	二十三年八月		諸暨楓橋朱家
駱乘雲	男	三〇	紹興	級任	省立五中師講科畢業曾任甯波民強中學大夏暑期中學職員並各地小學教員三年以上	二十四年二月	二十四年五月	本埠西門外競進小學
駱杏文	女	二〇	諸暨	科任	諸暨縣中學鄉村師範科畢業曾任諸暨縣立文廟中心小學慈谿中城小學鄞縣培正小學教職員	二十四年二月	二十四年五月	本埠蕭家橋十五號
駱一賢	男	二二	紹興	級任	上海中國公學大學部經濟系肄業三年	二十四年二月	二十五年二月	杭州湖濱路八二號
駱震	男	二二	紹興	級任	上海正風文學院教育系畢業曾任諸暨中學教員大東高級小學教務主任	二十四年四月	二十四年十月	紹興大街駱復興酒號
楊幼芬	女	二〇	諸暨	級任	甯波縣立鄉村師範畢業曾任杭州市立六和塔小學鄞縣鄉立懸磁小學教員	二十四年八月	二十五年二月	本埠醋務橋下四十九號
吳廷璟	男	二二	杭州	教務兼級任	鄞縣舊制高商畢業曾任小學教員三年以上	二十四年十月		本埠縣東街二號
俞兆熊	男	二二	蕭山	級任	諸暨鄉村師範科畢業曾任小學教員二年	二十五年二月	二十五年一月	諸暨縣後陶山寄廬
郁鐸	男	二二	奉化	訓育兼科任	甯波民強中學畢業曾任小學教員三年以上	二十五年八月		奉化斗門塘
陳立偉	男	二三	鄞縣	級任	鄞縣舊制高商畢業曾任小學教員三年以上	二十五年八月		本埠唸書巷十九號
陳杏玲	女	二〇	鄞縣	級任	上海正風中學畢業曾任小學教員三年以上	二十五年八月		本埠青石街三十五號
錢鎬	男	二四	鄞縣	童子軍團團長	甯波三一中學畢業中國童子軍理事會登記及格	二十五年八月		本埠四明小學

章則

行政組織大綱

第一條　本校設校長一人總理本校一切事務
第二條　本校以校務會議爲最高權力機關
第三條　本校爲辦事便利起見分設三部如左
一、總務部　辦理校内外總務上一切事宜
二、教務部　辦理教務研究及各科教學法事項
三、訓育部　辦理訓育及指導兒童自治事宜
第四條　總務部設主任一人分設六股如左
一、文書股　掌管公牘簿藉表格印刷品之抄寫印刷及紀錄各項會議決議案件
二、交際股　掌管招待參觀人及調查聯絡畢業生校友等事宜
三、會計股　掌管全校經濟之出入保管簿據編造預算決算書等
四、庶務股　掌管全校校工收發教科消耗品學用品以及全校廳屋場地之清潔校具修理添製等事務
五、保管股　掌管校具儀器等之保存及處理事宜

六、衛生股　掌管全校校舍場地及教職員學生等之各項衛生事宜

第五條　教務部設主任一人分設六股如左

一、成績股　揭示保管兒童學業成績籌備舉行各種成績展覽會

二、學籍股　掌理兒童學籍每日每月結算出席缺席兒童數及統計兒童勤惰事宜

三、測驗股　主持全校測驗材料之統一及測驗方式之規定事宜

四、統計股　掌管全校一切統計及調製各種圖表等

五、教具股　掌管各種教育用品事宜

六、圖書股　掌管圖書之添置整理保管事宜

第六條　訓育部設主任一人分設六股如左

一、級務股　掌管各級在訓育方面應行規劃統一等事宜

二、訓導股　注意兒童品性學業施以個別訓練

三、體育股　注意兒童體格之檢查及鍛練事宜

四、懲獎股　主持全校懲獎方式之規定及處理其他懲獎事宜

五、監護股　注意學校風紀及兒童品性的優劣點研究改進方法並處理兒童懲獎事宜

六、舍務股　注意寄宿生飲食起居及宿舍設備的清潔事宜並督促兒童自行保管宿舍用具

第七條　本校如有臨時事項發生必須詳細研究或專任辦理的經校務會議決議得設各種臨時委員會到事務終了時取消

第八條　各部各股負責人員由校長派定或由校務會議推定之

第九條　本校各項會議如左

一、校務會議　爲本校最高議事機關由全體教職員組織之討論校務一切進行事宜

二、總務會議　由全體教職員組織之討論總務上各項進行事宜

三、教務會議　由全體教職員組織之討論教務上各項進行事項

四、訓育會議　由全體教職員組織之討論訓育上各項進行事項

五、各科教學研究會　由全體教職員組織之討論關於各科教學上所發生的問題

六、編審委員會　由教職員中推定三人以上組織之辦理關於校刊及其他刊物之編審事宜

七、學生升學及職業指導委員會　由教職員中推定三人組織之辦理關於學生升學擇業事宜

八、各種臨時會議由教職員中推選組織之

第十條　各項會議之議決案由校長分交各該部各該股執行之

第十一條　各部各股之規程及會議細則另訂之但須經校務會議之通過

第十二條　本大綱有未盡事宜由校務會議修訂之

總務部辦事細則

第一條　本部辦理本校事務上一切事宜

第二條　本部設主任一人總理本部一切事務其職權如左

（一）計劃本部進行事項

（二）督促各股事務之負責進行
（三）督促校工之盡職
（四）總務會議時爲主席
（五）處理本部其他事項

第三條　本部每月舉行總務會議一次遇必要時得召開臨時會議會議細則另訂之

第四條　本部重要事務須經校務會議決議後施行

第五條　本細則經校務會議通過施行

總務會議細則

第一條　本會議討論本校事務方面一切事宜

第二條　本會議由本校全體教職員分別組織之

第三條　本會議以總務部主任爲主席

第四條　會議之範圍如左

（一）整理校舍佈置校景購置什物及保管校具支配經費等
（二）議決本部各股提議事項
（三）關於事務上應行建議於校務會議之事項
（四）討論本校衛生實施事項

（五）討論其他事務上一切計劃及設施

第五條　本會議每月開會一次遇必要時得開臨時會議

第六條　本細則經校務會議通過施行

教務部辦事細則

第一條　本部辦理本校關於教務及研究各科教學方法等事宜

第二條　本部設主任一人總理本部一切事務凡本校之教員均爲本部之教務員

第三條　主任之職權如左

（一）計劃本部興革事宜並爲教務會議之主席

（二）督促本部各股事務之進行

（三）辦理教員缺課事項

（四）主持編排教學時間表事務

（五）保管各股議決案及本部一切文件簿册等

（六）處理本部其他一切事務

第四條　教務員須協助主任辦理各股事務

第五條　本部每月至少開會一次遇必要時召開臨時會議會議細則另訂之

第六條　本細則經校務會議通過施行

教務會議細則

第一條　本會議討論教學方面一切事宜

第二條　本會議由全體教職員組織之

第三條　本會議以教務部主任爲主席

第四條　本會議之範圍如左

（一）支配及增減各學級之課程　（二）學生班級之編定

（三）增減或廢止學科事宜　（四）關於教學上進行事項

（五）討論所屬各股之建議　（六）其他關於教務之一切事宜

第五條　本會議每月開會一次遇必要時得召開臨時會議

第六條　本細則經校務會議通過後施行之

訓育部辦事細則

第一條　本部辦理本校訓練管理養護等事項

第二條　本部設主任一人總理本部一切事務凡本校之教員均爲訓育員

第三條　主任之職權如左

（一）計劃本部進行事宜　（二）督促本部各股事務之進行並爲訓育會議之主席

（三）爲學生爭訟最後之裁決　（四）注意全校校風

（五）爲學生自治團體之總指導　（六）處理本部其他事宜

第四條　訓育員須協助主任辦理各股事務

第五條　本部每月至少開訓育會議一次遇必要時得召開臨時會議會議細則另訂之

第六條　本細則經校務會議通過施行

訓育會議細則

第一條　本會議爲討論本校訓育方面一切事宜

第二條　本會議由全體教職員組織之

第三條　本會議以訓育部主任爲主席

第四條　本會議之範圍如左

（一）規定訓育標準　（二）分配輔導事務

（三）考查學生品性　（四）決定學生獎懲

（五）其他關於訓育之一切事宜

第五條　本會議每月開會一次遇必要時得召開臨時會議

第六條　本細則經校務會議通過施行

教學概況

編制	本校係秋季始業採取複式編制分為一二複式、三四複式、五六複式三學級
課程	根據部頒小學課程標準辦理中高年級酌加英語及商業珠算尺牘等科
各科教學時間	遵照部頒小學課程標準辦理
教學方法	採用自學輔導及啓發式低年級兼用設計教學法
教材	除選用適當教材為課本外其他如勞作美術音樂等科及補充教材概由自編
批訂	除點句用新式標點外並訂定批訂符號張貼各教室以便隨時參照
測驗	每月舉行學月測驗一次每學期終了時舉行總測驗一次學月測驗未及格者由担任教師隨時嚴加督促外並分函通知其家長學期測驗結束時除分發成績單外並將各生學業成績填入學籍簿
記分方法	採用百分比記分法

小先生導師團的組織及其職務

（一）目的——輔助小先生以即知即傳入的方式普及生活教育助成世界大同爲宗旨
（二）定名——本團定名爲鄞縣私立覺民小學小先生導師團
（三）組織——本團設團長一人由校長担任團副及幹事若干人分別負責編輯小先生半月刊輔助小先生等事宜
（四）本團之工作如下：
1）輔助小先生的教學方法
2）輔助小先生編製教材
3）輔助小先生製作教具
4）解決小先生之困難問題
5）考查小先生工作成績
6）出席小先生團員大會
7）實地巡迴指導
（五）團員——凡本校教員均爲本團團員
（六）會議——本團每二週開會一次由團長召集之於必要時得臨時會議
（七）訓練——本團爲增進工作效力起見將全團小先施以短期訓練
（八）訓練科目暫分下列各項由各團員分任之
1）精神講話
2）小先生史略
3）小先生的教學做
4）小先生的教材選擇
5）實際問題的討論
（九）出版小先生半月刊分小先生學教小先生通訊欄小講壇小先生的施教消息等每半月出版一次
（十）成績考查——根據普教辦法成績最優的小學生分別給予獎勵
（十一）推廣小先生——由校內而至校外於必要時並得舉行擴大宣傳
（十二）施行——本計畫經校務會議通過後施行之

二十五年度第一學期製

各級學生人數性別年齡統計表

年級	性別	六歲	七歲	八歲	九歲	十歲	十一歲	十二歲	十三歲	十四歲	十五歲	十六歲	十七歲	十八歲	總計	統計		
																最小	最大	平均
一	男	4	4	4	3	8	1	2	1						二七	六歲	十八歲	十歲
	女			4	1	2		1							八			
二	男		1	5	3	8	2	1	3	1					二四			
	女			1		1	2	1	1	1					七			
三	男			4	7	5	6	3	1						二六			
	女				1	1	1		1		1				五			
四	男				2	5	4	3	2						十六			
	女						1	1	1						三			
五	男					1	3	3	6	1	1	1	1		一七			
	女							1	1				1	1	四			
六	男						2	1	1	1	2	1	1	1	一〇			
	女									1	2	1	1		五			

二十五年度第一學期製

歷年學生人數比較

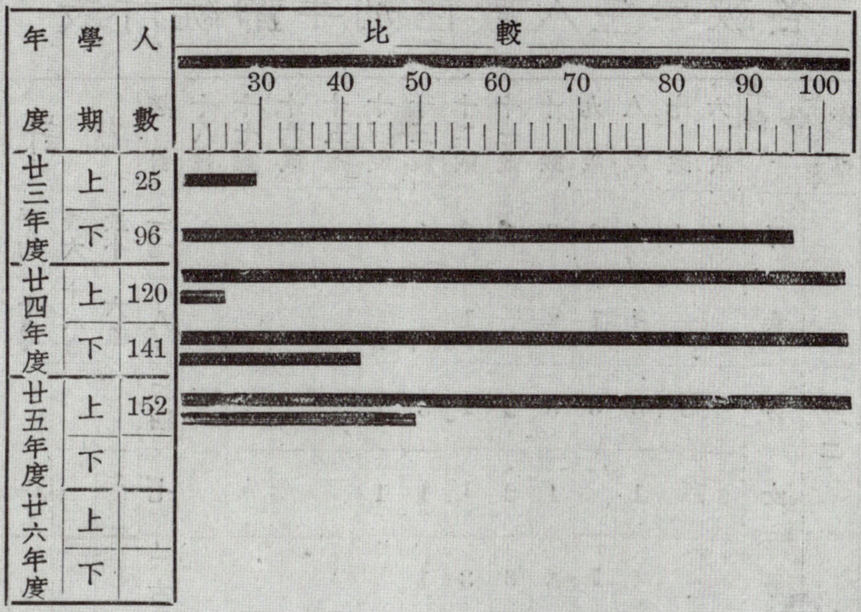

學生家屬職業比較

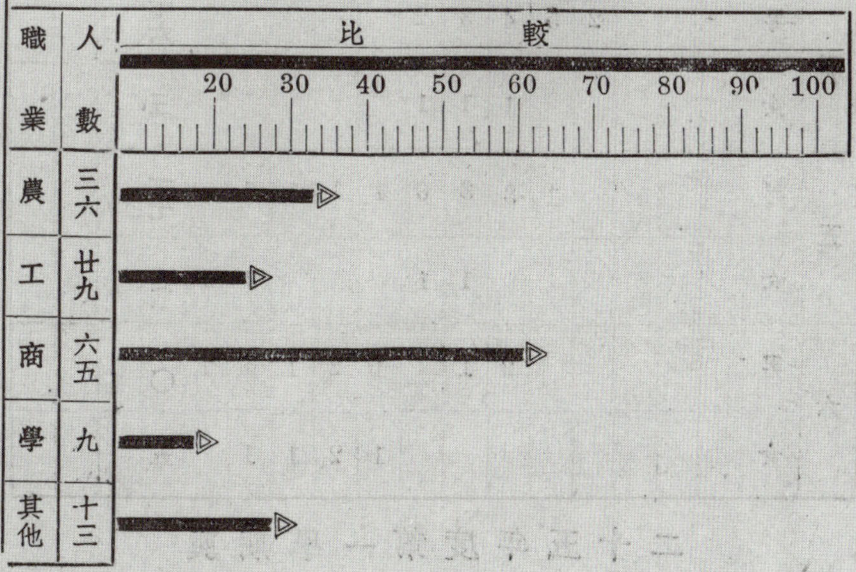

教育概況

要增加教育效力必須應用科學方法來處理我們辦教育的人應當事前有週密的計劃臨時有相當的步驟事後有詳細的記錄本校以人員稀少而教務冗繁致未盡教育能事茲將本校教育概況略陳如次

甲、教育原則

1. 從舊到新
2. 從遠到近
3. 從易到難
4. 從簡到繁
5. 從具體到抽象
6. 從心理到論理
7. 從基本到高深
8. 從問題到直敘

乙、學級編制

本校編制分爲高中低三學級均爲秋季始業高分五六兩級中分三四兩級低分一二兩級均採複式編制

丙、課程編制

根據部頒小學課程編制標準爲原則並參酌地方環境兒童需要中高兩級酌加商業英語尺牘等科茲列各科教學時間分配表於下

各科教學時間分配表

廿四年度第二學期

級別 時間分數 科目	高年級	中年級	低年級
公民訓練	60	60	60
衛生	60	60	60
體育	180	150	150
國語	390	390	390
社會	180	120	90
自然	150	120	90
算術	210	180	150
勞作	130	120	90
美術	90	90	90
音樂	90	90	90
總計	1560	1380	1260

附註

1.另設英語商業等科於課外教授故不列入

2.上列分數皆可以三除盡便於三十分四十五分支配爲一節

丁、教育方法

採用自學輔導制低年級兼用設計教育以謀聯各科教材除選用適當教材爲課本外其他補充教材如勞作國防音樂美術等概由自編

戊、測驗

本校除新生入學必須經過測驗外其餘每月舉行學月測驗一次藉以引起學生對於所學各科之整理及複習並於學期終了時舉行總測驗一次各科測驗未及格者除由担任教師隨時注意外並函知其家長嚴加督促藉收學校與家庭聯絡之効果學期測驗結束時除分發成績單外並將各生學業塡入學籍簿以便備查致測驗試卷則由測驗股妥加保存

己、批訂

本校爲統一教師批訂符號並使學生易解自己作業之謬誤除點句用新式標點外訂定批訂符號如左

1.別字用×　2.筆誤用——（在字右旁）

3.脫字用く　4.顚倒用S

5.已删復用用▲　6.句語不通用~~~（在字中央）

7.應删去用「」　8.語意不明用？

6.低一格寫用↓　（以上批改作文日記等用）

10正確用✓　11錯誤用×

12删去用橫線（在式上）　31脫式用▼（以上算術科用）

庚、記分

知識科用百分法技能科用五等記分法結算方法係用百分比計算玆將各科百分比列表於后

各科成績計算百分比表（廿四年度第二學期）

科目 ＼ 級別 百分比		高年級	中年級	低年級
公民訓練		4%	4%	4%
國語	說話	4%	4%	4%
	讀書	14%	14%	15%
	作文	7%	7%	6%
	寫字	4%	4%	6%
衛生		6%	6%	6%
常識	社會	9%	18%	14%
	自然	9%	18%	14%
算術	筆算	13%	13%	18%
	珠算	4%	4%	18%
勞作		8%	8%	7%
美術		5%	5%	5%
體育	遊	8%	8%	15%
音樂	唱	5%	5%	15%
總計		100	100	100
附註	英語尺牘商業等科未算在內			

訓育概況

本校訓育採用訓導制以發展兒童個性養成其有紀律的行動健全的體格生活的技能和良好的習慣使成為學校的良好學生國家的健全公民茲將本校訓育概況述之於后

甲、訓育目標

根據部頒公民訓練標準參酌新生運動目標分段施行並以忠孝仁愛信義和平為中心訂定實施目標如左

1.關於體格方面——培養整潔衛生的習慣快樂活潑的精神

2.關於德性方面——培養禮義廉恥的品格親愛精誠的美德

3.關於經濟方面——培養節儉勞動的風尚生產合作的智能

4.關於政治方面——培養奉公守法的觀念愛國愛羣復興民族的思想

乙、訓練綱要

1.身體的訓練——強健　整齊　快樂　活潑

2.德性的訓練——勤勉　誠實　公正　親愛　互助　禮貌　服從　負責　勇敢　和靄　守紀律

3.經濟的訓練——樸素　簡單　節儉　勞動　生產　合作

4.政治的訓練——奉公　守法　愛國　愛羣　擁護公理　擁護領袖

丙、訓育方法

(一)原則

1.多積極指導少消極抑制

2.多用間接方法少用直接方法

3.教師以身作則使其無形受到感化

4.充實學生生活的實質與社會相和諧

(二)方法

1.環境佈置方面——張貼訓育標語黨義表解名人畫像國恥掛圖

2.集會方面——紀念週週會早會級會各種紀念會除報告及行禮外由教師輪流講述　總理遺教名人事業功蹟以陶冶兒童人格於必要時得考查兒童言行習慣施以個別或團體訓練

3.關於比賽方面

甲、屬於團體的

1.出席比賽

2.秩序比賽

1.清潔比賽

2.敏捷比賽

茲將各項比賽檢查表分列於后

(一)年級學生出缺席統計表第　週

缺席日數 來復 ／ 姓名	1	2	3	4	5	6	總計

廿四年度第二學期

(二)年級教室清潔檢查表

分數 類別 ／ 來復	地上	桌椅	黑板	門窗	痰盂	紙箱	零件	總分
1								
2								
3								
4								
5								
6								
本週總分								
說明	用123三等記分成績好記3不好記1							

月　日至　月　日第　週

(三) 年級教室秩序檢查表

來復＼分數＼類別	集會	上課	下課	排隊	自修	其他	總分
1							
2							
3							
4							
5							
6							
說明	用1 2 3記分成績好記3不好記1						

月　日至　月　日第　週

(四) 敏捷比賽評判表

級別	一	二	三	四	五	六
評語						
計分						

年　月　日

乙、屬於個人的

1. 早到比賽（列記載表於下）

來復／次序／姓名	1	2	3	4	5	6	共計

月　　日至　　月　　日第　　週

2. 人格比賽（由兒童自由選舉列選舉票於后）

人格比賽選舉票

級別	
姓名	
選舉標準	品性優良　讀書用功　態度和靄　服務勤勉　學業超羣　辦事認眞
選舉人	

年　　月　　日

3. 健康比賽（列記載表於后）

健康比賽檢查表

報告 覺民小學

姓名 檢查記號 項目						
年齡						
身高						
體重						
髮色						
牙齒						
皮膚						
脊柱						
肺量 平時						
肺量 呼時						
肺量 吸時						
肺量 差度						
視力						
聽力						
握力						
疾病						
檢查日期						
附註						
說明	每學期只少舉行一次					

年　月　日

九八

4.演講比賽（列比賽評判表於后）

演講比賽評判表

年　　月　　日

年級						
姓名						
講題						
姿勢 4%						
語言 35%						
聲浪 30%						
內容 25%						
總分						
等第						
評判者						
附註						

4.關於獎勵方面——凡兒童學業優良品行端正或熱心公衆服務皆酌量加以獎勵獎勵種類分下列六項

（一）贊詞　（二）獎狀或獎旗　（三）文具

（四）留影　（五）題名　（六）免費

5.關於懲誡方面——懲誡在訓育上爲一種急救之方法非至不得已時不應施用懲罰方式分下列五項

（一）勸告　（二）警告（分口頭書面二種）　（三）默言

（四）褫奪權利　（五）停學

6.家庭聯絡方面——本校爲使學校與家庭打成一片藉能明瞭學生日常生活之苦痛而謀改進對策乃訂定聯絡家庭方法如下

（一）通訊——除學期結束時分發成績單外遇必要時隨時通訊報告之

（二）談話——發現兒童玩劣時得請其家長來校由級任教師詳細報告共籌改進方法

（三）家庭訪問——每學期至少舉行一次以便考查兒童生活習慣環境狀況

（四）怨親成績展覽會——每於學期結束時舉行除邀請各生家長來校參觀使其明瞭自己子弟之成績外並酌加游藝節目以助餘興

7.兒童自治組織方面

（一）實施原則

A根據社會環境適合兒童需要

顧到兒童能力含有教育意義

C切近社會生活
D活動有具體的規律
E組織有一貫的系統
F教師須切實負責指導

（二）組織大綱

1.本校爲謀培養兒童自治精神及發展兒童自治能力起見組織學生會以保甲制爲基本組織以鎮公所爲綜合機關定名爲覺民鎮

2.凡本校學生皆爲本鎮鎮民

3.本鎮宗旨具有下列各項

A爲全鎮民謀利益
B練習辦事能力
C養成公共服務的習慣
D增進互助的精神

4.本鎮組織系統另訂之

5.本鎮以鎮民大會爲最高機關每學期舉行一次產生執行委員會及監察委員會遇必要時得開臨時大會

6.執行委員會每半月開常會一次其討論範圍如左

A分配職務

B處決各部事務

C討論本鎮興革事宜

D其他

7.執行委員會規程另訂之

8.監察委員會規程每半月開常會一次遇必要時得開臨時會議其會議規程另訂之

9.本鎮各委員均由鎮民大會選出之

10本鎮各委員期以半年為限連選得連任

11本鎮職員須符下列資格方有被選權

A體格健全者

B品行端正者

C學業優良者

12本鎮各機關得聘請導師一人為常任指導

13本鎮各職員非有不得已事故不准辭職

14本組織大綱有未妥處得隨時修改之

15本大綱經鎮民大會通過訓育部核准施行

（三）組織系統

報告　覺民小學

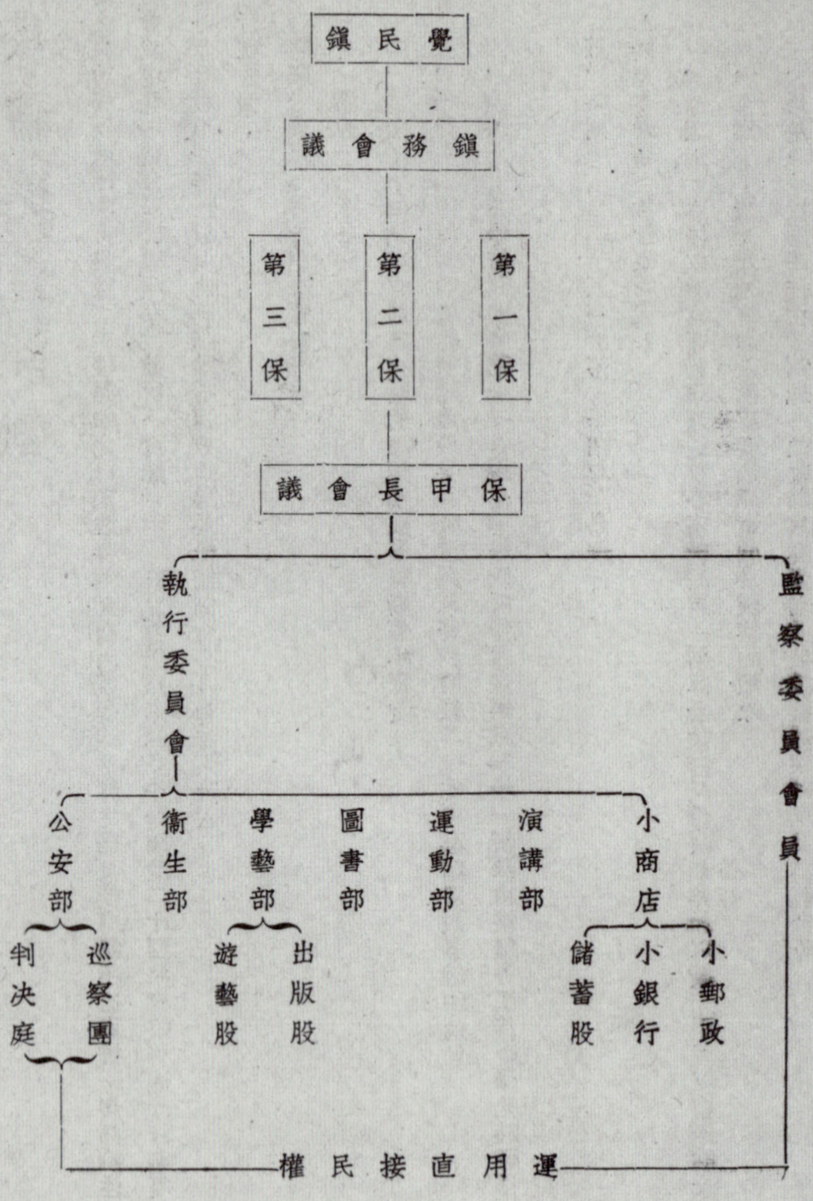
覺民鎮
鎮務會議
第一保
第二保
第三保
保甲長會議
執行委員會
監察委員會
公安部
衛生部
學藝部
圖書部
運動部
演講部
小商店
巡察團
判決庭
出版股
遊藝股
小郵政
小銀行
儲蓄股
運用直接民權

校務進行計劃

欲求事業之成功端賴進行時有嚴密之步驟詳細之計劃並得考查前因後果與事實之需要使有條不紊本校一切計劃注重實際工作凡社會環境教師精力學校經濟及設備所不可能者均不訂立並依照本縣各小學編造二十四年度校務進行計劃須知第四項之規定分行政教導兼辦民教及研究試驗等四方面屬於學校例行公事者均不列入

甲、行政方面

1.開闢小農場（舊計劃未經實行者）

一、原因——奉令闢設

二、目標——使兒童有從事生產的興趣養成其有勤勞的習慣

三、經費——購製鋤頭鐵耙鐵鏟等農具及編造籬笆等約需銀二十元擬呈請佛教會設法補助

四、辦法——在學校門前有荒地一方擬呈准縣政府作為農業試驗場一切除虫播種等工作令學生於勞作課進行之

五、時期——自二十五年度第一學期起開始進行

2.擴充運動場（新計劃）

一、原因——本校以原有運動場場地狹小不敷應用一切運動設備又付缺如非加以擴充不足以增進健康効率

二、目標——擴充場地增加設備以養成兒童關於體格的鍛鍊

三、辦法——擬購學校左旁荒地一畝改闢為運動場並裝設籃球架砂坑及示範台等

四、經費——除購荒地擬呈請佛教會另覓坟地爲交換外其餘籃球架一副（連球網約需銀五十元砂坑六元示範台八元共計六十四元擬呈准佛教會設法補助）

五、時期——自二十五年度第一學期起開始進行

乙、教導方面

1.訂定聯絡教材辦法（新計劃）

一、原因——聯絡教材可以增加教學効力

二、目標——以常識科爲中心每週只少有一次聯絡三科以上教材的教學

三、辦法——由教導會議訂定經通過後施行

四、時期——二十五年度第一學期起開始進行

2.重訂懲奬辦法

一、原因——本校雖有該項計劃辦法已無從考查故擬重新創制

二、目標——改善兒童性行

三、辦法——由教導會議擬定經過後施行

四、時期——二十五年十月開始十一月完成

丙、兼辦民教

本校除在靈橋門佛教會會所内辦有夜校一所外並在本校附設民衆問字代筆閱報識字等項由社教股負責辦理自二十五年度起並擬施行小先生制（新計劃）

覺民小學

一、原因——本校地處鄉偏民智低劣毫無國家觀念民族意識

二、目標——減少附近文盲

三、辦法——由社教股訂定經校務會議通過施行

四、時期——二十五年度第一學期起開始辦理

丁、研究試驗

自製簡單適用的教具（舊計劃未行者）

一、原因——本校缺乏應用教具臨時講置又困於經費且自製教具能增進教師應用教具的技能

二、目標——以極省的經費而得適用的教具並提高教學効力

三、辦法——由研究會訂定各教師得單獨或合作認定一種以上的製作並須限期完工

四、經費——以每學期一人製造一件爲原則每件經費以兩元爲限共計約需銀十元擬在辦公費項下開支

五、時期——二十五年度十月起開始進行

訓育概况

- 甲、訓育目標
  - 關於體格方面的　養成整潔衛生的習慣　快樂活潑的精神
  - 關於德性方面的　養成禮義廉恥的品格　親愛精誠的情感
  - 關於經濟方面的　養成節儉勞動的風尚　生產合作的技能
  - 關於政治方面的　養成奉公守法的觀念　愛國愛羣的思想
- 乙、訓育綱要
  - 關於體格的強健　清潔　快樂　活潑
  - 關於德性的
    - 自制　勤勉　敏捷　精細　誠實　公正　謙和
    - 親愛　仁慈　互助　禮貌　服從　負責　堅忍
    - 知恥　勇敢　義俠　進取　守紀律　重公益
  - 關於經濟的
    - 節　儉　勞　動
    - 生　產　合　作
  - 關於政治的
    - 奉　公　守　法
    - 愛國愛羣　擁護公理
- 丙、訓育方法
  - 原則
    - 多積極指導　少消極抑制
    - 多用間接方法　少用直接方法
    - 教師以身作則　使兒童潛移默化
    - 充實學生生活實質
  - 方法
    - 團體比賽
      - 消防練習
      - 運動比賽
      - 學藝比賽
      - 秩序比賽
      - 整潔比賽
      - 出席比賽
    - 衛生設施
      - 姿勢比賽
      - 整潔檢查
      - 體格檢查
      - 疾病檢查
    - 課外作業
      - 校事服務
      - 各項練習
    - 優劣懲獎
      - 優良兒童獎勵
      - 個別談話
      - 家庭聯絡
      - 人格選舉
      - 人格感化
    - 集合訓練
      - 懇親會
      - 遠足會
      - 紀念週
      - 早　會
      - 週　會
    - 自治活動　保甲組織
- 丁、訓育制度
  - 學校方面　採行級任訓導制
  - 學生方面　組織學校自治會

永明小學報告

一、學校緣起

本校創辦之始原係單級制學生不甚發達嗣經創辦人道修和尚與翁傳發二公提議交由鄞縣佛教會辦理每年經費由佛會負擔並以佛會名義呈請縣教育局批准立案從此學生日見增多遂擴充為二學級又因本校修築校舍及開辦經費以永明寺捐助最多厥功甚偉當與本校同垂千秋故定名為永明小學此本校緣起之大概情形也

二、校董姓名

智圓師　道修師　金夢麟
翁家渭　林德祺　嘉善師
竹林師　明性師　瑞岩師

三、組織系統

- 校董會
  - 校長
    - 校務會議
      - 總務部
        - 文書股
        - 交際股
        - 會計股
        - 庶務股
        - 衛生股
      - 教導部
        - 訓導股
        - 監護股
        - 教務股
        - 統計股
        - 民校股

150

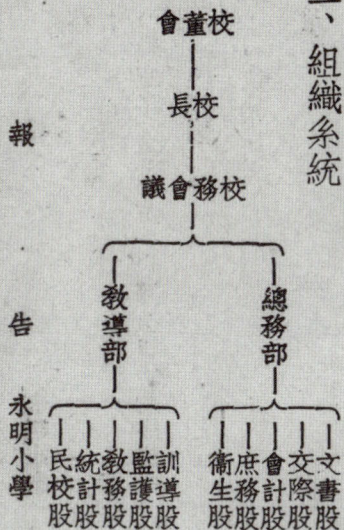

四、校舍分配

紀念廳一、教室二、教務室一、學生自治辦公室一、圖書室一、娛樂室一、會客室一、教員寢室二、雜儲室一、體育場一、遊息所一、校園一、

五、經費收支

甲、收入項下

一、收佛教會永明寺共捐基金二千元每年息金洋一百八十元正

一、收翁傳發公捐助田十三畝零每年產息洋約二十元正

一、收學雜費洋每年約二十元正

一、收道修和尚常年捐洋一百元正

一、收佛教會每年補助費洋三百九十四元正

合計每年收入約七百一十四元

（註明）因產息與雜費不能一定故云約收

乙、支出項下

一、付職教員每年薪金洋五百六十四元

一、付校工工金每年洋四十八元

一、付辦公費每年洋七十二元

一、付特項費每年洋十元

合計每年支出洋六百九十四元

（註明）每年支出爲六百九十四元無論收入多少概由佛會完全負責

六、學生納費

書籍雜費每學期每生收大洋一元貧寒者免學費一律不收

七、教職員姓名履歷一覽表

職別	姓名	籍貫	年齡	學籍	任事年數	備考
校長	張志亭	鄞縣	二十七歲	浙江省立第四中學高中師範畢業	歷任校長教員共七年	
教員	車隆均	鄞縣	二十二歲	浙江省立甯波中學初中畢業浙江省小學試驗合格	曾任教員四年	

八、學生人數

一年級九人（男七女二）　二年級十二人　三年級十一人　四年級十四人

補習班十九人（男十八女一人）

九、學生年齡統計表

七歲　五人　八歲　四人　九歲　八人　十歲十二人　十一歲八人

十二歲十人　十三歲六人　十五歲二人　十六歲一人

十、歷年學生消長表

念一年度第一學期八十三人　念一年度第二學期七十二人

報　告　永明小學　一〇九

念二年度第一學期六十二人　念二年度第二學期五十三人

念三年度第一學期六十八人　念三年度第二學期六十四人

念四年度第一學期六十二人　念四年度第二學期五十九人

念五年度第一學期六十五人

十一、訓育目標

根據中華民國教育宗旨施行公民訓練養成革命化紀律化集團化平民化科學化藝術化

十二、訓育方法

（一）積極的訓導　舉行朝會訓話　（二）團結訓練　組織學生自治會

（三）個別訓練　張貼標語　（四）舉行紀念週

十三、教育編制

複式

十四、教育方法

中年級採用自學輔導兼用設計教學法

低年級採用設計教學法

十五、各科用書

科目	書名	出版所

國語	新中華教科書	中華書局
算術	仝上	仝上
社會	仝上	仝上
體育	選修及自編	
勞作	仝上	仝上
美術	仝上	仝上
音樂	仝上	仝上

十六、家長職業統計

農三十人　工七人　商十二人　學二人

漁三人　航一人　其他一人

附爲永明小學呈請備案原文廿一年四月廿三日

呈爲設立初級小學組織校董會請予備案事竊屬會依照本年會員大會議决案擬設初級小學四所計城區一所東南西三鄉各一所記錄在案查本會會員西鄉青墊永明寺住持道修頗具熱心自愿將新建樓房一㡉劃借校舍之用查該屋光線充足空氣流通尙堪適用且該地居民大半業農兒童衆多均甚貧苦本小學擬不收學費使一般失學兒童得有求學機會緣徵集西鄉寺庵熱心會員七人屬會代表二人共爲九人組織校董會已由校董認定常年經費洋四百五十元道修出基本金洋一千元佛教會出基本金洋一千元翁傳法助民田拾三畝三分總計常年經費約在七百元以上其開辦費用均由道修個人出資業已設備就緒理合備文呈請鑒核迅予批准備案實爲公便謹呈

鄞縣縣政府

佛教孤兒院概况報告

(一)創辦沿革　本院於民國六年冬由七塔寺岐昌圓瑛智圓諸上人暨慈谿陳屺懷先生邀集地方人士及諸山長老集議于白衣寺設計創立本院七年五月正式成立就僧立普益學校原址改為院舍並呈奉縣署批准備案二十二年四月由智圓上人熱誠讚助設分院於鄞西梅園鄉實巖寺

(二)院內組織　本院由全體董事大會產生常務董事會為最高機關院長由常務董事會選任總攬院務院內設主事一人總分院各設主任一人均由院長聘任襄助院務總分院組織院務會議內分總務教養農事並教師修養會各系列表如下

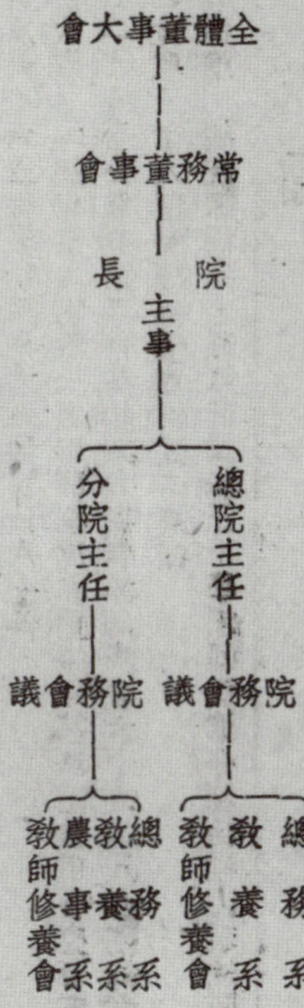

(五)經濟狀況　本院支出預算原定每年一萬四千八百八十元現因收入減少故支出亦核減原有基金五萬元近受金融影響一部分購置房屋一部分購買公債所存現款不足二萬元且均在呆滯中不能提用生息亦甚短拙總計全年收入由萬餘元減至六千元支付不敷之數每年達六千元之鉅若不亟謀救濟不久將有破產之虞矣

(三)兒童名額　自開辦以來已出院者五百十四人其中由家族領回者約佔百分之四十由本院介紹職業者約佔百分之十五由他項原因出院者約佔百分之十五現住院兒童壹百五十人在總院者九十人在分院者六十人

(四)職教薪額　本院職員給薪者計主事一人主任二人教員給薪者計樂師一人事務員一人練習生一人月薪最高五十元最低

二十四元平均約三十元其餘常務會主席一人常務會董事十人暨院長二人皆係義務職

（六）院舍佈置　（甲）總院面積約計三畝院舍分前後兩部前部計樓房二十三間後部計樓房十二間中分紀念室一教室三辦公室圖書室運動用具室樂器室表演台工具室工作場小醫院盥洗室療養室膳廳廚房穀倉磨場柴間男工寢室各一儀器室玩樂室浴室服裝庫清潔用具室保姆室各二寢室四雜物室五教師室六此外尚有遊戲場小公園以及走廊等等（乙）分院院舍分前後二宸後宸房屋五間全部作兒童寢室前宸十間有教室圖書室玩樂室自然研究室小醫院小工場辦公室教師寢室廚房柴間膳廳穀倉農具室雜物室又有廊房一宸作爲碾廠牛棚灰間之用此外又有體育場約地一畝山林菓圃等約地八十畝

（七）內中設備　總院計有圖書七四六部儀器一六三件樂器四八件被褥三〇二件衣服鞋帽三四六三件寢室用具三八四件醫藥器機一六六件教室用具及工具五一四件膳食用具五四七件其他六〇五件廚房用具二一五件醫器四一件衣服一一五〇件農具一六五件教育用具六五件其他八七件

（八）編制大概　本院兒童入院無一定時間程度參差編級甚爲困難現有壹百五十人除挑選優秀者三十人組織西樂隊外其餘一百二十人平分爲春秋二季爲始業之期春季始業者六十人編入分院肄業分甲乙兩團實施工學團制秋季始業六十人連同西樂隊三十人留養總院編爲複式二學級

（九）課程標準　總院課程完全遵照部頒修正小學課程標準分院課程因環境關係不得不略有出入用抄原表如左（表附後）

科目		各科	合計
必修科	公訓	60	895
	國語	400	
	社會	90	
	自然	60	
	算術	180	
	體育	105	
選修科	音樂	30	150
	美術	30	
	工藝	30	
	植藝	30	
	狩獵	30	
院內服務		280	
農事操作		675	

（十）教材採用　國語科採用大衆版小學國語教科書並酌用補充教材算術課採用開明版小學算術課本酌加珠算除國語算術二科採用書籍外其餘各科教材均由教師選取或自編述

（十一）教育方式　總院採普通教學法混用自學輔導及設計式注意與兒童生活相接合分院採工學團制

（十二）兒童自治　總院兒童自治組織採現行縣自治制以全體學生大會爲最高意思機關分設交際風紀會集成績工藝圖書出版玩樂健身醫治整潔舍務膳食等科分院兒童自治組織採委員制以兒童自治團團員大會爲最高意思機關由團員大會選定工具保管農具保管總務交通健身畜植出版整潔醫治膳食舍務公安學術玩樂圖書等委員組織行政委員會分全體兒童二團各團設團執行委員統屬於團員大會

（十三）生產活動　總院方面備有縫衣車三架選兒童之性質相近者令其學習最近組織無線電訓練班從事無線電收音機之修理及製造分院方面有農田山林八十畝兒童均從事農藝

（十四）成績考查　成績考查分月考與期考二種月考每月舉行一次僅測驗符號科學期考測驗全部功課採百分記分法

（十五）膳食價額　總院兒童膳食每日三餐一粥二飯均素食分院兒童三餐與總院同每人每月約膳費三元五六角之譜

（十六）服裝式樣　本院兒童之服裝除西樂隊出隊着制服外平時均穿短衣每人備棉衣夾衣各一套內衣單衫褲洋紗衫褲各三套鞋用帆布面汽車皮底製成取其耐穿

（十七）注重衛生　積極方面注意兒童營養及運動定期舉行健康檢查並注意個人及公共之清潔消極方面注意疾病之預防並設小醫院診治輕症其病重者送入醫院求治

154

鄞縣佛教會施診所國醫部施診簡則

本會爲救濟貧民疾苦以增進社會幸福起見特設國醫施診所關於各科就診簡則如左

（一）就診者須先向號房掛號繳付號金銅元十枚

（二）就診者掛號後當持號籌至待診室坐待挨次輪診不得攙越爭先亦不得離坐外出輪到某號就診時某號已外出卽以次號接診外出者須待各號診畢方得補診

（三）就診者不得前一日掛號

（四）施診時間自上午九時起至十一時半止下午十二時半起至二時止逾時不候星期日照常應診年假停診三日

（五）凡遇重病不能坐立者經本所醫士之許可卽可先爲診治輪着者不得阻執以救危急而重人命

（六）就診者經醫士診察時須先報明姓名年齡住址病狀（卽關於自覺痛苦）或經診治之經過病人如不能詳述則由親屬代述之復診時須隨帶原方以便查閱

（七）本所開出藥方病家不得自行增減

（八）病有深淺治有緩急本所醫士當視其病症而主方療治就診者不得執一已之偏見要求一定方單

（九）病人起居飲食自宜格外愼重其關於藥劑之煎法服法食物之應忌七情之宜愼及傳染消毒與避免各方法經醫士指囑須切實遵守不得任意玩忽

（十）本所以慈善爲宗旨醫士以救濟爲天職凡來就診者莫不悉心診察主方療治以冀其恢復健康但病症非本會醫治範圍所能奏效者及未經診察時病已危篤不能着手施治者均謝絕之不得藉端滋擾以礙善舉

（十一）就診者及同來親屬非至就診時不得入診察室致妨公衆診務

（十二）就診者及同來親屬或僕役等均須在待診室靜候不得喧嘩及隨地唾痰致擾病人安甯而礙公衆衛生

鄞縣佛教會國醫施診所診務報告

王蘊璞

境有貧富而人命無貧富體有貴賤而疾痛無貴賤況際此農村破産商業凋零憂患既亟疾病孔多之時其醫藥之資更無求矣佛教會諸上人惻念及此體天地好生之德本我佛慈悲之旨於是乎有國醫施診所之創設謀所以救濟之也璞不敏來此主其事者已二載餘矣自慚材輇愧無成績汲深綆短時虞隕越惟有竭其愚誠專精診療望聞問切務盡其察虛實表裏務盡其辨方藥配合務盡其法而當病情雖不能盡愈諸疾而數載之間遠近求治者接踵盈門月計累千年計近萬病家稱道我心滋愧且感益加勉耳玆將診治經過撮其概況以告希賜教指正焉計日常就診者以婦孺爲衆漫性病以肺胃二病爲多時行急性病以傷寒溼熱爲多分類詳告時迫未能惟以科目人數按月分列如左獨念貧病者既受施診每苦無力購藥倘有仁者慕助本會以資給藥是又璞與本會同人所馨香祝禱者也

鄞縣佛教會國醫施診所二十三年自一月起至十二月止診治人數報告表

月份	男科人數	婦科人數	小兒科人數	全月數	備考
一月	五三	八八	一四	一五五	
二月	九六	六一	三二	一八九	
三月	三四八	二一三	一〇二	六六三	
四月	二三〇	一九〇	一〇一	五二一	
五月	二九五	二九五	二二〇	八一〇	
六月	三〇一	二一五	二八一	七九七	
七月	二二〇	一九五	四七七	八九二	
八月	二〇七	二三四	三九一	八三二	
九月	二二六	一八六	三〇六	七一八	
十月	三〇九	二九三	三五五	九五七	
十一月	二八四	一五六	一四〇	五八〇	
十二月	一四五	一六三	一二九	四三七	
全年各科分數類	二七一四	二二八九	二五四八		

全年各科總共數計七千五百五十一名

鄞縣佛教會國醫施診所二十四年自一月起至十二月止診治人數報告表

月份	男科人數	婦科人數	小兒科人數	全月共數	備考
一月	九五	一二〇	一一六	三三一	
二月	一五六	一三八	一八〇	四七四	
三月	二二八	二九七	一八三	七〇八	
四月	二二六	二二三	二一八	六六七	
五月	三三五	二六一	二四二	八三八	
六月	三二〇	二四一	三八六	九四七	
七月	三六五	二八八	三七九	一〇三二	
八月	三一七	二五二	三四二	九一一	
九月	四五八	二九七	三〇五	一〇六〇	
十月	四二九	二五七	二五二	九三八	
十一月	二五三	一九五	一八七	六三五	
十二月	一五八	一三二	一二〇	四一〇	
全年各科分類數	三三四〇	二七〇一	二九一〇		

全年各科總共數計八千九百五十一名

報告 中醫

156

鄞縣佛教會西醫施診所章程

本施診所專爲救濟貧病交加無力就診者而設凡來所者須遵照下列各例

（一）就診者須先向號房掛號每人號金銅元十二枚

（二）就診者持號籌至候診室挨次診治不得凌越

（三）本施診所分內外花柳齒眼等科就診者須先向號房詢問應由何科施治

（四）就診者須遵守公衆衛生不得隨地唾痰及隨帶食物以免骯髒

（五）各診室內暨候診處不得抽吸捲烟亦不得高聲喧嘩致礙及其他病人

（六）凡就診者遇有急症時疫及病勢沉重不能久候者經醫士之許可得提前診治

（七）本施診所設置器皿雜物及手術械件等等求診者不得任意搬動或損壞之

（八）本施診所之藥劑室儲藏室以及檢驗室等求診者不得任意闖入

（九）施診時間自上午八時起至十一時半止下午十二時半起至二時止星期及紀念日照常施診

（十）求診者於臨診時先將姓名年齡性別住址及起病日期經過情形須一一向醫士詳細述明以便施診

（十一）本施診所之號籌就診者如有攜帶外出私自塗改及假冒等情一經察覺作爲無效

（十二）就診者經醫士處方後將方紙持向藥劑部領取藥品由藥師指明服法及使用方法就診者須一一遵行不得任意增減以免藥力之不合

（十三）本施診所春季施種牛痘夏季注射防疫針均爲免費

鄞縣佛教會西醫施診所報告書附表

竊慧慶自民國二十三年二月間仰承鈞會委託爲西醫施診所主任當於鈞會對門賃定房屋二間裝修陳設頗爲完整局面雖不甚宏廠而空氣尚屬清潔三月中卽行開幕着手施診附近城鄉病者鮮不喜形於色就醫者大有山陰道上應接不暇之概極盛時每月至二千號之多常欲儘量容納力圖博施以減貧民痛苦奈公私經濟皆屬有限迄今數年而末由發展昕夕徬徨時慊於懷所云手雖長而衣袖短心有餘而力不足者此之謂也幸望各界熱心公益諸君子隨緣輸將籍資補助或逐步擴充諺云救人一命勝造七級浮屠古人之言當非虛也兹將二十三年三月中起至二十四年十二月底止共計診治二萬一千四百四十一號除另表呈核外特具書面報告

西醫施診所主任陳慧慶

西醫施診所二十三年三月起至十二月底止診治人數報告表

月份	內科	外科	牙科	眼科	花柳科	全月數	備考
三月	九二	二二〇	一五	四八	一〇	三八五	
四月	二二二	四四一	二〇	八〇	一八	七八一	
五月	二二五	五五八	一三	七六	一二六	九〇八	
六月	一六七	五三四	一七	五一	二九	七九八	
七月	二九四	八二〇	二一	八七	四二	一二六四	
八月	一二二三	九八五	一八	九二	三〇	一四四八	
九月	二九〇	八五三	一〇	六七	二一	一二四一	
十月	二六一	七二五	一四	五三	一一	一〇六四	
十一月	九八	六六八	八	三七	六	八一七	
十二月	一四七	七八六	六	三六	四	九七九	
全年各科分類數	二一一九	六五九〇	一四二	六一七	二〇七	九六八五	

合計全年九千六百八十五號

西醫施診所二十四年一月起至十二月底止診治人數報告表

月份	內科	外科	牙科	眼科	花柳科	全月數	備考
一月	九八	五六六	八	四五	三	七二〇	
二月	八二	五〇四	六	五一	五	六四八	
三月	一四二	六二二	九	六八	一二	八五三	
四月	一二四	六〇一	一四	八一	一八	八三八	
五月	一三二	五七三	一〇	七三	一六	八〇四	
六月	一八〇	六〇五	二四	八九	二〇	九一八	
七月	三一四	七一六	四三	一二七	六八	一二六八	
八月	五二四	九四五	三二	一九八	九七	一七九六	
九月	三一三	七二一	二一	一二〇	七二	一二四七	
十月	二二六	七一〇	九	九二	三一	一〇六八	
十一月	二〇四	七二八	一三	五八	一九	一〇二二	
十二月	一九二	六二九	一七	三六	五	八七九	
全年各科分類數	二四六五	七九二〇	二〇六	一〇三八	二六六	一一九八六	

合計全年一萬一千九百八十六號

報告　西醫

鄞縣佛教會會員名錄

智圓 圓瑛 寶靜 源龍 溥常 金夢麟 指南 自空 靜安 宗文
佛日 明慧 慧良 靜願 慶法 空觀 昌星 性良 林仁義 善度
顯勤 宏法 湯翼生 周慧釗 行正 善修 蓮緣 國順 國富 蓮源
諦道 可修 榮增 最乘 西慧 永康 祖定 善芳 陳瑛 登林
寶德 定蓮 月英 野僧 錦堂 樂天 守靜 授妙 成覺 靜蓮
維慶 聖士 海霞 周康甯 朱杏村 朱珊美 源音 照空 成良 寶根
修善 瑞巖 空印 胡金生 震源 妙安 明峯 慧芳 任阿南 卓生裕
諦融 妙通 蓮法 范滋甫 曰慧 允會 炳賢 性根 文修 登明
善慧 達益 安慶 永福 慧良 福德 文達 嘉善 胡子華 密迦
性良 全良 寶法 夢軒 寶蓮 淨源 月泉 善修 蓮松 學海
德軒 福德 道靜 遠妙 蓮妙 則洪 明齋 蓮舟 光成 因妙
靈源 寶相 尚在 果證 東蓮 源明 宗琨 崇本 雪琳 普周
現權 儒學 鉅鏞 永昌 雪峯 正泉 永康 蓮德 果成 文岸
可然 智雄 善道 蓮定 顯剛 玉蓮 安仁 松壽 照慶 惟見
道悅 朝山 常安 惟證 林生 機遠 見心 證光 能仁 修願

會員錄

善成　指禪　喜明　有德　心田　若文　本貴　善觀　昌權　永法
妙修　月定　性超　雪參　靜蓮　天喜　本圓　正應　隆茂　諦參
醒悟　竹林　能安　智遠　參禪　遠通　萬空　諤香　善道　普賢
持朗　勛明　長清　經藏　宗目　永修　光明　若祥　水月　慶元
慧顯　信裕　月舟　明康　萬定　惟良　開琳　清雲　普靜　益山
榮池　能乘　靜照　靜智　長青　慈航　謐悟　法慧　識空　義明
廣泉　化成　妙慧　清蓮　淨修　如興　永慧　自悟　式昌　慧章
班雲　半月　通霖　象乘　月正　性德　炳燾　妙量　崇蘭　明慧
益潮　永華　妙香　靈華　修慧　果緣　善慧　明金　興海　德興
西仁　永蓮　智緣　蓮清　式葵　月明　顯仁　妙清　眞良　善德
宗光　善慶　湘華　振民　清禪　諦耀　善參　諦忠　善良　闡福
秀明　菩提　蓮清　性修　寶歸　常學　果然　月禪　步月　諤東
正見　達清　演林　深意　懶定　性根　定光　方威　法雲　崇慶
崇康　應和　脫塵　玉岩　恆德　僧晉　祖蓮　中月　妙安　禪法
蓮根　永貴　彩蓮　明性　慧蓮　榮康　源金　成亮　定慧　海德
永康　定蓮　靜修　滋根　池正　定安　志軒　正修　秦鏡　英蓮
常修　則揚　常西　清素　寬明　道明　妙宗　秦雲　法道　永興

會員錄

修眞　明暘　昌修　慧成　海岸　深恩　清淨　蘊超　寂照　志恆
道聽　式昌　性宗　界空　顯修　會通　朗照　徐子敬　蓮度　陳道量
毛定甫　碧霞　雲來　寶雲　開化　正性　圓明　善蓮　安然　定慧
寶池　修清　西霞　如海　道立　妙禪　明山　法明　源海　遠澤
參識　源輝　英才　明良　月明　達良　根才　能明　月康　慧安
祖興　炳法　文海　妙靜　慧善　雲蓮　妙禪　道明　寬容　宗清
萬香　月照　萬貴　體雲　卓梵　奘年　文財　安禪　洪義　德修
修學　文傳　大乘　實恆　慈光　大明　了塵　曙明　智海　廣參
勝常　青融　皓月　芝林　念性　戒清　明心　普智　瑞堂　性空
慧山　才光　眞濟　明德　福蓮　淨慈　心月　守田　眞慈　茂林
寬慧　寺峯　香潭　仙坡　覺塵　妙慧　鏡安　月心　皓月　澄明
覺一　大智　大亮　應化　智光　清涼　能悟　智禪　憨奇　瑞開
妙慧　聖眞　亞禪　諦聞　海龍　攸久　恬舟　清耀　智明　福慧
炳如　秀林　證芳　了徹　忠俊　宏道　佛定　成道　惟賢　覺民
善護　金法　識開　須禪　朗月　寶善　壽禪　敏智　恆輝　圓融
法慈　德全　徹悟　慧峯　源道　朗光　三昧　聖先　鶴林　慧昌
永康　助道　照成　靜龍　自如　榮宗　心耀　佛森　道忍　正興

栖心圖書館聚珍輯刊

（第二輯）

下

可祥　主編

上海古籍出版社

下册

諦聞塵影集

《諦聞塵影集》，諦聞法師（一八九五—一九八三）著，太虚大師、無住法師分别作序，寧波七塔報恩佛學院於民國二十六年（一九三七）出版。封面「諦聞塵影集」由常惺法師題簽，扉頁「諦聞塵影集」爲大方法師題字。寧波鈞和印刷股份有限公司印刷。麗江市古城區圖書館古籍部有藏。是本最初藏於麗江納西自治縣圖書館，後轉藏於麗江市古城區圖書館古籍部。

諦聞法師，俗名蔣又凡，納西族，雲南麗江人，一九三五年應七塔禪寺住持溥常長老邀請，擔任七塔報恩佛學院主講兼教務主任，《諦聞塵影集》在其執教期間編輯成書。

《諦聞塵影集》收録諦聞法師讀經心得、時事感言、序言、書札、法語、演詞、公文等共計一〇一篇，頗顯其深厚的國學底蘊和佛學造詣，實爲研究民國佛教史之珍貴史料。

《諦聞塵影集》長一九點七釐米、寬一三點三釐米，半頁十二行，行三七字，白口，四周單邊，單黑魚尾，宣紙，鉛印本。

本次影印，據麗江市古城區圖書館古籍部藏本。

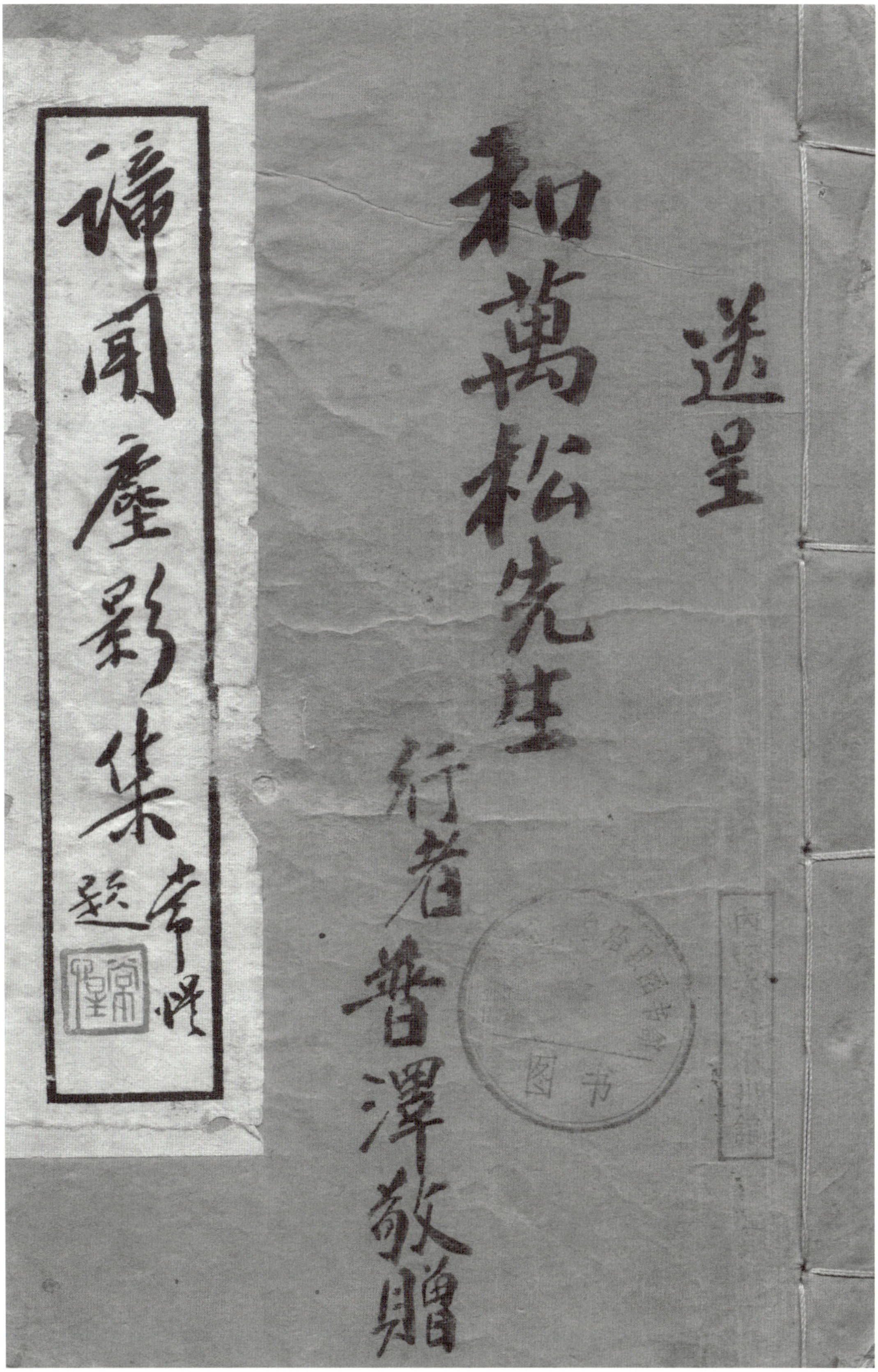
送呈
和萬松先生
行者普澤敬贈
諦聞塵影集
常惺題

諦閒塵影集

諦閑法師著

大方題

著者三十初度像

生命的旅途我已跑过了三十五度。蹉跎了宝贵的光阴。创伤了纯洁的性天。而今只剩下残余的躯壳。尚留在鸡脚山山巅。放光动地也曾在革命、新都。坐坛说法。那已幻灭的憧憬，如今不堪回首。烧不尽几篇断稿。剪不了颔下千思。又踏破几双芒鞋。问苍苍何以放我。

岁梦道人谛闲自题

序一

中國之社會。頃在古今東西一切文化之蛻變期內。而建立其間之僧寺。自是無能例外。故亦時有過渡之紛遽情狀。非復疇昔之悠閑暇逸獲享山林清福。諦聞法師乃深有學問之素養。兼具禪和之風度者也。嘗在雲南有改進寺制僧制之舉。顧格於先習。所志未遂什一。近年應寧波七塔寺報恩佛學院主講之聘。循循善誘。旣深得學衆之敬愛。而與全寺之耆舊。亦能水乳交融。翕然靡間。殆庶幾僧伽和合之模範歟。近集其積年之讀經感言議論書札法語演詞等一百餘首。顏曰諦聞塵影集。將以付欹厥。余閱其所爲文。乃恰似其人。讀之可使躁者少安。而頑者漸化。誠有裨於今之佛門。因識數語弁其耑。

民國二十六年四月十五日雪山丈室太虛

序二

諦聞法師次其所爲文一百餘首。將付諸欹劂。問序於余。且曰。吾文不貌襲乎古。不隨逐於今。當其汩汩然赴吾腕。遏之不能。絕之不可。必盡吾說而後止。每一篇成。未嘗不酣暢淋漓躊躇滿志。及再玩之。則氣息法度。迥然不類乎古人。又未嘗不氣爲之餒而意爲之索。然欲令吾於陳篇故紙中。日求其所謂氣息法度者。字摹而句擬之。則吾又不肯爲也。故數數爲文。則數數棄之。今之所存者。蓋十之一二耳。而四方友人索吾文者。月常至再。吾以抄寫爲勞。以爲不若付諸手民之爲便。非敢謂行世也。君如韙吾言。則請序之以冠夫帙首可乎。余聞其言而善之。謂師曰。有思慮而後

有語言。有語言而後有文字。方夫六書未造。吾不知何者爲文。卽自有書契以來。六經之文。各異其體。遷文質。固文整。六朝文麗。唐文句短。宋文句長。而駢散之代謝無論矣。是文字者。取足以發攄思慮代表語言而已。而文體之變遷。則自與朝代爲轉移。各執一已成之見。舍己從人。則如自毀其形。以擬他人之面目。其不鄰於優孟衣冠者幾希矣。吾嘗觀夫漢滿蒙回藏五族之文。至不相侔也。其發抒思慮。代表語言。則一也。又推之於歐美諸邦。其文字又各不相侔也。其發抒思慮。代表語言。則一也。今者世界將趨於大同。而文字必尚乎普及。君之文法古而不貌襲乎古。適今而不隨逐於今。此則天下之眞文。眞可以發攄思慮而代表語言者也。其眞能不自毀其形。以面目他人者也。其眞可普及於社會者也。而深於古習於今者。讀君文。無不皆好之。是雖不貌乎古。而必有當於古也。雖不逐於今。

而必有適於今也。君又何歉焉。君曰。其然。則請卽以斯語弁諸簡。君爲人卓犖豪爽。任事苦樂無所擇。而應之若遊刃有餘。曾述其在滇時諸所經歷。精神魄力。足起頽惰。君顧自謂此少年客氣。適足障道。因益歛其氣於文。故文多奇氣。君少時自滇逾年。至南洋逾緬。北遊舊都。留學者數歲。挺然常居首選。其所受之文訣。蓋本之於湘潭賓玉瓚楷南。楷南今世之名能古文者。足知其淵源有自也。

不緇頭陀無住謹序

諦聞塵影集目次

諦聞塵影集

讀地藏菩薩本願經

地藏本願經者。釋家之孝經也。欲知釋家之孝。不可不知儒家之孝。儒家之孝。吾嘗聞之矣。孝經云。孝者天之經也。地之義也。民之行也。意以爲天地間民生所有之事。大莫大乎孝。重亦莫重乎孝。其崇孝之意。不亦可知乎。孝子之事親也。居則致其敬。養則致其樂。病則致其憂。喪則致其哀。祭則致其嚴。五者備矣。然後能事親。故有以冬溫夏凊昏定晨省爲孝者。有以出告反面所遊有常所習有業爲孝者。有以聽於無聲視於無形不登高不臨深不苟訾不苟笑爲孝者。有以菽水盡歡爲孝者。有以養志爲孝者。有以身體髮膚不敢毀傷爲孝者。有以立身行道揚名爲孝者。有以喻親於道爲孝者。有以幹蠱爭不義爲孝者。有以怨慕爲孝者。有以問安視膳爲孝者。有以嘗藥爲孝者。有以愼終追遠爲孝者。有以事死如生事亡如存爲孝者。有以繼志述事爲孝者。孝之道大矣。範圍亦廣矣。故德教加於百姓。刑於四海。昔者天子之孝也。在上不驕。制節謹度。以能保

其社稷。而知其人民。諸侯之孝也。非法不言。非道不行。以能守其宗廟。卿大夫之孝也。忠順不失。以能保其祿位。而守其祭祀者。士之孝也。用天之道。分地之利。謹身節用。以養父母。庶人之孝也。自天子以至庶人。莫不以孝爲重。自平天下以至齊家修身。莫不以孝爲本。自郊社禘嘗以至一言一動一視一聽。莫不以孝爲懷。仁民愛物。孝之所推也。至德要道。孝之所發也。祿位名壽。孝之所致也。達於天地。通於神明。光於四海。孝之所極也。詩曰。孝思不匱。永錫爾類。此之謂也。從古以來。見於經史。如虞舜周公武王曾參王祥孟宗之流。皆以克孝爲世所尊崇。其有不孝者。則目之爲罪人。如惰其四支。博奕飲酒。好貨財。私妻子。不顧父母之養。及縱耳目之欲。好勇鬬很以危父母。有一於此。則爲人類所不齒。天地所不容。故曰五刑之屬三千。而罪莫大於不孝。儒家之重孝而黜不孝。可謂至矣。若釋家之孝則何如。釋家之言孝也。有見之於供養者。末羅王經云。從地積珍寶上至二十八天。悉以施人。不如供養父母。是也。有見之於報恩者。本事經云。假令有人。一肩荷父。一肩擔母。盡其壽量而不暫捨。供給衣食醫藥種種所需。猶未足報父母深恩。是也。有見之於資亡者。梵網經云。父母死亡之日。應請法師講菩薩戒經。福資亡者。得見諸佛。生人天上。齋忌

終身。是也。故忍辱經云。善之極。莫大於孝。惡之極。莫大於不孝。所有一切梵行。不外修善去惡。而善惡之分。惟以孝與不孝爲斷。其崇孝之意。爲何如乎。說者以釋子辭親出家。疑爲不孝。不知儒家之孝。世法之孝也。釋家之孝。出世法之孝也。出世之孝。有不與世法同者。請得而備言之。阿含經云。如來出世。爲度多生父母。報其恩故。佛既爲度父母而出世。爲報父母之恩而出世。則出家亦爲父母而出家。修行亦爲父母而修行。成道亦爲父母而成道。出家修行成道。無非孝也。且佛之成道。實有由孝而來者。雜寶藏經云。由昔孝養。今得成佛。孝而至於成佛。則其爲孝。豈有窮哉。梵網經云。釋迦牟尼佛。初坐菩提樹下。成無上正覺已。初結菩薩波羅提木叉。孝順父母師僧三寶。孝順至道之法。孝名爲戒。佛子不可一日忘戒。即不可一日忘孝。孝之重可知也。觀無量壽經云。欲生彼國者。當修三福。一者孝養父母。奉事師長。慈心不殺。修十善業。是往生西方首重在孝。孝之重又可知也。且世間之孝。以養生喪死爲重。出世之孝。以超度爲重。養生喪死。祇及一世之父母。超度能及多生之父母。超度多生父母。盡孝之道。至斯而極。以此知世間之孝。不若出世之孝之圓滿也。人子於父母既沒。爲之宗廟以享之。擇於春秋以祭之。追憶語笑志意以思之。世間

之孝也。而出世之孝。或誦經。或禮懺。或作其他佛事。或量力放生。得以資亡而薦福。夫放生本世法而通於出世法者也。誦經禮懺及諸佛事。本出世法而可通於世法者也。世間之盡孝者。於父母沒後。既以時祭祀。又延僧誦經禮懺作諸佛事。並隨力所及。爲之放生。其得福當更無量。惟或者泥於血食之說。祭祀先人。必殺生命。則與放生相反。有不可不辯論者。周易有言。天地之大德曰生。放生求福。福德甚大。若殺彼祭此。悖德傷天。不特福不可求。恐亦孝子仁人所不忍出。又薌合明粢。薌萁嘉疏。薦之以時。見之於記者也。蘋蘩蘊藻。可薦鬼神。見之於傳者也。此皆儒家之言也。本此明德以薦馨香。簠簋黍稷。足以昭其誠敬。又何必殺生以悖德而傷天哉。故以殺生與不殺生較。則不殺生之理爲勝。以不殺生與放生較。則放生之理爲尤勝。又以此知世間之孝。不若出世之孝之圓滿也。夫誦經禮懺作諸佛事。以及放生。皆超度父母之所有事也。出世之孝。以超度爲重。不特超度一世之父母。並超度多生之父母。不特一己超度多生之父母。且願人人超度多生之父母。有大目犍連者。佛之弟子。神通第一者也。以道眼觀視世間。見其亡母。生餓鬼中。不得飲食。皮骨連立。以鉢盛飯往餉。化成火炭。亦不得食。目連悲泣白佛。佛言汝母罪根深結。非汝

一人之力。所能拔濟。須賫十方衆僧威神之力。乃得解脫。宜於七月十五衆僧自恣日。以百味飯食。安置盂蘭盆中供養十方大德衆僧。盂蘭者救倒懸之意也目連依法施設盆供其母即日得脫一劫餓鬼之苦此爲盂蘭盆會之起緣亦即中元祀祖之所自始。後之爲人子。奉盂蘭盆超度現在父母乃至七世父母者。不可勝計。後之爲人子。仿其遺意擇於中元節祭祀祖先者。尤不可勝計。凡繼目連而起。爲父母施設盂蘭盆會及於中元節祭祀祖先者其所爲孝皆目連之孝。亦即我佛之孝也。我佛之孝。其尤不可及者。爲升忉利天爲母說法一事。所說之法。即地藏本願經。經中所言大旨不外四種。初明能化之主。即地藏菩薩分身地獄以孝行化。令諸罪苦得生人天是也。次明所化之機。即不孝二親。不敬三寶。墮諸地獄之罪苦是也。三明度脫之緣。即令讀地藏經禮地藏像。讚歎供養。解脫一切罪苦。是也。四明成佛之因。即令諸罪苦。念佛稱名。布施作福。得成無上菩提。是也。總之。以孝順之行。爲全經之正宗。並擧地藏菩薩於因地中。爲婆羅門女及光目女。皆以救母而發大願。以證諸佛菩薩。莫不以孝爲自行化他之本。衆生度盡。方證菩提。地獄未空。誓不成佛。地藏願力之大。即地藏孝行之大。地藏之孝。即我佛之孝也。凡世之爲父母誦經

禮懺。或生前。或沒後。以之求福者。其所爲孝。亦即我佛之孝也。豎窮三際。橫遍十方。孝行圓滿。惟我佛一人。此可斷言者。吾讀地藏本願經。有感於我佛之孝之極。遂書此以解世人之疑。且示世出世間之言孝者。宜會其通以盡其大。又殺生致祭。名爲祈福。反以傷福。乃世間之孝之所宜改變者。故縱論及之。

讀金剛般若波羅密經

胎卵溼化一切有情。胥吾眷屬。地水火風一切無情。胥吾本體。誰親誰疏。誰恩誰怨。圓融普徧。萬法一如。所以我佛倡平等之說。非特胎卵溼化一切有情。不可歧視。即地水火風一切無情。亦不可妄生分別。所謂不二法門者是也。奈衆生無智。不知胎卵溼化一切有情。爲其眷屬。地水火風一切無情。爲其本體。於平等中起諸不平等想。曰彼吾親也。此吾疏也。甲吾恩也。乙吾怨也。固已失平等之義矣。又其甚則至於相殘相殺。互爭互奪。強陵弱。貴欺賤。於此而欲求平等之說。其孰從而得之。曠觀世界。徵諸歷史。倡平等之說者。指不勝屈。而能求得平等之眞義者。有幾人哉。蓋

平等之眞義。殊不易得。得之者厥惟佛教。吾讀金剛般若波羅密經至是法平等。無有高下。是名阿耨多羅三藐三菩提。作而歎曰。一切諸佛及諸佛所證之法。孰有外於平等者哉。夫所謂平等者。對於差別而言者也。有差別則有生有滅有垢有淨有增有減。而我人衆生壽者諸相。紛然以起。若自諸法實相言之。則眞如周徧一切。等無有異。又何差別之可言。故我佛所成之覺爲平等覺。所見之性爲平等性。所施之教爲平等教。聖凡等證謂之平等大慧。怨親等觀謂之平等大悲。一代時教。所以發揮諸法平等之理者。不一而足。豈非佛教平等之眞義乎。至於老子之道德。耶穌之博愛。孔子之大同。墨子之兼愛。雖各具有平等之宗旨。然皆不能如佛教之盡善盡美。欲得究竟平等之眞義。不可不求之於佛教也審矣。如能求得佛教平等之眞義。則世界豈有不安寧。衆生豈有不得幸福者哉。古人有言。言之匪艱。行之維艱。是以倡平等之說者雖多。而能實行平等之說者蓋寡。果能實行。則胎卵溼化一切有情。皆吾眷屬。地水火風一切無情。皆吾本體。如是而猶不能證無爲之法者。未之有也。嗟乎。世人徒知無爲之樂。而不知無爲之法。不外夫平等。且或知之而不能實行。故愈求法而法不可證。愈求樂而樂不可得。非佛之所謂可憐愍者乎。

讀四十二章經

世界之大。人類之衆。根性不一也。嗜好不同也。而必冶之於一爐。化之於一法。豈非難得之事乎哉。所以如來學如此之博。願如此之宏。而不能化盡衆生於一眞法界。令其同悟無生之理。同證如如之法。同享四德之樂。同稱兩足之尊者。正爲此耳。今之倡佛化者。靡不具有普及之思想。然吾以爲處今日而欲佛化之普及。非具有學如如來之博。願如如來之宏者。殊不足以語此。何也。世界文明也。人類進化也。倡科學而非哲學。倡哲學而非科學。入主出奴。彼是此非。而欲佛化普及於世界人類之上。吾知其難矣。然則何爲而可也。曰。窮其學。宏其化。隨其根性之大小。嗜好之所趨。彼而嗜科學也。則說以科學中之佛法。彼而好哲學也。則說以哲學中之佛法。根性而大也。則授之以大。根性而小也。則授之以小。夫如是佛化之普及。固不難矣。故不患佛化之不普及。特患化之無術也。倡佛化之普及而不能實現者。化之未得其術耳。余讀四十二章經至隨化度人難一語。不禁掩卷而歎曰。教衰矣。道微矣。何不出大師子。一吼而化此世界人類。盡入於毗盧性

海耶。

讀楞伽阿跋多羅寶經

高莫高於楞伽。貴莫貴於阿跋多羅寶。惟其高故不可往。惟其貴故不可得。然雖不可往而必欲往之者。楞伽也。雖不可得而必欲得之者。阿跋多羅寶也。若不可往而不往。則終無可往之日。若不可得而不得。則終無可得之時。夫如是。不特不能至楞伽。而亦不能知楞伽之高。不特不能得阿跋多羅寶。而亦不能知阿跋多羅寶之貴也。衆生之於第一義諦也亦然。第一義諦雖不可得而必欲得之。豈無可得之一日乎。無如凡夫。自無始來。起惑造業。因業受報。外道計斷計常。陷溺邪途。二乘沈空滯寂。不了法空。菩薩無明未盡。變易猶存。是皆不能得第一義諦者。亦如楞伽之不能往。阿跋多羅寶之不能得也。若能了達萬象森羅即空。則偏眞第一義諦不可得而得也。若能了達萬象森羅即假。則但中之第一義諦不可得而得也。若能了達萬象森羅即中。則中道之第一義諦不可得而得也。亦如楞伽之不可往而往。阿跋多羅寶之不可得而得也。烏乎。恆在楞

伽而不知楞伽之高。恆用阿跋多羅寶。而不知阿跋多羅寶之貴者。其衆生之謂歟。

讀大方廣圓覺經

生死非生死。涅槃非涅槃。圓覺也。諸佛非諸佛。衆生非衆生。亦圓覺也。乃至生死即生死。涅槃即涅槃。諸佛即諸佛。衆生即衆生。又何嘗越此圓覺之範圍耶。或有疑乎。請條舉以明之。凡夫惑業深重。執四大以爲身。認六塵緣影以爲心。故迷而不覺。外道昧於一元二元之論。陷於斷見常見之坑。故邪而不覺。二乘沈空滯寂。得少爲足。故偏而不覺。菩薩雖修行六度。自利利他。以未窮無明之源。亦屬覺而不圓。惟佛一人。五住悉斷。二死永亡。乃名之爲大圓滿覺。經云。三賢十聖住果報。惟佛一人居淨土。不其然乎。所謂非生死非涅槃。非諸佛非衆生者。自其悟者而言之。蓋悟此圓覺。則非特生死涅槃皆如幻化。即諸佛衆生亦咸若空華。故曰非生死非涅槃非諸佛非衆生也。所謂生死即生死。涅槃即涅槃。諸佛即諸佛。衆生即衆生者。自其迷者而言之。蓋迷此圓覺。則於非生死中妄有生死。非涅槃中妄有涅槃。乃至非諸佛非衆生中妄有諸佛衆生。故曰生死即

生死涅槃即涅槃。諸佛即諸佛。衆生即衆生也。雖然。欲證此圓覺。非依正修行不可。欲依正修行。非有妙智妙慧不可。故文殊等。於光明藏中。與佛重重辯論。或問之以修證之方。或問之以破惑之法。非惟當時在會者。咸得利益。即末世衆生亦皆藉此以圓佛果。其度生之心可謂切矣。余讀大方廣圓覺經。而知生死涅槃。諸佛衆生種種假名。所以安立。實係乎人之迷悟。不禁有所感。故聊書數言。以之自警。且以解惑者之疑。

讀般若波羅密多心經

佛法浩瀚。莫測其涯。而要其大端。不外一心而已。所謂一心者。非二乘之偏心。外道之邪心。凡夫之妄心。乃諸佛圓覺之妙心也。是心也。爲諸法之本體。在有情數曰佛性。在無情數曰法性。故耳之所聞。目之所見。鼻之所齅。舌之所嘗。身之所觸。皆此心之妙用。不特此也。即天地之所以著。日月之所以明。江河之所以流。又何嘗外乎此耶。無如衆生障重。不能得此心之妙用。以致長淪苦海。莫之能出。是以諸佛降生說法。令其徹悟此心。以達彼岸。故曰。八萬四千法門。惟是一心。心經

之義。即取乎此。雖然。欲證此心。非藉般若之力不可。由般若而悟心源。此之謂波羅密。此之謂般若心。

讀妙法蓮華經

如來出世。豈偶然哉。良以衆生在迷不悟。未種善根者令種善根。已種善根者令其成熟。已成熟者令其解脫。所以非生示生。非滅示滅。於無法中說一切法。最初於菩提樹下。現盧舍那身。居華藏界。演說圓滿修多羅教。是謂華嚴。但被大機。無益於小。不能暢其出世之本懷。由是不動寂場而遊鹿苑。脫舍那珍御之服。著丈六弊垢之衣。而說四諦十二因緣六度諸法。誘引權小。使之革凡登聖。是謂阿含。以彼二乘得少爲足。株守化城。弗克前至寶所。故於第三時彈徧斥小。歎大褒圓。使之回小向大。是謂方等。復恐彼等爲執情所縛。不能法法融通。又於第四時以定慧水淘汰執情。會一切法。皆摩訶衍。使之領取佛法寶藏。是謂般若。由華嚴而阿含而方等而般若。皆屬隨機應化。及至宣說法華。方得普爲授記作佛。付與家業。大事斯畢。本懷始暢。吾故曰。如來出世。非

偶然也。或曰如來說法。法法皆妙。而法華獨以妙稱者。何也。曰一切法雖妙。然求其法之至高至上至圓至妙。舍法華其誰與歸。夫法華之爲經也。權實一體。境智一如。言其微則蠢動含靈不能減。言其大則諸佛菩薩不能增。論其功德。則讀誦受持書寫講說。乃至舉手低頭。咸得作佛。故不特身子等親蒙授記。龍女亦得成道。所以一代時教。以此經爲究竟者。職是故耳。嗟乎。一切衆生。本具有此不可思議之妙法。而爲煩惱所蔽。不克證得。是誰使之然歟。是誰使之然歟。

讀佛遺教經

佛教之有戒律。猶國家之有法律也。國家無法律則不治。佛教無戒律則不尊。人民之所以各務其業。各安其所。而不至冒貢非幾者。以有法律爲之範也。僧侶之所以自修其行。自淨其心。而不至踰越清規者。以有戒律爲之本也。不然。人民不致墮於放辟邪侈。僧侶不致犯於殺盜淫妄者。吾知其難矣。所以如來說法。首重在戒。戒之爲言止也。止一切惡。即能修一切善。故曰戒爲無上菩提本。欲證無上菩提。必本夫戒。舍戒而求道業之成。吾恐其南轅而北轍也。是知國家之不治。

人民之不良。皆由法律之不嚴。有以致之。佛教之不振。僧侶之不尊。亦由戒律之不精。章章明矣。我佛於娑羅雙樹間。將入涅槃。宣示遺命。以波羅提木叉爲首。令諸比丘。尊重珍敬。所謂佛在世時。以佛爲師。佛滅度後。以戒爲師。其斯之謂歟。詩云。不愆不忘。率由舊章。遵佛之遺命而過者。未之有也。

讀高僧耆域傳

九仞之山。始於一簣。百川之水。始於一滴。八萬四千法門。始於三業。簣不覆。無以成其爲九仞。滴不積。無以成其爲百川。三業不淨。則法門雖廣。又安能有所得哉。善哉域師之言曰。守口攝身意。愼勿犯衆惡。修行一切善。如是得度世。一言以蔽之曰清淨三業。三業者。萬惡之媒。亦衆善之母。三業不淨。則惡無由息。惡不息。則善無由生。善不生。則道無由成。是以諸佛降生說法。四依接踵談經。而於清淨三業之義。不惜諄諄誥誡者此也。當時衆人不達域師之意。謂此一偈。數歲童子。皆能持誦。非所望於得道之人。嗟乎。徒知九仞之高。而不知其始於一簣。徒知百川之大。而不知

其始於一滴。徒知佛道之宏博精深。而不知其始於三業。如知之則耆域所說一偈。終身用之。有不能盡者矣。又何至嫌其簡也哉。唐時杭州太守白居易問鳥窠禪師佛法大意。如何師對以諸惡莫作衆善奉行八字。太守復謂此乃三歲兒童所能道者。師曰三歲兒童雖道得。八十老翁行不得。烏乎。所謂鳥窠禪師者。其殆域師之化身歟。

讀高僧安清傳

佛不說法。無以知其爲佛。僧不弘法。無以成其爲僧。既有說法之佛。尤賴有弘法之僧。然後燈燈相續。光明徧照。亘古今而不息者也。不然。大法其能久存乎。衆生其能普度乎。我佛示寂雙林而後。迦葉阿難優波離等。結集三藏。以利羣生。以傳後世。迄乎漢時。摩騰竺法蘭相繼來華。翻譯諸經。令人信解受持。此皆秉如來之正教。而爲羣生之福田者也。其繼騰蘭而起者。厥惟安侯。安侯之爲人。靈根獨茂。深徹內外典藉。凡七曜五行醫方技術。乃至鳥獸音聲。靡不一一通曉。故其來華之初。言語不相通也。風俗不相洽也。書不與華同文。經不與華同字。而能弘化神州。宣譯經論。

非靈山乘願再來。安能如是哉。且明三世因果。從容償命。即藉此以開導衆生。尤有不可及者。烏乎。世之相害相殺者衆矣。豈知殺爲生死之原。殺業不除而能超出輪回者。未之有也。經不云乎。汝負我命。我還汝債。以是因緣。經百千劫。常在生死。安矦深明此義。故有償命之舉。余是以景仰其爲人。因書此以警世云。

讀高僧帛道猷傳

天下無不可化之物。唯恐無化物之道耳。苟得其道。即物之至難化者。亦可坐而化之。況其他乎。化物之道惟何。亦曰持戒而已矣。修定而已矣。戒定者。治貪與瞋之妙藥也。戒不持則貪無由止。定不修則瞋無由息。貪瞋既不止息。雖欲化物。吾有以知其必不能也。蓋化物必先化己。己既化則物未有不能化者。故不欲化物則已。如欲化物。微戒定其誰與歸。帛道猷者。晉之高僧也。其持戒也精而嚴。其修定也澄而淨。除貪瞋之毒。泯人我之見。對人如此。對物亦然。故其誦經時。羣虎欣然來聽。聽而倦者。乃持如意叩其首以警之。夫虎乃物之至難化者也。竟能伏而化之。亦異矣。

語曰。無貪者可以降龍。無瞋者可以伏虎。帛師之伏虎。實由其平昔之持戒修定止貪息瞋有以致之耳。不然。世之爲虎所害者衆矣。叩虎云乎哉。吾特表而出之。使世之人。知物之不善。雖若虎焉。猶可以伏而使之化。而持戒修定之人。及其至也。不特天下無不可化之物。將無往而不宜焉。伏虎猶其餘事耳。

讀高僧鳩摩羅什傳

明知其不可爲而爲之者。將以有爲也。夫聖人以法自繩。以律自警。尋常日用之間。非禮勿視。非禮勿聽。非禮勿言。非禮勿動。其見道之明。而權衡於可爲不可爲之間。蓋有素矣。故道可行。縱不可爲而爲之。道不可行。縱可爲而亦不肯爲也。況即於慆淫乎。然則彼之不可爲而爲之者。謂其爲行道也則可。謂其爲非禮也則不可。謂其以實施權也則可。謂其違紀犯律也則不可。謂其枉尺直尋也則可。謂其同流合汙也則不可。謂其遊戲神通也則可。謂其躭着欲樂也則不可。無識之徒。徒見其不可爲而爲之。而不知其有可爲之道。泥其迹而不原其心。以致誹謗滋生。夫亦不

思之甚矣。吾聞蓮生於泥。不爲泥所汙。金出於沙。不爲沙所濫。誰謂聖人處於塵垢而爲塵垢之所染乎。先哲有言。聖人不凝滯於物。而能與世推移。吾嘗疑於是。今以什師觀之。尤信什師爲姚秦時之名僧。道德高峻。學問深弘。非他人之所能及也。其受宮嬪。啓別室。固佛制之所不容。僧律之所不許。而什師之所以如此者。豈無故哉。實以威勢所逼。不獲已而受之。啓之。所謂不凝滯於物而能與世推移者。職此之故耳。向使不受宮嬪。不啓別室。必至爲姚氏所陷害。而個人之生命。不能因此而全。方等大教。不能因此而傳。一切衆生。不能因此而度。故曰明知其不可爲而爲之者。將以有爲也。豈嘗有所染於此乎。如有所染。則盈鉢之針。何能進之如膳乎。是知什師之所爲。爲行道也。以實施權也。枉尺直尋也。遊戲神通也。而世之誹之謗之者。又何爲耶。

佛成道日感言

佛陀之本體。即衆生之本體也。故佛陀所成之道。即衆生所具之道。不特此也。佛陀爲衆生心內之佛陀。衆生爲佛陀心內之衆生。惟其如是。衆生之沈淪。猶佛陀之沈淪也。衆生之不成道。猶佛

陀之不成道也。是以佛陀雖成道已久。見衆生尙在沈淪。乃乘大悲願力。擇於娑婆。而有降生出家修行成道種種之示現。故佛陀之成道。實爲衆生而成道。若非拯救衆生。則成道已久之佛陀。又何至垂迹於娑婆乎。或曰。佛與衆生。體既無二。何以佛陀成道已久。而衆生猶沈淪苦海。不能脫離耶。曰。體雖同而修實異。子其疑吾言乎。請取譬以明之。衆生與佛。若二鏡然。佛陀之鏡。垢盡而明。衆生之鏡。垢重而暗。究之明暗雖有不同。而其本體之光。佛陀未有一毫之或增。衆生亦未有一毫之或減。語云。諸佛爲已成之佛。衆生爲未成之佛。蓋謂此也。如謂衆生之本體。非佛陀之本體。則衆生自衆生。佛陀自佛陀。又何關係之可言。而有成道不成道之足資比較哉。夫眞如法性。本屬平等。衆生可以成道。而卒不能成道。以致沈淪苦海。莫知或出。佛陀惄然愍之。示現成道。以立衆生之標準。佛陀之於衆生。關係如此。而就衆生言之。其關係尤有足重者。衆生雖沈淪苦海。而其本體既同於佛。究有成道之可能。是知佛陀之所以示現於娑婆。固乘大悲願力而來。亦由於多數衆生共同善業之所感。何也。佛陀度生之念。刻刻常存。特以衆生根有大小。業有淺深。佛陀亦因之而有出沒之不等耳。吾儕能明此義。即知佛陀應化之眞理。而其成道與衆生之關

係。亦因之而見焉。惜乎吾不生於佛陀在世之時。而親覯其成道也。吾雖不獲親覯其成道。而佛陀所言之教典。至今尚存。吾誦其教典。亦如親覯其成道焉。非不幸中之大幸耶。烏乎。今日何日。非二千九百餘年前佛陀成道之日乎。吾爲佛陀慶。吾尤爲衆生慶。前之慶。慶其已成道也。後之慶。慶其當成道也。烏乎佛陀。何不乘悲願再來成道。使吾儕得以親覯乎。烏乎吾儕。何不回光返照。乘此以期成道乎。惟知衆生之本體。同於佛陀之本體。以自覺心證無上道。則今日之紀念。非特佛陀成道之紀念。亦吾儕發心求道之紀念也。如其不然。非特今日之紀念不獲實益。即千生萬劫之紀念。亦何關於身心哉。吾儕宜審思之。

阿彌陀佛聖誕感言

三界一苦海耳。芸芸衆生。沉溺其間。忽升忽沉。忽出忽沒。來不知其所從。去不知其所往。果何爲也哉。夫吾人本有之妙性。清淨自在。既無所惱。復無所逼。原無苦之可言。乃自無始以來。常爲無明所覆。從惑起業。從業感苦。於是有生老病死之苦。有憂愁嫉妬之苦。有寒熱饑渴之苦。其他種

種之苦。指不勝屈。由是繫於苦縛。墮於苦網。迷於苦津。本無所惱者。今則爲之惱矣。本無所逼者。今則爲之逼矣。嗚呼噫嘻。豈非業力之所感而然耶。夫苦與樂。境之別也。人之欲求樂而除苦者。情之常也。然欲求樂而不知所以求之。欲除苦而不知所以除之。往往適得其反。且往往以苦爲樂。樂其所樂。非眞樂也。所謂眞樂者維何。阿彌陀經云。從是西方過十萬億佛土。有世界名曰極樂。彼世界之所以名爲極樂者。其國衆生之有樂無苦也。彼世界之所以有樂無苦者。阿彌陀佛功德之所成就也。彼世界中無惡道。即無苦道。惡之名不成立。苦之名亦不成立。故目之所見。無非極樂之色。耳之所聞。無非極樂之聲。鼻之所齅。無非極樂之香。其他種種。無一不極樂爲緣。欲知其詳。不勝枚舉。舉其犖犖大者有八。遊觀寶樹蓮池。一樂也。清旦擷華。供養他方十萬億佛。二樂也。聞諸衆鳥及微風吹樹所出和雅微妙演法之音。三樂也。常爲彼佛光明所照。四樂也。壽命無量無邊。五樂也。親近諸佛。常聞法音。六樂也。與諸上善俱會一處。七樂也。爲一切諸佛所護念。得不退轉於阿耨多羅三藐三菩提。八樂也。如斯之樂。乃爲眞樂。得此眞樂。則身心自在。無逼無惱。又何至升沉出沒於苦海中而不能自脫哉。故能知此世界之苦。則厭離娑婆之心。油然而生。

知彼世界之樂。則往生西方之念。勃然而起。既得往生。則苦縛可以解。苦網可以裂。苦津可以離。長爲極樂中人矣。當此彌陀誕日。能無有感於中乎。吾是以遐想極樂世界而歡喜讚歎於不置也。

北平法源寺設立平民學校感言

國家之勢力。視乎人民之知識。人民之知識。又視乎學校之教育。教育普及。則人民之知識發達。而國以強盛。教育不普及。則人民之智識不發達。而國以衰弱。故國之強。非國之自強也。人民智識發達有以使之強也。國之弱。非國之自弱也。人民知識不發達有以使之弱也。人民知識既如是之重要。則於國家之勢力。欲求其所以強盛。不得不於人民之知識。先求其所以發達。不待言矣。且吾國幅員之大。人口之衆。物產之豐。皆足以冠全球。而國勢竟如是之衰弱者。實於人民之知識未曾亟亟然求其發達故耳。近年以來。吾國內受專制之束縛。外被列強之壓迫。於是一般知機之士。翻然而醒。釋然而悟。競競焉咸知注意於學校教育之一途。進步非不甚速。然以云

普及。則猶未也。蓋普通學校。所費不貲。大都取償於受教育之人。此種教育之利益。僅及於富家之子弟。而不能及於平民之子弟。平民之子弟。因境遇之關係。欲入學校而無力以入之。欲受教育而無力以受之。欲求知識而無力以求之。唯有仰屋而嗟。向隅而嘆。而莫可如何者也。夫所謂平民者。平等之國民也。民之於國。既立於平等之地位。國之於民。即應有平等之待遇。今以境遇之關係。致使國中一部之民。不入學校。不受教育。不求知識。其不平等孰甚。而以國民不能平等之結果。知識不能發達。教育不能普及。則國勢之日超於衰弱。有可斷言者。故於今日而謀國勢之強盛。非先發達人民之知識不可。發達人民之知識。非先提倡平民教育不可。空也法師有見於此。特於北平法源寺。設立平民學校一所。專收平民子弟。教以人生必需之知識。所有書籍紙筆及諸雜費。概由寺內支給。對於學生。不取分文。俾一般貧苦子弟。得有此求學之機會。而不致爲境遇所阻。謀教育普及者。誠不可不注意及此也。抑更有進者。我佛設教。以平等爲原則。故謂之平等大教。棍倡平民教育。實是以貫澈平等之宗旨。而發揚平等之精神。此於各寺廟分內之事。而責無旁貸者也。吾國寺廟不爲不多矣。主持各寺廟之人。皆能如法師之熱心提倡。學校教

育未有不普及。人民智識未有不發達。國勢未有不強盛者。吾輩僧伽本國民之一分子。豈可於國家之強弱。漠然而不顧耶。深願各寺廟繼起而速圖之。

中華佛學院開學感言

嗚呼今日之佛化。極衰微之佛化也。今日之僧伽。極腐敗之僧伽也。佛化之所以衰微。非由於僧伽之腐敗乎。僧伽之所以腐敗。非由於教育之不振乎。以教育之不振。而致僧伽腐敗。以僧伽之腐敗。而致佛化衰微。是吾之所痛心疾首而不能自已者。縱觀環境。侮我辱我。破壞我摧殘我。公然肆其毒燄。張其暴氣。以陷我等於絕地者。比比皆是。其將泯智灰心。垂頭喪氣。忍受其侵凌乎。抑拔劍而起。挺身而鬥。罄全力以與抗爭乎。將不耕而食。不織而衣。靦作社會之寄生蟲。貽人以口實乎。抑革除陋習。振刷精神。以闢自新之途乎。將取消極主義。遺世獨立。任其歸於淘汰之列乎。抑應時勢之要求。精研大乘學理。且實行其救人救世之工作。以期發揚而光大之乎。孰非孰是。何去何從。當爲有識者之所共鑒。唯以精銳之眼光。運靈活之心思。用敏捷之手段。速圖之而

速斷之。應興者興。應革者革。毋與人以可訾之譏。毋授人以可乘之隙。夫如是。彼雖欲摧殘。無從而摧殘。雖欲破壞。無從而破壞。又何至鄰於衰微。即於腐敗。而受人之侮辱也哉。蘇子曰。物必先腐。而後蟲生。人之侮我辱我者。皆我之自取也。嗚呼。吾之侮辱。吾自取之。則欲去吾之侮辱。亦惟吾自去之。去之之道。莫如提倡教育。教育者。所以教人之所不知。育人之所不能。換言之。即示人所以爲人進取之道也。語曰。飽食煖衣。逸居而無教。則近於禽獸。又曰。人之所以異於禽獸者幾希。蓋人之所以爲人。禽獸之所以爲禽獸。即視教育之有無以爲區別。人無教育。非特受人之侮。被人之辱。乃至近於禽獸。而不齒於人類。恥孰甚焉。故爲士者而無教育。則不知所以爲士之道。而不成其爲士也。爲農者而無教育。則不知所以爲農之道。而不成其爲農也。爲工者而無教育。則不知所以爲工之道。而不成其爲工也。爲商者而無教育。則不知所以爲商之道。而不成其爲商也。其他種種。莫不如是。教育爲一切事業之母。無教育則無人類。無教育則無世界。吾輩僧伽處於不士不農不工不商之地位。若無相當之知識。勢必任人侮之辱之。摧殘之破壞之。而幾無以自立。此教育之不可不講。而中華佛學院之所由亟亟於成立也。空也法師及賓楷南居士。有

鑒於此。以爲佛教之衰微由於僧伽之腐敗。僧伽之腐敗。由於教育之不振。特創設中華佛學院。以授僧伽相當之教育。而謀佛教之振興。是誠如來之化身。末代之明星也。當開學之日。嘉賓蒞止。勝客如雲。設備莊嚴。規律井然。有如靈山一會。儼然未散。首由院長空也法師報告創辦本院之宗旨。及將來之目的。次由院護賓楷南居士。演說現在佛化衰微僧伽腐敗之情形。及謀所以救治之法。其餘教職來賓均有演辭。大都不外提倡僧伽利生事業。發展如來救世精神。蓋中華佛學院之設。實揭此二語爲標幟。而欲竭全力以促其實現者也。方今民生凋敝。世道凌夷。欲利之而無其方。欲救之而無其術。唯有興學育才。代佛宣化。庶足以作中流之砥柱。而挽既倒之狂瀾。茲幸中華佛學院。應運產生。規模宏遠。宗旨正大。而辦學者講學者求學者。又各各抱有最堅最固之志願而來。於利生事業。救世精神八字。盡力發揚。期達於圓滿究竟之域。其能得良好結果。可以斷言。將見佛化由此重興。僧伽由此自立。而向之侮我辱我。摧殘我破壞我者。毒燄不消而自消。暴氣不戢而自戢矣。豈尋常假興學之名。圖自私之實者。所可同日語耶。余因之有所感焉。故爲之說。以志慶幸。時民國十有七年十月一日即佛歷二九五五年九月二十也。

覺園佛教淨業社聽經感言

覺園佛教淨業社者。遠承鷲嶺之遺訓。近接廬山之芳型。而滬上希有之道場也。社規之完美。社董之熱忱。社員之懃懇。實足令頑夫廉而懦夫立。博夫敦而鄙夫寬也。觀其佛殿之莊嚴。有若極樂世界之金沙布地。玻璃合成者。園林之秀麗。有若極樂世界之七重行樹。七重羅網者。池沼之清潔。有若極樂世界之八功德水。充滿其中者。其他種種。無不與極樂世界相若。斯亦奇矣。而社員擁擁擠擠。鷄鳴而起。孳孳爲善。唯以二時功課。一句彌陀爲必要之事務。儻所謂諸上善人俱會一處者非耶。其中眼之所見。無非清淨之色。耳之所聞。無非清淨之聲。鼻之所嗅。無非清淨之香。舌之所嘗。無非清淨之味。身之所觸。無非清淨之境。意之所緣。無非清淨之法。社以淨業名者。意在斯乎。吾聞水之流也有源。木之生也有根。而斯社之來也。豈無由哉。當社未創之先。地屬簡氏。名題南園。蓋以南洋兄弟煙草公司之花園也。簡君照南。信佛甚篤。供奉尤殷。乃捨此地。與淨業社同人。以爲供奉三寶。虔修淨業之所。改造既畢。布置既妥。復易名爲覺園。將以自覺覺他而

成滿覺也。社自創辦以來。凡於佛化事業。積極進行。買放生靈也。拯濟貧窮也。延師講經也。勸人念佛也。監獄布教也。不一而足。滬上人士薰其化而善良者。不知凡幾。君子之德風。小人之德草。草上之風必偃。孔氏豈欺我哉。時當末刼。異說蠭起。不有智矩。難分涇渭。苟非明眼。曷辨金沙。該社社長等有見及此。故於夏歷中秋後三日。恭請該社主任靜修大法師。宣講請觀音經。藉以開人天之眼目。示衆生之覺路。俾免誤入岐途。而獲直趨無上菩提。豈特如此而已哉。方今水火刀兵。饑饉疫癘等災。紛至沓來。苦矣痛矣。蔑以加矣。揆撅所由。皆因衆生一念不覺。致本有之三德。遂爲三障所蔽故也。古人有言。欲絕其流。必塞其源。欲枯其苗。必斷其根。塞其源。斷其根。何患流不絕苗不枯也。今欲證三德而不除三障。是猶源不塞而欲絕其流。根不斷而欲枯其苗也。其可得乎。雖然欲除三障。非藉妙智不可。欲藉妙智。則講斯經尚矣。斯經名請觀音者。所以表妙智也。以此妙智。除彼三障。有如摧枯拉朽。一切毒害。不消而自消。三德不證而自證。又名請觀世音消伏毒害陀羅尼經者。良有以也。今社長等宏開法會。特演斯經者。蓋欲以消今世之苦厄。除衆生之毒害。使人人證本有之三德也。苟非救世心誠。度人心切。乘大願以再來者。吾恐不能盡心竭

力以成斯舉也。嗚呼勝地不常盛筵難再。凡我同志。蓋洗心滌慮。惠然而來。一覽靜公之轉妙法輪乎。靜公法師者。專於天台。精於教觀。說法則天花亂墜。談經則頑石點頭。五時八教。如線貫花。三觀六即。如珠走盤。眞俗圓融。行解相應。理無不澈。機無不逗。誠法門之龍象。末代之明星也。開講之日。四衆前來聽講者。人山人海。途爲之塞。座爲之滿。咸以法師早臨寶座。一唱圓音爲快。及至四時。方始開講儀式。圓頂方袍之衆。聖僧黃衲之流。披衣持具。魚貫而入。頗有三千威儀。八萬細行之概。其殆千二百五十比丘之化身歟。及法師之登壇說法也。四衆雍雍肅肅。誠誠懇懇。無貢高我慢之態。無喧嘩雜染之聲。閉目凝神。傾耳而聽。未敢稍懈。斯時也淨六根而淨六塵。如入清涼世界。不知有塵世之煩囂。更不知有人間之蘊惱也。而法師之圓音。尤足令人娓娓動聽。痛解三障毒害之義。詳釋三德圓妙之理。言言見諦。句句詮眞。可以爲改惡修善之工具。可以爲返染還淨之資糧。可以爲明心見性之寶筏。可以爲成佛作祖之津梁。聽者莫不手舞足蹈。歎爲希有。予亦謬添末席。親聆妙諦。若非千萬佛所種諸善根。豈能得此殊勝因緣乎。余因之有所感焉。故不揣愚昧。聊述數言。以志慶幸時佛歷二九五四年中秋後三日也。

閩院學潮後之感想

自從五四運動以後。我們中國學校的學風。急轉直下。壞到無以復加的境地。這是誰也不能否認的事實。思想幼稚。意志薄弱的青年學生們。誤於讀書不忘救國之說。認爲金科。奉爲玉律。犧牲寶貴的光陰。專做無謂的運動。今日開會。明日遊行。不是請願。就是示威。弄得一年到底。沒有可以安心讀書的時間。甚至連自己的性命都送到斷頭臺上。而猶不知自覺。說起來委實可憐得很。近來佛教的僧教育。也漸漸的受着這種學校的洗禮。——尤其是閩院。——失却自己的立場。崇拜社會的潮流。也就胡鬧起來了。殊不知佛教教育的性質是主靜的。社會學校教育的性質。是主動的。一動一靜。這兩教育的性質。根本就處於極端相反的地位。毫無強牽附和的餘地。可是佛教之在社會。如太蒼之一粒。大海之一漚。當然敵不住社會的皷盪。只得跟着社會跑。所以主靜的佛教教育。現在也一變而爲主動的社會教育化了。學風焉得不壞呢。現在佛教的僧教育。本來沒有一定的方式。…章則…一方面採取學校的新制。一方面採取叢林的舊規。建立在

不新不舊的當中。形成非驢非馬的教育。要想全新吧。又怕砥觸佛制。招人口實。要想全舊吧。又怕違背潮流。勢所不許。欲新不得。欲舊不能。這種半調子的教育結果。四處掛着此路不通的招牌。所以近年來的僧教育。越辦越不通。越辦越糟糕。

我以爲今日的僧教育。馬馬虎虎的不想辦好則已。如果要想辦好的話。必須有一定的方式…章則…然後才能辦得通。同時也才會造出好的人才來。要新就極端的新。完全採取學校的新制。使其叢林學校化。要舊就極端的舊。完全採取叢林的舊規。使其學校叢林化。如果照這樣的辦法。教育沒有辦不通的。人才也沒有造不出的。所怕的就是不新不舊。非驢非馬的辦法。那就寔在是到此止步。走不出去了。

民國以來的僧教育。辦的無慮數十處。結果却都曇花一現。旋起旋滅的居多。察其癥結之所在。一因經濟的不充足。想辦而不能辦。勉強停辦的也有。一因學院多半附設在叢林內。往往學僧與常住職事。意見衝突。不得已而停辦的也有。一因學風不良。學僧時常鬧事。提不起辦學的精神。處處令人痛心氣憤。而停辦的也有。因此國內的僧教育。就這樣的衰微下來了。閑話休提。言

歸正傳。在這僧教育沒有規定方式…章則…的過渡期間。尤其國內的僧教育寥若晨星的時候。吾人對於碩果僅存的閩院。不能不有一種絕大的希望。什麼希望呢。一方面希望閩院的當軸。要勵精圖治。邁步前進。使成爲國內佛教最高的學府。一方面希望閩院的當軸。要盤根錯節。澈底澄淸。養成良好的學風。造出優美的人才。同時我對於閩院。認爲應行改革而且亟宜改革的兩點。特地寫在下面。以促閩院當軸的注意。

（一）學風宜整頓

現在頭腦稍舊的一般和尙們。聽見閩院的名字。就起一種極大的反感。這是什麼原因呢。我最不遲疑的說一句。因爲學風太壞之故。的確閩院的學風是太壞。時而鬧風潮。時而起革命。不說打倒這個。就說打倒那個。專門做些駡人的文章。以爲自己的能事。對於院裏的課程。不肯死心踏地的用功。問他佛學嗎。儱侗眞如。顢頇佛性。不知說些什麼。考他文學嗎。這裏抄幾句。那裏抄幾句。文言不成。白話不是。就算他們的文章了。他們唯一的功夫。買幾本小說讀讀。訂幾本雜誌看看。甚至一天到晚。打打鬧鬧。玩玩笑笑。視院規如具文。目職員如木偶。毫無畏忌的心事。任你

鬧得天翻地覆。誰也不能干涉。弄不好還要出亂子啊。所以七八年來閩院的學風。壞到無以復加的極度。這是我認爲閩院的當軸亟宜澈底整頓的一點。

(二)生活宜糾正

古人一日不作。一日不食。日中一食。樹下一宿。這種勤苦淡泊的生活。出家學僧們。應該遵守力行。奉之無遺。才合學佛的宗旨。才成人天的師格。近來閩院的學僧驕奢逸樂。一事不做。養成一種衣來伸手。飯來張口的天之驕子的生活。他們除了上課讀書而外。不肯再做一點別樣事。全身手足的機能。好像不能動作似的。結果一出院門。失去自已生活的能力。住叢林嗎。吃不住苦。回小廟嗎。容不了身。赶經懺嗎。沒有本事。當法師嗎。不够資料。往上不能。走下不得。弄得害了他一生。學僧們未曾住過學院之前。覺得天下叢林飯似山。鉢盂到處任我飡。住過學院之後。覺得任你走盡天下。沒有立足之地。你想一個人前後的生活。何以有這樣的畸形呢。我敢不躊躇的解答一句。因爲未住學院之前。處處放得下。事事吃得苦。所以到處都可住。而且到處都歡迎住過學院之後。貢高我慢。好吃懶做。所以到處都不要。而且到處都討厭。我以爲學院的學僧們。除

讀書上課之外。應該還要操作的訓鍊。職業的學習。勞苦的工作。將來卒業之後。才不至成爲書獃子。流爲無業僧。若是過慣閩院這樣天之驕子的生活。那學僧們的前途。有百害而無一利。這是我認爲閩院的當軸。亟宜設法糾正的一點。

復次站在辦學地位的人們。對於院務。應該振刷精神。大力闊斧的來改進。一切使閩院的生命。趨於發榮滋長的領域。對於學生。應該於莊嚴之中。寓慈祥之意。諄諄訓導。使皆成爲有用的人才。站在求學地位的人們。一方面要體諒辦學者之艱難困苦。做事不易。一方面要認淸自己的立場。應該於畏服之內。含有愛敬之忱。不要藉端生事。無風起浪。如果偏於感情。激於意氣。一味的搗亂。致令辦學者灰心。那是二十四個不可的。總之辦學者與求學者。和偕合聚。互相親愛。互相諒解。共圖佛法的光明。同謀閩院的鞏固。這是我們虔誠馨香以祝的了。

不念舊惡說

今夫天地之大。萬物無不生焉。日月之明。十方無不照焉。可謂至公也矣。人秉兩間之氣。以生宜

具有至公之心。而卒不能如天地之長養日月之照臨者。果何爲哉。以其猶有人之見者存焉。於是惡者怨之。親者愛之。念其舊不圖其新。記其惡不取其善。於此而欲求平等慈悲博施濟衆之說。其孰從而得之。所謂博施濟衆者。儒家之言也。堯舜之於民曰。民有飢者。吾飢之。民有寒者。吾寒之。孔子曰。四海之內。皆兄弟也。孟子曰。老吾老以及人之老。幼吾幼以及人之幼。一視同仁。豈嘗有念舊惡之心哉。所謂平等慈悲者。佛家之言也。金剛經云。無我相。無人相。無衆生相。無壽者相。我佛視大地衆生。猶如一子。是以歌利達多之輩。雖爲多劫之怨仇。猶以善知識待之。況其他乎。以此觀之。不念舊惡。惟聖賢能之。世之視骨肉如仇讎。同室操戈者。不知凡幾。平等慈悲云乎哉。博施濟衆云乎哉。吾是以讀八大人覺經。至不念舊惡一言而重有所感也。

斷欲去愛說

人皆以愛欲爲障道之因緣。輪回之根本。是不盡然。吾謂愛欲可爲入道之階梯。而了生脫死。亦有需夫此也。吾人之於煩惱。惡之憎之。可謂極矣。惡於彼必有所欲於此。憎於彼必有所愛於此。

不然。生死其能了脫乎。佛道其能成就乎。吾有以知其必不能也。故古之修道而能成佛作祖者。莫不由於愛欲中而來。釋尊之歷劫修持。達摩之面壁九年。善財之五十三參。苟非愛之甚欲之切。曷爲而至於斯。愛者何。愛道也。欲者何。欲其道之有成也。然則愛欲豈可少哉。蓋欲與愛有邪正之分。所謂斷欲去愛者。斷躭逸之欲。去染汙之愛。以其邪而不執於正也。衆生於不正之愛欲。深生貪著。以致造種種業。長淪苦海。莫之能出。是以諸佛慜然愍之。於無法中說一切法。探其病根。破其執著。令其了生脫死。而於斷欲去愛一事。尤諄諄焉。圓覺經云。若諸末世一切衆生。能捨諸欲及除憎愛。永斷輪回。以此觀之。愛與欲之不可不斷而去之也審矣。故夫愛欲二字。人以爲障道之因緣者。自其邪者言之。吾以爲入道之階梯者。自其正者言之。世之修道者。於此簡擇焉可矣。

人生之目的

上下三千年。縱橫九萬里。論人生之目的者。不紀其數。甲仆乙起。彼是此非。而能求得眞目的者。

有幾人哉。蓋人生之眞目的。殊不易得。得之者厥惟佛教。或者疑吾言乎。請從而畢其說。吾國之言教者。大別爲三。即儒家道家釋家是也。儒家以存心養性爲主。其目的在修身齊家治國平天下。而於生死問題。尚未解決。但曰死生有命。又曰未知生。焉知死。人生之眞目的。豈謂是耶。道家以修心鍊性爲主。其目的在鍊精化氣。鍊氣化神。鍊神化虛。以成先天大道。論其理想。似亦甚高。然我執未破。縱令成功。待其福盡報滿。仍須墮入輪回。人生之眞目的。又豈謂是耶。欲得人生之眞目的。不可不求之於釋家。釋家以明心見性爲主。其目的在反妄歸眞。徹悟本有之性。以求了生脫死。不再墮入輪回。是以先斷煩惱。後斷所知。忘人我之相。絕空有之邊。如此則不致爲生死所縛。夫不爲生死所縛。則其生也。知所從來。其死也。知所從去。來去一如。生死一如。向之未能了脫者。至此得以了脫矣。謂人生之眞目的。猶有加於此者。吾弗信也。故吾以爲人生之眞目的。在能了脫生死。又令衆生各各了脫生死。要之上求佛道。下化衆生而已。人生究竟之目的。舉不外此。世有欲達人生究竟之目的者乎。得吾說而存之。庶幾知所從事矣。

孟子不嗜殺章書後

以仁易暴者興。以暴易暴者亡。此理之固然而無或爽者也。蓋堯舜帥天下以仁而民從。桀紂帥天下以暴而民叛。堯舜人君也。桀紂亦人君也。人民從堯舜而叛桀紂者無他。仁與暴之分耳。戰國之時。人君肆行暴虐。殘害百姓。驅至肝腦塗地。毫不知恤。孟子在當時。欲行仁政。見各國之君。所行相反。心竊憂之。因梁襄王一問。特語之曰。不嗜殺人者能一之。誠有慨乎其言之也。自古以來。天下之能一與不能一。以嗜殺與否爲斷。殺之一字。非於天下有莫大之關係哉。吾以爲不嗜殺人一語。宜推及於萬物。梵網經所謂一切有命者不得故殺。是也。即如孔子之釣而不綱。弋不射宿。孟子之見其生不忍見其死。聞其聲不忍食其肉。己推恩及之於物。特未能充義至盡。如釋家戒殺之圓滿耳。夫戒律中以殺爲首。誠以殺不能戒。則慈悲種子已斷。決不能增長菩提。且犯此戒者報亦最重。今之被殺者。皆昔之嗜殺者也。以殺報殺。循環無端。遂至釀成兵戈之慘劫。欲救此劫。非入大慈之門。實行戒殺不可。烏乎。今何時乎。孟子所謂爭地以戰。殺人盈野。爭城以戰。殺人盈城。不啻爲今日言之。非特慈心於物。實行戒殺者不易得。即求一倡導不嗜殺人之主旨者。亦屬寥寥無幾。且槍彈等類。愈出愈勝。而殺人之術益精。烏乎。世變豈有極與。

七處徵心說

妙矣哉心之爲心也。虛虛玄玄。綿綿密密。體備於己而不可離。原出於天而不可易。言其大。則含吐十虛。猶若片雲。言其小。則行藏芥子。儼同沙界。萬法皆從此出。十界皆從此生。謂其有而非有。謂其無而非無。惟其非有。故離四句。絕百非。言語道斷。心行處滅。惟其非無。故盡虛空遍法界。大小高低。明暗通塞。無非全體大用。凡夫不識此心。所以漂流三界。無由出離。外道不識此心。所以墮諸邪見。難獲正果。二乘不識此心。所以沈滯化城。不達寶所。法華經云。惟佛與佛乃能究盡諸法實相。其斯之謂歟。嗟嗟。蒼蒼者吾知其爲天。茫茫者吾知其爲地。形形色色吾知其爲形形色色。惟心也不可知。不可知。則其誤認六塵緣影之心以爲心也亦宜。我佛徧知一切衆生之心。特在室羅筏城祇洹精舍。演說如來密因修證了義。因阿難尊者。妄計七處爲心。而一一破之顯之。無非欲使一切有情。藉此以悟七處之非心。而得識其自心之本體焉耳。是知阿難之妄計。爲衆生而妄計也。如來之破顯。爲衆生而破顯也。使無阿難之妄計。則如來之破顯無由而起。如來之

破顯旣無由而起。則衆生叉何從而悟七處之非心。而得識其自心之本體耶。所謂七妄計者。一執心在內二執心在外。三計潛根。四開合明暗。五隨所合處六在中間。七一切無著是也。如來之所以破之顯之者。謂其妄而不眞也。誠以身中之心。必不能有所知。如眼對色塵。中生眼識。方能了色。色不對時。眼識不起。猶諸土木。毫不能以分別。以之爲心。寧非妄乎。一根如是。餘根亦然。是以根塵相偶所起之心。有生有滅。有來有去。旣有生滅去來。則皆屬虛妄也明矣。常住眞心。豈如是乎哉。特以不變隨緣之故。而八識心王心所因之以起。譬如海水舉體成漚。生佛之別。在此幾微。吾人果能達此心體。則轉八識而爲四智。融三惑以成三德。亦不難矣。余讀楞嚴至七處徵心。反覆思惟。然後知心之爲心。如是不可思議。故爲之說。以示世之不識此心者。

諸法無我說

諸法惡從而起。我相惡從而生。此人生一大問題也。於此問題。不能得圓滿之解決。則涅槃之門。無由而通。生死之路。無由而塞。其將何以超出三界而永脫苦輪乎。欲解決此問題。必求夫諸法

之所以起。及我相之所以生。否則癡猿捉月。渴鹿逐焰。亦徒自耗其神終無所得而已。烏乎。諸法之起。非起於吾人現前一念之不覺乎。我相之生。非生於徧計所執之妄情乎。夫色心諸法。起從緣起。滅從緣滅。起滅隨緣。本無自性。無性之性。即是實性。亦名一眞法界。於法界中。求其生滅去來。尙不可得。又何我相之有哉。凡愚不達此理。妄生執着。於是非我計我。非法計法。以致惑業苦輪。相續無間。不知色心等法。當體全空。原無我相可得。即如色身。乃假地水火風四大和合以成。若謂地大是我。則水火風不應是我。若四皆我。則我有四。究竟何者是我。何者非我。色法既爾。受想行識。亦莫不然。若夫科學家言人身爲細胞集合而成。然則一細胞爲我乎。多數細胞爲我乎。若一細胞爲我。何假多數細胞之集合。若多數細胞爲我。則應爲多數之我。且細胞之爲物。新陳代謝。刹那刹那。遷流不住。過去爲我乎。抑現在未來爲我乎。過去爲我。現在未來應即非我。若謂三者皆我。則我不應有三。他如靈學家。認靈魂以爲我。既認靈魂爲我。則軀殼應即非我。靈魂軀殼究竟是一是二。若謂是一。則死者應有靈魂。若謂是二。二俱爲我。我有二矣。矧此軀殼未生之前。我在何方。軀殼已壞之後。我歸何處。準此而言。所謂我者。豈眞有我乎。我有主宰之義。亦有自

在之義。四大既爲我。何以生住異滅不能久存耶。細胞既爲我。何以新陳代謝不能常住耶。靈魂旣爲我。何以生死去來不能自由耶。是而謂之我。則宇宙之形形色色。無一而非我矣。我佛世尊降生說法。無非欲令衆生了達諸法無我之義。所謂無我者。非眞無我也。乃無凡夫妄計之假我。及外道邪執之神我耳。至若一切衆生。本有法身眞我。亘古亘今。又何嘗有絲毫之變易哉。烏乎。吾人不欲親證法身眞我則已。如欲證之。非除我相不可。欲除我相。必先悟諸法皆吾妙明心中所現之物。離心以外。無有一法可得。諸法既無我相何從而生。我相一空。則一切邪見自然清淨。如是而猶不能親證法身眞我者。未之有也。

佛化救世論

饑饉旱潦。刀兵瘟疫。皆心之所感召也。嘗聞醫之治病也。必先探其病之源。然後施之以藥。救世亦然。救世必先救心。心乃世間諸病之源也。而欲求救心之法。則佛化尙矣。佛化之所以救心者何。亦曰持戒而已矣。習定而已矣。修慧而已矣。世之所以強凌弱。衆暴寡。以至相爭相奪相殘相

殺而無已者。皆由貪瞋痴之使然。以此三毒。造諸惡業。由是饑饉旱潦。刀兵瘟疫。接踵而起。伊於胡底矣。然則何以救之。曰戒所以救貪也。定所以救瞋也。慧所以救痴也。持此三學。除彼三毒。三毒旣除。而猶有饑饉旱潦刀兵瘟疫等災乎。吾嘗曠觀世界。徵諸歷史。倡救世之說者。不勝枚舉。舉其最著者言之。老子孔子楊子墨子以及耶回諸祖。皆以救世爲宗旨。故其學說主義。無非令人止惡修善。即所以救心也。持彼主義。倡彼學說。不可謂非救世之道。然處今之世。而謀所以救之。尤以佛化爲宜。誠以方今之世。三毒勃興。不除三毒。世未有能救者。世變之起。起於人心。故救世必先救心。心之所現。鬱爲三毒。欲除三毒。非修三學不可。此三學之所宜注重。而佛化之所宜亟亟宏揚也。救世之士。其亦知之否乎。

生死事大說

百歲光陰。一彈指耳。忽生而老焉。忽病而死焉。來不知其所從。去不知其所往。時而天上人間。時而驢胎馬腹。或受針喉鼓腹之果。或受鐵床銅柱之報。一升一沉。一苦一樂。如旋火輪。無暫停息。

差之毫厘。失以千里。生死之事。豈不大哉。所以達摩面壁九年。善財五十三參。趙州四十年不雜用心。香林四十載打成一片。慧遠數十載不逾虎溪。其他廢寢忘飧。枕木刺股。孜孜汲汲。朝斯夕斯。念茲在茲。而未敢一時之或怠者。豈其好事者耶。誠以生死事大。有不得不亟亟以求了之脫之者。不然一麻一麥足以充飢。衣敝緼袍足以禦寒。而必用此汲汲。爲先哲曰。大事未明。如喪考妣。又曰一失人身。萬刼難復。又曰此身不向今生度。更向何生度此身。古人所以戰戰兢兢。如臨深淵。如履薄冰。以求了之脫之者在此。吾人之所以孜孜矻矻。如臨大敵。如救頭然。以求了之脫之者亦在此。夫生死之來。不問貧富。不論貴賤。不分男女。不別老幼。生則生而死則死。死而不能使之生。生而不能不使之死。死死生生。生生死死。任其循環。聽其輪轉。毫不能以自主。此生死之所以爲大也。欲求樂而辭苦者。情之常也。然欲求樂而不知所以求之。欲辭苦而不知所以辭之。往往適得其反。且往往以苦爲樂。樂其所樂。非眞樂也。所謂眞樂者。生死已了。大事已畢。永脫娑婆之苦。長遊極樂之邦。不生不滅。無苦無樂。樂其所樂。方爲眞樂。故不欲辭苦求樂則已。如欲辭苦求樂。非求了脫生死不可。欲求了脫生死。非修念佛法門不可。念佛法門者。釋迦如來之所親

宣。六方諸佛之所同贊。而一切法門中甚爲希有之法門也。用力少而得益多。成功易而收效速。不經階級。直登蓮台。不歷三祇。即生成辦。可謂徑中之徑。妙中之妙者矣。念佛之法有三。曰稱名念佛。曰觀想念佛。曰實相念佛。稱名念佛者。稱佛之洪名而期往生者是。觀想念佛者。觀佛之相好功德而期往生者是。實相念佛者。念佛之清淨法身。而期往生者是。三者之中。尤以稱名念佛爲最簡最易。故凡修習念佛法門者。類多注重於此。於此而得了生脫死離苦得樂者。不知凡幾。念佛而能了生脫死。則凡有生死者。皆可以念佛。亦即皆當念佛。念佛之法。豈可忽乎。嗟嗟生死事大。盡人知之。而未肯一心念佛。以求了之脫之者。蓋由於未明即心即佛。即佛即心之妙諦。與夫唯心淨土。自性彌陀之至理也。爲佛子者。應如何承佛之業。荷佛之責。秉佛之心。宏佛之願。啓之迪之。化之導之。使其咸知念佛。咸脫生死。咸得快樂。咸歸淨土耶。世之著於六塵。溺於五欲。而不知生死事大者休矣。既知生死事大。而不知所以了之脫之者。請隨我念南無阿彌陀佛斯可矣。

說念佛之益

娑婆濁惡。苦極難堪。生老病死。逼迫身心。唯彼極樂。清淨自在。不生不滅。無去無來。蠢蠢羣倫。迷不知悟。以苦爲樂。將妄作眞。大覺世尊。視衆如已。出世因緣。唯玆大事。羊鹿牛車。載出火宅。大中小乘。運往清涼。僅以愆山岌岌。尤海茫茫。不假彌陀之願力。難脫生死之苦果。所以如來愍塵世之汚濁。痛衆生之沉淪。無問自說。說此念佛方便法門。令人依教修持。俾收事半功倍之效。一代時教。所說一切法門。雖皆可以入道。而欲求其最圓最頓至簡至易之法門。其唯念佛乎。念佛之要。尤在三資。三資不具。縱使念至舌敝脣焦。不啻鼠空鳥唧。又何益於身心哉。如來唯於三資。不惜諄諄教誡者。良有以也。三資者。信願行是也。由信以發願。由願以勵行。由行以悟證。則娑婆之苦。不脫而自脫。西方之樂。不得而自得矣。念佛之益。誠有不可得而思議者。上根者可以頓超十地。直入蓮台。中根者可以漸修漸悟。定生彼國。下根者可以帶業往生。不退凡地。其他且置勿論。即就畜生言之。鸜鵒念佛而身焚舍利。白鴿念佛而口出蓮花。宜乎五逆十惡之人。臨終十念圓成。即蒙我佛之接引也。念佛之益。豈不大哉。所以千經萬論。處處指歸。往聖先賢。跡跡回向。率皆注重於此。今人不察。妄謂念佛法門乃愚夫愚婦之事。而知識高明者所不爲也。嗚呼。是誠地獄

之種子矣。是斷衆生之慧命矣。夫念佛一法。三根普被。十度兼全。上者不能有所越焉。下者不能有所外焉。豈得爲愚夫愚婦之事乎哉。雖然不欲得念佛之益則已。如欲得念佛之益。徵三資其誰與歸。

論教育與佛化之關係

佛化普及。首在培養人才。人才崛興。尤在提倡教育。非人才無以宏佛化。非教育無以造人才。此教育之所宜亟亟提倡焉。夫教育者。知識之所由啓。學術之所由明。知識既啓。學術既明。而猶患人才之不崛興。佛化之不普及者乎。根茂實遂。膏沃光曄。此理之所固然而無或爽者也。教育猶根也。佛化猶實也。教育猶膏也。佛化猶光也。根不養而竢其實。膏不加而希其光。教育不提倡。而望佛化之普及。吾有以知其必不能也。語曰。工欲善其事。必先利其器。器利則事未有不善者。處今日而言佛化之普及。非提倡教育以培養人才不可。人才譬之器。佛化譬之事。人才既出。佛化斷未有不昌明者。不然佛化普及之說。由來久矣。而卒不能實現者。豈佛化之終難普及歟。實因

人才之缺乏有以致之。人才之缺乏。實因教育之衰微有以致之。世人徒知佛化之不普及。而不知其係於人才之缺乏。徒知人才之缺乏。而不知其係於教育之衰微。噫知識之所以不啓。學術之所以不明。職是故也。長此以往。吾恐洋洋佛化。不特不能普及。而反日就衰頹。然則教育之於佛化關係誠重。而提倡之不容或緩也明矣。唯是教育一端。關係既重。提倡之責。其誰任之。論者莫不曰在先覺之長老。與有力之護法。吾以爲彼之所言。不爲無見。然知識之啓。學術之明。固人人之所有事也。豈其於教育而可漠然視之。且教育爲佛化之本。凡爲佛子於宏揚佛化。皆有應盡之責。即於提倡教育。亦皆有應盡之責。各竭其才力心思以爲之可也。而必賴之於長老護法爲也。顧亭林云。天下興亡。匹夫有責。吾於佛化之興衰亦云。

住持石鐘之一段公案

余於民國十八年。遊學歸里。次年春詣鷄足山朝禮飲光尊者。適蒙八屬建塔委員及全山僧衆。推爲石鐘住持。維持全山事務。寺居五大刹之首。其財產之豐饒。尤爲全山之冠。近年十方與子

孫之意見相左。時起爭訟。雙方感情極端惡烈。互相水火。大有勢不兩立之態。自維德涼學薄。汲深綆短。恐不勝此艱鉅之任。因是力辭再四。終以道義所迫。只得勉承其乏。兢兢業業。致力於提倡教育。整理僧制諸端。冀以傾其一得之愚。貢獻於名山大衆之前。以盡佛子之天職。嗣以一二喪心病狂。幸災樂禍之徒。離間挑撥。播弄是非。掀起絕大風潮。波及無辜之身。避無可避。免無可免。遽爾捲入漩渦。迫我偃文修武。投筆從戎。此時全山內政外交之重責。一肩荷担。孤身撐持。而敵方之攻擊。變本加厲。愈逼愈緊。且爲虎作倀。助紂爲虐者。亦大有人在。斯時也衆惡叢身。怨聲載道。幾被一陣無明惡風。吹墮羅刹鬼國去矣。所幸龍天感格。護法威靈。魔燄逐漸平息。妖氛逐漸稍散。大局反危爲安。空氣急轉直下。而吾亦於層層雲霧中。重見白日青天。不可謂不幸也。於是振刷精神。集中智力財力。轉而從事於內部之建設。將數年廢棄不修之殿閣。矢志重修。鳩工庇木。尅期完成。經濟雖感拮据。而東挪西借。排除萬難。罄全力以爲之。精誠奮鬥之結果。不數月而修工告竣。巍峨雄壯之傑閣。重現於雞足山巔。石鐘後閣之舊觀。自此得以恢復也。其他裝樓補壁。築牆蓋屋。亦有不少之建設。此堪以自慰。並堪以告人者也。殿工既成。頓萌引退之念。於是

具呈當局。懇辭各職。雖承再三挽留。而去心已決。必得許而後已。一面交代。一面堅辭。直至民國廿一年五月六日。始得脫離火坑。安然下山。此吾住持石鐘之一段公案也。故書之以誌不忘云。

敬告今日之僧伽

佛教之在中國。有二千餘年光美之歷史。有數百萬信仰之民衆。有數十萬住持之僧伽。有數千百供養之蘭若。不可謂不盛矣。其所以致此之由。非政治爲之驅使也。非武力爲之征服也。純以教義精深。學理高妙。有以適夫國情。洽夫民意。不期然而然者。故歷代以來。經幾挫折。經幾摧殘。卒能矻然獨立。而不至於傾覆者。豈僥倖歟。寔有重大之價值存乎其間。不然早已子虛烏有。灰飛煙滅矣。尙有今日所謂佛法乎哉。夫佛法者。宇宙之眞理。萬象之本體也。天可翻。地可覆。而佛法終不可滅。海可枯。石可爛。而佛法終不可亡。所謂是法住法位。世間相常住也。今日信佛之士。戚戚然。咸以佛法爲憂。遊相談。聚相議。兢兢以求振興之道。不可謂其無一孔之見也。然曰衰微。曰險危者。乃僧伽之問題。非佛法之問題也。假佛法而有衰微險危之象。吾敢謂其非佛法也。何

以故佛法以不生不滅不增不減之故也。雖然法由僧宏。僧衰則佛法衰。僧危則佛法危。以僧伽之衰微。爲佛法之衰微。以僧伽之險危。爲佛法之險危。未始無片段之理由。故今日之問題。雖曰僧伽之問題。亦佛法之問題也。如欲解決此問題。不得不先求之於僧伽。僧伽振作。佛法自興。佛法興而問題亡矣。僧伽振作之法唯何。曰提倡教育也。造就人才也。闡揚佛化也。舉辦義務也。工作革命也。參政運動也。整理制度也。改善生活也。提高僧格也。嚴淨毗尼也。剷除故習也。建立維新也。順應潮流也。凡此種種。皆僧伽振作之法。而爲今日所必需也。僧伽乎。僧伽乎。蓋奮起而猛圖之。

今日僧伽應取如何之態度

當佛教衰微之日。正僧伽奮鬥之時。語曰無敵國外患者國恆亡。又曰憂勞可以興國。逸豫可以亡身。斯誠顚朴不破之言。而吾輩應取以爲殷鑒者也。佛教東漸。千有餘年。至於今日。內憂外患。紛至沓來。環境可云險矣。潮流可云急矣。竊以爲環境愈險。而佛教之精神愈發揚。潮流愈急。而

佛教之光明愈廣大。所貴有能負責任之僧伽。高瞻遠矚。急起直追。順潮流之所趨。應環境之所值。應興者興。應革者革。勿拘守陳迹。袖手旁觀。而與人以摧殘之隙也。際此革命時代。百度維新。不容有鄰於腐化。近於迷信之宗教。公然存在。此可斷言者。佛教本無腐化之情形。迷信之色彩。而社會一般往往饑之爲腐化爲迷信者。非佛教之咎。而僧伽之咎也。故於今日而謀佛教之振興。不能不澈底以從事改革。使佛法而有背乎環境。反乎潮流之法。乎則雖尊爲金科。奉爲玉律。亦在推翻之中。使僧伽而有鄰於腐化。近於迷信之僧伽。乎則雖釋迦再世。彌勒重來。亦在打倒之列。有此精神。有此魄力。庶足以澈底改革。不然三千年之大法。數十萬之僧伽。將送終於內外交迫之際。豈不痛哉。嗚呼今之僧伽日暮矣。途窮矣。其應取如何之態度乎。將仍故步自封而任其毀滅乎。抑破釜沉舟以作背城一戰乎。將苟且偷安而坐視其魚肉乎。抑披髮纓冠而往救之乎。是在爲僧伽者之有以自處之。

廈門的冬天

時序的機輪。沒有一刻是停住不走的。忽而春忽而夏。忽而秋忽而冬。總是這樣循環變遷着。人的生命流。也跟著時代的機輪。沒有一剎那是常住不變的。由少而長。由長而壯。由壯而老。換句話講。時序的變遷。就是人生的變遷。所以我每逢時序的新陳代謝。輒生一種無限的感慨。當我到廈門。正在火傘高張炎威肆虐的時候。曾幾何時。飛也似的光陰。不知不覺。又是冬的神來宰制人間了。

去年的冬天。我在已經失去首都頭銜的北平。還記得到了這幾天。寒氣已降到零度了。臥室裏燃着熊熊的煤爐。身上穿着厚厚的綿襖。還耐不住寒氣的侵襲。依然縮頸如龜。籠手於袖。發瘧疾似的渾身抖慄。牙齒打戰。如果遇着陰天風雪交加的時候。更是變本加厲。冷得墮脂裂膚。繒纊無溫。好像在寒冰地獄似的。覺得很難受。

記得北平的冬天。雪是極多不過的。只要稍微天有陰色。便成銀花世界。僅僅的三冬。至少要下三四次的大雪。所以老住北平的人。落雪已是司空見慣。不算什麼新奇。至於青年學生。摩登婦女們。尤其歡喜賞遊雪景。所以雪後初霽的時候。公園郊外。摩肩並踵。三五成羣的。都有他

們的足迹。他們理想中的雪景。不知怎樣可愛的啊。

可是窮苦的人們。經不住被牠的蹂躪。瑟瑟縮縮。犧牲在他淫威之下的。不知多少。尤其是颼起西北風來。吹到人的身上。刀割似的。痛得怪難受。流下的鼻涕。嚥下的口涎。都會凍成冰條。或是坐着洋車到那兒去遊逛的話。不待兩分鐘的時光。兩脚凍得冰而且僵。連一步路也不會走。提起北平的冬天。是多麼殘酷而嚴厲啊。

廈門的冬天又怎樣呢。廈門的冬天。我是初次同他接觸。並且還未備嘗整個冬天的味兒。不知道冷的程度如何。但較之北平的冬天。已覺大相逕庭了。

我提起筆來寫這篇文章的時候。時令已是冬至了。但我身上所穿的。還是春秋的衣服—夾衣單褲—並不見得怎樣冷。如果是在北平的話。早會凍壞了去。

園裏的花草。郊外的樹木。雖然帶有幾分枯黃的氣象。但還能掙扎着他那最後的生命。好像不肯屈伏似的。寒度的低微。由此可見一斑了。

什麼雪啊。黑霜啊。這些很少到此間來示威。所以廈門的冬天。不但莫有北平那樣的冷酷。

連長江一帶那樣的寒度也相形見絀幾倍了。

可是颷起狂吼怒號的海風。寒氣跟着緊張起來的時候。也够給人受的。不能說一點不冷。不過較之極冷的地方。稍微暖些罷了。

豐衣足食。深居簡出的有產階級們。當然領略不着什麼冬的風味—冷—可是露宿風餐。無家可歸的難民。衣服襤褸。呻吟道旁的乞丐。失去職業。站在街頭巷尾的游民。却受這寒氣的侵襲。彷彿耐不住的模樣。什足的表現出來了。誰說廈門的冬天一點不冷的呢。我想廈門冬天不冷這句話。只能代表少數的有產階級。不能代表多數的窮苦大衆吧。

行雲流水。朝東暮西的我。去年的冬天。已在北平消逝過去了。今年的冬天又在廈門消度着。明年的冬天又不知在什麼地方去了。前途渺渺。後顧茫茫。譬如無舵的船。漂泊在洪濤巨浪的大海裏。究竟歸宿到什麼地方去。自覺毫無把握。委實可驚可怖。

光陰是一年復一年的混過去了。而我的學問事業迄今一籌莫展。利已利人。兩無所就。以而立的中年。猶然碌碌如此。不但是成了時代的落伍者。而且却成了個佛教的殘廢人。上無以

報諸佛。下無以答衆生。說到這裏。二十四份的自慚自愧。

是冬已過。命亦隨減。浮蝣似的人生。還有幾個這樣冬天好過呢。而今而後若再不自覺自悟。努力修行。恐怕要成一個生無益於時。死無聞於後的醉生夢死者。豈不大大的辜負了此難得的人身嗎。

雲南省佛教會的過去現在未來

(一)過去的歷史

雲南省佛教會的創始。約在民國三四年間。當時因帝制推翻。民國初成。一切都在混亂期間。同時一切都在改革之中。帝制時代遺流下來的佛教。也就跟着國體的變更。而發生極大的問題。搗毀佛像。抽提寺產的惡潮。一時風起雲湧。幾乎大有不可一日之概。寄禪和尙等。爲維持佛教計。爲保護寺產計。首設佛教總會於上海。各省紛紛響應。組織分會。以資抵禦外侮。雲南省佛教會也就這時應運而產生了。後因主持乏人。不兩年而會務中輟。名存實亡的敷衍了八九

年。一直到民國十六年。常惺法師宏法來滇。應一般正信居士的邀求。而稍事整理。於是沉寂已久的佛會。重新又改組爲四衆佛教會。以繼續其過去的精神。當時的佛會。無論任何方面。都是值得人們的贊同。與人以非常良好的印象。至今猶有稱贊不已者。其後常惺法師因事離滇他去。同時正信的居士們。亦相繼退出佛會。於是一般掛名居士的流氓。便乘機鑽入佛會的大門。又擴大範圍。復成所謂省佛教會。於是操縱會務。任性胡爲。到現在給他們弄得烏煙瘴氣。眞正不堪入目。茲將我現在親見親聞的幾件事實。特地寫出。以喚醒我雲南佛教同胞的覺悟。

(二)現在的事實

甲　佛會內容的一斑

佛教會本來是佛教徒——僧伽——的執行教政的機關。同時也是集中佛教各方面的力量。來共謀振興改革佛教的集團。所以內部的組織。理應以佛教徒——僧伽——爲中堅。一般掛名的居士們。自無專權之理由。可是現在雲南省佛會。却是完全由幾個流氓居士們。爲着解决他們的生活問題。而越俎代疱的包辦一切。委員由他們循環式的自選自舉。既未得雲南省佛教徒

—僧伽—的同意。又不依照法定的原則辦理。利用幾個腦筋簡單不識大體的庸僧。加上他一頂委員的大帽。做作猴子在要把戲。他們每天唯一的工作。就是引領一般愚夫愚婦齋公齋婆入會。給他一個會員的頭銜。實行榨取金錢的技倆。一方面拉攏一般失意的軍閥。無聊的政客。做他們的護身符。同時藉以威駭那些無知無識的僧伽。今日派某寺幾百。明日罰某個幾十。昏天黑地。無所不用其極。聽說有一部份的委員—居士。—他們的家境。原是一無所有的窮光蛋。但自任佛會委員後。不久也就買起田產。造起洋樓來。試問這些錢究從何處得來的呢。無怪一般流氓居士們。羣犬爭骨似的。搶當佛會的委員咧。佛會居然成了他們變相式的家庭了。

乙　委任住持的黑幕

住持爲一寺的首領。一寺的盛衰。全視乎住持的賢否。古人所以鄭重謹愼。選賢任能。擇其有德者當之。現在雲南的叢林怎樣呢。大小寺菴的住持。都要由佛會的委任。換句話說。就是要拿錢向佛會買張委狀。就無事不成了。至於資格的優劣品行的良莠。完全不計及的。見錢眼開的佛會委員—居士—們。只要你有錢送給他們。那不管你是阿狗阿貓。張三李四。均立刻可以

達到住持的目的。所謂有錢能使鬼推磨。眞是一點不假的啊。如果你是看財如命。一毛不拔的話。那任你道高德重才大學深。對於常住有如何的功績。有如何的歷史。也是不由你分說。就要叫你退位…滾蛋…弄不好還要加上不美的惡名到你身上。使你啞子吃黃連。有寃沒處訴。

復次拿錢給他們—居士—而外。還要忠臣般的服從他們—居士—孝子般的侍奉他們。—居士—然後你的住持地位。才得穩固。不然那怕你用了千斤萬兩的代價。你的住持地位。依然還在風雨飄搖朝不保夕之中。崇拜金錢主義的委員—居士—們。今天不說你是這樣明天就說你是那樣。時時找你的短處。刻刻出你的話頭。無端的借故來撤銷你的住持。你有任何充分的理由。也沒有你開口的餘地。所謂官吏可以放火。百姓不能點燈。你奈他有什何呢。所以當住持們也就人人時感自危。常懷京兆五日之心。得過且過的敷衍了事。不肯負責熱心來辦理常住。叢林也就因此漸漸的衰敗下來了。如雲南最有名而且最富饒的道場—鷄足山—近來已因此弄得山窮水盡。一榻糊塗。其餘的更不堪聞問了。

丙　摧殘知識階級僧伽

稍有知識的僧伽。看到雲南的佛教。給一般掛名居士的流氓。弄得快要滅亡。不忍坐視。很想大家團結起來。剷除封建的惡習。打倒黑暗的勢力。來做一些正大光明有利佛教的事業。不料那些流氓居士們。却不容你出頭露角。好像前清之於革命黨似的。嚴密防範。不肯放鬆絲毫。隨便你說句話。都要赫得他們屁滾尿流。惴惴不安。惟恐揭了他們的黑幕。搶了他們的飯碗。估了他們的光明。奪了他們的面子。總之無論你做任何關於佛法…公益…的事業。他們想盡多少卑劣的手段來破壞你的成功。阻撓你的進行。甚至假借種種的勢力來威脅你。壓迫你。古人說。爲人不做虧心事。半夜敲門不怕鬼。我想他們—流氓居士—既然沒做虧心事。何必這樣的疑神疑鬼。自相驚擾呢啊。我知道了他們的目的。是要消滅知識階級的僧伽。實行他們愚僧的政策。秦始皇似的。企圖他們做萬世帝王的夢想。其用心的陰險。委實令人心悸膽寒。例如某某等。這些都是雲南的知識階級的僧伽。而且都是軒昂磊落。大有作爲的人才。不幸或因宏揚佛法。或因興辦教育。或因整頓教規…觸犯了他們—流氓居士—的禁條。（禁止知識僧伽活動）先後的統被他們各個擊破。跑的跑了。隱的隱了。死的死了…而今走遍雲南的全省。找不到

一個有知識的僧伽。這是鐵一般的事實。無可忌諱的了。

還有意志薄弱。閱歷不深的青年知識階級的僧伽。不堪受這惡風暴雨的摧殘。往往被他們征服了。屈伏了。投降了。可嘆可嘆。

丁　宏法的虛僞

宏揚佛法的主旨。爲的是使未信的令信。未解的令解。乃至未證的令證。不是無意義的搖旗吶喊。和賣弄虛玄。拿來粉飾門面。應酬故事的。雲南省佛會却非如此的。他們常不遠千里的請幾位照本宣文。依樣葫蘆的法師來。盤起腿子。閉起眼睛。談幾天的玄。說幾天的妙。於是大吹大擂的貼些滿街的廣告。言過其實的宣傳。借此招蜂引蝶。大發其財。拿講經的招牌。做交易的商標。而法師的經講的好不好。聽的人受益不受益。他們是毫不在意的。只要經期熱鬧。收入豐裕。就算滿了他們的大願。盡了他們的重責了。至於提倡教育。培植人才。刊行雜誌。宣傳教義。整理僧制。改善叢林。…這些最緊要而且最必需的問題。他們是若越人視秦人之肥瘠。漠焉不加喜戚於其心。所以在他們過去六七年的統治中。對於雲南佛教的事業。我們至少可以說沒有

一點的成績。這是有目共見。有耳共聞。不容曉辯的事實。同時也不是我們惡意的來批評他們的。他們怕輿論的指責。不能不請幾個木偶似的法師。來做兩齣空城計。掩飾人的耳目。蒙蔽人的視聽。其實他們開口宏法。閉口利生的金字招牌。亦不過掛羊頭賣狗肉而已。那有眞心實意爲法爲人的呢。

以上我所述的不過犖犖大者。其餘瑣碎的。即罄東海之水以爲墨。盡南山之竹以爲紙。也是書不勝書。古人說往者不可諫。來者猶可追。又說以前種種譬如昨日死。以後種種譬如今日生。過去的一切。我們只好不提了。回顧是前進的障礙。但願今而後。一般僧伽同胞們。快快一致團結起來。立下決心。來替雲南的佛教爭一口氣。做一點事。來洗滌這種被掛名居士所給予的恥辱吧。

（三）未來的希望

現在雲南省佛會根本就是非法的。腐化的。黑暗的。沒有存在的可能。如果我們僧伽同胞們爭點氣的話。應該把他推翻。重新依法組織。委員由我們佛徒—僧伽—正式的公開選舉。會

務由我們佛徒—僧伽—自主自辦。縱有眞正發心護法的居士。也只可立於外護的地位。隨時貢獻意見贊佐一切。決不可像現在樣的炫賓奪主。雜種稱王。弄得太不成體統。

本來居士二字。依佛法的解釋梵語優婆塞華言近事男。就是親近三寶奉事三寶的意義。於今親近三寶奉事三寶的人。居然做起佛會的委員。來倒反管理起三寶。執行三寶的政事。豈不是鬧天下之笑話。糟天下之大糕嗎。荒謬絕倫。至此已極。這不但違反佛制。抑且不合人情。

我以爲這種事情。在居士方面應該自慚形穢。規避嫌疑。毅然決然的退出佛會。教權歸還僧伽。既符法定原則。又合佛法體制。更免得落此一段錯謬的因果。

在僧伽方面。應該提起精神。負起責任。一心一德的向前努力。不要再自暴自棄。依人作嫁。受人宰割。雲南的佛教。才有一線起死回生的希望。對於過去的羞辱。無所用其悲觀。也無所用其憤慨。只要能萬衆一心的向前幹去。自有轉辱爲榮揚眉吐氣的一天。僧伽同胞們。快起來幹吧幹吧。

甯波七塔寺志序

粵稽吾國之有志乘。肇源於晉之乘。楚之檮杌。魯之春秋。由來舊矣。降及近代。凡屬名山大刹。亦皆風起雲湧。燦然大備。誠以志乘之關係於史地人文者至鉅。而未可或缺也。鄞縣七塔禪寺開山於唐。迄今千有餘載。文物彬彬。古蹟歷歷。殿廡禪室。既宏既麗。佛制清規。亦嚴亦整。堪爲一方之名勝。然則往事舊聞。水源木本。詎可略而不著。使後之人無所考哉。溥常長老。初膺七塔主席。即建纂志之議。周折幾經。竟觀厥成。所有古蹟法物文藝建置等。可以藏之名山。垂之不朽者。均在搜編之列。科分類別。細大不捐。藉紹前猷。用規來軫。洵七塔之宏圖。佛教之壯觀也。謹序。

募修滇西鷄足山迦葉殿引

天下之名山多矣。晉有五台。蜀有峨眉。皖有九華。浙有普陀。贛有匡廬。此皆天下山之最有名者。吾嘗周遊其間。然其奇秀。均不及滇之鷄足也遠矣。鷄足爲釋迦弟子摩訶迦葉守衣入定以待彌勒之道場。山勢之雄偉。有若峻而無極。廣而無垠者。風景之殊特。有若西子之華美。西湖之佳麗者。林木之葱鬱。有若寶樹之行列。寶花之羅網者。舉凡泉石峯巒之壯概。飛潛動植之丰委。窮

形盡態。奇巧玲瓏。書不勝書。儻所謂鍾造化之靈氣。極宇宙之大觀者非耶。若夫神僧至而石門重關。貴客臨而土主報鐘。結茅靜修而夢開華首。親見齋廚設供。構樓取水而遭神呵斥。忽起災火焚廬。他若草可治疫。光可攝身。龍蛇皈依。鷲鳥來朝。斯皆鷄足特有之靈迹。抑亦迦葉神化之無方也。稽諸山志考諸古記。鷄足山原名青巔山。淨飯王以其山形象鷄足。遂更名爲鷄足焉。華言鷄足。梵語屈屈吒播陀。古屬西域。由漢唐而附中國。至元始入版圖。或者疑迦葉入定之鷄足。占西番不占滇南者。蓋有由矣。然此不過歷史沿革地理變遷之關係。非鷄足之果有二焉。絕頂懸崖之半。有寺名袈裟殿。開山之古刹也。創自何時。年代莫考。但聞世傳釋迦牟尼出世。曾脫衣於此。故名袈裟殿。復傳阿難尊者所刻之旃檀迦葉像。亦供於此。故又名迦葉殿。迦葉殿失修久矣。佛宇朽壞。禪室崩頹。既上漏而下濕。復風吹而雨洒。寶殿如在雪山中。聖像將埋黄土內。寺僧仰屋以咨嗟。遊客徘徊以興感。斯狀也寧維佛徒之羞。亦國人之恥也。夫點綴名山。莊嚴梵刹。固人人所應有之事。即人人所當盡之責也。豈可將此重任卸諸少數佛徒。令其自生自滅。而多數國人袖手作壁上之觀乎。茲有靈妙大師者。夙具善根。蚤離塵網。一條拄杖。橫担五嶽雲霞。兩隻

芒鞋。踏破百城煙水。洵僧界之難得者。目覩祖庭之寥落。慨宗風之不振。毅然以重修爲已任。顧一水無以和羹。一木無以構室。非得有力者贊之。恐亦卒同泡影幻想耳。又安能有所成乎。所願護法長者。慈善君子。樂予資助共襄盛舉。他日鷄園生色。鹿苑增輝。則我佛如來必拈花於常寂光裏。迦葉尊者。當微笑於華首門中矣。是爲引。

募建雲南大理感通山大雲堂引

滇南山水多奇秀。而楡之蒼洱。尤爲奇中之奇。秀中之秀者也。蒼洱之間有山名感通。爲十九峯之一。感通之麓有寺名大雲堂。佛祖示化之地也。余嘗披閱志乘。乃知此寺。創始於漢。重建於唐。最古之勝蹟也。歷代高僧接武至止。誅茅結廬。逐漸興盛。元明之交。大小寺庵凡三十有六。僧侶數百衆。租穀數千石。加以法幢高豎。佛日遐暉。吁可謂盛矣。其間雖時有興替。然而英緇輩出。旋圯旋葺。靈光魯殿。千餘年巋然尙存。迨至清季。遭杜回之亂。琳宮紺宇。淪爲坵墟。僅餘敗瓦殘垣。令人憑弔欷歔。彼黍離離有識者。旣以之詠周室。而又以之詠感通矣。積弱式微。至此爲極。幸有

智通大師。成眉化身。波羅再來。（按成眉波羅爲該山二祖師故借用之）住持斯山。毅然以重修自任。中興自誓。具無畏精神。發慈悲願力。擬延宗風於罔替。欲支大廈於旣傾。丐引於余。余曰當玆時難年荒。生民憔悴。財力困苦極矣。大師於此時而欲爲重建之舉。究有何所恃耶。對曰貧莫余若。手無斧柯。囊無阿堵。有何所恃。恃因緣二字而已。余曰博稽載籍。言命言天者多矣。何敢深信。唯佛說因緣。則余信之甚篤。有因緣則天可補。海可塡。無因緣則金爲土。玉爲石。大師所交遊者多海內名流。及諸大護法。凡此皆大師之因緣。亦即大師之所恃。大師但不惜多費幾緉芒鞋。多備幾條竹杖。雲水四方。大呼將伯。諸名流諸護法。亦必廣結因緣。樂爲資助。則感通山之恢復舊觀。大雲堂之煥然重新。可翹足待焉。大師勉乎哉。

募修杭州雲居聖水寺引

莫爲之前。雖美弗彰。莫爲之後。雖盛弗傳。故有爲之於前。必有爲之於後。然後燈燈相續。後先暉映。美者愈美。盛者愈盛。若南方蕭寺。北剎叢林。綿亘千年。相傳弗替者是矣。雲居聖水。原係兩寺。

至明洪武。始併爲一。賜額雲居聖水禪寺。至是山寺之勝。遂與兩峯三竺相伯仲焉。位居杭垣之南。地在都會之衝。左襟錢江。右帶西湖。儼然一世外之桃源也。高瞻遠矚。江上之風帆。湖中之遊舟。若遠若近。或隱或顯。形形色色。氣象萬千。他如奇花異芝。茂林修竹。爭榮競秀。眩目賞心。尤有足觀者。當其欣於所遇。逸興爲之遄飛。萬念於焉俱寂。飄飄乎如遺世而獨立。羽化而登仙。宜夫高僧佛印中峯之輩。接武振錫。達士孟頫東坡之流。爭相題咏焉。余嘗披閱山乘。始知此山創自李唐。其間雖曾屢廢屢興。而鹿苑鷄園。竟未失其本來面目。入民國後。土崩瓦解。僅存殘跡。空留幻影。幾無有能知其爲佛寺者。儻所謂爲之於前。不能爲之於後者非耶。所幸遺風尚存。舊蹟可考。是賴乘願再來之薩埵。一起而恢復之。庶幾泉石增輝。緇林沾光。豈非鷲嶺之幸哉。茲有靜修法師者。戒月圓明。苦行卓絕。台宗之鉅擘。當代之高僧也。慨勝跡之煙沒。嘆古刹之荒蕪。頓發宏願。誓復舊觀。而空拳赤手。心餘力絀。譬諸大車無輗。小車無軏。無輗無軏。其何以行乎哉。方今天災人禍。紛至沓來。揆厥所由。皆因衆生不修善根。不植福田。有以致之。故欲消天災。滅人禍。以求安寧之幸福。非由衆生勤修善根。廣植福田不爲功。修善根。植福田。布施尚矣。布施爲六度之首。

四攝之先。其功德之殊勝。蓋有不可得而思議者。黑白道侶。男女信者。不以余言爲河漢。其亦聞而興起乎。普願悉發摩訶菩提心。共作名山增上緣。是爲引。

寧波七塔寺裝金西方三聖萬緣起

我佛於過去無量刧中。以巨大犧牲之精神。修種種之福德智慧。及至最後。豁然大悟。親證本有之眞如妙性。復以其所覺之道。不辭辛瘁。以覺悟衆生。俾一切衆生皆得證其所證之妙性。以共享其不生不滅之勝樂。其予衆生之恩惠。與衆生之被其感化者。亦既深而且厚矣。故佛陀爲利自利他之偉大人物。絕非其他宗教之教主所可望其項背也。假令佛不說法以覺悟衆生。衆生在迷。有如盲者無相。悵悵乎其何以行乎哉。茲雖佛陀涅槃已久。而其所遺流之教法。迄今尙存。理應香花燈樂。恭敬供養。常爲紀念。夫教法爲佛陀住世攝化精神之所寄。而代表其偉大人格者。教法有二。聲教行教是矣。聲教者何。依據佛陀一代攝化補特伽羅之語言。結集而成之文字。所謂素怛纜藏。毗奈耶藏。阿毗達磨藏等。三藏十二分教也。行教者何。根據佛陀一代攝化補特

伽羅所現之行爲。融結而成之一種精神寄託瞻仰。所謂塑造雕刻。以及彩畫銅鑄等。藉以表現其威儀相好功德莊嚴之『塔像』也。是以教法所在。即如來舍利之身。如能起塔塑像。廣爲供養。則所得之福德。靡有涯際。試觀貧女丐珠金師爲箔各發歡心。共裝塔像。九十一刧。報感大富。良以莊嚴塔像。非誇一時之富美。檀那功德。實爲永刧之資糧。阿育王之造舍利塔。豈徒然哉。優塡王之刻旃檀像。良有以也。敝寺爲浙省名藍。甬江古刹。佛化之興隆。僧伽之繁衍。直與天童育王觀宗三大叢林相伯仲。且有過之無不及者。寺之西方殿內。供有西方三聖。丈六金身。塑自有清光緒年間。中興七塔慈祖之手。藝術精緻。巧奪天工。相好莊嚴。堪稱傑作。擬雲崗之石佛。比龍門之石像。不爲過也。第以歲月遷流。金身掩紫磨之光。聖像失玉毫之曜。此爲敝寺美中之缺陷。而亟亟宜裝修者。溥常承乏主席。責無傍貸。擬募萬人之緣。莊嚴三聖之像。庶幾玉毫重增色彩。金身再放光明。唯是事功浩大。需費孔多。徒懷移山之願。終乏點石之功。伏冀

緇林上座。白社高賢。以及護法長官。信心居士。不住於相而行布施。玉成斯舉。匡濟其艱。買園布金。長者即生天上。聚沙成塔。童子終證菩提。功不唐捐。福有攸歸。謹啓。

寧波七塔寺重修大雄寶殿
暨裝金千手觀音聖像募緣啓

溯唐大中間。心鏡奐禪師。杯渡西江。錫飛東甬。任公捨宅。建寺居之。顏曰東津。後易棲心。旌其德也。歷宋元明代有興替。至清光緒中葉。慈運慧祖崛起中興。琳宮紺宇。爛焉一新。門廊殿廡。燦然大觀。賜額報恩。又名七塔。以門外有七浮圖也。迄今選佛場開。宗風益扇。南參北詢之流。至者如歸。禪誦梵唄之聲。不絕於耳。鴻儒白丁。黃髮垂髫。無不知有七塔之勝者。據攷明洪武間。因梅岑山寶陀寺懸海。徙建於甬東棲心寺內空址。恭迎大士瑞相亦供於此。改爲補陀寺。自時厥後。寺之正殿。永奉觀音大士。靈感顯著。屢有異徵。所以一方人士。爭爲植福培因之道場。各地信侶亦爲經此必朝之靈蹟。洵甬江之名藍。震旦之祇園也。雖然。旣有先人以拓其基。必藉繼世以傳其後。或證明心性。紹往開來。或恢宏願力。興廢舉墜。庶幾山門永振。法矩常暉。若僅衣粗食糲。離羣索居。完山僧野衲之本分。安能使住持三寶。永作金剛不壞耶。迺者。敝寺大雄寶殿暨內供千手

觀音聖像。建造日久。漸呈暮象。不維有損觀瞻。抑且殊夫相好。指南職掌住持。責有興廢。誓發宏願。莊嚴依正。唯是一木難支大廈。衆志方可成城。普望　給孤長者。韋提夫人。或匿王之再世。或阿育之重來。共秉崇佛之心。同興護法之力。將慈悲寶筏。爲子孫廣植福田。以喜捨願船。度祖宗超生蓮界。種如是因。結如是果。經有明言。决信無疑。謹啓。

七塔報恩佛學院緣起

佛學發源於身毒。光大於支那。流傳幾千年。縱橫數萬里。不爲任何方土所限。不爲任何時代所拘。亦不爲任何民族言語文字所隔閡。所以然者。以其教則善知依趣。應病施藥。理則如有盡有。不增不減。行則隨順正軌。不緩不越。果則用極體圓。功不唐捐。如如善巧。圓滿究竟。故無往而非適也。雖然法不自宏。宏之在人。是故飲光慶喜。集結三藏。迦旃尼子。制作婆裟。乃至龍樹提婆。暉光般若。無著世親。闡演瑜伽。遂使微言大義。有如日月經天。江河行地。竟至五天皈命。六師稽首焉。

溯自白馬東來。傳承祖印。高僧大德。相繼發揮。演成十宗五派。十宗者。律宗。禪宗。密宗。淨宗。乃至台賢。慈恩。三論是也。五派者。臨濟曹洞溈仰雲門法眼是也。自六朝以迄唐宋。代產賢哲。或則戒珠瑩潔。或則定海澄清。或則慧辯淵逸。於以宏宗演教。攝化有情。所以四衆傾心。萬流皈仰。而佛法之眞義。涵濡漑注於人人之腦際。儼爲第二之佛教國也。今者大教陵夷。不絕如縷。開來繼往。端賴英髦。故欲謀佛法之昌明。須培宏揚之人才。欲培宏揚之人才。須辦佛化之教育。非人才無以宏佛法。非教育無以培人才。此教育之所宜亟亟提倡。而報恩佛學院之所由設立也。四明古稱三佛地。僧伽之衆。藍若之多。佛化之隆。甲於全國。所以四方學者。擔囊負笈。率多參訪於此。於於此佛法之盛衰。關係於全國者至深且鉅。故報恩佛學院之設立。其意義之重大。有勝於尋常者。

溥常圓瑛智圓諸大德。秉如來之囑累。負先覺之使命。不惜犧牲。倡立斯院。嘉惠後學。福利青年。續將絕之獅絃。挽旣倒之狂瀾。恢宏之功。信無量也。

院名佛學者。所以簡彼異學。非外道學。非世間學。故名佛學。亦即所以學爲佛也。旣學爲佛。非徒

口耳之學已也。非徒文字思辯之學已也。必也學佛之所行證修得。而行而證而修而得。斯爲至焉。故三果聖賢。十地菩薩。猶名有學。大乘如來。小乘羅漢。始稱無學。大哉學乎。高山仰止。景行行止。是在學佛者之勇往奮發焉耳。

浙江吳興南林祇園蓮社緣起

塵寰擾擾。人事紛紛。不加修持。誰能解脫。是以我佛如來。爲此大事因緣。非生示生。生於迦毗羅國。塵說剎說。横說竪說。說出恆沙法門。門門利濟羣生。而欲求其最簡最捷。至圓至頓之法門。微淨土其誰與歸。夫淨土法門者。普攝上中下三根。統賅禪教律諸宗。所以往聖先賢。跡跡回向。千經萬論。處處指歸者。良有以也。吾國自遠公東林結社以後。曇鸞智者道綽善導之輩。接武而起。備至闡揚。而淨宗於是乎興焉。乃者去聖時遙。明眼者尠。或好高騖遠。專求玄妙。或矜新眩異。但研神祕。對於甚深微妙之淨土法門。反而斥爲小乘。譏爲厭世。甚至認爲愚夫愚婦之事。鄙不屑學。非佛所謂可憐憫者乎。今有密禪長老。梵行冰清。具正知見。以宏法爲己任。以利生爲本懷。特

建南林蓮社。宏揚淨土法門。善哉善哉。是爲甚難希有之事。所望或頭陀之再世。或維摩之重來。以及耶輪陀羅。摩竭羅女。善財童子。各秉本有之佛性。來種西方九品蓮。或輸財。或施食。可爲現在蓮社之善友。一舉手一低頭。當作將來海會之良朋。凡我淨侶。曷興乎來。

浙江湖州南潯鎮祇園禪寺講經啟

語曰。福善禍淫。如影隨形。又曰積善之家。必有餘慶。積不善之家。必有餘殃。所謂種瓜得瓜。種豆得豆。斯必然之因果也。比年以來。天災人禍。紛至沓來。苦矣痛矣。蔑以加矣。誰謂太上不仁。實乃人心感召。自歐風東漸。一般時髦之士。侈談平等。謬解自由。尊焉而不尊其尊。卑焉而不卑其卑。長焉而不長其長。幼焉而不幼其幼。及其至也。縱貪瞋痴。造殺盜婬。窮凶極惡。無所不爲。以致釀成水深火熱。衆苦交加之慘劇。推原溯始。胥由人心不善有以致之。故欲求世界之安寧。人類之幸福。非宣揚佛化。改善人心不爲功。敝寺有見及此。爰於民國廿三年古歷十月初一日。恭請法師。宣講大乘佛法。藉以挽回末運。化導人心。旣輔法律政治之不及。復輔學術教育之缺點。更祈

國政昌隆。物阜民康。伏冀名公巨紳。護法長者。慶佛法之難聞。欣盛筵之不再。共發殊勝菩提心。同種金剛無漏因。爲風動。爲旛動。來參公案於曹溪。或有性。或無性。一聽說法於生公。

浙江南潯極樂寺啟建大悲法會啟

嘗聞諸佛菩薩。各有悲願。各有因緣。而觀世音菩薩之於娑婆世界衆生。因緣特深。而其悲願。亦較其他菩薩爲最大。所以自古及今。念觀音之洪名。持觀音之神咒。誦觀音之尊經。禮觀音之聖像。而獲觀音之冥感顯應。離苦得樂者。殆不可以數計。故娑婆世界衆生。無論上智下愚。婦人孺子。莫不知有觀世音菩薩之名者。而觀世音菩薩之於娑婆世界衆生。有求必應。無感不通。應以何身成就者。即現何身而成就之。若遇刀兵水火種種險難之時。但能至誠懇切稱念觀世音菩薩之名號者。則觀世音菩薩。即以神通妙力。令其衆生。刀不能壞。兵不能害。水不能溺。火不能燒。乃至種種諸難。皆不能侵。此菩薩之所以號爲大慈大悲救苦救難也。丁茲末刼。三毒熾然。災患叢生。非求大慈大悲救苦救難之觀世音菩薩。千手以護持之。千眼以照見之。則世界之困厄。勢

必如水益深。如火益熱。伊於胡底矣。某等爲顯揚觀世音菩薩之功德計。爲消弭世界之災患計。乃有大悲法會之發起。謹於二月十六日啓建觀世音菩薩佛七道場二期。於中稱念觀世音菩薩名號。並請法師宣講觀世音菩薩普門品。以資消弭刼運。祈禱和平。仰祈十方大德各界信侶。欲求無上佛位。願聞無上大法者。共赴法筵。同參妙諦。此啓。

南京三藏寺修建梁皇道場啓

蓋聞梁帝感夢。仰賴神僧以超拔。晞后脫蟒。全憑寶懺之功勳。始建於金山勝地。繼修於法海名藍。遞降至今。奉行尤盛。矧茲近歲。五濁熾然。八苦交煎。內憂外患之未已。天災人禍以俱來。非人謀之不臧。蓋共業之所感。迺者履端肇慶。一元復始。以前種種。譬如昨年死。以後種種。譬如今年生。懺悔過去。修積將來。此其時也。同人等嘆世路之崎嶇。慨民生之憔悴。欲挽滔天之浩刼。須杖三寶之慈光。是以邀集十方檀越。共建道場。虔禮梁皇寶懺。稱揚萬德洪名。爲現在者求其增延福壽。爲過去者求其超生淨域。幽顯咸益。自他均利。更祈物阜民康。歲稔年豐。兵氛永消。水旱不

作。是則同人區區之私願。亦即本法會之宗旨也。仰祈長者居士。護法檀那。隨喜贊助。量力布施。
莊嚴殊勝之道場。成就善美之法會。此啓。

祇園法會呈請縣府保護文

呈爲給示保護維持道場事。竊佛教爲世界最高之宗教。其學理之淵深。實非其他科哲諸學所能及。小之可以範圍人心。大之可以改造社會。上有利於國家。下有益於人民。而一般淺識者流。認佛教爲消極。斥佛教爲迷信。是誠荒誕之至矣。夫佛教之在世間。其宗旨也化導人心。其主義也利自利他。其目的也普度衆生。非同他教之內有背景。外有希圖者可比也。是以稱佛教爲大慈教。又稱爲大悲教。其所以有數千年流傳之歷史。有數千萬信仰之徒衆者。非無因也。雖然人能宏道。非道宏人。欲圖佛教之昌明。非致力提倡宣揚不可。敝寺爲顯揚佛教計。爲化導社會計。謹於十月一日延請法師在寺宣講佛理。演揚妙法。惟是時至今日。人心不古。世風澆漓。恐有不良份子。於中借故生端。阻撓破壞。障礙法會。爲此具文呈請縣長懇予給示保護。維持道場則不

特浙地佛教之幸。抑亦南潯人士之幸也。

南林極樂法會呈請縣府保護文

呈爲給示保護維持法會事。竊佛教自西徂東。迄今二千餘年矣。歷代君主。備至崇奉。人民信仰。極其濃厚。所以佛法之影響於吾國文化道德風俗習尙各方面者。至深且鉅。其間緇素修習佛法。而獲明心見性悟道證果者。更不可以數計。洎乎今日。聖人不作。大道衰微。皈依佛法者。不知佛法之意義爲何事。徒事叩頭禮拜燒香化錢。以求其所欲之願望。而佛法之眞義失焉。其或誤認城隍土地。以爲諸佛。牛鬼蛇神。以爲菩薩。而代表佛教之僧伽。又不能宣揚正教。闡明眞諦。使人破迷啓悟。返妄歸眞。此佛教之所由衰也。夫佛教者。唯心之教也。處處以自心爲指歸。在在以自心爲前題。所謂佛陀者。表自心之大智大慧也。所謂菩薩者。表自心之大慈大悲也。所謂衆生者。表自心之大迷大夢也。即心即佛。即佛即心。心佛衆生。三無差別。佛教之所以異於他教。而超乎一切宗教之上者在此。語其廣大。則無所不包。語其精微。則無所不備。是宗教而非宗教。是哲

學而非哲學。是科學而非科學。故無以名之。名之曰圓滿教。又名之曰究竟教。同人等痛佛法之衰微。悲人心之陷溺。不揣固陋。急起直追。而有講經法會之組織。欲以昌明佛教。利樂社會。爲此理合具文。呈請
縣長。懇予給示保護。實爲德便。

釋迦文佛贊

出現世間。因緣大事。普爲羣生。悟入開示。諸法究盡。衆理胥函。於一佛乘。分別說三。各備寶車。俾避火宅。既顯既垂。有本有迹。不動常寂。而遊娑婆。去來自在。月印千波。

藥師佛贊

覺海圓融。眞源湛寂。既適既安。何憂何戚。一念妄動。百惱交侵。衆生之病。實根於心。惟有虔誠。誦經持呪。既消爾災。復延爾壽。予樂拔苦。本願不違。匪我藥師。其誰與歸。

阿彌陀佛贊

仰惟先覺。萬德慈尊。居常寂土。開普度門。無惡可名。有若皆拔。光放百千。願宏四八。若能信受。悉得往生。故我矢志。精進修行。六字專持。不違饋寢。但辦一心。終登九品。

遠公贊

極樂非遙。唯心即是。十萬彌陀。了却生死。孰闢斯門。文佛說此。孰立斯宗。遠師託始。信淨願宏。弗懈弗弛。蓮社既開。羣生之軌。鬱鬱高風。有誰繼起。不見伊人。空懷潯水。

生公贊

於我生公。濬哲無比。說法虎丘。羣石皆起。物本無情。猶能如此。豈彼闡提。非佛種子。象以盡意。言以詮理。得魚忘筌。道自茲始。

師祖正公傳書後

受讀師唐倘賢先生。爲師祖正公作傳略語。徵實不誣。已收入海潮音文庫。足垂法示後矣。惜傳成於民國乙丑丙寅之間。爲時已歷十有三年。而師祖今年壽躋六十有九。南極一星。巍然泰斗。而此十三年中。猶汲汲以負荷如來使命爲己責。而精力所萃。則莫如闢萬松山以建正覺寺。尤爲人所難能。此最犖犖足紀者。麗地風氣閉塞。常視緇黃若異域。今則皈依三寶者。十且八九。皆由師祖以苦行感化之。而當代善知識如虛公戒塵法師等。或在滇數興道場。或數開講座。皆師祖爲之先。何迨夫功成名立。而師祖反退然若無與。此諦聞所目擊者。蓋師祖心佛之心。苟有裨於救世者。功不必自已成。名不必由己立。於古與人爲善之義。蓋庶幾近之矣。凡此皆例得續書之。惜乎相去萬里之外。不獲與先生面謀。又先生之年。與師祖相若。恐精神意氣。已非復作傳時矣。先生麗江人。中科副貢。有才名。諦聞少從受句讀。今讀此文。猶恍惚耳提面命時也。茲於文鈔卷尾。附載是篇。示不敢忘其所自出云爾。

附錄唐尙賢先生正公老和尙傳

正公余之方外友也。宗系上下傳傑。法系上下眞空。又自號曰正修。秉性慈愍。處事勤愼。凡事關佛門者。必直之不稍貸。山前後胎卵溼化各生。悉愛護之。不使夭折。公誕生同治己巳。邑之白馬里清河張氏之子。生甫四歲。父繼先公在大里城陣亡。母和氏定守貞勤撫兄妹共三人。公幼時常喜遊福興寺。每以念經拜佛爲戲。屢求母氏削髮爲僧。不許。適舅父和公培乏嗣。愛之如己出。年至十二。舅父將立爲嗣。公毅然曰。甥願爲佛子。普度世界衆生。舅氏無嗣何憂爲。遂辭母氏赴靈龜山頂禮學淵公剃度。晝學儒書。夜學內典。年至二十四歲。毗尼日用各典。及山門淸規。悉了了無遺。會鶴慶縣龍華山慧明大和尙登壇授戒。公即備衣鉢往習律儀。具足而歸。朝夕禮千佛懺。念彌陀經。數月不懈。一夜夢遊白馬里極樂宮上殿禮佛。恍覩三聖像起立問曰。汝來禮我何事。俯對曰。我已發心出家。未知云何學菩薩行。修菩薩道。特來請示。聖隨指示曰。久味可知。至寤醒。言猶在於心。躍躍如有所得。遂發朝山參學之志。越一年。滇垣筇竹寺。夢佛和尙期內。得參禪

宗大意。而參學志愿愈殷。然第以山中師老。庭上母老。而侍問無人。即束杖歸山。執經侍師。請旨旌母。自修自持者歷五年許。厥後俗母西逝。又覓得燈昱徒服養山師。乃毅然出山。住滇省藥師院學習年餘。挑雲杖過江西。北參峨眉五台九華普陀天台及武當各名山長老知識。後過京師住龍泉寺。經夏冬在靜七內。豁然開悟。聖像示久味可知之旨。遂思滇中佛學陵替。山師年邁。毅然有歸志。參游至此。閱十星霜。歸至滇。諸山歡迎。鳳翥山清虛法師。法眼相視。掀開臨濟祕傳衣鉢付之。旋當筇竹寺夢佛和尚圓期。僧值大師戒學昌明。公之開示力居多。歸至祿豐淨蓮寺。倡辦念佛會。而四衆響應。至大理城。延請虛雲法師住三塔寺。講演楞嚴。各方僧侶雲集。以爲得未曾有。歸至靈龜本山。倡講佛法。聞者欣羨。時山寺傾圮。常住零落。復光維新。難乎萬難。顧精城所感。大地官紳。半言萬諾。及乎永寧阿墩。隨足所履。功德如林。營修中殿丈室祖堂禪堂齋堂鐘樓鼓樓庫樓。補修佛殿門房。一切煥然新之。時贊力無人。來往各地善緣賓禮。出納一切。子身獨支。於焉倡築戒壇。各山戴爲主席。既而倡助虛雲和尚。奉命開期。祝聖儀規。有秩可觀。尋震青山法喜禪林。主持無僧。勝地幾於湮沒。邑紳者延公爲山林主人。許之。閉關拜華嚴經者年餘。適革命

軍起。民國新立。在在有毀佛寺之謠。不得已約虛雲杖遊滇垣。倡佛教會。求國保護。衆舉虛雲爲省會長。舉正公爲分會長。力維全省佛事。勞瘁不辭。旋過鷄足山住祝聖寺。該寺監院兩序大衆等留之。許當春期主席。又過大石菴同溥常法師首登戒壇。滇中僧人有所皈依。是時人人皆以佛門陳梴相欽。公以爲釋子之職宜然耳。又命徒燈昱等參訪名師。遊學各山。遂乃毅然歸山。營修法喜寺西南二樓寺側靜室。告竣後塑大悲觀音像。又拜華嚴經年餘。並塑龜山千手千眼丈六觀音聖像。莊嚴一切。即請靜修法師講演法華。解制。諸山及兩序開公壽期度無量衆。於是閉華嚴關。有妙莊卓遠兩法徒。開甲子春期。學淵老禪師持履西逝。又出關指示一一。期事圓滿。老禪師發龕入塔等儀。有制井然。無何永昌大佛寺監院覺圓等頂禮公爲冬期主席。越一年開示覺相妙機二徒在本山傳戒開期。佛法所係身任而與之。其本性然也。朝夕修持有精進無退轉。經半生如一日。平素對衆談禪不泥經文。而自能參眞諦。爲文似不足。見道實有餘。吾於正公亦云爾。

道亭和尚傳

師宏達其名。道亭其字。湖南衡陽清泉縣陳氏子也。幼習商。有異秉。喜聞善言。尤躭禪悅。年弱冠。投衡州東一堂智勝寺依眞際禪師披薙。拾薪汲水。侍師頗摯。八指頭陀闡毗尼於衡州羅漢寺。遂受具焉。出堂後。往南岳叅默菴老法師。一見知非凡器。教以止觀法門。復傳曹溪微旨。自後芒鞋竹杖。周遊名山。遍訪宗匠。旋詣七塔。親近慈公。朝夕叅究。精進不怠。慈公觀其語默動靜。迥異尋常。因厚遇焉。授以心印。繼在白衣寺僧教育會任要職多年。後往天童叩禪機於八指頭陀。深有契悟。已而被請爲該寺綱領要職。管理出納者數載。洞澈因果。秋毫不苟。珍視伽藍物如掌珠。衆皆敬憚之。後返七塔。銷假。亦被堅邀襄理常住。師一日喟然嘆曰。所事非本分。出家豈爲是耶。遂辭職。回至南岳祝聖寺。潛心自修。宵旰不輟。兢兢以己躬大事爲務。民國三年。被神人雙選任七塔住持。內肅清規。外嚴佛事。增造齋堂雲水堂大寮等。建設殊多。功績逾恆。一時稱爲法門特色。門下法子一人。明校。現住持慈谿飯佛寺。兼任七塔監院。剃徒一人。圓成。現任七塔客堂要職。皆富於叅學。爲法門所器重者。民國七年。師圓寂於七塔寺。瘞靈骨於天童青龍崗冷香瘞院云。

道階老法師頌

法師道高德隆。資深望重。緇林耆宿。白社高賢。南山而後。罕有倫匹。承天台之家法。傳三觀之妙諦。辯如羅什。學似玄奘。說法則天花亂墜。談經則頑石點頭。苦行卓越。道俗咸欽。講筵數十次。皈依者萬人。中興法源古寺。重振北剎宗風。育僧才。衛教產。衆生無盡。我願無窮。以古稀之年。猶爲法宣勞。拄杖一條。百重煙水。參禮佛蹟。搜訪遺經。天不慭遺。中途遽逝。功雖未圓。願堪謳頌。頌曰。

衡山蒼蒼。湘水泱泱。法師之風。山高水長。

祭瀞瀜同志文

維中華民國十有八年正月元旦後四日。某等謹以香花茗果。偏袒右肩。右膝著地。恭敬合掌。致奠於瀞瀜同志之靈曰。人生斯世。孰能不死。五帝之聖焉而死。三王之仁焉而死。五霸七雄之勇焉而死。死爲人之所不免。不過壽有修短。時有先後焉耳。天下豈有不死之人哉。夫好生惡死。人之情也。然欲求生而生終不可求。欲離死而死終不可離。往往適得其反。悲莫悲於此。痛亦莫痛於此也。嗚呼同志。生死弗論矣。唯是今日之佛法衰微。已達極度。而人才之缺乏。有若牛山之濯

濯。侮我辱我摧殘我破壞我者。又正蓬蓬勃勃。風起雲湧。當斯時也。端賴有賢者出而與之奮鬥。與之抗衡。不然三千年之大法數十萬之僧伽必歸於烏何有之鄉也。豈不痛哉。同志之才之學之智之能。皆足以挽頹風而回末運。同志之所以孜孜汲汲而未嘗自懈者在此。吾黨之所以翹首企足以希望於同志者亦在此。孰意無常不期而至。一刹那頃。頓棄塵寰長此以往。佛法倘有振衰起微之日乎哉。故吾之所悲痛不在彼而在此也。憶昔同窗修學。互相砥礪。互相琢磨。善則勸之。惡則戒之。一言一語。無不推誠置腹。可謂知音之友矣。談學問則思有以深造之。談佛法則思有以宏揚之。談叢林則思有以改革之。談僧伽則思有以整頓之。談潮流則思有以應付之。儻所謂志同道合意氣相孚者非耶。嗚呼。志未遂而身已死。願未滿而壽已終。蒼蒼者天。曷其有極。在吾固不能不有所悲痛。在同志亦必不能不遺憾於黃泉也。同志已矣。吾誰與歸。矢自今始。努力於學。一往直前。宣傳大乘教義。促現佛化普及。提倡僧伽革命。工作救人救世。以繼同志未遂之志。以承同志未滿之願。唯此而已。餘不瑣陳。以瀆靈聽。伏維尚饗。

祭道興同志文

維中華民國十有八年正月望日。某等謹以香楮素饌。致祭於道興同志之靈。而爲文以哭之曰。
嗚呼同志生死一幻化耳。因緣和合假名曰生。因緣別離假名曰死。論本具之眞如妙性。湛然常存。卓然獨立。無始以來。原自如是。豈嘗有生死之相乎哉。祇以一念不覺。因惑造業。因業感報。遂於無生之中。幻化有生。無死之中。幻化有死。死死生生。無有已時。須證眞身。方能了脫。佛之所以爲佛在此。吾人之所以學佛亦在此。嗚呼同志。生已生矣。死已死矣。吾之所欲問於同志者。即生從何來。死從何去之問題是也。於此問題不能得圓滿之解決。終亦向茫茫苦海。隨業漂流。受諸逼惱而已。猶有了脫之期乎哉。吾思同志之信之願之行。定蒙彌陀接引。直登蓮台。親授菩提之記。決不至墮落三途。沉淪六道。可以斷言。既蒙彌陀之接引。復授菩提之妙記。而猶不能解決生所從來死所從去之問題者。未之有也。嗚呼同志。捨色身而取法身。出穢土而入淨土。脫生死之苦。證涅槃之樂。誠盛事矣。又何悲乎。惟更有望於同志者。佛法凋零。宗風寥落。至今極矣。挽既倒之狂瀾。作中流之砥柱。有俟夫乘願再來。勿耽極樂之樂。勿厭娑婆之苦。勿生小乘之心。勿違菩薩之願。此吾之所馨香禱祝者。靈其有知。鑒茲微忱。嗚呼哀哉尚饗。

爲抗日救國告全國僧界書

以蕞爾之島國。以渺小之倭奴。恃其精銳之器械。逞其豺狼之野心。傾全國之師。行黷武之策。破壞國際公約。不顧世界和平。出其不意。乘其不備。強奪我三省。攻擊我淞滬。得寸進尺。變本加厲。時而尋衅。時而挑戰。殺戮我同胞。焚燬我城市。姦淫婦女。搶掠財物。種種暴行。不堪言狀。且也開其懸河之口。弄其簧鼓之舌。出爾反爾。自買自賣。掩飾國際耳目。矇蔽世界視聽。神出鬼沒。無所不用其極。近又佔我榆關。屠我榆城。按其有預定之步驟。施其有組織之計畫。意圖鯨吞華北。進而蠶食東南。實行其大陸政策。完成其整個侵略。其心可誅。其肉可食。榆關既陷。平津危殆。民族存亡。繫於一髮。凡我中華民族。應奮起而執戈。或殺身以成仁。或舍生而取義。爲民族爭生存。爲國家保領土。此其時也。僧界爲民族之一部。生於斯。長於斯。當此國難嚴重。民族存亡之生死關頭。不容靜坐蒲團。依然閉目參禪。應念衆生之苦。當發菩薩之願。況乎覆巢之下。决無完卵。天下興亡。匹夫有責。大家一致團結。努力抗日工作。或選強壯之僧丁。鍊成勇敢之義士。或出衣鉢之

餘蓄。設立治療之醫院。或赴前方。救護傷兵。或在後方。收容難民。總之各盡其心。各竭其力。同肩重任。共赴艱危。我佛有降魔之行。羅漢有殺賊之義。本此宗旨。戢彼凶焰。誰曰分外舉動。實乃應盡天職。打破帝王時代之舊習。發揮佛陀犧牲之精神。迅下沈舟之决心。誓與倭奴一周旋。國存與存。國亡與亡。寧作戰場鬼。莫爲亡國僧。彼以利器。我以熱血。彼以野心。我以義憤。十以當一。千以當百。倭奴雖蠻。其奈我何。如有慷慨激昂而興起者。我當捨頭目髓腦以從之。

爲抗日救國再告全國佛徒書

強寇入室。迄已二十閱月。二三百萬方里之土地。相繼成爲暴日牧馬之場。四五千萬之東北人民。先後淪爲異族統治之奴。狼子野心。猶復有加無已。近又窺我平津。伺我察境。推其所極。必至亡我國家。滅我民族而後止。長城要隘。早非我有。黃河流域。朝不保夕。當茲國難嚴重。民族存亡之時。全國上下之精力。咸集中於救國救民之目標。或在前線。肝腦塗地。奮死殺敵。或在後方。輸財輸力。拚命工作。凡於民族國家有所裨益之事。無不盡力以赴。其所以表現我民族自衞之精

神。實足以寒敵人之胆。而制敵人之命。我佛徒亦中華民族之一部。當然不能視爲例外。念國亡之無日。體慈悲之宗旨。亟須有以佛教救國運動之必要。或組傷兵救護隊。或設難民振濟所。或設戰時治療院。或辦抬埋死屍團。總之以不背佛理。不違佛制之工作。揀而行之。擇而爲之。至於佛教救國之經費。則由全國寺產項下。抽提充用之。一則可以表現佛教大慈大悲之宗旨。一則可以隨順此時人民救國救民之機宜。一則可以盡一分佛教民族救國之責任。而得社會一般之同情。一舉數得。善莫大焉。今日華北半壁山河。已成血戰玄黃之場。傷兵遍地。難民盈野。呻吟哀號之慘狀。洵不可以言喻。素抱慈悲主義之佛徒。何忍坐視而不救乎。荷戈殺敵。效死疆場。固佛制之所不許。亦佛徒之所不能。而救護傷兵。振濟難民等工作。既合佛教慈悲之宗旨。又是救國救民之一部。我佛徒又何樂而不爲哉。若日唱慈悲高調。所行不符所言。徒招識者之譏罵。究於實際何補哉。綜合各方面之理由與觀察。今日佛教救國運動。誠不容或緩之要圖。倘其長此昏昏沉沉。日麻醉於逸豫之中。置國難於腦後。吾恐不特起國人之反感。爲民族之公敵。且有第二者起而爲之代庖矣。與其臨時抱佛脚。曷若早爲之圖。近年來毀教滅僧之風潮。屢扑屢興。防

不勝防者。雖有種種之關係。要皆我佛徒徧於眞諦而昧於俗諦。實爲主要之原因。試觀東鄰三島之佛教。所以能如是之興盛者無他。以其佛徒能善用眞諦隨順俗諦故耳。吾國佛徒苟能倣而效之。取其所長。補我之短。何致大好佛教。皇皇僧寶。不得受人之崇重。而反受人之輕視哉。物必先腐而後蟲生。人必自侮而後人侮。處此現狀下之中國佛教。若不改絃更張。隨順潮流。以謀自新自救之方。仍以十八世紀之生活。用之於廿世紀之舞台。吾恐外患之來。今日風。明日雨。一波未平。一波又起。伊於胡底矣。或僅恃頭腦簡單之少數長老者。奔走乞鄰。頭痛醫頭。脚痛醫脚。掩耳盜鈴。不切實事。徒務治標之辦法。不事治本之政策。其結果終必趨於失敗之途。故今日而欲措佛教於磐石之安。以享太平天國之幸福。舍注重社會化之佛教外。別無良善之策。社會化之佛教。簡括言之。在今日即實行佛教救國是也。凡我中華民族之佛徒。激發救國之熱誠。努力救國之工作。暴日之野心一日未息。而吾人之運動一日未休。整個之河山一日未復。而吾人之工作一日未了。總之有敵無我。矢此決心。活我國魂。強寇之炸彈臨頭。亡國之慘狀在即。中華之國土有限。暴日之野心無窮。願我數十萬之佛徒。急起而直追之。

上太虛導師書

虛公導師法席。歲月如流。違教幾度寒暑矣。導師年來爲法宣勞。席不暇煖。突不得黔。鞠躬盡瘁。始終不渝。今日佛教九死一生。不至嗚呼哀哉者。皆導師努力奮鬥奔走宏化之功。亦即二十年來一片精誠熱血所換得之代價也。導師所運動之佛化工作。所主張之僧寺制度。所發表之崇言讜論。所著作之鴻篇巨帙。俱三百年來見所未見。聞所未聞之奇珍異寶。亦即現時代現社會現人心所急需之阿伽陀藥也。故稍有腦筋稍有學識。而且富於革命思想之青年學僧。直接間接無一不是導師之信徒。亦無不受導師學說主義之熏陶。聞素主改革佛教。整理僧制。所以對於導師學說主義。拳拳服膺。絕對信仰。到處宣傳。隨在提倡。前在雲南雞足山長佛會時。曾一度實行導師主義。與腐化惡化之僧閥奮鬥三年之久。卒以同志者寡。難收實效。遂爾不敗而退。以期將來養精蓄銳。充足實力。再作重整旗鼓之計。導師聞之。必將莞爾而笑曰。是眞孺子可教也。竊以今日的佛教。已造危極之極峯。一般住持佛教者。盡是頭腦如鐵。血氣如冰。打不痛罵不羞。

活不活。死不死。竟使大好佛教。弄得一場糊塗。吾輩青年學僧。雖有挾泰山超北海之雄氣。其如環境之不許可何。一般知識階級的青年學僧血氣剛強。爲教心切。往往義憤所激。衝動用事。中途一遇阻力。遽爾灰心墮志。或改絃更張。另尋出徑。或和光同塵。仍復舊態。(去趕經懺)此爲今日青年學僧之兩條末路。亦即佛教前途之隱憂也。故目前之要圖。亟應聯合全國僧領。組織完善學府。一以安慰青年學僧之精神。一以培養青年學僧之才力。使之一心潛修。不思他圖。以期十年教訓之功。則蘊蓄於內者既豐。煥發於外者必大。一旦教門有事。令其出而應付。決能周圓靈敏。措置裕如。豈爲佛教青年學僧造實力。抑亦爲佛教前途培元氣也。斯爲今日負有住持佛教之責者。應須特別注意之要著。如其不然。吾恐佛教之滅亡。不在外界之摧殘。而在內部之朽腐也。博覽古今中外史。無論任何國家。任何宗教。其強弱勝敗之樞紐。全憑實力爲轉移。實力強者強。實力弱者弱。實力勝者勝。實力敗者敗。實力者何。人才是也。故今日而言振興佛教。抵禦外侮。舍崇重教育培養人才而外。都是送死之藥。趨亡之徑。反觀今日住持佛教者。所行所爲。乃有大謬不然者。蓋振興佛教。抵禦外侮之聲調。早已唱入雲霄。而對於崇重教育培養人才諸要端。

若越人視秦人之肥瘠。漠焉不加喜戚於其心。且也視人才爲眼中釘。胸腹裏患似有一日不去。一日不安之態。吾誠百思不得其解也。或曰若輩之目的。不在振興佛教抵禦外侮。而在消滅教育。障礙人才。以圖其鳥烟瘴氣。爲所欲爲也。此言是耶非耶。然乎否乎。無怪佛教教育之日益衰微。人才之日益缺乏也。一般知識的青年學僧。既不肯寄身於黨同伐異營私舞弊之叢林。復不肯與金玉其外敗絮其中之住持和尚合作。更不肯降格辱身去做非人式之經懺生活。因此一般青年學僧。流離顛沛。幾無立足之地。於是羣起組織新僧戰團。大唱革命。誓與舊僧作敵。在在表現新舊僧之衝突。處處演出新舊僧之惡劇。與外人以摧殘破壞之機會。此誠佛教前途之大不幸也。近復有一二感情過激。不顧大體之同志。往往假借團體或他人名義。濫發傳單。以不堪寓目之醜言。肆意攻擊長老大德。以發洩其抑鬱不平之氣。此等不合禮之舉動。實爲佛教前途之致命傷。凡稍有知識者。均期期以爲不可。縱有不是之處。儘可推誠相商。合禮解決。天下豈有不可釋之怨仇哉。吾以爲今日之佛教。非集中力量。不足以言振興。非精誠團結。更不足以言禦侮。倘其長此各是其是。各非其非。則鬩墻之側。眈眈有人。恐將蠶食鯨吞。瓜分豆剖之慘狀。不旋

踵而即至矣。鷸蚌相爭。漁翁得利。史訓昭昭。可爲殷鑒。導師爲佛教先進。新僧領袖。識見遠勝於尋常。主義高出乎羣衆。地位之重。聲望之隆。正可一言興邦。一言喪邦。際此佛教存亡一髮之秋。將何以調和新舊。容納各派。集思廣益。羣策羣力。使共趨於復興佛教之光明事業。而奠佛教百年之大計乎。翹企雲天。無任神馳。

致仁山法師書

敬啓者。靈山緒絕。鹿苑風頹。芸芸衆生。何所依止。慨馬鳴之已逝。覩龍猛而不作。教海洋洋。孰闡大乘之祕訣。迷途昏昏。誰啓宇宙之靈竅。況今魔幢高樹。邪燄横飛。不有覺者。伊誰導迷。頃聞法師吐三昧之辨才。運般若之文字。剏法海之波瀾。示人天之眼目。是舉也不特爲佛教放一異彩。抑亦爲世界添一福音也。際此優勝劣敗。弱肉強食之秋。以強權爲公理。以武力爲神聖。於是爭地以戰。殺人盈野。爭城以戰。殺人盈城。茫茫大地。幾無清淨之土。嗚呼苦莫苦於此時。痛亦莫痛於此時也。語云飢者易爲食。渴者易爲飲。能於此時宣揚我佛大慈大悲之主義。發揮我佛救世

救人之精神。則苦惱之衆生。必將皆引領而望之矣。世界之亂。起於人心。人心之壞。端在學術。學術善則人心善。學術壞則人心壞。人心壞則世界亂。此不移之理也。故欲救世必先救心。救心之學。佛法尙矣。佛法者所以救正人心之學也。蓋人有貪心。治之以戒。人有瞋心。治之以定。人有癡心。治之以慧。人心之壞。止於三毒。三毒之藥。唯有三學。三學既具。三毒自除。三毒既除。世界猶有不寧者乎。吾弗信也。闡佛化挽世道。救人心。誠爲當今之要圖。法師之辦法海波瀾。其有鑒於此乎。不然何憂之遠也。聞本滇南衲子。朝東暮西。浪迹四方。既無搬柴運水之能。復乏暮鼓晨鐘之才。無所短長之効。可見於此矣。然吾所堪自慰者。對於改革佛教。整理僧伽諸事。往往捷足登先。不敢後人。迹之所至。竭力宣傳。爲僧伽倡。惟是人微言輕。難奏膚功。雖心雄萬夫。其如因緣之不足何。法師其將何以教我乎。自革軍克復平津。此間佛化爲之一變。所謂帝王式的住持。封建式的叢林。漸漸打破舊度。隨順新潮矣。於社會應盡之義務。知有以舉辦之。於佛教應負之責任。知有以荷担之。於僧伽應需之制度。知有以建設之。現在已經成立之平民學校。平民工廠等。不下百餘處。佛學院亦有七八處之多矣。是亦不可謂非革命過程中佛教之一大好現象也。故吾以

爲世界愈亂。而佛教之光明愈大。潮流愈急。而僧伽之精神愈振。古人憂勞興國。逸豫亡身之言。蓋爲此耳。鄙意如此。不知高見以爲何如。苟以孺子爲可教。而辱教之。又幸也。專此敬肅並頌。

致戒塵法師書

戒塵法師大圓鏡智。此次奉令來山。調解糾紛。主持道場。寧惟鷄山僧衆之福。抑亦滇西佛教之幸也。凡屬佛子。理應香花供養。竭誠歡迎。無如訟事尙未結束。議和尙未告成。人言可畏。衆口鑠金。稍一不愼。遂遭嫌疑。所以法駕莅楡多日。不敢時時趨謁。面領教誨者。職是故耳。已往之事。譬諸過眼煙雲。止止不說。今後之事。但求付托得人。自當高踏遠引。曷敢固執成見。戀戀不捨。諦聞不顧衆惡叢身。爲衆矢之的者。豈其好事哉。實因環境不得不如此也。當此佛化凋零。法門垂秋。加以虎視鷹瞵。稍縱即逝。共同團結之不遑。那堪同室操戈之是務。然而我見未除。法執未破。竟難免此凡夫境界也。我公深諳典乘。圓具六通。當能諒此人世之迷夢也。茲者雙方兵疲馬倦。息鼓偃旗。亟願解嫌釋怨。言歸於好。懇祈

鼎力斡旋。俾和平之曙光。獲以早日實現。則不負此番來山之本願也。餘容面陳。肅此敬候。

致雲南王竹村居士書

久慕道玄之風。未聆淨名之訶。焦芽敗種。自恨靡已。比維丈室光明。法身清淨。爲無量頌。啓者吾滇地處偏僻。風化閉塞。加以山路崎嶇。交通不利。是以佛化事業。迄今一籌莫展。雖爲地勢之咎。寧非佛徒之羞。言教育則寥若晨星。言人才則希如麟角。利自利他之宗旨。不能光而大之。救人救世之事業。不能擴而充之。致使社會目佛教爲消極。譏佛教爲厭世。甚或摧殘之而毀滅之。斯雖不獨吾滇一隅爲然。而吾滇較之爲尤最。一般冥頑不靈之僧伽。如聾如啞。如顚如狂。不事學問。不務正軌。以閒遊爲生涯。以吃飯爲目的。無所事事。爲所欲爲。遂令人目見之而生厭。耳聞之而起憎。毀佛滅僧之風潮。於是乎生。復次問以佛是何人。法乃何解。僧爲何物。茫然不知所答。或又強而答曰。佛者佛也。法者法也。僧者僧也。又何解焉。嗚呼。亡國奴之嘉名。所由特賜。寄生蟲之徽號。所由頻來也歟。方今環境險象。咄咄逼人。社會怒潮。滾滾而起。四面楚歌。八方受敵。汲汲乎

有不可一日之概。青天白日之旗。正飄揚於國內。三民五權之說。大風行於世界。人人競趨革命。事事都要打倒。當斯時也。而猶墨守陳迹。故步自封。堅持門羅主義。仍然依樣葫蘆。欲作老大帝國時代之生活。以自苟延其殘喘。吾恐其不能也。且山林式的佛法。已不適於現代之潮流。應酬式的佛法。又在剷除之例。應如何謀針設計。踏足於廿世紀之大舞臺乎。余敢毅然決然大聲疾呼於我佛教諸同胞曰。至今日而欲生存於斯世。獨立於斯世。偷息於斯世。則不得不革面改心。一刷從來依賴的態度。而更自立的觀念。兢兢以提倡教育造就人才爲第一要着。非此不足以生存。非此不足以獨立。非此不足以偷息。可斷言也。聞鑒吾滇佛法之衰微。僧伽之腐敗。愈趨愈下。日甚一日。每思有以振興之。整理之。無如德不足以感人。才不足以濟世。所謂心餘力絀。徒喚奈何焉耳。頃悉居士秉靈山之咐囑。承如來之遺命。乘願再來。示現古滇。以宰官身。行菩薩道。本大無畏之精神。作護法安僧之運動。近創四衆佛教會。以資聯絡信徒。共策進行。藉爲建設一切佛化事業之基礎。逖聞之下。歡喜讚歎。不勝爲滇南佛法慶。爲滇南僧伽慶矣。竊以爲振興滇南之佛法。整理滇南之僧伽。務須先從鷄足下手。蓋鷄足爲迦葉入定之所。衆人觀瞻所繫。能於此

起墜興衰。革故鼎新。必收事半功倍之效。不寧唯是。廟宇之巍峨。寺產之豐饒。實冠乎全滇。今爲少數無賴僧徒所盤據。執爲已有。認爲私產。不作佛事。不行法化。將廟宇爲彼等之娛樂場。寄生室。養老院。將寺產爲彼等之煙酒費。嫖賭欵。豕羊項。以有用之寺產。供無用之僧徒。殊屬可惜。亟須有以改革之必要。居士諒能先見及之。不待豐干嘵舌也。際此危機四伏。教難方殷。尚祈居士發大慈悲心。運大神通力。爲我滇南佛法努力。爲我滇南僧伽奮鬭。開一佛化的新紀元。造一佛化的新滇省。是聞心香一瓣。膜拜禱祝於無窮者也。居士苟以孺子爲可教。而辱教之。又幸也。南望滇池。不盡依依。

致雲南鄭幼臣先生書

暑往寒來。分手不覺數月。滇池燕水。徒增落月之感。早擬握管致訊。祇因行踪飄泊。遂爾遲遲迄今。知我如兄。想能鑒諒。聞髫齡出家。輕年問道。周遊名山岳瀆。遍訪明師益友。五尺微軀。人稱遊子。半生拓落。我是憐人。自慚一事無成。竊愧馬齒徒增。且以多業多障。每遭逢之不際。少才少學。

輒應世之阻厄。此次出滇。暫旅昆華。久承地主之儀。常受上賓之賜。殷殷致意。在在關心。深情一縷。何止長江大河。厚愛千重。眞足銘心鏤骨。回憶泛艇遊湖。暢談海闊天空。把臂遊郊。共話苦緒愁懷。前塵影事。已往情景。雖成明日黃花。猶盤旋於腦際。曾幾何時。天各一方。人事滄桑。瞬息萬變。令人感慨系之。聞由滇到杭。勾留半月。又行北上。重遊故都。倍覺神貽。惟是江河依舊。人事已非。倭寇逼進榆關。平津危如壘卵。富有資產之人。紛紛逃避遠徙。貧無立錐之輩。惶惶不可終日。有若杯弓蛇影。致談虎而色變。將來此間成安樂之國土歟。痛苦之戰場歟。吾人未證四果。未得六通。誠莫卜其吉凶禍福也。所差堪人意者。民情憤慨。軍氣激昂。人人有自衛之精神。個個抱必死之決心。儼如文天祥之氣壯山河。岳家軍之勢吞胡虜。悲歌慷慨。喧騰國中。人心未死。前途尙有可爲。睡獅已醒。國魂或可復活。知關錦注。特此奉聞。

覆方瑞丞先生書

匯信業已接到。毓山兄處。因我懶於染翰。音訊消沉已久。昨始寫一信去。欵事亦未提及。以台函

猶未接到也。聞在杭或在滬。遵命以待君來。藉以暢叙鄉情。現正規劃出洋事。一俟行裝摒擋。即擬放海去國。考察暹羅緬甸印度等地之佛教狀況。吾麗地處邊陲。風氣閉塞。諸凡落於人後。文化事業。尤覺幼稚。兄在外有年。經驗學識。俱極豐富。此行回梓。正好傾其所學。展其所抱。爲地方文化作一新的運動。創一新的紀錄。移風易俗。用夏變夷。匪惟閭里之榮。乃邦家之光也。聞前歲回滇。本想盡竭愚誠。在佛教方面。做一番事業。而冥頑不靈之一般僧伽。只知替死人念經。爲亡靈拜懺。毫不認識佛法之眞義。爲何道不同不相爲謀。所謂聾者無以語乎鐘鼓之聲。瞽者無以語乎文章之觀。兼之同志缺乏。孤掌難鳴。竟未遂其所懷。古人曰。道不行父母之邦。余始不信。今乃知之。所志不果。因此乘桴浮海。又作周遊列國。傳食諸侯之雲水僧矣。現在此間。飢來吃飯。困來睡眠。以西子湖作伴。以錢塘江作侶。談空空於釋部。覈玄玄於道流。興來顧一遊艇。泛乎中流。聽其所之。隨波蕩漾。眞有飄然欲仙之緻。有時邀二三知友。遊兩峯之勝。探三竺之幽。或跨清流之上。或踞崖石之巔。飽嘗湖山春色。欣賞溪澗風光。方其興之所極。手之舞之。足之蹈之。或咏高山之賦。或吟流水之曲。頗覺心曠神怡。幾至樂而忘返。此乃我近來之無聊生活。吾兄聞之。必將

莞爾而笑曰。是亦人生之樂趣也。

覆雲南省佛教會委員書

頃奉大札。迴環雒誦。如飢得食。如貧得寶。諸公關懷勝境。既深且切。懇懇之意。溢於言表。我非木石。能不感動。祗以勢成騎虎。進退維谷。雖承大力斡旋。難期和平解決。非逞個人意氣。實爲公共義憤。稍有妥協餘地。豈肯無謂犧牲。明達諸公。想能鑒諒。某等屢遭其毒。九死一生。忍無可忍。迫而至此。個人受屈。固不足惜。名山被殃。豈容緘默。是以抱沈舟之決心。作背城之一戰。寧爲玉碎。不爲瓦全。財政則山窮水盡。古蹟則兎角龜毛。寺宇則土崩瓦解。大好名山。頹敗至此。誰爲爲之。孰令致之。用是聯名具腔臚陳劣迹。懇請核辦。一伸不白之冤抑。而求公正之評判。詎料堂堂諸公。單聽一面之詞。遽予完全駁斥。以野蠻之政策。行高壓之手段。助強抑弱。爲虎作倀。所呈訴詞。視如廢紙。不問是非。不分皂白。感情用事。一味偏袒。不站佛會立場作公決。而以律師資格代辯護。糊塗若此。令人髮指。迄今思之。猶有遺憾。倘荷秉公處理。早以煙消霧散。何至星星之火。竟成

燎原之禍。責有攸歸。無容置喙。玆乃米已成飯。木已成舟。一切聽之法律。憑諸因緣。勝固名山之幸福。敗亦大衆之光榮。成敗皆不足計也。尊示所云。二虎相鬥。必有一傷。差之毫厘。失以千里。言念及此。心悸胆寒。懍漁翁之獲利。恐玉石之俱焚。故爾急流勇退。放下屠刀。概然遵依尊示。一致主張調和。而時機誤矣。奈之何哉。雖然亡羊補牢。猶未爲晚。務祈諸公。披髮纓冠。速爲有效之辦法。焦頭爛額。亟作有力之制止。只要對方覺悟前非。我方無事不可讓人。當此懸崖勒馬。千鈞一髮之際。切盼共同努力。促其實現和平。則我飲光尊者。必微笑於華首門中矣。垂泣忠告。無不景從。掬誠奉覆。敬希明察。

致知非同志書

音訊久杳。夢想爲勞。玆將我現時之生活。特爲一縷陳之。此間自去歲掀起絕大訟波。迄今熾然未息。吾雖不在原被兩造之例。而以嫌疑資格拉入戰團。卒成適當其衝之先鋒戰員。而敵方之槍子炮彈。咸以吾爲描射之目標。迫我亦不得不作自衛之抵抗。同時應原告方面之請求。負全

權代表之大任。於是操刀躍馬。親臨前線。千方百計。節節布防。橫衝直撞。與敵周旋。而敵以金錢勢力賄買軍隊。運動要人。希圖武力解決。藉以不了了之。所幸我方沈着應付。防範嚴密。敵終不得其逞。及至訟案審訊完畢之日。敵以詞窮理遁。劣跡昭著。即竄身於縲絏之中。而野心不死。困獸猶鬥。嗾使黨羽。到處活動。罄筆舌之技巧。盡宣傳之能事。遊說於權紳豪貴之門。求救於達官顯宦之前。以冀擺托樊籠。其魔力之宏大。洵吾人所不能及者。敵曾歷任此間要職。交遊極其廣闊。知友多爲省方軍政要人。一旦慘遭失敗。陷入囹圄。爲其講情說理奔走營救者。自以省方官吏爲多。而我方則理直氣壯。名正言順。因是頗得隣縣官紳之同情與協助。及地方輿論之仗義執言。主持公道。咸認此次之風波。純屬敵方被壓迫而激起。自此敵方所施放之煙幕彈。完全失其籠罩之効矣。究竟個中眞象若何。雖爲羣衆所未悉。但一人唱言不平。衆人羣起附和。亦人類同情於弱者之固有心理。日下雙方各有背景。旗鼓相當。勢均力敵。政府當局視之既爲重要。社會方面屬目。亦更形深切。實爲鷄山空前絕後之大訟波也。將來戰局如何變幻。此時尚未敢逆料。而最後之勝利。必屬於我。可操左劵也。打倒七八年來盤踞此間耀武揚威之強敵。尚不足以

稱雄。掌握雲南全省佛教大柄之一般流氓士劣。大發淫威。大顯手身。罄全力以資助敵方。壓制我方。費盡九牛二虎之力。而終不能動我一腋之毛。此誠足以自豪矣。虛言不談。有便誨我。

與淨名同硯書

故都一別。屆指三載。暮雲春樹。悵惘何如。弟近數年來。行雲流水。朝東暮西。學教不成。參禪不就。踏破鐵鞋。徒勞面壁。以而立之年。猶碌碌如故。既無顏以對友朋。復無面以見師長。是則自恨而自愧者也。邇聞吾兄展其奇才。抒其偉抱。振金錫於巴蜀。放威光於峨嵋。誠吾輩之冠軍矣。所冀百尺竿頭。重進一步。提倡教育。培養人才。俾莊嚴璀燦之佛法。普及於現社會之人羣中。使之詆毀佛法者。轉而爲讚嘆。輕視僧寶者。轉而爲尊重。則吾人學佛所負之使命。庶幾盡矣。南鴻有便。賜我佳音。臨池依依。不禁神馳。

與道興同硯書

光陰很快。我們相別已經七年了。顛沛流離的我。在這七年的當中。沒有一天不過着消極而悲觀的生活。每日所接觸的事情。可以說是多極了。却沒有一件事使我足以滿意的。翻閱報紙一看。每日所載的消息。不說西南叛變。就說西北火拚。不說都市蕭條。就說農村破產。更有內蒙自治。新疆混戰……整個的領土。失去了一角。錦繡的河山。竟無一片乾淨土。在這嚴重而痛苦的狀態下。雖欲靜坐蒲團。閉目參禪。事實告訴我們。已經不可能了。自殺嗎。沒有這勇氣。活着嗎。沒有什興趣。究竟怎好呢。聽說你在首都吐氣揚眉。得志青雲。幾乎腰纏十萬貫。騎鶴上揚州了。我又怎能不手舞而足蹈呢。可是希望你不要忘了我這窮苦潦倒的小子啊。倘有握管之暇。賜我一紙片箋。話說了。有機再談。

致晨鐘特刊社書

敬啓者。天地晦塞。日月陰明。大道有沉淪之虞。衆生無幸福之憂。幸乘願之菩薩。創特刊之晨鐘。使之迷者悟而夢者醒。聾者聰而瞶者明。是誠苦海之慈航。黑暗之明燈也。自革命軍興。長江上

下。打倒僧伽之口號。與夫鏟除寄生之聲浪。大有高唱入雲之概。而彼如聾如啞之僧伽。不聞不問。猶在五里霧中作活計。猛虎在其前而不知畏。毒蛇隨其後而不知懼。潮流如何的澎湃。時勢如何的變遷。而彼奴隸性的態度。依賴性的觀念。依然執而不化。堅而不破。甚至驅僧尼。沒寺產。毀佛像。壞廟宇。幾乎無立足之地。而猶不知謀一策設一計以與壓迫者奮鬥。而下九死一生之决心。宜其視爲組上肉。釜中魚。籠中鳥也。蘇子曰。物必先腐而後蟲生。誠哉是言也。頃悉諸公。恐正法之垂秋。憫宗風之寥落。本救人救世之精神。發利自利他之宏願。辦法界學院。造就人才。創晨鐘特刊。警覺羣盲。組通信社。聯絡同志。是吾平日對於振興佛教。整理僧伽所主張之條件。不謀而合。儻所謂同心同志者非耶。諸公改革心殷。挽回心切。鴻謀碩畫。欽佩萬分。聞雖罷駑。私心甚願參加貴社運動。未知資格相當否。倘承不以鄙陋見棄。請爲列名末席。俾盡匹夫有責之義。此間佛化提倡雖不乏人。發展殊覺艱難。去春空也法師及賓楷南居士等組一中華佛學院。規模宏大。布置完美。籌備一年之久。今春方始成立。此乃近今佛化中最好一段因緣也。以後貴社如何進行。及所出晨鐘特刊。源源賜下。是爲至盼。

再致晨鐘特刊書

余自民國十二年來京。迄今五易寒暑矣。此間叢林之弊病及僧界之情形知之甚熟。南北畛域之見。若冰炭之不相容。北僧專以攻擊南僧爲能事。勢非驅逐南僧出境不可。南僧專以擴充地盤魚肉北僧爲目的。勢非北僧消滅淨盡不可。特以環境關係。不能遂其心欲。於是包藏禍心。均以牢籠外護運動當局爲唯一之要務。今日爭某寺之方丈。假某總長之威勢而與某寺方丈起訴。明日爭某寺之產業。借某軍長之勢力而與某方丈成訟。時而南僧告北僧。時而北僧告南僧。聚訟紛紛。無有已時。至振興佛教。宏揚大法。若越人視秦人之肥疾。漠不關心。尤可怪者。南僧與南僧相排擠曰某同藉也可用之。曰某非同藉也不可用。於是某省僧人住持之寺。純係某省之僧人。而他省之僧人不能參雜一人於其間也。南僧與南僧既如是之排擠。又何怪夫北方僧人之攻擊南僧乎。南僧固宜以佛法爲前題。不可以井蛙之見而失馬祖百丈之遺風。北僧尤宜以彌勒之寬宏胆量容納南僧。不可以區區之見。喪失佛法圓融無礙之妙諦也。北僧南僧都是僧。

何意見之足云。嗚呼光怪陸離之北京僧界。是誠可笑也。夫聞也不敏。願隨諸公之後。致力改革。一掃此等惡習也。此頌

覆智藏師書

你給閩院同學的那封公開信。我已瞧到了。你所說的話。句句都是適情合理。沒有不中肯的。你對於這次閩院同學的暴動。好像你不願參加。而被迫的參加。已有悔過自新的意思。可是你的錯處。當時不該做發言的代表。及寫收據的負責人。不然一切搗亂的惡名。怎會一齊弄到你頭上去呢。這是你有寃莫訴的一個要點。結果眞懷的不見其壞。不壞的反見其壞了。我們知道你本是富於感情而肯輕於表示的一個英俊青年。但是你要知道。大凡一件事情。不是這樣簡單的。不是你意所及料到的。同時理想也不能替代事實。世間上的人。往往自己看得太重。對象看得太輕。終於鑄成大錯的。不知多少。最近十九路軍之反叛中央。就是一個明例。古人說知已知彼。百戰百勝。反過來說。不知彼。不知己。定要百戰百敗了。希望你以後做事。要三思而後行。

切不可糊裏糊塗的跟着人跑。譬如肓人騎瞎馬。夜半臨深池。那是危險極了。假使有利益於自己的前途。或有利益於大衆的事。不妨犧牲一切的去衝鋒肉搏。那是有價値的。有意義的。如果逞一時之意氣。不分青黃皂白的。胡鬧一陣。不但沒有好的結果。並且個人一生的名譽。也很有重大的關係。這次閩院同學的暴動。你雖不是中堅份子。而所受的損失。計算起來。恐怕你是第一名了。院內的教職員。對於你的期望。是如何的殷切。院外的諸職事。對於你的欽重。是如何的懇摰。同學道友們對於你的信仰。是如何的深厚。你在閩院六七年的榮譽。料不到竟會這樣的斷送得一乾二淨。學問方面的損失。更不可以道里計咧。我們爲你委實可惜得很。至於那些貓三狗四的搗亂鬼去之多多益善。無足介意。唯有你未免太値不得了。這次暴動的結果。打倒者同被打倒者。他們本身的成敗毀譽榮辱得失。都無損於毫末。吃虧的。該死的。就是啞吧不會說話的閩院了。自經風潮發生後。辦學者灰心。講學者頽志。求學者喪氣。弄得氣息淹淹。幾乎滅亡的狀態。這段惡因惡果。究竟誰去負責呢。無怪近今僧教育之希如鱗角。而一般老和尚之視青年學僧。如眼中釘啊。（尤其是閩院學僧）往者不究。來者可追。爲佛法計。爲教育計。但願碩果

僅存的閩院壽享遐齡千秋萬歲。使現在未來的有志青年學僧。得有求學的境地。再不有此同樣的不幸事情發生。弄到關門大吉。這是我們暮鼓晨鐘焚香以祝的了。利生爲懷宏法爲務的你。諒有同樣的願望吧。我的話說得太嚕囌。請你原宥吧。祝你前途光明。

覆東初法師書

昨接華翰。何不棄我之甚也。此次學潮。其來也突然。其息也忽焉。星星之火。不至燎原。閩院之幸。亦大教之幸也。陳涉既去。沛公無策。無名之師。潰散者潰。教投降者投降。征服者征服。收編者收編。有若十九路軍之一敗塗地。所得不償所失。智者惜之。愚者笑之。不特首先發難者之奇恥大辱。抑亦盲從附和者之一大汚點也。法師始終能以中立態度自處。可謂能矣。不諒者雖皆歸咎於君。謂君爲陳銘樞也。然事實具在。只要自問無愧於中。則亦無損於毫末。人心險矣。世道危矣。君其勉之。

示雲南鄭光晞女士書

日居月諸。别來已是半載。物換星移。歲序又屆新春。一年方了。一年又起。新新不住。念念不停。感白駒之易逝。嘆浮生之幾何。轉瞬紅顏。便成白首。四大的假殼。究竟有什用處。况慾山岌岌。尤海茫茫。一失人身。萬刼不復。莫說老來方學道。須知孤墳盡是少年人。此身不向今生度。更向何生度此身。趕緊預備資粮。好到無生國裏。吟風嘯月。享那清淨自在的生活。至若富貴功名。無非空花水月。妻財子祿。盡是幻化夢境。任你千般快樂。難免長生不死。縱爾百事稱心。無常總要到來。那怕是英雄。死時沒辦法。那怕是好漢。閻君不留情。且也八苦交煎。兒女誰能替你。眼光落地。親朋與我何哉。忙忙碌碌。枉作子孫馬牛。奔奔波波。自討無謂苦吃。生時不帶一文而來。死時不帶一文而去。世間財物。貪幹什麼。正眼看來。一場假戲。居士既已紅塵夢裏。醒轉過來。皈依三寶。持齋念佛。洵汚泥之蓮花。巾幗之丈夫也。苟非宿植德本。靈根深茂。曷克臻此。莫再被塵所惑。又作苦海迷人。致使今生空走一匝也。染緣易就。淨業難成。愼勿放逸。善自爲之。正好乘此一念覺心。努力加鞭。奮進前程。親授彌陀之記。優遊莎婆若海。方不負此難得之人身。其或未然。隨波逐流。與世浮沉。昏昏擾擾。迷迷糊糊。一旦臘月卅日到來。雙眼一閉。兩脚一伸。隨他張家做驢。李家變

馬。毫無主張。這時未免太可惜了。余本孤雲野鶴。去住飄然。直若太虛之鳥。大海之魚。旣無牽纏。復無羈累。容足之外。更無所希。無何民國十九年。忽被一陣業風。吹上鷄足山巓。充作石鐘主人。帶水拖泥。心爲形役。眞是無邊寃枉。直至去夏。始將千斤担子拋却。得作過海神仙。而今而後。或竹杖芒鞋。周遊名山勝境。或水邊林下。獨善其身。抱自了之主義。不再揚眉吐氣。重作煩惱生活。試看今日的社會。已造烏煙瘴氣的極峯。今日的人心。已成洪水猛獸的尖化。吾人涉身處地。在在堪虞。稍一不愼。即遭滅頂。所以甘作縮頭之龜。不羨冲天之鶴。此書將我最近對於現實所得之感覺。都是刀刀見血之言。句句澈骨之談。切勿看作陳爛葛藤。捲入故紙堆裏。好好存置案頭。爲自修之鍼貶。於道或亦不無有裨歟。

贈德藏師回甬

我欽敬的藏弟去吧。年青而具英氣的你。前途正未可限量。大步的踏去光明的大道。不要站着十字路頭徘徊。有可學的機會。好好兒學一學。受了些微的挫折。便灰心而喪志。那是不中

用的。一藏一消極是悲觀的行爲頹喪是無能的表示長進有爲的青年。不能受他的洗禮。你看那巍峨的高山浩蕩的長江。歷了千百載的風霜雨雪。依然在那裏豎着流着。曾不至絲毫改變過他的志節。我勸你抱着刻苦砥礪的精神。仍向跑過的那條古徑跑去。待至因緣時會。自有驚天動地的一日。天資聰穎的你。莫被天資聰穎所誤啊。我欽敬的藏弟。去吧去吧。安心的去吧。祝你一路風平浪靜。

致雲南楊益清居士書

久別光儀。時感參商。滇南燕北。驛使鮮逢。地角天涯。葵切殊深。遙維毗耶城中。大轉法輪。維摩室內。普利有情。爲無量頌禱。以鏡本皎潔。有塵垢以蔽之。而光明失矣。性本清淨。有惑業以障之。而妙用亡矣。欲彰鏡之光明。不得不去其塵垢。欲復性之妙用。尤不得不破其惑業。塵垢既去。光明自彰。惑業既破。妙用自復。而破惑業之方。懺悔尚焉。懺者懺已往之罪。悔者悔未作之惡。懺悔既具。罪惡悉除。而猶有自性不淨。妙用不復者。未之有也。是以諸佛由此而證。菩薩由此而修。誰能

出不由戶。何莫由斯道也。雖然懺悔之法亦多矣。有所謂取相懺悔。有所謂作法懺悔。有所謂無生懺悔。懺悔之法雖殊。而所懺之理則一矣。夫罪性本空。懺無可懺。悔無可悔。既無能懺之人。又無所懺之罪。而何有懺悔之法哉。殊不知吾人自無始來。一念不覺。起貪瞋癡。造殺盜淫。所積之罪。高逾須彌。深過巨海。若不加之以懺悔。雖有清淨之自性。曷能得其妙用乎。如來深愍衆生之苦。特說懺悔之法。著於經。載於律。傳於論。普令一切衆生。依此修習。滅無量罪。獲無量福。解脫生死。咸入無餘涅槃。奈末世衆生。不特不能懺悔。反造五逆十惡。以致演成今日惡濁之世界。刀兵水火。饉饑疫癘等災。相逼而來。嗚呼苦莫苦於此時。痛亦莫痛於此時矣。吾人既不生於勝盛之時。又不生於極樂之世。而偏與惡濁痛苦爲緣。豈非業力所感而然耶。不知而不懺悔。猶有可恕。知之而不勤行懺悔。則成朽木糞土之類。焦芽敗種之流也。尙何言哉。居士既厭娑婆之苦而樂西方之樂。以懺悔爲先鋒。以念佛爲後盾。自不難悟唯心之淨土。證自性之彌陀矣。聞才識固陋。學問毫無。糊口四方。賴佛求活。僅一飯袋僧耳。豈敢以粗粗之言。而遺笑於大方耶。特以情誼所關。不能不以已所知者。以爲勸勉之資也。餘容後陳。此請淨安。

祇園蓮社徵求發起人啟

敬啓者。同人等有鑒於世道濁惡。人心險巇。現在之痛苦方殷。未來之大難將臨。爰發起組織南林祇園蓮社。闡揚念佛法門。冀以建立人間淨土。莊嚴自心樂剎。唯茲事體大。非聯絡各方同志。協力進行。不足以成此救世度人之大業。素仰長者靈山咐囑。乘願再來。對斯盛舉。諒所樂從。用特肅函公懇。請爲列入發起贊成。如蒙 俯允。即請賜教爲荷。

住持鷄足山石鐘寺進院法語

山門

踏碎太虛空　毗盧頂上行

韋馱殿

波旬攪佛國。將軍意云何。請持金剛捧打盡世間魔。

彌勒殿

請問布袋和尚　究竟笑個什麼

大雄殿

什麼叫佛佛即是心　什麼叫心心即是佛

丈室

陞座云。未離兜率已降皇宮。纔出母胎度人已畢。所以十九出家。五年遊學。六載苦行。三十成道。八十涅槃。無非空拳誑兒。黃葉止啼。說法四十九年。未曾說着一字。談經三百餘會。何嘗半句與人。至於三藏玄文。十二分教。亦屬白者是紙。黑者是墨。二十四種不相應行法。若論今日山僧者段因緣。更是畫蛇添足。佛頭着糞。假如丹霞在世。定會一棒打殺與狗子吃也。諸上座。要識第一義。須在維那白椎。竟大衆默然時。等待山僧開口。豎說橫說。那已落二落三。被山僧舌根捲去也。諸上座看看。現前拄杖頭上。放光動地。拂子尾尖。轉大法輪。雖然如是。即今陞座一句。又作麼生

呢。

祝海衆安和無事　顧山門護持有人

淨明大師進關法語

閉住眼關。不分別色。閉住耳關。不分別聲。乃至閉住意關。不分別法。當下即如如佛。若眼見色而逐色。耳聞聲而逐聲。乃至意緣法而逐法。則千生萬刼。徒勞算沙。今上座既已發心閉關。須要擒住心王。捉着心所。時時照顧。勿任放逸。久而久之。自有靈根獨耀。迥脫根塵之時。且道即今進關一句。又作麽生呢。

不思善不思惡　寂而照照而寂

爲演空大師舉火法語

演空大師。火能燒身。亦能活身。識得他。即是火光三昧。觸之即活。識不得他。即是無明業火。觸之

即死。現前之火。爲是火光三昧耶。爲是無明業火耶。若是火光三昧。不妨在火宅中。行住坐臥。安身立命。若是無明業火。切忌焦頭爛額。喪身失命。即今舉火一句。又作麽生呢。

燒却臭皮囊　去證涅槃身

爲體新大師起龕法語

圓寂比丘。體新大師。眞性覺靈。諦聽諦聽。生從何來。死從何去。於此消息。如已會得。許與十方三世諸佛。把臂同行。即在生死門中。不妨出出入入。若猶未也。正好乘此良機。往生極樂國土。親近彌陀慈父。常聆微妙法音。生彼國已。與諸上善人。俱會一處。晝夜六時。念佛念法念僧。不歷三祇。即生成辦。可謂不幸中之大幸矣。茲者娑婆印壞。西方文成。牛車已駕。不敢久留。即今舉龕一句。又作麽生呢。

走出火坑泥塘　跳入清涼佛土

舉火法語

性空眞火。性火眞空。好從者裏。覓取本來。即今舉火一句。又作麽生呢。

非木非火非煙　即戒即定即慧

杭州祖山寺念佛林開示詞

今天承本寺式梁和尚的邀。得與諸上善人。俱會一處。來談論佛法。這是很好的一段因緣。同時我自己也引以爲很慶幸的一件事。各位居士。對於佛法都有深刻的研究。並且聽過多少大善知識的開示。大概對於淨土法門的道理。想已深入堂奧。無須要我曉舌了。可是今天在座的各位。都是熏修淨業的居士。如講別樣的佛法。恐怕不合各位的機宜。只得講點關於淨土的道理。來結各位的法緣吧。

本來淨土是極妙的一個法門。所謂越三祇於七日。等四聖於六言。統萬行以無遺。攝八宗而獨勝。眞是妙到極點了。不過現在一般淺知淺見的人。對於這極好的淨土法門。不但不生信仰。反而生出許多的懷疑。什麽懷疑呢。等我慢慢的來說給各位聽吧。

有一種知識極淺的人。不知道世界是無量的。他們疑以爲除了平常地理書上所說的五大州外。再沒有什麼世界了。那裏還有什麼極樂世界呢。即或有之。亦不過是理想的烏托邦。決沒有實際的極樂世界吧。

可憐這太沒知識了。華嚴經上說。世界是無量的。有仰形的世界。有覆形的世界。有圓形的世界。乃至有三角形的世界。等實在多如恆河沙數。有說不盡的世界。就是現在的天文學家也說。大宇內的星球。是無量的。無量的星球。即有無量的世界。平常地理書上所說的五大州。即吾人所居的世界。不過無量星球中之一星球。無量世界中的一世界而已。那裏除了五大州外。就沒有世界了的呢。

譬如我們中國古時代的人。除了中國之外。不知道有什麼五大州。即以中國爲天下。所以古書上說。普天之下。莫非王土。率土之濱。莫非王臣。這就是表示中國就是天下。再沒有什麼其他的國土了。其實古人所謂的天下。還沒有現在中國的三分之二大。那裏能稱天下呢。自從人類知識進化。海禁大開以後。確實證明了中國之外。還有五大州。以此說來。現在一般淺知淺見

的人。除了五大州外。不承認有極樂世界。如同古時代的人。除了中國之外。不承認有五大州一樣。這又有什麽價值呢。

我們要知道。佛是已經證了一切種智的人。對於一切的事理。無所不知。無所不曉。佛旣說過西方十萬億佛土外有一極樂世界。那的確是有的。一定不會錯的。並且佛是實語者。如語者。不誑語者。不異語者。那裏會來欺騙我們呢。對於這一層。不必大驚小怪啊。

又有一種人。聽見娑婆世界念佛的衆生。將來個個都要生到西方極樂世界去。他就疑以爲極樂世界只有那麽大。娑婆世界的衆生。却又這樣的多。假若個個都生到西方極樂世界去。那西方極樂世界。豈不是大有人滿之患了嗎。他不知道。我們娑婆世界衆生所受的報身。是由染業所感的。所以處處不能自在。事事都有障礙。有若干大的地方。僅能住若干多的人。

極樂世界衆生所受的報身。都由淨業所成。都是蓮花化生。個個都有神通妙用。可以變現自在。不妨一爲無量。無量爲一。譬如一室千燈。燈燈互攝。各不相妨。這種勝妙的境界。自不能以娑婆世界的眼光來比擬。並且到了西方極樂世界之後。不一定永久的住在那裏。有時到東方

世界去聽經聞法。有時到南方世界去採花供佛。有時又到十方世界去教化衆生。所以人滿一層。是不成問題的。

又有一類人。他說人人都像你們這樣的念佛。都生到西方極樂世界去。那我們這個社會國家的事業。又靠誰來辦理呢。他不知道世界的成因。是由於我們各個人的業力共同所感而有的。假如我們這般同業的大衆都生了西方。仍有同業的衆生。跟着我們來辦理社會國家的事業。譬如某甲死了之後。某甲辦理的事。仍有某乙出來替某甲辦理。決不會某甲辦理的事。因某甲之死而停頓了。試看歐州大戰的時候。死了幾千萬的人民。但是未聞歐戰之後。歐州的社會事業。就沒有人辦理的話。又看我們中國廿年來南爭北戰。以及水旱等災。人民遭死了幾千萬。亦不見社會國家的事業。沒有人辦理的情況。

沒說我們同業的人。都不肯一齊都來發心念佛。同時也不會一齊都生到西方極樂世界去。就是一齊都肯發心念佛。同時一齊都生到西方極樂世界去。那我們大家的同業已滿。而我們大家同業所感的這世界。也就該壞了。你就不生到西方極樂世界。也沒法維持這世界的壞

了。

依小乘佛教的教理講來。世界的成住壞空。是有一定的。世界要壞的時候。人類都要同歸於盡。誰也不能維持。就是佛菩薩的神通力。也不能使其不壞。這又有什麼可顧慮呢。

各位居士。對於以上所說的幾點。都可不必懷疑。大家勇猛精進。一心不亂的念佛。超出這生死的苦海。解脫這煩惱的世界。因爲這個世界。實在太齷齪了。太苦惱了。太沒意思了。我勸你們趕緊念佛吧。趕緊求生西方吧。

南京三藏寺講經開講詞

今天是本寺講經法會開講的第一日。同時也是舉行四大天王開光典禮的日子。承蒙各界護法檀越善男信女。惠然蒞臨。襄助法會。這是本會很感激而且很榮幸的。現在未講經文之前。先把本寺此番講經的義意略爲說明一下。在這農村破產。都市蕭條。百色不景氣的時候。我們花錢費力的來發起這個講經法會。一般人的眼光看來。好像與社會人生是毫不相關的樣

足以明瞭宇宙萬有的眞象。這是大凡稍有知識的人。都所知道的。並不是以爲我是佛教徒。特意的來宣傳佛教的好處。聳動人聽的。

現在我們的中國。天災人禍。內憂外患。交迫而來。國難的嚴重。民生的顚躓。已經到了最高的程度。這種嚴重痛苦的現象。依佛法的因果講起來。都是由於我們各個人的心理與行爲不背向着善的方面去努力。偏要向着惡的方面去奮鬥。以強凌弱。以衆暴寡。彼爭此奪。相殘相殺。造成許多的惡因。致感今日苦惱不堪的惡果。

現在我們要想轉變這種苦惱的環境。非先把我們各個人的心理與行爲澈底的改善不可。所謂諸惡莫作。衆善奉行。人人都向光明大道走去。不要向黑暗險途去跑。心地既能光明。那世界自然太平。人民自然幸福了。所以經上說。欲平大地。先平心地。又說心淨則土淨。心穢則土穢。由此可以知道世界之所以不太平。人民之所以不幸福。都是由於我們各個人的心地不光明不清淨所感而得的。所以要轉變這種苦惱的環境。而不從改造心理方面去下手。那是如同揚湯止沸。吾恐其南轅而北轍咧。

我們這次發起講經法會的宗旨。就是要勸大家止惡修善。依佛法的道理去實行。人人懺悔罪業。個個發菩提心。不去做損人利己的事。不去做敗德傷天的事。看見人的好處。我們要竭力的贊揚看見人的懷處。我們要竭力的隱蔽人家有困難的時候。我們應該去救濟人家有危急的事情。我們應該去援助。總之好事與他人。惡事向自已。只成人之美。不成人之惡。這是佛法中的第一要義。同時也是今天我所希望於在座聽講諸公的一點微意了。

觀世音菩薩普門品題解

我們這次所講的經。就是觀世音菩薩普門品。此一品經文。是列在大乘妙法蓮花經二十八品中的第二十五品。我們爲什麼不講妙法蓮華經的全部。單講這觀世音菩薩普門品呢。因爲觀世音菩薩。對於我們娑婆世界的衆生。特別有緣。而且觀世音菩薩的悲願。較諸其他的菩薩。更加深廣而親切。同時觀世音菩薩所賜與我們的恩惠。眞是高於須彌。深過巨海。因此我們不能不知道他的本迹。更不能不知道他的種種功德。所以此次特講觀世音菩薩普門品的義

意就在這點。

復次我們娑婆世界的衆生。無論上智下愚。婦人孺子。沒有不知道觀世音菩薩之名號的。同時蒙觀世音菩薩之靈感顯應。而得種種利益的自古及今。有若恆河沙數之多。所以有病的人。念觀世音之名號。求其病愈。遭難的人。念觀音之名號。求其免難。乃至無子的人。念觀音之名號。求其得子。這種祈禱式的風氣。千餘年來。已成了一種普遍的習慣。若非菩薩的慈悲功德。入人之深。感人之厚。怎能令人信仰到這樣呢。本來觀世音菩薩在過去無量刼中。早已成佛。號正法明如來。當時釋迦牟尼曾作彼佛的苦行弟子。今以大悲願力安樂衆生故。慈航倒駕。權現菩薩的威儀。再來娑婆世界。輔化釋迦。將來又在西方極樂世界當成正覺。名普光功德山王如來。補彌陀的處。這是觀世音菩薩不可思議的本迹。我們應該知道的。

再講觀世音菩薩得名的因緣。菩薩以何因緣名觀世音。觀世音三字。本是東土的華言。西土的梵語。名阿耶婆婁吉低輸。依天台家的教義講。觀是菩薩能觀之智。就是一心三觀。世音是菩薩所觀之境。就是一心三諦。菩薩能以一心三觀之智。觀此世音之境。無不即空即假即中圓

融三諦。以是因緣。名觀世音。

復次菩薩在自受用三昧中。觀見世出世間一切遭苦求救等音。不禁悲從中來。立即現身其前。尋聲救苦。令其解脫。悲華經云。若有衆生受三途等一切苦惱。若能稱我念我名字。爲我天眼天耳所聞見。不免苦者。我終不成無上菩提。又寶藏佛經云。汝觀一切衆生。欲斷衆苦。故今字汝爲觀世音。這是觀世音三字所以得名的原因。總之菩薩以德立名。非同凡夫等妄立名字。沒有意義的。因爲菩薩有如是之功德。故得如是之名。所謂名稱其實。

再講菩薩二字。梵語具足應云菩提薩埵。華言覺有情。以其自己覺悟了宇宙人生的眞理後。又以自己所覺之道。去覺悟一切有情。使一切有情同覺斯宇宙人生的眞理。所謂以斯道覺斯民。故稱爲覺有情。可是菩薩有大乘菩薩。有小乘菩薩。這裏所講的菩薩。是大乘菩薩。照理應該再加摩訶薩埵四字才好。梵語摩訶薩埵。華言大道心成就衆生。怎麼叫作大道心成就衆生呢。依字義來講。可以分作兩種解釋。約菩薩自利一方面講。就是大道心已經成就了的衆生。約菩薩化他一方面講。就是發起大道的心去成就一切衆生。總之菩薩上求佛道。下化衆生。故名

大道心成就衆生。我以爲世間上大凡能發大道的心。去自利利他的。都可叫作菩薩。不必專指那一個。也不是那個所專有的名詞。可是現在一般不明佛法的人。往往誤認城隍土地門神灶君當作菩薩。那是錯謬極了。

又有一種人。一提到菩薩二字。就會想到泥塑木雕的偶像。以爲眞正的菩薩。又或以爲菩薩是一個造化宇宙萬有的主宰人類威權的。神聖不可侵犯的東西。又或以爲菩薩是一個虛無漂渺似有似無的理想作物。其實這些都是瞎摸亂說沒有見着廬山眞面目。

我們要知道菩薩是世間眞善美的一個最高人格的代表。如同儒家所謂的君子一樣。並不是一種什麼新奇古怪玄妙神密的東西。我們只要肯依菩薩所行之道去行。也就可以成菩薩的資格。所謂服堯之服。行堯之行。是堯而已矣。我們換句話說。就是服菩薩之服。行菩薩之行。是菩薩而已矣。只因我們無量劫來自暴自棄。懈怠懶惰。不堪造就。所以永作衆生。不能成爲菩薩。委實可悲可歎得很。

再講普門二字的意義。所謂普門者。約菩薩利他方面講的。因爲觀世音菩薩證了眞如妙

性之後。運稱性的無緣大慈。同體大悲來化度一切衆生。以眞如性體豎窮三際。橫遍十方故。稱性所起之慈悲妙用。當然也是豎窮三際。橫遍十方的了。所以盡虛空遍法界。沒有一處不是菩薩教化衆生的處所。沒有一個衆生不是菩薩所化度之機。從無始來乃至盡未來際。沒有一刻不是菩薩化度衆生的時間。假使世間上有一個衆生不得成佛。就是菩薩的功德一分未圓。有一個衆生不得脫苦。即是菩薩的責任一分未盡。所以菩薩以一乘圓妙之種。普應十界之機。應以何身得度者。即現何身而度脫之。所謂處處祈求處處現。苦海常作渡人舟。換句話講。就是普入一切衆生之門。化度一切衆生。普門二字的意義。大約如此。

品字是我們中國的語言。印度的梵音叫跋渠。就是同類的意思。大凡這一部經中的別文。與這總題相應的。一齊彙集起來。羅列在總題之下。單獨的組織成一段。這叫做品。如果文義與總題不相應的。那就不成同類。不名之爲品了。以上講的是品題。以下再講入題和經文吧。

五台山廣濟茅蓬禪堂開示詞

諦聞今天承貴寺各位班首執事的相邀。特來與各位上座談談。這是自己覺得很榮幸的。

可是說到講演佛法。那是十二分的不敢當。同時也是一百廿分的慚愧。爲什麼呢。因爲佛法這件東西。本來不可言說。不可心思。所謂擧心即錯。動念即乖的東西。以所如來說法四十九年未曾說着一字。金剛經說如來說法。無法可說。法華經說。止止不須說。我法妙難思。楞嚴經說。但有言說。都無實義。這些都是說明佛法不可言說的道理。禪宗的不立文字。教外別傳。令人單參一句話頭。也就是這個道理。所以要我今天來講佛法。實在無開口處。同時現前的各位上座。都是飽參飽學。宗通說通的老禪和子。以我這樣孤陋寡聞不學無術的苦惱子。來與各位上座講演佛法。眞有觀於海者難爲水。遊於聖人之門難爲言之感了。就是要勉強的說出幾句來。也不過是班門弄斧。遺笑大方而已。同時我對於禪宗一門。尤其是門外漢。說起來也是牛頭不對馬嘴。張冠李戴罷了。可是今天在這名山道場。能够與各位上座聚會一堂。談論佛法。這種殊勝的因緣。實在是千生罕遇。萬刼難逢。不可多得的。有如金剛經說的不於一佛二佛三四五佛而種善根。已於無量千萬佛所種諸善根。才能得此殊勝的因緣。所以今天很願將我平日對於佛法二字所瞭解的淺義。說出來貢獻給各位上座。不對的地方。還請各位上座指教。

佛法究竟是什麽呢。我以爲佛法不是神祕的也不是玄妙的。更不是奇特的。就是一種極平常的東西。我們從朝至暮眼所見的。耳所聞的。乃至意所觸的。都是佛法的全體大用。再進一步講。我們終日行住坐臥迎賓待客穿衣吃飯。啊屎撒尿。乃至揚眉瞬目仰俯屈伸謦欬彈指也無一不是佛法的具體表現。所以古人說頭頭都是道。法法皆是眞。又說溪聲盡是廣長舌。山色無非淸淨身。又說粗言及細語。皆歸第一義。又說治世語言資生產業。皆與實相不相違背。又說佛法在世間。不離世間覺。由此可以知道佛法就是極平常的一件東西了。我們現在要想求學佛法。應該在平常日用間去求學。並不要離開平常日用間再去別求什麽佛法。如果離開平常日用間再去別求什麽佛法。那如同離水覓波。離煙覓火。終久得不到一個眞正的佛法。可是各位這裏不能不有一種絕大的懷疑。什麽懷疑呢。就是佛法旣在平常日用間。我們可以說是天天與佛法接觸。時時在佛法中過活。應該早已成佛。何以尚在生死輪迴之中呢。各位要知道。我們雖然終日在佛法中。可是眼見色時爲色所轉。耳聞聲時爲聲所轉。乃至意緣法時。爲法所轉。所謂不能轉物。反爲物轉。以致起貪瞋痴。造殺盜淫。窮凶極惡。無所不爲。所以終日在佛法中。終

日看不到一點佛法。如同瞎眼的人。在萬盞明燈之下。看不見一點光明一樣。眞是可憐得很。各位用功參禪的人。應該在平常日用間去用功。所謂行也參。坐也參。乃至啊屎撒尿也參。參去參來。參到山窮水盡。通天徹地。打成一片的時候。豎也是佛法。橫也是佛法。可以拈一莖草作丈六身。可以把丈六身作一莖草。六根門頭可以放光動地。於一毫端可以現寶王剎。坐微塵裏可以轉大法轉。一爲無量。無量爲一。芥子納須彌。須彌納芥子。那時自有一個安身立命處。同時也可以知道父母未生以前誰是我的本來面目了。

西土性相二宗之源流及其互破互成之意義（在雞足山講）

如來在世。隨機施教。或說法性。或說緣生。以一切智應一切機。以一音聲說一切法。是故機感雖殊。教唯是一。初未嘗有性相空有之別也。

佛涅槃後。因彼大天部執競興。多著有見。龍樹菩薩證極喜地。七百年時出生於世。探集大乘無相空教。宗般若經。造中論等。發揚諸法勝義空教。除彼有執。繼有聖提婆等諸大論師。造百

論等而光大之。及至清辨等宏闡空義。詮釋無遺。有如日月經天。江河行地。勢不可遏。

而衆生不明如來所說空義。復惡取空。因空成病。無着菩薩位登初地。遠宗釋迦深密等經。近依慈氏瑜伽大論。作顯揚聖教論。集論。攝大乘論等。發揚諸法如幻有義。繼有世親作二十唯識頌。三十唯識頌而光大之。又有十大論師。接武宏闡。此外復有無性著攝大乘論釋。陳那著觀所緣緣論及集量論。親光著佛地經論。勝軍著唯識抉擇等。演繹有義。究暢眞理。有若陽春三月。欣欣向榮。蓬勃一時。

由是以還。般若瑜伽壁壘對峙。清辨護法兩論師出。漸形乖離。然猶未至若何水火之相軋也。及至戒賢智光同住那爛陀寺。各承其師。各宏所學。崇自抑他。互相高下。於是治法性之學者。逞其鋒芒之舌。則斥相宗空而不盡。未會究竟。治法相之學者。運其生花之筆。則斥性宗但偏一空。非中道義。均皆持之有故。言之成理。其次時之先後。教之淺深。各是其是。各非其非。敵對之行爲。大有有性無相。有相無性。勢不兩立之概。及至後世。愈演愈烈。此西土性相二宗之源流。而互破之意義也。

性宗所依據之典藉。經則有般若十六會、及仁王了義、五十頌、心經、等諸經。論則有中、百、十二、大智度、掌珍、般若燈釋、等諸論。

相宗所依據之典藉經則有華嚴、深密、楞伽、厚嚴、如來出現功德莊嚴、阿毗達摩、等諸經。論則有瑜伽師地、顯揚聖教、莊嚴、集量、攝大乘、十地經、分別瑜伽、觀所緣緣、二十唯識、辯中邊、集論等諸論。

二宗所依據之典藉不同。故其所發揚之教義亦異。法性依佛聖教量之畢竟空義。發揚諸法緣生性空之理。極盡能事。法相依佛聖教量之如幻有義。發揚諸法依他似有之理。不遺餘力。以分工專研之方式。闡揚整個大乘之佛法。互攝互融。以收對治外小。增損二執之功効。此性相二宗互成之意義也。

一切佛法。二諦所攝。勝義明空以顯法性・無生無滅。無因無緣。無諸所有。所謂勝義皆空。一法不立。世諦說有以明緣生。善惡因果。生滅因緣。皆不遮遣。所謂世諦皆有。萬法俱彰。空有兩輪。攝佛法盡。而此兩輪。相依相成。譬如車之兩輪。鳥之兩翼。缺一不可。蓋惟依他有故。諸法無實自

性。乃能成畢竟空。故龍樹不離有而說空。是名眞空。又惟畢竟空故。諸法本無自體。方能顯依他有。故無着即無性而明有。是名妙有。

須知畢竟空義。是佛法之本體。如幻有義是佛法之大用。必須體用兼備。而後能成佛法救世度生之大業。而後能成整個圓滿究竟之佛法。此又性相二宗之宜互成而不宜互破者也。

僧教育的眞義說到僧教育的人才

（報恩佛學院講）

中國佛教僧教育的眞義。在最近的幾年中。隨着歷史鉅輪的演變。漸已換上了新穎的姿態。過去佛教的僧教育是說爲保護寺產而辦的。爲祗制外侮而辦的。這種陳腐而乏味的論調。早已被擯棄到天邊雲外去了。今日佛教僧教育的眞義。是要說不但是爲負起改造社會的責任。而要復興佛教的地位。挽救世界的危機而辦的。必須這樣佛教僧教育然後方能達到牠的新使命。而不愧爲推進社會國家的好工具。而僧教人才的時代任務。於此也可找到深切的認識。就是提高僧衆的教育水準。並普及整個佛教教徒的教育。其次務使僧教育與國家政治經

濟以及社會各種的組織。取得密切的聯繫。發生相互的關係。一面藉以充實僧教育的內在意義。一面俾可增進佛教救國的功能。可是當今佛教僧教人才的現況怎的呢。那不能不叫我們感到意外的失望。

第一整個的佛教僧教人才。質的方面太薄弱。當今佛教人才可分爲兩大類。一種是合格的。曾經受過社會學校的訓練。或在近代佛教僧學校裏受過相當的薰陶的。一種是不合格的。在家沒有受過社會學校的訓練。出家又沒有受過近代佛教僧教育的薰陶。雖然混過幾天聽大座的學教生活。能背得出幾部滔滔流水的注解。然而對於時代的輪廓與現代僧教育的眞義。毫不瞭解。於此而望其負起時代的任務。豈不等於緣木求魚嗎。

前者受過相當訓練的教學的能力。當然還有十分之六差強人意的。以後者的這種僧教人才去教學僧。那無論貓三狗四聾子啞吧都可濫竽充數而貽誤學僧了。這又怎能負起時代的任務。以實現僧教育的眞義呢。

當今僧教育的晦暗。根本就在眞正僧教人才的太缺乏。其餘的尙是不緊要的問題。於此

問題一日不能解决佛教僧教育的前途就不能一日明朗。且有滅亡之虞。

因爲僧教人才爲僧教育之實際工作者。僧教育之成敗。雖不能完全歸納於僧教人才的優劣。然而僧教人才的職責。却佔十分之七八。所以僧教人才之優劣與否。關係於整個佛教僧教育的問題甚大。現在中國佛教僧教育正在萌芽發展的時期。需要培植大量優秀僧教的人才。這種工作比任何工作爲重要。

中國佛教僧教育。在這幾年中。表面上好像雨後的春筍。發達得非常的迅速。東辦一個佛學院。西辦一個講習所。似乎佛教的復興。有所期望了。然而切實檢討今日中國佛教的僧教育。因爲僧教人才的關係。外強而中乾。是否能夠達到所期的目標。是否能夠實現僧教育的眞義。尙是一個捉摸不定的問題。

世間和出世間之意義

（報恩佛學院講）

世間即指時空兩間而言。亦即時空兩間組合而成之假名。吾人適生存於時空兩大之間。

謂之世間。就時間以言世。則有過去現在未來之三世。就空間以言世。則有山河大地。明暗塞空之器界。吾人由異熟業因所感之正報根身。即以此器界爲依止處所。又謂之依報。然此根身器界。若依若正。無不遷流轉變。故世以遷流轉變爲意義也。曰世何以知其遷流轉變耶。曰內之根身。則由少而壯。由壯而老。由老而死。外之器界。則由成而住。由住而壞。由壞而空。又復三世。則由過去而現在。由現在而未來。新新不住。念念不停。刹那刹那。生滅無常。豈非遷流轉變耶。

世間又稱塵世。以塵有二義焉。一以此世間爲衆多微塵聚積所成。故眼所見者曰色塵。耳所聞者曰聲塵。鼻所嗅者曰香塵。舌所嘗者曰味塵。身所觸者曰觸塵。意所緣者曰法塵。世間雖廣。不出六塵。故名塵世。

二以此世間爲種種雜染。諸多不淨。故例如吾人之根身。從頭至足。不淨充塞。膿血筋肉。屎尿汗液。長時流注。勤加洗滌。然後可近。否則汚穢四溢。實堪厭惡。假如一旦命終。青瘀胖脹。腐臭壞爛。僅餘白骨。是爲根身不淨。

又復器界。高山大海。瓦礫荊棘。烈風暴雨。迅雷震電。嚴寒酷暑。毒蛇猛獸。在在逼人。處處險

阻。又有天災人禍。變生不測。刀兵瘟疫水火盜賊。三界無安。有如火宅。是爲器界不淨。如斯根身器界。種種雜染。諸多不淨。以不淨故名曰塵世。

然一推其此世間之緣起。皆由吾人對於根身器界依正二報。不正了知。反而起心分別所致。眼見色而貪色。耳聞聲而貪聲。鼻臭香而貪香。乃至意緣法而貪法。美惡之辨戰於中而去取之擇交乎前。甚或有時分別過去。有時分別現在。有時分別未來。不知過去過去。過去無始。現在現在。現在無邊。未來未來。未來無盡。本無實體。了不可得。不過妄念分別而有三世之假名耳。故金剛經云。過去心不可得。現在心不可得。未來心不可得。然則非但三世爲有。即此分別三世之妄心。亦不可得。又何有世間之可言哉。

吾人果能出此一念妄心分別。則十方世界。悉皆消殞。以諸法所生。唯心所現。故心生則種種法生。心滅則種種法滅。故十世古今。不離當念故。

夫所謂出世云者。非出此世間入彼世間之義也。乃出此一念妄心分別之義也。出此一念妄心分別。則眼之所見。無非一眞法界清淨之色。耳之所聞。無非一眞法界清淨之聲。鼻之所臭。

無非一眞法界清淨之香。乃至意之所緣。無非一眞法界清淨之法。所謂溪聲山色。無非般若。翠竹黃花。皆是眞如。山河及大地。全露法王身。羽毛並鱗甲。普現諸三昧。截瓊枝而寸寸是寶。折旃壇而片片皆香。即娑婆而極樂。即煩惱而菩提。即生死而涅槃。是即所謂出世之義也。

或者以爲出世云者。離此世間之外。而別有所謂世間者。是誠大謬矣。教觀綱宗云。自有一類大機。即於此土。見華藏界舍那身土。常住不滅。又天台智者大師。亦於此土。親見靈山一會儼然未散。豈非即此世間爲出世間耶。吾人但能出此一念妄心分別。則處處總成華藏界。在在無非舍那身。經云。心淨則土淨。心穢則土穢。又曰。佛法在世間。不離世間覺。即此之謂也。而必斤斤於出世爲哉。

在報恩佛學院歡迎會演詞

此番承溥公院長的聘。來任主講之職。自己覺得才輇任重。深虞隕越。又蒙各位開會歡迎。實在是不敢當的。今天在座的各位。有些是宗教兼通德學俱備的先知先覺。有些是腦筋新穎。

學識宏富的英俊青年。故要我來講演。覺得很難措詞。不知如何說好。可是旣跑到講堂上來。又不能不說幾句。以副各位的雅懷。要想擬一個適當的題目來系統的講演。或作學理的商討。却又在這慌忙急促的當中。很難找到一個恰到好處的題目。只得拉雜的來與各位談談。

佛教自漢朝傳入中國來。到了隋唐的時際。興盛已達極度。其影響於社會人心。亦甚鉅大。上自君主。下至庶民。沒有一個不崇奉佛教。所以當時佛教的勢力。幾乎成爲中國社會化。所有民情風俗學術思想等各方面都帶佛教的色彩。完全成爲佛教化。所以那時的佛教。可以稱爲黃金時代。宋明以還。漸漸地衰敗下來。一直到現在。益呈萎枯凋零之象。要想找一個深明教理。廣行佛事的人。匪特世俗間稀如麟角。即佛徒中亦寥若晨星。考其致衰的原因。由一般佛教徒。內受小乘佛教的洗禮。外受君主專制的壓迫。或在深山邃谷間。韜光晦迹。抱着遺世獨立的觀念。或在茅蓬草菴裏。清淨自修。度着獨善其身的生涯。他們不願聞問社會的一切。亦不願與社會相往來。一向的以自了爲宗旨。以出世爲目的。即佛徒分內所應做的慈善事業。亦置之不顧。造成這種風尙後。把積極救人救世的大乘佛教。好像罩上一層很濃厚的煙幕。顯不出他的本

來面目。社會與佛教。劃成一大鴻溝。於是一般社會的人們。目佛教為消極。譏佛教為厭世。甚至認佛教為阻礙社會進化的東西。這是佛教唯一致衰的原因。

到了二十世紀的今日。社會已經變遷了。人類的知識已經進化了。事實告訴我們。那條消極厭世的古徑。不容再走下去了。要想立脚在這適者生存的現社會裏。只有提起精神。鼓着勇氣。深入到社會裏面。百折不撓的去發揚大乘的佛教。做積極救人救世的工作。才有我們立足的餘地。才有我們生存的希望。不然就要受天演的淘汰。被社會的拋棄了。我們不要留戀千百年前的舊生活。不要泥執過去歷史的陳迹。甘為時代的落伍者。應該迎頭趕上。站在時代的前線。去做一個新時代的新僧伽。來喚醒這現社會的一切迷夢者。方是烈火燄中的青蓮。不愧為人間的上座導師。

我們要知道。佛教是建立在社會的當中。而社會並不建立在佛教裏面。佛教是為社會而產生的。而社會並不因佛教而存在。顯明些說。佛教是輔助社會進化的。解決人類困難的。並不是與社會沒有關係。離開社會而獨立的。因為佛教的建立。是以教化社會為唯一的宗旨的。如

果離開社會那佛教也沒有存在的必要了。所以我們要提倡社會佛教化。佛教社會化。

再說到我們現實的佛教。好像風狂浪急中的一隻破舟。危險到了極點。正需要着一個能力堅強的人來做操舟的工作。可是這操舟的工作。非常鉅大。決不是少數無用的人。所能担當得起的。必定要多數能幹的人。齊一意志共同奮鬥。才能担當得起的。那末眼前具有這種操舟的資格。備有這種操舟的能力。同時負有這種操舟的使命的是誰呢。不客氣的說。就是我們青年學僧。我們青年學僧所居的地位如此其大。所負的使命如此其重。不要自暴自棄。因循懈怠。糊糊塗塗的把青年可貴的光陰混過去。應該發奮圖強。努力進取。培養自己的學力。充實自己的才能。準備去担當這操舟的工作。這是我今天所希望於各位同學的啊。

從過去僧教育的失敗
說到未來僧教育的補救辦法

（報恩佛學院開學講）

今天是本院民國二十五年度第一學期開始的日子。照例舉行開學的典禮。集師資於一

堂。共討佛化教育的意義。這是何等殊勝的事。本人從去年下學期承溥公院長的聘。濫竽主講之職。今天得此參加殊勝典禮的機會。自己覺得非常的欣幸。照理應該說幾句鼓勵各位。或希望各位的話來點綴這殊勝的典禮。可是我今天所要講的。及我所想說的。剛才概由院長和各位長老。已經說得淨盡無遺。再沒什話可說了。不過我聽院長和各位長老演說的時候。心中生了無限的感想。不妨將此感想。來作今日講演的資料。藉以塵穢諸君的視聽。

我們中國佛教僧教育的產生。大約肇始於有清光緒三十年間。日人水野梅曉。在湖南長沙開辦僧學校。迄今已有三十餘年的歷史了。其間國內繼此而辦的。前前後後。一齊綜計起來。幾有百餘處之多。可是辦得有點成績的。却是寥寥無幾。所以到現在人才依然感覺希少。佛教依然感覺衰頹。而外界的壓迫。猶是變本加厲。有增無減。在在處處都表示着悲觀。沒有使人可以樂觀的地方。我以爲這些都是僧教育失敗的寫眞。而僧教育所以失敗的原因。雖各有其種種之關係。但是以我觀察所得的。約有下列的幾點。

(一)辦學宗旨之不正大。三十年來中國佛教的僧教育。除了在家居士辦的少數佛學院。

眞實爲宏揚佛法培植人才爲宗旨外。其他出家佛徒辦的多數佛學院。大半都是爲抵禦外侮。保護寺產起見。很少有昌明佛化。造就人才爲宗旨的。所以一旦發生了什麼抽提寺產侵佔廟宇。以及驅逐僧尼等問題的時候。他們感覺到閉起山門。盤着腿子。敲幾下木魚。念兩聲佛的這種主義。是不能抵禦外侮。又審今之勢。察今之情。非打教育的旗幟。喊教育的口號。是不足以應付潮流。左思右想。無可奈何之中。勉強的掛起一塊佛學院的招牌。照例的組織幾條森嚴緊密的章程。撰一篇冠冕堂皇的宣言。請一兩位法師教員。招收幾十名學僧。講講說說。寫寫作作。借辦學之名。抵外侮之實。所以到了事過境遷。風平浪靜的時候。爲抵禦外侮而辦的學院。也就沒有存在的必要。隨即把他拿來宣判死刑。送他往生去了。這是過去中國佛教僧教育失敗的第一點。

（二）辦學經濟之不充足。世間上無論做任何鉅細的事業。都要以經費爲先決條件。如果經濟的問題不能解決。那無論什麼事都不能辦成功的。就是僥倖的辦成功了。但是他的前途。也是沒有什麼發展的希望。及有什麼成績的表現。所以經濟爲一切事業成功之母。例如民國

以來的僧教育。除了一部分辦的宗旨不正外。其他有多少熱心教育的。爲法爲人的住持長老及護法居士們。以限於經濟。對於教育實在有心無力。想辦而不能辦。終於望洋興嘆的。有些是辦了一年半載的教育。覺得頗有興趣。很想爲佛教做番事業。爲僧伽謀點福利。鼓着勇氣。一直幹下去的。然而到了中途。發生經濟的恐慌。雖竭力掙扎。實在無法撐持。終於忍痛停辦的。總而言之。就是辦學的經濟不充足。因此僧教育不但不能發展。而且日就衰頹。到現在眞是直等於零了。這是過去中國佛教僧教育失敗的第二點。

（三）住持長老之無公益心。中國二十二省的大小叢林。一齊綜計起來。爲數實在不少。其中有一部分的叢林寺院。每年的收入。只够自給自足外。其餘有一部分叢林寺院。實在寺產殷實。收入豐裕。很可以爲佛教做些公益。盡點義務。可是他們只圖自私自利。不肯福利大衆。嘉惠後學。將十方僧衆所公有的佛產。據爲個己的私有物。好像誰做住持。就是誰的所有權。他人絲毫不能染指。沒說別的十方僧衆沾不到一點餘惠。就是一個寺裏的同住大衆。也得不到什麼權利。每年巨額的寺產。大量的收入。糊裏糊塗地耗費於無用之地。你要提到叫他們拿點錢來

培植幾個人才。或辦些僧的教育話。他們吝財如命。一毛不拔。不但二十四個不肯。還要訴出一片艱難困苦的情形。裝出窮得粥都沒吃的樣子。要是一旦遇着強權暴力的敲索。或發生有關於本身名譽的壞事。叫他們拿出三千五千。却又等於泥沙。滿不在乎。說到這裏。眞是令人痛心疾首。話又說回題目上來。就是富有寺產的住持長老們。沒有公益心。這是過去中國佛教僧教育失敗的第三點。

（四）求學者之無眞實心。我們中國佛教僧教育。說起來有三十餘年的歷史了。照理教育應該昌盛。人才應該繁衍。可是現在的事實。却又適得其反。這是什麼道理呢。這種責任一方面固當歸咎於辦學者之太無恆心。忽辦忽停。乍起乍滅。弄得一般有志的青年學僧們。想學而不能學。終於一暴十寒。得不到長期繼續的脩習。專門深刻的研究。於是就誤了多少有爲的青年學僧。可是一方面又不能不責備於求學者之無眞實心。現在一般求學的青年學僧。習成了一種雲水的性質。今日跑到東。明日跑到西。這個學院住幾天。那個學院住幾天。沒有一個學院滿他們的意。不是設備不善。就是待遇不良。不說法師不對。就說教員不好。結果浪費草鞋。一無所

獲。這是求學者無眞實心的一個十足表現。同時也是過去中國佛教僧教育失敗的第四點。

（五）青年學僧之囂張過甚。只要進過幾年學。讀過幾年書的青年學僧們。外觸於社會環境的險惡。內感於佛教大勢的阽危。對於現實的佛教制度。多不滿意。改革的思潮。時湧現於心頭。躍躍欲試。不能抑遏。於是在學院則反對教師。常鬧風潮。在叢林則藐視執事。時起衝突。在小廟則冒犯師長。屢謀起義。一方面每每發表過激的文字。對於現實的叢林。多所指謫。對於現代的僧伽。多所批評。於是一般守舊的長老居士們。看到這種情形。一齊大驚小怪起來。衆口同音。一唱百和的。都說我們花了許多錢。來培植人才。而所得結果。適與期望相反。實在辦教育是無異製造敵人。無異自掘墳墓。再不能辦下去了。如果再辦下去。連我們自己的飯碗。都靠不住了。大家對於此說。認爲不錯。於是相率已辦的學院從此停辦。未辦的學院不敢再辦。弄得到現在。只有幾處有特殊情形。不能不辦的學院。不死不活的在那裏拖延着。這是青年學僧囂張過甚的結果。同時也是過去中國佛教僧教育失敗的第五點。

以上所說的過去中國佛教僧教育失敗的幾點。是我今天一時所感想得的。同時也是數

年來在各方面經驗所得的。並不是我發牢騷。亦不是故意的描寫杜撰。可是當與不當。我也不敢武斷。還請各位批評過去的僧教育失敗。既是這樣。將來的僧教育又當如何去補救才得發展呢。

我這裏敢大胆的說一句。非復古不可。換句話說。就是依照古人建立叢林的意旨去實行。才有發展的希望。不然只有落後。不會進步。只有失敗。不會發展。這是我敢於斷言的。我們要知道古人建立叢林的宗旨。即以叢林爲學院的。所以譬叢林爲大冶洪爐。其意義就是鎔鑄人才的地方。所以古來多少大德高僧。都在這大冶洪爐裏鎔鑄出來的。古人說十方同聚會。個個學無爲。此是選佛場心歸及第歸。這幾句話解釋叢林即學校的意思。已經透澈無遺了。現在的叢林。完全失掉古人的本意。成了變相式的收容所。只知道十方同聚會。不知道個個學無爲。不成一個選佛場。更談不到及第歸了。

所以我的主張。今後的僧教育要想發展。只有復古的一途。就是以叢林爲學校。以僧衆爲學僧。以執事爲教員。以清規爲章程。以寺產爲經費。不務虛名。實事求是。使其寺寺化成學校。僧

僧化成學僧。叢林與學校的名稱。完全打成一片。學僧與僧衆的分別。完全化成一體。照這樣的辦法。既不糜費寺產。又不抵觸佛制。手續簡單。成效又大。無須再去組織什麼學院。無須再去籌劃什麼經費。果能如此辦去。教育沒有不發達。人才沒有不輩出的。至於學科方面。爲適應潮流計。應取新舊混合制。以佛學爲主。其他科學爲輔。方不致執藥成病。學不應時之譏。這是我對於今後僧教育的一點補救辦法。不知各位以爲何如。

檢討過去策勵將來

（報恩佛學院寒假講）

新歷年頭。舊歷年尾。在這新舊年關交替的當中。本院今天來放寒假了。今天這天。以新歷來講。可以說是今年一年的開始。同時我們今年一年之計也就從此開始。今天這天以舊歷來講。可以說是今年一年的告終。同時我們今年一年之計也就從此告終。各位同學應該重視今天這意義重大的一天。不要當做普通的放假日輕輕的放過了。所以我今天特地提出「檢討過去」「策勵將來」八個字來獻給各位。請各位在這放假期間。對於這八個字上去做一番切

實的功夫。才不負今天這意義重大的一天。怎麼叫檢討過去泥。我們在這放假期間。應該回頭去想想過去這一年中。究竟得到了些什麼。讀了幾部經念了幾本書。作了幾篇文。寫了幾個字。請各位去切切實實地去檢討一下。復次在過去這一年中。所講的佛學完全瞭解了沒有。所教的國文完全明白了沒有。以及自己所作的文章完全通達了沒有。自己所習的書法完全進步了沒有。也要請各位去切切實實的檢討一下。

假若檢討的結果。要是過去的今年這一年中所讀的經。所念的書。所作的文。所寫的字。以及所授的一切課程。都有進步。都有增益。那就過去這一年中總算沒有虛度。

假若檢討的結果。要是過去這一年中所讀的經。所念的書所作的文所寫的字以及所授的一切課程。全都沒有進步。全都沒有增益。

那我們在這新生的今年中。本着『往者不諫來者可追』的意義。應該不辭勞苦。不避艱儉。堅其志固其願以「朝聞道夕死可矣」的精神。向着求學的目標。勇往邁進。去加倍的努力。

對於未暸解的佛學求其暸解。未明白的國文求其明白。未通達的文章求其通達。未進步的書法求其進步。總之不虛度時間。不唐喪光陰。俾其日有所就月有所將。這就是我所說「策勵將」來的意思。同時也是各位在這放假期間應有的認識。所以各位對放假的意義。不要錯解了。放假並不是叫我們去休息養神。經也不要讀了。書也不要念了。文也不要作了。字也不要寫了的意思。是叫我們把已經讀過念過的經書以及已經授過一切的課程。去重新温習。一方面未曾讀過念過的經書。去自動的研究的意思。換句話說。放假就是一個自修的時期。

我記得莊子有兩句話。「生也有涯知也無涯」他的意義就是說人的生命是有邊際的。有限量的。人的知識是無邊際的。無限量的。我們以有涯的生命。去求無涯的知識。孜孜汲汲。猶恐不逮。還有放假休息的功夫嗎。

何况我們衆生無邊誓願要度。煩惱無盡誓願要斷。法門無量誓願要學。佛道無上誓願要成。如不愛惜光陰。發奮用功。那衆生無邊何以能度。煩惱無盡何以能斷。法門無量何以能學。佛道無上。何以能成。

所以古來多少大德高僧。他們求學的時間。有些是枕木刺股的。有些是廢寢忘餐的。有些是斷臂立雪的。有些是捨身亡軀的。有些是三十年五十年用功不下山的。所謂朝於斯。夕於斯。造次必於是。顛沛必於是。念茲在茲。未敢稍懈。

現在我們根機知識遠不及古人。如再不勇猛精進。自強不息的去幹那學業。還有成功的希望嗎。所以我今天提出「檢討過去」「策勵將來」八個字。是有重大意義的。請各位再三致意。不要視作具文。聽了就忘了。

報恩佛學院開學日講（民國廿六年上期）

『一拳打碎黃鶴樓兩脚踢翻鸚鵡州』這是唐朝李白的兩句詩。當時李白有天到黃鶴樓去遊玩。一時詩興勃發。提起筆來想寫首詩來咏黃鶴樓。可是抬頭一望。看見壁上崔浩題的詩。拍案叫絕。覺得自己作的詩。相形見絀。連不好意思寫出來。結果就作了這兩句詩。他的意思是說崔浩的這首詩。眞有前無古人。後無來者之概。再沒有那個的詩可以能勝過他之上了。好

像黃鶴樓被他一拳打碎鸚鵡州被他兩脚踢翻了似的。

今天我跑到講堂上來也同李白登黃鶴樓去題詩一樣的感覺。因爲今天我所要說的話。和一切美妙的言詞在院長和諸位長老居士的訓詞中已經說得乾乾淨淨了。同時院長和各位長老所說的。沒有一句不是各位求學和做人最好的方法。有如醍醐妙味。好到無以復加了。所以我今天雖有一肚子的感懷。也就不好意思說出來。如同當時李白一肚子的詩情。見了崔浩的詩。寫不出來一樣。

可是我聽院長和各位長老居士演說的時候。心中生了兩種的感想。所謂『一則以喜』『一則以懼』喜什麽呢。因爲我們從此有了這位熱心教育愛惜人才的院長來領導本院前途的光明。有無限的希望。而各位的學業。從此亦可日就月將。蔚爲有用之才。這是我今天喜的一點感想。

懼什麽呢。因爲今天院長和各位長老們。對於愛護我們的心太切。同時期望我們的心也至殷。所以我覺得我們站在教學地位的人們。和各位站在求學地位的人們。今後所負的責任

很大。好像有幾千斤重的担子。壓在我們肩頭。不知怎樣才能解除這重大的担子。我們以後的成績是否能副院長培養我們的盛意。和各位長老愛護我們的厚誼。殊覺茫無把握。這是我今天懼的一點感想。

總之我們今天既承院長的訓導。和各位長老的開示。應當以十二分的誠意來接受。照着一一的去努力以期不負院長和各位長老的一番盛意。這是我們教學的人。和各位求學的人。所應共同認識的。

佛學與學佛

（報恩佛學院開學日講）

我們住的房屋陳腐了。一定要重造。穿的衣服破舊了。一定要新做。這種心理。那是人人相同的。

本院的一切。在過去最近的幾年中。已如陳腐了的房屋。破舊了的衣服。覺得非重造就不能住。非新做就不能穿的樣子。所以本院新任的院長指公和尙。從他進院的那天。即有改組本

院的計畫。重訂簡章。增添學額。提高待過。改進學科。結果終於今日完全實現了。譬如陳腐了的房屋重造過。破舊了的衣服新做過的一樣。這是何等可歌可頌的事呢。

我們是如同一個住煩了陳腐的房屋。穿厭了破舊的衣服的人。一旦遇着有人造間新屋給我住。做套新衣給我穿。那種歡喜愉快的情緒。眞有說不出的景況。所以我們今天在這新組的本院。舉行第一次開學典禮的時候。內心除了表示十二分的欣幸外。再也說不出個什麼感想來。可是躬逢這樣殊勝的因緣。不容得我不瞎說幾句來與諸位湊湊熱鬧。今天我把佛學和學佛兩句。分析來講講。有不當的地方。請求各位討論。

我們都是學佛的人。所學的又都是佛學。所以對於佛學和學佛兩句。須有認識清楚的必要。佛學是一椿事。學佛又是一椿事。表面上好像沒有什麼分別的樣子。其實大有不同之點。未可混爲一談。

怎麼叫做佛學呢。佛學是指着學者邊說。能學邊說。就是研求佛所說正確精深的教義。想成一個博學多聞的學者。這種全在知識方面努力的叫做佛學。

怎麼叫做學佛呢。就是依照佛學裏面所說的話。一一的去實踐修行。以期佛所證的圓理。所謂言顧行。行顧言。這種全在精神方面努力的叫做學佛。

可是嚴格來講佛學和學佛兩樁事。仍是互相聯繫。又不可截作兩橛。何以故呢。大凡學佛的人。必先了解佛學的學理。然後始能貫徹其所學。而不致於誤入歧途。故欲學佛。必先究明佛之學理。這是當然必然之事。

而佛學的意義。尤貴在實行實證。假若僅於佛之學理上。作為一種單純之研究。而不去實行實證。那又違反了佛學的意義。不啻等於科學哲學家之流了。

佛經上有兩句話。如果拿來解釋這兩樁事。那再洽當沒有的了。一句叫做『說食不飽』。這就是說一個幾天沒有吃飯的人。肚子餓到極點時候。那種想吃想飽的情緒。比任何的心緒來得急切。這時恰有一人。對着牠說了許多山珍海錯佳餚美饌的名目。但無實在的食物可吃。枉使飢餓的人。聽到聽得津津有味。幾乎口涎欲垂。而肚子終不得飽。這個叫做『說食不飽』。譬如我們對於佛學。條分縷析。精研博究。單從知識方面去努力。而不從精神方面去努力。這與

『說食不飽』的道理又有什麼不同呢。

又有一句叫做『肯修瞎煉』這就是說瞎了眼睛的人。路徑也不熟悉。憑他自己的性格。深更半夜。亂撞亂碰。難免有墮塹落坑。喪身失命的危險。譬如我們對於佛的學理。毫了不解。只是盤着腿子。閉起眼睛去參禪念佛。用盡畢生的心力。而於佛的道理。毫不相應。弄不好還要陷入邪魔外道的漩渦。所謂單知學佛而不知佛學。知其然而不知其所以然。這不是『肯修瞎煉』嗎。

所以我們對於佛學和學佛兩樁事。應該兼籌並顧。雙管齊下的去做。不可畸輕畸重。我認為這是學佛的基本要則。亦即如來一大藏教的中心動向。所以我今天特地提出來與各位討論。不知各位以為何如。

開學演詞（報恩佛學院）

今年的本院。另已走上一個新的階段。自從指公院長重新整頓以後。無論任何方面。都具

有一種新的氣象。就是今天開學的情況。已與往年大不相同了。

現前在座的各位。有些是久住這裏的。有些是新從外來的。久住這裏的。對於院中的一切。大概都已知道了。無須要我再來曉舌。可是新從外來的。對於院中之一切。恐怕還不清楚。並且今年本院之辦法。已由指公院長澈底改組。以求合理化之教育。

第一本院從前之辦法。對於學生的進退。太放任了。隨便來隨便去。沒有一定之限制。所以學生如同掛單的遊僧一樣。學院完全成了變相式的雲水堂。因此辦了許多年的學院。辦不出有什麼好的成績。而外面一般人的批評。說好的居少。說壞的居多。所以指公院長爲革故鼎新計。今年的簡章重新釐定了一下。對於學生之進退。嚴格之限制。以三年爲期限。無論任何學生。入學以後。不滿三年。不許中途退學。縱有特別的事故。亦必有確實之函電或親信的師長來證明。然後才可允許退學。指公院長的這種辦法。不明瞭的以爲好像有點專制的樣子。其實這完全是爲着策勵各位的學業。督促各位的用功起見。並非有什麼惡意來束縛各位的。

我以爲要想成就一種偉大的事業。不是三日五日。一月二月短期的時間。可以能成功的。

一定要有三年五年十年八年的工夫才可以得一點成效。你看古來多少能够勳業彪炳。名垂後世的聖賢豪傑那個不是三十五十年的寒窗苦讀得來的。所以我們規定的三年。說起來還算不得什麼長久。你們就是學滿三年也學不到什麼很高的學問。要想造就登峯造極止於至善的程度。那非要三五十年的長期學習工夫不可了。不過我以爲你們在座的各位。只要能够這三年繼續不斷的用功下去。雖不敢說造到什麼樣子的程度。可是我敢斷定亦決不會毫無成績。中庸上說。人一能之己百之。人十能之己千之。果能此道也。雖愚必明。雖柔必強。這就是說我們無論做什麼事。只要能够繼續不斷。沒有不成功的意思。

反過來說我們求學或做什麼事的人。假如一暴十寒。朝三暮四。那任你如何好的資格。造不出怎麼好的學問。任你如何高的本領。也做不出怎樣大的事業來。這是一定不移之道理。

所以我今天希望你們各位。第一要有志願。第二要有恆心。如果單有志願而無恆心。學問固是不能成功。但是單有恆心而無志願。學問也是不能成功的。一定要志願和恆心兩種條件具備了。學問才得成功。所以各位眞正要想求學業之成功。不能不具備有這兩種條件。

有了志願。就不會有放逸懶惰得過且過的心事了。有了恆心。就不會有始勤終怠。中途廢學的情節了。各位果能具備這兩種的條件。沒說三年的期限。就是三十年的期限。也算不得什麼一回事。

現在你們各位。不要去問能不能住滿三年的期限。也不要去問能不能達到求學的目的。只要問問你們自己有沒有具備這兩種條件就是了。

報恩佛學院暑假訓詞

赤帝肆虐。火傘高張。教室裏的寒暑表。已緊漲到九十零度了。在這猛火般的氣候淫威壓迫之下。我們仍想埋頭攻讀伏案鑽研。實在覺得掙扎不過去了。所以今天本院仿照社會學校的校例。也來施行放暑假了。

今天我所要對各位講的。也無非平常講過的老套子。所謂舊話重提而已。並沒有什麼新奇異樣的話獻給各位。但是今日爲本學期最後結束的一日。不妨將本學期內教學和受學兩

方面的情形。簡單的說明一下。

（一）受學方面最初開課的時候。受學的學生。僅有二十餘名。後來漸漸地增加到三十幾名。其間或因病魔纏身不能用功而退學的。或因經濟壓迫無力抵抗而退學的。或因特別事故勢不得已而退學的。至於違犯院規不服訓誡而退學的可以說是沒有。由此可以證明各位專心致志的用功。無暇顧及其他的閒事。更可以證明各位資格的高尚。程度的淵深。所以學風如此的淳樸。頗得各方之同情與讚譽。這是我自己引以爲很欣慰的一點。同時對各位極表欽佩的地方。

（二）教學方面。本學期內教學的教師。除了我一人是有薪職正式在院負責外。其餘的都是外面請來盡義務的。所以受課的鐘點。只得將就教師的餘暇。不能按照準訂的時間。可是盡義務的這幾位教師。都是熱心教育志切爲人。尤其對各位的期望很大。所以不辭厭倦的諄諄訓迪。殷殷教導。始終沒有曠過什麼課。同時他們對各位所講所受的。都是契理契機澈骨澈髓的金箴玉言。各位如果能够一一領會。那終身取之無盡用之不竭了。

最後又聽講圓瑛老法師的金剛經。這也是本學期內一種殊勝的因緣。若非各位的宿根深厚。決不能得此良好的機會。總之本學期的辦法完善與否。成績的優越與否。姑置不論。在現行的僧教育制。尤其本院所處的環境。能夠獲此美滿的結果。可以說是難能可貴。而我主持教務的人。也敢說自問無愧於心了。

這學期就算這樣度過了。下學期又不知如何辦法。各位有的是到別處去轉學的。有的是到各處去參方的。有的是回家去當家的。各有各的差別因緣。各有各的志願不同。但是我希望各位。無論去轉學也好。去參方也好。去當家也好。總之在這青年時代。好好的去努力一番。現在我們的佛教。譬如一塊荒地。正待着我們去開發。無論做什麼事。先要有一種目標。如同划船一樣。把着船舵。才不致在水上無向的亂駛。我們求學的人。要想求學業的成就。必須持之以恆。守之以堅。再貫之以勤以勇。所謂富貴不能淫。貧賤不能移。威武不能屈的精神。學業才可以成效。假使見思異遷。多翻花樣。那便是等於變戲法。結果學業的功效。愈形暗晦而已。所以我們從事學業的人。應該把自己的思想意志統一起來。集中在求學的目標上。處處以求學爲中心的準

則。不好高。不騖遠。不圖虛榮。不求徼倖。切切實實地苦幹梗幹。然後學業才可有成。而這阽危的佛教才可得救。今天我所說的這話。請各位深思而熟慮之。

佛誕紀念日演詞

距今佛歷二千九百六十餘年前的今日。我們的教主釋迦牟尼佛陀降生在印度的迦毗羅國。剎帝利種家。薄伽梵處處經中說。他本來早已證了不生不滅的果位。獲了清淨自在的妙樂。此番爲什麼又降生到這人間來呢。據法華經上說。諸佛世尊爲一大事因緣故出現於世。所謂一大事因緣者。就是爲衆生開示悟入佛之知見。

本來佛之知見。是一切衆生人人之所同具的。祗因無始刼來。被三細六粗。重重障蔽。失却了他的妙用。以致深陷在生死坑裏。不克自拔。譬如一面大鏡。被塵垢汚泥。層層蒙覆。喪去他的光明。不能鑑物一樣。這是多麼可憐。多麼可惜的事啊。

我們的教主釋迦牟尼。看見這般的情況。生起無緣的大慈。運起同體的大悲。以無生之身。

示現降生。普爲羣生開示悟入佛之知見。令其同登華藏玄門。共入毗盧性海。過去的諸佛降生如是。現在諸佛的降生亦如是。未來諸佛的降生亦莫不如是。所謂諸佛世尊爲一大事因緣故出現於世者。就是這個意思。

假使諸佛世尊不降生以教化衆生。那衆生之於佛之知見。雖欲悟入無從而悟入佛之知見之於衆生。雖欲開示無從而開示。故佛陀的降生。純爲衆生開示悟入佛之知見而降生。降生既爲衆生開示悟入佛之知見而降生。出家亦爲衆生開示悟入佛之知見而出家。修行亦爲衆生開示悟入佛之知見而修行。成道亦爲衆生開示悟入佛之知見而成道。說法亦爲衆生開示悟入佛之知見而說法。涅槃亦爲衆生開示悟入佛之知見而涅槃。降生出家修行乃至涅槃等種種。無非爲衆生開示悟入佛之知見而已。由此可以知道佛陀降生與衆生之密切關係。同時亦可以知道我們今日所以紀念佛陀誕日的意義了。

佛之知見究竟是什麽。即是靈明洞澈湛寂常恆的眞如妙性。又名叫做大智慧光明。這個妙性。在有情數曰佛性。在無情數曰法性。上則爲日星。下則爲河嶽。天地之所以著。日月之所以

明。江河之所以流。人物之所以繁。都是這個妙性的全體大用。所以悟入了這個。對於宇宙的事事物物。萬象森羅。無不透澈明瞭。迷了這個。對於諸法的若因若果若性若相。肓然不曉。即或明白一點。也無非顛到錯謬。不能正知正見。

換句話講。就是覺悟了諸行無常諸法無我有漏皆苦涅槃寂靜的道理。即名諸佛。迷惑了諸行無常諸法無我有漏皆苦涅槃寂靜的道理。即名衆生。衆生與佛的差別在此迷悟的幾微。

可是講到眞如妙性。衆生無所欠缺。佛亦無所增加。所謂是法平等。無有高下。不過一是先知先覺。一是後知後覺而已。所以我們所說的佛陀。與外教所說的上帝。絕對不同。外教所說的上帝是全知全能的。創造萬有的。操縱威權的。主宰禍福的。同時只有上帝可以爲上帝的資格。其他的絕不能到上帝的程度。這種不平等的論調。在我們佛教的聖經裏是尋覓不着。我們聖裏經說。佛乃已成之佛。衆生乃未成之佛。無論何界衆生。只要能够依佛之法修佛之行。由自覺以還本覺。都有成佛的資格。都有成佛的可能。

但是我們在這紀念佛陀誕日的時候。第一要認識佛陀是已經證了圓滿菩提。他自覺之

後。還以種種言說。種種方便。使我們一切衆生。皆得證其所證的圓滿菩提。佛陀確是一個自覺覺他的偉大人物。我們受他的德化。受他的恩惠。眞是高於須彌。深過巨海。當此恭逢佛陀的誕日。我們應該恭敬禮拜懇切紀念。

第二要認識我們雖然個個具有眞如妙性。都有成佛可能。但是迄今尚未證得。當此紀念佛陀的時候。應該發起自覺的心。生大慚愧。至誠懺悔。割斷世欲。止息惡行。以富貴不能淫。貧賤不能移。威武不能屈的精神。勞其筋骨。苦其心志。精進勇猛。弗弛弗懈的去加功用行。那自可證得圓滿菩提。自可與佛平等。庶不負今日紀念佛誕的意義了。

觀世音菩薩聖誕日演詞

今天是我們娑婆世界的救星觀世音菩薩的聖誕。觀世音菩薩在我們娑婆世界。最有因緣。應化的事蹟。和靈感的地方也非常的多。所以今天這天。無論通都大邑。窮鄉僻壤的人們。都知道是觀世音菩薩的聖誕。眞所謂舟車所至。人力所通。天之所覆。地之所載。日月所照。霜露所

墜。凡有血氣莫不尊親了。菩薩之所以能够使人這樣深刻的信仰。普遍的崇奉。這是什麽原因呢。以爲菩薩的志量深廣。願力宏大。而他的憂樂。亦與常人不同之故。常人之所憂者。僅僅是個人的貧窮患難。常人之所樂者。僅僅是個人的富貴利達。而菩薩則不然了。憂以天下。樂以天下。憂以衆生。樂以衆生。衆生之求。必以應之。衆生之樂。必以予之。衆生之苦。必以援之。換言之。就是先天下之憂而憂。後天下之樂而樂。先衆生之憂而憂。後衆生之樂而樂。這是菩薩的憂樂所以異於常人的地方。同時菩薩之所以號爲大慈大悲者。亦即在此。

可是講到慈悲二字。不但是我們佛家的聖人所有。即儒家的聖人亦皆有此主宰。堯舜曰一夫不獲。時予之辜。禹思天下有溺者。猶己溺之也。稷思天下有飢者。猶己飢之也。湯王之昭告后帝也。曰朕躬有罪。無以萬方。萬方有罪。罪在朕躬。武王之大賚天下也。曰百姓有過。在予一人。伊尹之以先覺自任也。曰天下之民。匹夫匹婦。有不與被堯舜之澤者。若已推而內之溝中。孔子曰。四海之內皆兄弟也。孟子曰。老吾老以及人之老。幼吾幼以及人之幼。這些都是儒家聖人慈悲的表徵。同時也就可以證明儒家的聖人。亦有慈悲的主宰了。

可是這里我們要知道。儒家聖人雖有慈悲的主宰。但是不及佛家聖人的慈悲那樣來得徹底廣大。何以見得呢。儒家聖人的慈悲。世間的慈悲。佛家的慈悲。出世的慈悲。世間的慈悲以天下人民爲範圍。若出世的慈悲。則遍於十方。通於三世。其範圍之廣大。無有邊際。且世間的慈悲。其利益僅及於色身的方面。不能及於慧命的方面。所謂衣食住比較優越而已。若出世的慈悲。其利益不特拔色身之苦。並能與慧命之藥。以此較彼。不啻天壤。

經上說。衆生無邊誓願度。又曰衆生界盡。虛空界盡。乃至法界盡。我願乃盡。又曰衆生度盡。方證菩提。又曰我不入地獄。誰入地獄。又曰如一衆生未成佛。終不於此取泥洹。又曰衆生無盡。我願無窮。由此看來。慈悲之廣大。願力之宏博。還有能超過佛家聖人之上的嗎。而佛家聖人之中。尤以觀世音菩薩之慈悲願力。更加深廣宏大。所以稱觀世音菩薩爲悲門之主。

觀音普門品上說。衆生被困厄。無量苦逼身。觀音妙智力。能救世間苦。具足神通力。廣修智方便。十方諸國土。無刹不現身。大悲懺云。我若向刀山。刀山自摧折。我若向火湯。火湯自枯竭。我若向地獄。地獄自消滅。我若向餓鬼。餓鬼自飽滿。乃至我若向修羅。惡心自調伏。又曰若諸衆生

誦持大悲神咒。墮三惡道者。我誓不成正覺。誦持大悲神咒。若不生諸佛國者。我誓不成正覺。乃至誦持大悲神咒。於現在生中。一切所求。若不果遂者。不得爲大悲心陀羅尼。以上所說的。都是觀世音菩薩大慈大悲發願度生的寫眞。

不過這里有人這樣疑問着。觀世音菩薩既然是大慈大悲。救苦救難。何以不化此黑暗世界爲光明世界。何以不化此修羅戰場爲人間樂園。何以不化此苦惱世界爲極樂世界。何以不化此熱惱世界爲清涼世界呢。這里要知道。這不是菩薩的不慈悲。實在是我們衆生的業障太深。譬如濁水里面見不到日月影像一樣。菩薩雖然時時跟着我們。度我們出苦海。祇因我們坐在無明窟里。專門起貪瞋痴。造殺盜淫。不肯絲毫向善。所以業感愈受愈苦。觀世音菩薩也就束手無救了。

現在全世界的四週。佈滿了愁雲慘霧。人類大屠殺的浩劫。眞有山雨欲來風滿樓之概了。自從德國之重整軍備。東非之戰雲瀰漫。俄僞邊境之時起衝突。尤其九一八後。中國受日本之壓迫。變本加厲。日勝一日。恐佈的戰神。時時有光顧之可能。有人譬今日爲第二次世界大戰之

前夕。並非無稽之談。我們這條渺小的生命。寄存在這危機四伏的環境里。有如釜中之魚。朝不保夕。眞是危險得很要想消弭今後的世界大劫亨受安寧的幸福。那並不是飛機大炮魚雷潛艇等的殺人利器。可以消弭得到。亦不是幾條冠冕堂皇的非戰公約。和平公約所能制止得住的。只有念觀世音菩薩的名號。祈求觀世音菩薩的慈光加被。冥感顯應。令我們的業障消滅逢凶化吉。遇難成祥。那才可以達到我們理想和平幸福的目的。這是我們今天開紀念大會的一點意義了。

勗勉學僧

（滇西宏誓佛學院）

諦聞年將而立。僅以德薄能鮮。愧無補於大教。而興學育才之志。蓄之久矣。此番來主是寺。非爲有所希冀。殆欲以償宿願耳。矢自今始。盡瘁於本院院務之發展。以培養諸君之學業。造就諸君之人才爲己責。雖遭任何艱阻。不惜犧牲以赴。必至貫徹吾之宗旨而後止。諸君梯山航海。負笈來此。所抱者大。所期者遠。應如何朝惕夕勵。振拔精神。向前程以邁進。乎天下無不可爲之事。特

恐不能吃苦耳。諸君欲求學業之成就。雖不歡迎困難。亦須預備吃苦。吾以是爲諸君勗。並以是爲自己勉。

戲鬼

天下之鬼多矣。半榻橫陳。吐雲吐霧者。煙鬼也。呼嚧喝雉。破家蕩產者。賭鬼也。飢喫困眠。好逸惡勞者。懶鬼也。尋花問柳。身敗名裂者。色鬼也。與夫躭香嗜味。一席千金者。食鬼也。視錢如命。一毛不拔者。財鬼也。傾觴昏酌。恍惚入事者。酒鬼也。夜以繼日。酣夢沉沉者。睡鬼也。乃若播是弄非。危及國本者。政鬼也。黷武窮兵。塗炭生靈者。軍鬼也。坐食薪糜。誤人子弟者。教鬼也。誤毒新潮。喪廉絕恥者。學鬼也。傾銷舶品。忘懷祖國者。商鬼也。亂投藥石。草菅人命者。醫鬼也。他如浪漫天眞。遊戲終日者。小鬼也。龍鍾潦倒。力不從心者。老鬼也。痿黃羸瘦。宛轉臥榻者。病鬼也。空拳赤身。一無所有者。窮鬼也。其或賦性伶俐。知机識時者。聰明鬼也。闇昧事理。昏天黑地者。愚痴鬼也。眼高一世。旁若無人者。驕傲鬼也。指桑駡槐。啼笑皆非者。滑稽鬼也。至於大吹大擂。言過其實者。吹牛鬼

也。巧言令色。博人寵悅者。拍馬鬼也。欺世盜名。言不顧行者。虛僞鬼也。得過且過。毫無目的者。糊塗鬼也。由是觀之。盡天下無非鬼也。鬼又何足怪哉。一笑。

戲錢

天命之謂錢。率性之謂錢。錢也者不可須臾離也。可離非錢也。朝於錢。夕於錢。造次必於錢。顛沛必於錢。所以然者。以其金錢萬能。錢能通神故也。天下熙熙。皆爲錢來。天下攘攘。皆爲錢往。日出而作。日入而息。生爲錢生。死爲錢死。矧乎生今之世。爲今之人。非錢不能生活。非錢不能自立。甚至非錢不能說活。非錢不能行動。所以主席主任。院長部長。大小先生。小姐太太。酣歌醉舞。不亦樂乎者。此何以故。有錢故也。貧民乞丐。勞農苦工。舞女歌女。明娼暗娼。愁眉苦臉。幾不欲生者。此何以故。無錢故也。劣紳土豪。貪官汚吏。黨棍軍閥。律師推事。明取暗奪。欺壓善良者。此何以故。貪錢故也。綁票土匪。鼠偷狗竊。漢奸走狗。洋奴買辦。昧絕天良。挺而走險者。此何以故。圖錢故也。天地之大。人事之繁。一言以蔽之曰。錢而已矣。哈哈。（此二篇戲文爲一時遊戲所作。請讀者付之一笑可也）

諦聞塵影集勘誤表

頁	行	誤	正
十二（前）	六	日超	日趨
十二（前）	十一	根倡	提倡
十二（前）	十一	實是以	實足以
二六（前）	六	蓋奮起	盍奮起
二六（後）	四	往往饑	往往譏
三四（後）	十一	冷香瘞	冷香塔
五四（後）	四	屈指	屈指
五八（後）	十	可恨量	可限量
六〇（前）	十	金剛捧	金剛棒
六一（前）	六	靈根	靈光
六五（後）	三	懷處	壞處
六五（後）	七	眞懷	眞壞
八九（前）	四	吐雲	吞雲
八九（後）	七	說活	說話
八九（後）	七	大小	大人
八九（前）	十一	旁苦	旁若

中華民國二十六年六月出版
（每部實價大洋三角）
出版者　寧波七塔報恩佛學院
印刷者　寧波鈞和印刷股份有限公司

諦聞法師講録

《諦聞法師講録》（以下簡稱《講録》）是諦聞法師應湘西洪江佛教居士林傅慎圃林長邀請，於民國二十七年（一九三八）春季在洪江佛教居士林講演的講演稿的彙集。《講録》記録、校訂者和序文作者均爲劉穀珊居士；封面「諦聞法師講録」題簽者爲黔陽縣縣長張其雄。《講録》由洪江佛教居士林出版、洪江彩霞印刷局印刷、洪江佛教居士林佛經流通處發行。麗江市古城區圖書館古籍部藏有「金山普澤敬贈本」本。

《講録》主要圍繞着佛法、佛教、佛學、信解行證、學佛之目的、佛法究竟是什麼、佛教各宗源流及其興替等内容展開，反映出講演者深厚的佛學造詣和精湛辯才。

藏本起初藏於麗江納西自治縣建設局，後藏於麗江納西自治縣圖書館，現藏於麗江市古城區圖書館古籍部。長二十點七釐米、寬一三點三釐米，半頁十四行，行三十字，白口，四周單邊，單黑魚尾，宣紙，鉛印本。

本次影印，據麗江市古城區圖書館古籍部藏本。

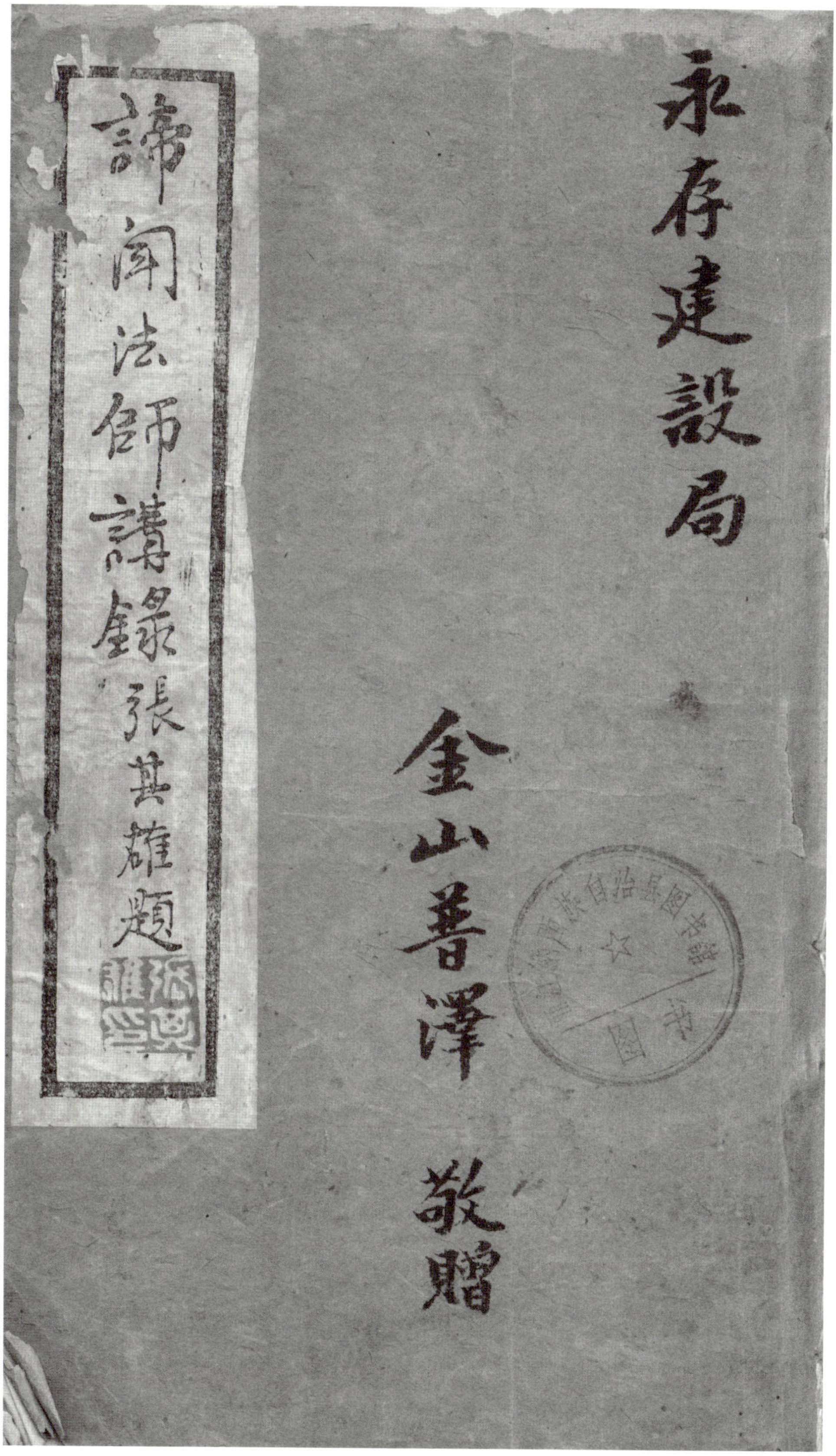
諦聞法師講録　張其雄題

永存建設局

金山善澤　敬贈

序

當茲戰云彌漫。國步艱危。一切有情。罹斯浩刧。此雖完成革命應歷之過程。實亦衆生共業所感召。能有秉佛遺教。順應潮流。消極方面。則領導羣倫。宏揚佛法。積極方面。則整理僧制。救世濟人。以繼我 佛慈悲喜捨之精神。力除悠閑暇逸之錮習。求之今日。實不可多得者也。

諦聞法師。髫年入道。抱負非凡。代佛宣揚。遊化海內。慈雲所至。遐邇欽崇。乃發奮有爲。威儀具備之大德高僧也。當其在雲南鷄足山。主持全山寺院時。力圖改進僧制。提倡教育。不期風波迭起。阻礙橫生。以其具有堅勇不拔之精神。卒能排除萬難。化險爲夷。近年應聘甯波七塔寺報恩佛學院主講。循循善誘。啓惑開賢。全院學衆。深相敬愛。去冬因戰事回滇。適與傅副林長慎圃。在芷相遇。承贈所著塵影集一部。迴環雒誦。彌切欽遲。其學理高深。非修養有素者。不

克臻此。本林同人。僉以湘西佛法。尚在萌芽。非仗大德宏揚。難期普度。且自平津失陷。京滬淪亡。國難嚴重。我前方忠勇將士。浴血抗戰。爲國捐軀。無辜同胞。多被慘殺。經理事會議決。啓建護國息災彌陀佛七法會。恭迎

法師蒞林主持。以資超薦。花旛燦爛。倍極莊嚴。迺以大悲所怵。舌相廣長。課誦之餘。登台說法。一音演唱。異類等歡。其饒益於世道人心。實非淺鮮。所有講義。茲已編就付印。藉廣流傳。謹將此次法會因緣。不揣固陋。略紀于此。海內同志。幸垂察焉。是爲序。

民國二十七年四月一日　副林長劉穀珊謹識

講錄

諦聞法師在洪江佛教居士林講

弟子劉穀珊記

今天是洪江佛教居士林啓建彌陀護國息災法會開始的日期。承蒙各界諸大護法蒞臨參加。這不但洪江佛教居士林增添了無限的光彩。即我全國的佛教亦間接的深受極大的光榮。這是我們佛教徒的引以爲很慶幸的。

洪江是湘西有名的商埠。而居士林爲湘西創辦最早的佛教團體。林內的林友們。又多屬社會上負有重望的中堅份子。所以我在芷江的時候。就聽得許多贊美稱羨的輿論。因此鄙人對於洪江佛教居士林。心向往之久矣。此次承傳慎圃林長。及各林友的相邀。我的腦海中久已想來而不能來的地方。一旦得以觀光。這是在我個人覺得非常的快

慰。到達此間後。又見得林友們。個個煥發精神。熱心林務。闢開各人的家務。專心致志的來辦理佛化的事業。又不禁無量的歡喜。

可是要請我講演佛學。實在沒有開口的餘地。因我對於佛學既無相當的研究。復乏實地的修養。雖然參學了十餘年的工夫。但所得的不過東鱗西瓜一知半解而已。不足以貢獻各位。並且眞正的佛法。非佛說不出。非菩薩不能聽。我是個生死凡夫。如何能說佛法呢。

但是法華經隨喜功德品云。如其所聞。隨力演說。諸人聞已。隨喜轉教。餘人聞已。亦隨喜轉教。如是展轉相教。功德無量無邊。以是因緣。不妨將我平日所知的粗陋皮毛的佛學。來與各位談談。有不當的地方。還請各位指教。

何謂佛　這個佛字原來是印度的譯音。具足應稱佛陀耶。因中國的文字。好於簡略。故簡去陀耶二字單稱爲佛。中國文字當譯爲覺者。其意義就是能有覺悟的人。我們一般普通的人。對於宇宙人生的問題。不能澈底的明白。雖有許多的科學哲學家以及宗教家。殫精竭智的

去研究宇宙人生的問題。說明宇宙人生的眞相是如何如何。可是對於宇宙人生的這個大謎。至今還未猜破。都可說爲不覺者。由不覺故。生出種種錯謬的舉動。致感種種不堪的苦果。而佛則對於這個宇宙人生的大謎。已經猜破了。同時將他所猜破的那個宇宙人生的大謎。完全揭示出來。告訴我們。故佛陀並非宇宙萬有的創造者。亦非宇宙萬有的主宰者。乃宇宙萬有的眞覺悟者。所以佛陀二字的稱呼。例如我們中國稱孔子爲聖人。稱孫中山先生爲總理。現在稱有學問的人爲博士碩士。是同一意義的。並未含有什麼希奇古怪的氣味。

教者何　有了這樣崇高偉大人格的佛陀。就產生了博大精微的佛法佛教佛學佛理等名物。如同我們中國有了孫總理那樣偉大的人格。就產生了三民主義。五權憲法。建國大綱等名物是一樣的。

佛陀是已經從黑暗的洞裏。走到青天白日的光明世界上來。但是還有若干的衆生。沉沒在黑暗的洞裏。鑽來鑽去。不是撞牆。就是碰壁。不是墮塹。就是落坑。這是在我們衆生分上。本是極痛苦的事。

可是糊裏糊塗。苦不知苦。反以爲樂。佛陀看見這般可憐的慘狀。不禁悲從中來。爲要喚醒這若干的衆生。使之同出此黑暗的洞裏。登上光明的大道上來。故將自己所覺悟的眞理。以種種巧妙方便的言說。表示出來。是謂佛法

佛滅度後。阿難優婆離等諸大弟子。把佛所說的法。一齊結集起來。編成功了三藏十二分教。以之流傳後代。教化衆生。是謂佛教。我們後來的衆生。有系統的。有組織的。去探討研求這佛教的義理。是謂佛學。而佛法佛教佛學三者所詮所表的義理。是謂佛理。這是法教學理等各別不同的意義。總而言之。這些都是佛陀教化衆生之遺物。皆可攝之爲佛教。此爲教字之意義也。

佛陀立教的動機　　佛陀爲什麼要立教。其立教的動機。純爲他的慈悲心所驅使。因爲佛陀出世的當兒。印度的環境。幾乎全爲宗教勢力所支配。同時階級的制度也很嚴厲。因人種政治及職業的關係。自然而然的分爲四個階級。第一是婆羅門種。譯爲淨行。專門掌管祭

祀的。所以四姓中佔最高的位置。其次是刹帝利種。譯爲田主。因他是大地主故。就是職掌政權的。所以四姓中居於第二位。再次是吠舍。譯爲商人。就是普通的人民。所以四姓中居於第三位。最低的是首陀。譯爲農奴。就是被安利雅民族征服的土人。專爲田主供驅遣的。婆羅門種既靠着他宗教的力量。同時爲保持他們的地位。於是造出種種的神話。說四姓都從梵天降出。婆羅門是從梵天的口中生出。刹帝利是從梵天的臍中生出。吠舍是從梵天的脅間生出。首陀是從梵天的脚下生出。所以婆羅門是最高貴。卑視一切人民。不但不許通婚。乃至行路不與共道。一般人民。受着這種不平等的待遇。亟思脫離宗教的壓迫。得到自由平等的幸福。此爲當時印度一般人民共同心理所要求。釋迦牟尼看見婆羅門教。如此的專橫。並且感到人生種種的痛苦。所以捨去太子的尊榮。犧牲極盡人間的娛樂。孑身的跑到雪山去出家修行。中間經過了五年的遊學。參訪了許多有名的宗教師。而他們的答案。終不能滿足他理想的要求。最後在菩提樹下。豁然覺悟了宇

宙人生的眞實相。才得到圓滿究竟的解答。於是根據他所覺悟的眞理。發揮平等自由的學說。解放宗教的束縛。打倒階級的制度。此爲佛陀立教的動機。換言之卽以慈悲心爲動機矣。

可是慈悲二字。不但是佛陀立教的動機。卽古今中外的大政治家。大教育家。大法律家。莫不以慈悲爲出發點。不過這些都是局部的慈悲。沒有佛教那樣來得深切廣大罷了。例如我們中國的孫總理。內謀解放人民專制的壓迫。外求中國國際地位的平衡。而創立以三民主義爲基礎的國民黨的意義是相同的。

構成佛教的因素

佛陀自已運用智慧去覺悟宇宙人生的眞理。同時復以智慧爲未覺悟的衆生。指示如何才能覺悟宇宙人生眞理的無量法門。構成功了博大淵深最高無上的大教。故智慧爲構成佛教的因素。不能否認的事實。

智慧本爲佛與衆生平等具足。不增不減的。但在衆生分上曰邪智邪慧。由此發出的行爲。多屬自私自利。損人害公。在諸佛分上曰正

智正慧。由此做出的事業。多屬利自利他。犧牲小我。而成大我。故智慧用得其當。固可爲人類造多分的福利。如用之不得其當。反可增加人類無限的痛苦。例如近代的科學。憑智慧以造成飛機潛艇坦克車等武器。愈造愈精。愈出愈奇。用以防禦敵人。保障生命財產。人民固已拜賜其福利多矣。而帝國主義者。有時用爲侵略他人的工具。死者傷者。動至數千萬。遠如歐州之大戰。近如中日之火併。殺人流血。爲千古未有之慘劇。人智愈進。而人類之痛苦愈深。此老子所以絕聖棄智。民利百倍。絕巧棄利。盜賊無有之主宰也歟。

由佛之智慧以構成之佛教。其最要之關鍵卽在開拓人類之正智正慧。使之打破私我。而明羣體共存。互助互養之眞諦。

因爲人生之需要最多。而非一人之力所能給。必須人羣分工合作。個己乃有生存的希望。如農人耕稼。工人製造。商人貿遷。士人教育。綜此各種之職業。而後人羣社會之組織以成。此各種職業中。任去其一。則整個之社會人羣。皆受其影響。而發生變化。個己亦不能

維持其生命。故有其他之人羣。方有自己之個人。人類之生存。表面雖各獨立而各執其事。實則交徧依止。息息相關。故欲一人安。必先一家安。欲一國安。必先世界安。佛陀覺悟此中的眞諦。處處教人以成人即以成己。利己必先利人之旨。故欲求今後人世之安寧。非從佛法中。尋求正智正慧。共向濟人利物。互助互養的光明大道走去不可了。

誤解的佛教　佛教整個構成的因素是智慧。而一般患近視眼或帶墨色眼鏡的人們。以爲佛教是離開社會。躲到深山邃谷裏。去度虛無寂滅的生活。不知道眞正的大乘佛教。是完全解除人類的痛苦。利益社會爲前題的。至於跑到水邊林下。去獨善其身的小乘行爲。我佛於維摩經中。早已斥爲焦芽敗種。楞嚴經中。指爲不入聖性。須知眞正的大乘佛教。是要改良社會一切的事業。創造眞善美的人間淨土的

復次許多信佛的民衆。及一般不明佛法的僧尼們。往往神佛混爲一談。或以佛爲神。或以神爲佛。竟將眞正大乘佛教的精神。幾乎全

爲述信色彩所籠罩。成爲佛教進化的障礙物。甚至成爲現實社會的一大敵人。此於佛教的本身。雖然無損毫末。而宏揚佛法的前程上。不無大受影響。

復次又有一般愚夫愚婦們。以爲佛教是希奇古怪的東西。於是看代表佛教的僧尼們。也有看相卜卦能知過去未來以及神妙莫測的本領。即以濟顛活佛。布袋和尚等。種種神通爲崇仰。

復次又有一般普通的人們。以爲佛教是僧尼的私有物。於他人並無交涉。不知佛教的信衆。原有出家比丘比丘尼二衆在家優婆塞優婆夷二衆。出家二衆。固是代表佛教的中心人物。而在家二衆。於宏揚佛法亦負有相當的責任。近今已有一部分的在家二衆。漸能負此責任。如洪江佛教居士林等。不可謂爲非佛教前途的一大光明。

佛教是以慈悲爲動機。以智慧爲因素的。無論在任何學說的理論和實用上。自有其不可磨滅的價值。並無含有迷信神秘的氣味。我們以後學佛的人們。於此應有深切的認識。和嚴格的糾正。以免遺人以

笑柄。

深望今日來會的學佛同志們。個個負起佛教救人救世的担子。由洪江推及於全省全國。乃至於全世界呢。

佛學的大綱——信解行證——

信爲心理的一種作用。吾人無論對於任何事業。先要有深切的信心。然後才肯努力的去做。同時才可獲美滿的効果。假如對於任何一件事。首先起了懷疑。或猶豫不決。即可斷定其不能成就。譬如農人。自信耕稼。必有收穫然後方肯日出而作。日入而息。沐雨櫛風。胼手胝足的去勤勞。人力既盡。稼穡斯成。假使首先對於耕稼。起了懷疑。自謂收穫。遙在未來。中有水旱風雹。以及螟蝗蟊賊。諸多災患。皆足影響未來收穫。與其勞而無果。不若不勞之爲得。如是天災未至。人力先虧。收穫尙有希望乎。飢寒尙能免乎。農作如是。餘可推知。故吾人無論對於任何事業。必先具有堅強的信心。雖歷險履艱。不屈不撓。所謂國家可均。爵祿可辭。白刃可蹈。而信心不可退。又

所謂海可枯。石可爛。天可翻。地可覆。而信心不可滅。又所謂富貴不能淫。貧賤不能移。威武不能屈。能如是。而後方克成就偉大的事業。

家庭父子兄弟夫婦之間。社會朋友交際之道。必須有信。然後方可父慈子孝。兄友弟恭。夫倡婦順。成和樂之家庭。方可生死相顧。患難相與。成莫逆之知音。苟無信心。將見父子無親。兄弟無義。夫婦無情。閨閣家室之中。咸成疑懼之府。社會朋友之際。皆爲猜忌之場。如此人生。尚有一線之樂趣乎。故孔子曰。人而無信。不知其可也。又曰自古皆有死。民無信不立。此言信爲人生之根本也。世間之法。尚不可以無信。況出世之佛法乎。

夫佛法爲幽玄奧妙之法。佛學爲博大淵深之學。佛道爲至高無上之道。非世法所可比擬。非世智所可測知。苟非至誠倚任。信受奉行。而以凡情凡見。狂智狂慧。妄思橫議。不但不能見佛法之眞面。且亦自增其誹謗之罪惡耳。故學佛之徒。首先認識佛法。卽是佛法。絕

對不是人法。不是鬼宏。更不是神法。故佛法中所說一切境界。有時登地菩薩。尙未悉其底蘊。唯佛與佛。乃能究盡。如以凡夫的眼光。去測度佛境。則可疑者多而可信者少。

例如聖教中說。密部的大乘經典。是毗盧遮那佛。爲金剛薩埵等諸大菩薩。在摩醯首羅天金剛法界宮所說。金剛薩埵將所說的法。結集成大日經和金剛頂經各十萬頌。秘藏在南天鐵塔內。後來龍猛菩薩。開此鐵塔。親見金剛薩埵。承受全部密法。傳佈於世的。究竟這個鐵塔。在南天竺的什麽地方。從無人知道。亦從無人見過。有無此塔。吾人不得而知。

又說法相宗的瑜伽師地論。是彌勒菩薩受無著菩薩的請。從兜率天降到人間。在瑜伽講堂所說。當時聞法的。只有無著菩薩。其餘的都是不見不聞。如聾如啞。無著菩薩。何以能到兜率天去請彌勒菩薩下來說法。而彌勒菩薩說完了這一大部瑜伽師地論。何以只有無著菩薩聽得見。餘人不見不聞呢。

又說華嚴宗的八十一卷華嚴經。是龍猛菩薩親到龍宮裏去背誦出來。傳佈世間的。龍宮究在什麼地方。龍猛菩薩從何到龍宮裏去。八十一卷的華嚴。何以龍猛菩薩一人的智力。能背誦得出。這些都是可疑的地方。

又復現在班禪喇嘛所傳的時輪金剛法。據說凡受過時輪金剛法的人。將來都要生到香拔拉國去。香拔拉國。究在何處。考盡世間地理。全未記載。

又復天台宗的智者大師。修法華三昧。親見靈山一會。儼然未散。究竟靈山在什麼地方。靈山一會的情形又是怎樣。

凡此種種。皆足令人致疑。如果我們沒有至誠倚任。一心信受。徒以私心凡情去測度。則無處不疑。無法可信。則吾人之於佛法。尚有成就之日乎哉。故華嚴經云。信爲道元功德母。長養一切諸善根。大智度論云、佛法大海。信爲能入。智爲能度。若人心中有信清淨。是人能入佛法。若無信、是人不能入佛法。諸經論中。贊信功德。無

窮無盡。是故六種成就。信居第一。百法善十一心所。亦信爲先。五根五力。首重乎信。三賢十聖。十信當初。於此可知佛法中信之重要也。然信有迷信正信邪信假信之別。玆分述之如次。

甲迷信概爲三種

(一)多神教　上古草昧時期。人類之知識幼稚。各種生活都爲自然界所征服。於是對於宇宙間之事事物物。每遇有不可理解者。卽發生一種驚奇的思想。以爲都有一個一個的神在那裏操縱。故對於山川河嶽。日月星辰。風雲雷雨。乃至花草木石等。都存着一種畏懼的心理。由畏懼而一一的去恭敬崇拜。故其所崇拜之神。多至不可勝數。現在全亞洲各國的民族間。尚未能脫此多神教之臭味。

(二)一神教　信仰上帝。能造宇宙萬有。可以主宰人世禍福。同時其所信仰之上帝。具有全知全能。超絕一切。任何人皆不及上帝。亦永不能到上帝之程度。因他是唯一眞神故。造物主故。

試問宇宙萬有。旣以上帝爲因。彼上帝者。爲復何因。若云有因

。因因無窮。失主宰義。若曰無因。而自生者。宇宙萬有。亦應自生。何以藉彼上帝爲因而乃生耶。異因不能生真果故。

又復上帝。爲與萬物是同是異。若謂是異。則萬物離彼上帝而自有體。云何得言以彼爲因。從彼所生。若謂是同。則所生萬物有多故。彼能生之上帝。亦應是多。則失唯一義。又所生之萬物。無常故。彼能生之上帝亦應無常。所生之萬物自無主宰故。彼能生之上帝亦應無主宰。

又上帝既爲造物主。則可自由造生萬物。何以必藉牝牡雌雄之交合。既藉牝牡雌雄之交合。則上帝亦不稱萬能。更不能稱萬物主也。

又上帝既生萬物之後。則不應復令之死。因生人之所欲。死人之所惡故。既生而復令之死。是上帝直以人類爲兒戲也。是誠何心哉。若設謂生死爲人賞罰之大柄。生所以賞善。死所以罰惡。誠如是。則上盡生善人。死惡人可也。何以善人惡人並生並死。無所殊異。賞罰抑又何其不明耶。

又上帝既能造生萬物。然則彼上帝之性爲是仁慈。爲是暴惡。若是善者。能造之上帝既善。所造之萬物。亦應皆善。何以世間又有衆多惡人惡法。若是惡者。能造之上帝既惡。所造之萬物亦應皆惡。何以世間又有衆多善人善法。

又上帝既有主宰。彼世間惡人惡法。何不立與譴除。乃容其並生。使成惡濁不堪之世界耶。又上帝既萬能矣。何不盡造善人。而乃並造惡人。若謂方其造之也盡善。旣生之後乃有惡。則上帝已失其控馭情之能力。而人類之善惡無與上帝明矣。又上帝既能主宰。何以人類有生老病死。饑飢疫厲。水火刀兵。衆苦交加。不能稍爲拔救。諸如是難。信仰上帝。能造宇宙萬有。主宰人類禍福者爲迷信。

(三)無神教　自從孔德之學說出。他說宗教是古代人類思想的代表。於是引起一般自號時髦之流。把宗教看作過去歷史的陳跡。不適宜於今日文明的世界。甚至若西洋之社會黨。俄羅斯的共產黨。喊着打倒宗教的口號。漸漸成爲社會上一種普遍的運動。其實他們喊出這種打

倒宗教的口號。不是根本不信仰宗教。亦不是不承認宗教。他另自有其作用。以爲他們要實現他們所信奉的主義。和集中全國人民的思想。完全站在他們主義旗幟之下。發揮偉大的力量起見。不能不將其他的信仰思想打倒。此如穆罕默德的一教獨裁。回教國的人民。不許信仰其他的宗教是一樣的。故西洋之社會黨。和俄羅斯之共產黨。信其所信奉的唯一主義。去宗教之名。而取宗教之實。換言之。打倒舊式有神的宗教。建立新式無神的宗故。故名之曰無神教。

因爲他們要人民經濟平等。成立共產主義。不惜以暴力來壓迫資產階級。造成赤色恐怖的局面。他們不知道人類的貧富貴賤。都由自已宿業的關係、過去造何種因。現在必得何種果。我們斷不能用任何暴力去平均他們的階級。不求其本而求其末。是謂迷信。

乙正信亦分爲三——佛法僧——

正信者卽正信佛法僧三寶也。佛自無始以來。爲諸有情。修習一切大菩薩行。慈悲智慧。功德圓滿。成正等覺。成正覺已。悲有情故。更

以無量無邊。方便智慧。施作種種佛事。教化有情。皆令度脫。能如是信。是謂正信佛寶。所謂自皈依佛。更不皈依外道邪師。

法謂如來。或佛弟子。爲教化有情。所施種種教法。如三藏十二部經。詮實事理。示實正行。顯正行果。令諸有情。緣斯事理。修是正行。得彼正果。能如是信。是謂正信法寶。所謂自皈依法。更不皈依外道邪說。

僧者衆也。謂佛弟子。和合一處。超夫流俗。遠離憒鬧。三業清淨。互爲增上。共修梵行。同求出離。能如是信。是謂正信僧寶。所謂自皈依僧。更不與餘邪教徒衆。一見同住

簡言之。佛爲能覺悟之人。法爲所覺悟之理。僧爲依此教理而修行之人。此三所謂先知先覺。爲世明燈。最可寶貴。故名三寶。

又復信知我本是佛。我可成佛。自今以後。只須依教起行。定可證得佛果。或信大乘教中所說不虛。今雖不能直下承當。漸次修行。亦可契入。如是之信。亦名正信。

他若科學者流。殫精竭智。研究物質文明。製造種種殺人利器。信此可以稱雄世界。強國富家者謂之邪信。

又若哲學者流。識見卓越。研窮哲理。深信大乘教義。可以改轉有漏身心。而成無漏道果。但不肯身體力行。竟至說食數寶者。謂之假信

佛教之言信。須具有三種必要條件。即勝解心淨實踐是也。具此三種必要條件。合成正信。正信成就之時。如實解。如實行。如實證。同時具足。故華嚴十信滿心。即攝五位。成等正覺。凡於事理認識分明。能使身心清淨。而復起實踐要求者。名之爲信。如認識未清。或已起實踐要求。而不能令身心清淨者。皆非信之眞面。故論言信。於實德能。深忍樂欲。心淨爲信也。

解亦有邪解正解之別

吾人所有之根身。本由父精母血。四大假合而成。從頭至足。三十六物。不淨充塞。時時洗滌。然後可近。否則汙穢四溢。實堪厭惡

。一旦命終。青瘀胖脹。腐敗壞爛。僅餘白骨。如此根身。至爲不淨。所依器界。瓦礫土石。高山大海。險阻重重。又有嚴寒酷暑。刀兵水火。在在逼人。令無安處。如是器界。極爲不淨。而諸有情。不正了知。反而執我我所。種種貪戀。深生染著。不肯出離。是謂凡夫邪解。

又有斷見外道。謂人此身死後。永無再生可能。旣得爲人。曷若及時行樂。於是爲要擴充其現實私欲。放浪形骸。恣情縱慾。爲所欲爲。而社會掠奪姦殺之風。愈演愈烈。是謂外道邪解。

又有常見外道。彼謂人各有其自我之體。常住不滅。因是烏從來黑。鵠從來白。人永爲人。畜永爲畜。因之與果。俱皆不變。爲善徒然。爲惡無損。撥無因果。是亦外道邪解。

吾人自無始來。沉溺生死。造諸惡業。受諸苦果。皆由愚癡無智。不識善惡。不知是非。於非利處。作利益想。於苦惱處。作快樂想。聲色貨利。都是無形毒藥。吃喝賭嫖。同是剷命剛刀。富貴全如泡

影。功名能有幾時。縱爾田連阡陌。財滿萬貫。死期一至。仍歸烏有。故諸世間一切。皆是無常。無足繫念。無足貪戀。唯有佛法。能示正道。能度苦厄。能破愚癡。能生智慧。令人出離。我今云何。不起愛樂。竭盡心力。希求彼法者。是謂正解。

行亦有邪行正行之別

凡一切不合禮之舉動。如身殺盜淫。口妄言綺語。意貪瞋癡等。於人於己。此世他世。全無饒益。而有損害者。名爲邪行。

又如印度有類外道。以其道力。觀見牛死生天。即以爲牛吃草而生天。也去吃草。以期生天。或見狗死生天。即以爲狗吃糞而生天。也去吃糞。以期生天。不知牛狗所以生天。非吃草吃糞之故。而由宿業因果之關係。因前生所作之業。善少惡多。故惡業先熟。先受牛報狗報。惡報旣盡。以善業故。死而生天。又有無慚外道。不拘寒暑。常行裸體。以爲苦行。而期生天。因爲印度的民族性。都傾重於出世的思想。他們認爲世間苦樂的因果是相反的。如現在得樂。將來必苦

。倘現在極苦。。將來一定得樂。所以專修苦行。便成了印度特殊的風尚。可是這種可笑的苦行。對於求眞的理智。是毫無利益的。故皆名爲邪行。

正行分爲五種

一人乘　佛告阿難說。失人身者如大地土。得人身者如爪上土。可見人身之不易得了。吾人既得人身。當如何去保持此人身之不失。此爲吾人所當研究而必須解決之問題也。佛因吾人保持此人身之不失故。爲說五戒之法。五戒者(一)不殺生。凡有生命之動物。不得故殺。因世間忍心害理之事。不過於殺生。同時斷絶慈悲種子。永不能成佛故。夫一切有情。皆有貪生畏死之心。試觀鷄猪被殺之時。拚命掙扎。或驚而逃。或哀而鳴。殺一羊而羣羊落膽。搏一鳥而衆鳥驚飛。與人類忽逢患難。或被人殺害之時。驚惶恐怖之狀。有何分别。易地返身。於心忍乎。

復次吾人自無始來。捨生受生不知其幾千萬刼也。所有父母兄弟

妻子眷屬。更不知其恆河沙數也。故一切衆生皆吾歷刧以來之父母兄弟妻子眷屬。故所殺者亦無非吾人歷刧以來之父母兄弟妻子眷屬。天下豈有殺自己之父母兄弟妻子眷屬而食之理乎。

復次一切衆生皆有佛性。皆可成佛。殺一衆生不啻殺一諸佛。殺一諸佛。其罪無量無邊。應墮無間地獄。永無出離之期。言念及此。能無畏然。

復次楞嚴經云。人死爲羊。羊死爲人。寃寃相報。無有已時。今之被殺者。皆昔之嗜殺者。故殺運之來。戰機之起。以佛教因果言之。莫非往昔相殘相殺。以勾銷此舊債而已。古德云。欲免世上刀兵刧。除非衆生不食肉。欲求世界之安寧。謀人民之幸福者。於此當三致意焉可也。(二)不偷盜。物各有主。亦各有所愛。苟非吾之所有。雖一毫而莫取。若以強權暴力。或以暗昧手段。他所有物。奪爲己物。他所愛者。取爲己愛。例如現在日本之非禮而侵佔中國領土者。固謂之盜。卽侵吞公款。剝削人民。以公濟私。欺騙善良者。亦謂之盜。

故君子一草一葉。不義不取。己所不欲勿施於人也。(三)邪淫。中國向取一夫一妻制。除自己正式夫妻外。不得向其他婦女作非禮之舉動。如嫖娼畜妾、爲圖娛樂。無香煙後祀之關係者。俱屬邪淫。亦爲人類中最不道德之行爲也。故不應犯。(四)妄語見言不見。不見言見。聞言不聞。不聞言聞。知言不知。不知言知。作言不作。不作言作。所言所行。全不相符者。謂之妄語。至於播弄是非。鬥構兩頭。巧言媚語。令人愛聽者。亦屬妄語。但妄語有利於人者。有不利於人者。有利於人者。不妨方便妄語。有不利於人者。則絕對不許故犯。(五)飲酒。酒能昏亂人智。智旣昏亂。則無惡不作。無善不破。小而言之。可以喪身失命。大而言之。可以亡國敗家。故五戒中以前四爲性戒。唯酒爲遮戒也。吾人倘於此五戒嚴持不犯。則一切善法從之增長。一切惡法從之斷滅。則來生之必得人身。可操左劵矣。是爲人乘法。

二天乘　天有欲天色天無色天之別。乘卽指十善法也。如身不殺盜淫。口不妄言綺語兩舌惡口。意不貪瞋癡。是爲十善。修此十善。可

得欲天之果。再修四禪。可得色天之果。更修四空定。可得無色天之果。三界共有二十八天。平常我們中國人所稱之天。祇指欲界第二天。道家所言之天。亦不過如是。天爲六道之一。其福德雖較人爲優。但其福報終盡。仍不免墮落輪迴。故佛教修行。不令人希求生天者。職是故耳。

三聲聞乘　聞佛說法之音聲而得證果。故名聲聞。乘卽指四諦法也。吾人正報之根身。則有生老病死。依報之器界。則有滄海桑田。生滅不停。盛衰無常。事事物物。在在處處。無非苦惱。是謂苦諦。推其苦之由來。緣於貪瞋癡等煩惱所造之業。聚集而成。是謂集諦。集諦爲因。苦諦為果。此世間一重因果也。脫離生死之苦。而得寂滅之樂。是謂滅諦。欲得滅諦之樂。必修戒定慧。及三十七道品。是謂道諦。道諦爲因。滅諦爲果。此出世間一重因果也。修此四諦。可得聲聞之果。故名聲聞乘。

四緣覺乘　聞佛十二因緣之法而得果故。名緣覺乘。十二因緣者。

即無明・行・識・名色・六入・觸・受・愛・取・有・生・老死・是也。此十二因緣。通乎二世。由過去無明與行之二因。招現在識名色六入觸受之五果。由現在愛取有之三因。招未來生老死之二果。吾人順生死流。無明緣行。乃至生緣老死。則生生死死。輪轉無窮。逆生死流。無明滅則行滅。乃至生滅則老死滅。於是生死之根本永斷。超出輪迴。證眞解脫。所謂順觀生起。逆觀還滅。由此而得覺悟。是爲緣覺乘。又名獨覺。以其出無佛世。獨自春看百花開。秋覩黃葉落。而得覺悟故。聲聞緣覺二者。皆智悲薄弱。但能自利。不能利他。通名小乘也。

五菩薩乘　菩薩局量廣大。先度衆生。後度自己。故其所修之法。亦較寬闊。所謂布施・持戒・忍辱・精進・禪定・智慧・之六波羅密法也。波羅密華言到彼岸。以修此六波羅密法。可由生死此岸。往菩提彼岸故。一布施者。或財施。謂以自身財產田園舍宅金錢器用施諸貧苦者。令其安樂。或法施。謂以如來及彼弟子所說正法。施諸愚癡

者。令識因果。令知正道。或無畏施。謂以威力才智。伏諸強暴。除諸災難。令彼免離畏懼。二持戒者。對於佛所說之三聚淨戒。俱能持之不犯。所謂諸惡莫作。衆善奉行。且能利益有情。三忍辱。對於一切順不順境。俱能忍辱。如有人恭敬供養讚美。絲毫不生驕慢心。有人瞋罵打害毀謗。絲毫不生怨恨心。是爲生忍。如遇大冷大熱。大風大雨。或遇飢渴時。絲毫不生憂惱。是爲法忍。四精進。精者不雜。進者不退。菩薩對於所修之行。有進無退。純一不雜。所謂身心俱精進也。五禪定。能排除一切妄念。專心注定於一個正念。不爲一切境界所搖動。六智慧。能通曉一切法爲智。能斷惑證眞爲慧。故此智慧非平常所謂之聰明智慧可比。菩薩修此六度。而自利利他。故名菩薩乘。

證亦有邪證正證之別

邪證者。外道修非因計因之因。證時亦執非果計果之果。如得無想定時。執爲已證入羅漢滅盡定。生無想天時。執爲已證阿羅漢果。

外道以厭離六識心想。修無想定。後雖達其無想目的。然待其定力衰時。心想又起。其實非證得羅漢果。故名邪證也。

正證者。吾人所以不能成佛者。皆由貪欲瞋恚等煩惱所障覆。用我空智慧。斷一切煩惱種現而證我空眞如。吾人對於宇宙萬有所知之對象。不了其爲幻景。妄起分別。何者是實。何者是虛。以此妄見。全失其所知對象之眞相。名所知障。用法空智慧。斷此所知之障。而證法空眞如。是謂正證。

由正信而正解。由正解而正行。由正行而正證。是爲佛學之大綱。亦即學佛過程中必經之四大階段也。

吾人學佛之目的

凡做一件任何的事。莫不有其動因及其目的。吾人學佛的動因爲何。其目的安在呢。因吾人生此世間。從生至死。不過數十年的時光。在此數十年的當中。所過的生活。都是苦多樂少。假如糊裏糊塗的混過一生。一切都不去理他。那也沒有什麽問題。可是稍有知識的人

。對於人生問題。未免起種種的懷疑。什麽懷疑呢。就是人爲什麽要生在這個世間。旣生之後。爲什麽又要受種種的痛苦。這個問題。實不容易解決。一切宗教都爲解決這問題而產生的。然而或則昧於解決之方。而終無解決。或則竟視爲不可解決。而以不了了之。唯有佛法。才能圓滿究竟的解決。所以吾人爲解決這人生的問題。爲達到這最高之目的。不能不一心的皈向佛法。此爲吾人學佛的目的和動因了。

然則人生究竟有些什麽苦呢。諸經所明。約有八種。表明於次。

一生苦　吾人因宿業的關係。糊裏糊塗的。投入母胎。在母胎中。腥血包孕。逼搾不堪。母親要吃冷食下去的時候。好像寒冰著體。凍得怪難受。母親要喝熱湯下去的時候。好像沸水澆身。熱得耐不住。母親要鞠躬曲腰的時候。好像大山壓倒。重得透不出氣。到了十月滿足。從母親的兩跨出來的時候。好像兩山夾住。不能自由。突然離開母親的溫腹•觸著周圍極冷的空氣。好像利刃割膚。痛得呱呱大叫。要拿衣服去包他柔嫩的身體。好像針尖刺體。痛極難堪。這是人初生

下來時候的苦景。自後年歲日長。人事日繁。境遇有順有逆。有苦有樂。地位有高有低。有貴有賤。相貌有美有醜。有白有黑。種種環境。無非引起苦惱的根原。若是者曰生苦

二老苦　一個人年少氣壯的時候。手足靈敏。耳目聰明。心裏想做什麼。就可做到什麼。光陰似箭。曾幾何時。已到衰老的時期。精神昏迷。不堪任事。力不從心。境與願違。眼睛也花了。要看的美色。看不清了。耳朵也聾了。要聽的好音。聽不明了。牙齒也落了。要吃的美味。吃不動了。髮白面皺。腰馱背曲。回想膚肌潤澤。紅顏白色的少年時期。不覺老景催人。自慚形穢了。若是者曰老苦。

三病苦　無論何人。有了這四大假合的臭皮囊。或陰陽不時。或飲食不節。或動止失宜。就免不了有種種病痛。不管大病小病。暫病久病。一病到身。就要叫你身心不寧。飲食無味。宛轉臥榻。呻吟呼喚。父母雖親。不能代苦。兄弟雖切。唯嗟嘆息。妻子雖愛。徒喚奈何。人之所最苦者。莫過於病。人之所絕不能免者。亦不過於病。若是

者曰病苦。

四死苦　無論何人。提到死字。就要怕得毛骨聳然。渾身發抖。可是誰也跳不出這死的圈子。任你功名蓋世。富貴驚人。難免不死。縱饒才高北斗。學富五車。末由挽救。或壽盡而死。或暴病而死。或遭刑而死。或刀兵水火而死。死雖不同。歸根結底。終是一死。死的時候。無論是誰。不免有些掛牽。父子兄弟的恩情。妻子兒女的愛情。田園舍宅的貪戀。種種掛牽。放不下去。復有一生所造的惡業。以及過去的冤家債主。新情舊恨。都會一處。要來同你算債。而身上的痛苦。尤復百苦交煎。氣息奄奄。如同生牛剝皮。活鼈脫殼。欲死不得。欲生不能。若是者曰死苦。

五愛別離苦　父慈子孝。兄友弟恭。夫唱婦順。福共享之。災共禦之。情誼周浹。其樂融融。人生如此。亦可已矣。可是人事無常。生離死別。自古皆然。子不能令父不死。妻不能令夫不離。愛之深者。

痛之彌切。樂之甚者。懷之愈悲。例如一個食同席。臥同牀。行同道形影不離的。最親愛的夫妻或朋友。一旦或生離而死別了。那種悲哀痛苦的情況。有不可以言喻的了。若是者曰愛別離苦。

六怨憎會苦　家庭兄弟夫婦之間。社會朋友僚屬之際。有時意見不和。感情乖舛。起了利害的衝突。始以微嫌。終成大怨。彼此都想遠離隔絕。永不相見。那就好了。可是事不由己。有時會場偶合。怨毒填胸。你看我耳赤面紅。我看你切齒裂眥。很不能趁此時機。報復一下。有時狹路相逢。破口相罵。交拳相打。甚或短兵相接。要躲不能。要逃不得。所謂道途荊棘。鐵圍天地。若是者曰怨憎會苦。

七求不得苦　人生各有所求。所求未必即得。得之不能不失。求名求利。求富求貴。求子求壽。求的雖多如牛毛。而得的竟希如麟角。例如我們最親愛的人。求其永不相離。我們最厭憎的人。求其永不相見。這是人同此心。心同此理的。然而不能。往往適得其反。若是者曰求不得苦。

八五取蘊苦　如上所說的七苦。可以說是攝盡世間的苦了。但是

苦從何來。何所依。這是我們不能不知道的。一切經言。色受想行識。是名五蘊。五蘊聚集。就名爲人。依斯五蘊。苦樂生焉。故以上的七苦。皆由此五蘊而生。亦以此五蘊爲所依。假如沒有這五蘊的聚集。就沒有人身了。既沒有人身。諸苦又從何來。復以何爲所依呢。故佛經云。身是惡源。形爲罪藪。老子曰。吾有大患。爲吾有身。吾若無身。吾何有患。此之謂也。五蘊無常。爲諸苦本。是亦苦也。若是者曰一切無常五取蘊苦。

以上的八苦。攝盡世間一切的苦惱。卽此苦惱。逼迫有情。從生至死。不稍停息。我們的教主釋迦牟尼。因爲不堪受這苦惱的逼迫。於是出家修行成等正覺。又欲令一切有情。咸得解脫苦惱。說出無量的經教。開了無量的法門、我們只要肯上佛法的正道。嘗着佛法的甘露。對於人生一切苦惱的問題。就可得個最澈底的鮮脫。從來對於人生一切苦惱的問題。哲學家到底叫他做人生之謎。科學家始終只好不管。宗教家推在上帝的身上。却再不許人問了。能夠把這人生一切苦

惱的問題。圓滿解決的。只有佛法。佛法中告訴我們道。現前所受的一切苦惱是果。這果不是偶然發生的。亦不是憑空而來的。這因果的道理。和數理是相同的。如一加一是二。三乘二得六。都有一定的程式。有如是的因。便有如是的果。因既形成。果須出現。我們現前所受的一切苦果。都由宿世的業因得來的。因爲我們前世由貪瞋癡。造衆惡業。由此惡業。感受衆苦。故欲拔其苦。必斷其因。苦因既斷。苦果自無。須知吾人學佛就是要解脫一切苦惱。而走上逍遙自在的境地。由衆生的地位。修習種種的方便。證到佛的地位。那就是達到吾人學佛之目的了。

佛法究竟是什麼

佛法究竟是什麼。這個問題。牽涉得太廣了。如果要把整個的佛法。加以如實的說明。予人們以完整的概念。那不但須費許多的時間。同時很難得到一個適當的結論。從整個的佛法來講。佛法只能說他是佛法。不能加上任何呆板的定義。因爲佛法是圓滿的。是具體的。

如以任何呆板的定義。來說明佛法是如何如何．那不免掛一漏萬。支離破碎了。現在一般不明佛法的人們。有說佛法是迷信。有說佛法是消極。有說佛法是宗教。有說佛法是哲學。有說佛法是科學。好像瞎子不知黑白。而說黑白之色。又如摸象而執爲帚爲柱。都未得到佛法的眞面。設不與以嚴格的糾正。則影響於佛法的前途。必至不堪設想。茲當一申論其是非。以解世人之惑。

佛法非迷信　自從破除迷信。打倒偶像的聲浪興起後。一般自號時髦。不懂佛法的分子。看見佛教崇拜偶像的禮儀。就認佛法爲迷信。亦在打倒之列。考佛教崇拜偶像的起源。當釋迦牟尼在世的時候。優塡王極端的信仰。後因釋迦牟尼。宏化他往。久未晤見。即令工人刻一旃檀像。以慰遐思。這僅爲紀念的意思。並無其他的作用。迨佛滅度後。諸弟子等。思念情切。多造像以紀念．或兼及其他所敬仰的人。所以有各種的佛菩薩像。同時爲表示敬仰起見。並產生了頂禮膜拜的禮儀．這與儒教徒的崇拜孔子的偶像．　國民黨的崇拜總理的偶像

的意義是相同的。而必以佛教的頂禮膜拜。念經禱祝的禮儀爲迷信。試問國民黨每開會時。對總理遺像•肅立鞠躬。朗讀遺囑。靜默三分鐘等的禮儀。又當如何解釋。

迷信二字的意義。廣而言之。則世間之一切。無一不在迷信之中。以主義講。有迷信於個人主義的。有迷信於社會主義的。有迷信於國家主義的。以學說講。有迷信於科學的。有迷信於哲學的。有迷信於政治學的。有迷信於法律學的。有迷信於軍事學的。以宗教講。有迷信於儒教的。有迷信於佛教的。有迷信於道教的。有迷信於耶教的。有迷信於回教的。以職業講。有迷信於商業的。有迷信於工業的。有迷信於農業的。總之有迷皆信、無信不迷。迷之愈甚。信之愈深。而其所發揮之力量愈偉大。故貪夫殉財。烈士殉名。忠臣殉國。貞女殉節。此又迷信之尤極的了。堯舜禹湯以迷信於仁而得天下。桀紂幽厲以迷信於暴而失天下。伯夷叔齊以迷信於義而餓死。屈原賈誼以迷信於忠而鬱死。所以自古及今。何事不是迷信。何人不有迷信。所謂

誰能出不由戶。何莫由斯道也。不過各個所迷所信的不同罷了。人類的生存。社會的組織。國家的維繫。都與迷信息息相關。換言之。非迷信則無人生。非迷信則無社會。非迷信則無國家。謂迷信爲人類的要素也可。謂迷信爲社會的中心也亦可。謂迷信爲國家的基礎也亦無不可。而必以佛教的崇拜偶像爲迷信。不但毫無理由。亦乃不通之論

須知佛陀所以值得吾人頂禮膜拜的。就是他那高深的學理。和偉大不可磨滅的精神。但精神和學理。是無形質的。不可用任何的東西來代表。土木彩畫的佛菩薩像。至多只能說是紀念的物品。總說不上可以代表佛陀的眞面。我們頂禮膜拜時。應當運用理智。研求他的學理。和欣賞他的精神。以求與他默契。方算得眞正的頂禮膜拜。至於焚香燃燭・頂禮膜拜。以求消災延壽。這是佛教在君主時代。對於愚民一種無可如何的方便罷了。豈能代表眞正的佛法呢。所以佛法不是迷信。

佛法非消極　時人看見一般代表佛法的僧伽們。多晦跡於深山邃谷間。度着獨善其身的生涯。不願聞問社會的一切。因以認佛法爲消極。不適宜於今日生存競爭的世界。頗引起一部分人對於佛法的反感。故佛法是否消極的問題。有不可以不辨的趨勢。佛陀在世說法的時候。其所被之機。約有兩種。(一)種是專修小乘的。因感人世的無常。如夢如幻。覺火宅的難安。如熬如煎。故觀三界如牢獄。視生死如寃家。一心厭離。惟求出世。佛爲此機而說四諦十二因緣之法。所謂消極的佛法也。(二)種是專修大乘的。他知道小自一微塵。大至一世界。近自人類。遠至一切衆生。都是互爲緣起。交徧依止的。蓋從體言之。一切衆生都以眞如妙性爲體。所以都有達到最高覺悟境地的可能性。都有達到最高尚最圓滿的地位的資格。從相言之。雖各有其地位環境種種之不同。而實交相爲用。譬如一個人的成分。由物理生理心理的組織。乃至有血統的遺傳。風俗的沿習。教育的培養。然後才成一個人。舉一人來說。便沒有一息而不與全人類全宇宙呼吸相通。一

人如是。人人如是。却又不能說誰是中心。誰非中心。總之舉一卽攝一切。舉一切卽攝一。因此利己必先利人。利人卽是利己。不惜以巨大的犧牲。以求貫澈其主義。佛爲此機而說六度萬行之法。所謂積極的佛法也。佛法旣富有此積極救人救世的精神。而今日學佛者。何以多趨於消極的途徑。而與一般人以不良之印象耶。考其原因。約有數端。(一)因中國君主時代。往往利用消極的佛法。以消磨英雄豪傑驁傲不羣之奇氣。而佛徒亦惟有山林清修。與人世至老死不相往來者。始名爲高僧大德。而爲社會所崇敬。若學佛而關心社會國家的事業。不但目爲佛教的罪人。又羣起而紛難之。於是一般學佛的人。或清磬紅魚。了此殘生。或一句彌陀。靜待死亡。雖有大乘的理論。而不敢實行佛法救人救世的事業。(二)因自唐武宗毀佛後。繼以周世宗之難。復以禪宗盛行。不立文字。甚合國民好大空疎。而惡精密狹小的理性。所以重要的佛典。漸次淪亡。僧衆沒有相當的書籍可看。於是多入山林修禪習定。所以表現於中國的佛法。多山林的逸氣。又以淨宗

大興。人人急求生西。僅存自利的心。殊少利他的念。而積極救人救世的大乘佛法。浸假無人過問也。以此種種因緣。普徧的形成了消極的佛法。而爲社會進化的障礙物品。其實佛陀出世的因緣。無非爲一切衆生開示悟入佛之知見。解脫一切苦惱而已。何嘗有絲毫消極的觀念呢。故契經云。普爲衆生。作善知識。演說正法。令其修習。又曰。不以衆生。其性弊惡。邪見瞋濁。難可調伏。便即捨棄。不修迴向。但以大願甲冑。而自莊嚴。救護衆生。恆無退轉。又曰我應如日。普照一切。不求恩報。衆生有惡。悉能容受。終不以此而捨誓願。又曰我當爲一切衆生作舍。令免一切諸苦事故。爲一切衆生作護。悉令解脫諸苦惱故。爲一切衆生作歸。皆令得離諸怖畏故。又曰我當於彼惡道中。代諸衆生。受種種苦。令其解脫。又曰我當普爲一切衆生。於一切世間。一切惡趣中。盡未來刦。受一切苦。以上的揭示。把大乘佛法積極救人救世的眞精神。已經說得顯露無遺了。誰說佛法是消極的呢。

佛法非宗教　近來一般非宗教運動的人們。以爲宗教是過去的產物．在今日科學進化的時代。沒有存在的價値了。而佛教也硬拉在宗教的集團裏面。和其他宗教一色的看待。而學佛的人。處處又帶著最濃厚的宗教色彩。佛法非宗教的這個問題。在門外漢。固然莫名其妙。而初學佛法的人。猶是惝恍迷離弄不清楚。我們須知所謂一般的宗教。對於他們所崇仰的神或教主。信有無上的威權。能主宰人類禍福。人們無論或善或惡。只須依賴服從就得。而佛則以四依教人。(一)依法不依人。(二)依義不依語。(三)依了義經不依不了義經。(四)依智不依識。佛固是三界中尊。爲人天所皈敬。但本體却是心佛衆生。三爲差別。不過佛乃已成之佛。衆生爲未成之佛而已。可見得一者崇卑而不平。一者平等無二致。這是第一層的判別。

復次一般宗教。都有他門所奉的聖經。爲想把持人們的信仰。和自固其教義。絕對不許人討論的。絕對不許人思想自由的。而佛法中的依義不依語。依了義經不依不了義經。就是容人極端討論的。容人

思想極其自由的。但佛法的聖言量。是已由聖智自證得來的。同時幾經往復討論。爲大衆公認共許之語。如幾何學中之定義。直角必爲九十度。事實如此。並非綸音詔語。金科玉律。不容人討論的。只是再沒有討論的必要罷了。可見得一者是思想極其錮陋。一者是思想極其自由。這是第二層的判別。

復次一般的宗教。都有他們必守的信條。爲立教之根本。神聖不可侵犯。這個信條一動搖了。其教必隨之而傾倒了。而佛法中亦雖有戒條。但這戒條爲度衆生成正覺的一個方便。故持戒的人。要以菩提心爲根本。所以十重律儀。權行不犯。退失菩提心則犯。可見得一者是拘苦而昧原。一者是宏闊而證眞。這是第三層的判別。

復次一般的宗教。都有他們宗教式的信仰。只許純粹感情的服從。不容一毫理性的批評。而佛法固然也重信仰。但他教之言信是強信。佛法之言信是起信。他教以爲教主的智慧。是萬非教徒所能及。故以強信爲究竟。佛法以爲教徒的智慧。必可與教主相平。故以起信爲

法門。一者是屈懦以從人。一者是振拔以成己。這是第四層的判別。

由此觀之。一般宗教的意義和範圍。都是局促而腐陋。不能包含最廣最大的佛法。所以佛法非宗教。

佛法非哲學

近來有人羨慕著佛法的精微。認爲世界上一切哲學中最高的哲學。便也來探討經論。佛學固然可稱哲學。然就哲學之出發點。或爲宗教之演進。憑空想像的來解釋宇宙人生。或爲科學的發達。根據心理生理物理學來說明宇宙人生。而其所推論到最終的論斷。是普泛而非確切。是抽象而非具體。是玄想而非事實。所以一元二元唯心唯物自由定命諸說。此亦一是非。彼亦一是非。舊者去而新者來。是哲學爲可破壞之學。無結論之學。可破壞則非眞理。無結論則同戲論。因哲學家之推論事理。全依常識以立說。而常識本不眞實。依不眞識以求其實。是故終無得了。而佛法之出發點。是由於修養所成圓覺的智慧而來。觀宇宙人生的眞相。瞭如指掌。故佛說宇宙人生的眞相。不說

眞理。惟說眞如。就是如其法之量。不增不減。不作擬議揣摩。法如是。說亦如是。體則如其體。用則如其用。決不拿一個眞理來範圍一切的事物。亦不將一切事物來奔赴一個眞理。所謂法爾如是也。故佛法爲圓滿之法。究竟之法。不可破壞之法。且哲學僅在解釋說明。而佛法不過以解說爲初步的工作。其目的重在實行。故佛法非哲學。

佛法非科學　科學爲現代最時髦的名詞。亦即迷醉現代人心思想最有力的物品也。科學云者。原爲部分類別之學。所討論者。本屬自然或心理界的一部分一部分的現象。所問的問題。原是支節而非根本。科學的特色。重在實驗。不落玄想。而佛法亦重在脚踏實地。漸次修證。不尙空談。因此有人說佛法是科學。科學的實驗有兩種。一是根據眼前的經驗。他是如何。便還他如何。一點都不加以玄想。二是防經驗靠不住。便用人力加以改進。以補通常經驗的不足。佛家的態度也是這樣。那戒定慧三無漏學。一般的改進通常的經驗。不過科學的改進經驗。是重在客觀的物質。佛法的改進經驗。是重在主觀的心識

。如人患目眩。科學只知多方移置其物。以求一辦。佛法則努力醫治其眼。以求復明。兩者雖同爲實驗。却一則注重治標。一則注重治本。就有一個很大的分別了。所以佛法非科學。

佛法究竟是什麽。以上的幾個理論上。可以尋得一些線索了。但是理論雖然如此。而今中國佛教事實上的表現怎樣。這裏我們每個佛徒。不能不深深地反省一下。假使我們事實所表現的。都與理論相去尚遠。那我們不能不以十二分的精神。盡最大的努力。以求理論的貫澈。佛法才不致爲任何色彩所籠罩。

余年來以宏法會漫遊各地。東自江浙。南至閩粵。北抵平津。西達兩湖。對於佛教所得的觀察。一般僧俗信佛的徒衆。不汲汲於誦經拜懺的佛事。即孜孜於社會慈善的事業。如以佛法的理論衡之。皆謂之爲消極的。非究竟的。而以今之學說名詞解之。統謂之爲宗教的可也。故今日中國之佛教。若不從根本上與以澈底的講求。則整個中國佛教的危機。有如流沙上建立了一座偉大的建築物。一經風雨的飄搖

。就有根本崩潰的可能。故今日學佛的徒衆。爲個人對於佛法的要求計。爲整箇佛教的前途計。均應以理論的佛法表現於事實的必要。

我們須知處今日的時代。一切學說都失却了維繫人心滿足人類要求的資格。惟有佛法眞能破除世間一切的謬見。而與以正見。眞能破除世間一切的迷信。而與以正信。眞能涵蓋世間的長處。而補其不足。故佛法爲現時代現人心所急需的阿伽陀藥。而現時代現人心亦正需要着佛法去救濟。這種任重而致遠的偉大使命。我們每個佛徒。都有担當的責任。學佛的同志們。共同起來努力呢。

佛教心理學之蠡測

心理學爲現代科學中最重要的學問。可是一般所講的心理學。都是狹隘粗淺。沒有佛教那樣說得精密深淵。佛典上最有組織。最有系統的心理學。莫過於唯識。識即是心。從了別的意義而言。心是從本體上說。識是從作用上說的。我們日常所見的色。所聞的聲。所嗅的香。所嘗的味。所觸的寒暖等等。以及心中構畫而起的種種對象。都是心

所遊歷的境界。都是由心而起作用。因爲心所知的境界有這樣各別不同的緣故。便將能知的心也劃分出來說有八個。所謂眼識・耳識・鼻識・舌識・身識・意識・末那識・阿賴耶識。從眼識至意識。通說爲前六識。以其最粗顯的緣故。又爲人所能知的。所以先說。次末那識說爲第七。後阿賴耶識。說爲第八。以這二種是最深細的緣故。又爲人所難知難信的。所以後說。這種排列的次第。不過強以麤細爲其先後罷了。不是決定要如此的。我們應特別注意的。人生宇宙。全是這八識的功能。可以說除了八識。沒有什麽宇宙。也沒有什麽人生了。

眼識耳識鼻識舌識身識意識。這六種都是從所依之根得名。依眼根所生之識。是爲眼識。依耳根所生之識。是爲耳識。乃至依意根所生之識。是爲意識。若是從所了別之境立名。又可說爲色識聲識香識味識觸識法識。

眼識耳識鼻識舌識身識。這五識是了別性境和麤顯境的。譬如現前實在有色。眼識才能緣。有聲耳識才能緣。有香鼻識才能緣。有味

舌識才能緣。有觸身識才能緣。就是因爲他所緣的都是實在的東西。不能隨他的心理。欲改變而改變。所以說他只能了別性境和麤顯境。

復次這五種識。現比非三量之中。只有現量作用。沒有比量和非量的作用。何謂現量。就是離開分別的心理。所受的外境是怎樣。就了別他是怎樣。墨經謂之親知。譬如耳朵聽到聲音。只知道他是聲音。不夾雜其他成分的意味在內。就是現量。略當心理學上的感覺。何謂比量。就是已經證驗的知識。去推證所未知的知識。譬如隔岸見煙。比知有火。隔牆見角。比知有牛。因爲有煙的地方。一定有火。這是沒有錯的。就是比量。墨經謂之說知。何謂非量。就是含有誤謬的成分的量。似現量和似比量。都是非量的範圍。譬如眼睛看見繩子。以爲是蛇。這是似現量的非量。又如見有人類的地方。比知必有土器存在。這是似比量的非量。因爲有人類的地方。未必有土器的。現比非三量的意義。大略如是。

我們又來講明前五識所緣的。只有現量。因爲五根對五境。才能

發生五識。比量和非量的作用。都是第六意識自己起了分別。然後才有的。所以這五識不能自動的去作善作惡的行爲。他隨着第六意識。才有發生善惡的行爲可言啊。

復次這五識。各有其所了別的界限。只能了別自巳所應了別的界限。出了他所應了別的界限。則不能生作用了。如眼不能代耳而聞。耳不能代眼而見。這是最明顯的事實。

復次我們要知道。發生這五識。外面固然要有眞實的境界。但是內部也要有健全的根。根分兩種。一種叫浮塵根。一名根依處。就是平常眼睛所見到的。眼根耳根乃至身根。一種叫勝義根。一名淨色根。是潛存在浮塵根裏面。平常眼睛所看不到的。這種勝義根。略當心理學上的視神經聽神經等。我們要依這種勝義根。才能發生五識的功用。譬如盲目的人。不能見色。聾耳的人。不能聞聲。因爲眼根耳根壞了的緣故。所餘的三根。道理亦同。不過照佛典的原意。眼識生起的時候。要依靠九種緣、就是要具備九種條件。上面所說的根。是九

緣中的一種。還有八種緣。也非常重要。那八種緣呢。第一境緣。境不當前。眼就不能見。譬如過去已滅壞的境。或在未來未生起的境。以及遠在他處。或爲其他障礙的境。都是不能看見的。因爲境不當前的緣故。第二空緣。眼要見色的時候。一定與所見的色。遙相距離。眼才能見。如果色與眼的距離。過於逼切。就不可見了。因爲中間沒有空緣的緣故。第三明緣。有光明處。眼才能見。如果無明大夜。或闇室無光。眼就不能見色了。因爲沒有光明的緣故。第四作意緣。眼對色境。中無作意。眼就不能了別其爲何物了。因爲心不在焉。視而不見。聽而不聞故。第五意識緣。眼對色境。能夠分別青黃赤白。長短方圓等。都是第六意識的功能。意識爲分別依故。如果在意識熟睡無夢。或悶絕不省的時候。眼雖對着事事物物。而不能了別事事物物了。因爲沒有意識的緣故。第六末那識緣。眼睛見色。分別好醜。或愛或憎。執我我所。都是第七識的功用。以爲第七是染淨依故。第七阿賴耶識緣。七八旣寂。轉識俱不現行。以爲阿賴耶是根本依故。第

八種子緣。親能生起故。眼所見的一切色境。都各有其種子。不是無因而有的。如果沒有種子。則一切現行。都不能生起了。眼識要具備這九種條件。才能看見。假使祇有一緣。或是缺少了一種。那眼絕對不能看見了。至於耳識的生起。只要八緣了。除去明緣。因爲黑暗中。也能聽到聲音。不必用到明緣了。其餘鼻舌身三識的生起。只要七緣就夠了。除去明緣外。再除空緣。因爲鼻舌身三識。定要與香味觸的境逼切。才能了別香味觸的境界。可知鼻舌身三識。要與外境相逼近相接觸。才能取香味觸的境界。而眼耳二識。要與外境相距離。才能取色聲的境界了。前五識的功能。大略如是。

以上前五識的功用講完了。這裏要講第六意識的功用。意識是什麼。用現在的話來說。可以說意識是心理活動的統一態。一方面無對的色。專靠意識來了別他。這是他的特別任務。一方面前五識所了別的有對色。也靠意識來整理他。保持他。這是他總攬的任務。例如釋迦牟尼是何樣的人格。極樂世界是何樣的內容。這都是眼看不見。手

摸不著的。便屬於第六識的範圍了。所以第六意識是依末那識了別一切法境的。在未講第六意識功用以前。先說意識的種類。佛典中分意識爲兩種。一五俱意識。二獨頭意識。何謂五俱意識。就是第六意識和前五識同時俱起。同緣五境的。換句話講。就是眼識乃至身識的五官感覺之一。前五識是依根得名。一般的只有照用。而不能分別種種假名。這第六意識才有種種分別計度。當前五識中。任何一識起來。有意識便同着俱起。因此才發生種種思量考察。可見最初一念照境。原無分別。到第二念。才有分別。譬如眼睛忽見一花。視之未明。不識其爲何花。等到意識起來。才有青黃赤白的分別。耳朵忽聽到一聲。聽之未確。不知其爲何聲。等到意識起來。才有好惡美醜的分別。這就是五俱意識的功用了。

何謂獨頭意識。就是離開了眼耳鼻舌身的五官感覺之後。單獨自己分別的意識。換句話講。即不與五官感覺相俱的意識。如記憶思維想像推理等。皆是他的作用。但是獨頭意識的範圍也寬大。又可分爲

三位。一散位獨頭。二夢位獨頭。三定位獨頭。定位獨頭是許多修定的工夫。而增加許多超越的力量。把心理力量集中統一。才能得到。這是屬於修證問題。非普通的境界所能譬喻。何謂夢位獨頭意識。就是前五識不起現行。唯第六識之分別所搆成的。譬如我們睡眠時。閉目不見。歇耳不聞。乃至鼻舌身等都停頓不動作了。但是突然作起夢來。觀山玩水。飲食起居。以及喜怒哀樂。悲歡離合的情狀。歷歷分明。似乎五識都起作用一樣。其實不是前五識的作用。乃是夢位獨頭意識的作用啊。何謂散位獨頭意識。就是心力分散。而非集中統一的意識。這種意識。最粗顯易明。最易覺察。譬如我們日常。想東想西。思善思惡。時而這樣。時而那樣。心猿意馬。就是這散位意識的作用了。

意識的種類。已如上述。現在把意識的功能。再說一下。意識是依第七末那識。了別一切法境的。意識所緣的領域。特別廣大。無論境的若假若實。或有或無。以及最具體的。或最抽象的。甚至龜的毛

。兔的角。絕對沒有的東西。祇有這樣名詞的。他都能緣得到。不過在這廣漠的領域中。意識所緣的境。可以分作三性三量和三境。三量就是現比非三量。上面已經說過。茲不重述。

三性就是善性惡性無記性。何謂善性、就是仁廉。何謂惡性。就是貪暴。何謂無記。就是非仁非暴。善與不善，俱不可記別。以此三性。顯見於世間人羣。所以有君子小人庸夫的三種人格。所謂君子者。就是言行動作。存心處事。有益於人羣。這是善性的表徵。所謂小人者。就是言行動作。存心處事。每損羣以益己。這是惡性的表徵。所謂庸夫者。不能作善。不能作惡。無損於人。無益於己。這是無記性的表徵。第六意識作業的範圍很廣。可以能普遍這三性。

三境就是性境獨影境帶質境。何謂性境。就是眞實的境界。分有二種。一勝義性境。這是殊勝的境地中所緣的性境。這是修證的人才能證驗得到的。譬如登地的法身大士。分破無明。分契法性。念念與法性相應。是謂勝義性境。二世俗性境。譬如地唯是地。水唯是水。

火唯是火。風唯是風。同時地性決定是堅。水性決定是溼。火性決定是熱。風性決定是動。是謂世俗性境。獨影境也有兩種。一是有質獨影境。雖在此時此處沒有這樣東西。但是他時他處是有這樣東西。不過在此時此地。只是意識所分別所緣的。謂之有質獨影境。譬如雪這樣東西。在熱帶地方。是絕對沒有的。不過我們意識上。仍然可以推想或比擬雪的形態。或雪的性質。所以叫做有質獨影境。意思就是宇宙中是有這種性質的東西。不過在這時間和空間。不能直接看見。只有影子可以想像罷了。二無質獨影境。不但這時間和這空間沒有這樣東西。就是另換一個時間和空間。也沒有這樣的東西。只是意識上假設分別有這樣東西而已。現在心理學名之曰幻覺。譬如龜的毛。兎的角。這兩樣東西。不但此時此地所沒有。就是他時他地也沒有的。這叫做無質獨影境。換句話講。有質獨影境。可以說是相對上的有。無質獨影境。可以說絕對上的無。帶質境也分兩種。一是眞帶質境。就是以心理緣心理。譬如第六意識與一切心所合作。或是第七識緣第八

見分爲我。都可叫做以心緣心。不過所合作的心。或所緣的見分。已經和他本來的性質不符。帶一點這樣性質罷了。二是似帶質境。略當心理學上的錯覺。就是以心理作用。接着外境的時候。不過是獨頭意識所緣的帶質相分。是意識所分別。並不是原來的眞相。譬如第六意識緣五塵境上的長短方圓的時候。雖托五塵的境爲本質。而所變的長短方圓等相分。但從意識的一方面生起。帶一點與五塵本質相似的影像而已。並不是實在五塵本質上的長短方圓等相了。又如見樹謂鬼。見繩謂蛇。其實都不是物的性質。因爲樹並非是鬼。繩亦非是蛇。不過在人的獨頭意識上。引起了視覺。才有鬼蛇的觀念。這些都是心理和物理極淺顯的例子。用不到多述。以上說的三境。意識也都能緣到。所以他的領域特別的寬大。

復次第六意識。不但普遍這三性三量和三境以了別做他的工作。同時也是動身發語的主動力。因爲一切行爲的審慮決定。都是意識的功能。所以身體上的行動。或舌根上的語言。歸根到底。仍是意識在

那裏操縱。身根舌根不過做他的發動工具罷了。唯其意識有審慮決定兼發動的功能。所以造成善的行爲。或惡的行爲。都是意識的責任。意識向着善的方面去發動。到了極點。可以說他是功臣。意識向着惡的方面去發動。到了極點。又可以說他是罪魁。所以佛教中。無論修禪習觀。做任何一種的工夫。首先就要降伏意識。就是這個原因了。

人有意識這話。是東西洋的學者。都曉得的。科哲學家也都考究意識的作用。中國的儒家道家。也都說心說意。但是到底弄不清楚。因爲他們都說到第六意識。就不能再說上去了。唯有佛法。說到意識。未爲究竟。還有爲意識作主的一種識。這識能發生意識。爲第六意識的根。就是第七末那識。譯爲意。與第六意識不同。第六言意識者。意之識也。從根得名。此識僅言意者。意即識也。功能得名。以此識思量之義最勝故。又爲第六識之根故。如前五識皆各有根。第六意識既與同爲了別境識。則亦例應有根。不過前五之根。皆有外形可見之根依處。故特名色根。意識之根。無根依處。即以第七爲根。故特

名心根。此第七末那與他識不同之點。卽此識思量自我的能力最強。所以成唯識論中。在思量之上。又加恒審二字。恒是相續不斷。審卽決定不惑的意思。第八阿賴耶識。雖有思量。可是恒而不審。無記性故。而第六識雖然也有思量。可是審而不恒。有間斷故。而前五識非恒非審。現量境故。唯此第七末那。亦恒亦審。所以此識恒執第八阿賴耶之見分爲自我。從來沒有間斷。因爲此識在行住坐臥中。時時念念都以自我爲前題。於是一切有生命的動物。都有這種自我的執著。凡於自我有益的事。拚命的沒有不想把他實現起來。就是遇到阻礙。或挫折。而自我之觀念。亦不因此而損滅。反之凡於自我有害的事。沒有不想種種的法子。把他避免。個個都爲發展自我的緣故。引起爭奪慘殺的禍患。遠如昔年歐州之大戰。近如日本之侵略中國。無非都是撲滅他人的自我。來滿足自己的自我而已。以佛理講。這都是第七末那識的作祟。人類今後要求和平安寧的幸福。免爭奪慘殺的浩刼。只有向研究佛法。依佛法去打破自我的觀念的這條坦途走去。舍此別

無他道。

復次此末那識。除了執自我的觀念外。還有二種作用。一因此識緣第八阿賴耶之見分爲我。同時又與第八識有互相的關係。所以叫作俱有依。二因此識性恒染污。由有此識。餘前六識。皆成有漏。到了此第七染汚滅時。餘前六識。皆成無漏。所以又叫染淨依。末那識的功用。已如上述。但這末那識是否存在的理由。有討論的必要。因爲前六識。都是人類平常能感覺到的識。所以用不到討論。至於第七末那和第八阿賴耶。是否存在。未免有人懷疑。尤其在這科學發達。事事喊着拿證據來的口號的時代。迫吾人不容不以解答。就是要完成佛家心理學的根據。亦不能不加以討論。因爲末那識和阿賴耶識。假使不能存在。那所說末那識的功用如何如何。阿賴耶的功用又怎樣怎樣。根本就會動搖了。阿賴耶識存在的理由。容後再講。現在先把末那識存在的理由說明一下。

通俗所言的心。多指第六意識。然此第六意識。有時起。有時不

起。是有間斷的。除此有間斷的意識外。應有不間斷者在。因爲吾人熟睡無夢。一切不省時。前六識都已不起現行。如同死人。理應不能再生。何以醒來。亦復如初呢。此可證明前六識雖斷。猶有不斷的末那識在了。

無論何等的衆生。皆常時執有自身爲我的作用。如言我身我家我國我之性命。乃至自殺或病將死的時候。還說我拚一死。或我其將死等。都不離一我字。足徵世人。無時無處。不執有我。前六識旣皆有間斷。自必不能常時執我。如是可以證明常時執我之識。就是第七末那識了。

復次凡一識的生起。必有對境。亦必有爲之居間者。譬如眼識的生起。一方面是以色境爲對象。同時也要淨色根爲之居間者。才能現出他的作用。第六意識的生起。一方面是以法境爲對象。同時也要意根爲之居間者。才能現出他的作用。若無第七末那識。那個意識也就沒有了。由此可以證知第七必在第六的最深處了。

第七末那識已講完。現在要講第八阿賴耶識了。第七末那識既常執自身爲我。必有爲第七末那所執的一部分。但此末那所執的一部分。定非前六識。以前六識有間斷故。能執的末那既無間斷。所執的豈可有間斷呢。如是可知末那所執的。即爲第八阿賴耶識無疑了。

阿賴耶識的別名很多。一名心。因他能集聚諸法種子故。一名本識。因他能做前七識的根本依故。一名阿陀那識。此名執持識。因他能執持諸法種子及諸色根令不壞故。又名異熟識。因他能酬引業。是善不善異熟果故。又名所知依。因他能與染淨所知諸法爲依止故。

不過最適合而且最普通的。多稱爲藏識。以其具有能藏所藏執藏三意義故。一能藏者。因爲一切法的種子。都攝藏在阿賴耶識中。種子是所藏的東西。阿賴耶識是能藏的處所。故名能藏。二所藏者。因爲攝藏在阿賴耶識中的一切雜染種子。現行以後。阿賴耶識反爲一切雜染的現行所覆藏。故名所藏。三執藏者。因爲第七末那。時時執此第八阿賴耶識的見分爲我。於是此第八阿賴耶識。成了第七末那所愛

執的處所。故名我愛執藏。

阿賴耶識究竟有什麼功用呢。一者受熏持種。受前七識熏習所成的種子。令他堅持不失。換句話講。就是前七識經歷學習以後的事。都能夠把能儲藏起來。佛法中言。一切諸法的生起。不是從無而忽生的。一定有其固存的功能。一切諸法的壞滅。亦不是從有而盡滅的。一定有其遺留之習氣。換言之。卽是一切諸法的潛勢力。現前所有的一切諸法。不過彼潛勢力的一種顯現而已。這種潛勢力。方其不得緣而未起的時候。似若無有。及其得緣而生起時。則功用顯然。由是可知一切諸法的未起用時。並非無有。既非無有。則必有其儲存的處所。這個處所。便是阿賴耶識了。所以阿賴耶識的第一功用就是受熏持種。

二者執持根身。根身就是眼耳鼻舌身之五**根**。及其所依的血肉之軀。名爲根身。**執**持就是執受持守。因爲阿賴耶識。能夠執持我們的**根**身。令不壞爛。假使阿賴耶識離開了根身。則我們雖有完全之一身

。一切失其作用。卽時僵冷。便成死尸。不但感受全無。亦且不久就會腐爛。所以我們睡眠成悶絕的時候。六識雖然全不現行。而不能死者。因爲有這阿賴耶識執持根身的緣故。這是阿賴耶識第二功用。

我們須注意的。這裏所講的死亡。與睡眠悶絕不同。因爲熟睡無夢。或悶絕不省的時候。不過是意識停止作用。還有恢復的可能。假使死亡。那是第八阿賴識離開了根身。就沒有恢復的可能了。可是根身雖然死了。而阿賴耶識。仍然相續不絕。以其相續不絕的緣故。捨此身已。隨彼業力。應生何趣。卽便生起中有之身。由彼中有之身。得父母緣。會合交媾。於極愛位。各出一滴濃厚的精血。二滴和合。住母胎中。合爲一段。猶如熟乳凝結之時。阿賴耶識卽便執取以爲自體。在母胎中。結生相續。經過三十八個七日。成形以後。卽出母胎。旣出胎已。又由阿賴耶識執持根身力故。令不壞爛。次第成長。及至業報已盡。阿賴耶識便離根身。是之謂死。所以一切有情的根身自體。由此識而結生。而成長。而死亡。這就是阿賴耶識內變根身與根

身同安危的關係了。

阿賴耶識內變根身而後。同時外變相分的器界。爲根身依止的處所。成唯識論云。所言處者。謂阿賴耶識。由共相成熟力故。變似色等器世間相。卽外大種及所造色。雖諸有情。所變各別。而相相似。處所無異。如衆燈明。各徧似一。他的意思是說這個器界。因爲由他共業所招感。和他種子極相似的緣故。所以器世間。好像是一樣。其實嚴格講來。某甲所看見的山河大地。絕對不是某乙所看見的山河大地。仍然各自唯識所變的山河大地。不過共種所招。性質上極相似罷了。既然各是各變的山河大地。何以又不相礙呢。在佛典說。譬如許多的燈光。擺在一室裏。共同點起來。好像一樣的光。但是各盞燈光。仍有他所繫屬的系統。仍有他自遍的光力。雖然各有繫屬。各有自遍。可是他的光力。仍相映不礙。有生物共變的器界。意亦如是。

復次這器界各自唯識所變的緣故。同是一個山河大地。宗教家看見。覺得這是上帝偉大力量的表現。科學家看見。事事都是他研究的

資料。哲學家看見。處處都要追窮他的本源。予以根本的解決。至於庸夫俗子看見。不過是山河大地的名稱而已。所以生物無量。他的器界也無量。所謂世人各有一天地。同生分住不相見了。

復次這器界是由有生物各自唯識所變的緣故。人類所能覺知所能受用的境。在其他種類的生物。未必能覺知能受用。在其他生物能覺知能受用的境。在我們人類。又未必能覺知能受用。譬如同一江河。鬼見之爲濃血。魚見之爲舍宅。天見之爲琉璃。人見之爲清冷。又如糞一類的東西。人見之爲臭穢。狗見之爲美食。蛆見之爲宮殿。所以莊子齊物論上說。毛嬙麗姬人之所美也。然魚見之而深入。鳥見之而高飛。麋鹿見之而决驟。這些都可證明器界是生物各自唯識所變的道理了。

可是這裏有人這樣疑問着。器界既然是生物各自唯識所變。應該器界可以任意轉移。何以我們看見泰山。必於山東。看見西湖。必於杭州。看見滿月。必於十五呢。唯識家的答案。說前五識的生起。必

須托第八阿賴耶識所變的相分爲本質。如無本質可托。五識不能單獨變起五塵的境。因此我們於無山處。決不能見出山來。於無水處。決不能見出水來。以無本質可托故。

復次八識之生。緣宿業起。宿業定故。此識生時。一類相續。所變色等。亦常恆時。一類相續。終於一生。報未盡時。成於定局。無多轉變。故五識等。托彼生時。處所時間。亦有定限。故看泰山必在山東。看西湖必在杭州。看滿月必在十五。這是阿賴耶識外變器界的又一功用了。

阿賴耶識既有如是的功能。其存在的理由。當然不能否認的了。但是不從各方面的事實。來充分的說明。未免有人猶是迷離恍惝。信不實在。所以不妨再說一下。

人之生也。性質各殊。智愚迥別。這種性質及與智愚。從何而出。必不能說出於身體。因爲有的身體很優越。而愚且頑。有的身體柔弱。而智且明。所以絕不可以身體的構造。而定人之智愚。必有心識

夾本有之種性以俱來。此之心識。即阿賴耶識。以阿賴耶有受薰持種之功能故。能將前前生之習慣思相等。儲存之以至今生。故人之性質智愚種種不同者。即其前前生習慣思相等熏習之不同故。今生之性質智愚。即多生的關係。不與身體交涉。

復次吾人曾經學習經驗的事。雖十年二十年後。猶能記憶不忘者。亦必有其儲存之處所。此之儲存必不可儲存於身體。以身體爲血肉所成。新陳代謝。時時變化。自無持久之力故。心理學家。雖有腦筋儲藏之說。以有限之腦筋。儲藏無限之學習經驗。勢所不能。又學習經驗爲心智之作用。腦筋爲血肉軀體。二者作用。極不相似。是故不能不有心識以爲學習經驗儲存之所。故腦筋儲存之說。爲不可通。

可是有人這樣說。人之性質智愚。從父母遺傳而來。無與於賴耶。假使人類之性質智愚。盡出於遺傳。則堯舜不得有丹朱商均。而瞽叟及鯀。不得有舜禹。周公管蔡。同一父母。何以性情各異。遺傳之說。亦不可通。又有人說。人之性質智愚。由於環境之習染。非阿賴

耶識之功用。然而當知。世有兄弟朋友。所處的家庭同。社會同。所受的教育同。而其結果。有進爲君子的。有退爲小人的。譬如堯之於丹朱。禹之於鯀。父子也。舜之於象。周公之於管蔡。兄弟也。荀卿之於李斯韓非。師弟也。孫臏之於龐涓朋友也。而結果成就各異。性質懸殊。故環壞習染之說。更不可通。以此種種理由。可知阿賴耶識之定有。必無疑義了。

諸有不知此識義者。對於宇宙人生的起源。種種臆測。論義紛岐。主張不一。宗教家則認宇宙人生皆由上帝所造。科學家則認宇宙人生皆由物質能力以太三法。展轉變化。聚集和合而成。中國之哲學家。儒則曰宇宙人生。皆由陰陽二氣。化合所成。所謂陽氣清者。上浮爲天。陰氣重者。下凝爲地。由兩儀而生四象。四象生八卦。而萬物生矣。道則曰宇宙人生。皆由一生二。二生三。三生萬物。至於印度的外道。有認爲梵天所生。有認爲時方所生。有認爲四大極微等生。甚至常人不知此識。往往誤認此識之全部或一部分爲我。如靈魂學家

言。軀殼中住有個靈魂。韋陀論師說。身中神。如淨絲中縷。數論師所謂神我。中國方士講的什麽元神出竅。基督教講的什麽聖靈復活。以佛法講。都是指的此識。不過他們都不知有此識。所以在杳杳冥冥中。瞎摸亂說。不但不能自圓其說。而宇宙人生的起原。也始終弄不清楚。佛救講的宇宙人生的起原。全以阿賴耶識為根據。故能予以徹底的解答。因此阿賴耶識在佛法中的位置。最為重要。不知阿賴耶識而妄談宇宙人生的問題。根本就沒有立論的價值了。

佛教各宗源流及其興替

佛教發源於印度。其後一支南行。傳播於錫蘭暹羅緬甸爪哇安南等國。一支北行。傳播於西藏蒙古中國朝鮮日本等地。然各地以原有文化。及人民根性之關係。暹羅緬甸錫蘭安南哇爪等地。僅接受小乘之教義。而西藏蒙古僅接受大乘眞言之一部分。能接受大小乘之全部教義。並能特別發揮光大者。惟有中國。故在唐時之佛教。盛傳至共有十三宗之多。後漸衰微歸併。迄今尚有八大宗之名稱焉。

三論宗　此宗依中論百論十二門論立宗。故名三論宗。佛滅度後。七百年間。龍樹菩薩依般若經。造中論十二門論。顯八不中道之義。更造大智度論釋大品般若經。繼有提婆菩薩。造百論廣破世間之邪執。至姚秦鳩摩羅什。翻譯三論。遂立宗以宏揚。至蕭梁時。曾經衰微。嗣有什師三傳弟子法朗。起而復興。法朗傳之吉藏。卽嘉祥大師。此宗益盛。與風靡一時之天台。並駕齊驅。故又稱嘉祥宗。同時有明勝法師。在北地宏三論外。又加智度論。稱爲四論宗。其後嘉祥門下慧朗慧英等。亦宏三論，故在唐貞觀時。此宗幾有普遍全國之勢。適以玄奘三藏歸國。法相宗興。此宗便卽衰微。宋以後。論疏久佚。學者亦無人問津。且天台宗興。三論倂入天台。今則論疏由日本續藏中得來。漸漸有復興之望矣。

天台宗此宗因山得名。隋時智顗大師。居天台山。建立此宗。故以名焉。先是北齊慧文禪師。讀中論因緣所生法。我說卽是空。亦名爲假名。亦名中道義偈。遂悟空假中三現之妙理。是爲此宗之起因。

次傳之南嶽慧思。思傳之智者。智者悉心研究。得法華三昧。於是說玄義以判教相。文句以解名義。止觀以資觀行。遂開爲天台一宗。其弟子章安灌頂。聽受之次。筆爲論疏。是爲台宗三大部。頂傳智威．天宮．慧威．左溪．玄朗．相繼傳授。至中唐以後。佛心華嚴眞言法相等宗。各張其學。爭榮競秀。此宗因此漸衰。幸玄朗門下有荊溪湛然大師。崛起中興。作釋籤疏記輔行三大部。學者如雲。唐之末造。諸宗頹廢。天台亦微。遞至四明而天台之教現再興。始分山家山外焉。逮明季又有幽溪靈峯盛宏此宗。此宗以法華經爲根本。大智度論爲指南。涅槃經爲扶疏。大品經爲觀法。至今流傳不絕焉。

華嚴宗　此宗以大方廣佛華嚴經爲根本。故名華嚴宗。佛成道後、第二七日。於菩提樹下。爲文殊普賢等法身大士。說圓滿修多羅。即華嚴經也。佛滅後五百年間。大乘之根機未熟。此教未宏。至七百年間。龍樹菩薩。在龍宮中。見此華嚴經有三本。上中二本。非凡力所能持。乃誦下本十萬偈四十八品。出而流傳世間。東晉義熙年中。佛

陀跋陀羅三藏。翻譯下本十萬偈。前分三萬二千偈爲六十卷。次唐武后時。實義難陀三藏。譯前分四萬五千偈爲八十卷。次唐德宗貞元中。般若三藏。別譯入法界一品爲四十卷。自佛陀跋陀羅三藏譯後。雖經諸師講傳註疏。但未成宗。直至陳隋間。終南山杜順禪師。作五教止觀。法界觀門等書。而此宗之五時判教。十玄緣起等妙義。自此方始發芽。是爲中土此宗鼻祖。中經智儼而至賢首。將一宗之規模。燦然大備。因此宗由賢首而廣大。故又名賢首宗。其後曾一度衰微。至清涼大師。作華嚴疏鈔等。再興教義。次有圭峯等亦宏此宗。唐季遭會昌之難。幾至泯絕。至宋長水子濬及其弟子淨水淨源等。出而保存之。餘緒賴以不絕。明初別峯麓亭等。大闡華嚴。次有續法大師。著賢首五教儀。清代通理法師。著五教儀開蒙譜註。至今猶有宏傳者。

眞言宗

此宗爲法身毗盧遮那佛亦稱大日如來。於祕密金剛心殿。說自所證聖智境界。上首金剛薩埵。結集爲大日經金剛頂經。藏於南天鐵塔。佛滅度後。七百年間。龍猛菩薩。開此鐵塔。面

晤金剛薩埵。承受此祕密法門。傳布於世。龍猛授之龍智。智傳之善無畏。和金剛智兩三藏。唐玄宗開元年間。善無畏金剛智先後入中國。一傳胎藏界密。一傳金剛界密。大日經爲胎藏界所依。說理平等法門。金剛頂經爲金剛界所依。說智差別法門。換言之。胎藏卽實相般若。空宗也。金剛卽觀照般若。有宗也。善無畏傳之一行。金剛智授之不空。不空傳之義操空海等。空海爲日本人。卽宏法大師。回國後。大宏密教。至今猶盛。中國密教唐末漸衰。宋代雖有法賢施護法天等。譯密部經論而闡揚之。亦未能光大。元代入關。借喇嘛教以俱來。此宗遂盛。明太祖以其有流弊。特申禁令。不准傳授。清代傳弘僅在喇嘛。而兩部大法。久已沉寂無聞焉。近十餘年來。我國研求密教者。有赴日本或入西藏。遂有東密西密之分。勃然有興起之勢矣。

律宗　如來一代教典。統分爲經律論三藏。此宗卽以律藏爲本。故名律宗。佛在世五十年間。軌範弟子。隨犯隨制。是爲戒律之起原。佛滅後優婆離尊者。於七葉窟中。經八十次誦出。爲八十誦律。一百

年間。小乘有四分律・十誦律・五分律・解脱戒・僧祇戒等五部之分立。甚至有二十部之判別。西土無律宗。以戒律軌範。任何宗派所必持之故。此土去佛彌遠。不克親承儀軌。又小乘各部戒律繁多。揣而習之。似非專家不可。遂別開律宗。諸部律藏傳入此土者。有四律五論。四律者。薩婆多部之十誦律。曇無德部之四分律。上座部之僧祇律，彌沙塞部之五分律。五論者。依薩婆多部之毗尼母論。摩得勒伽論。解四分律之善見論。釋十誦律之薩婆多論。依正量之明了論、至曹魏間。中天竺曇摩迦羅尊者至洛陽。創始受戒。但此時戒本尚未東來。直至姚秦鳩摩羅什。與弗若多羅。譯十誦律。次佛陀耶舍。與竺法念。譯四分律。此後僧祇五分二律。漸次譯出。中土始有廣律。至隋唐有終南山道宣律師。盛宏此宗。著有戒本疏。羯磨疏。行事鈔三大部。故又稱爲南山宗。其後圓秀道恆元照等律師。相繼宏揚。承傳不絶。明末金陵有古心律師。重興此宗。弟子三昧見月兩律師。繼起創戒壇於寶華山。其遺風至今猶盛行於南北叢林也

法相宗　釋迦如來於華嚴深密楞伽阿毗達摩密嚴菩薩藏之六經中。宣說法相唯識之妙義。是爲此宗之起原。佛滅後九百年頃。彌勒菩薩應無着菩薩之請。於中天竺阿踰闍國講堂。說瑜伽師地論。始弘通此法相唯識法門。後無着造顯揚聖教論等。世親造唯識三十論二十論等。次難陀護法等十大論師。各造釋論。宏法相唯識之教。護法門人戒賢論師。顯揚唯識因明於那爛寺。學者甚衆、此土玄奘法師。親往印度。就學於戒賢論師。先後十七年。求法歸來。廣翻經論。遂成立法相宗。高足衆多。大闡宗義。至此極盛。別有門人窺基。註疏宏富。時稱百部論主。以居慈恩寺故。又稱慈恩宗。基傳之慧沼。沼傳智周。後遭唐武宗毀佛。遂乃衰歇。宋以後倡者漸希。論疏亦佚。幾乎絕傳。清末楊仁山居士。由東鄰搜回此宗重要典藉。翻刻流通。並極宏揚。方有今日復興之局面也。

禪宗　世尊於涅槃會上。拈花示衆。迦葉尊者。破顏微笑。佛卽以正法眼藏。付囑迦葉。是爲此宗起原。二十八傳至達摩。在蕭梁時、

達摩將衣鉢東來。在嵩山少林寺面壁。以直指人心。不立文字之旨教人。一時皈者甚衆。自成一宗。傳法於慧可。可傳僧璨。璨傳道信。信傳宏忍。忍門下分出南頓北漸兩宗。頓即慧能所傳。漸即神秀所傳。慧能爲東土六祖。大振宗風。化導極要。後復衍爲五宗。即臨濟潙仰曹洞雲門法眼是也。臨濟之下。又分流爲黃龍揚岐兩派。是爲此宗有名之五宗七派矣。各派至晚明已失傳。唯有臨濟曹洞。迄今南北叢林猶有遺風焉。

淨土宗　此宗專教人持名發願往生淨土。故名淨土宗。阿彌陀經無量壽經觀無量壽經爲此宗主要三經。馬鳴龍樹世親俱有論頌。法來此土。遂立淨宗。晉遠公結蓮社於廬山。專宏此宗。集會者皆一時名流。至魏永平年間。有曇鸞法師。作往生論註二卷。隋大業五年。有道綽禪師。著安樂集二卷。唐貞觀十五年。有善導大師。作觀經疏四卷。門下有懷感大師。著釋淨土羣疑論。相繼宏揚此宗。宋之永明。明之蓮池藕益等。無不盡力提倡。今日又有印光法師。專事宏揚。幾有

普遍之勢。亦云盛矣。

中華民國二十七年四月浴佛節出版
（每部實價法幣壹角肆分正）

校訂者　湘潭劉穀珊
出版者　洪江佛教居士林
印刷者　洪江彩霞印刷局
發行處　洪江佛教居士林佛經流通處

悲壮集

《悲壯集》是七塔禪寺新中國首任住持顯宗法師自編自書之舊詩集，編定時間爲乙卯年（一九七五）。七塔禪寺檔案室有藏。

《悲壯集》包括自叙、感懷、詠物、贈人等詩作。其中《壬子歲朝述懷偈并注》爲自叙組詩，間有自注；既有生長、學習、就業、信佛和脱俗等人生經歷，又有參學名刹、住持七塔、發心閲藏、藏書萬卷和行歸淨土等心路歷程，是研究民國佛教和新中國早期佛教難得的史料。

《悲壯集》長二五釐米、寬一三點八釐米，方格稿紙。

本次影印，據七塔禪寺檔案室藏本。

悲壯集

乙卯母難日前七日
曼翁自題时年七十七

一　壬子歲朝述懷偈　并注

顯宗顯宗胡為乎，昂藏七尺大丈夫。憶昔垂髫趨庭日、余七齡啟蒙、十歲、先嚴攜往上海居天津路隆慶里。負笈攻讀春申浦。初入和安小学、畢業后升讀澄衷中学、上海為戰国時楚相黄歇封地、称春申君、故上海曰春申浦、簡称申浦。課外自修古典文、孤燈朗誦秋聲賦。苦恨二豎常侵擾、肄業不成習商賈。先嚴見余讀書多病、遂輟学、在自營發記綢緞莊內学習商務依人作嫁壓鍼綫、奈何將伯年年呼。自一九一六年至一九一七年自一九壹九年至一九三八年止、餬口四方、不在先嚴莊內、先后担任過綢莊、洋布號、銀樓、轉運公司、煙

草公司五金製罐厰会計員、主任、金庫等職、所得薪水、常入不敷出。小小風抱煙霞癖、經遊兩浙行八府。曽遊杭嘉湖紹台溫處及本府凡數十縣名山大刹皆有余之足跡。風光最愛明聖湖、明聖湖、杭县西湖别名、平生數數到此尋訪名胜、考察佛蹟、輒留連不忍去。南山北山頻訪古。理公西天靈鷲小峯、抱朴子绝胜覚場、永明塔院、蒼水墓道、皆頻往弔古。淮月鍾雲留鴻爪、金陵鍾山、龍蟠虎踞、氣象雄偉、秦淮歌台舞榭、風流自古著名、余于一九一八年、先嚴命处理分莊業務、盤桓石頭城下載餘、誦殘花旧宅悲江令、落日青山弔謝公、又松楸遠近千官塚、禾黍高依六代宮句、不勝怀古之情。謝屐僕僕吳與楚。一九二六年至一九三三年、供職中国南洋兄弟煙草公司总公司、因公外勤、历遊苏州、常州、無錫、丹陽、

鎮江、南通一帶、并往皖之鳳陽採購煙葉、任发款之職、首蚌埠數月。又一九三五年始、服務上海康元五金製罐廠三年、奉派漢口担任办事处会計、春節休假、曽往武昌洪山宝通寺坐香、漢陽歸元寺弔古。遙陟東海勞山巔、勞山佛書作牢山、在山東即墨縣東海之濱、距青島约百里左右、余因尋訪明憨山大師海印道場遺跡、登山宿下清宮道觀、華嚴庵佛刹數朝。想見秦皇與漢武。傳說秦始皇、漢武帝俱因尋訪神仙駐蹕勞山、余登山見崟旁有秦始皇石刻一方。年過不惑諧素志、余幼年已萌厭世之懷、深悟苦空、無常無我之理、十八歲持居士戒学佛、顧浮沉商場、蹉跎家園、因循至一九三九年、時年四十有一、破釜沉舟、不令家屬知曉、竟赴天台出家、蓋宿緣成熟所致。五峰脫白從浮屠。天台山国清寺、是隋煬帝為智者大師立寺、有五峯環抱、

双涧合流、名五峯道場
抱疴古院历三載、余在国清忝学、常患吐血之症、往往而剧、多蒙可興長老照顧、將别、彼此不勝惆悵、余返甬后、可公自苏州来書、謂返山過甬、当来視余、及客中雖疾、改道由石浦返山、未数、即圓寂、前途劉郎之约、不獲重践、嗟夫。
同學邀我還故土。七塔宗悟堂主、可亮住持、函邀余返甬醫治、始下山、居七塔寺内華嚴閣、華嚴閣為诸方長老、或寺内首領有勞蹟者所居、余出家異鄉、資历復浅、得住此寮、異数也。
從此不復背鄉井、老驥伏櫪自勤苦。
水遠東津伴群僧、一九五一年冬、余被選為七塔寺住持、七塔寺最初原名東津禪院、山门前原有小港河道通舟楫、解放前填塞成為街道。
月映北郭撫諸孤。一九四二年、佛教孙兜院慧開院長通過市佛教会推选余為此院会計、未幾、張中

之董事長、并余為主任、凡十三年、至一九五五年四月、市府民政局召開会议、將本市旧社团三十餘單位、同時合併或結束、佛孤遵命停辦、佛孤地址在旧通利门內、北门附近。搜奇四庫藏萬卷、抗戰階段及解放初、故家藏書、散出甚多、余收購外典經史子集、如四部叢刊、諸編、百衲本二十四史、影印四庫全書珍本、叢書集成、萬有文庫、以及各地局刻、家刻、精槧、共一萬餘卷。又蒐集有宇內名山大剎志乘一百餘種、朝斯夕斯、以当臥遊。讀破三藏十二部。余少年時喜讀佛經、為修后適購各藏零種單行本、亦不下數千卷、于是三藏靈文、十二部妙義、廢寢忘餐、好学不倦、經藏律藏論藏、是謂三藏、長行、重頌、授記、孤起、無問自說、因緣、譬喻、本事、本生、方廣、未曾有、論議、是謂十二部。縹帙不盡出龍宮、水府富佛經、昔龍樹大士入龍宮看題不適、余所藏內典、除宋藏、清藏、日

本溪藏頻伽藏及各地經本外、六有名家刻藏外本。房影印亦有借天府。余揮架如晁說之嵩山集、宋釋文珦潛山集、明釋宗泐注金剛經等書、皆借自明清二朝內廷貯本影印出版、皆不易羅致之書。煙嶼主人丹鉛新、黃梨洲撰四明山志、有吾甬上藏書家徐时棣眉批、閱百餘年朱墨斕然、如新、海上書賈、歲歲來吾書室欲以四十金相易、余不忍割愛、后竟厄于运动。扶桑文庫圖書故。自海上搜購日本出板古德著作单行本數部、其间有東洋文庫之印。揭來有客入吾室、綑載以去等戰俘。乃知讀書需有福、曇華一現空吾廬。余孩提時、剪紙作夫子書堂、書联句云、门对千竿竹、家藏万卷書、數十年未嘗去懷、少年服賈、囊橐無餘、不果所願、中歲遊方以外、因盡鬻鉢盂之資、廣採東魯西竺典

籍、始滿盱顏、晨香夕燈、坐擁書城、不謂僅二十載、頓成泡影、乃知讀書芸畫、皆需有福、其語不虛。物換星移七十四、非僧非俗一傭奴。路遙方知馬力遠、歲寒幾見松柏枯。悠悠光陰已虛度、白雲無端上頭顱。政治運動五六載、親朋書疏一字無。顏淵短命原憲貧、策文虛陳悲賈傅。賢聖遭遇復如此、永夜徘徊氣難吐。我今不求長生藥、唯願華闬見佛祖世出世间思維遍、獨有彌陀足恃怙。餘门學道多迂緩、古德論修行難易云、餘门学道、如蟻子上於高山、唯依念佛得度生死、如風帆揚於順水。執持名號是經

路。馬鳴大士造起信論、讚歎淨土法门、是謂最易行疾至之道。也知有禪有淨土、永明曾道帶角虎。縱然無禪有淨土、見佛何愁不開悟。有禪有淨土猶如帶角虎、現世為人師、來生作佛祖、無禪有淨土、萬修萬人去、若得見彌陀、何愁不開悟、有禪無淨土、十人九蹉路、陰境若現前、瞥爾隨他去、無禪無淨土、鐵床并銅柱、萬劫與千生、沒箇人依怙、此偈出永明大師四料揀文。指行人倘能禪淨雙修、喻如帶角虎、即使獨修淨土到家、亦得萬修萬去、叅禪無非求悟、得見弥陀世尊、何愁不開悟哉。知恩報德頌無盡、斷惑證真眉可舞。桑榆晚景且自樂、已往不諫退思補。

一九七二年壬子元旦古鄭学人時年七十有四書

思親　辛亥十二月二十日

我父號半癡，自稱曰山人。生男實不肖，夙夜慚趨庭。
中歲棄塵網，遁跡入山林。流光何迅速，七旬有三齡。
蹉跎復蹉跎，依然故我身。思之五內焚，雙淚奪眶傾。
回憶七筆勾，蓮池有遺訓。誓持阿彌陀，度親出垢塵。

安貧詩擬古

日三餐盡形壽，精粗隨分莫貪求。更有却病延年法，
節欲少食當講究。

勿過飽勿過飢佐膳園蔬最適宜珍羞異味逞口腹
病苦來時悔已遲
食飲事得便好飯蔬飲水樂陶陶日食萬錢難下箸
崖山道上多懊惱　以上食
棉織物製作衣冬溫夏涼最適體勸君切莫輕剪裁
服不衷兮身之災
糞掃衣著在體無煩無惱無是非古來大德住山時
百衲縫補度年年

衣遮體免露醜，何必件件稱心求。我慕聖門高弟子，衣敝緼袍推仲由。以上衣

支身牀，倦時眠，伸足早已入黑甜。展覽會上千工牀，任人識評劇可憐。八關齋有嚴防，不得坐卧高廣床。奉勸世間勤息士，守之勿失壽而康。以上眠

營宫室，更非宜，三尺椽下足自便。近來多少華堂家，個個轉業貧如洗。

富潤屋德潤身潤身自有鬼神欽君看貧民窟裡客
孰非當年潤屋人
釋迦文樹下宿那有高堂與華屋可憐後世方袍士
崇樓傑閣不知足 以上居
我作詩淚盈眶進悔少年太孟浪不但辜負闍梨德
也辱庭訓違義方
上列安貧詩作于一九七零年一月七日時抱
疾書於雪臆因檢舊稿得此重錄冊上以為座

右銘云古鄮学人時年七十有五癸丑夏历四月初八日記

續安貧詩整理書箱得续稿四首重录如下時乙卯春時年七十七

思古人歎大賢劃粥斷齋范仲淹一旦廊廟秉鈞軸

周卹親黨盡免飢

持午齋守時分藥食本且方便門寄語林下毘尼客

杯盤切莫動黃昏

論食祿半前定烹猪宰羊罪非輕他生因緣會遇時

喫他四兩還半斤　以上食

古聖人崇節儉茅茨不翦土堦居可憐秦王阿房宮項羽到來付一炬　以上居

題新字典

小少不讀書識字無多子投老悔何及借作座右師字書良友貽脱落如敗葉更為手裝訂心目多怡悦

時事口號贈李姣娣同志

羨君服務為人民夙夜兢兢不厭疲誰道男尊婦女卑坚持頂著半邊天（李姣娣同志任白沙居民會工作二十年如一日积极可風）

君不見巾帼英雄吳桂賢榮任国家副總理吳桂贤共产業

工人現為国务院十二副總理之一又不見水電衛生兩部長錢劉二

君著先鞭水利电力部部長錢正英衛生部部長劉湘屏按中央各部部長二十六人唯此二

名為女性上三人皆見第四屆人大公告之文

四屆人大胜利開通過宪法稱快哉一九七五年一月十七日第四

屆全国人民代表大会第一次会议通过尚有周總理政府工作報告选举和任命国家领导工作人員

二个议程首要還有一任务批林批孔莫鬆懈兩批运动要继续普

及深入持久地開展下去見周總理報告

農历甲寅歲杪前七日古鄭墨翁书時年七十有七艸

謝慧仁餽食物

臘鼓頻催逼歲年漂母念我鉢囊虛厚貺珍品愧無報但寄俚歌紙一卷

注 漂母事見史記淮陰侯傳述韓信微時得漂母救濟后信貴報以千金即世傳所謂一飯千金故事此係借用表達施恩報德意義唐詩人李白亦曾引用此有『瞑投淮陰宿欣得漂母迎有德必報之千金耻為輕』之句

梁武帝在華光殿宴飲群臣有武將曹景宗告席上賦詩云去時兒女悲歸來笳鼓競借問行

路人何如霍去病

謹步原韻二首

寄語當世士名利莫相競何必汲汲志為世所詬病

其二

良薳結佳賓拈韻各自競問君何默默將謂維摩病

感懷 癸丑十月十三日午夜失寐枕上口占一首录而存之以為紀念云

不住天台寺來為鄉邦僧白髮垂垂老青瞳年年昏未報闔黎德辜負罔極恩道業何年就悲思腸欲崩

贈楊菊庭教師旧作楊君居鄰花巢園廟余嘗題其府君坐客常滿余以沙门身列席道俗相契頗以為樂今楊君作古數年偶在故紙中拾此旧句曷勝人琴之感按楊君昔年曾任教育職務多年解放后任政協委員性好禪悅常向余借佛經

月湖橋邊高士家，门前常停長者車。時展香山九老图，座中有客著袈裟。

枕上口占七五年七月十三日内二联引用成句

七十七年悔蹉跎，知否来日已無多。革命路線君記取，持名法门莫錯過。一失足成千古恨，再回頭是百

年身慈父久已倚閭望遊子從迷出迷津是自不歸
歸便得故鄉風月有誰爭

讀書偶成

四大假合亦偶然勞生七十有七年猶憶双澗五峰
寺脫却塵服換衲衣讀書學佛兩無成日往月來愧
我身唯願大悲重加被帶業往生證天真

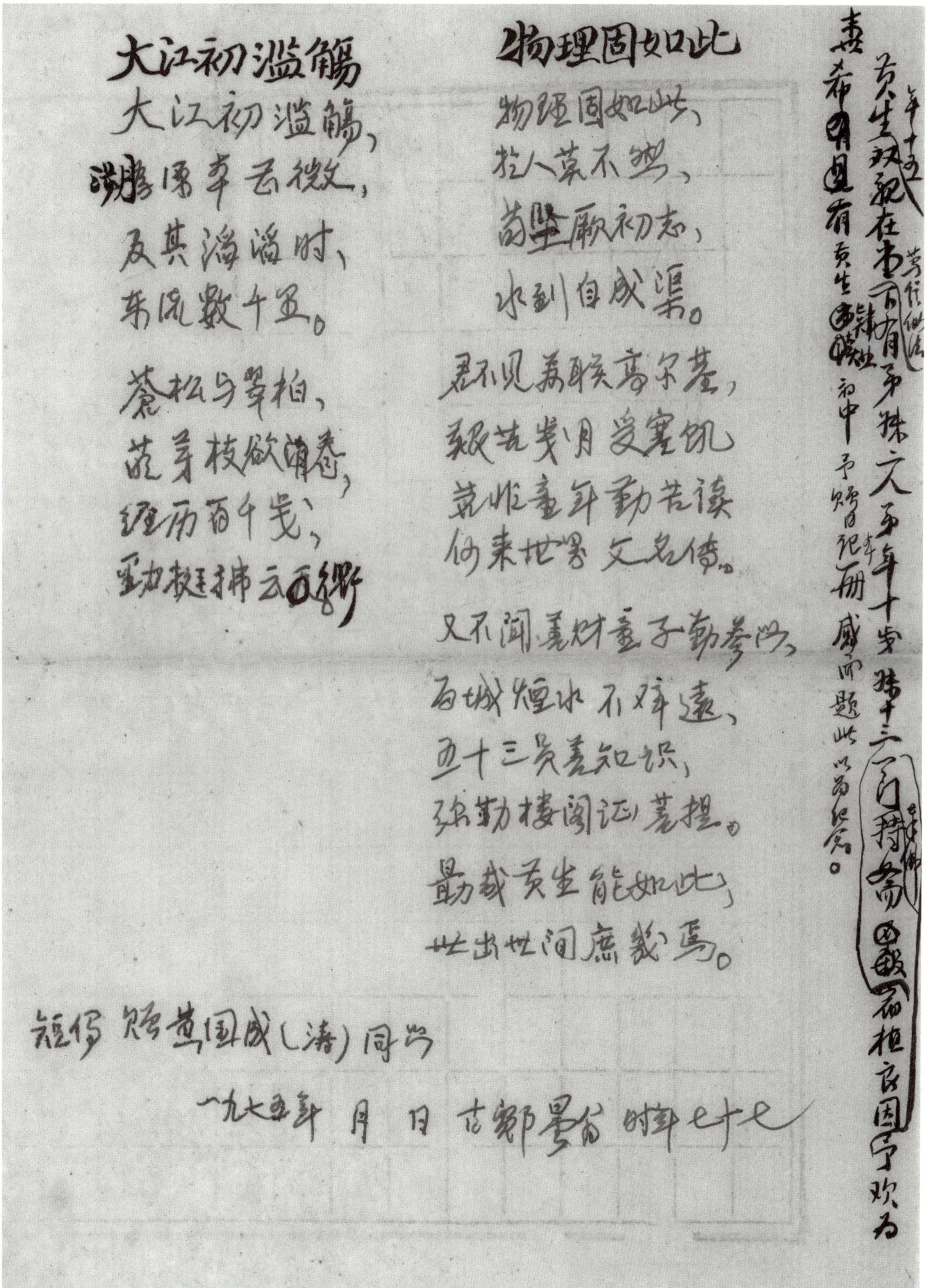

大江初滥觞

大江初滥觞，
溯源本甚微，
及其滔滔时，
东流数千里。

苍松与翠柏，
萌芽枝欲萎，
经历百千岁，
劲挺拂云霄。

物理固如此

物理固如此，
於人莫不然，
苟坚厥初志，
水到自成渠。

君不见苏联高尔基，
艰苦岁月受寒饥，
莫非童年勤苦读，
何来世界文名传。

又不闻善财童子勤参学，
百城烟水不辞远，
五十三参善知识，
终勤楼阁证菩提。

勖哉贡生能如此，
世出世间庶几焉。

短偈赠黄国成（涛）同学

一九七五年 月 日 古郯昙翁 时年七十七

贡生（年十六）双亲在甘肃（劳作供读），有弟妹六人，弟年十岁，妹十三，行持斋，因敬石柏，众同学欢为喜。希望且看贡生升读初中，予赠日记册，感而题此，以为纪念。

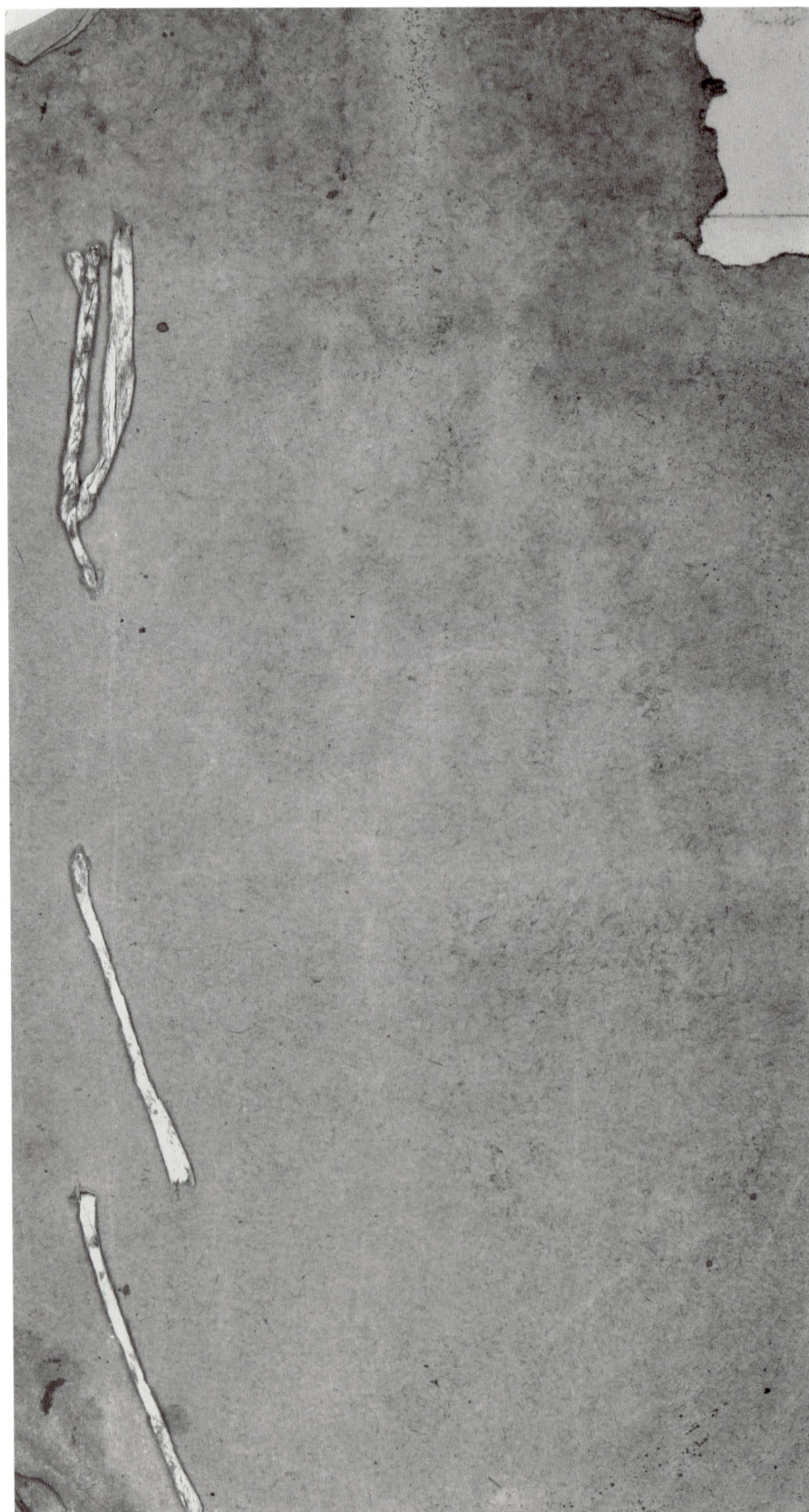

栖心圖書館聚珍輯刊

（第二輯）

中

可祥　主編

上海古籍出版社

中册

中國佛教會浙江省鄞縣支會會議録

《中國佛教會浙江省鄞縣支會會議録》（以下簡稱《會議録》）記載了中國佛教會浙江省鄞縣支會歷次會議的報告事項和討論事項：前者報告出席人數、上次會議各案執行經過情形和重要檔收發等方面；後者討論内容一般爲縣域寺庵法務活動、財産糾紛、人事變動、規範管理和僧伽教育等方面。時間跨度從民國三十五年（一九四六）九月一日至民國三十七年（一九四八）五月二十三日。寧波市檔案館有藏。

記録人胡涵佳（又名胡熙）。其中第三册之民國三十六年六月十五日臨時緊急常務會議，爲董大義記録。

《會議録》不僅是研究民國佛教組織及佛教史極爲珍貴的史料，而且書法遺筆自然流暢，給人明快流麗之感，具有較高的書法藝術價值。

《會議録》原題五册，第一、二、三、五册存，第四册散佚。然細閲現存之「四册」會議記録，發現從第一册第一次至第五册第三十二次常務會議、從第一册第一次至第五册第二十次理監事聯席會議以及其他臨時會議，歷次會議記録均完整無缺。盖因檔案編册者誤将第四册編为第五册，以致以爲散佚一册。

會議記録用紙均係宣紙信箋，半頁竪向十行，朱絲欄四周邊框，紙長二七點一釐米、寬一九點五釐米。

第一册記載了民國三十五年（一九四六）九月一日至十二月三日間中國佛教會浙江省鄞縣支會成立及會議活動，包括「第一届會員代表會議」、第一次至第五次常務會議、第一次至第五次理監事聯席會議，以及理監事聯席緊急會議、緊急理事會議和審查委員會（會議）等内容。計四十八筒子頁，九十六面。

第二册記載了民國三十五年（一九四六）十二月十三日至民國三十六年（一九四七）四月二十三日間中國佛教會浙江省鄞縣支會的會議活動，包括第六次至第十四次常務會議、第六次至第八次理監事聯席會議等内容。計四十五筒子頁，九十面。

第三册記載了民國三十六年（一九四七）五月三日至民國三十七年（一九四八）四月二十三日間中國佛教會浙江省鄞縣支會的會議活動，包括第十五次至第三十次常務會議、第九次至第十九次理監事聯席會議，以及兩次理監事臨時緊急會議、一次臨時緊急常務會議等内容。計九十四筒子頁，一八八面。

第五册記載了民國三十七年（一九四八）五月三日至五月二十三日間中國佛教會浙江省鄞縣支會的會議活動，包括第三十一、三十二兩次常務會議和第二十次理監事聯席會議的内容。計三筒子頁，六面。

本次影印，據寧波市檔案館藏本。

民國三十四年（一九四五）八月，寧波佛教會因會員散居各鄉召開大會殊感困難，擬變訂辦法，呈文請示鄞縣政府核准，鄞縣政府復函核准。寧波市檔案館藏本附此復函。此次影印，特附於後。

民國三十五年九月

中國佛教會浙江省鄞縣支會

會議錄

第一冊

第一屆會員代表大會

日期　三十五年九月一日下午一時

地點　本會會議廳

出席代表　九十人

縣黨部代表范鹿其先生。

縣政府代表楊科長玫祥

省會代表滄雯法師

來賓沈子英先生

公推可印法師為臨時主席

主席可印。

行禮如儀

（甲）報告事項

一 報告出席會員代表人數

二 報告整理期間會務工作

三 報告整理期間收支結果

四 黨政代表施訓詞

（詞長演畢）

五 省會代表施訓詞

六 來賓沈子英先生演說

七 主席致答謝詞

（乙）討論事項

一本會章程草案業奉 總會訂頒請修正案

決議 章程第三條「政府所在地」五字應改為靈橋路一百三
號

章程第八條佛教團体分甲乙丙三等分別為總會及
省分會暨本會之團体會員其等級究應如何分別
呈請 總會釋示

章程第十五條理事九人改十三人常務理事三人改五人

章程第廿二條但經本會理監聯席會議之決議以下
應加「或經會員代表過半數以上之請求」十四字

章程第二十八條理事會改每月舉行一次監事會每三

月舉行一次
章程第廿九條常務理事會每月舉行三次得請常
務監事列席理監事聯席會議每三月舉行一次必
要時得召開臨時會

二 請推員審查整理期間收支結果案

決議 授權理事會審查

三 禁止各寺庵畜養豬羊雞鴨案

決議 通告各寺庵凡畜有豬羊雞鴨者一律來會
登記

四 查各寺庵事業捐其征收數字殊欠公允應如何設法

規定以資一律案
決議 援據理事會核辦
五 解散未成年僧尼案
決議 援據理事會核辦
（六） 禁絕各寺庵僧尼吸食鴉片毒品賭博案
決議 援據理事會核辦
七 擬設立各區佛教時事座談會以促推進會務案
決議 援據理事會核辦
八 被人偽稱秀才家庵之寺庵應急予糾正案
決議 援據理事會核辦

九 袪邪教佔住之寺庵應予整理案

決議 授權理事會核辦

十 勸令青年僧尼受以教育案

決議 授權理事會核議

十一 為聯合鄞慈鎮奉定象姚寧各縣佛教支會成立聯合辦事處以資集中意志共力量推動法輪服務社會案

決議 授權理事會核辦

十二 為籌募四明觀宗佛學院基金成立董事會以促分頭進行俾能奠定基礎而資久遠發揚光大案

决議 授權理事會核辦

十三 為軍警攜帶女眷搬住寺廟并畜養牲口等物隨育

兒女污穢清淨佛地應如何處置案

决議 授權理事會核辦

十四 開始選舉

選舉結果 源龍6〥 指南63 智遠〥9 靜修〥1 新吾〥0

慧華4〩 沈子英4〥 柳緯43 堯覺41 寬潤40 利

生3〩 宏清3〩 雨印33 以上十三人當選為理事 如

海30 靈舫23 慕軒22 妙安21 勤明19 以上五人

當選為候補理事 沈寶華43 根慧3〩 胡雨為

35 信道 34 顯宗 8 以上五人當選為監事 慧開

5 圓明 6 以上二人當選為候補監事

主席 可 印

紀錄 胡法佳

第一次理監事聯席會議

日期 三十五年九月十六日下午一時

地点 本會會議廳

出席理監事可印等十八人

公推可印為臨時主席

主席 可印

行禮如儀

甲 報告事項

一 報告理監事出席人數

二 報告大會經過情形

三 報告大會決議案

乙 討論事項

一 請推定常務理事及理事長常務監事案

決議 公推寬潤、利生、亮覺、沈子美、源龍為常務理事，並推源龍為理事長，根慧為常務監事

二 准監事顯宗函請辭去監事職務應否准辭請公決案

決議 一致挽留

三 准大會函飭整理期間賬目請推員審查案

決議　公推沈子美、宏清、如海審查，與監事會審
核
四　准大會函辦據會員新吾提議各寺庵事業捐共征
收數字殊欠公允應如何設法規定以資一律案
決議　函常務會擬具辦法以資統一
五　准大會函辦據會員新吾提議解放未成年僧
尼案
決議　通知傳戒各寺院凡未滿受戒年歲者不得
予以受戒
六　准大會函辦據會員靜修提議禁絕各寺庵舍

6

員吸食鴉片毒品及烟賭案

決議　案関刑律無討論必要

七　准大會函辦據會員塵舫提称擬設立各區佛教時事座談會以便推進會務案

決議　請原提案人擬訂具体辦法報告来會承常務會核議實施

八　准大會函辦據會員塵舫提称被人侵称香火家庵之寺庵應急予糾正案

決議　由被侵為香火庵之住持聯名專案呈报本會以憑核辦

九、准大會函辦據會員盧舫提稱被邪教佔住之寺庵應予整理案

決議　通知各鄉區幹事查明具報來會隨時嚴厲取締

十、准大會函辦據會員盧舫提稱勸令青年僧尼受以教育案

決議　通知各寺庵住持如有青年僧尼一律勸導入學

十一、准大會函辦據會員竟覺提稱為聯合鄞慈鎮奉定象姚虞各縣支會成立聯合辦事處以資

集中意志共力量推動法輪服務社會案

決議　保留

十二　准大會函辦據會員亮覺提稱為籌募四明觀宗佛學院基金成立董事會以便分頭進行俾能奠定基礎而資久遠發揚光大案

決議　一　由本會以組織四明佛學院名義征求六區各縣佛教支會同意

二　交常務辦理

十三　准大會函辦據會員妙安提稱為軍隊攜帶女眷拉住寺庵并蓄養牲口及養育兒女污穢清淨佛

地應如何處置案

決議　由本會通知各寺庵不得容匿女眷并呈請省會轉呈省政府通令制止

主席　可　印

紀錄　胡洮佳

8

第一次常務會議

日期 三十五年九月二十三日下午一時

地点 本會會議室

出席理事 源巖 竟覺 沈子英

寬潤 利生

列席 根慧(信道代) 智遠

新吾 圓明

主席 源巖

行禮如儀

甲 報告事項

一報告出席人數
二報告第一次理監事聯席會議決議各案
乙討論事項
一准第一次理監事聯席會議函請各寺庵事業捐
其徵收數字殊欠公允應擬具辦法以資統一案
決議 一暫照原定數字徵收
二通知各寺庵限期將各該寺所有不動產來
會登記俟登記完畢後再行將應繳事業捐
予以調整
二准第一次理監事聯席會議函辦為籌募四明觀宗

佛學院基金成立董事會并以本會名義征求六區

各縣支會同意案

决議 函請六區各縣支會征求同意後函復再行辦

理

三 本會應分何分股辦事以專責并規定職員人數

及薪給數字案

决議 分設總務宏法教育宣傳經濟慈善調解

等七股公推新吾法師為總務股主任沈子奚

先生為副主任亮覺法師為宏法宣傳兩股主

任沈子奚先生為教育股主任劍華和尚為經

濟股主任寬润法师為調解股主任智遠法师為副主任源龍和尚為慈善股主任各職員薪給暫照原有數字發給由總務股編造預算撥交下次常會核定后再行補發

四查本月十八日報載上海市民政局長周曉崧出席市參議會柏會毁謗佛教覬覦寺產一案已由本會會銜各縣支會聯名電請上海市佛教會訴願中央主持正義請追認案

決議 追認

五准施氏宗長施生裕等函為永興庵尼現良不守清規

110

私自出走應由前住老尼忠福回庵接管案

決議　請智遠寬润二法師前往調查報會核辦

六據鎮海莊市三寶庵尼宗福呈稱承興庵歷年接管經過情形及尼現良擅行處理請主張公道俾得依法收回案

決議　與前案合併辦理

七據鄞江章遠二區幹事英才師漁源區幹事積清師為所來函請辭去幹事職務案

決議　挽留

八據命善寺住持惠風報告該寺被姜山龔家所質

迎官等携眷居住請設法救濟案

決議 探情轉呈鄞縣警察局令飭遷讓

九 據安山寺住持永和呈請核減常年費案

決議 候寺產登記時再行核辦

十 奉鄞縣政府令飭填報各人民團体登記詳歷表案

決議 遵令填報

十一 本會租與福大漢記之房屋是否繼續承租請核議案

決議 福大號現已改組應由本會收回自用并通知該號等遷讓

11

主席源巃

紀錄胡汪佳

第二次常務會議

日期　三十五年十月三日下午一時

地點　本會會議室

出席理事　源寬　竟覺　寬潤

沈子美　利生

列席常務監事　根慧（徐道代）　新吾　智遠

主席　源寬

行禮如儀

甲　報告事項

一　報告出席人數

二報告上次决議各案執行經過情形

三報告九月份收支狀况

四報告收發文件 收文十二件 發文十件

乙討論事項

一本會月支經常費預算表業已編就請審核修正案

决議 審核修正通過

二據寛潤智遠二法師報告調查永興庵經過情形請核議案

决議 本案既已調解成立所有應行進行事宜如下列

五点

一、呈請縣府令飭該管龔局將尼現良驅逐

二、登報開除現良會籍

三、該庵先由本會派員前往看管

四、該庵繼任住持人選由理事會推選（規定須費壹百萬元（最好限度八十萬元）并須建築前故尼茅皈坟墓）

五、所有該庵契據即日派員前往攜取

三、本會租与福大漢記两號之街屋業已通知迁讓迄无答覆應如何解決請公決案

決議　漢記房屋該號早經停業且租金積欠半年應

13

以收回自用

福大房屋現因改組擴大一再懇請續租本會爲顧念商家困難起見應准續租惟須依照下列條件履行

一 租契須依照本會所訂原稿不得更改

二 租金每月規定國幣拾叁元并須先付押租六個月租金三個月

四 准整理會務及各項文卷簿籍印信器具清冊請接收案

決議 請理事長會同總務股主任接收

五 推整理會務案 奉省分會訓令為奉令辦理園作會
其登記仰遵辦案
決議 遵辦由本會派員會同各區幹事分別實地調查
登記并分派列六區
(一)城區 推宏清勛明二人担任
(二)鄞東區 推古成 會同幹事遠澤夢軒塵舫若通蓮
徒五人担任 唯清
(三)東錢區推 智遠 會同幹事塵舫二人担任 若通
(四)鄞南區推慧章會同幹事崇康秀明守蓮金
峩寺五人担任

理事長 靜修

14

(五)鄞西區推信道會同幹事觀成、慶瑞、現月四人担任

(六)四明區推寬潤會同幹事英才二人担任

(七)本案定本月十二日召開理監事聯席會議核議

通過仍再行定期進行

六、准整理會務委員會據資教寺住持慈航呈為該寺有蘭盆會田四十一畝六分被嬰湖鄉鄉長萬建信侵佔及主任胡鳳翔藉勢霸佔充作小學經費請設法救濟案

決議　據情轉呈縣政府令飭制止

七、准整理會務委員會據廣善寺住持明性呈為年邁多病

將寺務各法條證明據實請核備案
決議　核與手續相符應准備案
八　准整理會務據見心庵住持尼定法呈為善衛鄉公所
觀頴庵殿強借察局暫作學校請依法制止案
決議　據情轉呈縣政府令飭制止
九　總務股主任據查本會經常費每月需用七百十餘元之鉅所辦
事業尚不在內會費收入不敷甚鉅擬急須辦理團体會員
登記分甲乙丙丁四等以住侶三十人以上為甲等年收會費
十二餘元十五人以上三十人以下為乙等年收會費六餘元五人
以上十五人以下為丙等年收會費四餘元一人以上五人以下

15

為丁等年收會費弍元是否有當請核議案
决議　通過照第五條合併辦理
十　総務股主任提本會事業費擬俟團体登記完竣即從
核全縣寺庵不動產之總數再行調整提征數字以
資統一是否請公决案
决議　暫時保留
十一　據善雨寺住持象定呈為前住達祥私行出典寺田四
十二畝照胡謁康請責令返還案
决議　案關司法應由該僧逕向司法機關訴追
十二　據章遠鄞江區幹事吳才師函請辭去幹事職務案

決議　請理事長寬潤常務前往慰留

十三　准璧迪小學校長金仲鐳函請商借開明庵基地為
體育場案

決議　查該庵正待籌備興建未便借用并函復該校

十四　查各寺庵住持更替須呈報本會核准後發給委任証書方
為有效非自事變以還各寺庵住持更替頗繁前發証書
自不適用或有私相授受并未經本會核准以致糾紛者
生前為慎重住持職務起見擬由本會印發新証書俾
資佐証而便查考是否有當請公決案

決議　通過委任証書費每張規定收紙張印刷費山萬元

16

並通知各寺庵住持一體遵照

十五 慶祝雙十節本會應如何設備案

決議 由觀宗七塔二寺各派代表六人前往參加

十六 蔣主席六十壽辰根據公議獻機祝壽本會應否參加案

決議 准予參加並通知各寺庵自動將獻金送會俾便彙獻

十七 本會各職員九月份薪給迄未發給應如何設法發給案

決議 函請回大嘉林各暫借叁拾萬元以資維持

十八 准覺民小學校長函爲物價暴漲教員生活實難維持
請提高待遇案
決議 以食米折價每石四萬八千元計算以九月份爲限
十九 准覺民小學校長函請添置學校用具及整葺教室
玻窗以利教學案
決議 請總務股主任會同范校長斟酌添置國旗校
旗各一面櫃棹五張杯痰盂四只玻窗酌予整置
決議 准予備案
二十 據廣靈寺住持遠年呈報僧接任廣靈寺請核備案
二十一 據天王寺真貴呈爲前任珠龍盜賣寺產三十餘畝請

轉函慈會秉公辦理案

決議　據情轉呈縣政府令飭橫溪鄉公所轉飭該受產人

將該田產由甚貴依照原價理償收回以符寺產

廿三　請規定下次理事聯席會議日期案

決議　定本月十三日下午一時舉行

廿四　查大橋觀音庵楊仕升僧一案迄未解決應如何辦

理案

決議　再行呈請縣政府令飭太白鄉公所將應惠明應源

淨二人即日驅逐

廿五　本會擬陽請王子英先生為顧問案

决議 通過

主席 源巃

紀錄 胡涵佳

18

第二次理監事聯席會議

日期 三十五年十月十三日下午一時

地點 本會會議廳

出席理監事源巃等十八人 載簽到簿

列席幹事蓮法等四人

主席源巃

行禮如儀

甲 報告事項

一 報告出席人數

二 報告第一次理監事聯席會議及第二次常會決議

各條執行經過情形

三報告收發文件 收文五件 發文十一件

乙討論事項

一本會月支經常費預算表業經第二次常會審核修正通過呈局請核議案

決議 通過

二永興庵接住糾紛一案經本會調解成立暫行派員看管規定繼任人選由理事會推選請核議案

決議 該庵繼任住持應依據十方來函推選女僧接住

惟查本會登記之女僧計有尼信良尼証能尼大林

尼慧诚等四人而信真大林慧诚三人今日均未到
會當以自願放棄論該庵繼任住持應以証能當
選并經証能表示自願依照上次决議手續辦理并
定古歷九月廿六日前往接住由本會派員陪同前往
三 本會奉令辦理團体會員登記經第二次常會决議
由本會各理監事會同各區幹事分别实地調查登
記請定期進行案
决議 定本月廿四日分區出發并函知各理監事查照
四 准常務理事亮覺法師函稱觀宗寺房僧明泉挾嫌攻
擊破壞名誉請通知各寺庵不得容留案

决議　通知各寺庵一律遵照所有容留該勞役女一經查
明或經人報告當即將住持撤銷

五　據永興庵十方施大甫等函為該庵向住女尼請仍派
女尼接住案

决議　與第二案合併辦理

六　准上海市佛教會代電為民政處長此次撥用或借用寺
產一案已告一段落請為保存教爭史料起見擬出一
專刊請惠寄宏文案

决議　請亮覺法師撰稿寄送

七　查整理會接收西來庵一案雖經一度調解詎繆氏

敷發及鳴鳳鄉副鄉長徐世琛又復搗起上訴以致

迄未能決應如何辦理以資結束案

決議　候此次開庭後再定辦法

八、據圓明庵尼昌法明清呈請發還前存本會契據九件

應否發還請公決案

決議　交下次常會核辦

九、據經懺組幹事積慶堅請辭去幹事職務案

決議　請慶舫法師物色相當人選報會核委

十、准鄞縣人民保障委員會函請推派固定代表一人

為委員已請本會理事長為固定代表請追認案

咨議 追認

上本會々員徽章應否製發以資識別而昭鄭重案

咨議 通過

主席 源 龍

紀錄 胡 熙

理監事聯席緊急會議

日期 三十五年十月十九日下午一時

地點 本會會議廳

出席理監事 源巖等十五人 載簽到簿

列席 海容代表瑩道等七人

理事長報告 本席今天因廣靈寺案有關席等

迴避請公推臨時主席

公推監事顯宗為臨時主席

主席 顯宗

行禮如儀

甲　報告事項

一　報告出席理監事人數

二　報告召開緊急會議意旨

乙　討論事項

一　據杖錫寺住持募龍呈為該寺年久失修殿宇傾圯擬出外募化請發給証明書案

決議　轉告該住持應由該區幹事備函証明再行發給

二　奉省令訓令為奉令國府主席誕辰誦經祝福應照國歷推算改為十月三十一日舉行仰遵照

22

辦理案

決議 一 通知四大叢林届期唸茶誦普佛一堂表示慶祝

二 本會舉行共同慶祝并通知城廂各寺庵準期各派代表來會參加

三 推總務股主任秋岩法師及靜修法師沈子奐先生寶潤法師智遠法師顯宗法師悟靜和尚先期籌備

三 據稟樂寺住持根柏告稱伊徒池香接住本寺以來寺務不加整理并向各方借用米谷虧欠甚鉅請

轉函興東鎮鎮長制止收取賭各粗準時積分案

決議　除批復外准予據情轉函興東鎮鎮長查照

四　准本會理事亮覺法師報稱以本縣全部寺產全

体依法尚未完全填寫冊籍擬製土地登記冊及

戶籍清冊各一份詳細調查填載俾有系統參查有

當據請公決案

決議　除將本案建議中國佛教會外本會應予積

極進行

五　據廣靈寺住僧海寬呈為該寺係子孫某年香火請至

特函義制止遠年接住案

决議　本案既由根慧老和尚出面調解本會為息事寧人起見對於以前雙方一切糾紛均不究追准仍由海定繼續接住所有遠年一切損失責由海定償還國幣叁百萬元限自本日起以十五天為期如數交還并收訖如逾期不履行該寺住持即由本會委派

六　據會員經明等呈為育王寺源龍主唆遠年犯法侵佔廣靈寺請救濟案

决議　與前案會併辦理

七　據永興庵僧海容函為調解永興庵接住一案聲叙理

由區課調解除登報外請查照案

決議　本案經理監事及他造代表等後議由本會登報

公告無論比丘比丘尼如願意接住該庵者來會

登記俟登記完畢後定期公開審查資格再

行定期以抽籤法各抽得比丘比丘尼各一人後將

二人以抽籤法抽得一人為住持

臨時主席　顯宗

紀錄　胡亞

24

第三次常務會議

日期 三十五年十月廿三日下午一時

地点 本會會議室

出席 理事源巃等四人

列席 新吾 智遠 慧章 信道

主席 源巃

行禮如儀

甲 報告事項

一 報告出席人数

二 報告上次決議各案執行經過情形

三　報告主席常委居士寺庵自動獻金數字
四　報告收發文件　收文二十件、發文三十三件
乙　討論事項
一　本會訓令各員聯絡佛教支會分開成立大會委派
理事長前往代表該訓案
決議　請理事長親自出席
二　標檀峯庵退住志往接住機遠函為志往年邁力衰承本鄉
耆紳廣榮堯介紹機遠接住請核備案
決議　准予備案
三　本會辦理圓修會員登記規定本月廿日出示廣告請

各理監事各幹事負責辦理案

決議　俟秋收後再行定期進行

四　据圓明庵尼昌征、月清函請索還前存本會契據九紙應否索還請公決案

決議　通知該尼等備具領據並須相當保証人及方來會具領

五　本會爲　國府主席六十誕辰舉行集團慶祝應如何籌備案

決議　交籌備會辦理

六　推理事竟潤、竟覺二法師報告奉派至永興庵接洽保

管事宜案

決議 准予備查

臨時動議

七 本會為便利審查各項收支賬略起見擬於每月三

日召開經理處事聯席會議常會日期改定每月

十三廿三舉行是否有當請議公決案

決議 通過

主席源龍

紀錄胡□

26

爲主席六十誕辰集團慶祝召開籌備會

日期 三十五年十月廿三日下午二時

地点 本會會議室

出席 籌備員 悟靜等五人

主席 源巃

行禮如儀

甲 報告事項

一 報告奉令籌辦理 主席誕辰屆期慶祝情形

乙 討論事項

一 請公推籌備主任案

決議　公推悟靜老和尚為籌備主任

二　本會一切籌備費應如何籌措案

決議　規定籌備費十萬元由四大叢林及泰昌寺各負担二萬元如再不敷由各寺庵分攤之

三　慶祝人數應如何規定案

決議　一　通知七塔觀宗二寺各派代表十六人於是日八時前到會

二　通知城廂各寺庵全体參加隨帶七衣及籌備經費二千元

三　除呈請上級各機關於是日九時派員蒞臨

27

指導外界函請各種道事一併參加

主席　源巃

紀錄　胡　逕

緊急理事會議

日期 三十五年十月廿九日下午一時

地點 本會會議室

出席理事源龍等九人

源龍 袁冕 沈子英

指南 靜修 寬潤

利生 新吾 智遠

主席 源龍

行禮如儀

甲 報告事項

28

一報告出席人数

二報告召開緊急會議宗旨

乙討論事項

一查業庵接住糾紛一案前由整理委員會參加訴訟現奉地方法院票傳本會理事長到庭偵查本案發生糾紛係在本會整理期間當時由整理委員會主任委員根慧委任幹事靜修為訴訟代理人本會理事多分處各地理事長源龍封於本案過去情形實未明瞭現經查卷明瞭參加訴訟實情應否繼續參加請公決案

决議 一 仍由本會繼續參加訴訟
二 由本會向鄞縣地方法院民庭承担訴訟
三 由本會具呈鄞縣地方法院民庭解釋
四 委任本會理事靜修為訴訟代理人繼續
應訴
二 奉鄞縣政府函為奉令頒發社會事業總檢查定
期召開實施辦法會議希出席案
决議 請理事亮覺法師代表出席
主席 源巖
紀錄 胡 [illegible]

2P

第三次理監事聯席會議

日期　三十五年十一月三日下午一時

地点　本會會議廳

出席理監事

亮岩　新吾　沈子英

利生（夢軒代）　智遠　慧章

源巖　信道

根慧到　顯宗

列席　夢軒　圓照到

主席源巖

行禮如儀

甲 報告事項

一 報告出席理監事人數

二 報告上次決議各案執行經過情形

三 報告重要政令及文件

四 報告十月份收支結果

五 報告收發文件 收文十七件 發文十八件

乙 討論事項

一 據觀音庵住持尼蓮成報告該庵接住外孫一案現

已由地方士紳會同地藝所調解將該庵分作東西兩
房請核備案
決議 一通知楊婆表福明即日撤廢否則不得接充住持
二通知尼蓮成將雙方分書檢送來會審核備查
二奉省會訓令為催繳各種事業經費案
決議 呈復省會本會征收各種事業經費正在籌劃
進行
三據空心庵頓修報告為殿宇損壞擬出外募化請
核發證書案
決議 推智遠蓮軒二法師前往查明後再行核辦

四、准理事慧章和尚去函為據報橫溪永鎮庵被鄉公所佔用請設法收回派員接管案

決議：據情轉呈鄞縣政府令飭橫溪鄉公所迅予遷讓以便派員接管

五、據書記葉成龍簽呈為奉令遣散請求發給遣散費二月以資維持案

決議：慰留

六、查接住永興庵申請登記日期業已截止計登記者共有男僧十人女僧三人擬定期審查資格再行依照前議履行各項手續案

決議　規定審查委員五人，公推監事顯宗法師、信道法師，
理事宏清法師、竟覺法師、沈子美先生担任之，并
定本月六日上午九時至下午五時開審查會，下午公佈通知
雙方當事人來會列席。

七、據五台寺住尼崇本呈請轉呈鄞縣政府准予回復該
寺產稼案。

決議　通知該尼持碑記據送來會，再行據情轉呈鄞
縣政府請求發還。

八、據徐達軒居士函請在本會繼續施診案。

決議　本會已有施診所之設立，所請一節應俟有相當

機會時再行聘請

九 據覺民小學范校長振祿，本校低級學生衆多，礙難複式教學，擬改爲異級教學，應請添聘教員，以利教學案

決議 准予添聘教員一人，每月待遇以食米壹石計算，自十一月份起，以本學期爲限（所有十月份薪給仍照九月份折價發給，本會各職員薪米一式發給）

十 據天福寺住持開琳函爲該寺被日寇焚燬大半，擬赴滬募化建修，請核發證書案

決議 准予發給

十一 查此次集團慶祝 主席壽辰，其經費不敷甚鉅，兩末

32

未會參加各寺庵共有三十二戶其應繳慶祝經費應
否派員征收案

決議 通知未參加各寺庵限三日內將款繳會如逾期不
繳當以加倍征收以示懲戒

十二 本會爲各項會務亟謀推進起見擬定期召集
各區幹事舉行聯歡會案

決議 定本月十二日下午一時舉行聯歡會請函各幹事
準時到會

主席 源巃

紀錄 胡照

審查委員會（爲審查永興庵繼任人選資格）

日期　三十五年十一月六日上午九時

地點　本會會議廳

出席審查委員　沈子英　袁公覺

信道　周頌代

公推袁公覺爲臨時主席

主席　袁公覺

紀錄　楊丹儀

甲、報告事項

33

一 報告出席委員人數

二 報告申請登記人數

乙 討論事項

一 永興庵繼任人送來會申請登記者計男僧象空覺品滕祥覺福竹林夢軒智遠應和覺空心純等十人女僧密能宏山性根等三人共計十三人其資格應如何審查案

決議 按照戒牒經歷分別審查。

審查結果

一 查尼密能僧象空僧覺品僧滕祥尼宏山僧

覺福俗蔓軒尼性松俗覺定等九人均有戒牒

手續完備其經歷亦尚無不合應予登記

一、上開尼靈能俗覺品俗勝祥尼宏山俗覺定俗象

定等六人均有相當資格俗覺福俗蔓軒尼性松

等三人呈任住持有年堪能勝任

三、其餘俗竹林俗智遠俗應和傳心純等四人均無

戒牒手續不符應予剔除

二、請規定抽籤日期案

決議　定本月十三日下午一時舉行除呈請鄞縣政府黨政機關

派員監視外并通知各合格人來會列席如儀

時不到即以自願放棄論

臨時主席亮　覺

紀錄胡　逕

第四次常務會議

日期　三十五年十一月十三日上午九時

地点　本會會議室

出席常務理事

濮山龍　寶潤　荊生

　　　　　竟如亮

列席

　　　新吾　夢軒　智遠

靜修

35

主席源龍

行禮如儀

甲 報告事項

一 報告出席人數

二 報告上次決議各案執行經過情形

三 報告重要政令及文件

四 報告收發文件 收文三十七件 發文三十一件

乙 討論事項

一 准中國佛教會函為催繳會員登記費及證書費案

決議 查該項會員登記費及證書記均由整理會借用

本會現因經費支絀一俟經費有着自當設法

滙繳

二 據壇頭寺僧妙根報告該寺樓宇情形請商給證書案

決議 請智遠法師會同該區幹事前往查明後再行核辦

三 奉省會列令為調整會員登記費及證書費案

決議 暫不辦

四 奉省會列令為實施會員登記辦法仰於文到一月內辦竣具報案

36

決議 本會會員經於記業已辦理完竣本件應予備查
五 奉省會訓令為奉令轉知漢僧免充常備兵役但
須組織救護隊案
決議 暫時保留
六 據宏信法師函為証明東林庵尼丙亭接管該庵
經過情形請發給証書案
決議 查明核辦
七 據書記章成龍呈請發給薪津案
決議 准於十月份欠薪及十一月份薪給全月
八 查已請發給委任証書共三件 一龍華寺 二老城隍廟

三　西方庵請追認案

決議　追認

九　准智遠法師夢軒法師函呈調查空心庵募化情形請核辦案

決議　准予查給

十　據育王寺當家遠律法師報告該寺坐落江東五河橋鄧山地房屋前被第五分局進住現已坍倒擬將基地收復請轉呈鄞縣政府丈量案

決議　准予據情轉呈鄞縣政府派員丈量

主席　源巃

紀錄胡照

第四次理道事联席會議同時舉行各區幹事

联歡會

日期　三十五年十一月十三日下午一時

地點　本會二議廳

出席理道事

源山龍　袁賓　新吾　智遠

寬潤　靜修　指南

利生　信道　根慧　顯宗

列席

夢軒　善通　真來　慕明　華遠德

38

守達　圓成

永興庵申請登記經審查合格並簽到於后

安亮　以上未經登記

象定　審能　勝祥

夢軒　性根

覺定　覺品

宏山　覺政

主席　源巍

行禮如儀

甲　報告事項

一報告理監事及各區幹事出席人數
二報告第三次聯席會議決議各案執行經過情形
三報告申請登記接住永興庵人數及審查經過情形
四報告召開各區幹事聯歡會意旨
乙討論事項
一申請登記接住永興庵之各僧尼其資格經審查完畢應過與否議規定抽籤手續予以決定案
決議 一將男僧女僧分為兩組 每組以一人抽得三次

者為中籤再將中籤之男僧女僧各一人以抽籤
法得三次抽中者為當選
二抽籤結果男僧覺空女僧宏山各抽得三次再
以二人復抽結果覺空得三次中籤
三通知覺空於三日内來會辦理手續如逾期不
到會即以自行放棄論由女僧宏山接任
四呈報縣政府備案并函請保墟鄉公所查照
二查本會範圍遼闊會務推動全賴各區幹事協
助進行惟本會自成立以來迄已兩月困於征收
常年事業等捐及團体會員登記事宜亟待辦

理應如何分別進行請核議案

決議 定本月二十日由前推定之各理監事全體出席

會同各區幹事並照前議各項手續分別進

行

臨時動議

三、准理事竟覺法師提 查近來各寺庵住持或替

每多未呈報本會備案即擅自接住者始請會

核准或替手續殊有未合應如何設法取締以

昭慎重案

決議 通知各寺庵凡住持或替須於事前呈報本

會經審查核准（由本會發給證書以）方得正式接住否則以私相受授

論經查明後即得其住持撤銷

主席源巃

紀錄胡巠

第五次常務會議

日期 三十五年十一月廿三日下午一時

地点 本會前會議室

出席理事 源巖 覺光 洪子英

寬潤 新吾代

列席 新吾 海安 玄義代

、覺寬、

主席 源巖

行禮如儀

甲 報告事項

41

一　報告出席人數

二　報告上次決議各案執行經過情形

三　報告重要政令及文件

四　報告收發文件　收文十七件

發文十二件

乙　討論事項

一　查接任永興庵人選一案經第四次理監事聯席會議

以抽籤法由任覺空得籤應請定期移交接任案

決議　一本案因時間關係雙方損失過鉅前議頂費八十

萬至一百萬元不敷甚鉅應酌增十萬元共一百十

萬元內八十萬彌補海容師損失十萬作為居宗

福津貼二十萬餘補本會損失

二、定本月廿五日正式接住由本會派亮覺法師前往監交所有永興庵契據由海容師交與新住持接收

三、所有海容師前與尼現良訂立之合同契約及其他文件以後撿出一律作廢

四、前發永興庵之尼覺空所存該庵什物應由當地保長証明除仍昧尼覺空據回

五、關於永興庵本年秋收部份計棉花九十三斤谷山千八百斤由新住持接收所有以前工人工資等

42

均由新住持開支

二、據觀音庵（福明、通明）呈送該庵調查什物筆録及分書案

決議：備查

三、據道日信道、理日靜修、理日宏清、理日勤明等四人來函為奉派辦理團體登記兼難分身請另委賢能案

決議：挽留

四、據奉聖庵優婆夷惠清函為居祥林勤逼簽字出庵請調解案

決議：查明核辦

五、據張悅庭函為聲明優婆夷惠清接住奉聖庵信

譽良好希查照案

決議 照第四案合併辦理

六 據尼安善函為奉聖庵糾紛一案本人不再過問案

決議 備查

七 據僧如昌報告為師兄如根強逼出庵擅自住持請求調解案

決議 定十二月三日下午一時調解

八 准理事競覺法師提稱為振刷精神祛除障礙以期本屆會務建議六項辦法請核議案

決議 本屆整個會務應提交下次理監事聯席會

43

1

議核辦

九　據理事慧章法師呈爲東北鄉出所周總幹事莊靜文孫叢隊敲門逼報戶口已呈請縣府究辦案請追認案

決議　追認

十　本會叢書記錄誠已由寬潤法師介紹會員忻氏接充案由秉良君接充任本會服務員請追認案

決議　追認

十一　據沈理事子英介紹吳幹卿君爲本會服務員案

決議　通過

主席　源巃

紀錄　胡臤

第五次理監事聯席會議

日期　三十五年十二月三日下午一時

地點　本會會議廳

出席理監事　源山龍　比宜泉

沈子英　柳琴

[illegible]　信道

根慧　釋利生

智遠　[illegible]

新益　寬潤

44

列席 王千英 寬覺 顯宗

主席 源龍

行禮如儀

甲 報告事項

一 報告出席理監事人數

二 報告上次會議各案執行經過情形

三 報告永興庵住持人選辦理結束情形

四 報告收發文件 收文廿六件 發文十九件

五 報告塘頭寺僧如昌與僧如根糾紛一案 據該僧報

告以新年解決

六　報告十一月份收支帳畧

乙　討論事項

一　據鄉區各寺庵僧衆來函指稱以僧衆既經奉令免役各鄉鎮公所征收壯丁費每人二第元是否依據法令規定請釋示案

決議　一依據省令訓令轉呈鄞縣政府凡屬受戒之僧族僧人唯予免服常備兵役通令各鄉鎮公所著函不得有強征及收費情事

二　救護隊之組織應先推亮覺新吾二法師擬訂

計劃并請 王頎向隨時指導

二、據安山寺住持梅馨呈爲修理殿宇擬將常住田轉押籍充費用請核准案

決議 函請該區幹事塵舫法師前往切實查明報會核奪

三、准第五區常會分議據理事竟覺法師提稱爲振刷精神掃除障礙以期發展會務擬訂六項辦法提請核議案

辦法(一)由本會發一通告剴切勸諭各會員各寺庵以團体事業爲重不可聽人煽惑愚弄

(二)各鄉區幹事如仍有推諉拋擲請理事長出巡一次竭力督勸倘有不洽輿情者應予另行推聘

(三)對於後換前整理委會賬目應請負責人早日辦移以資劃結而免拖延

(四)所有以前整理委會發出各種捐冊收據應請分別通知各經手人限期送會結算倘有延不交還或有掩飾情事者應予以警告令其剋日書面答覆否則不惜訴諸法律

(五)擬聘請柳理事瑋為本會常年法律顧問

(六)應請設法按月發放員工薪給及本會開支以利工作

決議　一　照原辦法通過

二　照原辦法通過

三　請審查會切實審查加具意見再行提交下次理監事聯席會議審核

四　照原辦法通過

五　仝

六　仝

四　據積善庵尼善良呈爲尼法成强佔寺庵侵入卧室請派員澈查究辦案

決議　請沈監事友梅先生查明處理

五 東岱庵修清法師租與本會之房屋其租金每年計圓幣一百元已數年未付現已託人來會索取應如何辦理案

決議 此後修清法師將前項租金撥助本會經費

六 據天童寺監院寬潤法師報告該寺開戒日期造送受戒人名單祈核備案

決議 請理事長竟覺法師前往驗看並施訓

七 據本會忻書記報告本會覺民中學行將結束徵收下學期學生留額金數請予規定案

決議 據查該校並無收取留額金情事所請應毋庸議

47

八、據本會理事新吾法師報告：頃有浙東師管區鄞縣團管區司令部已另派人駐紮該寺，擬將寺宇僚房借用十分之九，妨害佛事，影響生計，請設法救濟案。

決議：請沈監事友梅先生與沈司令接洽，請其訂立借據，以保產權。

臨時動議

九、據理事竟覺法師提：本會覺民小學月前赴天童等處旅行，由各學生出費每人五千元，實與本會名譽有關，請予以查明案。

決議：請范校長將前項賬目公告，並請沈理事子英

先生將該項賬款查明報會

主席　源　巃

記錄　胡　熙

48

民國三十五年十二月

會議錄

第二冊

第六次常務會議

日期 三十五年十二月十三日下午一時

地点 本會〻議室

出席常務 源龍 沈子英 利生

根耕慧 寬潤 竟如光

列席 新吾 智嘉

主席 源龍

行禮如儀

甲 報告事項

1174

一 報告出席人數
二 報告上次決議各案執行經過情形
三 報告歡迎 太虛大師蒞甬籌備經過
四 報告重要文件
五 報告收發文件 收文九件 發文廿三件
乙 討論事項
一 據月湖庵尼月蓮函請發給委任證書案
決議 查明核辦
二 據亦幻法師函爲介紹教育人才於下學期參加覺民小學校務案

決議　緩議

三　查第五次常會第四案據奉聖庵優婆夷惠清函為尼祥林勸逼簽字出庵請調解一案經決議查明核辦應請派員澈查案

決議　派吳調查員會同幹事觀威師前往查明報會核辦

四　據永慶庵尼貴寶報告為因住尼明法阻止入庵請求救濟案

決議　派李服務員前往該庵查明并着令該尼一同來會聽候調解

五 擬聘請竟覺法師為本會總幹事案

決議 通過

六 准中國佛教會函為催繳會員登記費及證書工本費案

決議 設法解繳

七 據悟靜和尚報告為蔣府 毛夫人安葬本會供四大叢林擬送祭菜案

決議 由本會供四大叢林致送四事及祭菜全席

八 准妙安師函請發給直指庵功德募化證書案

決議 通知該庵新舊住持來會接洽後再行核發

九、准六竹法師函爲通知請出諸課職太虛大師叢書案

决議　通知四大叢林各大寺院各幹事來呈課職

主席　源龍

紀錄　胡熙

51

第七次常務會議

日期　三十五年十二月廿三日下午一時

地点　本會ゝ議室

出席常務理事　源龍　沈子英

利生　覺潤

列席

新之　智達

主席源龍

行禮如儀

甲　報告事項

一 報告出席人數

二 報告上次決議各案執行經過情形

三 報告重要文件

四 報告收發文件 收文十二件 發文十一件

乙 討論事項

一 據總務股主任報告調查月湖庵接洽情形請核發證書案

決議 准予發給

二 據調查員吳幹卿報告調查奉聖庵優婆夷惠清與尼祥林接管糾紛情形請核辦案

决議　查惠清所稱各節既無相當証件其入庵時又未報告本會本案無法處理如果所稱各節確係實在應由當地保長等具書証明方可接受調解

三、據優婆夷惠清呈為巨祥林推翻前議迫使離庵請救濟案

决議　與前案合併辦理

四、本會覺民小學行將結束關於下學期校務之發展人事之調整以及其他各項設施應如何計劃進行請核議案

决議 因范秘長赴杭未回擬于下次理監事聯席會
議核議

五 西來庵等聞知慧已決定上訴本會應如何表示
請公決案

决議 本會從緩參加訴訟

六 各寺庵舊欠常年事業兩捐應如何設法清理案

决議 先從城區着手進行

七 據西醫周寧甫先生來會要求請聘為本會醫師
頌向案

决議 請理事亮覺法師兼醫務股主任前往商

洽仍再行提交下次理監事聯席會核議

八、淮理事寬潤法師提稱僧伽不得因宗教之分而免國民義務循例緩役然我僧伽亦應爭取國民權利以昭民權平等請核議案

決議　建議省會逐級呈請

九、奉鄞縣政府指令爲據呈安東開明庵基地應查明該庵究係私人建立抑爲十方募造詳實呈復案

決議　查該庵歷史悠久確係教產經由該尼請參報請土地登記執有憑證可核自鄞縣政府劃

為瘦巨全部被焚毀，該巨損失殊屬不貲，應據事實呈請鈞府并請沈董事長梅先生向鈞府接洽。

主席源龢

紀錄胡熙

54

臨時會議　為宗樂寺接住糾紛案

日期　三十五年十二月廿四日　下午二時

地點　本會會議室

出席理事　源龍　沈子英　利生

寬潤

列席　新吾

主席　源龍

紀錄　妙儀

討論事項

一、據樂家寺妙根報告僧共池香接任糾紛一案業經本會調解成立，詎池香至去曆十二月初二日移交日期抗不履行前議，請核辦案。

決議：查本案前據僧妙根聲請到會，業經本會召集雙方調解成立，并由僧池香登報聲明，詎逾時已久，延不履行，雖經本會一再函催，竟置之不理，殊屬藐視本會。現屆移交日期，該僧池香膽敢抗不移交，尤屬狃是，應即呈請鄞縣政府令飭該管橫溪（姜山）警察所將該僧池香予以驅逐，并函請典東鄉公所查照。

55

主席源巃

紀錄胡逕

第六次理监事聯席會議

日期 三十六年一月三日下午一時

地点 本會會議廳

出席理监事 源龍 沈子英

竟道 新吾 智遠

利生 慧年 靜脩

祖慧（信道代） 柳亭

列席 華舫 園風

信道

因出席监事不足法定人數改開理事會

56

主席　源巃

行禮如儀

甲　報告事項

一　報告出席理監事人數

二　報告上次會議決議各案執行經過情形

三　報告重要文件

四　報告本會成立以來十二月底止收發文件　收文一百一件　發文一三〇件

五　報告十二月份收支賬略

乙　討論事項

一　據伏翠庵住持覲月報告爲庵産不得轉租請轉

函天竺鄉公所函契據行案
決議　准予轉函天竺鄉公所轉知陳哲高不得轉租
二　奉鄉財政府頒發布告為制止各寺庵不得契賣寺產
或任意借用本會應否印發各寺庵張貼案
決議　遵辦所有布告印刷紙張等費由具領各寺庵
平均分攤
三　據萬壽寺住持源音函為周宿渡昧源庵住持妥
替請派員出席指導案
決議　請縣幹事亮覺法師出席指導
四　西醫周寧甫來會要求請聘為本會醫師顧問已

57

請理事亮覺新吾兩法師前往接洽應如何辦理
案
決議 由本會聘請為青年西醫施診所義務醫師定期以
三十六年度為限
五 本會會同本縣人民團體及其職員會員戰前服務
給獎辦法限三十六年二月底以前彙報核轉應如
何辦理案
決議 通知各區幹事限二月十五日以前查報送會以憑
轉報
六 據幹事塵舫法師報告調查安山寺僧梅馨呈請

拘押寺產修理殿宇情形祈核辦案

決議　呈請鄞縣政府核示再行辦理

批准拘押以五年為限并

七　據悟靜和尚報稱據孫信賢律師請本會聘為常年法律顧問案

決議　本會因經費困難擬聘為本會常年義務法律顧問并請悟靜和尚接洽再行致送聘書

八　查天王寺住持真貴報告前住持僧珠龍私行變賣寺產一案業經呈請縣府令飭該管鄉公所轉飭楊任氏准由住持真貴備價贖還並據真貴來會報告

58

本案業已調解請核備案

決議　准予在外自行調解應將調解情形補具書面報告再行核辦

九　據報恩寺住持秀明等聯名呈請為積慶庵住持應由前住安慶之徒尼善良接充以維法令案

決議　查本案前據尼善良呈報到案曾已請沈董事友梅先生查明處理應仍請沈董事查明再行核辦

十　准第七區常會轉送本會覺民小學行將結束函

於下學期將務之當局人事之調整以及其他各
項設施應如何計劃進行請核議案
決議　(一)範校長辭職照准　(二)所有薪給准在本月
十日前給
十一　報載泉東寺僧妙根因風化案被橫溪派出所拘案
前押兩日並由該鄉前鄉長王廷慶先生來函本案係
被人誣控本會已請該幹事覺法師暫同服務
員季良前往徹查應如何辦理案
決議　查本案已據該幹事徹底查明確係僧池香挾嫌
主唆以風化案誣控僧守志確有串通嫌疑應即

5P

聲敘事實呈請鄞縣政府將僧地香驅逐出境一面

函請東鎮公所將地香戒牒吊回並於報取銷

僧地香僧守志會員資格註予驅逐

十二 據橫溪鄉報國庵頭圓等聯名呈報被橫溪派出

所前所長孔法拘禁強暴勒索請救濟案

決議 暫時保留

十三 據寶華寺妙根呈報橫溪派出所孔法拘補請救

濟案

決議 與前案合併辦理

十四 據本會會員睦多報稱物價高漲生計極度困難原

有薪給僅敷個人生活對於家屬無法維持應請

依照中央規定自十二月份起予以調整俾維生計

以便安心工作且因去歷年內因屢請提前發放

及薪以資救濟案

決議　各職員薪給加成應俟國府聯記辦理完竣除再

行酌加維用年內應即准提前發給一月份薪

給并每人津貼三萬元以資獎勵

臨時動議

總務股主任提　本會祖塋三宅經管之應厘其祖塋數

字核共九大瀆記之祖塋相差太多應予酌加

60

是否請公決案

決議　照原有租金每月酌加一萬五千元自五月份起

主席　源　龍　代

紀錄　胡　熙

第八次常務會議

日期　三十六年一月三日下午一時

地點　本會會議室

出席常務理事

因出席常務理事不足法定人數流會

61

第八次常務會議

日期 三十六年一月廿 下午一時

地点 本會會議室

出席常務理事 池子英 新吾代 亮寬 利生

源山龍 亮寬代 寬潤 智遠代

列席 新吾 智遠

主席 源山龍 亮寬代

行禮如儀

甲 報告事項

一　報告出席人數

二　報告提前召開常會意旨

三　報告上次決議各案執行經過情形

四　報告重要文件

五　報告收發文件　收文二十件　發文九件

乙　討論事項

一　據白雲寺妥清報告永平鄉公所強抽壯丁請[illegible]救濟案

決議　查妥清為僧持身份雖已中籤一時無從承認應請總辦事向軍事科接洽原情救濟

62

二、奉省分會催繳上年七、八、九、十、十一、十二六個月經費共三十萬元應如何設法解繳案

決議　俟有的款再行解繳

三、據小靈峰寺住持野僧函稱現因多病力不能勝商請七塔寺玉崖師接任請核備案

決議　准予核備

四、據永泰庵尼顯勤呈稱尼永福捲款潛逃違反清規應其院籍一切開除請核備案

決議　函請奉化支會查明取締見復再行核辦

五、據瑞峰寺崇康函請釋示僧衆壯丁究應如何

辦理案

決議　查新兵役法雖經頒布尚未開始實行目下所征者係先征志願兵鄉保間攤湊欲送資可相抗衡事除力應付藉免糾紛至壯僧是否可以緩役係經中整委會呈請國防部核辦中靜候消息可也（太虛大師已以私人名義致函白部長要求緩役已函白部長函復原函抄附）通告各寺庵

六奉鄞縣政府訓令為奉令保護寺廟財產及僧眾自由一案令仰遵照案

決議　通告各寺庵并以新聞刊登時事寧波兩報

七、准豐東鎮公所函送行地香戒牒請查照案

決議：本案業經鄞縣政府令飭縣警察局查復後俟查明後再行核辦

主席 源觀 覺代

紀錄 胡　熙

第七次理監事聯席會議

日期 三十六年二月一日下午一時

地點 本會會議廳

出席理監事 源龍 秋吾 智青

競如 劉沉 利生 容清

沈子英 顯宗 柳塘 如海

靜修

列席 夢軒 葉進德 秀明 哲民

若遁 廖瑞 畹如 海濱

周紀　記光

主席源巃

行禮如儀

甲　報告事項

一　報告理監事出席人數

二　報告此次提前召開理監事聯席會議原因

三　報告第六次聯席會議決議各案執行經過情形

四　報告重要文件

五　報告一月份收支賬略

六　報告收發文件　收文廿件　發文十八件

乙　討論事項

一　據永慶庵住持正春報告為殿宇倒坏年久失修擬向外募化請核發证書案

決議　請慧章和尚查明后再行核發

二　據宝岩寺住持证光呈為該寺后山樹木被孤兒院擅行砍伐請予制止案

決議　查本案業經各方調解無效惟事關司法仰該住持另行設法可也

三　本會三十六年度預算業已編就是否有當請審核案

決議 暫時保留

四 查本會奉令辦理園僧登記一案前經第二次常會決議分甲乙丙丁四等依住僧人數之多寡定繳費之標準似欠適當現擬依照寺產多寡為第一標準派勸收入為第二標準住衆為第三標準是否有當請核議案

決議 園僧登記費仍依照原案辦理由本會基本金候理事長分區出發時會同各區幹事就各寺庵實際情形斟酌勸募

五 本會覺民小學開校在即各學生應繳學米雜費以

仰規空請公決案

決議　規空經收常米分八升一斗　一斗二升　三級堪費分四千

五千　六千　三級由本會收費

六據大乘庵住覺明報告為接住該庵經過情形請核發証書案

決議　准予發給証書

七奉縣政府訓令為據縣警察局呈復泉樂寺住持地香違反前約扶嫌陷害經過情形令仰知照案

決議　錄令函請豐東鎮公所暨南鎮警察所查照並通知住持知照

八、據西成區幹事慶瑞函請辭去幹事職務案

決議：准予辭職，所遺職務仍請景德寺諦空師担任，惟慶瑞任内未清賬目，即日來會結算。

九、據各寺庵報告一般清衆僧尼不向寺中討單，私借寺庵起炊自食，并拉加單資，請取締案

決議：通告各寺庵凡清衆僧尼一律須向寺庵住持討單，不得私拉借寺庵起炊自食，如有故違，當即以擾僧論，予以驅逐，所有各尼庵單資應依照前開規定數目，不得任意增減。

佛七弟子 住持 斯 安 炘 經剛（小經堂） 日 恬（往正）

下方 請 方 唸

請客忻夜（住下）帖　補請吉夜帖

臨時動議

十、查本會轄區範圍遼闊，僑民眾多，頃據調查所得多有未經加入本會爲會員，應如何辦理案

決議：凡屬本會轄區範圍內之僑民，須一律加入本會爲會員，否則予以取締，除呈報駐路府備案外，並登報通告（自登報日起以一個月爲限）

主席　源龍（簽）

紀錄　胡熙

67

第九次常務會議

日期 三十六年二月十三日下午一時

地点 本會會議室

出席常務理事 源龍 亮光

沈子英 利生

新吾 静忠 樂天

列席

主席 源龍

紀錄 兆儀

甲 報告事項

一報告出席人數

二報告上次決議各案執行經過情形

三報告本會會址產經報請土地登記情形

四報告重要文件

五報告收發文件 收文十六件 發文廿件

乙討論事項

一據潮江寺僧明性報告為鄧奉公路工人强佔寺房任意搗毀物件請救濟案

決議：據情呈請縣府轉飭鄧奉公路局嚴令制止并賠償各項搗毀物件

68

二、據西方寺安安報告接住西方寺經過情形及需用資款案

決議　案關私人債務本會未便過問至接住手續俟移交完竣後報會核備

三、奉太虛大師交議據呈一案報告為提出意見八點請核辦案

決議　備查

四、本會閱報室業已佈置完竣應購備何種報紙并規定開放日期案

決議　交總幹事會同總務主任斟酌辦理

五、准市政鄉公所函為天寧觀僧諦叔行動不規擬請驅逐出境一案，業經派李服務員前往查明具報請追認案

決議：通知該僧來會面詢，俟再行核辦，並函復布政鄉公所。

六、准調解股主任智遠法師函請辭去本職案

決議：一致挽留

七、據觀音寺覺證報告該寺前後大殿被軍隊佔（國軍第一大隊第〇中隊）駐，並將佛前供具拆毀，殿上玻窗及大鐘均被損壞，請救濟案

決議：據情轉函國軍區師令部令飭制止

69

八、據陳子英先生報告鎮氏敦榮張迫收所西來庵各佃戶租谷，請制止一案。業經函請鳴鳳鄉公所分別制止，並通知各佃戶拒絕勿付，請追認案。

決議：追認。

九、據景濟寺先法報告為寺房被警長佔用，請轉呈直轄當局令飭遷讓案。

決議：據情轉呈寧波警察局，並函請第五分局轉飭遷讓。

十、據總幹事竟覺法師報告上年十二月間根慧和尚在看守所公開演講時，其思想腐舊，語言失檢，引起

龍泉不復一案經函請前守所得演講筆錄及茶場技德之函批示以舊料函請追認案

決議 追認

十一 操書記忻民呈請辭職案

決議 准予辭職

臨時動議

十二 本會副總務主任沈子英先生應予免去本職公推為副總幹事案

決議 通過

十三 查閩明處茶地急待安佈應如何辦理案

決議　呈請縣府提高酌給標準

十四　本會覺民小學教職員薪給數字應如何規定案

決議　依照政府規定小學教師標準薪給按月發給

之吳校長夫馬費每月改為十萬元

十五　准悟静和尚函爲孫信明律師担任本會常年

義務法律顧問已允担任請發聘書案

決議　通過

十六　天寧寺宏清法師提議各寺庵舉行佛事菜資混

亂不一應予規定案

決議　定本月廿三日下午一時召集城廂各寺庵謀出

會議決定之

主席　源　巍

紀錄　胡　熙

71

第十次常務會議

日期 三十六年六月廿三日下午一時

地点 本會會議室

出席常務理事 源巃 亮覺

沈子英 寬潤

列席 新吾 智遠

[illegible] 吳宏黎（覺民小學）

主席 源巃

行禮如儀

甲 報告事項

一 報告出席人數

二 報告上次決議各案執行經過情形

三 報告重要文件

四 報告收發文件 收文十件 發文九件

乙 討論事項

一 據龍華寺住持樂天報告接住該寺歷年以來經過情形請核備案

決議 姑准備查俟靜宗師將該寺經過情形報告

來會再行核辦

二、據奉聖庵尼祥林報告尼阿華去世住持職務已遺囑其徒阿娥接充祈核備案

決議 一、查來呈所稱各節多有不符應俟派員調查後再行核辦 二、關於優婆夷惠慶與祥林兩經濟糾紛部份究竟如何情形應詳細查明後一併核辦理

三、據昧源庵退住源音接住靜蓮呈為源音年老力衰經將住持職務移歸靜蓮接住祈核備案

決議 姑准備案

四、查本會為調整各寺庵住持經製發住持證書凡屬各寺庵住持均須領取證書以資佐證而便查考惟查本會前在分會時所發之證書是否繼續有效請公決案

決議：暫時保留，俟團體登記完畢後再行辦理

五、據景德寺證空函為年老多病請辭去西城區幹事案

決議：一、慰留，二、請物色副幹事報會核委

六、據育王寺當家遠律報告為第五分局派員查詢本寺鄮山池下基地請代證明案

73

決議 保留

七 據總務股主任新吾法師函請辭去理事及總務幹事股主任職務案

決議 一致挽留

八 據悟静和尚及洪山等提稱近來物价狂漲請提高經懺价目以維持僧眾案

決議 參酌現時物价所有各寺庵(男眾)經懺一律弥且以兩价目不得任意增減凡属清眾均須向常住討單不得掛牌起炊自食通告各寺庵一律遵照

計開

十三眾梁皇　四十二萬元

佛七　七眾　五十萬元

菓焰　合十萬元

懺　合八萬元　每眾八千元　香燭佛菓在外

懺焰　十五萬元

菓資　除蕭林外　住眾一千五百元　另請三千元

主席　源巍

紀錄　胡 [illegible]

74.

第八次理監事聯席會議

日期　三十六年三月三日下午一時

地點　本會會議廳

出席理監事　靜修　柳璋　宏清

滌雲　妙安

列席

因不足法定人數流會

第十一次常務會議

日期 三十六年三月十三日下午一時

地點 本會會議室

出席常務理事 源巖 [illegible] 沈子英 [illegible]

列席如儀

主席 源巖

甲 報告事項

一 報告出席人數

二 報告上次決議各案執行經過情形

75

三　報告重要文件

四　報告收發文件　收文十八件　發文五件

乙　討論事項

一　奉省會訓令爲令飭尅日造送職員一覽表以憑轉報案

決議　尅日造報

二　奉省會訓令爲擬定全國會員代表大會候選人名單令仰圈定七人限期呈復案

決議　擬交下次理監事聯席會議核圈以昭慎重

三　據觀音寺覺澄爲本寺駐軍拆損失開列花帳報

請僉核案

決議　擬請轉函沈道事友梅先生與圓音庄接洽

四、據觀音寺空印為東首寮房被佔以致香客無處居
住，請派員查明轉請遷讓案

決議　擬請轉函王顧問子英先生與行政訓練所接洽

五、據緇務股主任新吾法師再請辭職應如何辦理
案

決議　擬請沈理事子英先生前往慰留

六、據水月庵尼文智呈為戒牒遺失請轉函岳林寺補
發案

决議　准予轉函安林寺予以補齋

七　准市政鄉公所函為據報以查後天童觀音諦教行動不規一案洪多應請再請驅逐案

决議　派華秀記前往復查後再行核辦

八　據桃源區幹事楷明函請辭去幹事職務案

决議　提交下次常會核議

九　據莊橋寶慶寺住持静忠呈為龍華寺三產被人盗賣請派員徹查案

决議　通知該住持提出確實證件報處核辦

十　奉省令訓令為奉　省政府令據觀宗寺等聯四明

佛學院仰查明具報案

決議　推派幹事竟覺法師擬具呈稿提交下次常會核議，俟再行呈復

十一　據淨明寺善慶函爲奉聖庵祥林轉託慧慶代理，心存不化，祈核辦案

決議　通知祥林、善慶、慧慶等定下次常會來會候調解

十二　據長祥林函請清算奉聖庵債務案

決議　與前案合併辦理

十三　據西方寺安相告接任該寺請核備案

77

決議 查該僧接任該寺究竟以何種身份未呈未據聲叙仰即詳具事實報會核奪

十四 准佛教居士林函請將調整和尚名單估核示復一案業經依據本會決議情形函復查照並請追認案

決議 追認

十五 據總幹事竟覺法師呈爲二月二日報載柳璋律師代表觀宗寺根慧解事一節認爲顯有作用違反叢林規例請明白答復並請組織查核團徹查觀宗寺帳目案

決議 一、原報駁復 二、由理事長會同沈道事友
梅先生查明後再行核辦
十六、據總幹事亮覺法師報告奉理事長面諭
調查報載某和尚向佛大鏡賒購魚肝油一節
詢據該號主王鎮祥面稱該僧自名靜修
係觀宗寺當家及佛教會重要職員賒購
而去原索不還核與本席在觀宗寺所知情
形認為顯有招搖形迹業已原報聲明請追
認案
決議 追認

主席源巃代三支

紀錄胡熙

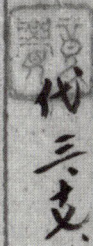

第八次理監事聯席會議

日期　三十六年三月廿三日下午一時

地點　本會會議廳　默宗

出席理監事　源巖　亮覺　柳璋

靜修　妙然　宏傳　信道

慧彥　沈有鼎　沈子泰

根慧代圓明

列席　葛夢軒　無明　悟靜

黃[illegible]指　[illegible]

根慧　圓明代　圓明

寄安到　竹林到

影川到　源齋

樂天到　慧慶

靜忠到

祥林到

主席　源龍

行禮如儀

甲　報告事項

一　報告出席委員位人數

二　報告此次提前召開聯席會議原因

三　報告上次決議各案執行經過情形

四　報告赴鄉區辦理團體登記情形

五　報告二月份收支賬畧

六　報告收發文件　收文廿一件　發文十六件

乙　討論事項

一　准澹雲法師函爲准亦幻法師來電以　太虛大師在滬圓寂請召開談話會議籌備喪費應如何辦理案

決議 一、本會補助上海方面法界費用百元由四大
叢林平均分墊
二、公推四大叢林住持及慧章和尚 新吾法師 宏清
法師 悟靜和尚 顯宗法師 秀明法師 勤明法師
等十一人為組織太虛大師追悼會籌備員，并推
空育王寺住持為召開籌備會召集人
二、准第十一次常會動議為奉省會訓令推定全國會員
代表大會候選人名單令仰圓空七人限期呈復案
決議 圓空 弘傘 智圻 趙見微 寶雲 若瓢
亦幻 澹雲 等七人為候選人，備文呈報

三、本會三十六年度概算書業已擬編是否有當請審核案

決議：公推監事顯宗法師、信道法師、理事靜修法師審查后擬具意見提交下次理監事聯席會核議

四、本會理事指南和尚業已去世請推定遞補案

決議：依法由第一候補理事如海遞補，惟查如海法師現已離開，應由第二候補理事座舫法師遞補

五、查理事可印法師已七次未出席，應否改推以符會章而重職責案

81

決議　報請鄞縣政府予以解職依法由第三條補理事夢新法師遞補并提交下次會員大會追認

六　據淨土寺性超、觀月庵大喜呈為接管曇花庵困於力微請似難兼顧擬將該寺移交與珠龍接住祈核備案

決議　一　查大喜以與情不洽清規不守對曇花庵住持一職不得兼管

二　查珠龍前在天王寺任內盜賣寺產有案一時請備案一節碍難照准

三　在未得適當人選以前由本會暫派妙安法師就近前往曇花庵保管

回發報公開登記予下次會議遽逕決定之

七 據杭榮耿等聯名呈請更換墨花庵住持并推選

相當僧人接管而合地方民意案

決議 照前案合併辦理

八 浙市政鄉公所函以天觀庵僧福裁行動不規一案業

經本會一再派員查明應如何辦理案

決議 通知該會僧來簽立悔過書再行核辦

九 浙第十三區常會函議為奉聖庵尼祥林偽變賣

慧慶尼善慶等因接管債務糾紛一案各等奴

方寺以調解案

82.

決議　查本案業經該區幹事及本會派員查明双方
情勢不合，自不得充任該庵住持，由本會公開遴
選相當人選前往接住

十、據龍華寺住持要天報告，接住後經過事實及官廳
寺僧衆等損盜賣該寺之產人及証據，應如何辦
理案

決議　派員查明後再行辦理

十一、據本會各職員簽稱為近來百物昂漲，生活維持
極感困難，請給與薪員津貼以資公允案

決議　與第三案合併辦理

主席源　龍代三益

紀録胡　熙

83

第十二次常務會議

日期 三十六年四月三日下午一時

地點 本會會議室

出席常務理事 源巍 亦幻 寬潤

沈子英 利生 智遠代

慧峰 安隱

智遠 夢軒

新吾 如安

真果 同定

列席 識空 到

静忠 到

主席源龍

行禮如儀

甲 報告事項

一 報告出席人數

二 報告上次決議各案執行經過情形

三 報告重要文件

四 報告收發文件 收文卅件 發文卅六件

乙 討論事項

一 據唐祥林函為洪惠慶女士因奉聖庵債務問題應陳校概於再行核議案

多明到

84.

決議 依照第八次理監事聯席會議決議案執行

二 據監事信道理事新普報告調查龍華寺盜賣寺產經過情形請核辦案

決議 一 通知樂天師將該寺現已向縣府地政科土地登記之契據載明第年份一面呈會核奪

二 前賣之地八分仍須另購相當之地或田八分以資抵償

三 由本會派員將該寺現有之器皿用具查明登載簿據送會蓋印証明以防移後損失不得減少

四自三十六年起所有該寺收支帳目每年終時報
會核備
五該寺住持職務不得私相授受及頂替或付
法剃徒
三奉鄞縣政府訓令爲據鄞奉長途汽車公司呈復築
路道工程借寺房損毀物件一案轉飭知照案
決議　派員前往該寺偕並令開各節切實查明具報
再行呈復
四據天童觀俊請求報告因與地方人士意見不合勢難
繼任須另覓寺庵以免糾紛案

85

決議　通知該僧自行另覓安僧接管報會核奪

五　據僧幹事竟覺法師簽呈為觀宗寺創設四明佛學院擬具意見請鑒核案

決議　推教育股主任審查後再行呈復

六　據西方寺岳安呈復接住西方寺經過詳情祈核委案

決議　准予發給證書通知該僧來會具領

七　據延福庵澄清呈報交接情形祈核備案

決議　函知該區幹事證明以憑核奪

八　據僧未醒唯一呈報普光寺交接情形祈核備案

決議　准予備查

九　據桃源區幹事楷明函請辭去幹事職務案

決議　慰留

十　奉縣政府訓令為縣屬各機關公有款產收益應由縣統收統支附發調查表仰依限填報案

決議　推沈常務子英先生向其他各教會接洽後再行分辦理

十一　據幹事蓮因師函為証明福明庵尼信才住持証書遺失業已補發請追認案

決議　追認

十一、奉縣政府訓令爲准寧波警察局函以據第五分局之地近阿育王寺捕主地界據稱已有收轄該寺提訟候核一案業已錄令通知該寺請追課案

決議　追認

臨時動議

十二、據理事慧章和尚報稱豐北鄉香積庵尼聚才因修理庵宇赴申募化請核發證書案

決議　准予發給

十三、據調查員吳韓卿、庄和師報告爲城區各寺庵團體登記尚有數處抗不遵行開具名單報請核辦案

決議 先行發告限文到三日內來會登記如再違抗者
即依法取締

主席 源 龍 代 四、十六

紀錄 胡 熙

87.

第十三次常務會議紀錄

日期：三十六年四月十三日下午一時

地點：本會會議室

出席常務理事：源山龍（亮寬代） 亮寬 寬潤 沈子英 利生（智遠代）

列席：新宗 妙安 智遠 靜修

主席：源寬　竟寬代

行禮如儀

甲、報告事項

一、報告出席人數

二、報告上次決議各案執行經過情形

三、報告重要文件

四、報告收發文件（收文九件）（發文八件）

乙、討論事項

一、據施祥寺僧德根呈報自願領款退任交還寺務

祈核備案

決議：准予備案。

二、據尼鶴清等為普濟庵產業糾紛祈從速主裁案

決議：派員查明報會核奪。

三、據佛天寺顯中函為保安中隊將寺房盡行征用影響佛事祈救濟案

決議：函請王顧問子英先生轉商該局令協

遵議。

四、據畢達甫等呈為保存僧野樓樓充曇花庵住持等情請討論案

決議：（1）維持原案。（2）該庵所有之田現屆插

種時期應由該菴原住客師玉峰暫行播
種。（三）佈種成本由候補理事毋安法師借
給食穀壹千斤、鹽菜弍百斤、水車壹部、
牛隻壹副，惟所借食穀等件日後應
由佈種人償還本剎。（四）再派常務理事
竟覺法師及職員董大義、吳鼎卿三
員協同接收。

五、據積慶菴善良呈為賄佃敵偽勢力霸佔危菴
迭請查究未蒙有效處置再請徹查轉呈驅
逐案

決議—派新吾法師查明具報再行核辦。

六、據尼祥林函為張月庭之子藉地方惡勢力驅逐請救濟案

決議—派新吾、靜修兩位法師前往接收。

七、奉鄞縣政府訓令為奉電據行總各地分署最近運到縫紉機各種小工具及衛生醫藥等項物資，將分配救濟機關團體，隨時洽請配發仰遵辦具報案

決議—酌量實際需要洽請配發。

丙、散會

主席源　龍

紀錄胡熙

四廿三，代

P0

第十四次常務會議

日期 三十六年四月二十三日下午一時

地点 本會々議室

出席常務理事 沈子英 寬潤

亮覺 利生 智遠代

列席

新光 智遠 顯宗

主席 源巃 亮覺代

行禮如儀

甲 報告事項

一 報告出席人數
二 報告上次決議各案執行經過情形
三 報告重要文件
四 報告收發文件 收文十二件 發文三件

乙 討論事項

一 奉令解付 太虛大師治喪費七百萬元經由四大叢林分墊應如何籌措償還墊案
決議 推交 大師追悼委員會解決
二 擬請大喜報告曇花庵一所有田畝現屆播種時期由該庵老師玉釋佛耘以免荒蕪請鑒核案

決議 姑准備查

三 准鄞縣救護大隊函為奉令後方所有僧侶特務隊部份已飭寒風覺福係限編組成立希予協助并於隊員集中訓練負担膳宿案

決議 關於奉令僧侶救護隊後方一節早經呈請總會核示一俟奉到指令份再行辦理函復該隊部查照

四 據覺民小學校長奉令編造三十五年度第二學期經費收支概算書請核議案

決議 請吳校長斟酌情形具報縣府

五 據桃源區幹事哲明函為事務繁多區域遼遠無力兼顧再請辭職案

決議 再函慰留

六 據薛蘿庵尼徒寶呈報該庵交接情形祈核備案

決議 推總務股主任前往查明再行核辦

七 據西延慶寺諦明呈為寺宇損壞擬募化修建祈發給証明書案

決議 查來呈并未蓋章應飭補簽并由該區幹事証明再行核辦

P2.

八、據護聖寺果緣呈爲請求發給證明俾資募化經該管鄉公所證明業已發給請追認案

決議：追認

九、奉省會訓令爲催繳各種事業等費案

決議：俟本會經費充裕時再行解繳

十、據濟遠寺哲明倬雲呈報承替情形祈核備案

決議：准予備案

十一、據大威區辦事處轉函爲靈隱寺住持募化修理殿宇祈核發證明書案

決議：准予發給

十二 據智遠法師報告調查潮江寺被築路工人佔
住經過情形祈核辦案
决議 根據調查情形抄同筆錄呈復縣府
十三 據施祥寺住持顯宗報告接住該寺經過祈核
給證書案
决議 准予發給
十四 奉省會訓令爲奉令催繳全代大會經費二十萬
元惠數祈辦案
决議 遵令照解

主席源龍 經幹事代

93.

紀錄 胡　熙

民國三十六年五月

會議錄

第三冊

11

第九次理監事聯席會議

日期 三十六年五月三日下午一時

地点 本會會議廳

出席理監事 亮覺 利生 智遠代

靜修 智遠 容情 葆財 亮覺代

信道 寶潤 新吾 根慧 圓明代

沈子英 夢軒 默宗

列席 勤明 妙愛 圓明

[illegible]

主席源巃　寬润代

行禮如儀

甲　報告事項

一　報告出席理監事人數

二　報告上次决議各案執行經過情形

三　報告重要文件

四　報告三四兩月份收支賬畧

五　報告收發文件　收文四十七件　發文卅三件

乙　討論事項

一　本年三十六年度預算書業經上次會議公推靜修

顯宗信道三法師審查并附具意見在案現為時已久前項領契應如何決定請核議案

決議 查前訂領契因近來物價波動不敷甚鉅應重行編訂提交下次理監事聯席會議核議

二 奉鄞縣政府指令為據呈報理事前印七次未出席仰將未出席原因報核案

決議 查該理事屢次未出席并未將事故聲明確係無故缺席呈復縣府

三 准盈浦鄉長蔡良初張昌年函為積慶住持乏人公請尼法成住持具函証明案 附案一件

決議一由該庵確定繼承人尼智瑞具書聘請並獲
人尼法成為住持報請本會加委
二本案前派新吾法師前往調查並據該鄉鄉長
等來函証明應無調查必要
四准茅嘉鄉公所函為據畢達甫等呈請更換星花
庵住持以順輿情請查照案　附案二件
決議一姑准備查關於前議公開登記一節應予免辦
二查佑野棲在未經本會核准以前遽予先行接住
殊屬非是應予申斥
三對於佑野棲誣衊妙安師部分應通知該從

來函前往道歉

五　據墨花菴大喜函為住菴維艱自願將住持務交其
徒野樓接管請核備案

決議　照前案會併辦理

六　據尼祥林函為慧慶佔住奉聖庵請主裁案　附調查報告一件

決議　責令尼祥林將雄化及其徒空富戒牒呈會查
驗俟查確實再行確定住持

七　據縣幹事克覺法師報告為赴各鄉區推進會務
及辦理團体登記因種種關係困難收穫不多預計
美滿擬具意見請核議案

決議　交推顯宗法師審查加具意見提交常會核

議

八　奉中國佛教會批示爲據呈繳會員證記費及證書費尚不敷五十九弟歸元仰速補繳案

決議　聲叙事實及理由備文呈復

九　據楊璿浤西爲陳述真修庵管理經過情形請核辦見復案

決議　推靜修法師簽具意見再行核辦

十　據福興庵尼興財報告其家師意見不合請調解案

4

决議　另行定期召集双方来會調解

十一　據廣善寺住持哲明报告該寺由胡蔭才介紹鄞縣田粮處辦事處借住男女混雜多有不便請轉請迁讓案

决議　據情轉呈鄞縣政府令飭迁讓

十二　據覺民小学校長提最近物价波动甚剧請提高教师待遇案

决議　应候各学校薪給調整后再行酌量辦理

臨時动議

十三　省會指導员滄雯法师提称本會各級省會常

費請速解繳案

決議　先解三十五年七月份起至十二月份止六個月每月五萬元共三十萬元

主席　源龍　寬潤代

紀錄　胡　熙

5

理監事聯席緊急會議

日期 三十六年五月十二日下午一時

地点 本會會議廳

出席理監事 源山 龍 晓了 英 靜修

新意 宏德 智遠 寬潤 信道

夢軒 慧文 守蓮代 竟覺 了英代

利生 智遠代 根慧 圓明代 顯宗

列席 謙空 峙祥代 秀明 觀成 夢軒

守蓮 省黨部會指導員[illegible]

哲明

主席源巍

行禮如儀

甲 報告事項

一 報告出席理監事人數

二 報告召開緊急會議意旨

三 報告上次決議各案執行經過情形

四 報告收發文件 收文十二件 發文〇件

乙 討論事項

一 據總幹事竟覺法師呈為体力衰頹請辭去

總幹事及常務理事職務案

決議　一、准予辭去總幹事及常務理事職務

二、所遺常務理事一職公推宏清法師補充

二、本會三十六年度預算書業已改編請核議案

決議　公推顯宗靜修二法師審核

三、據覺民小學校長函為百物飛漲請提高教師待遇案

決議　依據前次決議案辦理

四、本會經費支絀無法維持應如何辦理案

決議　一、舉行追悼陣亡將士普利水陸法會

二 推全體理監事及鄉區幹事為籌備員
并推定源巃和尚為籌備會召集人

三 本會住持證書工本印刷費每張征收式萬元又募化證書每張征收五萬元

四 三十五年度各寺庵積欠捐款請各幹事趕速加緊催收

五 各寺庵事業費卅六年度及舊欠推靜修新岙宏清智遠源巃信道慕軒慧章八法師會同各區幹事辦理

五 據積慶庵尼志瑞函為本庵主持不得其人度日

7

維親擬請其師法成主持社秩庵案

決議 一、第八九兩案合併辦理 二、志端擬請並護

人尼法成為住持准予備案 三、五月十五日

該庵接住日期本會推顯宗信道二法師

前往指導 四、南鄉卅寺庵代表領導人秀

明師等來函請秀明師當場否認應作無

效 五、關於優婆夷善良來呈聲明異議

一節查該善良既係優婆夷依據會章

無住持資格所請應毋庸議

六、據幹事蔓軒師函為接待庵永福庵等被鄭

横溪工人佔住請救濟案
決議 據情轉呈鄞縣政府令飭遷讓
七 據葉善庵（指徹 覺性）函為交接情形祈核辦案
決議 准予辦案通知從覺性即日來會領取証書
八 據傳安袁善良函為第九次理監事聯席會議第三項決議聲請異議請予討論案
決議 與第五案合併辦理
九 據南鄉三十寺庵代表報恩寺秀明函為尼法成孔法強佔積慶庵對第九次理監事聯席會議決議聲請異議案

8

決議 與第五案合併辦理

十 推清道鄉公所函為保薦慧清為奉聖廟常住案

決議 推靜修師前往詳細查明再行核辦

十一 據會員嘉善等廿六人聯名呈請台閩北素大會批具各點於審核施行案

附報告一紙

決議 一 查嘉善等廿六人檢舉竟覺各點現該竟覺已離寺他往俟調查明再行核辦

二 通知該被告人對於第四點串通本會職員敲詐事關職員名譽請提出證據姓名以憑

完辦

三、推靜修宏清顯宗三法師依據報告各点切实調查報會核奪

四、關於出席代表大會一節候調查明再行核辦

十二、據鄞東區幹事遠塵函請辭去幹事職務案

決議 一致挽留

十三、據理事靜修法師提称前真修庵被楊碧溪藉敵偽黑勢力霸佔法產擬具意見請核議案

決議 一由住持靜修師自行恢復真修庵名義

二依據靜修師報告函後楊碧溪

9

三、該庵土地既經鄉公所代為證明

臨時動議

十四、據竟覺師來函提鄭溪東西區廿四、五年事業費收據第十本被人折毀及黃岩庵收據并無存根請查明辦理案

決議　經該區辦事證明事出誤會應毋庸議

主席　源　龍

紀錄　胡　熙

第十五次常務會議 同時召開追悼陣亡將士超薦水陸法會第一次籌備會議

日期 三十六年五月二十三日下午一時

地点 本會之議廳

出席常務理事 源巍 寬潤 利生 智遠代

根慧 信道代 宏清

沈子英

列席 信道 智遠 夢軒 靜修

新善 沈寶華

主席 源巍

行禮如儀

10

甲 報告事項

一 報告出席人數

二 報告上次決議各案執行經過情形

三 報告收發文件 收文五十三件 發文廿五件

乙 討論事項

一 據總務主任新吾法師報告奉派調查薜蘿庵糾紛情形請核辦案

決議 通知尼寶弦繕具詳細經過情形報告來會再行核辦

二 據拈花庵從源清函為身係羸弱亟須修養願將

已辦　已辦

住持職務推定法徒瀛橋管理請核備案

決議　函請該區幹事塵舫法師查明核命以憑

核奪

三　奉中國佛教會指令爲本會補徵證書費等仍

照原價計算實難辦到仰即勉力補徵案

決議　呈請總會先將證書提前核發補徵之款

俟該法師再行核解

四　據徒空印祿空稟告爲空印年老力衰願將觀音

寺住持職務移交與祿空接管祈核備案

決議　准予備案

已辦

11

五 據理事靜修法師報告調查奉聖庵詳情并擬具意見請核議案

決議 一 據靜修法師調查報告尼祥林既於奉聖庵內係人各據迫向慧慶係優婆夷無住持資格雙方應即離庵由本會另選住持至於祥林與慧慶債務問題事關私人糾紛應由雙方自行處理

二 查尼宗富既係雙目失明且事前并未拜阿苑為師事後始受幽冥戒顯係另有作用依法自無繼承權利由本會派尼根慧接充

已辦　已辦　已辦　已辦

六　據王呂靈禪函爲與三友家橋味律庵尼安善祖
地建屋糾紛一案請轉囑悟靜和尚停拆案
決議　函復王呂靈禪親自來甬處理
七　據五台寺尼崇本呈爲無力繳納事業米請核
減案
決議　准予酌減三斗五升每年應繳六斗
八　准益事胡可爲函爲僧務繁忙未能負責擔
請辭職案
決議　一致挽留
九　據僧現梳報告爲化成寺失火涉及嫌疑請詳

已辦　已辦　已辦　12

查家保案

決議　一併調查

二　所請家保一節業函司法部維照准

十　據鴻福庵呈為本庵并無庵產請求核減常費案

決議　交經務股酌情辦理

十一　據慈濟寺先法函為本寺因無田產收入請核減常費案

決議　併前案合併辦理

十二　據尼祥林呈為奉聖庵接住問題再請迅予調解案

已辦

決議：查來呈所稱各節核與前呈事實多有不符所請應毋庸議

臨時動議

十三　本會為謀會員之福利擬組織信用合作社請推員籌備案

決議：推源巃和尚、寬潤法師、根慧和尚、利生和尚、新吾法師、沈友梅先生、沈子英先生、宏清法師、悟靜和尚、顯宗法師、勤明法師十一人為籌備員，並推定源巃和尚為籌備會召集人

十四 查本縣自勝利以還城鄉各寺廟常有軍隊駐紮并携帶眷屬居住以致點羞法物無法保持佛事進行阻礙良多影響僧衆生計殊非淺鮮應如何設法救濟案

決議 建議全國佛教會成立大會電請中央明令制止

十五 查中國佛教會代表大會召開在即本會應如何表示請核議案

決議 代電致賀

十六 查戒殺放生以法利生為我佛信之主旨而現行

兵役法令對僧侶不能免役殊與修道學佛之宏願大相徑庭惟為克盡對國家服務之職責起見凡參加救護隊工作者應請政府准予免服兵役是否有當請核議案

決議電請總會轉呈中央核奪示遵

主席源巃

紀錄胡熙

第十六次常務會議

日期 三十六年六月六日下午一時

地點 本會會議室

出席常務 源龍 沈子英 宏虞

利生

列席 靜修 新吾 德楨

主席 源龍

行禮如儀

甲 報告事項

一 報告出席人數

二 報告上次決議各案執行經過情形

三 報告重要文件

四 報告收發文件 收文十三件 發文十一件

乙 討論事項

一 奉縣政府訓令為定期召開寺廟興辦公益慈善事業委員會仰派代表出席案

決議 一 公推靜修法師向縣府接洽

二 查管理寺廟條例早已廢除應根據本會訓令轉奉行政院三十五年五月廿日節京字第

查我僧侶以法利生、解殺放生為宗旨，而現行兵役法令對僧侶不能免役，殊與我僧侶修道學佛之宏願大相違庭，惟為充參加國家服務之責起見，凡參加救護隊之工作者，應請政府准予免服兵役。是否有當，請核議案。

決議：通過，請總會轉呈中央核奪示遵。

14·1

已辦　已辦　15　已辦

一〇六九號指令呈復縣府

二奉省會訓令爲派本會理事長前往象山查明尼願成犯法請懲案

決議　照辦

三據真修庵住持靜修呈爲被楊碧澄利用敲詐要挾犯法請准轉呈縣府予以制止案

決議　據情轉呈縣政府予以制止

四據薜蘿庵尼宝德呈爲尼友甫倆借家庵名義向地政局蒙騙登記請求證明案

決議　據情轉呈縣政府制止

五 據厚福庵住僧清呈爲保長鄭連康非法侵
佔據迫逐住衆妨礙生計請救濟案
決議 轉呈縣府令飭遷讓
六 據會員裘金山函請依照會員證案
決議 交總務股查明後再行核辦
七 據幹事蓮柱函請辭去幹事職務案
決議 一致挽留
八 據真如庵住持金芳函爲白無恒產請求核減
會費案
決議 交總務股酌情辦理

已辦　已辦　已辦

16

九、據宏清靜修法師報告爲准五月十三日理監事聯席會議討論事項第十一案前將調查經過報請核奪案

決議　將本案全卷移送同級監事會核辦

十、據佛果寺顯中等呈爲熱烈響應嘉善等廿六人之主張檢舉竟覺請速予辦理案

決議　與前案合併辦理

十一、據薛蘿庵尼宏鈞呈復本庵接住情形及尼元淨携去物件請核備案

決議　准予備案

十二 提覺民小學校長呈為物價高漲請提高教員薪俸案

决議 自一月份起每教師酌加三萬五千元計廿二萬元

主席 源龍

紀錄 胡熙

17

第十七次常務會議

日期 三十六年六月十三日下午一時

地點 本會會議廳

出席常務 源巃 宏清 利生 智遠代

沈子英 根慧 寬潤

列席 十

新若 崖舫 智遠 信道

靜修

主席 源巃

行禮如儀

乙 辦

甲 報告事項

一 報告出席人數

二 報告上次決議各案執行經過情形

三 報告重要文件

四 報告收發文件　收文十二件　發文十五件

乙 討論事項

一 據永息庵住持寬雲呈為退住了凡爭攘奪利請查究案

決議　查該庵係原天壽寺塔院該寬雲與了凡接手并未經相當手續均有未合應由天壽

已辦　已辦　18

寺自行收回

二、據象山縣僧音智呈為勢豪惡霸侵奪寺產縣政府庇不平反，又施壓迫，叩請救濟案

決議：准予據情轉呈省會

三、據調查員吳幹卿報告調查觀宗寺常住與佛學院學僧常生糾紛經過情形請核辦案

決議：一、查該寺創辦佛學院事前並未呈報本會轉請各級教育機關核准備案，殊有未合；現在該佛學院學僧常生風潮，并有集衆毆打情事，殊屬有礙地方治安，亦為預防該

已辦

學徒等以深恐生意外情事起見，應迅即將
該佛學院暫行停辦或提前放假，以杜糾
紛，函復該寺查照。

二、准觀宗寺來函內稱謂：「有會覺師自稱省
會佛教會義來甬調察該佛學院風潮一
節，詢向前來。」查該會覺師並未提出省會公
文到會，本會無從攷查，應候呈請省會核
示再行函復。

四、准清道鄉鄉副蘇浩函爲奉聖庵接住糾紛一案，
請依法辦理案。

已辦　已辦　19　已辦　已辦

決議　暫時保留

五　查[illegible]等庵事索費延不解繳應如何辦理案

決議　派調查員吴幹卿會同源瀧宏清妙明妙安四法師輪流征收

六　據大咸區幹事塵舫法師提稱本區之域遼闊請加聘幹事俾利會務推進案

決議　請塵舫師物色相當人選報請本會加聘

七　據大有寺住持妙慎函請發給委任證書案

決議　准予核發

八　據大然庵住持尼信根等聯名呈請再行調整分稅

菜資并禁止各庵寮住女俗自行炊食案

決議 由本會將規定所開菜資價目通告各尼庵

一律遵照

佛七每子 住下 川仟万 客請 川仟万 經剛（小經在）住下 日唸 仟

客請 仟 拜誦 住下 仟 客請 仟

九 據觀宗寺住持報告西方為試辦佛學院籍資培植

僧衆青年詎學俗不停除辦學初衷屬違越執行

勸近亮崗生毆打西請查照辦理案

決議 與第三案合併辦理

十 據塵舫法師報稱查鄉區各寺庵多有以香火庵

20

名義拒絕繳納園停柩記費情形事請核辦案

決議 由本會先行通告勸導

主席 源巖

紀錄 胡熙

臨時緊急常務會議紀錄

日期：三十六年六月十五日下午一時

地點：本會會議室

出席者：源琮 寬潤 宗律 利生 智遠代

列席：静修 悟静 信道 夢軒 新吾

主席：源巃

行禮如儀

甲、報告事項

2

報告開會意義

乙 討論事項

一、座本日大部來函摘登載竟覺啓事文內以奉省會令飭該竟覺師會同本會理事長座明調查觀宗佛學院風潮并即具報等云云，但本會近未奉到這項明令公文，接該竟覺師通知應如何辦理案

決議：座該竟覺師並未會同本會理事長辦理，擅向觀宗佛學院學生方面，片面調查，事前亦未出示省會公文，自應備函，請大部來函摘亦以免更正，以正聽聞。

二、准觀宗寺住持根慧來函為佛學院學生毆打情事請將本會調查經過轉函地院檢察處予以証明當提付討論案

決議：准予依照調查報告轉函証明。

三、本日上午接寧警局盧局長電知為調處觀宗佛學院學僧風潮一事定於廿七日下午三時會復指定利生和尚根慧和尚寬潤法師源義和尚岑清和尚靜安法師等六位出席請核議案

決議：自應對知各位法師屆期準時前

22

往報到。

主席　源巃

紀錄　胡煕葉義

第十次理監事聯席會議

日期 三十六年六月廿日下午一時

地點 本會之議廳

出席理監事 源鎧 利生 智遠代

塵空 吶子 笑 顯宗 圓明代 智遠

静修 新吾 信道 意覺

勗明

列席 圓明 妙安 識空

巨贊 葦舫 哲明

二　27

李厚琨　楊致祥

庭和

主席　源巃

行禮如儀

甲　報告事項

一　報告出席理監事人數

二　報告上次決議各案執行經過情形

三　報告重要文件

四　報告觀宗寺佛學院風潮案調解經過情形

五 報告五月份收支結果

六 報告收發文件 收文五十九件 發文五十二件

乙 討論事項

已辦

一 查本會前奉鄞縣政府訓令為定期召開寺廟興辦公益慈善事業委員會仰派代表出席一案業經第十六次常會決議根據省會訓令呈復縣府旋奉電催應如何辦理請核議案

已辦

決議 呈請省會核示後再行辦理

二 本會覺民小學本學期行將結束卅六年度第一學期學級及教職應否予以調整請公決案

已辦　已辦　24

決議：本會因經費支絀，該校下學期改編為三學級（高級中級低級）規定教師為四個半人，校長一職必須專任，函復該校長查照

三、查翻石渡天福寺住持抗繳事業費，已通知該寺住持將歷年結月簿據呈會核算，請追認案

決議：追認

四、觀宗寺佛學院忽生風潮，業經邀請諸山暨當地士紳予以調解，并將調解情形呈報省會請追認案

決議：追認

已辦　已辦　已辦

五　據幹事兆標函請辭去幹事職務案
決議　准予辭職函知該幹事經擬辦之各項收據
簿冊繳會以清手續

六　據居安善呈為被悟靜帶同敵僞軍隊强迫驅逐
出庵調解時又誤智遠為智圓不敢多言以致庵
仍未還務乞垂予調解令還庵產回復住持案
決議　函知悟靜和尚遵照前次本會調解筆錄履行
並通知居安善逕向悟靜和尚交涉

七　准覺民小學吳校長函為本學期已屆結束將半年
來工作所感并擬具各点意見請核議案

决议：共二案合併讨论

临时动议

八、准理事静修法师等联名提称本会经费困难应否减轻觉民小学浪费案

决议：与第二案併案讨论

九、查观宗寺佛学院伊因经费困难宣告结束本会为谋维护僧伽教育计拟发起纂组四明佛学院以资普及是否有当请核议案

决议：由本会函请六区各县佛教支会征求意见并定期召开筹备会议

主席源龢

紀錄胡熙

第十八次常務會議

日期　三十六年七月十三日下午一時

地点　本會之議室

出席常務理事　源巍　沈了吳　利生　寬潤　宏清　根慧

列席　静修　智遠　新吾　沈友生

主席　源巍

行禮如儀

甲 報告事項

一 報告出席人數

二 報告上次決議各案執行經過情形

三 報告重要文件

四 報告收發文件 收文四十二件 發文廿四件

乙 討論事項

一 據曇竹庵尼靜甫函為陳述接任該庵情形請

核備案

決議 函請該區幹事斟酌情形妥為辦理

已辦　已辦　已辦　27

二　據德性庵淨法函為庵無恒產請核減事業費案

決議　由總務股酌情辦理

三　奉縣政府函為定期召開寺廟興辦公益慈善事業委員會經再擧敘理由呈復業核請追認案

決議　追認

四　准覺民小學吳校長函為本學期已屆結束定期辦理移交請派員接收一案業已函復并派員接收請追認案

決議　追認

五 奉財政府指令為真修庵被楊碧縣朦騙押記
轉請制止指仰知照案
決議 一 真修庵名稱應予變更
二 該鄉楊碧縣即鄉宗範妻在淪陷期間
私押強佔寺產一節該應司法解決

六 奉財政府指令為薛蘿庵被李友甫朦騙押記轉
請制止指仰知照案
決議 推理事靜修法師前往查明後再行核辦

七 據悟靜和尚呈為被尼安善呈請帶同偽軍張逼驅
逐一案業將誣訴各點呈候鑒核案

已辦 28 已辦 已辦

決議　本案已由雙方自行調解無庸分議

八　查西來庵接住升修一案定七月一日傳審本會已推派靜修法師前往應訊請追認案

決議　追認

九　奉縣政府令發人民團體調查表仰填報案

決議　遵令填報

十　准和益鄉公所函為證明天福寺向無欠繳會費情事請查照案

決議　一　查案函復和益鄉公所

二　查該僧既係代管性質在代管期內不履行

已辦　已辦　已辦

本會應盡義務應予停止代管碑務另行

派員接收

十一　奉省會訓令為增加本會事業費仰知照案

決議　遵辦

十二　奉省會訓令為奉令調整會費及證書費仰

遵照案

決議　遵辦

十三　查真修庵產業糾紛一案楊碧階所訂立意

見多有損產業應如何糾正案

決議　照第五案併案辦理

已辦　已辦　已辦

29

十四　水利委員會來函封於東錢湖福圍寺產等項
加以修理案
決議　交寺廟修建委員會辦理
十五　此次水陸法會辦事人員及各區幹事之熱心
襄助者應如何獎勵請公決案
決議　由理事長會同總務股酌情獎勵
十六　本會會員證業奉總會頒發應如何分發案
決議　分函各區幹事轉知各會員隨帶應繳三十六年
度會費五千元及二寸半身照片兩張（新入會
者須照片四張）來會具領并由會編造名冊

已辦　已辦　已辦

按名分發

十七　第二監獄署張典獄長來函聲請派員蒞獄
演講佛教因果請推員擔任案
決議　公推顯宗寬潤靜修誠一四法師擔任輪
流前往演講

十八　准天台寺監院寬潤法師函爲遴選住持定期
接任請核備案
決議　准予備案

十九　本會覺民小學吳校長書函辭職　三十六年度
第一學期校長一職擬聘請鄔謨高先生擔

352

已辦

任案

決議 通過

二十 擬呈請鄞縣政府迅賜恢復名勝委員會全保天封塔案

決議 通過

主席 源巋

紀錄 胡熙

第十一次理監事聯席會議

日期　三十六年七月廿三日下午一時

地点　本會會議廳

出席理監事　源龍　沈友梅　子英代

利生　智代　沈子英　寬潤　静修

新會　智素　顯宗　勤照　宏惠

信道

列席　妙安　竹林　識空代　常義代　圓覺

主席　源龍

行禮如儀

31

甲　報告事項

一　報告出席人數

二　報告上次決議各案執行經過情形

三　報告此次水陸法會經過及收支情形

四　報告重要文件

五　報告六月份收支結果

六　報告收發文件　收文廿八件　發文廿二件

乙　討論事項

一　准中國佛教會函爲函催補繳會員證書費五十三萬零六百元應否補繳請公決案

已辦 已辦

決議 設法補繳

二 據直指庵住持功慧報告為居守傾圮擬募化修理請核發証書案

決議 准予發給関於該僧接住該僧請妙安師通知來會補具手續

三 查本會自成立以來將屆一年佈與會章草案規定二年召開代表大會一次現因大多數理監事均因事請求辭職擬定期召集會員代表大會是否請核議案

決議 保留

已辦

32

四 本會之章草案經第一屆會員代表大會決議修正呈請總會核示隸屬一年未奉明令以致延未付印應如何辦理案

決議 呈請中國佛教會核示

五 查此次舉辦水陸法會各鄉區幹事及各會員其熱心協助者擬酌減事業捐藉資獎勵是否有當請公決案

決議 一組織審查會審查後辦理之

二推智遠妙安顯宗靜修回法師及沈子美先生審查

六 本會員工薪給菲薄值此物價狂漲自應予以調整以利工作案

決議 由理事長斟酌辦理之

七 據天台寺住持新普柏稱本寺被勤務團晉區司令部之隊任意破壞搬取物件且門衛森嚴阻止香客進出以致經懺佛事斷絕生計堪虞請設法救濟案

決議 由本會建議縣參議會层呈國防部給示保護

八 查奉聖庵住持一職業經遴派尼根慕接充惟

33

優婆夷慧慶近來務了應如何辦理案

决議：一、查案函請清道鄉公所查復

二、推理事靜修、李服務員會同該區幹事

覲成師定本月廿四日陪同尼根慧前往

接任

主席　源龍

紀錄　胡匠

第十九次常務會議

日期 三十六年八月三日上午八時

地点 本會之議室

出席常務理事 沈子英 利生 智代 宏清

列席

因不足法定人數改設談話會

新吾 智遠 夢龢 禪定

明石山 峰壇 月朗 廣惠

34

[illegible]和

主席　利生　智遠代

甲　報告事項　畧

乙　討論事項

一　查天福寺僧禅定因積欠事業捐一筆業經第十八次常會決議派員接收產業希該僧自知理屈一再挽人來會請求應如何辦理案

決議　一由該僧具招道歉

二所有積欠本會各項捐費限即日清繳

三、顧助本會福利事業費一百萬元

四、該從前陳述意見確屬一時誤會，本會姑念初犯，應予顧諒，准予將本案撤消，下次常會復議

五、該寺住持職務，俟雙方將以前經過情形補報本會後再行核辦。

二、查西來庵因確認住持撤起上訴一案業已駁回，應否上訴最高法院，請公決案

決議：上訴最高法院

主席 利生 智遠代

25

紀錄胡𦣞

第十九次常務會議

日期 三十七年八月十三日下午一時

地點 本會之議廳

出席常務 源龍 佛子 莫 彦清

利生 智代

列席

智遠 新言

静修 沈友梅

顯宗 景勳 帆

已辦

36

主席 源巃

行禮如儀

甲 報告事項

一 報告出席人數

二 報告第十六次常會及上次談話會決議各案執行經過情形

三 報告收發文件 收文十六件 發文十六件

乙 討論事項

一 奉縣政府令發救濟團體查報表仰填報案

決議 本會并未舉辦救濟事業本件應予存查

已辦　已辦　已辦

二奉縣政府訓令爲准函修建天寧塔以策安全一
案抄發原提案令仰遵辦案

決議　查本案業經呈請鄞縣政府迅賜撥復名勝保
管委員會俟奉到指令後再行核辦

三據王呂靈禪函爲昧律庵租地建屋一案請
秉公辦理案

決議　案關司法本會未便受理

四奉令信用合作社因稱之困係進行困難經第二
次籌備會議改名爲消費合作社請追認案

決議　追認

已辦 已辦 37 已辦 已辦

五 查水陸法會各鄉區幹事及各會員熱心協助者
擬酌減事業捐藉資獎勵一案經推員審查
完畢請核議案
決議 照審查意見通過
六 奉省會訓令轉奉總會令為准國防部函以呈
准僧侶服役變通辦法三項令仰知照案
決議 通告各會員一體知照
七 奉縣政府代電為電飭造送寺院調查表案
決議 遵辦
八 查天福寺禪定積欠捐款一案經上次談話會決

已辦　已辦

議五項辦法是否有當提請復議案

決議　照原議通過

九　西未廠案上訴駁回經上次談話會決議上訴最高法院請追認案

決議　追認

十　擬本會各職員簽呈以物價高漲生活萬難維持再請調整薪給案

決議　自七月份起各職員一律薪加成以一千倍計算薪給生活補助費仍舊各常務等車馬費每月改為五萬元

已辦　28　已辦

十一　據地藏殿深意函為精力衰疲維持為難請另委賢能接住案

決議　交總務股辦理報會備案

十二　據天福寺禪定報告接住該寺經過及與天福交換務交情形補核備案

決議　候雙方將務交手續呈報來會再行核辦

十三　據常務理事宏清法師提請調整城區各寺庵經懺單資案

決議　規定單懺燄每衆九千元　懺燄每天每衆一萬六千元
梁皇每堂每衆三萬二千元　佛七每堂每衆六萬四千元

供天緒色二千元通知各城隍修寺一体遵照

主席源巄

紀錄胡熙

29

第十三次理監事聯席會議

日期 三十六年八月廿三日下午一時

地点 本會會議廳

出席理監事

列席

因不足法定人數流會

第二十次常務會議

日期 三十六年九月三日下午一時

地點 本會會議廳

出席常務 源巃 沈子英 宏清

利生 智代

列席 鄧蓮香

諦岩 智遠 根慧

李彥瑾 靜修

主席 源巃

已辦

40

行禮如儀

甲 報告事項

一 報告出席人數

二 報告上次決議各案執行經過情形

三 報告重要文件

四 報告收發文件 收文八件 發文七件

乙 討論事項

一 奉中國佛教會批示爲本會章程應參照總會章程各項規定酌量修正案

決議 呈請總會補發會章以再行核辦

已辦　已辦　已辦

二准新建鄉公所函為証明慈福寺大房尼性良悴弱多病執行些困尚生窒礙希變通辦理一案已函復該鄉公所查照請追認案

決議　追認

三據尼祥林報告奉堅庵已由尼根慈接住現居收取租谷三期優婆夷慈慶抗不照繳請救濟案

決議　查本案已函請該鄉副鄉長薛浩先生勸令照繳俟接到復函後再行核辦

四奉鄞縣政府訓令為奉令轉飭保障寺廟產仰遵照案

41

已辦　已辦

決議　通告各寺庵道正

五　據洪山廣月庵明性等報告五峰寺住持能乘因急病逝世經洪山及十方安議傳法徒果球接住报請鑒核案

決議　推理事慈本就近查明报會核辦

六　本會覺民小学業已開学其教職員薪給應如何規定案

決議　該校校長教員六人每月薪給米共十二石除校長規定每月二石四斗外其餘十石由校長支配　又校役每月食米六斗所有一切雜費每月

已辦 已辦

實支實銷

七據總務股主任新受法師函請辭去總務主任職務案

決議 暫時保留以十天為限

八據地藏庵住持深意心純函為報告接手地藏庵住持經過情形請核備案

決議 准予備案

主席 源龍

紀錄 胡政

42

第十二次理監事聯席會議

日期　三十六年九月十三日下午一時

地點　本會會議廳

出席理監事　源龍　[illegible]　宏清

利生（智代）　智遠　根慧　顯宗

星舫　夢軒　信道　靜修

沈寶[illegible]

列席　[illegible]　蓮法　周[illegible]

觀成

主席源龍

行禮如儀

甲 報告事項

一 報告出席人數

二 報告上次決議各案執行經過情形

三 報告重要文件

四 報告七八兩月份收支賬畧

五 報告收發文件 收文卅五件 發文廿五件

乙 討論事項

一 奉省會訓令爲奉總會令以訂明行文程序數

47

已辦　已辦

並仰遵辦案

決議　遵辦

二　准常務理事寬潤法師函為承乏常務已及一載殊少建樹懇請辭去常務職務案

決議　一致挽留

三　奉省會訓令為奉令關於抗戰期間公私損失查報期限已逾仰轉飭各住持迅招當地政府請求賠償案

決議　本案前奉令飭業經錄令并印發表式通知各寺庵住持遵辦在案本件應予備查

四　據桃源巨幹事哲明函為年邁無能請辭去幹事職務案

决議　推勸明師代表本會懇切挽留

五　據福慶庵尼覺慧函為師妹元隆侵凌產權請派員查明辦理一案經由理事靜修法師會同吳調查員幹卿前往調處定期來會履行手續案

决議　保留

六　據大悲庵性根呈為物價高漲請予行調整尼眾菜資俾安生計案

已辦　44　已辦

决議　規定佛七单資僧下卌千萬　客請卌千又万　經剛（小經仝）僧下
日唸卅千　客請卅千　梵誦僧下卅千　客請卅千
通告各城區尼庵一律遵照

七　查本會辦理三十六年度會員登記業經分函各區幹事
知各會員來會辦理手續在案乃為時已久來會登
記者尚屬寥寥應如何辦理案

决議　除通告各寺庵外并由各區幹事負責催收三十
六年度會員會費及辦理補會員登記手續

八　准覺民小學校長函稱以物價高漲請依照原擬
預算書給薪給案

已辦　已辦

決議　查該校教職員薪給已超過縣府規定標準除校
役每月酌加薪米二斗外所請應毋庸議並候查

九　據寶慶寺住持蔓甦呈爲該寺小沙彌海風被匪脅迫坡
匪速捕請轉函保釋一案業經據情轉函縣警局請追
緝案

決議　追緝

十　報載五鄉硤東嶽宮住持唯清醜事一則擬將寺產出
賣應如何依法取締以杜效尤案

決議　該住持擅將寺產盜賣並敢於報公告殊屬犯法已極
應即撤銷住持呈報縣府備案

45

已辦 已辦 已辦 已辦

十一 據理事慶舫法師提清華庵住持僧道慧抗不入會及不履行團體應如何辦理案

決議 先以書面警告限文到七日內來會辦理登記手續或就近向該區幹事處登記

十二 據理事慶舫法師提爲奉派調查指患庵予替手續該接住僧瀛橋係屬沙彌是否可以接充住持請核議案

決議 通知該僧限本年內受戒再行正式接住

十三 據理事靜修法師提查各區多有非法道教宣傳邪説淆惑社會影響佛教至爲重大應如何取締案

決議 由本會製發調查表通知各會員嚴密調查具報來會

已辦　已辦　已辦

以憑彙報當局取締

十四　據彥論峰報告爲前承前經寺委託管理之戒香寺被火焚毀

委分怀後現因年老力衰願將全部退還前經寺管理案

決議　通知報方自行辦理手續以呈報本會核備

十五　查第十次常會第七案據總務股主任釋音法師提出辭

職經決議暫時保留以十天爲限現已屆期提請復議案

決議　一致懇切挽留

十六　據廣仁庵勉明報告該庵周迴屋宇似無妨礙交通請轉

呈財府免予拆讓一案業經據情轉呈請追認案

決議　追認

46

已辦

十七　本會水陸法會早已結束尚有少數捐冊迄未送會應如何辦理案

决議　所有未繳之各寺庵限期一律清繳

主席　源巃

紀錄　胡熙

47

第十三次理監事聯席會議

日期　三十六年十月三日下午一時

地點　本會之議廳

出席理監事　龍修　沈子英　宏清

利生　智仙代　新音　信首達　曾軒

根慧　國威代　晏宗　柳尊

智遠

列席　國

主席　源龍　顯宗代

已辦

行禮如儀

甲 報告事項

一 報告理監事出席人數

二 報告上次決議各案執行經過情形

三 報告重要文件

四 報告九月份收支帳畧

五 報告收發文件 收文十件 發文十六件

乙 討論事項

一 准定海縣支會函為定海各界議會通過征收經懺圖牒等捐請共籌應付案

48

已辦　已辦

決議　一　呈請中國佛教會轉函浙江省政府嚴令制止

二　函復寧海縣支會查照

二　據縣務股主任新吾法師函復為事繁体弱不能荷此重任再請辭職案

決議　全体理監事一致挽留

三　准省會函為催繳會費請如數滙解案

決議　本會經費支絀請求免予增加并將每月應繳之五萬元如數解繳

四　據福慶庵尼光隆呈為本庵因妹姑產權糾紛一

已辦

已辦

案附呈估計單請派員向對方要救提款案

決議　仍照本會理事靜修法師前次調解之數（津貼三十萬元）執行之

五　准覺民小學全體教職員函爲學生報名費係原教員所有請速將款歸校案

決議　查該校學生報名費向由本會收取充作該校一切雜費之用該校教職員除薪給外並無其他補助費所請礙難照辦

六　據天寧寺住持宏清法師呈爲募修大殿請准備備案并轉呈縣府核備一案業經據情轉呈請追

認案

決議　追認

七　據迴龍庵妙性雪透函爲妙性年邁難以維持並雪透接管定期移交請派員指導案（附案二件）

決議　查來函所稱核與接住手續不符應予制止俟詳查明再行核辦

八　據常務理事寬潤法師函爲再請辭去常務職務案

決議　公推理事長暨監事顯宗法師前往慰留

九　據七塔寺監院新岳法師函爲迴龍庵接住一案聲

已辦

叙理由請予制止案

决議　照第七案合併辦理

十　據從光法師為廻龍庵住持已由妙性推承光法接管不得另行頂替案

决議　照第七案合併辦理

主席　源龍

顯宗代

紀錄　胡邸

50

第二十一次常務會議

日期　三十六年十月十三日下午一時

地点　本會議室

出席常務　源龍　沈子英　宏清
寬潤　利生（智代）

列席　智遠　静修
越塵

主席　源龍

紀錄　如儀

甲 報告事項

一 報告出席人數

二 報告上次決議各案執行經過情形

三 報告收發文件 收文卅件 發文廿一件

乙 討論事項

一 據江心寺僧徽妙報告前住持道明病故依例由僧

接住請核備案

決議 公推智遠靜修二法師前往查明後再行核辦

二 據天福寺天祚禪定函為接承該寺經過情形請核

備案

已辦　已辦　已辦

51

決議　准予備案

三　准新建鄉公所函爲慈福寺尼性良違犯清規一

案函請查照案

決議　已經飭該尼執行出關并函復新建鄉公所

查照

四　據慈章和尚函爲橫溪永鎮庵被警察所佔用

請派員調查勸令他遷案

決議　派員調查後再行核辦

五　據龍華寺樂天呈爲造具該寺法物及器具恒

產清冊請核備案

已辦

已辦

決議　派吳調查員前往查點後再行核辦

六　據佛會寺僧常學函為廻龍寺住持一職應以法派派傳不得擅行頂替請核辦案

決議　暫時保留

七　奉鄞縣政府訓令為該會々員請貴會合作社申請設立一節礙難照准應如何辦理案

決議　應將章程及業務計劃加以修正并補充理由再行呈請

八　據總務主任新吾法師函請再行辭去總務職務案

已辦 已辦 已辦

52.

決議 保留

九 據大乘庵退住尼志圓接住僧圓順呈報承替住持請核備案

決議 准予備案

十 據雪梅函為西鄉大乘庵徵頂替住持陳述原因

請派員查明案

決議 共前案合併討論

十一 據真修庵住持靜修函為該庵尼椿升稱一案已共

承蒙仰峰先生調解請轉呈地政局土地登記案

簽核案

決議 准予據情轉呈地政局土地登記案

主席源巋

紀錄胡熙

53

第二十二次常務會議

日期　三十六年十月廿三日下午一時

地點　本會會議室

出席常務　源巃　劉生　沈子英

列席：智遠

主席　源巃

行禮如儀

甲　報告事項

一　報告出席人數

已辦　已辦

二　報告上次决議各案執行經過情形
三　報告收發文件　收文四件　發文五件
乙　討論事項
一　准第二區聯函為本區成立文書科專門担任抄寫工作各機關如有上項工作可全部承辦希查照案
决議　備查
二　據前經寺住持觀成函為讓峰之徒孫指定詭言冀就意圖侵據請轉函塘䃚鄉公所協助以資接收案
决議　准予據情轉函塘䃚鄉公所協助接收

已辦　已辦　已辦

54

三　奉省令抄發為徵解經常費已收到自七月份起仍仰補繳案

決議　遵令補繳

四　奉鄭縣政府抄令為真修庵產權糾紛既經調解妥協准由真修庵重行申請登記案

決議　通知該庵住持從速前往登記

五　查近來物價波動甚劇本會預算超過以前數倍應如何設法補救請公決案

決議　交總務股稽核股再行核辦

主席　陳[illegible]

紀錄　胡　題

第十四次理監事聯席會議

日期　三十六年十一月三日下午一時

地点　本會之議廳

出席理監事　源龍　沈子英　融善

宏清　寬潤　利生　根慧

達楷　靜修　信道　智遠

列席　勤如　圓風

主席　源龍

行禮如儀

甲　報告事項

已辦

一 報告出席人數

二 報告上次決議各案執行經過情形

三 報告重要文件

四 報告十月份收支賬目及水陸法會賬目

五 報告收發文件 收文廿一件 發文十五件

乙 討論事項

一 奉鄞縣政府訓令為調查延慶寺概況仰查明補報案

決議 一 錄令通知延慶寺剋日登記以憑補報

二 鄉區未登記之各寺庵通知各該住持統限於文

56

卅五日內委會紀記

二、查第廿三次常會第五案以近來物價波動甚劇本會預算超過以前數倍應如何設法補救一案經決議交總務股稽核後再行核辦提請復議案

決議　推智遠宏清信道三法師會同總務股主任共同審查并推宏清法師為召集人審查後提案下次常會核議

三、據調查員吳幹卿指告調查龍華寺法物材產情形請核奪案

決議　姑准備查

四　據服務員李良报告調查永鎮庵被警察所佔用情形請核辦案

決議　函請縣警察局令飭遷讓

五　奉鄞縣政府指令為天寧寺募修大殿指飭出具案

決議　錄令通知該住持知照

六　據幹事葛軒报告為縉雲縣慶福寺在本鄉鳴槌募化請核發証書案

決議　准予發給

主席　源巃

57

紀餘胡　熙

第二十三次常務會議

日期 三十六年十一月十三日下午一時

地点 本會會議室

出席常務 源龍 沈子英 利生 智光 宏清

列席 執吾 智遠

主席 源龍

行禮如儀

甲 報告事項

一 報告出席人數

58

己

二 報告上次決議各案執行經過情形

三 報告收發文件 收文十二件 發文十一件

乙 討論事項

一 准鎮海縣支會代電為本縣之稅局擬征收迷信捐一案請一致主張反對以維教權案

決議 一致反對除呈請總會轉函浙江省政府嚴令制止外并函復鎮海縣支會查照

二 據真修庵住持靜修連署人理事柳璋沈子英宏清塵舫等聯名呈為懇恩轉呈鄞縣政府縣黨部寧波警察局取締秘密宣傳邪教霸佔庵

已辦

已辦

產一案業經據情轉呈請追認案

決議 一 本案因係產權尤為重大須詳細調查

二 提交下次理監事聯席會議追認

三 據叢林寺夢行住持報告函接情形祈核備案

決議 准予備案

臨時動議

四 總務股據本會經費困難物價狂漲以致不敷甚鉅

應如何設法維持案

決議 將借貸各戶之款限期收回採購實物以資

補救

主席源巃

紀錄胡熙

第二十四次常務會議

日期 三十六年十一月廿三日下午一時

地點 本會會議室

出席常務 沈子英 利生 宸

根慧

列席 新悟 夢軒 靜修

臨時主席 利生

行禮如儀

甲 報告事項

一 報告出席人數

已辦

60

已辦

二報告上次決議各案執行經過情形

三報告收發文件 收文七件 發文二件

乙討論事項

一據漁源區幹事若通報告廣法庵住持辭務退家尼慧修接住請核備案

決議 函復該幹事轉知該接住人來會諮詢後再行核辦

二奉鄞縣政府訓令為准寧波警察局函為五河橋舊五分局之地申請土地登記等由令仰轉知育王寺檢證呈核案

已辦　已辦

決議　錄令轉知該寺檢証呈會懇轉

三　奉鄞縣政府指令為據呈太平坛宣傳部有佔用庵產轉請取締等情令仰知照案

決議　提示下次理監事聯席會議從詳討論

四　准象山縣支會函為據明相庵住持呈為劣紳楊順之藉勢侵佔庵產請予以聲援案

決議　一致援助除呈請省會及總會并代電象山縣政府縣參議會主張正義外并函復象山縣支會查照

五　據慈福寺尼松歐呈為尼性棵惡性不改不遵坐

已辦

匈毆打金寺人等請核辦案

決議　函請新達鄉公所予以驅逐并呈報縣政府備案

六　奉中國國民黨鄞縣執委會指令為據呈太平壇秘密宣傳邪教霸佔廟產等情令仰知照案

決議　與第三案合併辦理

七　准常務宗清法師報告審查本會預算并擬具意見請核議案

決議　提交下次理監事聯席會議討論

臨時主席　利生

利生

紀録胡熙

62

第二十五次常務會議

日期　三十六年十二月三日下午一時

地点　本會之議室

出席常務　源龍　沈子英

利生　智濃代

列席　智遠　新邑

主席　源龍

紀錄　如儀

甲　報告事項

已辦　已辦

一　報告出席人數
二　報告上次決議各案執行經過情形
三　報告重要文件
四　報告收發文件　收文八件　發文十一件
乙　討論事項
一　接待寺住持悟靜呈爲昧律庵碑記錯誤申請更正案
決議　關於該庵園修碑記部份准予更正
二　准省會函爲催繳未繳之經費及會員入會（二成）費並款匯解案

已辦　已辦　已辦

決議　暫時保留

三　奉省令訓令為奉令減免全國名勝古蹟及各大叢林之寺廟基地〻價稅一案令仰知照由

決議　通知各寺廟知照

四　奉縣政府訓令為奉令東錢湖水利工程需仰轉飭七塔寺暫讓房屋三間一案已函請七塔寺查照請追認案

決議　追認

五　准七塔寺函復以借用房屋業由請轉呈另覓相當地址一案業已據情轉呈請追認案

已辦

決議 追認

六 奉鄞縣政府指令爲據呈廣仁庵周廻屋宇似無妨礙交通指飭知照案

決議 錄令轉知該庵住持遵照

主席 源巃

紀錄 胡 熙

64

第二十六次常務會議

日期　三十六年十二月十三日下午一時

地點　本會會議室

出席常務　利生

列席　新意　空印　妙安

顯宗　影塵　月西　密儀

華苑　源音　禪定

清泉代表志道

關於南陽寺案列席者

禪定　廣玉　定觀　白嚴　可清

慕月英

本日因出席常務不足法定人數開談話會議

公推利生和尚為臨時主席

主席　利生

行禮如儀

甲　報告事項　（略）

乙　討論事項

一　查近來物價高漲電水價衆寡請求資自應重為調整應如何規定請公決案

65

決議一城區各佛寺清眾菜資依照民國二十八年
米價折算（每石八元計算）以報載中糙米另折
價標準
二燭焰照皇水陸佛七每天均以二升半計算
菜燭菜焰每堂三升結包二千
三通告各佛寺遵照
二據永寧庵宣觀呈報南陽寺住持語月暴卒原
因不明請撥查一案案經派員查明應如何辦
理案
決議本案因關係人指證未到應候該員到會詢

明後再行核辦惟僧廣玉僧白巖尼再清三人
與本案確有嫌疑應予保釋回

主席　利生

紀錄　胡迎

66

第十五次理監事聯席會議

日期　三十六年十二月廿三日下午一時

地點　本會會議廳

出席理監事　沈子英　錢孟軒

源龍（錢孟軒代）　静僑　宏清　利生（智代）

智遠　崔暢　信道　根慧（信道代）

列席　勤明　圓成

顯宗　因緣

主席　源　龍（沈子英代）

行禮如儀

甲 報告事項

一 報告出席人數

二 報告上次決議各案執行經過情形

三 報告重要文件

四 報告十一月份收支賬畧

五 報告收發文件 收文十五件 發文廿七件

乙 討論事項

一 本會預算業經推員審查完畢並擬具意見提請公決案

已辦 67 已辦

決議 一 函審查意見通過

二 文牘書記合併一人

三 服務員調查員合併一人

四 究用何人由理事長會同總務股決定之

二 准第廿四次常會交議為奉縣政府指令據呈太平壇宣稱邪教佔用庵產請飭取締等情令仰知照函案 併案一件

決議 一 備函由靜修師前往接收

二 函請第一分局予以便利

三 據安山寺住持梅馨呈為山地林木被人盜砍祈

已辦 已辦

轉呈會同當局給示禁止案

決議 據情轉呈縣政府給示禁止

四 據承泰庵尼顯勤呈爲奉江北鎮公所令飭將該庵餘屋三間充作小學校址請核示案

決議 函請江北鎮公所會同庵尼應以完整手續迅向該尼商酌辦理

五 本月八日寧波日報載有奉聖庵住持尼慧慶啓事一則其内容完全捏造事實誣蔑本會除登報駁復外應如何予以取締案

決議 一 登報開除會籍

已辦　已辦　已辦

68

二呈請縣府令飭該員查察所將慕虞驅
逐出庵
六准新建鄉公所函復驅逐尼性良因雜情形一案業
已呈請縣府令飭該員查察所予以驅逐請追
認案
決議　追認
七奉縣府指令為據呈育王寺呈報五丙橋菴地址
經過情形仰轉知照案
決議　錄令通知該寺遵照
八查上次該語會第六案據永寧庵空觀呈報南陽

已辦

寺住持培月暴卒原因不明一案尚未解决提請後

議案

決議 一 關於住持培月暴卒原因不明及債務部份

事關司法本會未便接受

二 關於該寺住持一職責成德空觀物色相

當人選報請本會核備

九 物價高漲不已本會各職員生計極度困難大原

有薪給實不足以資維持應請予以調整案

決議 從三十七年度預算編造時再行予以調整

十 據鄞縣長函為本學期優良學生應否酌予獎

勵案

決議 由縣務股酌量辦理

十一 擬鄔校長亟為本學期多未進益下學期勢難再發請另行物色案

決議 擬留

十二 擬會員曉峰亟為收入棉薄請酌減事業費案

決議 准予酌減一斗半通知該僧知照

十三 近來物價高漲本會所發住持証書不敷工本應否酌予增加案

決議 照原有數目增加叁萬元每張計五萬元

已辦　已辦　已辦　已辦

十四　據理事靜修法師提稱廣業仰峰等霸佔庵產請派員會同接收案

決議　與第二案併案辦理

十五　查本會前次水陸法會對於各自幹事及各住持之熱心協助出力分別獎勵作用所需捐冊近來繳齊以致無從辦理是否繼續獎勵請核議案

決議　所有未繳之各戶捐冊統限於一月十日以前繳會通知照

十六　據振古寺僧明法函請核減常年費案

70

已辦

決議　責令該區幹事廖靜法師斟酌辦理

十七　查清華庵住持修道慧抗不入會業經去函通知該庵為時已久延不履行應如何辦理

案

決議　去函警告若再不履行應即照章開除會籍並撤銷其住持

主席　源巖　冼子英代

紀錄　胡熙

第二十七次常務會議

日期 三十七年一月十三日下午一時

地點 本會會議室

出席常務 源龍 沈子英 宏清 利生 執代 寬潤

列席 執玄

主席 源龍

行禮如儀

甲 報告事項

一 報告出席人數

已辦　已辦

二　報告上次決議各案執行經過情形
三　報告重要文件
四　報告收發文件　收文廿三件　發文十八件

乙　討論事項

一　據南陽寺十方陳通全保長何祖康及和益鄉公所函爲保薦倪白巖爲南陽寺住持案
決議　仍函理監事聯席會議決議案辦理

二　奉縣政府通知爲派令會員以該社呈請許可設立一案姑予函派應如何進行案
決議　函知各發起人召開籌備會

已辦　已辦　已辦

三　據梅園寺嘉明郁巡呈叔承替住持職務請求核備並核查委任証書案

決議　據情轉函觀宗寺查照見復後再行核辦

四　據道理事靜修信道報稱前梅園寺係屬觀宗寺塔院依據叢林律規無住持名義存在請予制止案

決議　與第三案合併辦理

五　據潮江寺僧明性函為鄉民攔網取魚震及寺屋飭阻無效請轉呈有關當局查禁案

決議　通知該住持將攔網人姓名及被攔之網係何處而來查明具報再行核辦

已辦　已辦　已辦

六奉縣政府訓令為據錢楊碧澄呈為真修庵
土地被冒登記應將靜修代表名義撤銷一
案已查案并申叙理由呈復請追認案
決議　追認
七據花園庵玉光周球報告承替住持情形祈核發
證書案
決議　准予核委
八准第五次理事聯席會議交議本會為撙節
經費擬將文牘書記合併一人又調查員服務員
合併一人究用何人請公決案

已辦　已辦　已辦

決議　暫時保留

九　本年度預算案經編造并經審查各職員薪給應如何予以調整案

決議　暫時保留

十　據佛靈寺顯中呈為寺屋破舊勢將傾圮請求轉呈縣府令飭鄞縣第一中隊遷讓案

決議　據情轉呈

十一　奉縣政府指令為據呈安山寺山木被人盜砍請給示禁止等情指令遵照案

決議　錄令檢同布告通知該住持遵照

73

已辦　已辦　已辦

十二　據育王寺函復為五河橋菴基地因年久証件遺失無從檢覓請轉呈核辦案

決議　保留

十三　據本會職員簽呈為年關已屆物價日漸高漲請求提前借支一二兩月份薪給藉資救濟案

決議　准予借支

十四　據各寺庵來會報稱查各寺庵地價稅業經奉令免征而城區各鎮公所近復向各寺庵征收前項地價稅應如何制止案

已辦

決議　依據省令呈請財政府通令制止

十五　報載寺廟宗教房屋不得免征房捐應如何辦理案

決議　甲叙理由呈請省令轉呈後令咨請財政部予以豁免

主席　源巖

紀錄　胡熙

74

第十六次理監事聯席會議

日期　三十七年一月二十三日下午一時

地點　本會會議廳

出席理監事　根慧　信道　利生　智心　靜達

夢軒　源巖　宏法　達聯

靜修　顯宗　圓成

列席　識空（代）　竹齋　勛臣　象明　圓成

崇才　圓

主席　源巖

行禮如儀

已辦

甲 報告事項

一 報告出席理監事人數

二 報告上次決議各案執行經過情形

三 報告重要文件

四 報告卅六年十二月份收支賬畧及水陸法會收支情形

五 報告收發文件 收文廿七件 發文十八件

乙 討論事項

一 奉省會訓令為奉令調整証書工本費仰遵照案

決議 僧眾入會 万 信眾入會 万

印刷費 万 每 壳 万

75

待虧款

衍信衆共市虧七八萬元

衍信衆共待虧四五萬元

二　查本會所發住持委任証書因物價高漲工本甚鉅其費用應如何調整案

決議　証書費每張規定食米壹斗依照市價上等白米計算

三　奉府令訓令為物價波動甚劇經費不敷奉行調整經常費案

決議　遵令辦理

已辦　已辦　已辦

四　准善衛鄉公所函證明甘露庵住尼正法登記證書
確已遺失請予補發案
決議　准予補發
五　本會覺民小學卅六年度下期各級學生學雜費應
如何規定案
決議　暫時保留
六　據靜修法師報告為接收真修庵橫遭拒絕請轉
呈核示案
決議　定本月廿八日下午一時召開理監事聯席會議
從詳討論

76

七　准理事宏清函事頭宗亞為真修廣彥擬常住計

務請召開緊急會議討論應付方法案

決議　與前案合併辦理

八　據總務新吾法師函為承乏總務以來毫無建白

請辭去理事及總務職務案

決議　一致挽留並推派理事長理事宏清前往勸駕

九　據普雨寺象宝呈為僧達祥等反悔前約蓄意

圖賴霸佔住持請求秉公調處案

決議　推宏清靜修勉明三法師前往查明予以和

解報會核奪

已辦　已辦　已辦　已辦

十　據普光庵地方人代表楊品瑜函爲住持楊守任意頂替，請派員澈查另委接替案

決議　推信道、秀明二法師前往查明報處核辦

十一　據幹事吳才法師函請辭去幹事職務案

決議　一致挽留

十二　據資壽寺安悟、系賢呈報接替住持情形祈核備案

決議　准予備案

十三　據龍華庵僧道成呈報定期交替住持請核委案

決議　准予核委

主席源巖

紀錄胡熙

理監事緊急會議

日期　三十七年一月廿八日下午一時

地点　本會會議廳

出席理監事　源巃　沈子英　信道

新長　利生（智礼）　智遠　靜脩

寬潤　塵舫　勛明　宏法

夢軒　沈友梅

主席　源巃

行禮如儀

78

辦

甲　報告事項

一　報告出席人數

二　報告各開緊急會議意旨

乙　討論事項

一　准理事靜修法師報告為接收真修庵横遭拒絕請轉呈核示又准理事宏清並事顯宗等函為真修庵產被奪生計維艱請召開緊急會議討論應付方法各等因應如何辦理案

決議　一　查案據理呈請轉府收回府孫字第一五〇號訓令准轉府孫字第三八號指令辦案辦

理

二、真修庵住持靜修法師係屬接收周維自願放棄住持職務將契據等件一併交會由會負責辦理

三、推寬潤宏清新音智遠四法師前往承修

主席　陳巃

紀錄　胡熙

79

第十七次理監事聯席會議

日期　三十七年二月三日上午九時

地點　本會會議廳

出席理監事　源巃　沈子英　新吾

利生　信道　顯宗　夢軒

宏傳　静修　根慧　塵妍　智遠

列席　勵仁　圓佩　妙安

倪友梅

主席　源巃

行禮如儀

已辦

甲 報告事項

一 報告出席人數

二 報告上次決議各案執行經過情形

三 報告重要文件

四 報告一月份收支賬略

五 報告收發文件 收文十二件 發文八件

乙 討論事項

一 據監事信道幹事秀明報告調查普光寺住持頂替情形請核辦案

決議：依據調查報告函復楊品瑜先生查照

已辦　已辦　已辦

二　據理事宏清等報告調查萬雨寺接住糾紛情形請核辦案

決議　通知達祥剋定二個限文到五日內離寺如不履行由本會推宏清秀明二法師會同就地政黨機關強制執行

三　奉縣政府訓令為整頓人民團体概況調查表仰限期填報案

決議　遵辦

四　據清泰庵徐須根函為圓覺庵住持乏人由徒孫明徽充任同時并據豐南鄉幹事章才來函詢

已辦　已辦　已辦

明是否准予核委案

决议　准予核委

五　据观宗寺函以该寺僧传度被抽服役恢该僧於本月初离寺他往不能逾期报到请转函云塔镇公所予豁以免役一案已函请镇公所查照请追认案

决议　追认

六　据布金寺住持常学呈为该寺被难民滥扰损失甚大请求转呈制止案

决议　函请就地乡公所随时保护

七　据观宗寺住持根慧函为静修婆忘言妥为不

81

已辦

政府孔某共脫離一切關係並請驅逐出境案

決議 事關該寺內部問題應由該寺自行依法

秉理

八 本會覺民小學三十六年度下期開學所有

學雜費應如何規定案

決議 由教育股計劃辦理

九 查本會理事靜修不守清規劣跡多端應如何

處置請公決案

決議 登報開除會籍提交下次大會追認並呈報上

級核備案

主席源巃

紀錄胡𨑨

第二十八次常務會議

日期 三十七年二月廿三日下午一時

地点 本會之議室

出席常務 源龍 沈子英 宏清

根慧 利生

列席 勤何 夢軒 新善

主席 源龍

行禮如儀

甲 報告事項

已辦
已辦

一　報告出席人數
二　報告上次決議各案執行經過情形
三　報告重要文件
四　報告收發文件　收文卅六件　發文卅二件

乙　討論事項

一　奉縣政府訓令為准函以江東道所橋菴舊道分屬之地令仰據訟呈核案
決議　該寺訟件早已遺失自願放棄呈復縣府

二　據龍華寺樂天報告該寺三十六年度收支賬畧祈核備案

83

已辦　已辦　已辦

决議　准予備查

三、奉縣政府指令為據呈真修庵產糾紛應如何辦理等情指仰知照案

决議　知函唐瑞福先生及太平壇説明真修庵係佛教財產請根據前約辦理否則依法解决

四、准塘棲鄉公所函為戒香庵内容複雜擬於去歷年外再行調解案

决議　函復塘棲鄉公所請定期調解

五、准和益鄉公所函為南陽寺住持乏人保舉白巖充任希賜准案

已辦　已辦　已辦

決議：查僧白巖前在梅墟俞家庵犯案有案，此次僧塢月暴死，該僧亦有重大嫌疑，未便接充該寺住持，函復查照。

六、奉縣政府指令為據呈各鎮公所征收各寺庵地價稅等情，仰將收據呈候核辦案

決議：保留

七、據僧則空呈為請追還詐谷驅逐劣僧案

決議：定期召集雙方來會詳詢究竟，以憑核辦

八、據七塔寺寬明函為法王寺住持永源圓寂，遺命由其法嗣融寬繼任，請核委案

已辦　已辦　已辦

84

決議准予核委

九　據覲宗寺住持根慧呈為定期傳授三壇大戒

請核備案

決議　准予核備函復該寺將受戒人姓名造具冊

報憑核

十　准東錢湖水利參事會函為請轉知隱學寺

從緩租借撥屋案

決議　通知該寺知照

十一　據皈依庵住持尼功清呈為年老力衰自願將

住持推與其徒山玉接管請核備案

決議 准予備查

主席 源巃

紀錄 胡 [illegible]

875

第十八次理監事聯席會議

日期 三十七年三月三日下午二時

地點 本會會議廳

出席理監事 源龍 沈子英 沈友梅

彭子云 利生 智遠代 智遠 崖舫 信道

夢軒 寬潤 一塵

列席 炳安 勵吾 璀璨 秉林 昌

國民 文達

主席 源龍

行禮如儀

已辦

甲 報告事項

一 報告出席人數

二 報告上次決議各案執行經過情形

三 報告二月份收支賬略

四 報告收發文件 收文十九件 發文十六件

乙 討論事項

一 據僧林昌呈爲奉委管理南陽寺自愧無能請辭職并附賬冊二本請審核案 附報告一件併案討論

決議 公推沈與車友梅先生調解處理

二 查僧象宝與僧別空因接住普雨寺發生糾紛一案

86

經據雙方申敘理由請求核辦到會本會為息事寧人起見擬召集雙方及各關係人征詢意見予以合理解決案

決議 一 保則官應付保象宝合谷弍萬四千斤除已付五千七百斤外內三千四百斤以封折照付（計四千七百斤）由保則官應付保象宝共計合谷四萬三千六百斤

二 維持問題應俟保則官合谷如數予清償由保象宝推予與保則官接洽

三 本案應立調解筆錄一本存會備查另繕二份發予該保等各執一紙

已辦　已辦

三、撥調查員吳幹卿呈為被裁后生計無法維持請發給解散費三個月案

決議：准發給兩個月

四、撥南陽寺十方何到宏陳通全函為召集十方公舉白巖為住持請備案并請轉知永寧庵將南陽寺所存之什物昧還案

決議：照第一條併案辦理

五、查本會成立將屆二年依照會章規定應予改選擬請定期召開代表大會案

決議：一定五月一日召開代表大會

87

二 整理會員會籍并征求新會員入會

三 由本會派員分赴各區產生代表

主席 源巃

紀錄 胡延

第二十九次常務會議

日期　三十七年三月廿七日下午一時

地点　本會之議室

出席常務　源龍　沈子英　寬潤

利生　新吾代

列席

新吾

主席　源龍

行禮如儀

甲　報告事項

88

已辦　已辦

一　報告出席人數

二　報告上次決議各案執行經過情形

三　報告重要文件

四　報告收發文件　收文卅七件　發文十七件

乙　討論事項

一　奉縣政府訓令為據新建鄉公所查復居性良違犯清規經過情形仰採納地方意見從寬免究案

決議　照辦

二　據安山寺梅馨函為本寺住持一職推其師兄寶岳接充祈核備案

已辦　已辦　已辦

决議　通知該新舊住持來會質詢

三、奉縣政府訓令為檢發並特人民團体經費收支審核辦法及保管委員會組織規程仰遵辦案

决議　暫時保留

四、據觀宗寺根慧函為保薦從當峰接充南陽寺住持案

决議　保留

五、據善慶寺住持源音呈為本寺房屋被駐軍佔用影響生計請轉呈令飭迁讓案

决議　分函各有關機關令飭迁讓

已辦 已辦 已辦 已辦 89

六 據龍王堂住持慧緣函爲永福庵住持法徒僧宗明去世由其徒孫僧悟接管請核備案

決議 准予備查

七 據慶雲寺住僧報告爲無力兼顧寺務擬推舉其白舟接管請核備案

決議 准予備查

八 准奉化縣支會函復僧境月在鳳山庵暴卒尼可清移庵成殮一案希派員會同澈查案

決議 保留

九 准省會函爲催繳常費案

已辦　已辦

決議　保留

十　據佛跡庵僧常岳呈為接住該庵請核發證書案

附鄞章鄉第十六保保長陳瑞麟公函一件併案討論

決議　通知該庵住持僧悟清來會証明

十一　據鎮美庵視電報告為該庵住持湘華去世由孫陳

二姓公推視電接管祈核備案

附報告併案討論

決議　通知該區幹事查明后再行核辦

主席　源巃

紀錄　胡臤

90

第十九次理監事聯席會議

日期 三十七年四月十三日下午一時

地点 本會會議廳

出席理監事 源龍 沈子英 宏清

錫名 曼軒 錫代 利生 錫代

智遠 達樹 信道

列席 劉安 閔風

主席 源龍

行禮如儀

甲 報告事項

一 報告出席人數

二 報告上次決議各案執行經過情形

三 報告重要文件

四 報告三月份收支結果

五 報告收發文件 收文廿五件 發文十二件

乙 討論事項

一 查第十六次理監事聯席會議第二案僧象宗與僧列定因接住普雨寺發生糾紛一案業經予以調解迄今尚未履行以該案懸未結應如何辦理案

決議 函請張數乘律師轉知僧列定來會履行手續

91

並通知衍象寶遵照

二 查第十八次理監事聯席會議第五案決議定五月一日召開第二次代表大會一案因時期已迫趕辦不及擬延期舉行案

決議 一通過

二 延期一個月定六月一日舉行

三 據寶福院住持宏清函為天寧寺々務繁重將寶福院住持職務推薦比丘尼良桂接任祈核備案

決議 准予備案

主席 源巃

紀錄胡

題

第三十次常務會議

日期 三十七年四月廿三日下午一時

地點 本會會議室

出席 常務 源巃 陀子英 宏清

利生 新代

列席 新吾 崇康 信道代 星坊

夢軒 蓮德 識空

主席 源巃

行禮如儀

甲 報告事項

已辦　已辦

一　報告出席人數
二　報告上次決議各案執行經過情形
三　報告收發文件　收文六件　發文十件
乙　討論事項
一　據欽嘉庵如海函爲因金蓮寺責任繁重擬將請往福雲華二師暫行代理住持祈核備案
決議　准予備查
二　據寶光寺修峰（即真武宮）函爲將本寺住持職務推委興了空師接受祈核備案
決議　准予備案

已辦　已辦　已辦　已辦

93

三　據它山廟悟清呈復代崇岳接住佛照庵經過情形與手續多有不合請核辦案

決議　查代崇岳與代悟清交替手續在未辦理清楚以前所請各節礙難照准

四　據萬壽寺住持月溪報告擬將住持職務推交尼心道接住請備案案

附崇康師證明函併案討論

決議　准予備案

五　據祝成師報告調查鎮英庵接住情形請核備案

決議　准予備案

六　本會第一屆第二次會員代表大會定六月一日舉行

所有各鄉區選舉代表事宜應如何進行案

決議　由各區幹事負責召集各該區會員開會選舉代表

未成個別接洽產生之

主席　源巃

紀録　胡熙

95

民國三十七年

中國佛教會浙江省鄞縣支會

會議錄

第五冊

佛教
[illegible] 2

95.1

第三十一次常務會議

日期 三十七年五月三十日下午一時

地點 本會會議室

出席常務 源龍 琥子美 寬潤

宏清 利生 智代

列席

新吾 智遠

主席 源龍

紀錄 妙儀

甲 報告事項

己

一　報告出席人数

二　報告上次決議各案執行經過情形

三　報告重要文件

四　報告收發文件　收文七件　發文三件

乙　討論事項

一　據漁源區幹事呂通函為平水堰淨土庵自前住出走後所有田產被人侵佔擬附前住持系標請核辦案

決議　請馬善良先生前往詩圃寺會同該區幹事查明該庵有無偶像過去如何情形及其他一切

96

已辦

庵產契據報會核奪

二 准太虛大師建塔委員會為函送建造大師舍利塔

捐冊一份請廣為勸募案

決議 准予勸募

三 准永康縣支會函為証明福善寺僧允昆等來甬

募化確屬實情因時并據福善寺僧月松來函

証明并附函片九紙希查照案

決議 一 查永康縣支會來函并未加蓋圖記手續不符

應函復該會妥於補具正式公文以資証明

二 在未接到該支會正式公文以前通知該僧等

已辦　已辦

絶對不得在外募化遇必要時得電知該會警局隨時取締

四　據服務員季良報告横溪永鎮庵（即中分庵）駐警現已他遷請派員接收案

決議　函請慈章理事遴選相當人選前往接任報請本會核委

五　據長生庵尼安清報告頃有警局派員來庵征收房捐申請設法救濟案

決議　據情轉函寧波警察局予以豁免

主席　源龍

97

紀錄 胡適

第三十三次常務會議

日期　三十七年五月十三日下午一時

地點　本會會議室

出席常務　源龍　沈子英　利生

宏法

列席　勵珂　葉飛　体就

主席　源龍

行禮如儀

甲　報告事項

一　報告出席人數

98

二 報告上次決議各案執行經過情形
三 報告收發文件 收文三件 發文九件
乙 討論事項
一 據月湖庵優婆夷善慧等報告該庵住持尼月蓮已
於本月上旬病故請推前常委根師太接住該庵案
決議 推總務股主任新吾法師前往查明再行核辦
二 據雲水僧海濤報告邱隘慧福寺西房尼性開不守
清規穢聲遠播并發生種種糾紛請核辦案
決議 函請該區幹事就近切實查明報會核奪
三 本會代表大會日期將屆即應分別呈報上級

請隨員出席指導案

決議 通過

四 本會各項事宜亟待籌備請規定召開籌備會日期案

決議 定本月廿三日下午一時開理監事聯席會議合併舉行

主席 源龍

紀錄 胡熙

99

第二十一次理監事聯席會議 同時舉行大會預備會議

日期 三十七年五月廿三日下午一時

地點 本會會議廳

出席理監事 源山龍 沈子英 寬潤

嚴寧 國佩代 新吾 利生 夢軒

根悲也 同好強 智遠 達樹

列席 勳服 國服

主席 源龍

行禮如儀

甲 報告事項

已辦

一 報告出席人數

二 報告上次決議各案執行經過情形

三 報告四月份收支賬畧

四 報告收發文件 收文廿三件 發文廿三件

乙 討論事項

一 准鄞縣政府函為奉令救發各省市推行布鞋勞軍運動實施辦法及捐冊等函請普遍勸募具報案

決議 一、遵辦

二、勸募對象以城區各庵為對象規定每庵各一双能多助者更好限一月內送会彙轉

100

已辦

二 採綜務股主任新吾法師報告 調查月湖庵接任情形祈核辦案

已辦

決議 准予所請由尼宏根負責接任報會核備

已辦

三 准湖南省常德縣支會函爲請一致聲援救濟某緣古剎案

決議 呈請總會一致聲援

已辦

四 採觀成法師函請辭去同道區幹事職務案

決議 挽留

五 請推定大會主席團案

決議 一出推源巃和尚 利生和尚 宏清法師 寬潤法師

沈子美先生爲主席團

二公推智遠法師夢軒法師顯宗法師勤明法師

性道法師鄔士池先生爲招待員并推塵舫妙

櫻二法師主持簽到

主席　源瀧

紀錄　胡迎

34/8/18

126

鄞縣縣政府

事由	擬辦	決定辦法
據呈爲會員散居各鄉召開大會殊感困難擬變訂召法新選代表會仰祈示由		

附件

年 月 日 時 分到

文別 指令

民字第九七〇號

中華民國三十四年八月十六日

令寧波佛教會

三四、八、十二呈一件呈爲會員散居各鄉召開大會殊感困

收文 字第 號

此令。

縣長 春渤龍

監印林增壽
校對陸少舛

鄞縣縣政府緘
95

指令

呈為令飭報告各鄉召開大會殊感困難利行處通知法師以憑核辦茲據呈悉此令

[illegible]

寧波佛教孤兒院報告册（第十四期）

寧波佛教孤兒院以專收無依孤兒、施以教養、俾使自立爲宗旨，由寄禪、岐昌及陳屺創辦，成立於民國七年（一九一八）。民國七年至二十年，陳屺、岐昌、圓瑛、禪定、智圓、安心頭陀先後擔任院長。

《寧波佛教孤兒院報告册》第十四期（以下簡稱《報告册》），由清光緒二十七年（一九〇一）舉人張傳保作緒言，於民國二十年（一九三一）十二月出版。《報告册》有人物及活動圖片、董事名單，正文包括緒言、沿革、教育信條、行政原則、組織大綱、現行章則、會議摘要、設備、經濟實況、職教員、兒童、編制、兒童生活分類表、訓育概況、訓練標準、養護概況、體育與衛生、教學概况、計畫。《報告册》不僅是研究民國時期佛教界從事慈善利生活動的重要史料，而且是研究民國時期中國基礎教育教學活動、規章制度、文化建設和經濟情況等方面的重要史料。

《寧波佛教孤兒院報告册》第一至第十三期，今不見館藏，或亡佚。第十四期上海圖書館、寧波市檔案館各藏一册，前者從第二一〇頁後缺頁，後者缺封面及前四頁人物圖像，第二一二頁後缺頁。四周無邊欄，書長二七點一釐米、寬一九點五釐米，機制紙，鉛印本。

本次影印，據寧波市檔案館藏本。

名譽院長

上海
王一亭先生

星加坡
轉道大和尚

常務董事

張申之先生

趙芝室先生

李霞城先生

常務董事

徐鏞笙先生

周子材先生

蔡良初先生

智圓大和尚

常務董事

圓瑛大法師

源龍大和尚

授妙大和尚

瑩戒大和尚

院長

陳屺懷先生

安心頭陀

董事

暹羅
婁孝茂先生

吉隆坡
黃寶之先生

吉隆坡
歐陽雪峯先生

董事

檳榔嶼
林連登先生

檳榔嶼
林任可先生

新加坡
薛武院先生

新加坡
張叔耐先生

董事

宜昌
陳厚德先生

漢口
謝友標先生

漢口
周仰興先生

漢口
徐榮卿先生

董事

黃涵之先生

姜證禪先生

蔡琴孫先生

董事

屠康侯先生

魏伯楨先生

孫梅堂先生

郎志豪先生

董事

勵建侯先生

王伯元先生

洪雁賓先生

李學暢先生

董事

忻耘青先生

黃和卿先生

林爾卿先生

謝明月先生

董事

王樹功先生

陳謦裁先生

張正泉先生

樓恂如先生

董事

張于相先生

董玉卿先生

裴珠如先生

王永清先生

董事

趙鉢尼先生

余潤泉先生

忻汰僧先生

林黎叔先生

董事

毛稼笙先生

桑棨卿先生

孫肖容先生

陳穎章先生

董事

陳文琪先生

陳星輝先生

屠信祥先生

翁炳生先生

董事

馬涯民先生

金錫祥先生

屠時遜先生

董事

檳榔嶼
本忠上人

文質上人

諦閑大法師

董事

指南上人

融智上人

利生上人

志恆上人

董事

覺圓上人

常西上人

德軒上人

慧朗上人

董事

檳榔嶼
衞夫人五姑

吉隆坡
龐金蓮老太太

常雲浦君夫人

重慶
陳坤元君夫人

董事

王文翰君老太太

鎮海
戴老太太

趙芝室君夫人

王家楨君老太太

董事

傅老太太

翁炳生君夫人

陳文琪君夫人

陳穎章君夫人

上海寧波佛教孤兒院董事部攝影以誌紀念

泗水瓜哇董事部

香港董事部

檳榔嶼董事部

四川董事部

新加坡董事部

暹羅董事部

董事題名

謹以姓氏筆數爲序

寧波董事

一齋上人　王文翰君老太太　王文翰君　孔慪夫君　太虛法師　介僧上人　文質上人　毛稼笙君

王樹功君　本舟上人　朱璇章君老太太　妙山上人　利生上人　佛舟上人　吳老太太　汪仲幹君

忻汰僧君　志恆上人　沈涵生君　余潤泉君　李霞城君　周子材君　定法上人　周炳文君　定常上人

卓梵上人　周齋巽君　法源上人　林黎叔君　金錫祥君　定覺上人　俞佐庭君　指南上人　馬涯民君

馬銀生君　郁墀畲君　翁仰青君　孫肖蓉君　翁炳生君　翁炳生君夫人　秦姚顯源君　根慧上人　張于相君

陳子塤君　張正泉君　陳文琪君　陳文琪君夫人　張天錫君　常西上人　陳老太太　黃老太太　授妙上人

屠信祥君　陳星輝君　屠時遜君　陳穎章君　陳穎章君夫人　傅老太太　智圓上人　雲棲上人　圓瑛法師

源龍上人　董玉卿君　裘昌如君　裘珠如君　桑榮卿君　趙占綬君　趙百年君　趙宇椿君　趙芝室君

趙芝室君夫人　僧晉上人　劉文昭君　瑩戒上人　蔡良初君　蔡芳卿君　德軒上人　慧朗上人

蔡琴孫君　蔡臻仍君　禪定上人　諦閑法師　融智上人　戴老太太　應佐卿君　應佐卿君夫人　寶池上人

羅惠僑君　寶樟上人　寶靜法師　顧元琛君　覺圓上人

京滬董事

王一亭君　王伯元君　王家楨君　方椒伯君　王蓮舫君　王湖生君　杜月笙君　李祖蔭君　忻耘青君

何紹庭君　何紹裕君　何積璠君　李學暢君　李覲丹君　林中聞君　金廷蓀君　周宗良君　周茂蘭君

周湘雲君 林爾卿君 范和甫君 姜炳生君 姚詠白君 洪雁賓君 姜證禪君 徐子蓉君 徐永炎君
夏吟龍君 孫春生君 袁祖懷君 梁紉蘭君 孫梅堂君 烏崖琴君 秦潤卿君 袁履登君 常太太
張申之君 章林生君 黄和卿君 黄金榮君 黄涵之君 屠康侯君 張詠霓君 張絅伯君 陳馨哉君
張嘯林君 張繼光君 陳蘭蓀君 馮君木君 鄔志豪君 傅松年君 葉叔眉君 傅洪水君 楊太太
虞洽卿君 蔡岷江君 樓恂如君 劉星耀君 劉清泉君 穆子湘君 魏乙青君 薛文泰君 謝仲笙君
魏伯楨君 謝明月君 勵建侯君 謝蘅牕君

武漢董事

王廷賡君 周仰輿君 胡德章君 徐榮卿君 陳星耀君 陳紹先君 鄭崇泰君 盧鴻滄君 謝友標君
戴宸綸君

平津董事

方安圃君 吳佩綸君 李英堂君 李贊侯君 張亦香君 陳宜生君 郭嘯秋君 道階法師

沙市董事

陳子顯君 謝叔笙君

宜昌董事

何卓堂君 徐成法君 陳厚德君 楊渠川君 羅守成君 羅俊澄君 羅賡樵君 羅慶棠君 羅績澄君

重慶董事

王方舟君　王信甫君　邵庭甫君　徐水潮君　袁玉康君　陳世蕃君　陳坤元君夫人　黃瀝森君　費和生君

馮欽峯君　鄒俠丹君　羅雨蒼君

敍府董事

周梓青君

寶慶董事

石澄清君　出塵上人　李炳輝君　何策青君　陳舜田君　賀民範君　賀塑珊君　賀澤清君　董琳笙君

劉直畬君　劉湧泉君　錢六陶君

新嘉坡董事

李鐵岑君　林竹齋君　張叔耐君　傅竹賢君　薛中華君　薛武院君　轉道上人

麻剌甲董事

沈鴻伯君　邱仰峯君　柳其朮君　陳宗麻君　陳禎祿君　張禮千君　曾江水君　曾有美君　鄭水礽君

鄭成快君　聰達上人　羅金水君

吉隆坡董事

盛凱上人　陸運懷君　張郁才君　黃寶卿君　黃寶之君　黃鶴汀君　葉松林君　葉寶清君　會因法師

歐陽雪峯君　龐金蓮老太太　顧舜華君

檳榔嶼董事

王金滂君　王景成君　方壁池君　本忠上人　李文同君　汪起予君　吳順清君　林任可君　林連登君
陳宗山君　陳鑿深君　葉選青君　衛夫人五姑　謝四端君　戴淑原君　顧因明君

暹羅董事

王明福君　李懷霜君　婁孝茂君　陳叔芬君　張信寶君　張福堂君　楊存統君　楊復初君　譚振三君

基金董事題名

民國十五年三月董事梁文臣先生發起籌募本院基金渥荷熱心諸大善士予以贊助不數月得二萬餘金煢煢孤黎銘感大德容有涯涘茲謹將經募三百元以上者以及獨捐五十元以上者之各大善士聘爲本院基金董事除將玉照懸諸紀念室台銜鐫於功德碑外並於每年舉行感謝典禮以資紀念惟以堂名別署店號等出名者恕不列入是爲啓

一齋上人　王子春君　方老太太　王伯元君　王范太太　王祥麟君　文濤上人　王啟宇君　王福賡君
王匯泉君　文質上人　王蓮舫君　毛稼笙君　安心頭陀　朱進菴君　妙山上人　李文德君　何友蘭君
忻汰僧君　李拙子君　志恆上人　妙宣上人　李信臣君　李學暢君　李霞城君　孟子明君　林老太太
周枕琴君　周炳文君　周椒青君　周巽齋君　林爾卿君　金錫祥君　周靜齋君　馬久甫君　俞佐庭君
指南上人　柳施太太　馬涯民君　范榮卿君　范瑩光君　祝蘭舫君　孫人鏡君　徐子藩君　徐永炎君
翁炳生君　徐美乾君　袁祖懷君　梁紉蘭君　修清上人　翁陳太太　孫梅堂君　孫瑞甫君　秦潤卿君

袁履登君　孫曉蓉君　徐鏞笙君　陳子塤君　陳文琪君　陳文琪君夫人　張申子君　陳印坡君

張右荃君　常西上人　曹吉如君　章全榮君　授妙上人　張呂太太　黃李少卓　馮芝蓀君　陳忠立君

陳岡甫君　張咀英君老太太　張明照君　陳叔諒君　陳星輝君　張啓廷君　屠康侯君　費善本君

張詠霓君　張瑞椿君　戚境清君　陳蓉館君　莊鳴臯君　葉四太太　傅松年君　葉叔眉君　傅洪水君

傅張太太　智圓上人　傅夢弼君　傅銘餘君　董占春君　桑榮卿君　虞晴川君　源龍上人　趙占綬君

趙芝室君　榮智上人　蔡生初君　樂老太太　蔡吉堂君　瑩戒上人　蔡良初君　蔡芹蓀君　樓恂如君

劉星耀君　德軒上人　慧朗上人　劉惠堂君老太太　蔡儉卿君　穆子湘君　諦閑法師　戴老太太

應佐卿君　應啓霖君　謝賓南君　薛潤生君　嚴子裕君　嚴春陽君　顧元琛君

中華民國教育宗旨

中華民國之教育，根據三民主義，以
充實人民生活；
扶植社會生存；
發展國民生計；
延續民族生命；
爲目的。務期
民族獨立，民權普遍，民生發展；
以促進世界大同！。

目次

寗波佛教孤兒院報告册緒言

傳保忝長本院董事於茲八年矣自愧晙寒無力以惠孤兒而又頻年外出無暇董茲院事幸賴安心頭陀奔走呼號與歷屆本院主事之熱心教育院事得日以進展唯惻隱之心人皆有之念諸孤兒之煢煢在疚能不然惻有動於中乎夫鰥寡孤獨同爲無告之四民而幼而無父之孤尤爲不幸詩曰無父何怙今已失怙矣而乳臭方乾謀生無力其不至流浪道路而爲乞兒者鮮矣雖或有父亡而母在者然在今日中國社會現狀之下爲母者大都藉男子以爲生今既失所天而藐此諸孤嗷嗷待哺其不與我躬不閱遑卹我後之嘆者又鮮矣故孤兒之待卹實較鰥寡獨三民爲急也傳保勉長此席保赤有心點金無術尚希　海內外仁人君子慨解仁囊共襄義舉綿延此十有餘年歷史之本院則傳保將率孤兒馨香禱祝之焉

中華民國二十年十二月　鄞縣張傳保

賣文恤孤

禮俗既敝文事遂繁尋常歌泣動輒慶弔徵索無已余頗厭之爰立酬格藉貧恤孤必我求者請如左約

（一）墓志銘墓表碑記三百元

（二）壽文哀誄一百元

（三）雜箸隨喜

慈谿陳訓正

本院沿革

本院之創議發起者爲天童寺住持寄禪上人及慈谿陳屺懷先生民國六年冬地方紳商學界與諸山長老集議於白衣寺本我佛慈愛普度宗義救孤苦兒童定名爲寗波佛教孤兒院以僧立普益學校舊址爲院舍以寗波各寺庵常捐水陸捐充教養經費不足之數向各界捐募

七年五月十二日本院正式成立向縣公署立案公舉陳屺懷先生岐昌上人爲院長智圓上人爲總務主任王吟雪先生爲教育主任收容孤兒六十名

八年院長岐昌上人逝世公舉圓瑛法師繼任總務主任智圓上人辭職由王吟雪先生兼任增收院生十名創辦製鞋裁縫印刷紙工等工場院生漸多經費困難本年八月董事傅硯雲先生自備川資往南洋募捐院長陳屺懷先生賣文恤孤以資救濟

九年改變組織設董事會推張公讓三爲董事長院長下設主事聘王吟雪先生担任增收院生十名

十年院長圓瑛法師辭職禪定上人繼任院生增至一百名

十一年甯地水災奇重請求入院者衆多增收院生至百五十名同年傅董硯雲捨身救孤削髮爲僧改名安心頭陀拋棄俗務專爲本院募捐

十二年經費困難酌減院生至百二十八人同年試辦織造工場

十三年董事長張讓三先生逝世公舉張申之先生繼任同年紙工場停辦

十四年董事梁文臣先生鑒於本院毫無基金難維永久於是發起籌募不數月得二萬餘金

十五年基金略有成數公推徐鏞笙先生周子材先生俞佐庭先生志恆上人源巃上人爲資產保管董事同時加推趙芝室先生智圓上人爲院長

十六年主事王吟雪先生因事離院聘范笑齋先生繼任

十七年組織常務董事會公選張申之先生李霞城先生蔡良初先生周子材先生徐鏞笙先生智圓上人禪定上人瑩戒上人爲常務董事張申之先生爲主席并改推陳屺懷先生安心頭陀爲院長是年印刷工場停辦

十八年主事范笑齋先生辭職由陳書莛先生繼任製鞋裁縫工場停辦

十九年改選張申之先生李霞城先生趙芝室先生周子材先生蔡良初先生徐鏞笙先生智圓上人瑩戒上人圓瑛法師源巃上人授妙上人爲常務董事

教育信條

我們深信教育是國家萬年根本大計
我們深信生活是教育的中心
我們深信健康是生活的出發點也就是教育的出發點
我們深信教育應當培植生活力使學生向上長
我們深信教育應當把環境的阻力化爲助力
我們深信做學教合一
我們深信師生共生活共甘苦爲最好的教育
我們深信教師應當以身作則
我們深信教師必須學而不厭纔能誨人不倦
我們深信教師應當運用困難以發展思想及奮鬥精神

行政原則

以最短之時間最少之經費最小之勞力而獲最大之效果

行政組織求適應需要圖縱橫聯絡

以分治合作之精神分掌院務而全體負責

院務力求公開手續務須清澈

以科學方法治事以忠誠態度接人多研究求改進

本院組織大綱

第一條　全體董事大會，爲本院之最高主管機關，在閉會時，設常務董事會，代理行使其職權。

第二條　常務董事會，爲全體董事大會所產生，其職權如左：

㈠保管並整理本院資產，籌劃本院經費。

㈡審核本院每年經常，臨時費之預算及決算。

㈢核定本院進行方針。

㈣公選本院院長。

㈤聘請本院董事。

第三條　院長由常務董事會公選任之，爲義務職，總攬一切院務。

第四條　主事由院長聘任，襄理一切院務。

第五條　教職員由主事商承院長聘任之，分任各項院務。

第六條　院生經介紹人之介紹，由保證人保送入院。

第七條　院務會議由主事及全體教職員組織之，爲院內最高機關，討論左列各事：

㈠院務進行計劃及方針之擬訂。

㈡各種規程細則之修改或廢止。

㈢各部份不能解决之問題。

㈣各種委員會之產生及委員之推選。

㈤事務分掌之決定。

㈥院長交議事項。

第八條 生活指導會議由各教員及担任教養事務之各教職員組織之，專討論關於學生教養事項。

第九條 各股事務，由各教職員分任之。

第十條 遇有特種事務，經院務會之決定，得組織委員會負責進行。

第十一條 本院之組織系統表如左：

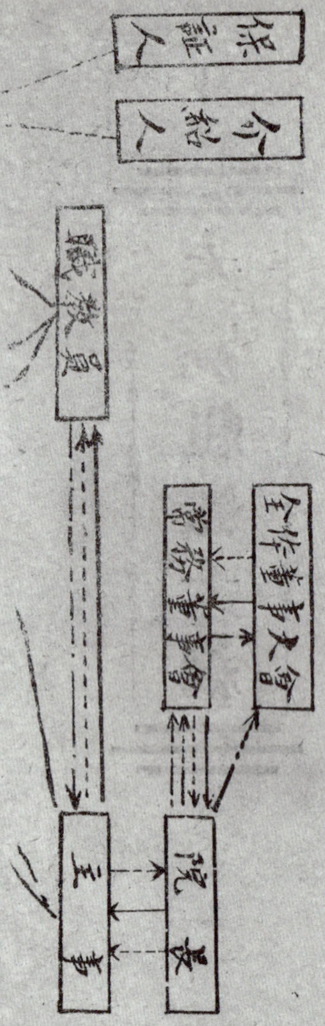

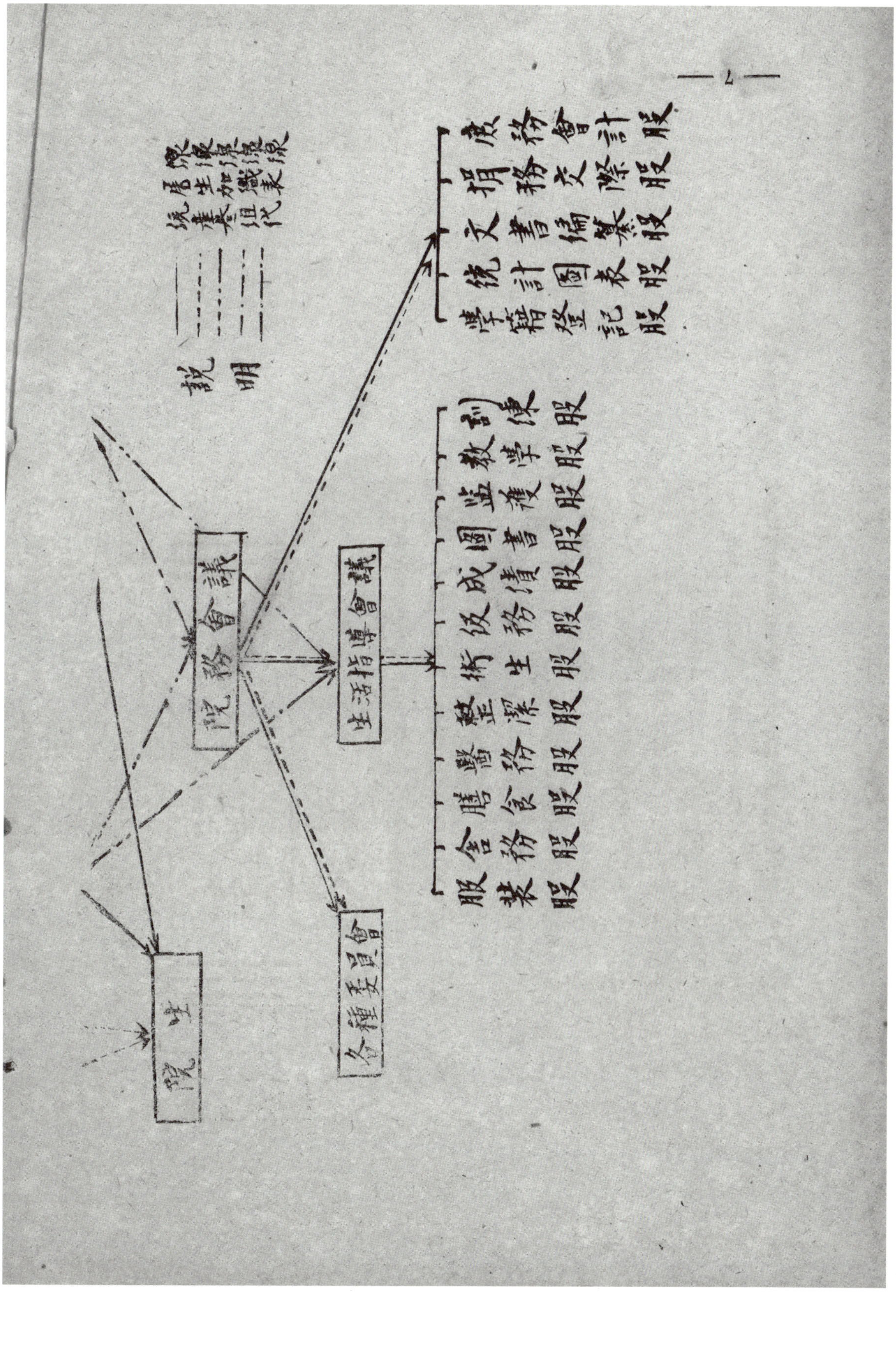
院務會議
生活指導會議
各種委員會
院生
說明
服裝股
倉務股
膳食股
醫務股
整潔股
衛生股
級務股
成績股
圖書股
監護股
教學股
訓練股
庶務會計股
捐務交際股
文書編纂股
統計圖表股
學籍登記股
— 7 —

現行章則

本院章程

第一條　本院本我佛慈愛普度宗義救孤苦兒童定名爲佛教孤兒院

第二條　本院專收無依孤兒施以教養俾成人後有自立能力

第三條　本院成立以來基金未集收養孤兒暫定一百五十名

第四條　本院經費全賴捐款其捐欵分爲八類

（一）基金捐　諸大善士樂助或經募指定作爲基金之捐欵存莊生息永遠作爲基金

（二）教養捐　諸大善士樂認常年每兒教養費六十元之教養捐

（三）認　捐　諸大善士及各寺菴認助每年之樂捐

（四）特　捐　諸大善士僞院或勸募之特別鉅款之樂捐

（六）慶奠捐　諸大善士喜慶喪奠筵資移助之樂捐

（七）普　捐　由本院請求諸大善士捐助或代爲勸募之樂捐

（八）品物捐　諸大善士樂助或勸募之書籍文具衣服果餌以及其他一切品物等之樂捐

第五條　孤兒入院資格
（一）年在七歲以上十二歲以下者
（二）其親屬確無撫養能力者
（三）無惡疾或殘廢者

第六條　孤兒入院須由其親族或關係人帶領孤兒至院報名檢查身體俟本院缺額時通知其親屬或關係人親具保證書陪兒入院

第七條　孤兒如來歷分明而實無親屬或關係人可保送者須由官署或地方公衆機關備文移送方准入院

第八條　孤兒入院之保證
（一）所保送之孤兒實係來歷分明親屬確無撫養能力者如有欺詐一經察出須向保證人追繳孤兒入院日起之每月教養費五元
（二）關於孤兒教養事項無論何人不得來院干涉
（三）如孤兒已入院其親屬欲半途領回者須來院申明理由經本院許可方准出院否則保證人須按孤兒在院日數繳還教養費
（四）孤兒如有疾病死亡或其他不測情事此係天命不得無理向本院要求
（五）孤兒如品行不端萬難造就者本院得隨時交保證人領回但故意違犯規則希圖出院者依上列第三項辦理

第九條　孤兒修滿各學科及各業時經考試及格給予畢業證書

第十條　已畢業之孤兒欲出院謀職業者得先由孤兒之保證人或親屬商請本院同意自行介紹職業如不能自行介紹

職業本院與本院已出院生所組織之互助會當代爲介紹適當之職業
第十一條　本院各項規約另訂之
第十二條　凡熱心扶助本院者得由院長及常務董事會共同議決函聘爲本院董事
第十三條　本院以全體董事大會所產生之常務董事會爲最高主管機關其會章另訂之
第十四條　常務董事會之職權如左
(一)保管並整理本院資產及籌劃本院經費
(二)審核本院每年經常臨時之預算決算
(三)核定本院進行方針
(四)公選本院院長
(五)聘請本院董事
第十五條　常務董事任期二年期滿改選連舉得連任
第十六條　本院設院長居士沙門各一人任期二年連舉連任總攝全院事務由常務董事會公選之主事一人輔助院長處理院務由院長聘任之教員事務員技師若干人由主事商請院長延請之
第十七條　各項捐欵及收支帳目每年年終編印報告册分送諸大善士以資徵信
第十八條　本院院址設在甯波白衣寺內
第十九條　本章程有未盡善之處得由董事大會修改之

本院常務董事會章程

第一條　本會依照寧波佛教孤兒院章程第十四條之規定由全體董事所推選之常務董事組織之

第二條　本會以維持及改進寧波佛教孤兒院爲目的

第三條　本會董事額定九人由常選董事互推一人爲主席對外代表一切

第四條　董事任期二年期滿改選連舉得連任

第五條　本會職權如左

(一)保管並整理本院資產及籌劃本院經費

(二)審核本院每年經常預算及每月決算

(三)核定本院進行方針

(四)公選本院院長

第六條　本會以每月第一星期日爲常會期遇必要時得開臨時會

第七條　本會開會以董事半數以上到會方得開議

第八條　本會議決權以到會董事過半數之同意行之

第九條　會議時院長得列席陳述意見

第十條　本會須用事務員書記時得商請院長指定本院職教員兼任之

第十一條　本章程如有未盡事宜得於開會時提議修正

院務會議規程

第一條　院務會議爲本院內部最高會議
第二條　凡院內敎職員均須出席院務會議
第三條　院務會議討論左列各項問題：
㊀院務進行方針
㊁各項計劃之製定修改及實施
㊂各種規程細則之訂定修改及廢止
㊃經費之支配
㊄各科不能解決事項
㊅院長交議事項
㊆其他類於右開事項
第四條　院務會議每月舉行一次
第五條　院務會議由主事爲主席如主事因事不能出席時得請敎職員一人代理之
第六條　院務會議須有全體敎職員三分之二以上出席方得開會
第七條、院生得推派代表列席院務會議
第八條　院生如有請願時須於事前陳述理由交主席提出討論

第九條　關於特種及臨時事項經本會議決得另組研究會或委員會負責進行
第十條　遇必要時得由主席之決定召集臨時會
第十一條　本會議決案須經院長之核准
第十二條　本規程之製定修改廢止權仍屬本會

生活指導會議規程

第一條　本會議依照本院組織大綱而設
第二條　凡科內教員及担任養護各股事務之職員均須出席
第三條　本會議爲討論院生一切生活指導上之方針計劃及各項問題
第四條　本會議定每星期一舉行
第五條　本會議由科主任爲主席
第六條　本規程經院務會議議決施行

經濟審查委員會規程

第一條　本院爲實行經濟公開起見組織經濟審查委員會
第二條　本會委員由院務會議公推三人任之任期半年
第三條　本會負本院經常特殊臨時各費收支審查之責

第四條　逐月決算及逐月帳目均須經本會委員檢查蓋章
第五條　關于經費之具體支配及各月移用由院務會議決定之
第六條　委員互推一人爲主席
第七條　本會每月開會一次遇必要時得由主席召集臨時會

自治指導委員會規程

第一條　本會爲指導學生自治而設
第二條　本會委員由院務會議產生其人數亦由院務會議決定任期半年
第三條　教養科主任爲本會當然委員
第四條　本會主席由教養科主任兼任之
第五條　本會每月舉行常會一次遇必要時得由主席之決定召集臨時會
第六條　本會議決案須經院務會議審核通過
第七條　學生舉行會議時本會必須推派代表出席指導

教師修養會規程

第一條　本會依據本院行政組織而設
第二條　凡院內教職員均須出席

第三條　本會爲討論教員心身上之修養方法計劃并促進努力

第四條　本會每月開會一次

第五條　本會由主事爲主席

第六條　本規程由院務會議議決施行

主事服務細則

第一條　主事秉承院長統理院內一切事務及規劃教養兒童事宜

第二條　主事遵守本細則各條之規定執行其職務

第三條　關於左開各項事務應先申其意於院長得其核定而施行之

（一）各項規則之增删修改

（二）編輯院務記略

（三）每年調製次年度預算表及造送每月收支報告並全年度之決算

（四）各職員次年之去留

（五）繕發公牘

（六）兒童畢業

（七）其他臨時發生類於右開之事項

第四條　關於左開各項事務應得院長之承認而施行之

（一）孤兒之出院及入院
（二）編制學級
（三）始業休業之日期
（四）學歷之編訂
（五）授業時間之伸縮
（六）開運動會遊藝會旅行等事
（七）一月間各項預算之流用
（八）節存款項之動用及不能按月分支各款之提前支用
（九）定門禁
（十）其他臨時發生類於右開之事項

第五條　關於左列各項之事得便宜施行之

（一）院內各職員之分掌事務
（二）兒童之升級留級
（三）定教授細目及教學時間表
（四）各項簿籍表冊之整理保管
（五）院內物品之整理保管
（六）參觀人之接待

（七）率領兒童出外服務
（八）通常事情之往復函扎
（九）進退督責院內勤務工
（十）其他臨時發生類於右開之事項

教職員服務細則

第一條　本院教員均應遵照本細則辦理院務

第二條　凡以行政養護事務爲專責不任教課者稱爲職員

第三條　職員無假期及例假每日亦無規定之辦公時間

第四條　職員之職務如左：

（一）主事　秉承院長總攬院務其服務細則另訂

（二）養護員　專任兒童飲食起居服裝等事

（三）事務員　受主事支配辦理不屬於各教職員分任之事務

第五條　以教訓兒童爲專責者稱爲教員教員分級任專科兩種

第六條　級任之任務如左：

（一）主持全級級務并注意改進及發展

（二）協助主事編訂本級課程表及日課表

（三）注意改進所任教科之教學方法

（四）攷查兒童個性加以訓練

（五）注意本級兒童體育衛生

（六）考察兒童學習過程加以指導

（七）統計本級兒童之各項成績報告於主事

（八）調製本級各種訓育教學等表冊簿籍

（九）調製所担任教科之教學細目及教學週錄

（十）處理兒童間之糾紛

（十一）考查本級兒童之勤惰

（十二）指導兒童自治活動事項

（十三）指導兒童裝飾整理本級教室及教具

（十四）辦理主事及各種會議之委託事項

第七條　科任之任務如左：

（一）注意改進所任教科之教學方法

（二）調製担任教科之教學細目及教學週錄

（三）考察兒童學習過程加以指導

（四）評定兒童之學業成績并報告於級任

㈤籌備担任教科應用之圖書器械標本等
㈥辦理主事及各種會議之委託事項

第八條　教員除例假日外每日上午八時起至下午五時止爲正式辦公時間須在院辦公
第九條　教員於放假時得離院回家與普通學校同
第十條　教員須於開學前一日到院放假後一日離院
第十一條　教員除教訓兒童外并分任其他院務
第十二條　教職員均爲專任職不得兼院外職務遇有特別情形經院長裁可者不在此例
第十三條　職教員請假時當以私人名義委託相當之同事代理並宜先報告於主事得其同意塡具請假單而公布之其請假十日以上者須另請相當之代理人
第十四條　職教員應出席之各種集會及儀式須按時出席倘因特別事故不能到會者應先期請假
第十五條　各項輪值事務職教員均須分别担任
第十六條　監護細則另訂之

監護細則

第一條　監護教師應於學生起床前起床學生就寢後半小時就寢
第二條　監護教師之職務如左：
㈠學生起床就寢時秩序之維持

（二）檢查兒童寢室內之清潔

（三）督促兒童掃地倒痰盂折被倒尿桶

（四）司寢室總門之啟閉

（五）公共場所洒掃之督促

（六）調查遺尿兒童並令其換褲曬被

（七）兒童盥洗之督促

（八）朝會時之訓話

（九）膳廳秩序之維持

（十）學生課後秩序之維持

（十一）犯規兒童之報告處理

（十二）夜課之督促

（十三）處理偶發事項

（十四）關閉兒童寢室電燈

（十五）息燈後之寢室巡視

（十六）記載監護日記兒童犯規錄

第三條　監護教師由全體職教員輪任之

第四條　監護教師告假時應以私人名義請代或對調日期

各股的責任

庶務會計股　(一)記載帳目　(二)收付銀洋　(三)購辦物品　(四)管理電燈　(五)男工工作之指派　(六)關于門禁事項　(七)公共場所之器具配置　(八)器物之整理及保存　(九)廚房之整頓　(十)編造每月決算　(十一)會集時會場之佈置　(十二)捐款之公告及鳴謝　(十三)院舍器具之修理　(十四)出院生行李之製備　(十五)捐欵收據之製付或寄發　(十六)禮品採辦及送達

捐務交際股　(一)募捐之計劃及進行　(二)來賓及院生家族之招待　(三)來賓錄之記載　(四)會客室之佈置　(五)孤兒報名入院之接洽　(六)報告冊之分發　(七)關于諸大善士府上之慶弔事項　(八)出院院生調查及聯絡　(九)西樂隊出隊事項　(十)記載本股各種表冊

文書編纂股　(一)編輯本年度之告報册　(二)印刷上年度報告册　(三)公牘函件之擬稿　(四)各項議案之記錄及整理　(五)關于繕寫印刷事項　(六)其他出版物之編印

統計圖表股　(一)統計材料之決定　(二)統計材料之搜集整理　(三)統計之編造　(四)圖表之製作

學籍登記股　(一)孤兒履歷之登記　(二)孤兒家族之調查　(三)院務之逐日記載

教　學　股　(一)教育研究會之主持　(二)教育上各種問題之搜集　(三)各項教材之審查　(四)相互參觀之進行　(五)院外參觀之進行　(六)教學上各種統計之規劃　(七)教育上各種表册之設計　(八)教學週錄之彙集審查

成　績　股　(一)收集院生平時工藝美術等作品保存之　(二)隨時檢查學生符號成績　(三)月考與期考之主持進行　(四)成績考查法之測驗成績之彙集保存　(五)成績之統計報告　(六)成績展覽會之主持　(七)成績室之佈置　(八)

究研（九）學生升級降級之決定（十）關于學級編制事項

圖書股（一）圖書之添置及訂購（二）新出版書籍之審查（三）圖書之整理保管（四）圖書館管理之督促（五）圖書之編號登記（六）圖書借閱手續之訂定及實行（七）定期檢查圖書（八）閱書人數次數之記載及統計（九）閱書之獎勵（十）圖書館器具之保管（十一）新到書籍之通告

級務股（一）教室之整潔（二）教室日記之批閱（三）自修課夜課之督促（四）課外作業之指定（五）教室之佈置（六）教室內器具之保管（七）本級學生缺席之記載（八）學生座次之編排（九）級會之督促（十）告假教員代理事項之接洽（十一）教員臨時告假時工作之指定（十二）學生用品之分發（十三）教室用具之添置及修理（十四）學生個性之考查（十五）學生各科成績之檢查（十六）關於學生告假事項

訓練股（一）自治事業之進行（二）訓練標準之訂定及實施（三）懲獎之主持（四）課後秩序之維持（五）各項訓練辦法之規定實行（六）課外團體組織（七）各種會集事項

健身股（一）衛生信條之訂定及實施（二）早操之督促（三）課外運動之督促（四）衛生習慣之檢查（五）定期舉行體格檢查（六）運動器具之購置（七）運動場所之設備（八）運動器具之保管

整潔股（一）公共場所之掃除（二）辦公室教具室值日生之排定（三）值日生之分配（四）院生個人清潔之檢查（五）盥具之分發及檢查（六）全院清潔器具之分配及保管（七）沐浴之分組及管理（八）大掃除之舉行（九）公共場所之佈置（十）學生之理髮（十一）院生修剪指甲

醫治股（一）疾病兒童之檢查（二）疾病兒童之醫治及看護（三）記載醫治日記（四）關於急救事項（五）療養室之佈置（六）藥品醫具之購添（七）院生出外就醫之決定及接洽（八）看護生訓練（九）小醫院之設備及佈置

（十）小醫院療養室器具之保管

膳食股　（一）膳廳之佈置　（二）膳廳用具之保管　（三）膳廳之整潔　（四）膳食器具之分配及添置　（五）膳食座次之排定及變更　（六）膳食時秩序維持　（七）齋長桌長之選舉　（八）膳食時爭執之判斷　（九）膳具之整潔　（十）膳食衛生之督促　（十一）廚房整潔之督促　（十二）各種與廚司接洽事項　（十三）飲料之注意　（十四）飲具之淸潔　（十五）研究食料與營養關係

舍務股　（一）被褥帳蓆之收發更換　（二）關于寢室之整潔事項　（三）定期舉行大掃除　（四）選舉室長　（五）值日生之分配　（六）寢室佈置　（七）寢室器具之分配保管修理添置　（八）寢室之裝修　（九）床次之排定及變更　（十）疾病之報告　（十一）每日起床就寢時秩序之持維　（十二）寢室改進之設計　（十三）逐日舉行下列事項之檢查

A　掃地　B　倒尿桶　C　倒痰盂　D　開窗　E　折被　F　捉虫　G　鎖門

服裝股　（一）服裝之添製　（二）服裝之整理儲藏　（三）服裝之洗滌修補　（四）服裝之收發　（五）儲藏室之設備佈置　（六）儲藏器具之保管　（七）研究服裝材料式樣與衛生之關係（八）改進服製儲藏收發之方法　（九）女役工作之指定

院生家族須知

A　報名入院之手續

一　凡孤苦無依年在七歲以上十二歲以下身無惡疾之男孩均有入院資格

二　欲入院之兒童必須經本院有相當關係者之介紹方准報名

三　本院名額有限院生常患擁擠凡來院報名者必須俟本院缺額時方准進院

四　未經報名手續逕行來院者一概不收

五　來院報名時可向本院索取保證書俾兒童入院時同時繳存本院

六　院生入院時本院當卽發給告假證以備日後告假時應用

七　兒童入院時其隨身衣服鞋帽家族不願移助本院者當於入院時卽行收回否則一經入册恕不發還

B 探望院生辦法

一　院生關係人來院探望時須通知門役轉報辦事人

二　探望時間以下午四時爲宜

三　探望人接見院生須在應接室內切勿逕入內部任意遊覽

四　探望人勿得以銀錢食品玩具等物私交院生如經察出卽令其家族携歸或由院保存之

五　在接見時探望人須施以慰勉訓誡切勿發現溺愛狀態以引起院生懶學回家之念

六　接見時間至多不得過二十分鐘否則有礙院生工讀

七　院生關係人如有衣帽鞋襪等物擕院贈兒須繳給本院註册收存隨時給該兒服用

八　院生關係人來院探望得酌量情形留其膳宿但以一永日爲限

C 院生告假辦法

一　院生家族如有細微瑣事不准假告出院

二　院生家族如有重大要事欲領院生告假出院者須由家族或保證人來院面請否則派人隨帶告假書向本院陳明事由經許可註册後方准給假

三　院生告假出院時家族必須將該兒告假證繳存本院否則雖已准假仍不能出院

四　院生假期已滿而其事尚未完畢者得由其家族或保證人來函續假但以一次爲限

五　院生假期已滿並不續假或續假期滿尚不到院者當即開除學籍

六　院生假滿來院須經本院檢查如有私帶食品及銀錢玩具等物本院當令其家族攜歸或保存之

七　院生假滿來院時家族須向本院領回告假證

八　院生假滿來院其告假出院時之衣服鞋帽須如數帶歸不准留存家中

D　院生出院學業辦法

一　院生學業已滿年齡已長本院視其品性之優劣能力之高下介紹適當之職業

二　本院爲院生選定職業後即通告其家族倘家族認爲不滿意時可將該兒領回自行介紹職業

三　族家爲院生選定職業得隨時將院生領回就業

四　本院介紹職業出院之院生其行李服裝均由本院製備

會議摘要

常務董事會會議記錄

二十年一月十六日下午二時第一次會議

出席者　李霞城　趙芝室　張申之趙代　蔡良初　授妙　圓瑛本舟代

主　席　李霞城　　　　記　錄　陳書[illegible]

甲　行禮如儀

乙　報告事項

一　張申之先生來函推定趙董事芝室爲出席代表

二　圓瑛法師來函推定本舟上人爲永久出席代表

三　市政府訓令三則

四　愼祥莊來信通告於十九年年底宣告清理

丙　討論事項

一　推定本會主席案

議決　續推張申之先生爲主席

二　推定資產保管董事案

議決　公推徐鏞笙先生爲資產保管董事

三　院長請求追認下列各項臨時費案

A橋樑建築費

B補繳電費

C上海報廣告費

議決　准予追認

四　下列兩款應如何處置案

A印刷機賣價

B食米餘伙

議決　收作本會雜入

五　修改預算項目案

議決　照提案通過

六　修改章程案

議決　此案係大會議決修改應先將修改章程印刷分配交下屆開讀會以昭愼重

七　市府訓令應如何呈復案

議決　市府業已撤消毋庸呈復

八　董會帳目能否由本院會計兼理案

議決　通過

九　年息八厘之基金應否移存案

議決　保留

丁　散會

二十年三月十一日下午一時第二次會議

出席者　李霞城　張申之趙代　趙芝室　蔡良初　智圓　授妙　周子材　圓瑛本舟代

主席　李霞城　記錄　陳書莊

甲　行禮如儀

乙　討論事項

一　資產保管董事徐鏞笙先生因任責過重請加推一人以資分担案

議決　加推蔡良初先生爲資產保管董事

二　本埠交通銀行抖攬存款年息八厘半應否將本院基金一部撥存該行案

議決　撥存五千元請徐董事負責辦理

三　經常特殊臨時各費應在何時發放案

議決　經常費每月初照規定數發放特殊費每月終照實支數發放臨時費經本會通過後發放

四　審查去年帳目案

議決　公推徐鏞笙蔡良初兩先生負責審查

五　院生激增院舍不敷擬在鄉間創辦分院既可增收院生又能實行大會議決之畢業生學習農藝案

議決　通過

六　鄞西棣園村寶巖寺方丈智圓上人願將該寺全部產業撥助俾創辦分院惟該寺現有債款二千五百元要求本院代爲償清是否可行案

議決　通過

七　修改院章案

議決　修照正案通過

丙　辦理移交

前任資產董事周子材先生將保存文件及存摺全部移交新任徐蔡兩董事接收

丁　散會

二十年四月二十三日上午十時第三次會議

出席者　張申之　李霞城　趙芝室李代　徐鏞笙李代　蔡良初　智圓茳代

主席　張申之　記錄　陳書茳

甲　行禮如儀

乙　報告事項

一 寶嚴寺創設分院進行之經過及停頓之原因

二 本會經濟近況

三 院生之擁擠

丙 討論事項

一 分院應如何進行案

議決 請智〻人另行組織董事會負責進行本院補助常年費一千元分院則須每年收容本院畢業生二十名

至本院現有各寺常年認捐不能移撥

二 院生增收案

議決 保留

三 經常費不能接濟時能否動用基金案

議決 本院基金如超過六萬元時得提基金年息之半數充作經常費

丁 散會

二十年九月十九日下午二時第四次會議

出席者 李霞城 趙芝室 蔡良初 徐鏞笙 蔡臻仍 周子材 智圓

主席 李霞城 記錄 陳書莊

甲 行禮如儀

乙 報告事項

一　愼祥存欵已於五月底全部收回存入本埠交通銀行月息七厘定期一年
二　六月十日到期之六和堂憑單二千四百元已分兩次收回第一次六月二十日計洋一千一百六十四元第二次七月五日計洋一千二百三十六元亦均存入交行月息七厘期一年

丙　議决事項

一　經常費業已告罄應如何設法籌措案

議決　請蓉臻仍先生將瑞豐景源信源愼康鉅康五莊到期息金劃入愼豐以備動用

丁　散會

院務會議決議案統計

二十年一月至十二月計開院務會議三十九次因限於篇幅不能將全部議案編印茲作統計如下表

開會次別	報告案數	討論案數
1	2	2
2	1	1
3	0	11
4	2	6
5	0	3
6	2	14
7	1	8
8	3	15
9	1	7
10	1	1
11	0	3
12	3	6
13	0	5
14	0	6
15	0	4
16	0	3
17	0	1
18	2	4
19	0	4
20	0	2
21	1	3
22	0	7
23	0	8
24	0	4
25	2	7
26	1	3
27	3	3
28	2	9
29	1	3
30	0	7
31	0	3
32	0	9
33	0	7
34	2	2
35	0	9
36	0	5
37	0	6
38	0	2
39	0	3
共	30	203

院務會議議案性質之統計

議案分類		議案件數	
行政上的問題	設備	18	67
	統計	7	
	會集	6	
	其他	36	
訓育上的問題		32	
養護上的問題		31	
教學上的問題	編制	6	49
	教法	9	
	教材	18	
	考試	12	
	其他	4	
其他	教師修養	13	24
	擴充事業	11	
共計		203	

設備

院舍統計之一

名稱	區數	面積總計
教室	6	446.4528方米
圖書室	1	19.3725
兒童臥室	10	269.2237
辦公室	1	62.519
教員寢室	7	109.6509
膳廳	1	122.3283
天井	10	661,0511
大廳	1	144.525
遊廊	34	726.7426
工具室	1	16.027
小醫院	1	18.463
療養室	1	18.848
表演台	1	24.2514
化裝室	1	18.463
樂器室	1	42.6208
裁縫室	1	12.956
暗間	1	4.844

名稱	區數	面積總計
清潔用具儲藏室	1	26.496方米
雜物室	3	79.4515
服裝庫	3	48.7004
廚房	3	84.248
食料儲藏室	4	163.1784
柴間	1	11.7968
礱場	1	48.4716
井間	1	19.4184
盥洗室	1	31.9304
浴室	1	25.802
園藝場	2	140.1175
工役室	3	98.219
廁所	1	30.525
其他	2	24.612
操場	1	820.000
共	103	4371.5061

院舍統計之二

類別（就用途分）	區數	面積總計（單位方公尺）	百分比
教學場所	16	1545•1050	35•05%
辦公場所	1	62•519	1•44%
宿的場所	20	477•0936	11•03%
食的場所	5	255•1479	5•85%
遊息場所	11	805•5761	18•44%
儲藏用的場所	12	329•7231	7•55%
清潔衞生的場所	5	114•4618	2•63%
交通的場所	34	726•7426	16•64%
其他	3	55•137	1•37%
共	107	4371•5061	100

院舍統計之三

類別（就用者分）	區數	面積（單位方公尺）	百分比
學生用	42	2837•2765	64•90%
教師用	8	172•1699	3•85%
院役用	7	231•0386	5•39%
公用	38	801•298	18•32%
其他	12	329•7231	7•54%
共計	107	4371•5061	100

日用器具之統計

分類	件數
膳食器具	653
廚房用具	68
敎室用具	398
寢室用具	372
辦公用具	36
衛生用具	58
儲藏用具	67
其他	6
共計	1658

小醫院醫治器械之統計

分類	件數
內科用具	16
皮膚病器械	18
耳鼻喉科器械	14
眼科器械	6
儲藏器具	21
量器	3
其他	9
共計	87

小醫院常備藥品之統計

分類	種數
解熱劑	6
變質劑	6
殺菌劑	10
驅虫劑	9
祛痰劑	6
利尿劑	3
催吐劑	2
通下劑	4
麻醉劑	3
興奮劑	2
强壯劑	3
清凉劑	1
刺戟劑	1
收斂劑	9
緩和劑	11
新行藥	12
共計	88

兒童被褥服裝之統計

種類	數量
蚊帳	105頂
被褥	168條
蓆子	162條
棉衣	191件
棉褲	186條
背心	166件
夾衣	186件
夾褲	170條
單衣	995件
單褲	995條
襪	364雙
鞋	270雙
共計	3952

教學用具之統計

種類	數量
理化器械	142件
理化藥品	14種
算術教具	42種
工作器具	230件
運動器具	17種
娛樂品	35件
國樂器	31件
西洋樂器	105件
西樂隊用品	47種
裁縫科用具	15件
農具	21件

教師參考書之統計

分類	冊數
育敎	126
社會	106
自然	48
雜類	47
雜誌	13種
日報	3種
共計	327冊 16種

兒童圖書之統計

類	別	冊數	冊數合計	百分數
語文系	故事	145	469	72%
	小說	102		
	童話	92		
	詩歌	50		
	圖畫故事	50		
	讀文	49		
	劇本	16		
	謎語	15		
	笑話	12		
	遊記	7		
	寓言	6		
	傳記	6		
	其他	19		
常識系	歷史	35	155	23.7%
	理化	26		
	動物	25		
	黨義	19		
	常識	18		
	公民	14		
	植物	10		
	實業	8		
其他	工藝	16	27	4.3%
	遊藝	11		
雜誌		四種		
共計		651冊		
		四種		

經濟實況

本院資產總登

田產

一 沅南大通垸湖田百畝（此項湖田係沅南大通垸湖田辦公處移助目下未能收花）

一 鄞縣西鄉後黃橋民田十二畝（此項民田丁卯年指南上人樂助作爲基金收獲無多）

房屋

一 院舍計樓房二十間平房十四間（約占面積四畝）

一 竺家衖畚斗樓屋一全間（此屋係毛錫藩君樂助聲明毛君百年之後歸院收花）

地產

一 竺家弄新墊河棚基地一厘二毫半（此地因與毛君樂助之房屋連結十八年二向市政府標買）

一 院後基地一畝三分〇六毫（此地本年九月向江姓買入現已闢作操場）

投資

一 上海證劵物品交易所股份銀五千元（每股五十元計百股）

一 檳榔嶼極樂寺橡樹股份銀五千元（此項股份原有一萬元後因虧蝕祇得折實銀五千元）

一 甯波明星書局股份銀五十元

基金

一 存各莊計銀六萬〇〇三十四元一角〇九厘（見後載基金收支總登）

一 存白衣寺借欵銀二萬〇一百五十四元三角四分四厘（見後載基金收支總登）

白衣寺借款約據

立借約人甯波白衣廣仁講寺住持安心頭陀今借到甯波佛教孤兒院銀洋計貳萬貳千元爲建造寺內房屋及購買器具等正用俟白衣廣仁講寺入欵有餘時陸續拔還惟孤兒院院舍不敷即以寺內新屋借作工場及寢室之用議定每年錢不起利屋不起租恐後無憑特立借約存照行

中華民國十五年夏正七月二十六日

立借約人甯波白衣廣仁講寺住持安心頭陀

民國二十年捐款徵信錄（謹以收到前後爲序）

一 特別捐

慈善義務戲	助洋一千一百元	蔣介石先生 安心頭陀經募	助洋五百元
金廷蓀先生 安心頭陀經募	助洋二千元		

以上特別捐共計銀三千六百元

二 教養捐

楊太太	助洋六十元	陳馨哉先生	助洋六十元
黃涵之先生	助洋六十元	姜證禪先生	助洋六十元
蔡岷江先生	助洋一百二十元	傅洪水先生	助洋六十元
樓恂如先生	助洋六十元	王伯元先生	助洋六十元
孫梅堂先生	助洋六十元	范和甫先生	助洋六十元
何積藩先生	助洋六十元	章林生先生	助洋六十元
蔡師竹廬	助洋六十元	周炳文先生	助洋一百二十元
徐永炎先生	助洋六十元	徐培根先生	助洋六十元
徐培坤先生	助洋六十元	楊善慶先生	助洋六十元
楊福全先生	助洋六十元	王文翰先生	助洋一百二十元

馬銀生先生　助洋六十元

何卓堂君老太太　助洋六十元

趙芝室夫人　助洋六十元

以上敎養捐共計銀一千六百八十元

三　普捐

金廷蓀先生　助洋一百元

屠康侯先生　助洋一百元

施冬狗先生　助洋八元

盛和花號　徐永炎先生經募　助洋五十元

徐永炎先生　助洋二十元

無名氏　米二石折　助洋十五元

劉門傅氏　柯紀常先生經募　助洋一百元

張安仁先生　助洋五元

無名氏　安心頭陀經募　助洋五十元

無名氏　同右　助洋六元

方樂雨先生　張亦湘先生經募　助洋五元

陳厚德君老太太　助洋六十元

趙芝室先生　助洋六十元

盛門費善蓮　助洋十元

金雪塍先生　助洋二十元

陳君　孔惺夫先生經募　助洋十元

范[illegible]馥先生　徐永炎先生經募　助洋五十元

孔惺夫先生　助洋二十元

陳品元先生　朱四德先生介紹　助洋一百元

慶餘堂趙　助洋六十元

傅裕經先生　安心頭陀經募　助洋一百元

無名氏　同右　助洋四元

施運來先生　同右　助洋一元

方小豹先生　張亦湘先生經募　助洋十元

卻生華先生　同右　助洋五元
張潤益先生　同右　助洋五元
仲記　同右　助洋二十元
潘孝記　同右　助洋二元
費閬記　同右　助洋三元
五洲藥房　邵生棠先生經募　助洋三元
中美藥房　同右　助洋三元
亨得利　同右　助洋三元
明華銀行　同右　助洋五元
邵孔氏　同右　助洋一元
柯仰先先生　同右　助洋一元
謝敏遜先生　同右　助洋五元
沈翰佳先生　同右　助洋一元
金濟厂先生　同右　助洋二元
胡廉浦先生　同右　助洋一元
張孝武先生　同右　助洋二元
鶴禪先生　同上　助洋一元

天津天寶銀樓　同右　助洋十元
天津物華金店　同右　助洋十元
桂記　同右　助洋二十元
張直卿先生　同右　助洋五元
三新公司　同右　助洋五元
鄭延芳先生　邵生棠先生經募　助洋二元
章達夫先生　同右　助洋三元
王維椿先生　同右　助洋二元
邵余氏　同右　助洋二元
方愈如先生　同右　助洋一元
馬竹銘先生　同右　助洋一元
趙廷玉先生　同右　助洋二元
沈頌堯先生　同右　助洋一元
劉煥卿先生　同右　助洋一元
庚家祥先生　同右　助洋一元
金東谿先生　同右　助洋二元
唐大爲先生　同上　助洋一元

無名氏　同右　助洋一元
金白棠先生　同右　助洋二元
史惟記　同右　助洋五元
吳韶甫先生　同右　助洋二元
鮑伯遠先生　同右　助洋三元
史太太　助洋十六元
李祖蔭先生　黃光普先生經募　助洋六十元
妙典上人　助洋十元
吳徐君先生　陳厚德先生經募　助洋十元
徐門張氏　陳厚德先生經募　助洋二十元
永康莊　同右　助洋五元
羅門顧氏　同右　助洋六十元
羅玉如先生　同右　助洋十元
李雲門先生　同右　助洋二元
王堯陝先生　同右　助洋二元
惠通銀行　同右　助洋二十元
晉昌記　同右　助洋五元
仁和祥　同右　助洋二元
無名氏　同右　助洋二元
崔潤記　同右　助洋二元
敦厚堂　同上　助洋四元
劉代耕先生　同上　助洋十元
厚康莊　同上　助洋十元
祥源莊　同上　助洋十元
俞記　龔聖尹先生經募　助洋一百元

以上普捐計收銀一千三百四十九元

四　慶奠捐

圓瑛法師　助洋二十元
本册大和尚　助洋二十四元
王顯灝先生　助洋十二元
李藕孫先生　助洋二元

王寶善堂 助洋二百元
王建三先生 助洋四元
胡頌房 助洋二十元
周富房 助洋五十元
傅府 助洋十元
敘天堂虞 助洋一百元
蔣鼎文先生 助洋二百元
范星房 助洋二十四元
石碶徐府 助洋二十四元
敬孝堂楊 助洋六元
李思浩先生 助洋四十八元
李仁房 助洋五十元
李漣卿先生逐年受諸門生折荣金移 助洋一百元
敦本堂江 助洋四十八元
仁壽堂嚴 助洋六十元
世濟堂劉 助洋二十四元
邵仁表先生 助洋二十四元

周藕蓀先生 助洋二十四元
繼志堂陳 助洋二十元
余葆三先生 助洋三十六元
化成寺克勤上人 助洋六十四元
徐志畬先生 助洋一百五十元
李經房 助洋四十八元
孫家澧先生 助洋二十四元
永思堂鄺 助洋二十四元
張泉甫先生 助洋二十四元
王叔雲先生 助洋十六元
文質堂沈 助洋八元
余安房 助洋二十四元
李漣卿先生 助洋二元
蔡君（寶幢來） 助洋二十四元
邵柏房 助洋二十四元
史善康先生 助洋二十四元
楊文林先生 助洋四十八元

效實中學	助洋十二元
劉其燦先生	助洋二十四元
夏富房	助洋三十六元
羅步雄先生	助洋二元
陳文琪先生	助洋一百元
耕讀堂陳	助洋二十四元
馬老太太	助洋十六元
吳育房	助洋十六元
毛安甫先生	助洋二十四元
葉玉房	助洋二十四元
杜月笙先生（金廷蓀先生經募）	助洋一千元
金馥棠先生	助洋五十元
袁綱瑩先生	助洋二元
陳葵卿先生	助洋十六元
張鬱壽先生	助洋十六元
徐如恆先生	助洋十二元
韓彭年先生	助洋四元
陳善蓀先生	助洋四十元
張正泉先生	助洋二十四元
徐祜昌先莊	助洋十六元
世濟堂陳	助洋一百元
劉鴻生先生	助洋一百二十元
李霞城先生	助洋二十四元
朱家奎先生	助洋二元
張菊房	助洋二十四元
李志芳德配鄭太夫人（任心耕先生經募）	助洋一百元
七塔寺自眞上人	助洋四十元
徐傳煦先生	助洋十六元
攬秀堂江	助洋八元
李祖賡先生	助洋三十六元
蔡延齡居	助洋二十四元
九德堂李	助洋十六元
唐鹿福先生	助洋二十四元
林三槐玉蓀先生	助洋十二元

孫壽房　助洋十元
見雲師　助洋二十元
敎義堂丁朱旭昌先生經募　助洋一百元
徐安房　助洋十二元
郭緯房　助洋五十元
劉文照先生　助洋二十四元
陳裘賡先生　助洋四十八元
李照華先生　助洋二元
陳維松先生　助洋四元
沈亮夫先生　助洋六元
俞恭房　助洋三十元
余氏宗祠　助洋二十四元
胡緯房　助洋二十四元
劉貝氏　助洋一百元
張孟房　助洋二十四元

馮升房　助洋十六元
悅清師　助洋八元
李炳煒先生　助洋四元
鄔志年先生　助洋十六元
顧志清先生　助洋二十四元
趙宇椿先生　助洋三十二元
王才棟先生　助洋十二元
吳啟元先生　助洋二十四元
宋府　助洋十六元
俞性勇房　助洋一百元
松鶴堂陳　助洋三十六元
詹子蘭先生　助洋十六元
鍾一桂先生　助洋二十四元
葉德政先生　助洋二十元

以上慶奠捐計銀四千四百六十四元

五　認捐

育王寶刹 補十九 助洋二百元
袁南山先生 月助捐銀二元計二十四元
張太太 屠時逐先生經募 助洋五元
赭山寶刹 助洋三十元
王永清先生 助洋二十元
觀宗寶刹 助洋一百元
天童寶刹 助洋二百元
觀宗寶刹 助洋一百元
天童寶刹 助洋二百元
謝蘅牕先生 助洋二十九元〇四分
彝生寶莊 助洋六元
彙源寶莊 助洋六元
瑞康寶莊 助洋六元
長源寶莊 助洋六元
晉恆寶莊 助洋六元
泰源寶莊 助洋六元
保慎寶莊 助洋六元

張正泉先生 月捐銀二元計二十四元
廣和木行 助洋二元
棉業交易所 毛稼生先生經募 助洋二十元
許春林先生 助洋二十元
七塔寶刹 助洋一百元
張老太太 洪武章先生經募 助洋四元
七塔寶刹 助洋一百元
劉清泉先生 助洋一百元
育王寶刹 助洋二百元
彝泰寶莊 助洋六元
元大寶莊 助洋六元
益康寶莊 助洋六元
慎豐寶莊 助洋六元
景源寶莊 助洋六元
鼎豐寶莊 助洋六元
永源寶莊 助洋六元
衍源寶莊 助洋六元

餘豐寶莊　助洋六元
泰生寶莊　助洋六元
大源寶莊　助洋六元
天益寶莊　助洋六元
同慎寶莊　助洋六元
復恆寶莊　助洋六元
泰涵寶莊　助洋六元
鎮泰寶莊　助洋六元
恆生寶莊　助洋六元
裕源寶莊　助洋六元
瑞餘寶莊　助洋六元
寶興寶莊　助洋二元
豐源寶莊　助洋二元
豫泰寶莊　助洋二元
瑞源寶莊　助洋二元
恆大寶莊　助洋二元
慎餘寶莊　助洋二元

敦裕寶莊　助洋六元
瑞豐寶莊　助洋六元
元益寶莊　助洋六元
恆孚寶莊　助洋六元
元祥寶莊　助洋六元
鼎恆寶莊　助洋六元
鉅康寶莊　助洋六元
元亨寶莊　助洋六元
慎康寶莊　助洋六元
信源寶莊　助洋六元
元泰寶莊　助洋六元
慎康寶莊　助洋二元
恆裕寶莊　助洋二元
元成寶莊　助洋二元
恆春寶莊　助洋二元
慎成寶莊　助洋二元
承源寶莊　助洋二元

泰巽寶莊　助洋二元
寶源寶莊　助洋二元
源吉寶莊　助洋二元
萃泰寶莊　助洋二元
福利寶莊　助洋二元
同泰寶莊　助洋二元
愼益寶莊　助洋二元
豐和寶莊　助洋二元
恆康寶莊　助洋二元
恆祥寶莊　助洋二元
仁和木行　助洋四元
廣潤木行　助洋二元
常西大和尙　助洋十元
仁記木行　助洋二元
屠祿房　屠時遜先生經募　助洋八元
屠彭年先生　同右　助洋四元
安泰寶莊　助洋二元
源源寶莊　助洋二元
元利寶莊　助洋二元
安生寶莊　助洋二元
仁和寶莊　助洋二元
愼昌寶莊　助洋二元
寶和寶莊　助洋二元
通源寶莊　助洋二元
惠餘寶莊　助洋二元
協大木行　助洋二元
大愼木行　助洋二元五角
祥泰木行　助洋一元
四明電話公司　蔡西生先生經募　助洋二十元
北幫同濟會　費瑚卿先生經募　助洋五十元
屠時遜先生　助洋四元
鹽引公所　李霞城先生經募　助洋二百元
以上認共計收銀二千〇七十一元五角四分

六　品物捐

無名氏（安心頭陀經募）　樂助祭灶果計洋七元
天童寺圓瑛法師　樂助匾担四十根
黃李聖基大小奶　樂助同和年果劵計十二元
陳蘭蓀先生　樂助壽桃二百枚
無名氏　樂助白米二石
陳老太太　樂助千層餅四百個
應運根師母　樂助棉紗綫約值洋一元
張門吳氏　樂助食鹽一百斤
陳文琪先生　樂助臭虫藥水一打
掩埋所　樂助正氣丸臥龍丹各一百包
馬銀房　樂助毛巾二百條
何先生　樂助水蜜桃計洋四元
無名氏　樂助十滴水一百瓶
陳師母　樂助月餅四百只
盛恭明房　樂助年糕糰二百四十只
虞晴川先生　樂助糯米一石
應安全先生　樂助糯米一石
戴老太太　樂助皮釘鞋一百五十雙
轉道大和尚　樂助紅花油四瓶
應門周氏　樂助手巾一百條
陳文琪先生　樂助立夏蛋一百七十只
陳文琪先生　樂助壽桃二百個
姜彭齡先生　樂助小蘇餅六百四十個
無名氏（天童無名僧經募）　樂助毛巾十四打
蕭剛寺正闓　樂助草扇五十把毛巾五十條
徐慶安堂　樂助痧藥水大號八瓶小號念瓶
智海法師　樂助黃瓜計洋三元
吳成銘先生　樂助毛巾九打手帕十八打
江師母　樂助鞋子一百雙
勵伯卿先生（勵建侯先生經募）　樂助冬衣念五套
錢蓮卿先生（林中聞先生經募）　樂助年糕米一石
虞晴川先生　樂助年糕米三石

諸大善士認助教養孤兒常年經費一覽表

每個孤兒年須衣食教養約六十金倘蒙諸大善士廣發善願普渡衆生或籠統樂助或獨院選兒認養其功德容有限量哉

大善士台銜	認捐收養孤兒名額	何年認起	經募者台銜
黃涵之君	二名	民國九年	張讓三君
陳磬裁君	一名	民國九年	智圓上人
姜證禪君	一名	民國十年	張讓三君
李學暢君	一名	民國十二年	安心頭陀
夏吟龍君	一名	民國十二年	安心頭陀
應佐卿君	一名	民國十三年	慧朗上人
陳其觀君	一名	民國十三年	安心頭陀
傅洪水君	一名	民國十三年	安心頭陀
章林生君	一名	民國十三年	安心頭陀
范和甫君	一名	民國十三年	安心頭陀
樓恂如君	一名	民國十三年	安心頭陀
朱老太太	一名	民國十六年	趙芝室君
周炳文君	二名	民國十七年	安心頭陀
孫梅堂君	一名	民國十三年	安心老頭陀
王家楨君	一名	民國十三年	安心老頭陀
洪雁賓君	一名	民國十三年	陳屺懷君
何積璠君	一名	民國十三年	傅松年君
裘昌如君	一名	民國十四年	張申之君 陳屺懷君
裘珠如君	一名	民國十四年	張申之君 陳屺懷君
梁文臣君	一名	民國十四年	梁文臣君
常太太	一名	民國十四年	慧朗上人
楊太太	一名	民國十四年	慧朗上人
袁祖懷君	一名	民國十四年	袁祖懷君
王伯元君	一名	民國十四年	梁紉蘭君
大連鼎新昌號	二名	民國十四年	梁文臣君
陳厚德君	一名	民國十七年	安心頭陀
何卓堂君	一名	民國十七年	安心頭陀

徐永炎君	一名	民國十七年	張申之君
徐培坤君	一名	民國十七年	安心頭陀
徐培根君	一名	民國十七年	張申之君
楊善慶君	一名	民國十七年	安心頭陀
楊福全君	一名	民國十七年	張申之君
趙芝室君夫人	一名	民國十八年	趙芝室君
王文翰君	二名	民國二十年	安心頭陀
馬錕生君	一名	民國十七年	安心頭陀
應太太	一名	民國十七年	張濟光君
張濟光君	一名	民國十七年	張申之君
謝仲笙君	一名	民國十七年	張申之君
趙芝室君	一名	民國十八年	趙芝室君
蔡臻仍君	一名	民國二十年	趙芝室君
蔡岷江君	二名	民國二十年	安心頭陀

諸大善士認助常年捐款一覽表

認戶台銜	認捐種類	數目	經募人
天童寺	年捐	四百元	
七塔寺	年捐	二百元	
鹽引公所	年捐	二百元	李霞城先生
北帮同濟會	年捐	五十元	費翊卿先生
張正泉先生	月捐	二元	傅洪水先生
四明電話公司	年捐	二十元	蔡酉生先生
王永清先生	年捐	二十元	
屠時遜先生	年捐	四元	

認戶台銜	認捐種類	目數	經募人
育王寺	年捐	四百元	
觀宗寺	年捐	二百元	
劉清泉先生	年捐	一百元	安心頭陀
赭山寺	年捐	三十元	介僧上人
袁南山先生	月捐	二元	安心頭陀
棉業交易所	年捐	二十元	毛稼生先生
常西上人	年捐	十元	王吟雪先生
屠祿房	年捐	八元	屠時遜先生

屠彭年先生　年　捐　四元　屠時遜先生　錢業大同行各莊　年　捐　六元　傅洪水先生

錢業小同行各莊　年　捐　二元　傅洪水先生　張老太太　年　捐　四元　洪武章先生

謝蘅膄先生　月　捐　烟煤一噸　安安頭陀　各木行　年　捐　每船一元　安心頭陀

民國二十年基金收支總登

計開

一　舊管項下

一　上年揭丈銀七萬九千二百十九元五角二分二厘

上款計存六和堂票欠四千元白寺衣二萬〇六百七十三元七角四分四厘大源　彝泰　彝生　泰生　敦裕　餘豐　衍源　保愼　永源　泰源　鼎豐　晉恆　長源　瑞大　元大　愼豐　瑞康　元春　益康　瑞餘　彙源　裕源　恆生　元亨　泰涵　鼎恆　復恆　同愼　恆孚　元益　天益　以上三十一莊各存五百五十元瑞豐五六千百六十五元五角景源二千五百五十元信源千三五百五十元愼康四千五百五十元鉅康五千九百五十元愼祥五千五百五十元鎮泰一千三百三十一元滋康一千九百七十四元三角五分五厘敦裕一千五百十二元六角二分八厘恆隆一千六百五十三元九角一分一厘存愼祥基金六百十一元一角二分八厘愼祥董會戶二千五百九十七元二角五分六厘

以上舊管項下共計存銀七萬九千二百十九元五角二分二厘

一　新收項下

一　收基金息五千八百三十五元二角九分九厘

以上新收項下共計收入洋五千八百三十五元二角九分九厘

一 開除項下

一 支撥入董會三千九百十九元一角一分二厘

一 支撥入董會九百四十七元二角五分六厘（上年舊管項下愼祥撥入董會）

以上開除項下共計支出銀四千八百六十六元三角六分八厘

一 實在項下

存白衣寺二萬〇一百五十四元三角四分四厘大源六百元〇〇六角三分彝泰 彝生 泰生 敦裕 餘豐 衍源 保愼 永源 鼎豐 晉恆 長源 元祥 元大 瑞康 元春 益康 瑞裕 彙源 裕源 恆生 元亨 泰涵 鼎豐 復恆 同愼 恆孚 天益 以上二十七莊各存銀六百〇五元瑞豐五千七百三十二元〇五分泰源六百元〇〇四角一分七厘景源二千六百〇五元愼豐六百元〇〇四角一分五厘信源三千五百九十七元四角六分五厘愼康四千六百元〇〇四角一分五厘鉅康六千〇〇五元元益六百元〇〇四角一分七厘鎮康一千四百六十四元一角滋康二千三百九十元〇一角三分敦裕一千八百十七元〇六分恆隆一千九百九十元〇〇四分六和堂票欠二千元交通銀行九千〇七十一元九角七分愼豐往來戶二十四元

以上實在項下共計存銀八萬〇一百八十八元四角五分三厘

二十年常務董事會收支總登

一 計開

一 舊管項下

一 上年揭存銀四千五百十九元六角一分五厘

上欵計存穀一千元存公債券四百三十元存愼祥一千〇十七元二角七分三厘存票欠一千元存佛孤經常費內一千三百八十四元四角四分欠特別費三百十二元〇九分八厘

以上舊管項下存欠相抵實存銀四千五百十九元六角一分五厘

一 新收項下

一 收基金撥入三千九百十九元一角一分二厘

一 收基金撥入九百四十七元二角五分六厘（基金清冊舊管項下愼祥戶移來）

一 收舊 捐一千三百四十九元

一 收特別捐三千六百元

一 收認 捐二千〇七十一元五角四分

一 收敎養捐一千六百八十元

一 收慶奠捐四千四百六十四元

一 收莊 息一百六十四元一角六分八厘

一 收捐 升八元九角九分六厘

以上新收項下共計收入銀一萬八千二百〇四元〇七分二厘

一 開除項下

一 支經常費一萬五千六百元

一 支升學費五百十九元五角二分一厘
一 支行 李一百二十元〇四角八分八厘
一 支安老旅費一千〇四十一元〇三分二厘
以上開除項下共計支出銀一萬七千二百八十一元〇四分一厘
一 實在項下
一 存暫記一千三百六十四元九角三分三厘
一 存公債券四百三十元
一 存票欠一千元
一 存慎豐二千六百四十七元七角一分三厘
以上實在項下共計存銀五千四百四十二元六角四分六厘

民國二十年經常費收支總登

計開
一 舊管項下
一 上年揭支十一元六角七分四厘（見十三年報告）
此欵計存慎祥五百八十五元五角四分存恆孚五十七元一角〇六厘存鎮泰六十四元七角五分二厘存馬志記五十四元四角六分九厘存暫記三十八元九角三分三厘存咸茂米行一百〇二元〇七分四厘存現款一百八十九元一角存塾支特別費三百十二元〇九分八厘欠常董會一千三百八十四元四角四分欠安記七元九角五分八厘

以上舊管項下存欠相抵尙丈銀十一元六角七分四厘

一 新收項下

一 收經常費 一萬五千六百元

一 收莊 息五十一元一角一分三厘

一 收田 租十七元四角三分

一 收寄 讀三十元〇九角

一 收雜 入三百〇四 二角一分九厘

以上新收項下共計收入銀一萬六千〇三元六角六分二厘

一 開除項下

一 支職員薪膳 一千〇七十八元

一 支教員薪膳 二千八百九十二元三角三分三厘

一 支勤務薪膳 七百八十一元四角四分六厘

一 支膳 食七千三百二十六元

一 支衣 服五百七十四元三角五分四厘

一 支鞋 帽四百二十二元九角六分四厘

一 支被褥枕席 一百二十九元〇六分八厘

一 支醫 藥一百三十一元三角九分五釐

一支清潔七十九元八角七分七厘
一支學用品五百十五元九角二分九厘
一支圖書一百十三元二角三分四厘
一支教具四十七元七角二分
一支教耗十六元五角六分五厘
一支樂隊服裝十四元五角〇六厘
一支樂器五十六元八角九分六厘
一支川資一百九十二元五角七分八厘
一支送禮一百七十八元七角
一支廣告一百四十元〇〇一分七厘
一支報告冊二百四十六元六角五分
一支紀念費二十八元八角八分
一支通信二十三元七角一分三厘
一支電話六十六元
一支電燈三百〇一元九角九分四厘
一支修理三百二十九元七角二分二厘
一支購置一百二十三元六角五分一厘

一 支日 報二十八元一角

一 支雜 支一百二十九元七角八分七厘

一 支現 升六十四元八角一分四厘

以上舊管項下共計支出銀一萬六千〇四十四元八角九分三厘

一 實在項下

一 存鑌 泰三角七分七厘

一 存馬 志 記五十四元四角六分九釐

一 存現 欵八十一元九角九分七釐

一 欠恆 孚四十三元四角八分四釐

一 欠晉 記十元〇九角八分二釐

一 欠安 記七十元〇四角一分四釐

一 欠咸 茂十三元五角

一 欠明星書局十七元六角四分

一 欠四明藥局三元

一 欠應 源 泰一元九角八分

一 欠萬 順三元四角一分

一 欠王 源 大五角六分

一　欠競新書局　一元四角三分

以上實在項下存欠相抵實欠銀二十九元五角五分七釐

二十一年董會經費收支預算書

收入之部

一　普捐　一千五百元

一　特捐　三千五百元

一　認捐　二千元

一　教養捐　一千五百元

一　慶賀捐　四千元

一　莊息　一百元　經常費捐款之莊息年約如上數

一　基金息　四千八百元　存各莊銀六萬元八厘起息年約如上數

以上全年收入約計洋一萬七千四百元

支出之部

一　經常費　一萬五千六百元　養孤兒百五十名每月支常費一千三百元合如上數

一　升學費　五百元　升學生三人年需上數

一　行李費　三百元　每年出院就業者約三十人每兒約需行李費十元合上數

一　安老旅費　一千元

以上全年支出約計洋一萬七千四百元收支適足相抵

二十一年經常費支出預算書

項目	預算數	百分數	與上年預算比較增減數	備攷
第一項 薪膳	四九三二	三一·六一五	增 六〇	
第一目 職員薪膳	一四一六	九·〇七七	增 四五六	主事一人月五十元養護主任一人事務員一人月各二十五元膳各月六元年合上數
第二目 教員薪膳	二六〇四	一六·六九二三	減 三九六	級任教員四人科任教員二人西樂教師一人月各二十五元膳六元年合上數
第三目 工役薪膳	九一二	五·八四六		男役三人月薪各八元女役五人月各四元膳各四元年合上數
第二項 養護	八四三二	五四·〇五一	減 一〇〇	
第一目 膳食	七二〇〇	四六·一五四		孤兒百五十人每人每月膳費四元年合如上數
第二目 衣服	六〇〇	三·八四六		每兒添製夾衣一套約需工料洋三元單衣一套洋一元合如上數
第三目 鞋帽	四三二	二·七六九		孤兒百五十名每月需鞋百二十雙每雙工料合計洋三角全年如上數
第四目 被褥枕蓆	一〇〇	〇·六四一		本年添製被十二條每條四元蚊帳十二頂每頂四元蓆十條約需如上數
第五目 醫藥	一〇〇	〇·六四一		醫生輿金及藥品年約如上數
第三項 教學	四五〇	二·八八五		
第一目 學用品	三〇〇	一·九二四		兒童書籍用具每年每人二元計如上數

第二目	圖書	五〇	〇·三二		兒童圖書及教員參考書年如上數
第三目	教具	五〇	〇·三二		教學用具儀器標本本年添置如上數
第四目	教耗	五〇	〇·三二		筆墨紙紮表簿等年需上數
第四項	交際	九一六	五·八七二		
第一目	樂隊服裝	六〇	〇·三八五		西樂隊兒童服裝須逐年添換本年約如上數
第二目	樂器	三〇	〇·一九二		西樂隊樂器逐年添置及修理需上數
第三目	川資	一二〇	〇·七六九		收捐出隊之旅費年需上數
第四目	送禮	一二〇	〇·七六九		各董事府上之慶奠禮品年約需上數
第五目	廣告	一二〇	〇·七六九		甬報二家每月每家包定五元年如上數
第六目	報告冊	二五〇	一·六〇三	減五〇	報告冊之印刷費及照相銅版費約如上數
第七目	紀念費	一〇〇	〇·六四一	增五〇	本院成立紀念日舉行感謝式及遊藝約需上數
第八目	通信	二〇	〇·一二八		郵票信箋信殼及報告冊之寄發年約如上數
第九目	祭掃	三〇	〇·一九二		每年春節祭掃各功德主之墓約需川旅祭餚如上數
第十目	電話	六六	〇·四二三		每月五元五角全年如上數
第五項	褋項	八七〇	五·五七七	增四〇	
第一目	電燈	三六〇	二·三〇八		每月約三十元全年如上數

第二目	修理	一〇〇	〇•六四一		修理院舍及器具全年約如上數
第三目	購置	七〇	〇•四四九	減　三〇	器具傢品之購置年約如上數
第四目	清潔	七〇	〇•四四九	減　三〇	掃帚畚箕痰盂肥皂等清潔用具年約如上數
第五目	日報	三〇	〇•一九二		甬報二份滬報二份年約如上數
第六目	茶炭	二〇	〇•一二八		津貼茶水年如上數
第七目	襍支	一〇〇	〇•六四一		不能歸入本預算各項之開支年約如上數
第八目	現升	一二〇	〇•七六九		教職員工資薪水均需現洋每月約貼升水十元年如上數

以上支出總數爲一萬五千六百元與董會預算經常費支出數相符

本院歷年收支對照

國歷年次	本院開辦年次	收入數	支出數	基金累計
民國7年	第1年	6312•528	4516•635	
8	2	7038•515	6936•923	
9	3	9753•25	7019•749	
10	4	16628•366	8233•282	
11	5	9711•836	9231•155	
12	6	12056•648	12302•756	
13	7	24463•911	13009•133	
14	8	24912•946	10631•562	
15	9	35135•823	15632•873	23065•109
16	10	19564•059	14354•521	25437•155
17	11	35560•394	16029•426	
18	12	13954•006	16187•711	46896•081
19	13	18697•768	18918•144	58545•778
20	14	18204•072	17281•041	60034•109

歷年每個兒童平均所費之經費

民國幾年	本院開辦年次	收養兒童人數	全年支出總數	每兒平均所費數
7	1	60	4516•635	75•277
8	2	75	6936•923	92•492
9	3	85	7019•749	82•585
10	4	105	8233•282	78•412
11	5	145	9231•155	63•663
12	6	105	12302•756	117•169
13	7	129	13009•133	100•846
14	8	133	10631•562	79•936
15	9	127	15632•873	123•09
16	10	101	14354•521	142•123
17	11	115	16029•426	139•386
18	12	124	16167•711	130•384
19	13	152	18918•144	124•461
20	14	155	17281•041	111•49

職教員

曾任職教員一覽

謹以離職先後爲序

姓名	字	籍貫	性別	職任	任職時期
伍師咎			男	教員	七年一月至七年七月
鍾元福			男	會計	七年一月至七年八月
孫厚壎		鄞	男	裁縫教師	七年三月至七年九月
智信	漱雲	蓮花	男	會計	七年八月至八年三月
王志東	清槐	奉化	男	教員	八年二月至八年七月
應耀樞		上虞	男	紙工教師	八年四月至八年七月
岐昌	水月	鄞	男	院長	七年一月至八年八月
張才基	志宇	鄞	男	竹工教師	八年二月至八年十月
周金寶	性甫	鄞	男	裁縫教師	八年一月至八年十一月
張原燿	禹甸	鄞	男	書記	八年七月至八年十一月

蕭琴山	夢塵	奉化	男	紙工教師	八年八月至九年三月
竹林	宏恢	衡山	男	會計兼庶務	八年二月至九年七月
潘正方	志恆	鎮海	男	工務主任	七年一月至九年九月
金道生		溫嶺	男	裁縫科技師	九年三月至九年十一月
馬志千	伏櫪	鄞	男	會計主任	八年二月至九年十二月
宗悟			男	會計兼庶務	九年一月至十年一月
維善	竹溪	衡陽	男	會計主任	十年一月至十年六月
顧紹棨			男	會計	十年一月至十年六月
宏悟	圓瑛	古田	男	院長	八年九月至十年十一月
陳時傑	亦民	永嘉	男	印刷科技師	七年三月至十年十二月
詹順愷	天佐	諸暨	男	教員	八年七月至十年十二月
丁聚財		鎮海	男	紙工科技師	九年四月至十年十二月
離塵	笠琴	衡山	男	管理員	九年九月至十一年十二月
王任叔	童心	奉化	男	教員	十一年七月至十一年十二月
屠銘三			男	管理兼庶務	十一年一月至十一年十二月
駱彭壽	問秋	諸暨	男	教員	十一年一月至十一年十二月
陳紹鏞	伯康	諸暨	男	教員	十一年一月至十二年六月

姚虞法	希民	臨海	男	鞋科技師	九年三月至十二年十二月
應大智	桂芳	寧海	男	紙工科技師	十一年二月至十二年十二月
劉金龍	金龍	杭	男	西樂敎師	十一年四月至十二年十二月
張美翊	讓三	鄞	男	董事長	七年七月至十三年七月
沈家箴	曼卿	鄞	男	敎員	十三年六月至十四年十二月
慧朗	慧朗	松滋	男	募捐副主任	十年一月至十五年三月
傅瑞卿	旣明	鄞	女	敎員	十五年一月至十五七月
王景芬	景芬	奉化	男	敎員	十年九月至十六年二月
王定綸	季讓	鄞	男	敎員	十一年一月至十六年四月
王吟雪	吟雪	溫嶺	男	主事	七年一月至十六年四月
駱豪	子俊	諸曁	男	敎員	七年七月至十六年四月
駱秉鑑	夢散	諸曁	男	敎員兼會計	十年三月至十六年五月
邊世民	定安	諸曁	男	敎員	十六年一月至十六年七月
梁錫山	文臣	鄞	男	資產董事	十五年九月至十六年九月
曹爾識	爾識	鄞	男	會計主任	十五年十一月至十六年十二月
孫劭	織雲	鄞	女	敎員	十六年七月至十六年十二月
王景芳	正方	奉化	男	敎員	十六年二月至十七年六月

馮貞妘	初雲	慈谿	女	教員	十六年七月至十七年六月
俞佐廷	佐廷	鄞	男	資產董事	十五年九月至十七年九月
源　龢	源龢	定海	男	資產董事	十五年九月至十七年九月
志　恆	志恆	慈谿	男	資產董事	十五年九月至十七年九月
高金福	鵑卿	南匯	男	印刷科技師	十一年二月至十七年十二月
謝純卿	如松	鄞	男	事務主任	十六年四月至十七年十二月
范多方	尹侯	鄞	男	會計主任	十六年九月至十七年十二月
李虞卿		奉化	男	教員	十七年六月至十七年十二月
章啟斌		慈谿	男	教員	十七年六月至十七年十二月
范　蕃	笑齋	鄞	男	主事	十六年四月至十八年六月
汪誠勛	韮秋	鄞	男	教員	十六年四月至十八年六月
陳介孚	介孚	紹興	男	教員	十五年七月至十八年六月
鄭傳豫	全余	鄞	男	教員	十六年五月至十八年六月
陳書蕘	允廷	鄞	男	教員	十八年七月至十八年十二月
金　醒	適暢	諸暨	男	教員	十八年七月至十八年十二月
葛禹甸		諸暨	男	教員	十八年七月至十八年十二月
陳光琦		奉化	男	教員	十九年二月至十九年五月

施懷鈞	勞懷	鄞	男	教員	十八年七月至十九年七月
張萬青	霽峯	鎮海	男	教員	十八年九月至十九年七月
劉啓明			男	教員	十九年二月至十九年八月
金開慄	信鋆	鄞	男	級任教員	十九年七月至二十年一月
戴行韜	祖觀	鄞	男	級任教員	十九年七月至二十年一月
徐文烈	丕承	慈谿	男	級任教員	十九年七月至二十年一月
朱引明	行民	鎮海	男	藝術教員	十九年七月至二十年一月
周國瑞		奉化	女	教務主任	二十年二月至二十年八月
荆武豪	無夢	鎮海	男	級任教員	十九年二月至二十一年二月
劉良材	亦雅	寗海	男	教員	十九年七月至二十一年二月
羅啓尙		黃巖	男	教員	二十年二月至二十一年二月
陳靈湘		鄞	女	教員	二十年八月至二十一年二月

現任職教員一覽 二十一年四月

姓名	字	年齡	籍貫	職任	職任年月	履歷
張傳保	申之	五六	鄞	常務董事會主席	十四年八月	甯波旅滬同鄉會坐辦
趙家蓀	芝室	五八	鄞	常務董事	十七年十月	甯波棉業交易所
李鏡第	霞城	六六	鎮海	常務董事	十七年十月	鹽引公所主任

周子材	子材	四三	鄞	常務董事	十六年十二月	前寗波愼祥莊經理
徐方來	鏞笙	六四	鄞	常務董事	十五年七月	甯波通利源榨油廠總辦
蔡良初	初良		鄞	常務董事	十七年十月	寗波通泉源自流井公司經理
瑩戒	月如	四六	鎭海	常務董事	十七年十月	鎭海法華禪院住持
智圓	了悟	六〇	衡陽	常務董事	十七年十月	寧波施祥寺住持
授妙	慧道	六二	黃巖	常務董事	十九年十一月	天寧寺退閒
源巃			臨海	常務董事	十九年十一月	育皇寺住持
宏悟	圓瑛	五六	福建	常務董事	十九年十一月	天童寺方丈
陳訓正	屺懷	六一	慈谿	院長	七年一月	前杭州市市長
寂定	安心頭陀	七〇	鄞	院長	十七年十月	寗波白衣寺方丈
孫紹康	莘墅	五八	慈谿	院醫	十二年一月	寧波生生醫院院長
陳書茲	聖初	三一	鄞	主事	十八年七月	浙江省立第四師範畢業
孫自修	自修	四八	奉化	養護主任	十二年一月	上海美術專門學校畢業
羅永順	志雲	三〇	杭縣	西樂教師	十六年九月	杭州一師西樂隊畢業
蔣保性	保性	二一	鎭海	事務員	十四年九月	本院練習生
陳毅	慶章	二七	鄞	級任教員	十九年二月	舊甯屬甲種商業學校畢業
李明珊	銘三	二八	鄞	科任教員	二十年二月	浙江省立第四中學高中師範科畢業

隊啓渭	仲任	二三	鄞	級任教員	二十一年二月	浙江省立四中卒業
孫遵法	史卿	二四	鄞	科任教員	二十一年二月	浙江省立第四中學高中師範科畢業
俞鴻壽	寶琮	二〇	鄞	級任教員	二十一年二月	縣立商科職業學校畢業
章織雲	啓敏	二五	杭縣	級任教員	二十一年三月	杭州惠興女中畢業

兒童

升學生一覽表

學號	姓名	籍貫	入院年齡	入院年月	保證人	升學時間	升入何校	經費担負者	求學之經過	現在處何	備攷
9	鄔立夫	奉化	十一	七年二月	傅硯雲	十四年十一月	新加坡中法大學	家族		甯波公安局	
64	李樹德	臨海	十二	八年二月	傅硯雲	十二年七月	上海麥倫書院	本院	十六年轉入光華大學十九年夏畢業	定海省立水產學校	已成婚
78	劉德富	鄞	一一	九年二月	陳紀懷	十六年七月	甯波工廠	本院	十九年夏畢業		
258	郭志華	鄞	十四	十一年十月	張子相	十四年七月	省立第四中學	本院	二十一年春轉入杭高中師範科		
168	張其泮	鄞	一〇	十二年七月	慧朗	十八年八月	省立第四中學	本院	十九年八月轉入南洋中學二十一年春轉入效實中學	效實中學	
412	朱執綏	蕭山	十一	十九年五月	莫潤藩	二十年二月	上海南洋中學	本院	二十一年春轉入效實中學	效實中學	

出院生一覽表

號數	孤兒姓名	籍貫	入院年齡	入院年月	保證人姓名	出院年月	往何處去	備註
1	干品有	奉化	一二	七年二月	施祖洛君	十年一月	上海徐寶盛洋衣店	
2	吳世昌	鄞	一一	同右	忻霞昌君	七年七月	上海中華圖書館	
3	祝昌良	慈谿	一二	同右	盛伯年君	八年十一月	上海振豐棉織廠	已成婚現任恆興棉織廠技師
4	邵雲珂	慈谿	一〇	同右	同右	十年六月	寧波邵全記織綢廠	
5	鄔春苗	奉化	一一	同右	鄭省三君	十年一月	河南祥泰木行	
6	孫禮興	同右	九	同右	孫表卿君	七年九月		病肺歿
7	申豐沛	金華	一一	同右	何子文君	十二年十一月	寧波南門外染坊	
8	沈輔規	奉化	九	同右	金壽年君	十二年十二月	上海振華油漆廠	
9	鄔立夫	奉化	一一	同右	安心頭陀	十一年十二月	升學	家族
10	王祥金	奉化	一〇	同右	莊嚴上人	十年一月	上海	
11	沈孝耕	慈谿	一二	同右	寧波警察廳	十一年四月	南洋	
12	王如法	餘姚	一一	同右	同右	十年二月	寧波西儀昌銅店	
13	陳明	鄞	一〇	同右	同右	十年二月	本院三寶經房	

14	徐阿仁	奉化	一二	七年二月	甯波警察廳	七年三月	私自逃脫	
15	俞文雷	鄞	九	同右	孫莘墅君	十一年二月	寧波粹成洋傘廠	
16	胡振法	鎭海	一一	同右	胡蒙彪君	十一年六月	亡故	
17	李保德	鎭海	一二	同右	同右	八年二月	柴橋	
18	李德芳	鎭海	一〇	同右	同右	十三年六月	寧波	
19	徐炳煒	鎭海	八	七年三月	瑩戒上人	十年十二月	鎭海	
20	徐炳章	鎭海	一一	同右	同右	十年十二月	鎭海	
21	嚴寶泉	鎭海	九	同右	曹觀山君	十四年四月	鄞西李府領作養子	
22	王寶根	鎭海	一二	同右	全人瑞君	十年一月	上海振華圖書館	
23	汪塈寶	鄞	一二	同右	汪仲甘君	十一年二月	寧波粹成陽傘廠	
24	汪岳章	鄞	九	同右	同右	十年六月	寧波右營織綢廠	
25	俞孝男	鄞	九	同右	汪太吉君	十二年七月	上海	
26	戎瑞華	鄞	一三	同右	岐昌上人	十年十二月	寧波九如衣莊	
27	俞品	鄞	一一	同右	傅硯雲君	八年十一月	寧波傅嘉記	
28	俞漢寶	鄞	一〇	同右	同右	十年二月	同右	
29	王文安	奉化	一二	同右	卓守先君	九年七月	上海中華圖書館	現在學成在福州自開印刷店

30	金紹鶴	鄞	一一	七年三月	林世青君	十年五月	上海	
31	陳一鶴	鄞	九	同右	傅硯雲君	十二年五月	寧波	
32	陳東敭	慈谿	九	七年四月	趙龍驤君	十二年六月	慈谿	
33	顧祥壽	鎮海	一二	同右	潘正方君	九年九月	上海電器公司	
34	陳鶴定	鄞	一一	同右	傅硯雲君	十三年四月	本院	
35	周聲甫	鄞	一二	同右	周安康君	八年十一月	上海振豐棉織廠織布部監工	已成婚
36	徐寶琳	奉化	一一	同右	徐崑君	十年九月	寧波	
37	毛鍾瑞	鄞	一〇	七年五月	傅硯雲君	十四年十一月	新加坡傅亞富洗衣作	十八年十一月病肺歿
38	江世緒	天台	九	同右	妙山上人	十二年二月	上海商報館	
39	江世芳	天台	一〇	同右	同右	十年五月	回家	
40	陳志善	鎮海	一〇	七年七月	張合興君	十二年二月	上海協和蠟光紗廠	
41	李德裕	鎮海	九	同右	胡蒙彪君	十三年六月	寧波印刷業	
42	王寶馥	鎮海	九	七年八月	全人瑞君	十二年五月	上海	
43	徐清瑞	鎮海	一〇	同右	林秉蘭君	八年十一月	上海	
44	張世棠	鄞	九	同右	林世有君	十二年十二月	上海裕成祥衣店	
45	李餘興	鄞	一一	同右	傅硯雲君	十二年五月	上海泰昌公司	

46	張根法	奉化	一〇	七年八月	春壽堂	九年十一月	上海美寶興洋衣店
47	嚴芝生	慈谿	八	七年九月	趙惠厂君	十二年六月	慈谿
48	趙雲翔	鄞	一〇	同右	周嘉後君	十四年十月	上海中國信德電機印花廠
49	俞子才	象山	一〇	同右	吳萬順君	十二年十二月	本院三寶經房
50	樊保康	奉化	一三	同右	寧波警察廳	八年六月	上海商務印書館
51	郭芾生	鄞	一〇	七年十月	傅硯雲君	十年八月	上海精華印刷局
52	黃永法	奉化	九	同右	孫表卿君	十一年七月	因病回家
53	葉廷飛	餘姚	九	年七十一月	史翔雲君	十二年二月	上海協和紗廠
54	曹輔仁	鎮海	一一	同右	曹馥三君	十二年十二月	上海華泰印製廠
55	黃君惠	鄞	九	同右	妙德上人	同右	上海振華油漆廠
56	蔣保性	鄞	七	同右	傅硯農君	十四年六月	本院練習生
57	張立法	寧海	一〇	同右	胡連登君	十二年二月	上海愛國玩具公司
58	魏奕信	諸暨	九	七年十二月	駱子俊君	十一年十二月	諸暨
59	魏雄伯	諸暨	九	同右	同右	八四年二月	諸暨
60	陳復官	鄞	一二	同右	鄞縣自治會	十年一月	上海美華利鐘表公司
61	張景耕	餘姚	一〇	同右	寧波警察廳	十二年二月	上海商報館

62	鄭保康	奉化	九	八年二月	孫表卿君	十四年二月	本院	
63	金定法	鄞	八	同右	金錫祥君	十四年十月	中國信德電機印花廠	
64	李樹德	臨海	一二	同右	傅硯雲君	九年七月	寧波工廠習藝	升學光華大學已畢業
65	翁永根	鄞	八	八年三月	翁厚甫君	十三年四月	甯波	
66	柴志芥	鎮海	一三	同右	妙德上人	十二年五月	上海	
67	董文才	鎮海	一一	同右	法源上人	十二年九月	寧波	
68	鄭傳榮	奉化	一四	八年四月	傅硯雲君	八年十一月	上海振豐棉織廠	病故
69	葉祥夫	象山	一二	八年五月	智圓上人	十三年十一月	上海榮興煤號	
70	湯錫藩	鄞	一〇	八年八月	費敬甫君	十四年十月	上海	
71	徐寶根	鎮海	一二	九年三月	智圓上人	十三年八月	杭州	
72	何佐卿	諸暨	一二	同右	駱子俊君	十二年六月	因病回家	
73	張原燾	鄞	一三	同右	張雨湘君	十一年十二月	本院三寶經房	
74	應元魁	鄞	一〇	同右	汪培經君	十四年八月	上海振華油漆廠	
75	崔鶴	鄞	一〇	同右	文華閣	十二年三月	本院三寶經房	
76	潘才夫	鎮海	一一	同右	潘正芳君	十二年十一月	上海	
77	柳哲夫	鄞	一〇	同右	范楚三君	十五年九月	上海	

78	劉德富	鄞	一一	九年三月	陳屺懷君	十六年七月	寧波工廠習藝已畢業	
79	詹志其	鄞	一二	同右	傅宜雲君	十二年十一月	鄞東	
80	俞長林	鄞	七	九年四月	同右	十六年十一月	上海三星棉織工廠	
81	陳春堂	鄞	一二	九年六月	傅師母	十二年十一月	上海	
82	徐宗範	鄞	八	九年九月	圓瑛上人	十四年二月	寧波	
83	劉棟	慈谿	九	九年三月	周君	十四年二月	因犯規回家	
84	康本昌	奉化	一一	九年九月	王延齡君	十一年二月	寧波粹成洋傘廠	
85	韓定昌	鄞	一〇	九年十月	馮君木君	十二年十二月	上海華泰印刷廠	
86	黃文彬	餘姚	一〇	九年十二月	妙山上人	十六年八月	上海	
87	李聘三	鄞	九	同右	任長發君	十四年二月	上海	
88	陳宗黎	鄞	八	同右	趙芝室君	十五年一月	上海中國信德印花廠	
89	洪明德	鄞	一四	十年二月	丁可儀君	十二年十二月	上海	
90	李崇武	慈谿	一一	同右	周聘三君	十五年十二月	本院	
91	張世爵	鄞	一一	同右	孫松年君	十四年七月	寧波大盛鐘表業	
92	王賡富	鄞	一二	同右	傅宜雲君	十三年六月	上海	
93	程鴻卿	鄞	八	同右	劉芹生君	十八年九月	還京鏡木工廠	

94	朱兆明	鎮海	一一	同右	智圓上人	十五年七月	寧波晉大蛋行	
95	章富定	鄞	一〇	十年一月	宗悟上人	十二年七月	寧波藥行街	
96	崔仁昌	鄞	八	十年二月	沈盛甫君	十六年八月	上海	
97	桂根元	鄞	一一	同右	桂馬氏	十三年五月	寗波	
98	陳忠傑	奉化	一一	同右	汪君	十五年一月	上海中國信德印花廠	
99	嚴緯眞	鎮海	九	同右	嚴緯峯君	十七年一月	家族領回學業	
100	王大根	鄞	八	同右	傅硯耘君	十七年九月	上海陳森記鉛字店	
101	應成林	奉化	一〇	同右	姚虞法君		外埠	
102	徐邦清	慈谿	一一	同右	馮大鈞君	十六年八月	寗波天勝印刷公司	
103	張孝櫟	鄞	一三	同右	傅紹亮君	十二年五月	上海泰昌木器公司	
104	張孝棪	鄞	一一	同右	傅紹亮君	十五年八月	上海大業印刷公司	
105	趙心甫	慈谿	九	同右	陳�懷君	十七年三月	寧波三寶經房	十八年八月病亡
106	倪世棨	慈谿	一二	同右	倪紹雯君	十五年七月	杭州	
107	顧亭	鎮海	八	同右	潘正芳君	十五年八月	因病回家	
108	章立汝	鄞	一二	同右	李莘夫君	十年十二月	上海	
109	康寶根	鄞	八	同右	傅宜耘君		外埠	

110	何寶林	鄞	一二	十年二月	范鑾光君	十五年八月	寧波振興廣貨號	
111	陳富堂	鄞	一〇	同右	張讓三君	十五年四月	因病回家	
112	徐厚方	鄞	一二	同右	張讓三君	十五年八月	上海振華油漆廠	
113	徐祝聖	鄞	一二	同右	慶一上人	十年十一月	甯波	
114	徐信和	鄞	八	同右	慶一上人	十四年七月	甯波	
115	林孔清	天台	一一	同右	圓瑛上人	十四年十月	上海中國信德印花廠	
116	羅水鄉	鄞	一一	同右	傅硯雲君	十五年二月	犯規出院	
117	陳定雲	鄞	一〇	同右	晉大蛋行	十五年六月	上海	
118	應志定	鄞	一〇	同右	傅宜耘君	十五年三月	家族領回	
119	朱汝成	鄞	一二	同右	馮君木君	十五年一月	寧波三寶經房	
120	湯徐章	鄞	一二	同右	戴師母	十三年十月	甯波江東	
121	李阿才	鄞	七	同右	章全榮君	十六年五月	犯規出院	
122	李梅生	鄞	一三	同右	王如升君	十三年十一月	上海振華油漆廠	
123	裘辛昌	鄞	八	同右	傅師母	十六年十一月	上海三星棉織工廠	
124	蔡厚夫	鄞	一〇	十年三月	蔡良初君	十五年六月	上海中英大藥房	
125	夏明德	奉化	八	同右	傅宜耘君	十三年六月	家族領回	

126	胡寶根	鄞	一一	十年五月	范瑩光君	十五年九月	家族領回	
127	徐南山	鄞	六	同右	傅硯耘君	十六年四月	犯規出院	
128	王永康	慈谿	六	十年三月	利生上人	十四年七月	家族領回	
129	趙典田	樂清	一一	十年六月	宗悟上人	十三年十一月	上海太平洋藥公司	現在寗波中實藥房
130	董長壽	慈谿	一三	十年四月	陳建雷君	十四年十月	上海中國信德印花廠	
131	徐光清	鄞	一〇	十年十月	陳師母	十五年三月	家族領回	
132	徐誠超	鄞	一一	同右	徐震源君	十二年十一月	鄞西	
133	宣鎭奇	諸暨	一一	十年十二月	嚴師母	十五年三月	上海中國信德印花廠	
134	張富泉	鎭海	九	同右	陳順源君	十七年四月	新加坡傅亞富洗衣作	
135	張根元	鄞	一二	同右	張于相君	十二年十二月	上海華泰印製廠	
136	陳振岳	鄞	一二	同右	魏伯楨君	十二年十二月	上海振華油漆廠	
137	方大信	鄞	八	同右	張辟方君	十三年八月	家族領回	
138	王大夫	奉化	八	十年十月	王景芳君	十七年七月	上海大中華賽路珞廠	
139	王水在	奉化	一〇	十一年二月	陳允六君	十四年九月	家族領回	
140	何松年	鄞	八	同右	竹溪上人	十八年三月	上海大中華賽璐珞工廠	
141	李雲章	鄞	一〇	同右	圓瑛上人	十五年二月	寧波	

142	金理根	鄞	九	十一年三月	江韻琴君	十六年四月	家族領回	
143	陳慶祥	鄞	一二	十一年二月	王定綸君	十六年四月	家族領回	
144	王貽福	奉化	一二	同右	王景芬君	十三年四月	寧波三寶經房	
145	王富泉	鄞	一三	十一年三月	孫莘墅君	十三年十月	甯波	
146	蔣寶環	樂清	一二	同右	趙芝室君	十六年二月	本埠裁縫業	
147	應雲翹	鄞	九	十一年二月	汪振聲君	十七年七月	上海大中華賽路珞廠	
148	鄭文璥	鄞	九	十一年三月	張讓三君	十七年七月	仝右	
149	嚴文書	奉化	九	十一年四月	薛梅仙君	十五年三月	家族領回	
150	沈元庠	鄞	一〇	十一年九月	竹溪	十四年七月	仝右	
151	蔣寶福	鄞	九	十一年五月	劉仲房	十五年七月	仝右	
152	李寶甫	鎮海	一〇	十一年二月	圓瑛上人	十四年四月		
153	張阿毛	鄞	九	十一年三月	傅硯耘君	十五年七月	鞋業	
154	傅心甫	鄞	八	十一年四月	傅師母	十五年六月	家族	
155	陳經畬	鄞	一三	十一年六月	傅宜雲君	十五年六月	回家病死	
156	倪桂生	慈谿	一〇	十一年九月	陳仲回君	十六年十一月	上海三星棉織工廠	
157	黃寶順	定海	一一	十一年五月	謝友麟君	十七年四月	患病回家	

158	郭志華	鄞	一四	十一年十月	張于相君	十四年七月	本院資助升學	
159	吳良才	鄞	一〇	十二年三月	張信寶君	十七年六月	犯規回家	
160	孫嘉猷	杭	一〇	十二年一月	汪百川君	十七年二月	杭州恆生綢莊	
161	于更雲	鄞	一〇	十二年一月	徐震源君	十七年二月	青島新民飯店	
162	袁林豪	奉化	九	十二年九月	趙芝室君	十八年十月	暹羅美藝工廠	
163	何立廉	鄞	八	十二年八月	傅宜雲君	十六年七月	家族領回	
164	張品才	鄞	一三	十二年四月	傅宜雲君	十五年一月	上海風琴廠	
165	王星助	奉化	一三	十二年七月	蔡西甫君	十四年二月	上海恆生針織廠	
166	趙安康	鄞	一一	十二年三月	薛梅仙君	十五年七月	寧波裕順布莊	
167	郭庭忠	平水	二〇	十二年二月	徐受謙君	十五年九月	家族領回	
168	張其泮	鄞	一〇	十二年七月	慧朗上人	十八年八月	本院資助升學	
169	樂師毅	定海	一三	十二年八月	胡友蓮君	十四年八月	家族領回	
170	劉瑞新	鎮海	一二	十二年九月	薛梅仙君	十五年一月	上海五金業	
171	應信諸	鄞	九	十二年七月	陳南山君	十八年十月	暹羅美藝鏡木工廠	
172	林祖義	鄞	一〇	十二年六月	傅師母	十四年六月	商業	
173	崔康	鄞	八	十二年三月	童有法君	十八年五月	上海大業橡皮公司	

174	朱心更	鄞	一〇	十二年一月	印林新君	十七年十二月	上海振豐棉織廠	
175	童達城	鄞	一一	十二年四月	張讓三君	十七年四月	寧波時新祥西裝店	
176	張文華	寶山	九	十二年六月	蔡康仁君	十八年三月	上海大中華賽璐珞廠	
177	何延富	鄞	一二	十二年二月	傅洪濤君	十五年二月	商業	
178	何延貴	鄞	一〇	同右	同右	十四年五月		病死
179	許世有	太平	一〇	十二年十月	王吟雪君	十六年七月	洋服業	
180	陳心甫	鄞	一一	十二年三月	魏伯楨君	十八年二月	上海陳森記鉛字店	
181	何心章	鄞	一二	十二年六月	張君	十四年六月	犯規出院	
182	陳祥林	鄞	一一	十二年八月	張申之君	十六年六月	裁縫	
183	施來卿	鄞	一一	十二年三月	傅師母	十七年七月	上海大中華賽璐珞廠	
184	江阿方	太平	一〇	十二年二月	傅宜雲君	十七年七月	同右	
185	朱紹琴	鄞	七	同右	林琴生君	十七年一月	家族領回	
186	李振標	鄞	九	十二年八月	李君	十五年二月	商	
187	李錦德	鄞	一一	十二年三月	傅師母	十五年八月	商	
188	王春年	黃巖	七	十三年二月	陳子泉君	十八年十一月	寧波郭惠齡牙局	
189	夏賢恩	定海	一二	十三年一月	源龍上人	十五年四月	商業	

190	章千根	甯海	一〇	十三年一月	楊貴星君	十七年九月	青島明華銀行	
191	張樹成	鎮海	一一	十三年一月	傅師母	十七年四月	新加坡	
192	陳眞鶴	鄞	一二	十三年一月	王家嫣	十五年九月	木匠	
193	唐山梅	鄞	一二	十三年二月	智圓上人	十七年一月	家族領回	
194	劉阿洪	象山	八	十三年一月	陳子泉君	十六年十二月		病故
195	徐良秀	鎮海	一〇	十三年二月	源龍上人	十八年三月	上海大中華賽路珞廠	
196	鄭志祥	鄞	一一	十三年二月	張于相君	十六年十二月	家族領回	
197	馬昌安	鄞	一三	十三年二月	祝福齡君	十四年八月	上海信德電機印花廠	
198	陳慶炎	常甯	一二	十三年二月	竹溪上人	十六年九月	天勝照相公司	
199	張福堂	鄞	一〇	十三年二月	張正泉君	十九年二月	上海大明眼鏡公司	流落爲丐
200	章浩洲	鄞	九	十三年三月	滕憩生君	十九年二月	家族領回升學	
201	鄭雨荼	鎮海	九	十三年三月	屠時遜君	十四年十二月	商業	
202	馬仁夫	定海	八	十三年五月	馬涯民君	十八年十月	暹羅美藝鏡木工廠	
203	劉自强	寶慶	一六	十三年五月	寶慶慈兒院	十四年二月	南洋	
204	彭伯和	寶慶	一五	十三年五月	同右	十五年八月	上海振華油漆廠	
205	壽元海	諸暨	八	十三年六月	魏和鳴君	十八年九月	寧波玉潤碗店	

206	張康林	鄞	八	十三年六月	范斐卿君	十九年二月	家族領回	
207	吳成元	鄞	八	十三年九月	章全棨君	十九年三月	三寶經房	
208	王儒槐	桂陽	一二	十三年八月	指南上人	十六年八月	商業	
209	竺天松	餘姚	一〇	十三年十月	王豪君	十八年十月	暹羅美藝鏡框廠	
210	陶崔生	紹興	九	十四年一月	沈君	十五年六月	家族領回	
211	陶在南	同右	八	十四年一月	沈君	十五年六月	同右	
212	朱大鑫	同右	一一	十四年一月	趙啓秩君	十六年五月	同右	
213	朱竹根	鄞	九	同右	智圓上人	十九年九月	鎮海阿拉商店	
214	孫潤	甯海	八	同右	張良興君	十五年五月	商業	
215	陳吉利	鄞	一〇	同右	忻汰僧君	十七年十月	天勝照相店	
216	沈理根	鄞	八	十四年六月	傅師母	十八年九月	家族領回	
217	何立豪	鄞	七	十四年一月	傅宜雲君	十六年七月	同右	
218	王金錫	鎮海	一〇	十四年一月	傅尹人君	十五年九月	犯規回家	
219	傅允岳	鄞	一二	十四年一月	沈曼卿君	十七年一月	家族領回	
220	鄭中丁	慈谿	一一	十四年二月	鄭維湘君	十八年十月	暹羅美藝鏡木工廠	
221	楊安生	寧海	八	十四年二月	授妙上人	十八年五月	家族領回	

222	李成初	鄞	九	同右	沈曼卿君	十九年三月	甯波永安烟廠	
223	鄭其湘	鎮海	一二	同右	姚詠白君	十七年九月	青島明華銀行	
224	盛夫定	鄞	八	同右	張申之君	十九年一月	返家不圖	
225	章長庚	寧海	七	十四年十二月	湯貴星君	二十年四月	上海明華銀行	
226	王守成	鄞	一〇	十四年三月	柴志琴君	十八年二月	石馬塘恆森蔴店	
227	竺安祥	奉化	一二	十四年四月	趙鉢尼君	十五年二月	家族領回	
228	陳星安	寧海	九	十四年十二月	徐湛基君	十八年九月	上海棉織廠	
229	王長根	奉化	一三	十五年一月	王文安君	十七年一月	本埠明心蔴廠	
230	王祥裕	奉化	一〇	同右	仝右	十九年三月	新加坡傅亞富洗衣作	
231	鍾坤岱	鄞	九	同右	應紹櫟君	十八年九月	家族領回學業	
232	賀根財	鎮海	一二	同右	蔣師母	十八年五月	甯波玉潤碗店	
234	馬方槃	鄞	八	同右	慧朗上人	二十年二月	寧波勝日紗罝廠	
235	徐祥夫	鄞	八	十五年一月	智圓上人	十九年一月	南門恆豐染織廠	
36	胡惠成	鄞	八	十五年二月	李子安君	十六年二月	家族領回學業	
237	柴大基	鄞	一四	同右	柴振生君	十六年一月	轉入雲華孤兒院	
238	倪金寶	象山	七	十五年三月	馮孟顓君	二十年二月	同右	

239	阮友梅	象山	一一	十五年三月	德軒上人	二十年一月	上海趙翰香居藥號	現在青島明華銀行
240	陳樹才	鄞	九	十五年三月	周凱生君	十九年二月	寧波永安烟廠	
241	梅正堂	鎭海	八	十五年三月	源亮上人	十八年十月	家族領回	
212	許阿品	鄞	一一	十五年四月	安心頭陀	十八年三月	西門勤益公司	
243	鄧福生	祁陽	一二	十五年五月	指南上人	十八年五月	上海陳森記鉛字店	
244	方正良	鄞	八	十五年五月	德軒上人	二十年八月	硝皮弄元盛烏木筷廠	
245	柯祖根	鎭海	一三	十五年五月	戴老太太	十八年一月	暹羅美藝工廠	
246	王東良	甯海	一二	十五年六月	江東二區警察署	十七年三月	家族領回	
247	朱景達	慈谿	一一	十五年八月	傅師母	十九年九月	上海大中華賽路珞廠	
248	陳學賢	鄞	八	十五年八月	授妙上人	二十年十二月	鼓樓前　銀樓	
249	葉官潤	鎭海	八	十五年八月	陳師母	十九年九月		病亡
250	蔡德良	奉化	一〇	同右	毛稼生君	十九年四月	鶴翔雲鞋店	
251	陳正根	鎭海	一〇	十五年九月	授妙上人	二十年五月	家族領回至上海某五金號學業	
252	卓和卿	鄞	一〇	十五年九月	蔡艮初君	十八年十月	暹羅美藝工廠	
253	傅利才	鄞	一一	十五年九月	張竹坪君	十八年十月	同右	
254	張志佩	鎭海	一二	十五年九月	袁書霖君	十六年一月	回家	

255	孫孝海	慈谿	九	十五年一月	融智上人	十九年九月	上海大中華賽璐珞廠	
256	高興來	紹興	一〇	十九年八月	祝福齡君	十九年八月	回家	
257	徐心寬	奉化	八	十五年十月	胡子英君	十七年六月	薛沛春領作養子	
258	王雨香	鎮海	九	十五年十一月	董淡生君	十六年三月	家族領回	
259	龔仁甫	鄞	一四	十六年一月	王和芳君	十七年十一月	本埠西門西裝店	
260	孫松清	鄞	一一	十六年一月	毛安甫君	十六年十一月	家族領回	
261	華宣林	南匯	一二	十六年二月	高鵬卿君	十九年九月	上海大中華賽璐珞廠	
262	王阿梭	鎮海	一二	十六年二月	毛錫藩君	十八年六月	家族領回	
263	方亭裁	鄞	一〇	同右	范瑩光君	二十年八月	硝皮弄元盛烏木筷廠	
264	賀鎮定	鎮海	一二	同右	源澄上人	十八年二月	寧波勝日紗罩廠	
265	何介富	寧海	一三	同右	源龍上人	十九年九月	上海大中華賽璐珞廠	
266	黃福生	黃巖	一三	十六年五月	圓瑛上人	十七年二月	寧波時新祥衣店	
267	屠南山	鎮海	九	十六年二月	虞志飛君	二十年六月	青島新民飯店	
268	陳蓉官	鄞	八	十六年六月	陳方友君	十九年九月	漆匠	
269	沈阿季	餘姚	一一	同右	蕭賢綱君	十九年三月	家族領回	
270	袁錫海	紹興	一三	十六年六月	樊國珍君	十八年七月	謝斐章牙局	

271	徐順定	鄞	七	十六年七月	傅師母	十八年六月	家族領回	
272	鄭慶元	鄞	九	十六年八月	吳兆麟君	二十年二月	同右	
273	崔夫良	鄞	八	十六年八月	應伯廣君	二十年二月	同右	
274	劉菊生	湖南	一三	十六年八月	永順興號	十八年九月	寧波玉潤碗店	
275	黃福祥	鄞	一三	十六年八月	周嘉侯君	十八年九月	上海棉織廠	
277	趙文聲	鎮海	一三	十六年十月	陸錦章君	十七年三月	家族領回	
278	大朱成	鄞	九	十六年一月	謝純卿君	二十年五月	上海農業銀行	
279	羅建文	鄞	一三	十六年七月	公安局	十六年十一月	私自逃走	
280	盛夏生	鄞	九	十六年八月	智圓上人	十六年一十月	犯規出院	
281	徐寶元	鄞	六	十六年一月	應保賡君	十六年三月		病歿
284	翁祐年	鄞	九	十六年十一月	汪聞煒君	二十年三月	家族領回學業	
285	張綏甫	鄞	九	十六年十二月	謝純卿君	二十年一月	上海振華油漆廠	
286	汪天成	鄞	一二	十六年十二月	汪仲幹君	十八年二月	甯波勝日紗罩廠	
287	寧繼祖	常熟	一二	十六年十二月	瑩戒上人	十九年三月	西服業	
289	沈福田	慈谿	一三	十七年一月	范貞徐君	十九年二月	上海大明眼鏡公司	
290	胡耀釬	諸暨	一一	十七年一月	胡雲水君	十八年三月		病歿

291	鄭勝元	鄞	一二	十七年二月	崔忠義君	十九年六月	上海明華銀行	
292	周辛生	奉化	一〇	十七年二月	孫自修君	十九年三月	家族領回	
294	傅傳道	鄞	一〇	十七年二月	智圓上人	十八年六月	同右	
295	汪國章	鄞	一三	十七年二月	智圓上人	十七年五月	上海裕泰廣貨店	
297	楊芝芳	鄞	一一	十七年二月	王景芬君	二十年十一月	鼓樓前郭鴻齡牙科店	
301	陳榮仁	餘姚	一五	十七年三月	周大德君	二十年五月	明心蔴廠	
302	杜鍾琅	鄞	一二	十七年四月	陳荇蓀君	十九年六月	上海明華銀行	
303	蔡禹臣	杭	一一	十七年五月	賈東初君	十九年三月	上海西服店	
306	沈增榮	紹興	一一	十七年四月	安心頭陀	十八年一月	家族領回	
307	何生延	紹興	一〇	十七年四月	周自清君	十八年三月	同右	
309	張顯忠	鄞	九	十七年五月	寶陀寺	十七年七月	同右	
310	馬善祥	定海	一一	十七年七月	月如上人		同右	
312	俞振開	鄞	一一	十七年七月		十九年二月	同右	
313	鍾國璋	慈谿	九	十七年八月	章林生君	十九年二月	同右	
315	傅德寶	定海	九	十七年九月	烏崖琴君	十九年八月	私逃	
319	翁雲華	鄞	一〇	十七年十一月	龔震隆君	二十年八月	硝皮弄元盛裱店	

362	魏雲慶	鄞	一一	十八年五月	傅師母	十九年一月	囘家	
364	郁中華	奉化	一〇	十八年五月	郁善信君	二十年五月	上海農業銀行	
369	章子餘	鄞	一二	十八年七月	安心頭陀	十八年八月	家族領囘	
370	姚大方	鎭海	一〇	十八年七月	孫孝緒君	二十年十一月	同右	
371	周振湘	寧鄉	一三	十八年七月	蔣春廷君	十八年九月	上海棉織廠	
373	胡懷弟	永嘉	一二	十八年九月	寶靜上人	十九年九月	私逃	
379	徐得金	黃巖	七	十八年九月	公安局	十八年十月	同右	
380	楊義順	鄞	七	十八年九月	楊學汶君	十八年十月	犯規囘家	
384	李東升	鄞	八	十八年十月	趙芝室君	二十年六月	家族領囘	
389	李富林	鎭海	一一	十八年十一月	戴老太太	二十年九月	同右	
394	王富貴	奉化	一三	十九年二月	王文翰君	二十年四月	家族領囘學業	
399	裘祥生	鄞	八	同右	梁康民君	二十年六月	家族領囘	
405	許紹杰	天台	九	十九年四月	許常友君	二十年二月	同右	
412	朱執綏	蕭山	一一	十九年五月	莫潤薌君	二十年二月	本院資助升學	
417	許紹烟	天台	一一	十九年五月	陳培良君	二十年二月	家族領囘	
421	陳賢貴	鄞	八	十九年五月	王智武君	二十年五月		病歿

435	薛金榮	定海	八	十九年七月	馮君木君	二十年四月	家族領回	
437	潘祖澤	臨海	八	十九年七月	李樹德君	二十年一月	同右	
438	徐珊玉	臨海	九	十九年七月	同右	二十年一月	同右	
439	王洛德	臨海	一二	十九年七月	同右	二十年一月	同右	
465	唐兆清	鄞	八	十九年十一月	王松林君	二十年十月	同右	
以後二十一年出院								
331	徐瑞春	谿慈	一〇	十八年二月	章啓斌君	二十一年二月	家族領回	
339	鄭松失	鄞	一〇	十八年三月	楊菊庭君	二十一年三月	因病回家	
345	徐高宇	鄞	一一	十八年三月	袁森官君	二十一年四月	上海 西服店	
372	唐立全	新昌	一一	十八年九月	王宇高君	二十一年三月	家族領回種田	
388	王開玉	奉化	一一	十八年十二月	姜瀛瑞君	二十一年二月	家族領回	
411	俞阿仙	鄞	一二	十九年四月	遠行上人	二十一年一月	家族領回種田	
451	賴才生	象山	一二	十九年一月	周行瑞君	二十一年一月	家族領回	
470	潘寶珊	慈谿	八	二十年一月	范笑齋君	二十一年五月	同右	
471	章會耀	鄞	一一	二十年一月	陳企白君	二十一年三月	王源大南貨號	犯竊回家
476	陸士榮	上海	一〇	二十年二月	張金根君	二十一年四月	家族領回	

479	虞世鶴	鄞	一一	二十年三月	陳書莛君	二十一年四月	病瘖回家	
483	徐阿富	鄞	九	二十年三月	趙天覡君	二十一年四月		病歿
499	朱阿康	鄞	九	二十年九月	安心頭陀	二十一年四月		病歿
507	張大芳	河南	一二	二十一年二月	公安局	二十一年三月	犯規送還公安局	

在院兒童覽一表

號碼	姓名	籍貫	入院年齡	入院年月	保證人	現在年齡	編級 國語	編級 算術	編級 其他	備考
233	賀根法	鎮海	九	十五年一月	蔣師母	一五	特	特	特	
276	顧阿毛	鄞	八	十六年九月	胡叔田君	一三	甲	甲	甲	
282	徐寶榮	鄞	九	十六年十一月	徐昌嶙君	一四	乙	乙	甲	
283	嚴存揚	奉化	八	十六年十一月	志恆上人	一三	升		學	入西河沿小學
288	范德清	鄞	八	十七年一月	傅師母	一二	甲	甲	甲	
293	張世森	象山	一〇	十七年二月	章蓮泉君	一四	特	特	特	
296	黃生孝	鄞	七	十七年二月	沈名鑾君	一一	甲	甲	甲	
298	王興才	鄞	九	十七年二月	施美棠君	一三	特	特	特	
299	沈開渠	奉化	一〇	十七年三月	陳彤黼君	一四	特	特	特	
300	吳榮堂	鄞	一〇	十七年三月	李紀堂君	一四	特	特	特	
304	王金生	甯海	八	十七年四月	郁璋甫君	一二	特	特	特	
305	朱英君	鄞	八	十七年四月	李學暢君	一二	乙	乙	甲	

308	王耿心	奉化	九	十七年五月	陳師母	一三	升學			入西河沿小學
311	陳忠夫	鄞	九	十七年七月	陳忠岳君	一三	特	特	特	
314	張嘉信	鄞	七	十七年七月	張茹香君	一一	乙	乙	丙	
316	李小生	鄞	九	十七年九月	周伯卿君	一三	甲	甲	甲	
317	陳庚美	臨海	一〇	十七年十月	周蜨栩君	一四	甲	甲	甲	
318	邵德康	鄞	八	十七年十月	應保賡君	一二	甲	甲	甲	
320	陳思原	黃巖	七	十七年十一月	陳杏生君	一一	丙	丙	丙	
321	陳祖庚	鎮海	九	十七年十二月	雪峯上人	一三	特	特	特	
322	王定綱	鄞	一一	十七年十二月	王定綸君	一五	會計練習生			
325	費新發	鄞	九	十八年一月	費光仁君	一二	甲	甲	甲	
328	陳福齋	鄞	七	同右	俞阿毛君	一〇	丙	丙	丙	
330	陳文定	鄞	一〇	同右	趙天林君	一三	乙	乙	乙	
332	沈祖德	慈谿	九	同右	袁蓀官君	一二	特	特	特	
333	王更法	鄞	一二	同右	陶玉林君	一五	特	特	特	
334	王定法	鄞	七	同右	同右	一〇	乙	甲	乙	
335	崔功木	鄞	一〇	同右	崔儒堂君	一三	甲	甲	甲	

336	余榮康	鄞	一〇	十八年二月	陳文琪君	一三	甲	甲	甲	
346	陳信章	慈谿	七	同右	謝禮官君	一〇	甲	甲	乙	
347	貝粂富	鎮海	九	同右	安心頭陀	一二	甲	甲	乙	
348	林吉慶	鎮海	七	同右	陳如馨君	一〇	乙	乙	乙	
349	忻才高	鄞	一一	同右	竺榮仁君	一四	甲	甲	甲	
350	王嘉根	奉化	八	同右	王景芬君	一一	甲	甲	乙	
351	陳財根	象山	一〇	十八年三月	蔡臻仍君	一三	乙	乙	甲	
357	邵德華	鄞	七	同右	應保賡君	一〇	乙	乙	丙	
359	張新昌	鄞	一〇	十八年四月	張申之君	一三	特	特	特	
360	鄔根信	鎮海	一〇	十八年四月	謝明月君	一三	特	特	特	
361	鄔更榮	鎮海	八	十八年四月	謝明月君	一一	乙	乙	乙	
363	張康年	鄞	八	十八年五月	吳芝庭君	一一	甲	甲	乙	
365	汪範庭	鄞	八	十八年六月	徐裕生君	一一	乙	乙	乙	
366	魏均遹	諸暨	一二	十八年六月	魏奕岱君	一五	特	特	特	
367	崔允文	鄞	九	十八年六月	周緯垦君	一二	特	特	特	
368	林文來	鎮海	九	十八年七月	林忠文君	一二	甲	甲	乙	

374	俞志通	奉化	八	十八年九月	廛維偉君	一一	甲	甲	乙	
375	吳根生	象山	一一	十八年九月	陳師母	一四	乙	乙	甲	
376	崔紀賡	鄞	九	同右	謝陽芳君	一二	甲	甲	甲	
377	陳海珊	新昌	一〇	同右	智圓上人	一三	乙	乙	甲	
378	童阿方	鄞	一〇	同右	馬信甫君	一三	特	特	特	
381	姜永康	鄞	八	同右	馬信甫君	一一	乙	乙	乙	
383	鄔厚法	鄞	六	同右	裘愼君	九	乙	乙	乙	
385	朱明法	鄞	一〇	十八年十月	陳秀章君	一三	特	特	特	
387	徐志新	鄞	六	十八年十月	徐伯皋君	九	丙	丙	丙	
390	陳定貴	鄞	九	十八年十一月	葛夷之君	一二	特	特	特	
391	錢定法	奉化	一〇	十八年十一月	林芹生君	一三	特	特	特	
392	黃又成	蕭山	一〇	十八年十一月	朱鼎煦君	一三	甲	甲	甲	
393	汪慶章	鄞	九	十九年一月	汪仲甘君	一一	乙	乙	乙	
395	王金海	奉化	一〇	十九年二月	王文翰君	一二	特	特	特	
398	張小毛	鄞	九	同右	孔昭明君	一一	乙	乙	乙	
400	李遠照	鄞	九	同右	施運來君	一一	甲	甲	乙	

401	聞信芳	鄞	一〇	十九年二月	應斐章君	一二	甲	甲	乙	
402	儲甫昌	鄞	一二	十九年三月	傅師母	一四	特	特	特	
403	鮑昕賢	鄞	一二	十九年三月	鮑友明君	一四	特	特	特	
404	張紹甫	鄞	一〇	十九年三月	張其焯君	一二	乙	乙	甲	
406	汪中華	鎮海	一〇	十九年四月	周悅卿君	一三	乙	乙	乙	
407	劉元深	鄞	九	十九年四月	吳涵秋君	一一	乙	乙	乙	
410	陳阿三	天台	一二	十九年四月	源龍上人	一四	乙	乙	甲	
414	陳德聲	鄞	八	十九年五月	吳玉秀君	一〇	乙	乙	丙	
415	馬昌甫	鄞	一〇	十九年五月	安心頭陀	一二	甲	甲	甲	
416	陳又章	餘姚	八	十九年五月	月如上人	一〇	丙	丙	丙	
418	金香火	天台	一〇	十九年五月	傅師母	一二	甲	乙	乙	
419	方永根	鄞	一一	十九年五月	張杏卿君	一三	甲	甲	甲	
420	錢苗根	鄞	一二	十九年五月	陳蔚章君	一四	丙	丙	丙	
424	仇士恩	奉化	九	十九年六月		一一	乙	乙	乙	
425	孫厚忠	鄞	一〇	十九年六月	李松久君	一二	甲	甲	乙	
426	林世辛	甯海	一二	十九年六月	方勉甫君	一四	丙	丙	丙	

427	王永根	鄞	一〇	十九年六月	李霞城君	一二	乙	乙	乙	
428	張葆賡	鄞	一一	十九年六月	周順興君	一三	甲	甲	甲	
429	陳小毛	鄞	七	十九年六月	張茹香君	九	丙	丙	丙	
430	錢民偉	鄞	八	十九年六月	陳孟扶君	一〇	甲	甲	乙	
431	錢民仙	鄞	一〇	十九年六月	陳孟扶君	一二	特	特	特	
432	賀富卿	鄞	一〇	十九年六月	汪韮秋君	一二	乙	乙	乙	
433	李宗代	奉化	九	十九年七月	楊菊庭君	一一	丙	丙	丙	
434	張榮卿	鄞	九	十九年七月	智圓上人	一一	乙	乙	乙	
436	鄔根祥	奉化	一〇	十九年七月	莊誠君	一二	特	特	特	
441	蔣鳳來	象山	一二	十九年三月	蔡鼎銘君	一四	特	特	特	
442	章武康	鄞	一一	十九年八月	蔡良初君	一三	乙	乙	甲	
443	魯德甫	鄞	八	同右	張其耿君	一〇	丙	丙	丙	
444	張尊名	鄞	八	同右	張其焯君	一〇	乙	乙	丙	
445	趙祖英	鄞	一〇	同右	趙芝室君	一二	乙	甲	甲	
446	金富貴	奉化	七	同右	王景芬君	九	丙	丙	丙	
447	施沈倪	鄞	八	同右	施運來君	一〇	丙	丙	丙	

448	林世道	鄞	八	十九年十一月	羅永順君	一〇	乙	甲	乙
449	嚴月波	寧海	一一	十九年九月	蔣瑞煥君	一三	甲	甲	甲
450	羅昌田	臨海	一〇	十九年九月	安心頭陀	一三	特	特	特
452	林興隆	寧海	九	十九年九月	余德潤君	一一	丙	丙	丙
453	陳振定	鄞	一一	十九年九月	崔子麟君	一三	特	特	特
454	陳興忠	慈谿	一〇	十九年九月	陳才備君	一三	特	特	特
455	陳阿祥	鄞	一〇	十九年十月	毛稼生君	一二	甲	甲	甲
456	沈華良	奉化	一〇	十九年十月	陳載君	一三	甲	甲	甲
457	莊清華	鄞	一〇	十九年十月	周炳文君	一二	甲	甲	甲
458	莊明華	鄞	七	十九年十月	周炳文君	九	丙	丙	丙
459	傅永清	鎮海	八	十九年十一月	婁孝茂君	一〇	乙	乙	乙
460	傅阿頭	天台	一一	十九年十一月	林楚珊君	一三	丙	丙	甲
461	王禹法	鄞	八	十九年十一月	忻汰僧君	一〇	丙	丙	丙
462	胡吉順	奉化	八	十九年十一月	胡崑君	一〇	乙	乙	丙
463	竺錫浩	嵊	九	十九年十一月	法源上人	一一	甲	甲	乙
464	張朝震	鄞	九	十九年十一月	吳子琪君	一一	乙	乙	乙

466	應小毛	鄞	一〇	十九年十二月	李霞城君	一二	甲	甲	甲	
467	屠榮華	鎮海	一〇	二十年一月	謝明月君	一一	乙	乙	甲	
468	陳寧壽	象山	八	同右	張于相君	九	丙	丙	丙	
469	鄔才鑣	寧海	一一	同右	劉良材君	一二	乙	乙	甲	
472	呂先瑞	嵊	一一	同右	陳孟扶君	一二	甲	甲	甲	
473	斯國楨	諸暨	七	同右	斯紫輝君	八	丙	丙	丙	
474	毛信棠	奉化	一三	同右	黃生惠君	一四	乙	乙	甲	
475	孫德禧	慈谿	一二	同右	孫莘墅君	一三	特	特	特	
477	崔漢明	鄞	六	二十年二月	崔永升君	七	丙	丙	丙	
478	陳招財	樂清	一〇	二十年二月	融智上人	一一	丙	丙	丙	
480	張仲法	黃巖	一一	二十年三月	授妙上人	一二	乙	乙	乙	
481	傅治卿	鄞	八	同右	傅洪水君	九	丙	丙	丙	
482	謝光厚	奉化	一三	同右	屠時遜君	一四	乙	乙	甲	
484	鍾易齋	鄞	一〇	同右	傅師母	一一	丙	丙	丙	
485	朱新甫	鎮海	九	二十年四月	范笑齋君	一〇	丙	丙	丙	
486	葛紹林	紹興	一〇	二十年四月	傅師母	一一	乙	乙	乙	

487	程祥生	紹興	九	同右		一〇	甲	甲	乙	
488	張茂慶	象山	一〇	同右	戴阿貴君	一一	丙	丙	丙	
489	卞文貴	鄞	一一	二十年五月	陳師母	一二	丙	丙	丙	
490	袁仍根	鄞	一〇	同右	張茹香君	一一	甲	乙	乙	
491	黃梅信	象山	一〇	同右	蔡芹蓀君	一一	丙	丙	丙	
492	周仁來	鄞	九	同右	陳時全君	一〇	特	特	特	
493	竺通裕	鄞	八	同右	施運來君	九	丙	丙	丙	
494	金福良	甯海	一〇	二十年六年	源龍上人	一一	丙	丙	丙	
495	王在城	鄞	九	同右	王繼泉君	一〇	丙	丙	丙	
496	王心田	寧海	八	同右	烏一蝶君	九	丙	丙	丙	
497	牛桑官		七	二十年八月		八	丙	丙	丙	
498	俞仁尊	鄞	一〇	二十年九月	俞順興君	一一	乙	乙	乙	
500	陳成才	寧海	八	二十年十月	源龍上人	九	丙	丙	丙	
501	伊子蘭	鄞	一〇	二十年十月	張綱伯君	一一	丙	丙	丙	
502	應美康	鄞	一二	二十年十月	莊鴻皋君	一三	丙	丙	甲	
503	王財富	鄞	九	二十年十一月	施運來君	一〇	丙	丙	丙	

504	蔣人偉	鄞	一二	二十年十二月	張絅伯師母	一三	甲	甲	甲	
505	楊雙福	奉化	一一	二十年十二月	公安局	一二	丙	丙	丙	
506	史茂德	鄞	一〇	二十一年二月	傅家興君	一〇	特	特	特	
508	崔學濂	鄞	一二	二十一年二月	聞介棨君	一二	特	特	特	
509	張汝海	鄞	九	二十一年三月	張于相師母	九	特	特	特	寄讀
510	傅豐年	鄞	一〇	同右	安心頭陀	一〇	特	特	特	寄讀
511	陳阿甫	鄞	一一	同右		一一	特	特	特	
512	沈國慶	定海	一二	同右	婁孝茂君	一二	特	特	特	
513	石鍾續	鄞	一三	同右	施運來君	一三	特	特	特	寄讀
514	周慶田	鄞	一一	二十一年四月	周炳文君	一一	特	特	特	
515	戴奎生	寧海	一二	二十一年四月	戴家嫣	一二	特	特	特	
516	余月生	永嘉	一〇	二十一年五月	林志超君	一〇	特	特	特	
517	童蘭根		八	同右	趙君	八	特	特	特	
518	蔡長明	鄞	八	同右	葉吉利君	八	特	特	特	
519	尤忠傑	象山	一一	同右	陳本楨君	一一	特	特	特	

歷年收容兒童人數消表

民國幾年	本院開辦年次	收容兒童數
7	1	60
8	2	75
9	3	85
10	4	105
11	5	145
12	6	105
13	7	129
14	8	133
15	9	127
16	10	101
17	11	115
18	12	124
19	13	152
20	14	154

歷年入院兒童年齡與人數之關係

年齡	人數	百分數
6	6	1.19
7	23	4.55
8	78	15.45
9	88	17.43
10	112	22.18
11	85	16.83
12	72	14.26
13	30	5.94
14	7	1.38
15	3	.59
16	1	.20
共	505	100.00

歷年入院兒童籍貫之統計

籍貫	人數	分百數	籍貫	人數	百分數
鄞縣	256	50•69	舊甯屬	409	70•99
慈谿	27	53•5			
鎮海	54	10•69			
奉化	60	9•90			
象山	14	2•77			
定海	8	1•59			
紹興	9	1•78	舊紹屬	33	6•53
餘姚	9	1•78			
諸暨	8	1•58			
嵊縣	3	•59			
新昌	2	•40			
蕭山	2	•40			
天台	8	1•58	舊台屬	40	7•92
寧海	17	3•37			
溫嶺	3	•59			
黃巖	5	•99			
臨海	7	1•39			
杭縣	2	•40	本省其他各縣	8	1•59
金華	1	•20			
樂清	3	•59			
永嘉	2	•40			
江蘇	6	1•19	外省	15	2•97
湖南	8	1•58			
福建	1	•20			
共計	505	100	共計	505	100

二十年十二月

歷年出院生年齡與人數之關係

年齡	人數	百分數
6	1	.29
7	1	.29
8	2	.57
9	16	4.57
10	13	3.71
11	20	5.71
12	40	11.43
13	63	18.00
14	67	19.14
15	71	20.29
16	35	10.00
17	19	5.43
18	2	.57
共計	350	100

歷年出院兒童肄業之長度統計 二十年十二月

月數＼年數	0年	1年	2年	3年	4年	5年	6年	7年	8年
0月	3人	4人	9人	8人	5人	4人	4人		
1月	6人	3人	6人	3人	4人	10人	2人	4人	
2月	4人	2人	4人	4人	6人	5人	3人		
3月	2人	1人	9人	6人	7人	5人	2人		
4月	6人	3人	6人	4人	3人	7人	3人	1人	
5月	6人	5人	2人	5人	5人	6人	1人		
6月	1人	4人	3人	6人	3人	6人	3人	1人	
7月	3人	4人	2人	7人	1人	1人	1人	2人	1人
8月	3人	4人	2人	6人	3人	2人	2人		
9月	5人	3人	2人	8人	5人	3人	2人		
10月	6人	4人	4人	3人	3人	2人			
11月	8人	2人	4人	8人	5人	4人	1人		
共計	53人	59人	53人	68人	50人	54人	24人	8人	1人
	350人								

歷年院生出院原因之統計 二十年十二月止

出院原因	人數	百分數	往何處去	人數	占總數之百分數	占同原因者之百分數
由本院介紹職業	155	44•29	工廠工人	69	19•72	44•52
			手工業	37	10•57	23•87
			商店店員	28	8•00	18•06
			其他	21	6•00	13•55
家族領回	152	43•43	學業	67	19•14	44•08
			養病	9	2•57	5•92
			升學	6	1•72	3•95
			未詳	70	20•00	46•05
其他	43	12•28	犯規出院	11	3•14	25•28
			死亡	12	3•43	27•91
			脫逃	10	2•86	23•26
			本院資助升學	5	1•43	11•63
			爲人作養子	3	•86	6•98
			轉入其他孤兒院	1	•28	2•32
			未詳	1	•28	2•32
共計	350	100	共計	350	100	

歷年由本院介紹就業兒童職業之統計 二十年十二月

商店店員 28人 18.06%	烟紙店	一人
	銀樓	一人
	碗店	三人
	蓆店	一人
	綢布莊	二人
	五金店	一人
	藥店	三人
	蛋行	一人
	煤行	一人
	鐘錶店	二人
	木行	三人
	衣莊	一人
	書局	五人
	雜貨	三人
工廠工人 69人 44.52%	織造廠	二一人
	紗罩廠	三人
	織蓆廠	二人
	油漆廠	九人
	眼鏡廠	一人
	賽路珞廠	一四人
	鏡框廠	一〇人
	捲烟廠	二人
	風琴廠	一人
	傘廠	三人
	筷廠	三人
手工業 37人 23.87%	漆匠	一人
	染匠	一人
	銅匠	一人
	木匠	一人
	鞋匠	二人
	洗衣	四人
	裁縫	一三人
	印刷	一四人
其他 21人 13.55%	銀行	八人
	旅館	二人
	報館	二人
	電氣	一人
	象皮	一人
	醫生	二人
	照相	二人
	鑲牙	三人

在院兒童年齡之統計 二十一年五月

年齡	各級人數				全院人數	百分數
	特班別	甲組	乙組	丙組		
7				1	1	.65
8	4			2	6	3.9
9	1		1	9	11	7.14
10	4		6	12	22	14.28
11	1	1	18	10	30	19.48
12	12	15	9	2	38	24.68
13	12	15	1	0	28	18.18
14	8	7		1	16	10.39
15	2				2	1.3
共	44	38	35	37	154	100

在院兒童保護人之統計

二十一年五月

母親	99人	63.87%
父親	4人	2.58%
兄	8人	5.16%
祖父	1人	.65%
伯叔	19人	12.26%
舅父	5人	3.23%
姑母	5人	3.23%
族人	6人	3.87%
鄰人	3人	1.93%
無人	2人	1.29%
未詳	3人	1.93%
共	155人	100

二十年度逐月收容兒童人數消長表

項目＼月份	1	2	3	4	5	6	7	8	9	10	11	12	共計
進院人數	9	3	6	4	5	3	0	1	2	3	1	2	39
出院人數	5	8	1	3	5	4	0	4	2	1	2	1	36
較前月增減	+4	−5	+5	+1	0	−1	0	−3	0	+2	−1	+1	+3
實在收容人數	156	151	156	157	157	156	156	153	153	155	154	155	
備考	十九年年底收容兒童152人本年計進院者39人出院者36人進出相抵計較十九年增收兒童2人												

編制

普通學校，分春秋兩季，招收新生，且經考試手續，學生之年齡程度，相差無幾，班級敎學，自屬相宜，本院因有種種事實上之關係，編級頗感困難；其所感困難的事實是：

㈠孤兒入院無一定時間——凡依規定手續，經本院許可者，得隨時入院，兒童程度，依入院時間之差異，人人各殊，班級敎學，極感困難。

㈡兒童年齡相差過大——本院總章規定七歲至十二歲之兒童，均得入院，同程度之兒童，其年齡相差之五年以上，常識敎學，固不能編入同級，符號敎學，亦因年齡關係，進步之遲速，相差懸殊。

㈢兒童西樂隊之出隊——本院兒童西樂隊，已有十餘年歷史；凡董事府上之慶弔，以及各種公共會集，均須出隊；全年出隊次數，約在百五十次以上，出隊兒童，學業上大受應響，與未出隊者，發生大量之差別，班級敎學，大感困難

有以上種種事實，致本院兒童，學力程度參差不齊，編級極感困難，為補救計，似以打破班級制，施行個別敎學為宜。但目前敎育界，對於個別敎學法，尚在研究探討期間，無相當把握；本院因之不敢貿然將班級制全部推翻，現

在我們的編制是：

- 兒童
  - 特別班——計四十人•西樂隊正式隊員預備隊員及入院新生，不論年齡程度，均入本級•施行個別教學•
  - 彈性制
    - 國語系
      - 甲組——高一1人，三上22人二下15人共38人（複式）
      - 乙組——二上38人（單式）
      - 丙組——一上13人一下26人共39人（複式）
    - 數學系
      - 甲組——三上21人二下16人共37人（複式）
      - 乙組——二下33人，二上6人，共39人（複式）
      - 丙組——一下21人，一上18人，共39人（複式）
    - 其他
      - 甲組——38人（單式）
      - 乙組——38人（單式）
      - 丙組——39人（單式）

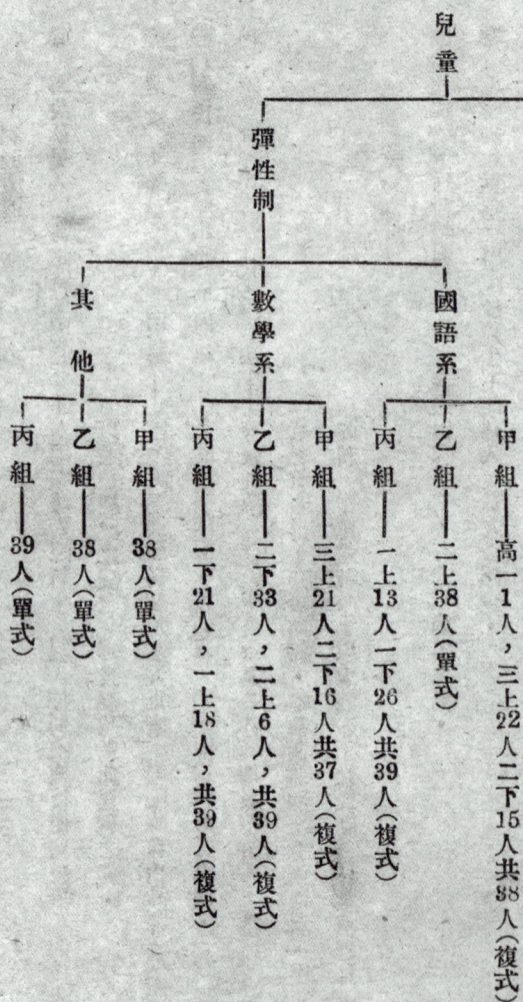

編級的手續，是先選活潑清秀，年齡稍長，體格健全，堪充西樂隊隊員之兒童四十人，編作特別班•其餘兒童，舉行國語測驗以定國語系之編級，舉行算術測驗，以定算術系之編級，舉行常識考試及體格檢查，以定其他系之分

級，國語列入甲組者，算術儘可列入乙丙各組，不受牽制，且上課排在同一時間，升降有極度之自由；數星期後，某科程度發生差異時，得隨時進退，不受牽制。但一種制度，有利亦必有弊，茲將本編制利弊各點，列舉於后：

利的方面

㊀解決孤兒入院無定時的困難——本編制將入院新生，編入特別班施行個別教學，前後入院之兒童，學力上予以盡量發展之機會，不致發生彼此互就之弊。

㊁解決年齡差別的困難——因年齡差別而發生進步遲進者，得隨時自由升降，不受牽制。

㊂解決西樂隊出隊的困難——全體西樂隊編入特別班，不致因出隊而受牽制。

㊃適合各科教學法——符號教學，兒童程度求其一律，則教學便利，常識及其他各科，兒童程度，雖畧有差异，亦無妨碍。本編制將國語算術兩科，作複式教學，常識及其他各科，作單式教學，以求教學上之便利，非專重三R也。

弊的方面

㊀入院兒童均入特別班，特班若無出院兒童，有人數過多之患。

㊁非特別班兒童，出院後新生不能補入，致人數漸少。

㊂個別教學法，無相當把握。

兒童生活分類表

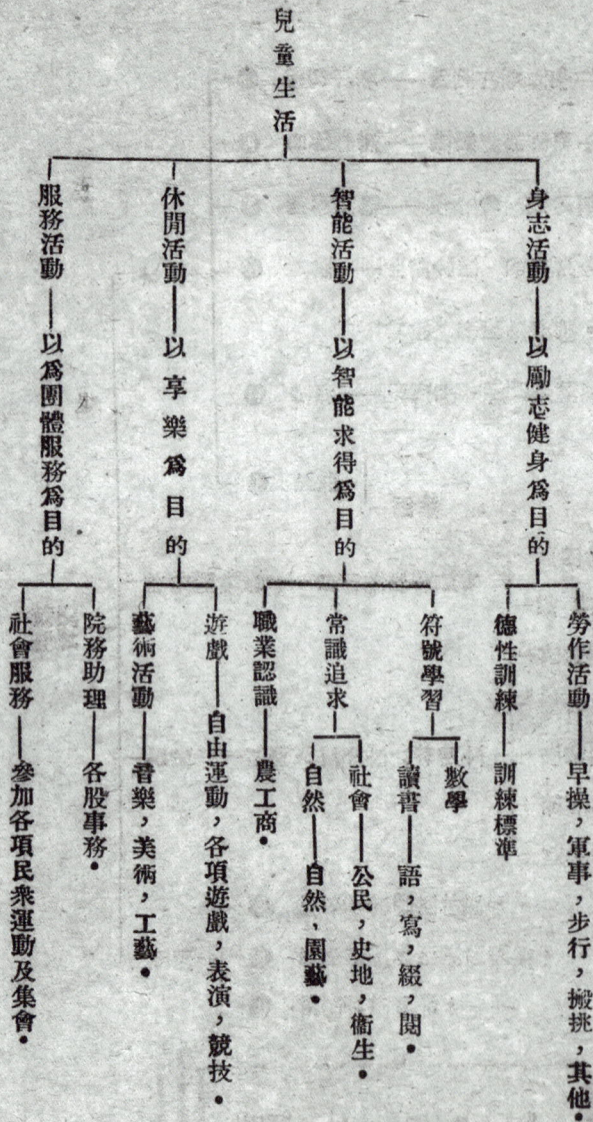

兒童生活
- 身志活動——以勵志健身爲目的
  - 勞作活動——早操，軍事，步行，搬挑，其他。
  - 德性訓練——訓練標準
- 智能活動——以智能求得爲目的
  - 符號學習
    - 數學
    - 讀書——語，寫，綴，閱。
  - 常識追求
    - 社會——公民，史地，衛生。
    - 自然——自然，園藝。
  - 職業認識——農工商。
- 休閒活動——以享樂爲目的
  - 遊戲——自由運動，各項遊戲，表演，競技。
  - 藝術活動——音樂，美術，工藝。
- 服務活動——以爲團體服務爲目的
  - 院務助理——各股事務。
  - 社會服務——參加各項民衆運動及集會。

訓育概況

訓育概況

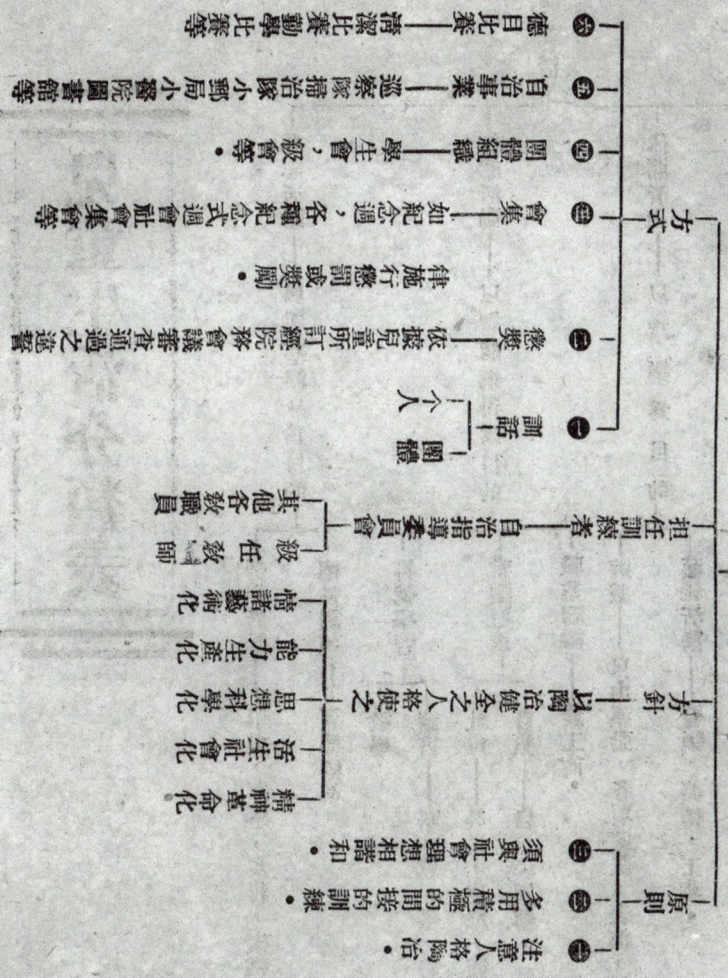

- 原則
  - （一）注意人格陶冶。
  - （二）多用積極的間接的訓練。
  - （三）須與社會理想相諧和。
- 方針——以陶冶健全之人格使之
  - 精神革命化
  - 活生社會化
  - 思想科學化
  - 能力生產化
  - 情諸藝術化
- 担任訓練者——自治指導委員會
  - 級任教師
  - 其他各教職員
- 方式
  - （一）訓話
    - 團體
    - 个人
  - （二）懲獎——依據兒童所訂經院務會議審查通過之違誓律施行懲罰或獎勵。
  - （三）會集——如紀念週，各種紀念式週會社會集會等
  - （四）團體組織——學生會，級會等。
  - （五）自治事業——巡察隊掃治隊小郵局小醫院圖書館等
  - （六）德目比賽——清潔比賽勤學比賽等

訓練標準

第一度—㈠臉，手要保持清潔；髒了馬上去洗。㈡手，用品不放到嘴裏去。㈢不用衣袖，衣角抹鼻涕，揩石板㈣按時上課下課。㈤聽師長的話。㈥走路不要跑。㈦在上課時，要發言先舉手。㈧不獨占遊戲器具。㈨痰要吐進痰盂裏。㈩集隊時要快要靜。(十一)飯後不吃茶。(十二)敬國黨旗。

第二度—㈠紙屑不拋棄在地上。㈡上課時不任意弄別的東西。㈢走路脚步要輕。㈣不大聲喊叫。㈤東西用過後能自己整理。㈥小事不哭不告訴。㈦開關窗門，檯板要輕。㈧口渴不吃生水。㈨不說粗俗的話。㈩無故不出院門。(十一)飯後不要運動。(十二)聽見讀 總理遺囑時要立正起敬。

第三度—㈠不塗汚桌面，黑板，牆壁。㈡服裝要保持清潔。㈢夏天不赤膊。㈣愛惜花草和有益的動物。㈤不到禁止的地方去。㈥每天早上有早起的習慣。㈦別人落下的東西，拾起來設法送還原主。㈧沒有得到別人的許可，不拿人家的東西。㈨使用公物要依各種使用規則。㈩走路不無故搶過在前的人。(十一)每天要認眞練習早操。(十二)知道 總理簡單的歷史。

第四度—㈠指甲要常剪。㈡按時洗澡。㈢愛惜借來的東西，幷且按時送還。㈣非必要的錢，勿帶在身邊。㈤不說謊話。㈥不和人家相打相駡。㈦保持會集時的秩序。㈧別人說話，要靜聽，不任意插嘴。㈨

做事不要膽怯。㊉受人贊美時，不因而驕傲。(十一)有不明白的問題，事情，要請先生指導。(十二)總理遺囑要會背。

第五度——㊀立坐行都要有正確的姿勢。㊁聽到信號，立即遵行。㊂招呼別人，要用和悅的態度。㊃愛惜課業用品。㊄請假所缺的功課要趕快補完。㊅靠左邊走。㊆約會或會集，要準時到會。㊇遵守規則；并服從糾察的勸導。㊈有病要聽醫生的指導。㊉要你做證人時候，要照事實直說。(十一)知道關於革命的簡單的事實。(十二)知道中國國民黨畧史。

第六度——㊀書報公物用後安放原處。㊁隨時隨地保持公家場所整潔。㊂食物要細嚼。㊃自己覺得身上不舒服，快向先生報告。㊄語氣動作，不放出粗暴的樣子。㊅有錢時要儲蓄。㊆不抄別人的功課。㊇盡力做應做的事。㊈做事要有分工合作的精神。㊉愛護公物。(十一)上課時先生未到要靜候(十二)明白三民主義是救國主義

第七度——㊀上課時不看與本課無關的書。㊁不知道的事，不亂說。㊂不誇自己的長處。㊃受人贈品時，要表謝意。㊄遇同學有危險時應盡力救護。㊅知道自己的錯處，馬上想法改除。㊆做事要有始有終。㊇每天早晨要摺疊被褥，整理用具。㊈做那一件事情時只注意那一件事。㊉注意身心康健。(十一)知道不平等條約。(十二)要學 總理革命精神

第八度——㊀會食時有禮貌。㊁功課能在課前預習。㊂做事不遷延。㊃不輕易答應人家，答應了就要當即去做。㊄愛惜本院名譽。㊅自己能做的事，自己來做不依賴別人。㊆自己不高興時，不向別人出氣。㊇公共的權利不和人家去爭。㊈看見人家做妨害公共利益的事，如勸阻無效，快去報告裁制機關。㊉不

放棄選舉權選舉我願佩服的人。(十二)每天要追念為人民謀利益而犧牲的人物。(十三)要『求學不忘救國，救國不忘求學』。

第九度——㊀遵守各種公定的規約。㊁天天做日記。㊂談論事情，不要言過其實。㊃批評人家，要有誠懇的，正直的態度。㊄容易使人家麻煩的言語，動作，要竭力免除。㊅別人有錯不要譏笑人家。㊆聽從領袖和有學問的同學的正當指導。㊇自己發表的意見，要能夠做得到。㊈要保持公共道德。㊉受了訓誡，不怨恨別人，並且回想自己錯處在那裏。(十一)保守人家無妨害公事的祕密。(十二)要留心黨國的大事。

第十度——㊀注意檢查各種食物的清潔。㊁利用空閒的時間做有益的事。㊂不妬忌人家的長處。㊃有人問我問題時，我應詳細懇切的解釋。㊄有人被人誣衊時，代他辯護。㊅在一定範圍內，要服從多數的意見。㊆保持自己正當意見，不管別人譏笑。㊇不聽一面之詞，要細心考察事實的因果。㊈對人家有益於公衆的提議，想法幫助他。㊉甯可捨棄自己的私願，不作損壞團體的行為。(十一)不怕權威的壓迫，不受誘惑而被人利用。(十二)明瞭黨義和黨的組織法。

第十一度——㊀對於一切的人，要有公開態度。㊁不看不正當的書。㊂設法安慰有病的同學。㊃做事以前，應有完全的計劃。㊄事雖失敗不灰心。㊅能用正當手續集會，或組織團體。㊆對於人家指教勸導要感激承受。㊇不常做的事，必先規定共同辦理的手續和順序。㊈用正當手段，對付欺侮我的人。㊉遇意外的事，鎮靜不慌。(十一)恭敬對於黨國或社會有功的人。(十二)明瞭三民主義的真諦，並盡力宣傳。

第十二度——㊀注意在上課以外，吸收知識。㊁人家不易允許的事，不輕易向人請求。㊂注重學問和品性去選擇

服友・㊃寬恕人家無意的錯誤，㊄知道社上不正當的娛樂的害處，極力戒除・㊅設法安慰不幸的人・㊆不希望不勞而獲的權利・㊇看見新奇的事物，要細心考察・㊈服從眞理，不固執自己的意見・㊉自己能尋高尚的愉快・⑪明白我國在世界上所處的地位・⑫立志將來做一個實行三民主義的好國民・

說明

㊀制定：由訓練股依據本院舊有『訓練標準』及上海萬竹小學『好學生』加以增刪而制定，再經院務會議修正通過施行・

㊁內涵：本『訓練標準』內容涵着十大信條是：

1. 我們有健康的身體・
2. 我們很用心去求學・
3. 有事我們努力去做・
4. 我們有互助的精神・
5. 我們有和藹的禮貌・
6. 我們有無窮的快樂・
7. 我們有信實的涵養・
8. 我們用公正態度處事・
9. 我們有守秩序的習慣・

10. 我們誠心愛護黨國。

㈢ 使用：每學期開始，由各級任教師採用本標準所適合於該級程度的條文（例如二年級應採第一度至第四度止）做成標語（低級加以圖畫說明）張貼在教室裏，教師詳爲解釋。

每星期（　）（　）上午第一節上課由教師將該級採用的條文朗讀，學生循聲誦之。

全院教師負有隨時訓導之責，並審查兒童有否依照條文養成習慣；同時級任教師如得各方面報告，認爲某學生已將某條文做到，則把某學生的成績記入『訓練檢查表』裏。

每週週會時將各級檢查表告示全體學生以資比較利用兒童競爭好勝本能，促其養成好習慣。

每學期終了時，根據各級檢查表，作一總比較，明示兒童，使他們自覺，成績優者，給以名譽或實物獎賞以示鼓勵。

養護概況

養護

- 原則
  - ㈠ 以精誠愛護兒童
  - ㈡ 顧到衞生原則
  - ㈢ 顧到經濟原則
- 目標——使兒童身體發育健全
- 設施
  - 整潔方面——兒童個人各備面盆手巾牙刷杯子肥皂等每日早晨及晚餐前各洗面洗手足一次并舉行清潔檢查冬季每星期洗浴一次同時換內衣及單衫褲夏季每星期洗浴兩三次公衆場所之清潔每晨由兒童分區掃除一次清潔設備除掃帚畚箕痰盂等外并有浴室盥洗處洗滌處清潔器具儲藏處各一所自流井及焚燬爐各一
  - 健身方面——運動場面積一畝三分〇六毫場內建有籃球架跑道等兒童每日舉行早操每月舉行體格檢查疾病檢查各一次
  - 醫治方面——另詳見後
  - 服裝方面——每兒備棉夾衣一套單衣三套內衣單衫褲各二套棉背心一件此外又有棉袍夾袍各四十件帽子襪鞋等衣服之洗滌補綴年長者由兒童自任之幼者由女役任之
  - 飲食方面——本院建有水櫃三只其容積總計二〇•四立方米兒童飲料爲濾水缸過濾之天水煮沸後夏季用茶缸冬季用炭爐放置相當處所膳食採包飯制每兒月四元每日食粥一餐飯二餐小菜全蔬
  - 宿務方面——寢室十間總計面積約爲二三四方米爲節省經費計每兩兒合睡一床樓上席地而臥樓下用舖板

體育與衛生

本院現行衛生信條

一　早上要早起，早起開窗門。
一　被褥要常常去晒。
一　每天早晚要刷牙各一次。
一　衣服鞋襪要清潔整齊。
一　每天在一定時間大便一次。
一　大便以後，一定要洗手。
一　每天必須有兩小時的室外運動。
一　坐，立，行，身，體要正直。
一　每星期至少洗澡一次。
一　臉和手汚了，馬上要去洗。
一　手和用品，不要放進嘴裏。

一 要常剪指甲。

一 每星期至少換內衣一次。

一 飯前飯後不宜竭力運動。

一 飯後不宜喝開水。

本院醫務報告

A 兒童常患之疾病

負教養全責的我們，對兒童疾病，自應格外注意，兒童疾病常見的有下列幾種：

屬於身體內部的——

(甲) 急性傳染病——猩紅熱，痲疹(即痧子)，痘瘡(即天花)，風疹，流行性感冒，百日咳，流行性耳下腺炎，赤痢，虎列拉，傷寒，瘧疾，流行性腦脊髓膜炎，白喉。

(乙) 呼吸器疾患——氣管枝炎，肺炎，肺結核。

(丙) 消化器疾患——消化不良症，腸加答兒，蛔虫。

(丁) 循環排泄系疾患——貧血症，萎黃症，腎臟炎，糖尿病，脚氣病。

(戊) 精神系疾患——色盲，腦貧血，遺尿。

(己) 骨科疾患——脫臼，骨挫傷，關節炎。

屬於身體外部的

（甲）皮膚病——創傷，潰瘍，疥瘡，溼疹，頑癬，傳染性膿疱疹，尋常性膿疱疹，凍瘡，狼瘡，寄生性匐行疹•

（乙）眼科，耳科，鼻喉科疾患——顆粒性結膜炎，角膜炎，虹彩炎，白障，外聽道炎，中耳炎，鼻衄血，喉頭炎，扁桃腺炎，口腔炎，齒齦炎，齲齒•

上列各種疾病，以急性傳染病爲最可怕•風疹，感冒，百日咳，耳下腺炎，瘧疾等雖無生命危險，但輪流傳染，繼續不絕，兒童身體之發育大受障碍•至猩紅熱，痲疹，痘瘡，赤痢，虎列拉，白喉，腦脊髓膜炎等，其死亡率極高，一經發生，險象立呈；本年三月，院生王興才感染痲疹，未及旬日，被染傳者達二十餘人，朱阿康虞世鶴徐阿夫鄭松富諸兒，卒因而夭折；林世辛瘄後患肺結核，生命有無把握，頗難預料，現已送入仁澤醫院作長期療養•當痲疹蔓延時，本院仝人，驚惶莫名，不得已將院生暫爲遣散，經一月後始恢復原狀，物質精神之損失，豈可數計•其他各種急性傳染病，本院幸未發現•

內科疾患之可怖者，又有脚氣病，此病進行遲緩，最不易發覺，其病狀表現，或爲萎黃狀，或呈浮腫類腎臟病，或瘦削若肺癆，且往往發生合併症，致本症反被隱匿；十八年夏，本院兒童全罹此症，或輕或重，經二三月之長期，尚未發覺；魏生坤元因併發痢疾而死，何生祖翹併發肺炎而死，葉生官仁併發肺結核而死，其後張生心元無其他合併症突現急性經過，於上午八時發作，中午十二時卽死亡，經再三研究，始疑及脚氣病，乃將症狀較重各兒，試注Paranmtin結果甚佳，於是始確定爲脚氣，且知其原因係食米過陳，卽行更換，一月後全體兒童始恢復健康狀態；當此症進行之間，全體兒童，不僅身體發育大受障碍，卽學業亦因之而停頓，損失之大，亦不可以數計也•

身體外部之疾患雖無若何危險，惟兒童患者最多•右表爲本年三月份兒童身體外部疾患之記載•

病名	患者人數	一月內醫治次數	全愈人數	未愈人數	備考
凍瘡	28	440	17	6	藥力無効因天氣漸暖而愈
挫傷	3	14	3	0	
癩痢	30	726	10	20	
頑癬	4	60	2	2	
疥瘡	5	32	5	0	
濕疹	15	104	13	2	
沙眼	14	426	0	14	
結膜炎	16	102	14	2	
角膜炎	4	34	4	0	
中耳炎	3	45	2	1	
齲齒	57	28	0	57	
牙疳	11	162	4	7	
瘰癧	1	30	0	1	
其他	2	12	2	0	
共計	188	2215	76	112	

右表三月份之醫治總次數爲二二一五次：平均每日爲七十一次强，因之小醫院開放，每日須三個敎師七八個兒童二小時以上之精力，方能完了，其工作之煩重，可想而知。外部疾患之最嫌忌者爲頑癬，溼疹；此等菌類，一入頭部，卽成癩頭，往往終生禿髮，狀貌奇醜。瘰癧根治亦難，王生心田，自入以後經二百次以上之敷藥，卒未全愈，膿疱疹，溼疹，創傷，潰瘍，等多見於營養不良皮膚抵抗力薄弱之兒童，疥瘡雖易治療，然往往發覺過遲，因搔癢致皮膚破碎而成潰瘍，凍瘡非藥物所可治療。

B　疾病之預防

醫治疾病於既發之後，不如防病於未患之先，我們對於疾病之預防方法，有下列幾種：

㈠講求衛生——講求衛生，爲防病之根本辦法；衛生之道多端，關於普通的衛生問題，參考書冊極多，此間不必贅述，其屬於本院特殊情形者，當另篇詳論。

㈡勵行疾病檢查——兒童疾病，往往因發覺過遲，致醫治困難，本院平時極注意兒童疾病之檢查，一經發覺，卽向小醫院登記醫治。若有急性傳染病之可疑者，當卽請醫師診斷，併施行隔離。

㈢急性傳染病嚴行隔離——急性傳染病若猩紅熱，痲疹，痘瘡，流行性感冒，流行性腮腺炎，流行性腦脊髓膜炎，白喉等，傳染力均極强，有時因醫院拒絕收受，不得不留院療養，爲防止蔓延計，離施行隔，自屬必要，惟本院無完善之隔離室，實爲遺憾。

㈣注射預防血清及疫苗——晚近醫界已發明之預防血清及疫苗有：牛痘，腦脊髓膜炎，虎列拉，白喉，肺炎，痢疾，傷寒鼠疫，等，在各症流行時期，注入未患者之體內，能防止或減少疾病之傳染；本院每年，除爲各兒童接種牛痘外，幷注腦膜炎及虎列拉預防血清，至其他預防注

射劑，或因價値太昂，或因本病未在本地流行未曾注射。

㊄使兒童研究疾病之預防法及病原學——能明瞭疾病之來源者，對於疾病之侵襲，自能作相當之避免，使兒童研究疾病之預防法及病原學，無形中減去危險不少。

㊅訓練看護生——訓練看護生，雖非疾病之預防，但使兒童增加醫學智識，無形中能收預防之効。

㊆急救訓練——骨折，出血，腦充血，等突然發生之疾患，若不施急救手續，往往發生危險。訓練兒童使任急救，能預防此等危險。

C 疾病之處理

兒童發生疾病，自應加以相當之處理，疾病處理之目的，不外救護病者，及阻止疾病之蔓延，各種疾病各有特殊的處理方法，但也有幾點是屬於各種疾病一般的，茲列表如下：

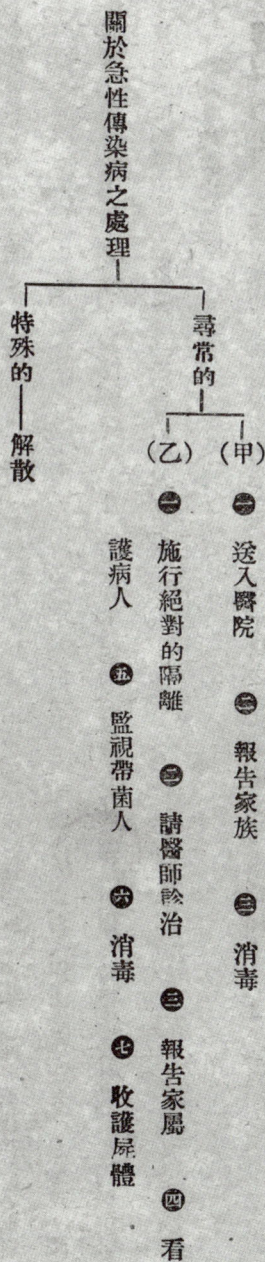

關於急性傳染病之處理
- **尋常的**
  - （甲）㊀送入醫院 ㊁報告家族 ㊂消毒
  - （乙）㊀施行絕對的隔離 ㊁請醫師診治 ㊂報告家屬 ㊃看護病人 ㊄監視帶菌人 ㊅消毒 ㊆收護屍體
- **特殊的**——解散

其他各種疾患之處理

(一) 症重者，送入醫院，作長期療養，或請醫師診斷後留院休養。

(二) 症輕者，由本院所設小醫院爲之醫治。

(三) 症重者，通知家族或保證人。

(四) 傳染性疾患施行隔離及消毒。

孫莘墅陳履莊任莘耕以及中醫吳涵秋諸先生，都是我們的院醫；他們熱心爲孤兒治病，不收醫金，且指導我們小醫院的工作。仁澤醫院，華美醫院，在本院鄰近，時常收受本院重症疾患之兒童，作長期療養，這些都使我們減輕責任不少，我們是當深深感謝的。我們的小醫院雖不能算十分完善，但普通輕症，已足應付；設備方面計有：

醫院用品

品名	件數	價格	購進年月	備考
貯棉槽	一			
玻乳鉢	一			已碎
膿血盆	三			
小號消毒器	一			
藥匙	一			
外科剪	三			
普通剪	二			

調膠板	一			
調膠刀	一			
磁膠罐	二			
貯水瓶	一			
體溫計	一			
鑷子	三			
漏斗	一			
外科刀	一	一元	十九年二月	
二瓦注射筒	一	三角五分	同右	已碎
十瓦量杯	一	二角五分	同右	底已脫落
二百瓦量杯	一	九角	同右	
火酒燈	一	三角八分	同右	
吹粉器	一	六角五分	同右	
水磅	一	三角五分	同右	已無用
貯針盆	一	一角五分	同右	
口鼻罩	一	一角五分	十九年八月	
聽筒	一	四元八角	同右	

三十瓦甘油灌腸器	一	六角五分	十九年八月	
十瓦點眼瓶	三	三角	二十年二月	
五瓦手秤	一	二元五角	同右	
加得帝兒	一	六角五分	同右	
外科剪	一	一元	二十年三月	
鉗子	一	四角	同右	
鋭匙	一	一元二角五分	同右	
白磁交罐	二	一元二角	同右	
藍花交罐	七	一元七角	同右	已碎二只
戥子	一	四角五分	同右	
中國乳鉢	一	四角八分	二十年九月	
漆帯	二	八分	同右	
洗耳球	一	六角五分	二十一年三月	
排子	二	七角	同右	
探針	二	二角	同右	
捲棉子	一	一角	二十一年四月	
牛痘器	一	二元二角五分	二十一年三月	蔣葆性樂助

三十瓦注射器	一	一元四角	二十一年三月	蔣葆性樂助
三十注射針頭	一	三角五分	同右	同右
額帶反光鏡	一	三元五角	同右	同右
洗眼壺	一	三角五分	同右	同右
洗眼杯	一	一角二分	同右	同右
鼻鏡	一	八角五分	同右	同右
耳鏡	一	四角五分	同右	同右
壓古子	一	四角五分	同右	同右
吸入器	一	四元	同右	同右
二百瓦天秤	一	七元五角	同右	同右
十瓦注射器	一	七元八角五分	同右	同右
二瓦注射器	一	五元二角	同右	同右
二瓦注射針	三	九角七分五厘	同右	同右
喉頭鏡	一	一元五角	同右	同右
玻璃棒	一	五分	同右	同右
眼撐	一	九角	同右	同右
洗眼受水器	一	二角五分	同右	同右

服藥杯	一	六角	二十一年三月	蔣葆性樂助
洗鼻器	一	四角	同上	同上
點眼迴轉台	一	五元五角	同上	同上
色瓶	二只	三角二分	同上	同上
洗瓶帚	一	一角七分五厘	同上	同上
玻乳鉢	一	六角	同上	同上
體溫計	一	一元	同上	同上
食鹽水注射器	一	四元七角	同上	同上

醫院藥品

類別	藥名	性狀	主治	購得年月	購入份量及價目	備考
解熱	阿斯匹林	白色結晶粉末	解熱鎮痛等	二十年十月	一兩 三角	
同上	優規寧	白色粉末	瘧疾	二十一年三月	一兩 三元四角五分	
同上	安知必林	無色稜柱結晶	鎮痙痛等	二十一年三月	一兩 六角	
同上	撒魯兒	白色結晶粉末	防腐制酵解熱等	二十一年二月	一兩 四角五分	
同上	水楊酸	白色針狀之結晶	防腐制酵	十九年十月	一兩 二角	
同上	水楊酸鈉	白色粉末	解熱	二十一年四月	一兩 二角五分	
變質	昇汞	白色透映放線狀之結晶	防腐消毒等	二十年八月	三兩 一元五角	

變質	甘汞	帶黃白色之細微粉末	緩下	二十年二月	一兩	四角	
同上	碘酒	橙明暗赤褐色之液體	消炎	二十一年二月	一磅	一元八角	
同上	法列兒水		清血	二十年四月	一磅	八角	
同上	重炭酸鈉	白色結晶粉末	催進食慾	二十年四月	一磅	三角	
同上	食鹽	白色骰子形之結晶	出血等	十八年五月			
殺菌	硼酸	白色小葉狀結晶	防腐	二十一年二月	一磅	五角	
同上	石炭酸	白色長塊之結晶	强性殺菌	二十年四月	一磅	九角五分	
同上	列曹兒清	帶紅色結晶	溼疹等	二十年四月	一兩	二角五分	已用完
同上	鹽酸鉀	光澤無色之葉狀結晶	消炎	二十年八月	一兩	二角	
同上	過錳酸鉀	光澤紫黑色乾燥稜柱之結晶	防臭消炎等	二十年二月	二兩	五角	
同上	知阿可兒	白色粉末	撲滅結核菌	二十一年二月	二兩	九角	
同上	薄荷腦		鎮痛	二十年八月	一瓶	二角五分	
同上	木爹兒	黑色液體	强性殺菌	二十年八月	一磅	一元	
同上	雙養水	無色液體	消毒	二十年四月	二瓶	一元二角	
同上	黃碘	有光黃色細小之葉狀結晶	最良防腐	二十一年二月	一兩	二元	
驅蟲	山道年	光澤無色小葉狀結晶	殺虫	二十年八月	一瓶	一元八角	
同上	秘露樹漿	暗褐色之液	殺疥癬	二十年八月	一兩	二角	

驅虫	魚石油	帶赤褐色稠如糖漿之液	制腐收斂制痒等	二十年八月	一磅	九角五分	
同上	硫黄	黄色粉末	殺下等寄生物	二十一年一月	一磅	三角	
同上	流動蘇合香	褐色粘稠液	同上	二十一年二月	一兩	二角五分	
同上	古利撒羅並	黄赤色粉末	治寄生性皮膚病	二十年五月	一兩	八角五分	
同上	福兒馬林	無色液體		二十年四月	一磅	八角	
同上	來所爾	帶褐色液體		二十一年四月	一瓶	一元四角八分	
同上	那布得林	淡白色粉末		二十年八月	一兩	三角	
祛痰	燐酸可地因	白色微細結晶	鎮痛祛痰	二十一年五月	一瓶	一元	
同上	亞莫尼亞水	無色透明揮發性之液	解毒	十五年八月	一磅		
同上	又茴香精	澄明淡黄之液	氣管支病	二十一年三月	四兩	二角五分	
同上	辛衣格	赤黄之液	同上	二十一年四月	半磅	六角八分	
同上	吐根丁幾	褐黄色之酒	同上	二十一年四月	一兩	一角五分	
同上	陀佛氏散	黄色粉末	鎮咳	二十年八月	一兩	四兩	
利尿	荻蔚雷汀	白粉末	利尿	二十年二月	一兩	四角	已用完
同上	醋酸鉀	結晶粉末	同上	二十一年二月	一兩	一角六分	同上
同上	咖啡涅	白色針狀結晶	水腫等	二十年二月	一兩	六角	同上
催吐	吐根	暗灰褐色	催吐	二十年二月	二瓩	五角	同上

催吐	硫酸銅	藍色結晶	解毒收斂腐蝕等	二十年八月	一兩	一角
通下	蓖麻油	黃色之油	便祕等	二十一年四月	一磅	七角五分
同上	大黃丸	赤色之丸	通下	二十一年一月	一兩	三角
同上	苦香木流膏	褐色之液	湲下	二十年八月	四兩	七角
同上	硫酸鎂	白色結晶粉末	同上	二十年七月	一磅	三角
麻醉	阿片丁幾	褐色之酒	鎮痛	二十年十一月	一兩	六角五分
同上	鹽酸高根	結晶性粉末	同上	二十年二月	一瓦	一元六角
同上	顛茄越	赤色粘稠液	同上	二十年二月	一兩	四角
興奮	酒精	無色透明揮發性之液	消毒等	二十一年五月	五磅	四角五分
同上	樟腦	色半透明結晶性柔韌塊片	刺戟防腐鎮痛等	二十年八月	一兩	三角
強壯	還元鐵	灰黑色粉末	補血	二十年一月	二兩	三角
同上	碘鐵糖漿	微黃色澄明之舍利別	腺病貧血	二十一年五月	四兩	三角
同上	魚肝油	金黃色之液	營養不良	二十一年二月	一磅	九角
清涼	稀鹽酸	澄明無色液	消渴等	二十年三月	一兩	三角
刺激	松節油	淡黃色稀薄液	防腐殺虫	二十年九月	一磅	七角五分
收斂	鞣酸	白色粉末	止血等	十九年六月		
同上	單那爾並	褐色粉末	止瀉等	二十一年四月	二兩	五角

收斂	酸化亞鉛	白色粉末	減却分泌等	二十一年四月	二磅	八角
同上	醋酸鉛	白色結晶	止血等	二十一年四月	一磅	八角
同上	硫酸鋅	色白結晶	收斂藥	二十年二月	一兩	四角
同上	硝酸銀	無色有光之板狀結晶	腐蝕收斂等	二十年八月	五瓦	四角五分
同上	次硝酸鉍	白色結晶粉末	止瀉等	二十一年二月	一兩	六角
同上	代馬妥耳	黃色粉末	收斂等	二十年九月	二兩	八角五分
同上	明礬	白色結晶	消炎等	二十年二月		
緩和	乳糖			二十年九月	一兩	一角
同上	蜂蜜			二十年二月		
同上	橙皮糖漿			二十一年五月	二磅	一元二角
同上	汽水			二十一年五月	一磅	一角五分
同上	澱粉			二十年九月		
同上	甘油			二十年八月	一磅	七角五分
同上	阿列布油			二十年八月	一磅	四角五分
同上	凡士林			二十年九月	十磅	二元八角五分
同上	拍拉文油			二十一年二月	一磅	九角五分
同上	橡皮膏			二十年十一月	一筒	四元八角五分

緩和膠囊		二十年十一月	一百個	六角五分	

新行藥

電膠銀	一切細菌傳染病	二十一年四月	廿支一盒	十四元五角	已用去十六支
福白龍	肺炎等	二十一年四月	二磅	二元八角八分	已用去十一支
血來必靈	止血	二十一年四月	一磅	一元五角三分	已用去一支
康福那心	強心等	二十一年四月	二合	二元五角	已用去十六支
樂地儂	營養不良	十九年八月	一合	四元一角	已用去三支
電佛奴耳	強性防腐	二十年六月	一支	二元四角	已用去七片
卡可地拉鈉	清血	二十一年二月	一合	一元六角五分	已用去十一支
伊米丁	止瀉	二十年四月	一合	二元〇四分	已用完
地其他民	強心	二十一年四月	一合	三角	已用去三支
安福消腫膏	消炎	二十一年四月	大小各一	十一元九角	已用去五分之四
腦膜炎預防疫苗	預防腦膜炎	二十一年四月	三支	三元六角	已用完
肺炎血清	肺炎	二十一年四月	一支	二元六角五分	同上

小醫院的組織，是推敎職員中對醫藥有相當研究者爲主任，主持醫務。兒童身體外部之輕症，則由各敎職員輪流醫治，同時訓練院生若干人爲助理。

我們最欠缺的是療養室和隔離室，療養室狹小异常，僅容三四人之留，隔離室更談不到，這是因爲院舍不敷的緣故。

所以一遭急性傳染病，大感困難；本年三月，院生患瘠，因醫院不肯收受，留住院中，致蔓延至二十餘人之多，險象環生，終至作最後緊急處置，將全部兒童遣散，始告平靖。兒童之死亡，照理應該將其屍體用油紙嚴密包紮，但本院兒童之死亡者，其家族均不許施行包紮，且有將屍體傾同，作長途跋涉而行安葬者。

兒童夜間之遺尿

兒童夜間遺，爲極常見的事實，本院兒童，自不能例外，每日起床，一經調查，卽發現若干兒童在夜間遺尿。下表爲二十年九月至十二月四個月內兒童遺尿次數之記載

姓名	年齡	四個月內遺尿次數	姓名	年齡	四個月內遺尿次數	姓名	年齡	四個月內遺尿次數	姓名	年齡	四個月內遺尿次數
毛信棠	13	1	朱信甫	9	4	生金生	14	1	貝榮夫	11	2
王禹法	9	5	汪中華	11	14	王開玉	13	1	汪範定	10	3
王永根	11	2	沈華良	11	1	王心田	7	5	李宗岱	10	2
王嘉根	10	3	李富林	13	1	王才成	9	6	張家信	10	8
方永更	12	1	姜永康	10	1	牛榮官	7	5	張仲法	11	1
金富貴	9	1	張小毛	9	7	金福良	11	2	張雲青	10	7
林吉慶	9	1	陳招才	10	4	陳海三	12	2	胡吉人	9	5
陳福齋	10	1	鄔才鑣	11	1	陳思原	9	8	鄔更榮	11	8

陳德聲	9	2	施沈倪	9	22	陳小毛	8	14	徐瑞春	13	4
陳成才	8	8	徐志新	9	8	陳又章	9	9	徐阿甫	9	3
傅洽卿	8	47	徐寶雲	13	1	儲甫昌	13	3	崔漢明	7	5
俞阿仙	13	2	崔紀根	11	7	錢民偉	9	1	劉元深	10	7
錢苗根	13	1	鄭松夫	12	1	童阿方	12	1	魯德夫	9	1
斯國楨	8	4	賀更法	13	1	竺錫浩	10	2	賀富卿	11	1
竺通裕	9	11	蔣鳳來	10	1	潘寶山	6	14	唐兆清	10	4
趙祖英	12	13	顧阿毛	12	5	章武康	11	8	應美康	12	1
章曾耀	11	8	聞信芳	11	9	葛紹林	10	9	黃幼成	12	1
莊明華	8	6									

右表之分析：

㈠遺尿兒童總數爲69人，占全體兒童一百六十八人——百分之四十三强。

㈡一百二十二日——四個月——中，兒童遺尿總次數爲370，平均每日有三人以上之遺尿。

㈢每日遺尿兒童在三人以上，占全體兒童百分之二弱——即兒童一百人，每日平均有二人遺尿。

㈣個人遺尿每兩次之平均時間距（以下簡稱遺尿時距）最短爲二日半——四個月內遺尿47次——次之爲五日半——

四個月內遺尿22次……………列表如左：

遺尿次數與遺尿時距對照表

遺尿時距	四個月內之遺尿次數
2.595日	47
5.545日	22
6.421日	19
8.714日	14
9.384日	13
11.098日	11
13.555日	9
15.25 日	8
17.314日	7
20.333日	6
24.4 日	5
30.5 日	4
40.666日	3
61.000日	2
122 日	1

五 遺尿時距與人數之關係如下表：

遺尿時距	人數	占全體兒童之百分數	占遺尿兒童之百分數
2.595日	1	.625	1.449
5.545日	1	.625	1.449
6.421日	1	.652	1.449
8.714日	3	1.875	4.348
9.384日	1	.625	1.449
11.098日	1	.625	1.449
13.555日	3	1.875	4.348
15.25 日	6	3.75	8.696
17.314日	4	2.5	5.797
20.333日	2	1.25	2.888
24.4 日	6	3.75	8.696
30.5 日	5	3.125	7.246
40.666日	4	2.5	5.797
61 日	8	5	11.594
122 日	23	14.375	33.333

六『遺尿兒童』之遺尿次數與年齡之關係如下表：

年齡	四個月內遺尿次數	遺尿人數	人數與次數之乘積	四月內各齡兒童遺尿總次數	四個月內遺尿兒童每人平均遺尿次數
6	14	1	14	14	14
7	5	3	15	15	5
8	4	1	4	79	15.8
	6	1	6		
	8	1	8		
	14	1	14		
	47	1	47		
9	1	4	1	94	5.87
	2	1	2		
	3	1	3		
	4	1	4		
	5	2	10		
	6	1	6		
	7	1	7		
	8	2	16		
	9	1	9		
	11	1	11		
	22	1	22		
10	1	3	3	52	4
	2	2	4		
	3	2	6		
	4	2	8		
	7	2	14		
	8	1	8		
	9	1	9		
11	1	4	4	56	4.667
	2	3	6		
	7	1	7		
	8	2	16		
	9	1	9		
	14	1	14		
12	1	5	5	44	4.889
	2	1	2		
	5	1	5		
	13	1	13		
	19	1	19		
13	1	6	6	15	1.667
	2	1	2		
	3	1	3		
	4	1	4		
14	1	1	1	1	1

⑦ 全體兒童平均遺尿次數與年齡之關係如下表：

年齡	現有兒童數	各年遺尿總次數	四個月內全體兒童各年每兒遺尿平均次數
6	1	14	14 次
7	3	15	5 次
8	11	79	7.18 次
9	23	94	4.09 次
10	32	52	1.625次
11	37	56	1.535次
12	29	44	1.52 次
13	21	15	.714次
14	3	1	.333次

⑧ 遺尿人數與年齡之關係如下表：

年齡	現有兒童總數	遺尿人數	遺尿者占總人數之百分數
6	1	1	100
7	3	3	100
8	11	5	45.45
9	23	16	69.56
10	32	13	40.63
11	37	12	32.43
12	29	9	31.03
13	21	9	42.86
14	3	1	33.33

我們看了上面的分析，知道遺尿次數，人數與兒童年齡之關係，較常態分配，略有出入，這大概因爲被調查人數太缺所致罷？

我們對於遺尿處理，極感困難，當初兒童遺尿，往往不肯直說；經多次訓練，說明遺尿爲病態，與品性無關，教師對於遺尿兒童，不加斥責；始漸漸養成自動報告之習慣；上面的記載，是監護教師督促兒童起床時及早操時，向兒童查詢所得，但少數年長兒童，仍以遺尿爲可恥，不肯直說。

兒童遺尿之次晨，必須換褲晒被，換褲不成問題，曬被則與天氣有關，天氣陰雨時，祇得將被拆洗，有時同時遺尿者多至十餘人，被褥之處理，大感困難。

我們爲預防兒童遺尿計，將遺尿時距較短之兒童，排入同一寢室，夜間由監護教師及女役輪流叫喚，但天氣寒冷時，仍難免其遺尿，且教師女役，因夜間睡眠不足，次日減省工作效力，損失極大。

我們也曾用過尿袋，袋係日貨，董事忻汰僧先生捐贈，質爲橡皮製成，尿注入後，必須將另一端螺旋放開，始能洩出，用時令兒童於就寢前，將袋套在尿具上，縛在股間，使遺尿入袋內，據我們的經驗，認爲這種袋，用於遺尿時距較短之兒童，頗能節省勞力與精神；若用於偶一遺尿之兒童，每夜就寢時，須施行包紮手續，極嫌麻煩，未爲經濟。

我們現在寢室裏的尿桶，其形式如下：

我們今後對於兒童遺尿，當作更進一步之考察與試驗，其

預定工作是：

㈠注意生理方面的考察。

㈡施用藥物治療。

㈢調査遺尿與天氣之關係。

㈣調査遺尿與季候之關係。

㈤考査遺尿之型模。

除虫問題

此間所謂虫類，是專指兒童寢室內體外寄生虫而言，兒童寢室，因留住人數衆多，且不易保持清潔，難免虫類滋生，本院兒童寢室，除跳蚤外，且生臭虫，撲滅極感困難，院旁小河，汚穢不堪，孑孓叢生，我們向稱爲本市市虫的『蚊子』，夏秋晚間，成羣飛舞，營營作聲，虫類對於兒童的影響是：

㈠妨害睡眠，致日間精神委頓，減低工作効力。㈡血液被吸，障碍營養。㈢傳染疾病。㈣因搔癢而使皮膚破碎，發生潰爛。

我們現用防除虫類的方法是：

㈠用蚊帳。㈡用鐵絲紗窗。㈢塗臭虫藥水。㈣撒臭虫粉。㈤用硫黃燻蒸。㈥用火油灌注各處隙縫。㈦用沸水澆注各處隙縫。㈧將被褥枕蓆曝强烈日光下。㈨舉行除虫比賽，令兒童捕虫。㈩澆臭藥水。

上列防虫方法，不能絕對有効，其原因是：

㈠帳子原可以防蚊，但兒童年齡幼稚，睡時不能將帳內蚊子，驅除淨盡，大部份兒童熟睡後，又因手脚之移動

，往往使帳子開放，少數兒童，則因夜間起床便溺開放帳子，被蚊侵入，我們經詳細之考察，知兒童應用蚊帳，其効力不及百分之十——即帳子百頂，不被蚊子侵入者僅十頂——且蚊帳爲臭虫之巢窟，反增兒童痛苦。

㈡用鐵絲紗窗防蚊，較帳子爲佳，但本院兒童寢室，爲舊式房屋，板壁牆角隙縫頗大，易被蚊子侵入。

㈢臭虫粉商標極多，國貨臭虫粉，以三星牌爲佳，但其効力，亦祗能殺虮蚤，對於身體較大之臭虫，不易殺斃；各種虫卵，尤不易奏効，且價值昂貴，每盒僅敷一室一次之用，價在二角以上，全體應用，每次需十餘盒，似覺所費過鉅。

㈣臭虫藥水，爲黑色液體，用以塗抹牆壁隙縫，能殺臭虫，但其色黑易使被褥汚穢，且價亦昂，不能常時應用，

㈤硫黃薰蒸，爲殺虫最澈底的辦法；惜本院兒童寢室，隙縫太多，硫黃氣極易逃散，不能作持久之消毒，致減殺効力，硫黃每磅價四角，祇敷一室之用，所費亦大，且有遭罹火災之險，用時應格外注意。

㈥用火油灌注各處隙縫，亦有殺虫効力，但不能施於被褥枕蓆，油氣蒸發，有害兒童呼吸，且易發生火災。

㈦用沸水澆注，亦能殺虫，但不能施於枕蓆及房屋上部。

㈧將舖板被褥枕蓆，曝曬於強烈日光下，亦能殺死一部份之臭虫，但不能根除。

㈨兒童用捕虫網捕蚊，用手捉臭虫，亦能收相當効果，然亦不能根除。

各種除虫方法，既無絕對價值，我們今後對於除虫，應改變方針，注意於寢室設備之改造，我們希望將寢室全部，廢除板壁，改用磚牆粉刷，地面則用洋起口板，加油白漆，使各處無一隙縫，虫類不能藏身，且可用硫黃薰蒸，作完全之消毒，廢除蚊帳，裝置鐵絲紗窗，以防蚊子侵入，兒童進出之門，須用彈簧，俾免長時開放，使蚊子飛進，

上述辦法，是否有効，還待我們的試驗。

甲組田徑賽比賽成績及名次表

院生田徑賽比賽成績及名次表

二十年十月

項目	第一名（5分）		第二名（3分）		第三名（2分）		第四名（1分）		成績	
	姓名	年級	姓名	年級	姓名	年級	姓名	年級	現在的	過去的
50米	陳定貴		沈開巨		王開玉		羅昌田		9秒	$9\frac{5}{8}$秒
100米	吳榮堂		陳定貴		王根心		唐立全		19秒	18秒
200米	吳榮堂		陳定貴		王根心		唐立全		39秒	$38\frac{1}{5}$秒
400米	吳榮堂		沈開巨		缺		缺		1分20秒	1分25秒
跳遠	胡更生		陳學賢		莊又甫		陳忠夫		3.26米	3.30米
三級跳遠	張水淼		王根心		張心昌		錢定法		8.23米	6.60米
跳高	沈開巨		楊志芳		羅昌田 陳學賢		王根心		1.05米	0.93米
撐高	沈開巨		錢定法		吳榮堂		張心昌		1.44米	1.06米
擲鐵球	張水淼		嚴存揚		羅昌田		陸士榮		6.73米	5.37米
擲棒球	張水淼		胡更生		羅昌田		鮑信賢		24.95米	16.24米
擲籃球	張水淼		嚴存揚		張心昌		楊志芳		17.82米	9.58米
備考										

乙組田徑賽比賽成績及名次表　二十年十月

項目	第一名（5分）		第二名（3分）		第三名（2分）		第四名（1分）		成績	
	姓名	年級	姓名	年級	姓名	年級	姓名	年級	現在的	過去的
30 米	余雲康		朱英君		鄔更祥 費新法				6.5 秒	缺
50 米	費新法		林世道		貝雲夫		朱英君		10 秒	$9\frac{4}{5}$ 秒
100 米	朱英君		鄔更祥		林世道 趙祖英				20 秒	18 秒
200 米	童阿方		朱英君		嚴月波		趙祖英		40 秒	38 秒
急行跳遠	童阿方		儲甫昌		鄔更祥		崔紀根		3.39 米	3.15 米
立定跳遠	崔紀根		余雲康		林世道		嚴月波		1.65 米	1.55 米
三級跳遠	童阿方		貝雲夫		余雲康		崔紀根 沈祖德		7.32 米	6 米
跳高	童阿方		儲甫昌		趙祖英 陳阿祥		沈祖德		0.94 米	0.98 米
擲鐵球	忻才高		沈祖德		嚴月波		鄭松夫		4.03 米	4.34 米
擲棒球	沈祖德		費新法		忻才高		貝雲夫		17.08米	16.87米
備考										

丙組田徑賽比賽成績及名次表 ·二十年十月

項目	第一名（5分）		第二名（3分）		第三名（2分）		第四名（1分）		成績	
	姓名	年級	姓名	年級	姓名	年級	姓名	年級	現在的	過去的
30米	邵德康		汪慶章		陳才根		俞阿仙		6秒	6秒
50米	邵德康		汪慶章		呂先瑞		林興隆		10秒	10秒
100米	邵德康		汪慶章		陳才根		竺錫浩		20秒	20秒
急行跳遠	蔣葆根		鄔更榮		張康年		張家信		2.64米	2.64米
立定跳遠	俞阿仙		沈華良		陳更美		鄔更榮		1.45米	缺
擲棒球	沈華良		賀夫清		呂先瑞		張康年		13.76米	14.45米
丁組田徑賽比賽成績及名次表										
30米	聞心芳		孫厚忠		錢名偉		林文來		缺	6秒
50米	聞心芳		孫厚忠		張仲法		莊明華		10秒	10秒
急行跳遠	莊明華		陳明才		鍾雲哉		林文來		2.20米	缺
立定跳遠	施沈倪		葛紹庭		缺		缺		1.15米	缺
備考										

兒童身長之統計

二十年十二月　受查者一三〇人

身長	人數	身長	人數
103 生的	1	124 生的	9
108	3	125	4
109	1	126	6
110	2	127	6
111	1	128	6
112	3	129	6
113	2	130	9
115	6	131	2
116	6	132	4
117	6	133	3
118	2	134	5
119	3	135	3
120	6	137	1
121	8	140	1
122	7	142	1
123	6	147	1

各齡兒童身長之統計

二十年十二月　受查者一三〇人

實足年齡	最長	最矮	平均
5	116 生的	116 生的	116 生的
6	109	108	108.5
7	127	108	115
8	128	103	117.6
9	134	111	120.5
10	134	112	125
11	134	116	132.9
12	147	120	131.6
13	140	122	131

兒童體重之統計

二十年十二月

受查者一二四人

體重	人數	體重	人數
33 磅	1	52 磅	4
34	1	53	5
37	1	54	10
39	4	55	3
40	1	56	3
41	1	57	5
42	2	58	6
43	5	59	7
44	3	60	3
45	4	61	3
46	4	62	3
47	5	63	3
48	4	64	2
49	6	65	2
50	9	66	2
51	10	71	1
		89	1

各年兒童體重之統計

二十年十二月　受查者一二四人

足齡實年	最重	最輕	平均
5	44 磅	44 磅	44 磅
6	45	43	44
7	52	34	45
8	57	33	46.1
9	63	39	49.6
10	65	37	53.6
11	65	50	56.36
12	89	59	66.1
13	60	50	55.75

各年兒童胸圍之統計

二十年十二月　受查者一三九八

實足年齡	最大胸圍	最小胸圍	平均數
5	58 生的	58 生的	58 生的
6	57	57	57
7	61	49	57.75
8	61	49	57
9	64	55	59.2
10	69	54	61
11	65	59	61.7
12	73	58	63
13	62	59	60.75

兒童胸圍盈虛差之統計

盈虛差	人數
2 生的	1
3	4
3.5	2
4	12
4.5	2
5	19
5.5	15
6	17
6.5	6
7	18
7.5	8
8	16
8.5	6
9	6
9.5	2
10	4
11	1
11.5	1
共	140

二十年十二月

兒童之聽力

右	左	耳／聽力
127人	127人	＋
13人	13人	－

兒童之視力（採用商務版視力試表）

右	左	目／視力
100人	105人	15度
28人	23人	20度
8人	8人	30度
2人	1人	40度
1人	1人	50度
1人	2人	盲
140人	140人	共

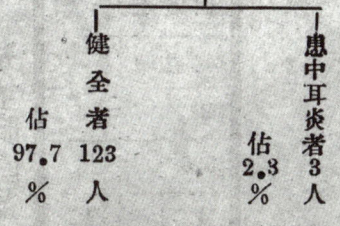

兒童的牙齒

- 健全者 43人 34.1%
- 不健全者 83人 65.9%
  - 患齲齒者 57人
  - 齒牙脫落者 45人
  - 患牙疳者 11人
  - 齒垢堆積者 17人

齲齒		脫齒	
粒數	人數	粒數	人數
1粒	22人	1粒	23人
2	18	2	16
3	6	3	3
4	4	4	1
5	3	5	1
8	3	9	1
9	1		
共	57人	共	45人

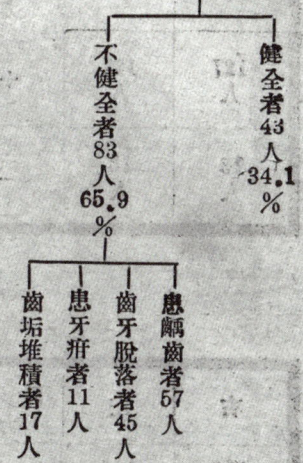

兒童的耳朵

- 患中耳炎者 3人 佔2.3%
- 健全者 123人 佔97.7%

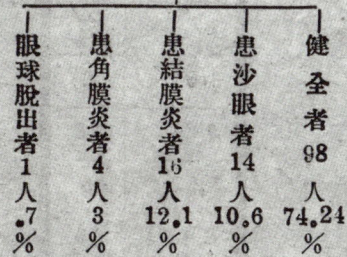

兒童的眼睛

- 健全者 98人 74.24%
- 患沙眼者 14人 10.6%
- 患結膜炎者 16人 12.1%
- 患角膜炎者 4人 3%
- 眼球脫出者 1人 .7%

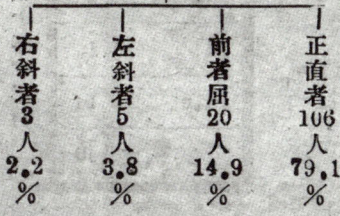

兒童的脊柱

- 正直者 106人 79.1%
- 前者屈 20人 14.9%
- 左斜者 5人 3.8%
- 右斜者 3人 2.2%

教學概況

教學概況
- 原則
  - ㊀ 做學教合一
  - ㊁ 顧到兒童生活之需要及心身發育之程序
  - ㊂ 充分與訓養聯絡
- 方法
  - 特別級——個別教學法
  - 甲組——自學輔導法
  - 乙丙組——混合設計法
- 時間
  - 特別級——無一定時間
  - 甲組——每週一三一〇分
  - 乙丙組——每週一三〇〇分
  - 詳見後列各級每週教學時間表工作時間表
- 課程——以暫行課程標準為依據參酌本院情形幷實施職業訓練
- 教材——讀文科採取商務版基本教科書算術科採取中華版新中華教科書其他各科均不用書籍由教師預期根據課程搜集適合於兒童程度之教材相機教學
- 成績考查——分標準測驗及診斷測驗二種內容詳見後

各級每週教學時間表

科目＼級別	特別級	甲組	乙丙組
國語	無定時（個別）（教學）	360	300
算術		160	120
黨義	無定時（設計）（教學）	60	設計活動 880
常識		240	
勞作	150	180	
美術	60	90	
體育	120	140	
音樂	120	80	
共		1310	1300

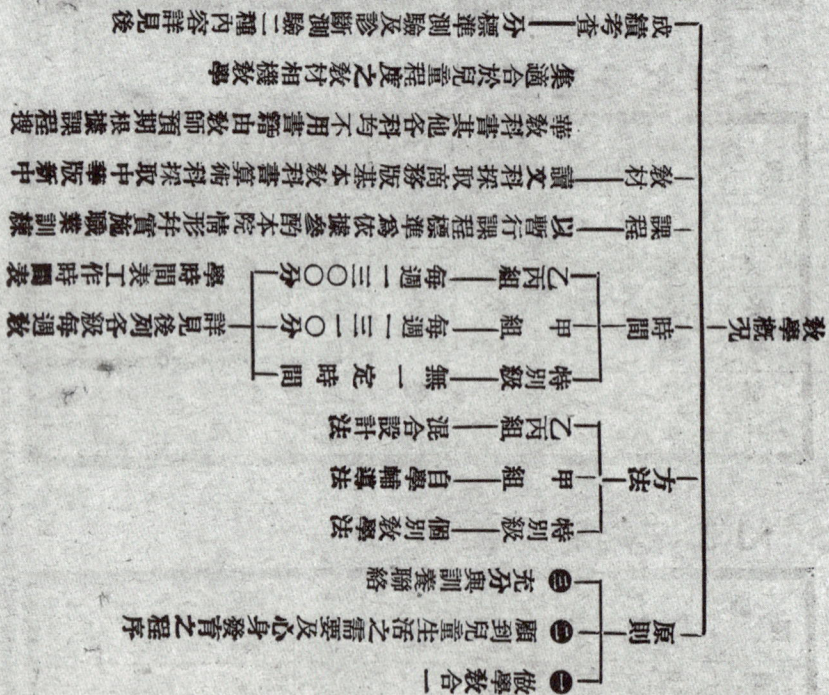

特別級教學時間表

節	曜	月	火	水	木	金	土
1	40	個別活動或設計活動					
2	20						
3	30						
4	30	體	音	體	音	體	音
5	50	個別或設計活動					
6	20						週會
7	30	美	美	美	勞	體	
8	30	勞	勞	體	作	勞	

甲組教學時間表

節	曜	月	火	水	木	金	土
1	30或40	國	算	算	國	算	算
2	20	音	音	體	音	音	體
3	30	勞	美	勞	美	勞	
4	30	勞		勞		勞	美
5	50	國	國	國	國	國	國
6	20	體	體	體	體	體	週會
7	30	常	常	常	常	常	
8	30	常	黨	常	黨	常	

乙丙組教學時間表

節	曜	月	火	水	木	金	土
1	30	國	算		國	算	
2	20	設計活動					
3	30						
4	30						
5	40	國語					
6	20	設計活動					週會
7	30						
8	30						

成績考查及記分

我們要曉得教學方法是否適宜，實施後之効果如何，教材是否合於兒童心理，生理發展之歷程，必須考查兒童成績，方能判斷；欲知兒童之能力達到何種程度，各個兒童之智愚若何，又非舉行成績考查不爲功。本院考查兒童成績，就性質言，分診斷測驗標準測驗二種；就時期言，分學月考試，學期考試，學年考試三種；就方法言，分口試，筆試，動作試三種。茲分述如次：

診斷測驗，每學月舉行一次，目的在診斷各個兒童對於某科瞭解至若何程度，何種教材爲兒童容易接受，教學上之功失敗之焦點在於何處，俾作將來之借鏡。診斷測驗之題材，由教師就兒童已學習之材料，選擇編造，其編造之標準如下：

㈠ 多用塡字法，少用是非法。

㈡ 選擇法答案愈多愈好。

㈢ 答案須簡明切實。

㈣ 試題愈多愈好。

㈤ 各個試題，不可有連帶關係。

㈥ 試題不可有暗示。

㈦ 已學習之材料，須全部詳細列入。

標準測驗選用商務印書館已出版各種材料：每學期舉行一次；目的在求本院兒童之程度與全國兒童相比較。

學月考試，由各科担任教師分別進行，學期學年考試，其辦法須經院務會議之討論。學月考試成績之特別優良或低

劣者，得由担任教師，舉行個別診斷測驗或標準測驗，若其成績確有顯著之進步或低劣者，得令其升級或降級，以符彈性編制之原意。

學期，學年考試，除用診斷測驗外，更用標準測驗，以定各兒之升降。

口試多用於個別測驗時，學月學期學年考試用筆試，考查各項技能用動作試。

記分方法與考試方法及各科性質有連帶關係。本院所用記分法，約有三種：卽百分法，S記分誌，TBC記分法。診斷測驗用百分法，或S記分法，標準測驗時用TBC記分法。

兒童圖書館概況

(一) 引言

本館在本學期裏依經驗所得稍有改革，重要的有三：㈠廢去書廚而專用書架，其理由是一則可以任兒童很自由的選擇他要讀的書；二則可省去館員收發圖書的手續，同時看書的人不必有等待館員收發圖書時間之浪費；三則整理圖書也覺得便利些。㈡是變更分類方法，而加以分段，因為本院兒童程度很底，（請參看本院編級項）以前的分類，（故事類，自然類，童話類社會類等）而且又沒有分段，使兒童很不容易找到他相當的讀物，現在我們把文藝讀物常識讀物劃分做二大類，文藝讀物再分堦段，常識讀物再分部分目，這樣兒童可依自己的堦段去找適合程度的文藝讀物，依部目去找常識讀物，而不會使他們的簡單頭腦被混擾不清了。㈢出借閱讀和館內閱讀並重。從前本館因館址窄狹關係，有時絕不與兒童到館裏去看書；這樣我們覺得至少是減少兒童閱讀的機會。現在館址稍大，所以館閱讀和出借閱讀是並重了。總之，我們極希望隨時能採用適合于於本院的種種方法，使圖書館的效能有所發展；所以閱者諸君對於本館肯加以切實的指正援助，那是我們所極盼望的。現在再把本館的概況分九項陳述于後。

（二）館址

本館是一間長六•一三米闊三•五五米的樓房•計面積大二十一•七六方米•除去書架書廚辦公桌椅地位，尚可容閱書兒童二十餘人，但很是擁擠•本館的光線通左方西光•光的强弱尚稱，但下午有太陽晒入是一缺點•

（三）設備

甲•圖書　文藝讀物共（五八二）冊，內合低年級程度的（一二）冊，合中年程度的（一八五）冊，合高年程度的（二七六）冊；常識讀物共（一六一）冊，內關于自然類的（五七）冊，社會類的（七八）冊，其他類（二六）冊；還有遊藝圖畫工藝等（一四）冊；以上合計（七五七）冊，週報誌雜（五）種

乙•書架書櫥　本館置很長的書架二，分設左右壁旁，一高一低，低的放低級階段的圖書，高的放中級以上的圖書和常識類圖書；所以書廚現在只作貯藏舊書之用•

丙•書椅　本館面積太小，所以只放書椅十二把而無書桌，椅式是舊式的雙人書椅•

丁•其他有辦公桌椅一副，館員指導員用的有小黑板備寫通告用的•

書架

書櫥

（四）佈置

本館的範圍極小設備簡陋所以布置也很簡單，下面是本館的布置寫眞：

（五）圖書分類和分堦段

甲．類分　本館圖書分三大類：一，文藝二，常識三，其他．

乙．堦段支配　文藝類只有分段，不再分部分目；因爲我們把牠每一階段一疊的放着的，支配階段是依賴着教育雜誌第　卷第　號的　和一個小學十年努力紀的『國語科的幾種試驗研究』入手．我們把牠分六大階每階裏再各分若干段．

A堦適合第一學年內再分A——A_5五段　B堦適合第二學年內再分B——B_6六段

C堦適合第三學年內再分C——C_6六段　D堦適合第四學年內再分D——D_8八段

E堦適合第五學年內再分E——E_9九段　F堦適合第六學年內再分F——F_{10}十段

丙．分部分目　常識類只分部分目，不分堦段；因爲這種讀物兒童很少有自動的去閱讀，大概是教師指定給他們做參考的，這一類的分部分目如下：

G 自然部

- G_1 動物
- G_2 植物
- G_3 理化

H 社會部

- H_1 地理
- H_2 歷史
- H_3 黨義
- H_4 公民衞生

I 其他部

這一部的書可說是常識部，因爲書的內容是包括的很多部目的．

其他類的書很少；但也分下列三目：

J_1.遊藝　J_2.美術　J_3.工藝

丁．分類號簽　我們的號簽如下：

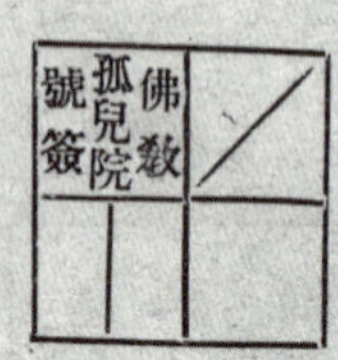

（六）編目

本館圖書編目有二種：一種是圖書目錄兼登錄，格式如下：

（　　）類

（　　）部或堦

段別或目別	簽號	書名	第　冊	著者	出版者	價格	初版年月日	年月日

一種是極簡單的編目，我們把書架上每一幢書名，各寫在一張卡片上，就把牠貼在這幢書所在的壁上。這種編目有三種用處：一．就是當作目錄片，二．使閱書者不會把書亂放，三，做館員整理圖的依拔，格式舉例如下：

蠅	兒童理科叢書
蠶和絲	又
蚊	又
蜜蜂	又
昆虫研究	小學科學叢書
寧波佛教孤兒	D 1
我們的來歷	
象的故事 1	
象的故事 2	
象的故事 3	
象的故事 4	
牛	兒童理科叢書
馬	兒童理科叢書
兔	兒童理科叢書
鼠	兒童理科叢書
鳥類	普通
促蟲世界上	兒童科學叢書
器	又　水族相養
生活	又　螳螂
疫上	又　蒼蠅與瘟
疫下	又　蒼蠅與瘟

這一張是貼在常識類自然部動物目的一幢書所在的壁上。

（七） 借書還書的手續

甲• 出借手續 兒童要向本館借書時，先向書架上找到他要借的書後，就把書拿到本館職員處報告自己的級別；等職員把如下的借書籤詳細填好，(備註欄還書月日欄不塡)借書的手續就完了•而職員將每日各級的借書人數記入各級借書次數記載表裏將來做統計的材料•

乙• 還書手續 兒童把書看完來還本館時，先拿書或摘記到指導員處，去受他的測驗，(只限於文藝類讀物)指導員認爲可以通過了，他就在借書簽裏還書月日欄塡寫還書月日，再在備註欄裏做個○號(通過的記號)•如果測驗的結果是通不過，那末在備註欄裏做個×號(通不過的記號)，圖書仍給那兒童展期續借•

（八） 館內閱書手續

兒童來館閱書時先向館員拿个算盤子，把這放到自己一級的閱讀次數計算盒裏去，甲級 他就可向書架上找自己要看的書看了，等閉館了，職員把各級的閱讀次數計算盒裏的子數，分別記入(各級借書閱書次數記載表)裏•表的格式如下：

（　）級 借書籤

月日 借書	姓名 借書人	編號 圖書	書名	月日 還書	備註

各級借書閱書次數記載表

月份					
日	項別＼級別	特	甲	乙	丙
1	借書				
	閱書				
2	借書				
	閱書				

(九) 職員的職務

甲．指導員　本館指導員是指導師充任的，他對於本館內職務如左：

㈠指導員負指導館員如何執行職務之責．㈡兒童還書時施行測驗．㈢處理館員不能解決或不能辦的事．㈣訓練兒童閱書借書的手續．㈤主持閱讀比賽事宜．

乙．館員　館員是由指導員徵求爲本館服務的兒童六人，充任的，他們的職務如左：

子．定時的

㈠依時間開放圖書館．㈡出借及收回圖書．㈢閱書人計數．㈣注意同學有否損壞圖書，如有，即將其姓名記入館務日記．㈤維持本館開放時秩序．㈥記館務日記．㈦處理本館整潔．㈧每星期整理本館圖書一次．㈨每星期週會報告各級每週閱書借書人數．

丑．臨時的

㈠採辦圖書．㈡處理新到圖書（登記，布告，分類，編目蓋章）．㈢修理被損圖書．㈣接受指導師或學生全體大會指定事項．㈤佈置館室．㈥製各種統計．㈦其他隅發事項．

(十) 規約

甲．閱書規約

㈠本院小朋友在規定時間裡都可到館裏來看圖書．㈡本館開放時間定上午自由課內．㈢小朋友來館看書，要先向館員拿一個算盤子放到自己一級的盒子裏去，然後到書架上拿自己一堵段的書看．㈣小朋友既進館，不得旋即出館，如有不得已必須出館時，那末要退還算盤子給館員．㈤本館內閱書應守下列規則：

甲，走路脚步要輕．乙，不高聲談笑．丙，看書不朗讀．丁，損壞圖書應從實告訴館員．

㊅本館的圖書不得帶到外面去．㊆閱書人到閉館時應將所借圖書放到原來的地方．

乙．借書規約

㊀本院小朋友在規定時間內都可以到館來借書還書．㊁本館借書時間在下午自由課內．㊂借書時先向書架上拿一本適合自己一堦段裡的圖書，到指導員處。報告自己的級名，等借書簽填完就可離館．㊃借書期以一星期爲限，但不得已時，可向指導員申明展期續借．㊄如有過期不還也沒有聲明續借應奪去借書權一星期．㊅小朋友臨因敎利上的參考要借書時，可由該科担任的敎師出條給指導員，指導員憑條借出．㊆借出圖書如有損壞時應受相當的處罰．

養雞做學教報告

陸仲任

一，活動大綱

日期：二月二十七日起

時間：五五〇（至養雞實習告一段落時止）

年級：二年級下期

人數：三十五人

活動經過：

甲．動機　從談起冬天穿的皮袍子而引起養羊的動機。從討論養羊而產生養雞的動機

乙．活動事項　㊀調查雞價　㊁寫信給陳主事請給買雞的錢　㊂做信封僧箋　㊃謄寫信稿　㊄閱讀來信　㊅調查雞

店(七)討論洋價兌換和斤兩法(八)買雞時應注意各點(九)推舉代表買雞(十)報告買雞經過(十一)派定飼雞職員(十二)規定職員的工作(十三)飼料的研究(十四)製作雞舍圖樣(十五)講演養雞方法(十七)討論放置雞舍的地點(十八)雞的研究(十九)卵的研究

丙・活動結果(一)明瞭養雞對於人類的利益(二)有養雞的常識和經驗(三)能愛護生物(四)養成勞作的精神

二，活動的經過

二月二十七日　時間約三十分

動機的由來

昨天爲了談起冬天所穿的皮袍子，而引起了養羊的動機。同時公決於今天上午，討論養羊的辦法。上午天氣冷得很，教師跑進作業室，就有許多兒童主張在外面水門汀場地上；晒着太陽討論辦法，結果是通過了，大家就在水門汀場地上，搭個圓圈，席地坐着，開始討論養羊的辦法。討論到買羊一層，因爲每隻羊至少需費四五元，於是王永根提出反對養羊。他的理由是：『買一隻羊要這許多錢，我們自己既拿不出錢，要是由院裏供給，數目太大，也有不便，還是不養好』。這個提議，許多兒童表示贊同。沒有人提出駁斥。林世道提出補救的辦法說：『養羊費錢太多了：我以爲不如養雞好！去年甲級(三年級)也曾養過。雞能夠生蛋，又可給我們研究。錢也不多，且很有趣。』林世道的意見，引起許多人的附和。雖然也有一部分兒童提出養兔和養猴子，因爲都不能生利，不得多數的同情，結果決定養雞。

二月二十九日　時間約六十分

調查雞價

上課時，兒童們感到很高興。教師剛踏進作業室，兒童就爭先的要求去買雞，秩序很紊亂。教師並不說什麼話，故意表示不愜意的情態。他們受了這強力的暗示，覺悟到自己太吵鬧，先生生氣了，大家也就靜下來。有幾個聰敏的兒童，就把手舉起，表示說話先要舉手。教師對於舉手的兒童，現出和藹的態度叫他發言。姜云青起立說：『先生，今天我們可以去買雞了！』『對呀！對呀！』許多兒童一齊附和。『雞是決定去買的，每隻要値多少錢？向誰去設法？怎樣設法？這是我們先要討論的事情。』教師這樣說。對於雞價，因爲兒童多不知道，所以有許多兒童，莫名其妙的說：『買一隻母雞，大約三四角錢。』有的說：『買雌雄兩隻，大約每隻七八角錢。』因爲兒童不曾買過雞，又沒有關於雞的常識，各種各樣的雞價，提出許多，但都和普通的雞價相差很遠。教師不參加意見，由他們自己去估定。同時關於雞的錢，大家的意見要請院裏負担。並且決定寫信給主事陳書莊先生，請他設法。

寫信給陳主事請給買雞的錢

一、信的寫法和格式：教師說：『你們有寫過信嗎？』兒童一齊回答說：『沒有，請先教我們！』教師爲引起兒童興趣起見，利用故事，說明寫信的要點。故事是這樣的：阿三和阿王很要好。阿王的哥哥叫阿青，可是不認識阿三。有一天，阿三想到中山公園去玩，但是路途不認識，他就寫了一封信，請阿王來陪他一道去玩。叫一個朋友把信送去。信內這樣寫：『我想到中山公園去玩玩，但是路不知道，下午請你來陪我去玩好嗎？祝你快樂！』教師把信的內容寫在黑板上後，繼續說：那個朋友把信送到阿王家裏，恰巧阿王出去了。那朋友把信送到阿王所用的桌上就回來了。一會兒，阿王回家來，把桌上的信一看，不住抓着頭皮。教師講到這裏，向着兒童們問：『你們知道他爲什麼抓着頭皮呀？』於是兒童們都在猜疑着。有一部分兒童，注目在黑板上所揭示的信上加以思索。貝雲富起立回答：『這裏沒有阿王的名字，阿三接到這信不知道是誰寫來的，所以抓頭皮了。』教師說：『是的，阿三的名字忘記寫

了，現在讓我再來講下去。』阿三在家裏等了許久，不見阿王回音，心裏很懷疑，他又寫了一封同樣的信，這次他却把自己的名字，寫在信的後面。教師在黑板上所揭示的信的末尾，題上阿三兩字。繼續說：於是阿三又叫朋友把信送到阿王家裏去。信送阿王家裏的時候，阿王恰巧又出去了，阿王的哥哥阿靑在家裏。那朋友也不說一聲什麼，把信交給阿靑就囘來了。阿靑拿着這封信，心裏很奇怪，也只是抓着頭皮。教師又問：『你們能囘答這個緣故嗎？』林世道說：『因爲信裏沒有寫明信是交給誰的，而阿靑又不認識阿三，他看了這信，所以心裏很奇怪。』教師又問：『那末阿三的信裏，什麼地方還不對？』大家的囘答是：『他還應該在信內寫阿王的名字，那末就不會再錯了。』教師說：『對呀！阿三在信上，還要寫個阿王的名字・那末信就是送給阿王家裏的人，也不會再錯了。』教師就在信的開首，題上『阿王哥哥』四字・接着說：『信就是要這樣寫的：開首要有收信人的名字。中段寫要說的話，信末寫一句祝福的話和發信人的名字。這樣寫法，一些也不會再錯誤了。』教師就把黑板上揭示的信，改成如下：『阿王哥哥：我想到中山公園去玩玩，但是路不知道，下午請你來陪我去玩好嗎？祝你快樂！ 阿三 月 日』兒童們笑着說：『信是很容易寫的！信是很容易寫的！』於是大家開始寫信，教師隨機指導。

三月一日時間約八十分

二、書信訂正：教師選擇比較寫得好的信四封向兒童宣讀。由兒童公選最好的一封，教師照原文一字不易的抄在黑板上，令兒童閱讀一遍。經共同討論和大體的修改後，信的內容是：書莛先生：我們要買幾隻母雞養養，這雞養了什麼用呢？好研究，會生蛋，好孵小雞。每隻價錢大約要七八角。爲什麼錢要這樣多呢？因爲恐怕五六角還不夠，所以錢要七八角。你答應不答應拿出錢來給我們去買？祝你快樂！

美麗室全體學生鞠躬 三月一日

做信封信箋

一、討論信封信箋的格式：『現在我們可以把這信內的話，寫到信箋裏去！』敎師這樣說。張康年說：『信箋信封還沒有，我們怎樣寫？』張朝震說：『信箋信封向院裏去拿罷。』林世道說：『一些東西也向院裏去拿，不是太麻煩了嗎？我們可以自己來做！』大家贊成林世道的主張，敎師也表示同意。於是敎師把中西兩種信封和信箋，分給大家看。看完了，便到工作室裏去做信封和信箋。

二、開始工作：大家經一度討論怎樣做法以後，敎師把材料分發給兒童們。他們就開始工作，敎師巡視指導。大家覺得很有趣味。

謄寫信稿

敎師踏進作業室時，王永根提出要謄寫信稿，經多數同意以後，敎師當然應允他們。於是順便討論寫信文字高低的格式等。他們書寫時所有的錯誤，和自已不能解決的問題，敎師一一加以改正和指導。把信收集後，擇其寫得最好的，派汪青章送往辦公室給陳書莊先生。

三月三日　間時約一百十分

閱讀來信

早晨，主事書莊先生覆信來了。兒童接到信，先送來給敎師看。敎師叫他揭貼在作業室裏，許多兒童見了，都非常興奮。時常有人特地跑來報告敎師。當上課時，敎師走進作業室裏，他們正在很興奮地議論着。敎師靜靜地觀察他們的動靜。兒童們見了敎師，立即停止私自的議論。有一部分兒童，便舉起手來。敎師就指定姜云青發言：『先生，陳書莊先生的來信，我們不能完全懂得，請你讀一遍給我們聽！』大部分兒童，也都這樣主張。敎師：『好的。不過我相信，也許有幾個聰敏的小朋友，一定能夠把這信完全讀得下。誰會讀？請舉手！』結果，舉手的有三

四個人。敎師便指定袁成更宣讀。讀完後，經過其餘兒童之改正和補充，再由敎師讀了一遍，大家感得滿意。

調查雞店

錢名偉提出：『現在我們可以去買雞了。』敎師說：『是的，不過到那裏去買？怎樣買法？』這個問題，使兒童一時想不出怎樣回答。因爲兒童們向來少有外出，雞店的地址，完全不知道。怎樣計算錢的多少更缺之經驗。過了許久，袁成更說：『我從前出外去的時候，記得鼓樓前有一家雞店，我們可到這雞店去買。』袁成更的提議，沒有人附和，因爲他的報告，有些含混，又過了一會，汪中華說：『去年陳書荳先生曾養過雞，他定知道買雞地方，何不去問他！』兒童們都認爲這辦法很好，決定退課後去問他。

討論洋價兌換及斤兩法

敎師說：『現在我們要討論的是錢怎樣算法？稱怎樣稱法？你們知道嗎？』大家都回答不知道。於是敎師將大洋折小洋方法，約略的和兒童討論一下。待兒童明白了，又把稱法，稱花看法，斤兩進位法等，用實物試驗。敎師令兒童們練習時，爲大家觀看便利起見，在黑板上畫一桿稱和稱錘等。一面口說例題（斤兩數不說明）一面把黑板上所畫的稱錘，在稱花上向左右移動，指定兒童說出斤兩，並計算價值。練習到大多數兒童，能看花及計算爲止。

買雞時應注意各點

敎師問：『我們秤會秤錢會算了，那末買雞時，還應該注意的是什麽？』林世道說：『我們要揀會生蛋的母雞。』貝云富說：『瘟雞要當心！去年陳書荳先生買四隻好雞，後來又買一隻瘟雞，第二天雞都生病死了。』張仲法說：『但是怎樣看得出會生蛋和沒有毛病的雞呢？』孫厚中說：『今天早晨，我聽見陳書荳先生說：』『我們如要去買母雞，不要買已經生過蛋的母雞。因爲已經生過蛋的母雞，不能多生。要決定母雞生蛋過沒有，只要摸一摸母雞的肛門

就知道了。肚門大的，已經生過了蛋。肛門小的，還沒有生過。』閒信方說：『記得陳書菘先生又說：『母雞肚子下面的毛多的不會生過蛋，少的已經生過蛋了。』李羽焦說：『雞糞稀薄得和水一樣的，是有毛病。』教師在這時也參加意見。經討論結果，買雞時應注意的幾點如下：

沒有生過蛋的母雞 ㊀，肛門緊小的 ㊁，肚下毛羽濃厚的 ㊂，身體健壯的

有病的雞 ㊀，雞糞稀薄的 ㊁，眼睛時常閉合的 ㊂，行路蹣跚的 ㊃，翼膀下垂的 ㊄，雞冠蒼白或暗黑色的 ㊅，頭時常要藏在翼膀下的 ㊆，喉頭像有東西哽住似的 ㊇，鼻孔流水的 ㊈，面部腫脹的

推舉代表買雞

一、推的代表：買雞的人，經討論結果，推代表四人負責。被推的代表李羽焦提出說：『我們四個人年齡太小，自己去買雞，恐怕不十分妥當，我想請陳書菘先生陪我們同去，那末妥當得多了。況且雞店他又是知道的。』這個提議，大家都贊同，於是叫四個代表，向陳書菘先生那邊去接洽。

三月四日

二、發生困難：三日下午，代表和陳書菘先生同去買，因爲市上沒有合乎我們所認爲合宜的雞：結果買不到。今天代表林世道，向大衆報告雞買不到的原因以後，大家就決定把買雞的事，暫且擱起。

三月七日　時間約一百四十分

報告買雞的經道

昨天下午雞買到後，立即有許多兒童來告訴教師。大家都很高興。對於雞都表示十分愛護，有的自動的去飼養。今天上課時，代表林世道，向大衆報告買雞的經過說：『昨天下午，我們和陳書菘先生一同去買雞，現在買來兩

隻。一隻公雞，一隻老母雞，公雞一隻，值一元二角。母雞一隻，值一元八角八分。』大家聽了，因為實在的雞價，超出他們從前所估計的許多，都表示驚奇。教師就趁此機會，說明他們從前所估計的雞價的錯誤，和最近市上的雞價，以及每隻雞的大約重量等。

派定養雞職員

養雞辦法，經討論結果，派定養雞的職員，一星期共分七組，每組五人，每天輪流飼養。

規定職員的工作

一、工作應注意的要項：各組每天應做的工作，經大家討論的結果是：

早晨　放雞，掃除雞舍和雞糞，餵食料

上午　留意雞的生活和產卵

中午　餵食料

下午　留意雞的生活和產卵

晚上　餵食料，關閉雞舍，記日記

次日上午　向大衆報告養雞經過

二、記載雞的生活狀況：對於養雞日記記載格式經公決　規定這樣：

月　日上午天氣		下午天氣	風向
溫度：	早晨	中午	晚上
飼料：			
產卵：			
雜記：			
		值日第　組	

飼料的研究

討論到雞的食料一項，兒童方面提出的是：米，穀，糠，蟲，菜。經一番討論和教師參加意見的結果，認為雞

所需要的食料是：米，穀，糠，蟲，　，青草，骨粉，貝殼粉等。米和糠院內有備的，推代表向飯司務去接洽。

請先生講養雞的方法

第三組組長袁成更起議：『用去了許多錢，雞雖買到了，但是我們從來不曾養過雞，將來養起來，一定有許多不對的地方。請先生把養雞方法，詳細的講一講！那末做起來，就不會大錯了。』這個提議，全體贊同。教師說：『養雞的方法，的確很要緊。如果能請一位養過雞的很有經驗的人來講；那是更好！』錢名偉說：『陳書莛先生曾養過雞，那末下午請他來講好嗎？』大家贊成這個提議，並推代表二人去請。

製作雞舍圖樣

這時候，王永根突然起立說：『可是雞舍還沒有怎麽辦？』張震朝說：『院裏有一隻舊的雞舍，我們可拿來用。』許多人反對說：『舊雞舍曾關過瘟雞，不可再用。』於是大家決定再新建一座合宜的雞舍。圖樣由各人先去草定，定明天訂正。

講演養雞的方法

陳書莛先生此時出席來講養雞的方法，大家都很快活。各人在石板上或紙上，把所講的養雞方法的大要錄下。教師選好的抄出在黑板上，經大畧地訂正後，大家把牠抄錄在紙上，當國語課文讀。養雞方法的大要是這樣的：雞舍要保持清潔，又要通氣。雞的食料要鮮。糠，穀，麥，麥皮，玉蜀黍，青菜，蘿蔔，蟲，都是雞喜歡吃的東西。生蛋的雞，要時常叫牠運動，不可關在雞舍裏！有病的雞，立即把牠隔開。住過病雞的雞舍，我們要把牠消毒。

三月八日　時間約四十分

雞舍圖樣訂正

教師把他們所製成的比較適用的雞舍圖，課前揭貼在教室中。上課後，教師故意望着雞舍圖觀賞着，果然引起他們一致的注意，紛紛批評誰的一張好。張康年說：『汪中華畫的最好。』林世道說：『貝雲富畫的最好。』經表決結果，選取汪中華所畫的一張。教師照圖臨畫在黑板上。經過一番訂正，雞舍圖改成如下：

對於建造，因為大家不能使用木工用具，決請木匠來做。並推四人幫助木匠。

討論放置雞舍的地點

圖訂正以後，引起大家討論放置雞舍的地點。汪雲青說：『放在花園中好！因為一走出就可以找蟲吃。』姜雲青反對說：『不對！將來天再和暖些，恐怕給蜜蜂刺死。』（花園裏養有蜜蜂十餘箱）『最好在花園的角裏，劃一塊地方給我們放雞舍。再用籬笆和蜜蜂隔開。』林世道提出補救的辦法因為又涉到了經費，大家不敢附和。結果暫時把雞舍放在樓梯下。

三月十日　時間約六十分

雞的研究

一、雞和鴨的不同：早晨第三組報告昨天養雞經過後，陳文定說：『昨天下午下雨，我們的雞，却巧都在花園裏，沒有地方躲雨。待我們去看的時候，雞都淋得曾跌到河裏去過一樣濕。不知他們會不會因此生病？』姜云青說：『你們為什麼不在下雨前把雞關在屋裏？現在雞怕要生病了！』許多兒童，都現出憂愁的態度，教師覺得應該把局面轉移，於是說：『昨天下雨前，我們應該把雞趕進屋裏。但是現在錯的已錯了，希望以後，大家要隨時留心！至於雞如果有一些毛病時，立即報告，以便趁早醫治。』教師這樣說了，空氣也就平靜下來。陳文定起立說：『雞只

淋一會兒雨，就全身都溼了，鴨整天在水裏，爲什麽不濕？』傅雲卿說：『因爲鴨是生在水裏的，所以不會濕。』大家對於傅雲卿的回答，都以爲理由不充足。因爲他們以爲同是羽毛，爲什麽一個不受水一個受水？一會兒，貝雲富起立說：『我記得從前孫先生說過：『鴨將入水時，先把嘴在尾部擦着，因爲鴨的尾部有一種脂肪，我們土話叫油。牠把尾部的脂肪擦了來，再塗擦在羽毛上，於是纔下水去。』姜雲青覺悟似的說：『是了，油是不受水的。像我們西樂隊穿的雨衣，也就是用油浸過。』孫厚中說：『那末雞的羽毛要濕，上面是沒有脂肪擦着，對嗎？』敎師說：『對的，就是這個道理。』

二、雞的祖先：王永根突然說：『先生，最早的雞是那裏來的？』王永根的提議，使兒童個個都感到非常有趣。敎師就生雞的始祖和進化的情形。大略地講述一遍。（參攷新學會社出版的實用養雞全書）

三、雞的形態研究：雞的來歷和進化，經敎師講述一遍後，兒童們的興味，更加濃厚。李遠照說：『先生，何不把雞去捉來給我們研究一下呢？』大家都非常贊成，於是敎師派四個兒童，去把公雞和老母雞捉來，在敎室裏的兒童們，因只期待把雞捉來，也不提出別的問題。敎師就在黑板上畫一隻大公雞，在雞體上的重要部分，用線引長在體外，如下圖，敎師畫好了圖，兒童立卽提出疑問。敎師說：『等一會你們研究雞的時候，要注意黑板上有線的各部分名稱和用途！』那時兩隻雞捉到了。敎師先用稻草把雞脚縛住後，給兒童們挨次觀看。待大家看過了雞，敎師就指定兒童說明各部分名稱和用途，一面在黑板上注下部分的名稱。

三月十五日　時間約三十分

卵的研究

十時起，由第一組組長報告養雞經過，報告完了，聞信方起立，向教師說：『今天早晨，老母雞生了一隻蛋，我很快樂，就拿了蛋跑來找你。半路碰着孫先生，孫先生說：『你拿了剛生出的蛋，這樣動搖，恐怕孵不出小雞了』這是什麽道理呢：』林吉𢒰說：『這因爲孫先生看見你跑，恐怕蛋敲碎，故意嚇你，要你不要跑！』袁成更說：『一定不是這個道理。我想把蛋亂搖，如果蛋黄搖碎了那末就孵不出小雞了，』其餘兒童，也以爲這個理由不錯。教師趁此發言：『袁成更的話不錯，現在讓我們大家來研究一下雞蛋罷。』教師便把蛋的功用及組織，和大家討論。他們都覺得很有趣味。

附每天上午養雞報告所得的成績：

老母雞和公雞很要好。待陳書莛先生所買來的兩隻白雞不好。母雞生蛋後，常要閣閣叫。母雞喜歡在安靜的地方生蛋。母雞在生蛋時，切不可去看牠吵擾牠。雞吃了有雞糞的糠以後，要撒爛糞。公雞常在五更，天亮，中午，晚上，半夜啼叫。晚上雞會自己進舍睡覺。天一暗，雞就看不見東西。

附言

『做學敎』的學說，自從陶知行先生提倡以來，附和的人頗多，實行的人也不少。過去，我雖曾拜讀過關於『做學敎』理論的書籍，但自愧未曾專心地實施過！去年，在鎭海縣立新倉小學時，雖曾有『徐文英同學追悼大會』做學敎的實施，但是事前既未曾計劃，事後又不曾整理，結果，成績很少。本學期，承甯波佛敎孤兒院主事陳書莛先生的不棄被任爲該院敎員。同時要我担任二年級下期『做學敎』活動的指導者。這使我擔心；也使我快樂。陶知行先生說：『……六十歲的老翁，可以跟人學。……』我根據這句話，於是大胆地負起這個責任。這篇報告的內容，是不是

可算『做學教』，我不敢斷言，因爲『做學教』在我是初次的嘗試。進行的方法上，定有許多地方錯誤。現在我把嘗試的結果，報告於讀者之前，希望讀者指示迷途！俾予改正！

四，十六，於寧波佛教孤院。

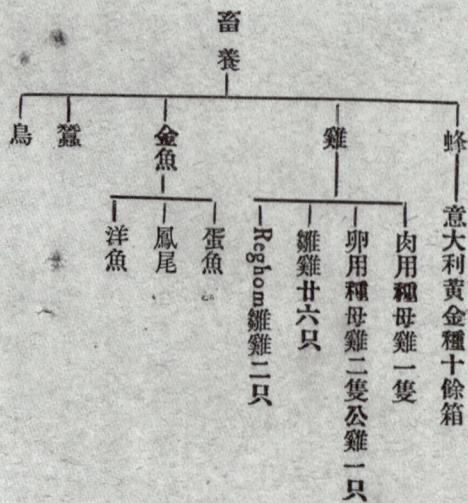

本院最近種植畜養一覽表

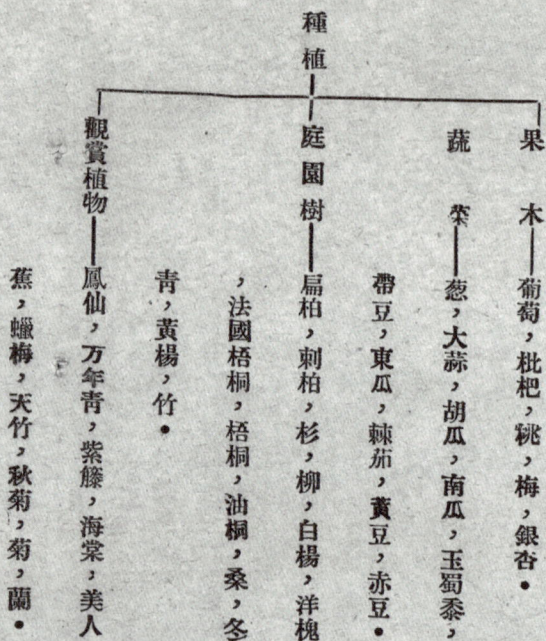

- 種植
  - 果木——葡萄，枇杷，桃，梅，銀杏。
  - 蔬菜——葱，大蒜，胡瓜，南瓜，玉蜀黍，帶豆，東瓜，辣茄，黄豆，赤豆。
  - 庭園樹——扁柏，剌柏，杉，柳，白楊，洋槐，法國梧桐，梧桐，油桐，桑，冬青，黄楊，竹。
  - 觀賞植物——鳳仙，万年青，紫藤，海棠，美人蕉，蠟梅，天竹，秋菊，菊，蘭。

- 畜養
  - 蜂——意大利黃金種十餘箱
  - 雞
    - 肉用種母雞一隻
    - 卵用種母雞二隻公雞一只
    - 雛雞廿六只
    - Reghom雛雞二只
  - 金魚
    - 蛋魚
    - 鳳尾
    - 洋魚
  - 蠶
  - 鳥

兒童生活寫眞

兒童西樂隊

個別教學

洗臉　刷牙

小醫院開放

旅行梁山伯廟

學習裁縫

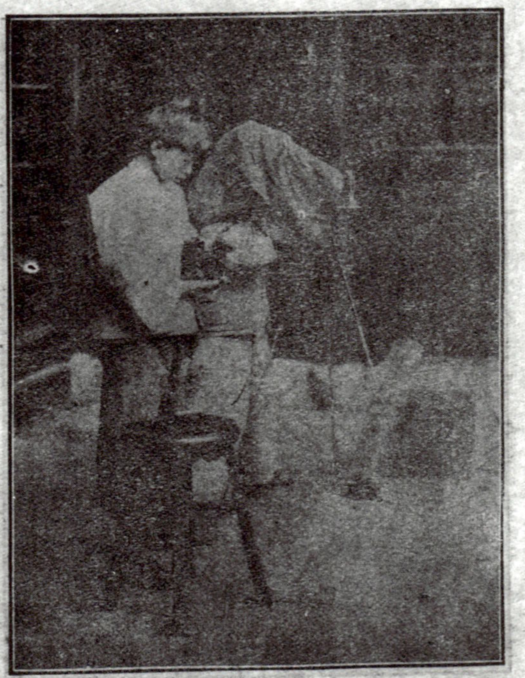

學習攝影

擲籃球

會計練習生王定綱檢查帳目

鋼琴獨奏

檢點衣服預備洗滌

早起掃地

王更法爲同學理髮

飼雞收卵

計劃

二十年度下學期院務進行計劃大綱

（甲）方針：

(1)以最短的時間，最少的經費，最小的勞力，獲最大的効果。(2)以縱橫聯絡適應需要爲原則，改進行政組織。(3)以公開共治之方式及奮進合作之精神進行院務。(4)注意敎師修養，勵行敎師人格陶冶。(5)訓練兒童，以多用積極的，間接的方法爲原則。(6)以精誠親愛之精神，爲訓練兒童之基點。(7)注意與社會理想相和諧。(8)以兒童爲本位。(9)須合敎學做合一的原則。(10)用科學方法，實驗究研，以解决敎育上實際問題。

（乙）工作要項：

(1)擴充院址及院舍。(2)佈置運動場。(3)添置圖書儀器。(4)添置運動器具及玩樂器具。(5)添置工具。(6)添置算術敎具。(7)添置掛圖及標本。(8)舉行十五週紀念大會。(9)改變行政組織。(10)修訂各項章則。(11)編印報告冊。(12)編造各項統計圖表。(13)組織敎師修養會。(14)完成國語促進會未了工作。(15)舉行相互參觀。(16)編訂行事歷。(17)籌設農場。(18)添製西樂隊皮鞋。(19)裝設抽水機。(20)補植蔭木。(21)添製夏衣席子。(22)繼續舉行早操。(23)注意自由運動。(24)繼續舉行體格檢查疾病檢查。(25)注意兒童個人整潔

(26)注意衛生習慣之養成・(27)注意疾病預防・(28)檢查飲料・(29)檢查廚房之清潔・(30)實施院工訓練・(31)舉行避災練習・(32)組織級會・(33)繼續施行訓練標準・(34)繼續施行違警律・(35)舉行各科比賽及各種德目比賽・(36)實驗各項新教學法・(37)組織教材討論會・(38)規定成績考查及記分法・(39)舉行成績展覽會・(40)舉行遠足會・(41)重編兒童圖書目錄及分段・(42)實施就業指導・(43)實施院外常識教學・(44)闢工作科專室・

(丙)實驗研究問題：

(1)研究測驗及記分法・(2)擬訂職業化的課程・(3)延遲毛筆教學之實驗・(4)個別教學與班級教學之比較研究・(5)兒童惡劣行爲之分析研究・(6)頑劣兒童訓練法・(7)研究各室體積與收容人數之關係・(8)考查食物營養價值・(9)研究教育統計學・

十二年度行事總歷

日期	曜	定期事項	不定期事項
八月一日	（土）	學期開始	
八月二日	（日）	開常董會　領經常費　送登鳴謝廣告	
八月三日	（月）	印發收支報告	
八月十九日	（水）	暑假期補習課結束　收集舊教科書及文具	
八月廿日	（木）	廖仲凱先生殉國紀念日　布置教室桌椅	
八月廿一日	（金）	第一學期開學　編級	

八月廿二日（土）排日課　分發新教科書及文具
八月廿四日（月）院務會議　排定監護輪流剪髮分組
八月廿五日（火）沐浴分組
八月廿六日（水）領特別費
八月廿七日（木）孔子誕生紀念日（休課）
八月廿八日（金）發薪
八月廿九日（土）南京和約國恥紀念（不休課）
八月卅一日（月）院務會議　劃分市區・籌劃市區自治興革事項
九月一日（火）領經常費　訓育標準施行
九月二日（水）送登鳴謝廣告　區自治進行
九月三日（木）印發收支報告
九月四日（金）市民大會
九月五日（土）各區自治進行
九月六日（日）開常董會
九月七日（月）辛丑條約國恥紀念（不休課）院務會
九月十四日（月）院務會　第一期週報出版
九月十五日（火）體格檢查

九月十七日（木）週會　教室整潔比賽起　乒乓比賽

九月廿一日（月）朱執信先生殉國紀念日（不休課）院務會　第二期週報出版

九月廿四日（木）週會　演講比賽　甲組田賽　寢室整潔比賽起

九月廿五日（金）領特別費

九月廿八日（月）發薪　院務會　第三期週報出版

十月一日（木）領經常費　週會　公共場所整潔比賽起　演講比賽給獎　丙組田賽

十月二日（金）送登鳴謝廣告

十月三日（土）印發收支報告

十月四日（日）開常董會

十月五日（月）院務會　第四期週報出版　膳廳秩序比賽起

十月八日（木）週會　棋類比賽　甲丁組徑賽　教室整潔比賽給獎

十月十日（土）國慶紀念

十月十一日（日）總理倫敦蒙難紀念日（不休課）

十月十二日（月）院務會　第五期週報出版

十月十五日（木）週會　寢室整潔優勝給獎　集隊秩序比賽起　棋類比賽給獎　乙丙組田賽

十月十六日（金）體格檢查

十月十九日（月）院務會　第六期週報出版

十月廿二日（木）週會　共公場所整潔優勝給獎　表演比賽　膳廳落飯比賽起
十月廿五日（日）領特別費
十月廿六日（月）院務會　第七期週報出版
十月廿八日（水）發薪
十月廿九日（木）週會　膳廳秩序比賽給獎　寢室秩序比賽　藍球比賽
十一月一日（日）常董會　領經常費
十一月二日（月）院務會　第八期週報出版
十一月五日（木）週會　集隊秩序優勝給獎　個人整潔比賽起　鐵環比賽
十一月九日（月）院務會　第九期週報出版
十一月十二日（木）總理誕生紀念（休課）
十一月十五日（日）體格檢查
十一月十六日（月）院務會　第十期週報出版
十一月十九日（木）週會　膳廳落飯比賽給獎　和藹比賽起　毽子比賽
十一月廿三日（月）院務會　第十一期週報出版
十一月廿五日（水）領特別費
十一月廿六日（木）週會　寢室秩序優勝給獎　橡球跳繩比賽　守時比賽
十一月廿八日（土）發薪

十一月卅日（月）院務會 第十二期週報出版
十二月一日（火）領經常費
十二月二日（水）送登鳴謝廣告
十二月三日（木）印發收支報告 週會 個人整潔優勝給獎 坐的姿勢比賽起
十二月五日（土）肇和艦起義紀念（不休課）
十二月六日（日）常董會
十二月七日（月）院務會 第十三期週報出版 訓練檢查
十二月十日（木）週會 和謌比賽給獎 乒乓比賽
十二月十四日（月）院務會 第十四期週報出版
十二月十五日（火）體格檢查
十二月十七日（木）週會 守時比賽給獎
十二月廿一日（月）院務會 第十五期週報出版
十二月廿四日（木）週會 坐的姿勢優勝給獎
十二月廿五日（金）雲南起義紀念（不休課） 領特別費
十二月廿八日（月）院務會 第十六期週報出版
十二月卅一日（木）週會
一月一日（金）中華民國成立紀念 年假開始

一月三日（日）年假終了
一月四日（月）院務會
一月十一日（月）院務會 第一學期試驗開始
一月十八日（月）院務會 寒假開始
一月廿日（水）修理器具房屋
一月廿五日（月）寒假終了
二月一日（月）第二學期開始 領經常費 院務會議
二月二日（火）第二學期開學 行開學式 捐欵登報鳴謝
二月三日（水）經濟審查委員會
二月四日（木）檢點舊有藥品及登記醫械 發董會信
二月五日（金）印發前月決算 生活指導會
二月六日（土）添配藥品及醫械
二月七日（日）佈置小醫院 常董會 洗浴 換衣
二月八日（月）佈置療養室 週會
二月十二日（金）生活指導會
二月十四日（日）洗浴 換衣
二月十五日（月）週會 教師修養會

檢查體格檢查皮膚病
檢查疾病
修正寢室床次
洗浴分組 膳堂座次
分發文具
統計圖表製作開始
校工訓練本週開始
剃頭
報告冊編印開始級會開始進行

二月十八日（木）國民革命軍底定浙江紀念休假舉行儀式及講演　檢查整潔器具

二月十九日（金）生活指導會議

二月廿一日（日）洗浴　換衣

二月廿二日（月）週會　舉行避災練習　種痘

二月廿六日（金）生活指導會

二月廿七日（土）月考

二月廿八日（日）發薪水　洗浴　換衣

二月廿九日（月）週會　收草氈發蓆子

三月一日（火）發董會信　院務會議　領經常費　身長體重及皮膚病檢查

三月二日（水）公佈醫務統計　款捐登報鳴謝

三月三日（木）經濟審查委員會　修正寢室床次

三月四日（金）印發前月決算　生活指導會　膳廳座次及洗浴分組

三月六日（日）常董會　洗浴　換衣　剃頭

三月七日（月）週會　相互參觀開始

三月十一日（金）生活指導會　洗滌被褥

三月十二日（土）總理逝世紀念休假舉行紀念式

三月十三日（日）洗浴　換衣

三月十四日（日）週會　檢查整潔用具
三月十五日（月）教師修養會
三月十八日（金）北平民衆革命紀念日不放假舉行儀式　生活指導會議
三月二十日（日）洗浴　換衣　舉行避災練習
三月廿一日（月）週會
三月廿五日（金）生活指導會
三月廿七日（日）洗浴　換衣
三月廿八日（月）發薪水　週會　剃頭
三月廿九日（火）革命先烈紀念日　休假舉行儀式
三月三十日（水）發董會信　月考
三月卅一日（木）經濟審查會
四月一日（金）印發前月決算　院務會議　生活指導會　領經常會　身長體重及皮膚病之檢查
四月二日（土）檢查糞便開始　捐款登報鳴謝　公佈前月膳務統計　修正寢室床次膳廳座次
四月三日（日）常董會　洗浴　換衣　洗浴分組
四月四日（月）兒童節　休假舉行儀式　週會　十五週紀念會籌備開始
四月五日（火）春季旅行及掃墓
四月八日（金）生活指導會

四月十日（日）洗浴　換衣
四月十一日（月）週會　添製夏衣
四月十二日（火）清黨紀念日　休假舉行儀式　洗滌被褥
四月十五日（金）田徑賽成績表演　生活指導會　養師修養會　檢查整潔用具
四月十七日（日）洗浴　換衣
四月十八日（月）週會　舉行避災練習
四月廿二日（金）生活指導會
四月廿四日（日）洗浴　換衣
四月廿五日（月）週會　剃頭
四月廿七日（水）發董會信
四月廿八日（木）發薪水　月考
四月廿九日（金）生活指導會
四月三十日（土）經濟審查會
五月一日（日）常董會　印發前月決算　洗澡　換衣　領經常費
院務會議
五月二日（月）公佈前月醫務統計　週會　捐欵鳴謝　身長體重及皮膚病之檢查
五月三日（火）收大被　修正寢室床次　膳廳座次
五月五日（木）革命政府紀念日　休假舉行儀式　洗浴分組

五月六日（金）生活指導會
五月八日（日）洗浴　換衣
五月九日（月）國恥紀念　舉行儀式（不休課）週會
五月十一日（水）教師修養會
五月十二日（木）生活指導會
五月十三日（金）大掃除
五月十四日（土）大掃除　洗滌被褥
五月十五日（日）大掃除　洗浴　換衣　檢查整潔用具
五月十八日（水）陳英士殉國紀念日不放假　舉行儀式　本星期起全體師生應集中精力籌備紀念會
五月二十日（金）生活指導會　剃頭
五月廿一日（土）洗浴　換衣
五月廿三日（月）本院成立十五週紀念　放假　上午舉行紀念式
感謝式　下午遊藝會成績展覽會晚間電影
五月廿四日（火）放假
五月廿五日（水）放假
五月廿七日（金）生活指導
五月廿八日（土）發薪水　月考
五月廿九日（日）洗浴　換衣

五月三十日（月）週會
五月卅一日（火）發帳子
六月一日（水）發董會信　院務會議　領經常費　身長體重及皮膚病之檢查
六月二日（木）公佈前月醫務統計　款捐登報鳴謝
六月三日（金）印發月前決算　經濟審查會　生活指導會　修正寢室床次膳廳座次及洗浴分組
六月四日（土）驅虫大會
六月五日（日）常董會　洗浴　換衣
六月六日（月）週會
六月十日（金）生活指導會
三月十二日（日）洗浴　換衣
三月十三日（月）週會　檢查整潔用具
六月十五日（水）教師修養會　剃頭
六月十六日（木）總理廣州蒙難紀念不放假舉行儀式
六月十七日（金）生活指導會
六月十九日（日）洗浴　換衣
六月十二日（月）週會　舉行避災練習
六月廿四日（金）生活指導會　洗滌被褥

六月廿六日（日）洗澡 換衣
六月廿七日（月）週會 月考 注射虎烈拉預防針
六月廿八日（火）發薪水
六月廿九日（水）發董會信
六月三十日（木）發扇子
七月一日（金）院務會議 領經常費 經濟審查會 生活指導會
七月二日（土）公佈前月醫務統計 捐欵登報鳴謝 印發前月決算 收小被發被單
七月三日（日）常董會 洗浴 換衣 曬霉
七月四日（月）週會 身長體重及皮膚之病檢查
七月六日（水）洗浴 換衣 修正寢室床次 膳廳床次
洗浴分組
七月八日（金）生活指導會
七月九日（土）國民革命軍誓師紀念日 休假舉行紀念式
七月十日（日）洗浴 換衣
七月十一日（月）週會 檢查整潔用具
七月十三日（水）洗浴 換衣 剃頭
七月十五日（金）生活指導會 教師修養會
七月十七日（日）洗浴 換衣

七月十八日（月）週會　舉行避災練習

七月二十日（水）洗浴　換衣

七月廿二日（金）生活指導會

七月廿四日（日）洗浴　換衣

七月廿五日（月）週會

七月廿七日（水）學年試驗開始　洗浴　換衣

七月廿八日（木）發薪水

七月廿九日（金）結束會議

七月卅一日（日）二十年度第二學期終了　洗浴　換衣　剃頭

二十一年二月至六月體育科行事週歷

第一週（二月一日——二月七日）整理運動用具　編訂辦事細則　擬訂本學期體育實施計劃

第二週（八日——十四日）修理運動場　移藍球架　添置運動用具

第三週（十五日——二十一日）開始出借運動用具　組織各種球隊

第四週（二十二日——二十八日）擬訂比賽規程　藍球練習

第五週（二十九日——三月六日）毽子比賽　舉行田徑賽練習

第六週（七日——十三日）舉行乒乓比賽　拔河比賽

第七週（十四日——二十日）體格檢查　藍球比賽
第八週（二十一日——二十七日）鐵環比賽　排球比賽
第九週（二十八日——四月三日）田徑賽競賽會
第十週（四日——十日）擲棒球
第十一週（十一日——十七日）小運動會
第十二週（十八日——二十四日）約校外球隊作友誼比賽　拔河比賽
第十三週（二十五日——五月一日）體格檢查　乒乓比賽
第十四週（二日——八日）籌備十五週紀念表演（疊羅漢）
第十五週（九日——十五日）小皮球比賽　鐵環比賽
第十六週（十六日——二十二日）避災比賽　籌備本校各級錦標比賽
第十七週（二十三日——二十九日）錦標比賽開始　結束
第十八週（二十八日——六月五日）乒乓比賽　藍球比賽
第十九週（六日——十二日）排球比賽　約校外球隊比賽
第二十週（十三日——十九日）小皮球比賽　舉行體育測驗
第廿一週（二十日——二十六日）停止出借運動用具　改進體育上缺點
第廿二週（二十七日——七月三日）擬訂第二學期體育計劃

二十一年二月至七月園藝歷

二十一年一月訂

第一週（二月一日——二月七日）（植）葡萄整枝搭棚．白楊，柳，洋槐，整枝．（雞）舊雞舍施行消毒．製造新鷄舍及自閉產卵箱．

第二週（二月八日——二月十四日）（植）雪裏紅收獲．油桐，柏移植．（雞）購入母雞兩只公雞一隻，俾產卵育雛．

第三週（二月十五日——二月廿一日）（植）大蒜，葱，葡萄，施肥中耕．（蜂）整理蜂具．蜂羣開始活動，於晴暖無風之日，檢查內部，蜂王失亡者合併之．

第四週（二月廿二日——二月廿八日）（植）刺柏，扁柏，銀杏，枇杷，白楊，洋槐，柳，法國梧桐，梧桐，油桐，桑，黃楊，等施肥中耕．（蜂）巢箱舊巢脾施行消毒．

第五週（二月二十九日——三月六日）（植）梅，桃移植．去冬插條之白楊定植．鬆地整畦預備種植夏季作物．（雞）雞舍消毒大掃除．（蜂）擴大巢門，施獎勵飼養．

第六週（三月七日——三月十三日）（植）鳳仙，叢蘭菊，等播種．萬年青分根移植．

第七週（三月十四日——三月二十日）（植）大蒜，葱中耕施肥．

第八週（三月二十一日——三月廿七日）（雞）雞舍解除防寒設備．（蜂）解除越冬裝置．

第九週（三月二十一日——四月三日）（植）增植庭園樹．（雞）母雞孵卵開始．（蜂）啓封蓋儲蜜，施行巢脾轉換法，以促蜂王產卵．

第十週（四月四日——四月十日）（植）購入南瓜，胡瓜，玉蜀黍，大豆，帶豆等[illegible]施行種植．

第十一週　（雞）檢查受孵之卵有無變化。（蜂）獎勵餌養停止，插入空巢脾。（蠶）催[illegible]
（四月十一日——四月十七日）（植）種生薑，落花生，馬鈴薯等。大蒜，葱[illegible]耕施肥。（雞）二次檢卵。（蜂）蜂王剪翅以防分封。

第十二週　（四月十八日——四月廿四日）（植）白楊插枝。上旬定植之作物施肥中耕。[illegible]製造養王用具。（雞）雛雞出殼。（蠶）收蟻給葉。

第十三週　（四月廿五日——五月一日）（植）去草，除虫。前月所播之觀賞花卉，施行移植。（蠶）頭眠

第十四週　（五月二日——五月八日）（植）用石灰和硫黃，篩撒於各種植物，以防蟲害。（雞）母雞產卵極盛，注意飼料之成分，雛雞離母獨立。（蜂）試行人工育王。（蠶）二眠

第十五週　（五月九日——五月十五日）（植）各種作物均中耕施肥。瓜類摘心。（雞）去年向武陵農場預約之Rehgom雛雞兩羽，本週前往領取。（蠶）三眠

第十六週　（五月十六日——五月廿二日）（植）注意去草除虫。（蜂）開始收蜜。

第十七週　（五月廿三日——五月廿九日）（植）胡瓜，南瓜，帶豆，搭棚。（蜂）檢查蜂王有無產卵。（蠶）四眠，食量大增，注意給葉。

第十八週　（五月三十日——六月五日）（植）果木作第二次整枝。（雞）雛去勢。（蜂）交換蜂王。霉雨期之蜜，注意絕食。（蠶）上簇

第十九週　（六月六日——六月十二日）（植）大蒜頭收[illegible]（雞）試驗各種雞卵儲藏法。（蜂）掃除底板，以防虫害。（蠶）選種繭。（魚）購入魚秧。

第二十週（六月十三日——六月十九日）（植）桑整枝　肥。（蠶）殺蛹。

第廿一週（六月二十日——六二十六日）（植）夏季作　澆水，除草除虫，中耕。（雞）雞舍大掃除，消毒。注意羽虫發生。（蜂）巢箱移轉陰蔭處，或施遮蓋。

對於建築兒童寢室的一點意見

院舍建築之需要

本院院舍狹隘異常除破舊不堪之膳廳及廚房廁所浴室外僅有樓房十八間就人數言容納院生百六十人教職員工役等二十餘人平均每間容十人密度不可謂不高就應用言敎室六個佔樓面之全部樓下十八間則爲大廳辦公室樂器室儲藏室女傭室小醫院裁縫室圖書室等若教師寢室兒童寢室男工室會客室療養室盥洗處各重要場所因房屋不敷無從設置目前院生寢室雖得暫借白衣寺西廂樓房五間應用但非久長計也因之書莊對於擴展院舍頗引爲亟務

經費及材料之來源

去年上海滋康錢莊擬將全部房屋重新拆建經理傳洪水先生爲本院董事憫孤兒寢處之無着院舍之狹隘乃將滋康舊屋材料全部讓助本院惟慈大房屋由滬運甬重新建造尚需相當經費一時無從支出今年五月值院長安心頭陀七十壽辰老人爲完成院舍計決將全部壽資移助本院充作建造經費因之建造院舍之期望得以實現

建造院舍時幾點意見

㈠顧到下列幾項原則

A 合於衛生　B 應用便利有伸縮餘地　C 易於掃除清潔　E 無危　D 建築但

堅固不求美觀　E 兒童寢室須與教師寢室相接近